高等院校本科生通识课系列教材

PRINCIPLES OF ECONOMICS

经济学原理

原毅军 ◎编著

大连理工大学出版社
Dalian University of Technology Press

图书在版编目(CIP)数据

经济学原理 / 原毅军编著. -- 大连：大连理工大学出版社，2022.12(2024.1重印)
ISBN 978-7-5685-3931-9

Ⅰ. ①经… Ⅱ. ①原… Ⅲ. ①经济学－研究 Ⅳ. ①F0

中国版本图书馆 CIP 数据核字(2022)第 179701 号

JINGJIXUE YUANLI

大连理工大学出版社出版
地址：大连市软件园路 80 号　邮政编码：116023
发行：0411-84708842　邮购：0411-84708943　传真：0411-84701466
E-mail：dutp@dutp.cn　URL：https://www.dutp.cn
大连金华光彩色印刷有限公司印刷　大连理工大学出版社发行

幅面尺寸：185mm×260mm	印张：23.75	字数：608 千字
2022 年 12 月第 1 版		2024 年 1 月第 3 次印刷
责任编辑：邵　婉　王　洋		责任校对：杨　洋
封面设计：奇景创意		

ISBN 978-7-5685-3931-9　　　　　　　　定　价：85.00 元

本书如有印装质量问题，请与我社发行部联系更换。

前　言

我们为什么需要学习经济学？这是一个值得深思的问题。经济学是社会科学当中最有实用价值的一门科学，在所有的社会活动和社会关系中，经济活动和经济关系起着决定性作用，是一切社会活动和社会关系的物质基础。因而，经济学就成为社会科学中的一门基础性科学，是人们认识社会必须掌握的一种思想武器。历时40多年的改革和对外开放，中国已经成为世界第二大经济体，并跻身中等收入国家的行列。经济活动影响着人们的日常生活和整个社会的运行，科学地分析我们面临的各种经济问题，合理地解释困扰我们的各种经济现象，需要我们学习经济学的基本知识、熟悉经济学的思维方式和分析方法。

经济学从人的本性出发研究人的选择行为如何影响社会稀缺资源的配置，社会财富生产应该遵循什么样的规律，怎样才能促使经济顺利发展，其所追求的目标就是在人们做出理性选择的时候，整个社会如何实现高"效率"的运行。如果大家都来学习和掌握经济学知识，并按照经济规律行事的话，社会效率就会提高，我们每个人都能从中受益。当某天，我们真正意识到逝去的岁月再也无法回头时，或许才会认真地思考生命的稀缺性和选择之间的矛盾：一方面我们所拥有的时间和财富等资源十分有限；另一方面我们对生存和生活的需求是无穷无尽的。所以，如何利用稀缺的资源最大限度地满足自己的需求，就是经济学可以帮助我们回答的问题。

经济学是一门历史悠久又充满活力的科学。现代经济学经过200多年的发展，已经形成分支学科众多、内容浩瀚的学科体系。随着世界各国经济发展水平的不断提高，新的经济现象和经济问题层出不穷。经济学家在寻求解释经济现象和解决经济问题的努力中，对经济规律的认识不断加深，由此产生的新的理论观点、概念框架和分析方法也不断地充实和完善着经济学的理论体系。以经济学研究的最新成果为基础，伴随着经济发展中成功实践的充实，经济学教科书的内容也得到了不断的更新。

经济学教科书按照不同类型教学对象的需要进行编写，形成了微观经济学、宏观经济学、经济学原理、高级经济学、中级经济学，以及各种入门的经济学通俗教材。本书是为高等院校本科生讲授"经济学原理"通识课而撰写的教材，学生的专业背景涉及理工、人文、社会科学、艺术等不同学科领域，这就要求书中的内容既要涵盖经济学的基本原理、核心概念和分析方法，又要做到写作风格清晰简洁、容易理解，具有较好的可读性。

具体来说，本书的内容由三部分构成。

第一部分是第1章绪论的内容，重点界定了经济、经济活动、稀缺性、效率、生产可能性边界、劳动分工与专业化、经济体制等经济学原理的基本概念，阐述了经济学的学科属性和学科分支，从实证分析和规范分析的角度讨论了经济学分析问题的视角，并较为详细地解释了经济学研究中优化分析、均衡分析和经验分析的特点。最后，该章从市场经济体制、计划经济体制和混合经济体制角度讨论了经济体制在组织和协调经济活动中的作用。

第二部分由第2章到第6章的内容构成，重点阐述了微观经济学的基本原理、核心概念和分析方法。其中，第2章阐述了消费者行为及其对市场需求的影响；第3章阐述了生产者行为及其对市场供给的影响，；第4章阐述了市场需求和市场供给的相互作用如何决定市场结构，以及具有不同结构的市场中市场均衡是如何形成的；第5章阐述了要素市场的类型、特征，不同类型要素市场的均衡问题和相关的分析方法，以及产生于不同类型要素市场的收入的分配问题；第6章讨论了市场失灵的成因和政府解决市场失灵问题的手段。

第三部分由第7章到第12章的内容构成，重点阐述了宏观经济学的基本原理、核心概念和分析方法。其中，第7章从宏观经济的角度阐述了经济活动的衡量，重点介绍了国民经济核算体系及其核算指标的构成和界定；第8章阐述了总需求和总供给的形成，以及两者的相互作用如何影响国民经济的运行；第9章和第10章分别阐述了经济增长和经济周期的基本概念、主要理论及其模型以及相关分析方法；第11章阐述了宏观经济政策的基本概念、主要理论和分析方法，重点讨论了财政政策和货币政策及其在解决宏观经济问题中的原理；第12章阐述了开放经济条件下的宏观经济学原理，重点讨论了国际贸易基础与国际贸易政策和国际收支与汇率。

目前，国内高校中经济学课程所采用的教科书大体上分为两类：一类是国外著名经济学家撰写的流行的教科书，另一类是国内高校的教师自己编写的教材。在融合经济学成熟的知识体系和经济学研究最新进展的基础上，加入对现实经济问题分析的专栏，形成本教材的特点。其中，为了缩减篇幅，专栏部分的内容以二维码的形式呈现给读者。希望读者在阅读本教材的过程中能够获得收益，并对教材中的不足之处给予指正。

原毅军

2022年10月 于大连

目 录

第1章 绪 论 …………………………………………………………………… 1
1.1 基本概念 …………………………………………………………… 1
1.2 作为一门科学的经济学 ………………………………………… 10
1.3 经济学研究的特点 ……………………………………………… 19
1.4 经济活动的组织和协调 ………………………………………… 27
思考题与讨论题 ……………………………………………………… 32

第2章 消费者行为与市场需求 …………………………………………… 33
2.1 效用、偏好与消费者选择 ……………………………………… 33
2.2 消费者均衡及其影响因素 ……………………………………… 44
2.3 市场需求与需求曲线 …………………………………………… 50
2.4 需求定律与需求弹性 …………………………………………… 55
思考题与讨论题 ……………………………………………………… 63

第3章 生产者行为与市场供给 …………………………………………… 65
3.1 企业与生产函数 ………………………………………………… 65
3.2 成本与成本函数 ………………………………………………… 80
3.3 市场供给与供给曲线 …………………………………………… 88
3.4 供给定律与供给弹性 …………………………………………… 94
思考题与讨论题 ……………………………………………………… 98

第4章 市场结构与市场均衡 ……………………………………………… 99
4.1 市场结构 ………………………………………………………… 99
4.2 市场均衡及其变动 ……………………………………………… 107
4.3 完全竞争市场的均衡 …………………………………………… 112
4.4 垄断与不完全竞争市场的均衡 ………………………………… 123
思考题与讨论题 ……………………………………………………… 135

第 5 章　要素市场与收入分配 ... 137

5.1　要素的需求与供给 ... 137
5.2　要素价格的决定 ... 146
5.3　收入不平等与收入再分配 ... 154
思考题与讨论题 ... 162

第 6 章　市场失灵与政府干预 ... 163

6.1　市场失灵及其成因 ... 163
6.2　政府的干预 ... 175
6.3　环境经济学 ... 181
思考题与讨论题 ... 190

第 7 章　经济活动的衡量 ... 191

7.1　国民经济核算与核算体系 ... 191
7.2　总产出的衡量 ... 199
7.3　国内生产总值的核算方法 ... 205
7.4　价格水平与通货膨胀的衡量 ... 210
7.5　失业及其统计 ... 214
思考题与讨论题 ... 220

第 8 章　总需求与总供给 ... 221

8.1　总需求与总需求曲线 ... 221
8.2　总供给与总供给曲线 ... 236
8.3　国民产出的决定因素 ... 240
思考题与讨论题 ... 251

第 9 章　经济的长期增长 ... 252

9.1　经济增长概述 ... 252
9.2　经济增长的核算与环境约束 ... 259
9.3　典型经济增长模型 ... 264
思考题与讨论题 ... 277

第10章 经济的周期波动 ………………………………………………………… 278
- 10.1 经济周期概述 …………………………………………………… 278
- 10.2 经济周期成因的理论解释 ……………………………………… 286
- 10.3 总需求波动与经济周期 ………………………………………… 294
- 10.4 总供给波动与经济周期 ………………………………………… 303
- 思考题与讨论题 …………………………………………………… 310

第11章 宏观经济政策 ……………………………………………………………… 312
- 11.1 宏观经济政策概述 ……………………………………………… 312
- 11.2 财政政策 ………………………………………………………… 316
- 11.3 货币政策 ………………………………………………………… 325
- 思考题与讨论题 …………………………………………………… 342

第12章 开放经济的宏观经济学 ………………………………………………… 343
- 12.1 经济全球化产生的相互依存关系 ……………………………… 343
- 12.2 国际贸易基础与国际贸易政策 ………………………………… 350
- 12.3 国际收支与汇率 ………………………………………………… 358
- 思考题与讨论题 …………………………………………………… 371

参考文献 ……………………………………………………………………………… 372

第1章 绪 论

经济学(Economics)是当今社会科学中最引人入胜的一个学科分支,在国内外的很多著名大学中,不管是什么专业,经济学都是本科生和研究生必修或选修的一门重要的课程。在大多数人看来,经济学的书籍充斥着大量的统计数字、专业术语和数学模型,读起来枯燥、乏味、难懂。但是,经济学的理论和分析方法提供了强大的工具,帮助人们去分析、理解和解决现实世界中的经济问题。学习经济学原理,不能被动地死记硬背复杂的经济理论,而是要学会运用经济学所阐述的思维模式和分析方法去观察世界,思考和解决现实中的经济问题。

关键问题

- 什么是经济学?
- 为什么说经济问题产生于资源的稀缺性?
- 经济学家的思考方式有什么不同?
- 经济学的研究方法有什么特点?
- 实证分析和规范分析的主要区别是什么?
- 微观经济学和宏观经济学有什么区别和联系?
- 为什么说经济体制是协调经济活动的主要方式?

1.1 基本概念

1.1.1 经济与经济学

1. 经济的含义

在人类社会的发展中,使用"经济"一词来描述人类的活动已有很长的历史。在中国,公元4世纪初的东晋时代就已正式使用"经济"一词,其含义是"经邦""济世",或"经世济民"等词的综合和简化。现代社会使用的"经济"一词,受西方市场经济发达国家出版的英文书籍的影响,基本等同于"Economic","Economics"或"Economy"。英文中的Economy源自古希腊语,其本义是指对家庭财物的治理方法,特别是指对家庭收入来源的管理。到了近代,"经济"一词的含义扩大到治理国家的范围,即对国家、社会、企业资源的管理。

经济一词的内涵是节约、节俭、理财和效益,主要是指生产或生活上的节约、节俭。生产上的节约涉及资金、物质资料和劳动等生产要素的投入,要求用较少的投入获得尽可能多的产出;生活上的节约是指个人或家庭在生活消费上精打细算,用消耗较少的消费品来满足自

1

身最大的需要。因此,经济就是用尽可能少的人力、物力、财力、时间和空间获取尽可能多的成果或收益。

2. 经济活动

现实生活中,经济的作用体现在各类经济活动中。经济活动是人们为了满足自身需要,从事生产及其相应成果的交换、分配和消费的活动。经济活动大体上可以分为四种类型:生产活动、分配活动、交换活动和消费活动。这四类经济活动前后衔接,形成社会再生产过程的有机整体。

社会再生产过程是一个动态过程,其中生产活动居于支配地位,是社会再生产过程存在和发展的基础,决定着分配、交换、消费的数量和方式;生产活动的产品通过分配活动,在社会成员之间进行分配;交换活动通常是指社会成员之间在等值的基础上进行的商品交换行为;消费活动则是人类为了满足自身需要、消费各种物质产品和精神产品的行为。

社会再生产过程是一个循环往复的过程,生产活动是社会再生产过程的起点,消费活动是它的终点,分配和交换是联结生产和消费的中间环节。生产活动、分配活动、交换活动和消费活动之间既前后衔接又相互制约,只有协调好它们之间的关系,才能保证社会再生产过程的顺利进行。

参与经济活动的个人或团体包括消费者、生产者、供应商、零售商、学校、政府机构、军队、运动队、社团组织等。这些个人和团体通常被称为经济主体(Economic Agent),他们根据自己的选择进行决策,从而影响经济活动。消费者选择购买什么商品,在哪儿购买;生产者选择生产什么产品,如何生产,在哪儿生产;学校选择设立什么专业,招收多少学生;政府选择有限的财政预算如何在教育、医疗、国防、基础设施建设,以及扶贫之间进行分配。无论是经济个体还是经济团体,每天都在做很多选择。每天的时间预算是 24 小时,你要选择花多少时间工作、学习、吃饭和休息,花多少时间参与其他活动。经济学可以教会你如何使用经济思维,通过比较不同选择带来的成本和收益来做出最佳选择。

3. 经济学

有关经济学的定义,不同的经典教科书中的解释不尽相同。英国经济学家阿尔弗雷德·马歇尔在其出版的《经济学原理》一书中认为:经济学既是一门研究财富的学问,也是一门研究人的学问,是研究人类一般生活事务的学问,这是因为人的性格形成于日常工作及由此获得的物质资源的过程中。美国经济学家保罗·萨缪尔森在其出版并再版了 19 次的《经济学》一书中认为:经济学研究的是一个社会如何利用稀缺的资源以生产有价值的物品和劳务,并将它们在不同的人中间进行分配的。美国经济学家约瑟夫·E.斯蒂格利茨在他出版的《经济学》一书中认为:经济学研究社会中的个人、厂商、政府和其他组织如何进行选择,以及这些选择如何决定社会资源的使用方式。

综合上述定义,经济学是研究在资源稀缺性的约束下人们的选择行为及其变化规律的科学。

尽管有关经济学的定义存在着不同表述,但是它们都强调了三种思想:经济学是有关人类选择的科学;经济学是研究人类如何合理、有效地配置和利用稀缺性资源的科学;经济学的研究对象是人类的经济活动及其规律。这三种思想都聚焦到人类社会为了维持社会再生产过程的正常运行而必须回答的三个问题上,即生产什么和生产多少?如何生产?为谁生产?

生产什么，生产多少？人们需要生产和消费的产品和劳务多种多样，为生产者生产的产品与为消费者生产的产品是不同的。面向消费者生产的产品通常称作消费品，诸如汽车、家用电器、住房、书籍、服装、面包、牛奶、电影、教育、理发、保险、卫生保健等；面向生产者生产的产品通常称作投资品或投入要素，包括飞机、计算机、机械设备、钢材、玻璃、水泥、木材、零部件、技术咨询、物流服务等。在这些产品和劳务中，一个社会必须决定，生产哪些产品和劳务，每种产品和劳务生产多少。我们应该利用稀缺性资源生产更多的消费品，还是更多的投资品；是生产更多的高档汽车和服装，还是生产普通汽车和服装？在中国，房地产行业已经热了很多年，尽管房价不断攀升，每年还是有大批量的住房建成。决定一个国家应该建造更多住房、生产更多汽车和服装，还是生产更多粮食的因素是什么呢？这些有关生产的选择如何随着时间的推移而改变呢？技术的进步又如何影响这些决策呢？

如何生产？生产一种产品和劳务有多种不同方法，用煤炭发电，石油发电，还是用太阳能发电？生产过程中多用资本少用劳动，还是少用资本多用劳动？选择什么样的方法进行生产最为有效？一个社会必须决定由谁来生产，使用何种资源生产，采用何种生产技术。生产地点的选择影响着生产的效率，在靠近原材料的产地组织生产，不仅可以节省运输成本，还有助于掌控稀缺的战略性资源；在靠近产品市场的地方组织生产，不仅便于将产品打入市场，还有利于更快地掌握市场变化的信息。什么时候生产也是如何生产的问题。许多生产活动具有明显的季节性规律，忙时需要加班加点，闲时需要减少生产，甚至暂时解雇工人。宏观经济的波动在很大程度上影响着生产的决策，经济衰退和萧条时期，生产放缓，工作岗位减少；经济快速增长和繁荣时期，生产规模快速扩张。

为谁生产？这个问题涉及谁来享用经济活动的成果，生产出来的物品和劳务如何在不同的社会成员之间进行分配，收入和财富的分配是公平合理的吗。社会成员在市场上能够买到的产品和劳务的质量和数量主要取决于人们的收入，公司高层管理人员的收入比一般员工的收入要高得多，所以他们能够获得的产品与劳务的质量和数量就要比公司的一般员工多。因此，为谁生产的问题在很大程度上是一个收入分配问题。收入分配问题集中体现在收入的差距上，尤其是由此导致的贫富差距上。在不同时期，不同行业的收入、不同地区的收入、不同类型从业人员的收入，往往具有显著的差别，那么，哪些因素决定了收入的差别？在美国等国家，性别、肤色、学历等因素也会影响着收入的分配。

1.1.2 稀缺性

1. 稀缺性的含义

稀缺性（Scarcity）是指人们在获得所需要的资源方面存在的局限性，即资源的供给相对于需求在数量上存在不足。所有的经济问题都产生于资源的稀缺性，即人们的欲望超过了用来满足欲望的资源。

稀缺性是一个不争的事实。人们总是想要获得很多东西，但是能够得到的资源是有限的。在多数情况下，人们总是无法得到想要的所有东西，这就产生了经济问题。人们需要获得身体舒适、安全感，以及物质与精神方面的享受，但是没有一个人能够完全满足自己的所有欲望。对任何人来说，属于他们的时间是有限的，无论他们的预期寿命有多长，他总会感觉没有足够的时间从事工作、旅游、运动、读书和其他闲暇活动。周六晚上的时光会让一个大学生在参加一个聚会,看一场电影,或完成上周布置的作业之间犹豫不决,他遇到了稀缺性问题。对于任何人来说,由他们来支配的收入是有限的,穷人和富人同样面临稀缺性。在国家或社会层面上,一定时期内,能够生产的产品和劳务是有限的,我们必须决定如何在众多个人和群体之间分配这些产品和劳务。一种物品,只有当它具有稀缺性时,才能被认为是社会财富的一部分。所以,稀缺资源(Scarce Resources)是指人们想要的数量超过能够得到的数量的任何东西。

2. 稀缺资源的类型

在经济学中,资源是指用于生产其他商品的一切东西,既包括土地、矿藏、森林、水、鱼类等自然资源,也包括劳动力以及体现在劳动力身上的知识和技能,还包括由这些生产要素生产出来的,又用于生产过程的资本品,如机器、设备、工具等。

如果一种资源的数量不能满足人类生产活动和消费活动的需要,该资源就具有了稀缺性。资源的稀缺性可以分为绝对稀缺与相对稀缺。资源的绝对稀缺是指资源的总供给满足不了对资源的总需求;资源的相对稀缺是指资源的总供给能够满足对资源的总需求,但分布不均衡造成了资源的结构性稀缺,即资源的稀缺性是局部性的。

我们常接触到的资源可分为两类:一类是可以随意得到任意数量的物品,如阳光、空气和海水,它们是不用付费的自由物品,是人们不必付出任何努力就可以获得的物质生存资料,这类资源通常不会产生经济问题;另一类资源必须通过交易手段获取,称为具有稀缺性的经济资源,得到这些资源总是要付出某种代价的。

用于生产活动的经济资源是生产资源,也叫生产要素,主要包括:资本(其价格为利息)、土地(其价格为地租)、劳动(其价格为工资)。正是由于稀缺性的存在,才使人们在使用经济资源中不断做出选择,决定生产什么,如何生产,为谁生产,以便能够更有效地利用稀缺的资源来满足自身的各种欲望。

3. 稀缺性与选择

由于人类的欲望是无限的,不管在哪个时代,也不论是发达国家还是发展中国家,人们能够得到的总是比想要得到的少,因此始终面临着资源的稀缺性问题。人们不可能随心所欲地生产,也不可能随心所欲地消费,必须在既定的资源约束下进行选择。不同的选择方式导致了不同的结果,各种不同的结果综合在一起,构成了我们的生活。

在日常生活中,人们几乎每时每刻都在进行选择。去上班时,你要选择乘公共汽车、打出租车还是自己开车;去超市购物,你要选择买多少鸡蛋、蔬菜、牛奶、面包,以及清洁用品;付款时,你要选择用现金、信用卡、还是支付宝。影响消费者做出选择的,不仅仅是他们的需求和支付能力,还有可供选择的范围,即可供选择的商品的供给。人们在超市里看到的一切本身也是选择的结果。超市的经营范围和经营模式、采购员的选择决定了货架上的商品种类,生产商的选择决定了哪些商品可以在超市中销售。如果你手上有一笔闲钱,想去股票市场上试一试手气,买哪一只股票最好?是现在买,还是等一等再买?如果你想出国旅游,就要关注人民币的汇率变动,人民币在升值,还是在贬值?现在兑换外汇还是再等上一阵子?实际上,所有的经济活动都会涉及人们的选择。经济学研究的核心内容就是人们的选择行为。

资源的稀缺性决定了一个社会必须高效率地利用资源来满足人们的需要。因此,稀缺和效率就成为贯穿经济学的两大核心概念。

1.1.3 效率

无论是家庭理财还是治理国家,人们经济活动的目的只有一个:用尽可能少的人力、物力、财力、时间和空间的投入获取尽可能多的成果或收益。为了实现经济活动的目的,人们必须追求资源的利用效率。效率(Efficiency),或经济效率(Economic Efficiency)是经济学中最重要的概念。具体来说,经济学中的效率是指最有效地利用稀缺资源来满足人类的愿望和需要。因此,效率也可称为资源的利用效率,或社会经济运行效率。在不同情况下,经济效率一词的含义是有差别的。

1. 投入产出效率

投入产出效率,也称为生产效率(Production Efficiency),是指生产过程中生产要素的投入与产出之间的比例关系,即生产效率=产出品/生产要素的投入。显然,在生产要素投入既定的前提下,产出品越多,生产效率就越高;或者,在产出品数量既定的情况下,投入的生产要素越少,生产效率则越高。

(1) 产出。在经济学中,产出(Output)是指生产过程中创造的各种有用的物品或劳务,它们可以用于消费或用于进一步生产。产出是生产者向社会提供的产品,可以是有形的物资产品,也可以是无形的服务产品。有形的物资产品包括机器设备、玻璃、住宅、汽车、家用电器、食品、日常用品等;无形的服务产品包括医疗、信息服务、金融服务、旅游服务、法律咨询服务、教育和培训等。

(2) 投入。在经济学中,投入(Input)是指生产物品和劳务的过程中所使用的物品或劳务,也可称作生产要素(Factors of Production)。经济学家一般将生产要素分为三类:自然资源、劳动和资本。自然资源是指生产过程中大自然赋予人类的礼物,它包括土地、能源、淡水,以及钻石、铜、铁矿石和石英砂等非能源资源。随着人口的增长,生态环境的恶化,清新的空气和适合饮用的水等环境资源也成为稀缺的自然资源。劳动是指人们花费在生产过程中的时间和精力。在土地上耕作,在制装厂上班,在电商平台上销售,在银行工作,在学校里教学,社会再生产过程中的成千上万种工作和任务都是由劳动完成的。对于一个高质量发展的国家来说,高质量的劳动是最重要的生产要素。资本则是人类为了生产其他物品而生产出来的耐用品。资本品包括机器、道路、计算机、工具、卡车、钢铁厂、汽车、洗衣机和建筑等。专业化的资本品积累是经济发展必不可少的要素。

2. 资源配置效率

资源配置效率(Resource Allocation Efficiency),或简称配置效率(Allocation Efficiency),是指给定资源和技术的条件下,如何使资源从边际生产率低的地方流向边际生产率高的地方,从而实现资源利用的最优化。相对于人们的需求而言,资源总是表现出相对的稀缺性,从而要求人们对资源进行合理配置,以便用最少的资源耗费,获取最佳的效益。

资源配置效率具有在资源的不同用途之间进行选择的含义,包括把资源投入不同地区、不同产业、不同经济组织,甚至不同产品生产之间的选择。因此,资源配置效率要求以资源投入的最佳组合来生产出"最优的"产品数量组合。在投入不变的条件下,通过资源的优化组合和有效配置,效率会提高,产出会增加。一般来说,一个国家的资源如果能够得到合理配置,经济效益会显著提高,经济就会快速发展;否则,经济效益会明显低下,经济发展就会受到阻碍。

从经济可持续发展的角度看,资源配置效率还具有如何选择在不同时期使用或消耗稀缺资源的含义,即资源配置的动态效率。当代人类为了自己的生存和发展,倾向于尽可能多地使用或消耗资源。当稀缺资源,尤其是不可再生的自然资源消耗殆尽时,必然会损害到子孙后代的生存和发展。随着技术的进步、人类素质和文明程度的提高,稀缺资源的利用效率趋于提高。因此,代际资源配置问题是从长期角度提高资源配置效率,保证经济可持续发展必须考虑的一个重要问题。

3. 帕累托效率

经济效率要求在给定技术和稀缺资源的条件下,实现最优质量和最多数量的商品和服务的生产。在不会使其他人境况变坏的前提下,如果一项经济活动不再有可能增进任何人的经济福利,则该项经济活动就被认为是有效率的。这种经济效率通常被称为帕累托效率。

帕累托效率(Pareto Efficiency),也称为帕累托最优(Pareto Optimality),是指资源分配的一种理想状态。对于固有的一群人和可分配的资源,在从一种分配状态到另一种分配状态的变化中,假如没有任何人的境况变坏,但至少使得一个人的境况变得更好,那么,这个变化过程叫作帕累托改进,它是达到帕累托最优的路径。帕累托最优是不可能再有更多帕累托改进余地的状态。

帕累托最优的概念最初是由意大利经济学家维尔弗雷多·帕累托提出来的,他在关于经济效率和收入分配的研究中使用了这个概念。如果一个经济体不是帕累托最优,则存在一些可以在不使其他人的境况变坏的情况下使自己的境况变好的情形。换句话说,如果一个人可以在不损害他人利益的同时能改善自己的处境,那么,他在资源配置方面实现了帕累托改进。

帕累托最优是评价一个国家经济运行好坏的重要标准。经济学理论认为,社会的各类人群在不断追求自身利益最大化的过程中,可以使整个社会的经济资源得到最合理的配置。虽然,市场机制被认为是一种有效的资源配置方式,但由于市场本身不完备,特别是市场的交易信息并不充分,所以也可能导致经济资源的浪费。满足帕累托最优状态就是最具有经济效率的,表明达到了资源配置的最优化。一般来说,达到帕累托最优时,会同时满足以下3个条件,即交换的最优条件、生产的最优条件和产品混合的最优条件。

1.1.4 生产可能性边界

1. 生产可能性边界的含义

生产可能性边界(Production Possibility Frontier)是指一个经济体在可投入的生产要素和生产技术既定的条件下,能够有效率生产的各种产品最大产量的组合。在这个定义中,生产可能性边界意味着,在一定时间内,可供使用的各种生产要素的数量是固定不变的,所有的生产要素均得到了充分使用。生产技术,即由投入转化为产出的能力,是固定不变的。

受到资源和可供利用的技术的制约,人们不可能没有限制地得到想要的一切物品,必须在有限的机会中进行选择。同理,一个国家也不可能没有限制地得到它想要的一切物品。尽管,一个国家总是在稀缺资源的不同用途之间进行权衡,是将其用于生产投资品还是消费品,抑或是用于生产民用品还是军用品;如何有效率利用这些稀缺资源,最大限度地生产出所需要的产品,却是更值得考虑的问题。

为了方便解释可能性生产边界的含义,我们不妨考察一个只生产汽车和食品两种产品的经济体。假定,一个经济体利用现有的资源和技术,将所有的资源都投入食品的生产,每年能够生产出来的食品最大数量为5 000斤;如果所有的资源都用于生产汽车,每年能够生产出来的汽车的最大数量是1 500辆。资源全部用于生产食品或汽车显然是两个极端的选择,而在这两个极端选择之间存在着许多其他可能的组合,即只要愿意放弃一些食品的生产,就可以生产更多的汽车,反之亦然。如图1-1所示,资源如果用来同时生产两种产品,则可以生产出A点所示的1 200辆汽车、4 000斤面包,或者B点所示的1 000辆汽车、4 800斤面包。一个国家不可能直接将汽车转换为食品,而是通过将生产它们的稀缺资源从一种用途转换成另一种用途的渠道和手段来实现的。

图1-1中的曲线表示在资源既定的情况下,一个经济体能够生产出来的两种产品的一系列最大数量的可能组合。如果每一个组合用一个点来表示,如A点和B点,并用一条曲线将所有的点连接起来,我们就可以得到图1-1所示的生产可能性边界。

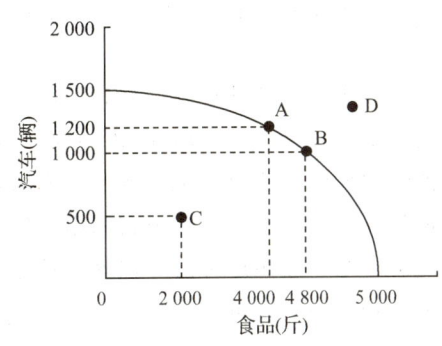

生产可能性边界是用来说明和描述在一定的资源与技术条件下可能达到的最大产量组合的曲线,它可以用来分析各种生产组合的选择。生产可能性边界上任何一点上的生产代表了有效率的生产,决定在生产可能性边界上的某一点进行生产就选择了稀缺资源的配置方式。生产可能性边界以内的任何一点,如C点,说明生产还有潜力,即还有资源未得到充分利用,存在资源闲置,因此生产是无效率的;而生产可能性边界之外的任何一点,如D点,则是现有资源和技术条件所达不到的。只有生产可能性边界之上的点,才是资源配置最有效率的点。

图1-1 生产可能性边界

2. 机会成本

机会成本(Opportunity Cost)是指我们选择了资源的某种用途而不得不放弃其他用途的代价,被舍弃的次优用途的收益就是对机会成本的度量。在很多选择中,被放弃的资源用途并非一种,机会成本就是做出一种选择时放弃的其他若干种可能的选择中最好的一种,即次优选择。比方说,建设住宅小区需要占用土地,而这块土地本可以用来种粮食、植树或者修建公园。假设在这些其他用途中植树的收益最高,那么,土地用于建设住宅小区的机会成本就是这块地如果用于植树所能产生的收益。

机会成本并不等同于实际成本,它不是在做出某项选择时实际支付的费用或损失,而是一种观念上的成本或损失。例如,当你选择去九寨沟而放弃去丽江时,虽然无法享受到丽江的美景,但这并没有给你带来实际的费用。机会成本描述的只是在资源稀缺性的约束下,"鱼和熊掌不能兼得"的一种状态,是我们损失的机会的价值。

机会成本是经济学中一个非常重要的概念,也是经济学家思考问题的一个基点。它告诉我们,天下没有免费的午餐,获得一种东西的同时总要损失掉其他的东西;或者说,有收益就必有成本。那么,在面临多项选择时,如何做出正确的选择呢?经济学认为,应当权衡成

7

本和收益的大小,只有收益大于成本时,这种选择才是明智的。由于这里的成本是机会成本,而机会成本又是在做出一种选择时放弃的各种其他选择的最大价值,因此,正确进行选择的原则就是选择能够使资源产生最大价值的用途。这意味着,人们在进行选择时追求的是"优化"的目标,即最大限度地从稀缺资源中获取他们想要的东西。

在现实生活中,有些机会成本可用货币来衡量。例如,农民在获得更多的土地时,如果选择养猪就不能选择养鸡,养猪的机会成本就是放弃养鸡的收益。有些机会成本则无法用货币衡量,例如,傍晚的时间,你可能面临是用来在图书馆学习还是去看一场电影的选择,在图书馆学习的机会成本,就是去看一场电影带来的快乐。一般地,生产一单位的某种商品的机会成本是指生产者放弃使用相同的生产要素在其他生产用途中所能得到的最高收入。选择的代价就是机会成本,即在资源与技术既定时,多生产某种产品就要少生产其他类型的产品。如图 1-1 所示,多生产一个单位汽车产量的机会成本,就是少生产的若干单位食品产量。

用生产可能性边界的概念可以更好地解释机会成本的含义。生产可能性边界凹向原点说明随着一种产品的增加,机会成本是递增的。也可以说,是机会成本的递增决定了生产可能性边界凹向原点。机会成本的递增是由于某些经济资源并非完全适应于其他可供选择的用途,如专用性资产,当把它们用于生产其他产品时,其效率会下降,这种现象在现实经济中普遍存在。在生产可能性边界上任意点的斜率为负,表明要增加一种产品的生产就要减少另一种产品的产量。

3. 生产可能性边界的经济学特征

生产可能性边界反映了以下经济学特征。

(1) 稀缺性特征。由于资源是稀缺的,社会的生产活动不能超出生产可能性边界,比如,图 1-1 中 D 点的产量组合就是不能实现的,因为没有这么多的资源。

(2) 效率特征。当沿着生产可能性边界线上生产时,社会用既定的稀缺资源投入获得了最大的产出,此时的生产是最有效率的。生产可能性边界线上的点被称为有效率的点(Efficient Point),例如,点 A、B。因为,在这些点上的生产有效利用了全部可用资源,获得了最大的可能产出。一个国家既可以在生产可能性边界线上的任何一点组织生产,也可以在生产可能性边界线以内的任何一点进行生产。不过,选择在生产可能性边界线以内的一个点上进行生产,意味着经济中的稀缺资源未得到有效率利用。例如,C 点的产量组合虽然可以实现,但显然是缺乏效率的,因为既定的稀缺资源还能生产出更多的产量。在现实生活中,经济并不是有效率的,工人可能失业,生产设施可能被闲置,这些问题是宏观经济理论所关注的,微观经济理论通常假设生产总是有效率的。

(3) 机会成本特征。在给定资源的约束下,只要在生产可能性边界线上组织生产,要想多生产一种产品,就必须减少另一种产品的生产。比如,当从 B 点移动到 A 点时,社会生产了更多的汽车,但付出的代价是食品产量的减少;换句话说,当经济在 B 点时,多生产 200 辆汽车的机会成本就是 800 斤食品。

(4) 技术进步和经济增长特征。一个社会的生产可能性边界会随时间的推移发生移动,当边界曲线向外移动时,说明在资源投入不变的情况下,社会能够生产出更多的物品。产生这种变化的主要原因是技术进步,而这种变化本身就是经济增长。

1.1.5 劳动分工与专业化

1. 劳动分工

劳动分工是指将经济活动划分成若干细小的专业步骤或作业任务,以独立化、专门化的生产方式完成这些专业步骤或作业任务。劳动分工是人们在生产过程中技术上的联合方式,简称劳动方式。

劳动分工的观点最早是由经济学家亚当·斯密在其1776年出版的《国富论》一书中提出的。在这本书中,亚当·斯密论述经济学原理的出发点就是分工和贸易对社会福利的促进作用。分工能够产生专业化优势,进而提高产出效率。当每个人专门从事一种工作,并相互进行贸易时,经济作为一个整体也能获得更多的产出。生产效率的提高、技术进步和经济增长实质都是分工不断细化的结果。

在现代社会中,劳动分工与教育和技能培训紧密地结合在一起。高等院校设置了种类繁多的专业,以便满足学生对在不同行业寻找不同类型工作中所需的理论知识学习和实践技能培养。医学院培养的学生可以到医院中的专业对口科室从事医务工作;法学专业培养的学生可以考虑做律师或在司法机关工作;让市场营销专业毕业的学生去推销商品;喜欢从事理论研究并善于观察和分析问题的学生可以进一步被培养成为科学家或高校教师。

2. 专业化

专业化是指让个人、企业或国家各自集中精力去从事某一种(或一系列)任务,使得每个人、每个企业或每个国家都能发挥其特殊的技能和资源优势,以便在经济活动中更有效地利用稀缺的经济资源。显然,专业化的前提是有效的劳动分工。

劳动、资本和土地是生产过程的主要投入要素,其中资本和土地也可以高度专业化。资本的专业化突出体现在不同产业的资本投入上。不同产业的生产需要的技术、设备、原材料、管理模式等,往往具有较大差异,对资本的需求也有很大不同。实物资本的专业化与产业的生产技术紧密相关,投入汽车制造业的资本很难转换到电信产业的生产中;一些产业投入的资本需要很长时间才能获得回报,如药品的研发与生产;而另一些产业中的资本投入回报则较快,如服装制造。所以,资本投入哪些产业,如何投入,决定了生产什么、如何生产和为谁生产。

土地的专业化也与土地投入的产业密切相关。投入农业的土地可以用于种植粮食、水果、蔬菜;投入建筑业的土地可以用于住宅、办公楼、厂房、机场、商场、体育场馆的建设,投入旅游业的土地可以用于建造公园、滨海沙滩、游乐场;等等。

3. 贸易

现代经济的增长所依赖的主要是个人和企业的专业化分工,并通过广泛的贸易网络进行协作。劳动分工细化,专业化程度提高,促使生产效率提高。个人或企业利用其产出交换所需的商品,形成了贸易的基础。

分工和贸易能够增进社会福利,这是嵌入在经济学家头脑中的一个坚定信念,也是我们学习经济学需要记住的一个重要原则。推动国际贸易发展的经济力量究竟何在?简单地讲,就是贸易能够促进专业化,而专业化能够提高劳动生产率。扩大的贸易和更高的劳动生产率能使所有国家的人均生活水平

专栏1-1

专业化分工

都得以提高。各国逐渐意识到向全球贸易体系开放自己的市场,是经济通向繁荣的最佳途径。

尽管国内贸易和国际贸易都是贸易,但两者之间还是在三个方面存有明显差异:一是贸易机会和范围的差异。国际贸易拓展了贸易范围,使得每一个国家都可以消费本国不能生产的产品和劳务,让整个世界在物质上和精神上会变得更加丰富、多样。二是国家主权的差异。国际贸易涉及不同国家的公民和企业的参与。每个国家都是一个主权实体,要对跨越国界的人口、商品和资金流动进行管治,如设置关税或配额等国际贸易壁垒,以保护本国的企业和居民免遭国外竞争的冲击;三是国际金融的差异,大多数国家都有自己的货币,汇率是不同货币之间的相对价格,汇率的波动成为国际贸易必须考虑的一个关键因素。

当国家专业化生产自身具有比较优势的产品时,总产量会增加。假设,美国只生产小麦,日本只生产服装。如果美国人不想没衣服穿,日本人不想挨饿,它们之间就必须进行贸易,结果是小麦和服装的产量都会增加。在进行贸易之前,美国和日本都不可能消费在其本国的生产可能性边界线之外生产的任何商品组合。在进行交易之后,每个国家的消费水平都会增加到一个以前无法达到的水平。

一般来说,只要两国在生产同一种产品时的机会成本不同,就存在贸易的空间。较之自给自足,当人们开展专业化分工并进行贸易时,每个人都能更多地获得他们想要得到的东西。大多数人认为,在他们的日常生活中,专业化和贸易的普遍存在是理所当然的,很少人会静下来思考专业化和贸易的好处,以及为什么会有这些好处。贸易可以完全由自利驱动,在一个经济体中,当每个人都追求利益最大化,那么人们就会倾向于专业化分工。

1.2 作为一门科学的经济学

1.2.1 经济学与其他科学

1. 经济学的科学属性

经济学是一门社会科学,是社会科学中最引人注目的一个学科分支,被誉为社会科学的皇冠,是最古老的艺术、最新颖的科学。自 20 世纪 50 年代以来,伴随着第二次世界大战结束之后的经济重建和多数国家经济的快速发展,不断涌现的经济问题既推动了经济学理论体系的完善,又使得经济学成为社会科学领域中最活跃的科学。

经济学是一门不断演化和发展的科学。随着社会经济的发展,新的经济问题不断出现,其研究范畴和应用领域也不断被拓宽。除了传统的经济学领域之外,近些年,许多新的研究领域逐渐受到重视,例如环境经济学、行为经济学、教育经济学、公共经济学、医疗经济学、实验经济学、信息经济学等。

经济学研究的目的是要揭示错综复杂的现实经济活动背后的经济规律,为改善人们的生活条件提供理论依据和政策建议。为了在众多杂乱无章的经济事件或因素中找出它们之间的内在联系和规律,经济学家力求以科学家的客观性来探讨经济问题。科学的本质是科学方法,经济学家运用的科学方法类似于物理学家研究物质运动的方法,或生物学家研究生物分类的方法,包括了观察经济现象,提出理论假设,收集统计数据和历史记录进行定量分析,建立模型验证理论假设。理论是逻辑推理,一种理论包括一组假设和从这些假设导出的结论。如果假设是正确的,那么结论也是正确的。经济学家用经济学理论来进行预测,他们可能想要预测"关税对增加或限制外国汽车进口会产生什么影响"。根据理论得出的预测则是:如果市场是竞争的,当关税提高后,进口汽车的价格将会上升,汽车进口量将会下降。

经济学家致力于研究如何将人们的兴趣及其探求活动合理化的方式,尽管不同经济学家的特长和关注点不同,但是他们在分析经济问题时,会通过不断地质疑自己来深化对所分析问题的理解。以下四个方面的质疑是经济学家必须回答的。

第一,问题中的欲望和限制是什么?这一质疑涉及稀缺性的概念,要求我们批判性地思考既定条件下驱动决策的偏好和资源,它与效用函数、预算限制、策略行为,以及行为经济学相关联。

第二,问题中的权衡取舍是什么?这一质疑涉及机会成本的概念,要求我们在考虑任何决策时,了解其中的权衡取舍,包括那些超出当前财务成本和收益的因素,引导我们探讨边际决策、沉没成本、非货币代价,以及时间的价值和风险。

第三,问题中的其他人会如何反应?这一质疑涉及激励的概念,既包括对自己的激励,也包括对他人的激励。我们需要考虑个人决策如何以预期或者预期之外的方式产生影响,当激励变化时会发生什么。这一问题与市场供给和需求、弹性、竞争、税收,以及货币和财政政策有关。

第四,问题中的其他人为什么没有做这件事?这一质疑涉及效率的概念,要求我们从市场能够提供人们想要的物品和服务这一假设出发,探讨为什么一些看起来很好的项目未能得到实施。

上述四个方面的质疑体现了经济学的社会科学属性,即经济学研究的对象不是孤立的个体,而是社会人,必须与所处社会环境中的其他人建立联系。经济学的研究必须考虑到所处的社会环境,及其各种内在因素和外在因素的相互作用。

2. 经济学与自然科学

经济学可能是社会科学中最接近自然科学的学科之一。经济学家通常不用实验仪器或去实验室做实验,因为他们并不研究化学物质的分解,也不分析这些物质的物理环境。实际上,经济学家是把整个社会当成他们的实验室,而社会则把人类提供给经济学家做实验,让经济学家进行观察,从而揭示出人们的行为如何随世界的变化而做出相应反应的规律。

就像工程师建立不同的实物模型来研究汽车的某些特征一样,经济学家也建立经济模型,用文字、图表、变量或方程来研究经济运行的某些特征。经济变量是任何可以被度量、被赋值,并且可以变化的量,价格、工资、利率、生产量等都是变量。一个经济模型可以用来描述变量之间的数量关系,或者做出一般性的预测。当经济学家发现变量之间具有系统性的关联时,他们就要问,这是偶然现象还是存在某种必然的关联。例如,观测到经济中的物价水平快速上升后,经济学家可能会提出通货膨胀的理论假设,即假设政府发行了过多货币导致货币增长速度显著快于实际经济增长速度。为了验证这个假设,经济学家可以收集不同时期和不同国家的物价水平和货币供应量的数据进行分析。如果结果表明物价水平上升与货币供应量增长显著相关,则理论假设得到验证,经济学家可以建议政府通过控制货币供应量的增长来抑制通货膨胀。

经济学家利用统计检验方法来测定和检验变量之间的相关性。例如,考察并确定一枚硬币是否均匀,你可以投掷一枚硬币10次,若有6次为正面,4次为反面,这枚硬币是不均匀的吗?统计检验会告诉你,6正4反的结果不能证明这枚硬币是不均匀的。但是,如果你投掷一枚硬币100次,有80次都是正面。统计检验就会告诉你,如果硬币是均匀的,出现这种情况的概率极小。只要数据样本够大,统计检验的结果就会支持这枚硬币是不均匀的推断。相似的逻辑可以用于研究经济数据的相关性。

经济学是一门科学,并不意味着经济学家能像核物理学家在粒子加速器中观察原子裂变那样进行经济学研究。经济学家并不通过实验操作来检验经济学定律。当经济学家分析只有一个因素变化的情况时,通常假定其他相关的因素保持不变,然后研究这个因素变化的结果。但是,现实世界中,其他因素不可能保持不变。所得税体系的变化就是一个例子,当税收体系发生变化时,经济中的其他因素也会发生变化。

近些年,经济学发展出了一个新的分支:实验经济学。实验经济学通过在受控制的实验条件下,分析某些方面的经济行为。比如观察人们对风险的反应时,会通过建立一种风险环境,迫使个人在此环境中做出决策,并付诸行动。通过改变风险的性质和回报,我们就能解释在现实生活中,个人对不同的风险如何做出反应。社会实验和实验室实验都是为经济学家提供的研究经济行为的手段。但是,要在几种不同类型的数据中确定各种相关关系,并区分哪些关系是真实的,哪些关系是表面现象,仍然相当困难。

3. 经济学与数学

在现代经济学的发展中,数学与经济学结下了不解之缘。作为经济学的研究对象,人的行为变幻莫测,具有很大的不确定性;由人的行为产生的经济关系错综复杂,极大地增加了经济分析的难度。因此,经济学家不得不借助数学方法分析人的行为的本质特征,解释经济系统运行的内在规律。数学方法在经济研究中的应用几乎渗透到了经济学的所有分支学科领域,尤其是经济学的研究方法中。

在经济学研究中应用数学方法,无非是希望经济学的理论表述更加严谨。经济学中的数学倡导者认为,数学赋予了这一学科严谨性和精确性。自20世纪50年代以后,数学在经济学中的应用几乎成为经济学研究是否科学的最重要的判断标准之一,甚至出现了不用数学模型就很难在好的经济学杂志上发表文章,从而很难进入主流经济学界的情形。经济学研究中的真实性和精确性不可兼得,二者之间存在某种权衡。现代经济研究中运用数学模型的偏好,其隐含的研究假设:现实世界凌乱而复杂,有必要通过抽象建立一个简化的模型代表现实世界,其结果可能意味着经济学研究在严谨之中与现实无关,在精确之中形成错误。数学不能够完全替代对现实经济的构成和运行的理解。

数学不是经济学,数学只是一种逻辑工具。逻辑性强的人即使不用数学,只用语言或图表也可以把多数经济变量之间的复杂关系阐述清楚。社会现象比自然现象复杂得多,分析自然现象,通常只需考虑客观环境或客观影响因素;而分析经济现象,既要考虑客观影响因素,更要考虑经济主体的主观因素。至少现有的数学工具还很难把这些复杂多变的因素都考虑在内。

数学模型是帮助我们了解社会经济现象的工具,只要能达到目的,应该是越简单越好。虽然对于一种社会经济现象,涉及的影响因素可能很多。不过,在经济学研究中,借助科学的理论抽象,舍弃不重要或次要的影响因素,聚焦到最重要的影响因素及其相互关系上,可以极大地简化数学模型。在构建数学模型的过程中,简化和抽象是十分必要的。

1.2.2 经济学的学科分支

现代经济学历经上百年的发展,形成了众多的研究领域和学科分支,在不同的历史时期和条件下,经济学家关注的研究领域和热点问题不尽相同。

当代的理论经济学主要有两大学科分支:微观经济学和宏观经济学。英国经济学家亚当·斯密通常被认为是微观经济学的创始人,他在1776年出版的《国富论》中考察了物品价格的形成,以及土地、劳动和资本的价格如何确定等问题,揭示了市场机制的长处和弊端,讨论了市场的效率特征,并解释了个人的自利行为通过竞争市场如何产生社会经济效益。经济学的另一个重要分支是宏观经济学,主要研究经济的总体运行。在1936年以前,现代意义上的宏观经济学还不存在,当时,欧美等资本主义国家经历着自1929年下半年开始的经济大萧条。针对经济大萧条中出现的严重经济问题,英国经济学家约翰·梅纳德·凯恩斯在1936年出版了《就业、利息与货币通论》一书,提出了走出经济萧条的新思路和政策建议,并为宏观经济学的产生和发展奠定了基础。

1. 微观经济学

微观经济理论是一种从下至上考察经济活动的理论,其研究对象是小型、单个经济主体的选择行为,如消费者、投资者、工厂、经销商,以及单个行业和市场,等等。微观经济学关注的重点:单个企业和家庭的经济活动,单个产品或服务的投入、产出、供求和价格变化,以及生产效率和配置效率问题,即生产什么、为谁生产和如何生产的问题。

所有的经济决策都是由经济主体做出的,整个经济的变动也是成千上万个经济主体的决策相互作用的结果。在简化的微观经济理论中,复杂的现实世界通常被抽象为两类经济主体和两类市场。两类经济主体是家庭和企业;两类市场是商品市场和生产要素市场。作为消费者载体的家庭和作为生产者载体的企业,构成了市场经济的基本经济主体。微观经济理论以价格为分析的中心,重点分析市场均衡价格的形成机制,考察如何通过市场机制调节经济主体的行为来实现资源的最优配置。因此,微观经济理论是关于市场机制的经济学理论。当市场机制失灵时,微观经济理论为政府提供如何采取干预措施纠正市场失灵的理论依据。

微观经济理论从资源稀缺这个基本概念出发,研究市场中经济主体的经济行为,考察经济主体利用有限资源获取最大收益的条件。在商品市场上,家庭是商品的需求者,企业是商品的供给者。家庭根据商品的价格进行选择,期望在可支配收入的约束下从所购买的各种商品数量中获得最大的效用或满足。家庭选择商品的行为会影响市场中商品的价格,市场价格的变动为企业决定生产什么商品提供了依据。而在生产要素市场上,企业是生产要素的需求者,家庭是生产要素的供给者。企业的目的是用最小的成本生产出市场需要的产品数量,最大限度地获取利润。企业的生产决策会影响到生产要素市场上的价格,从而影响到家庭的收入。家庭和企业的选择会通过商品生产和要素市场上的供求关系表现出来,其中价格变动发挥着协调供求关系的作用。

微观经济学的分析基于三个基本假设:第一是市场出清假设,即假设资源流动没有任何障碍,可以自由进入和退出一个市场;第二是完全理性假设,即假设经济主体都是以利己为目的的经济人,按利益最大化的原则行事,既能把最大化作为目标,又知道如何实现最大化;三是完全信息假设,即假设经济主体免费并迅速地获得各种市场信息。尽管在现实生活中,这些假设往往并不成立,但并不妨碍经济学家利用这些假设,把复杂的现实世界抽象成便于分析的理论世界,从而可以深入探讨经济问题的本质特征、揭示经济表象背后的规律。

微观经济理论的研究内容相当广泛,其中主要有:均衡价格理论、消费者行为理论、生产者行为理论(包括生产理论、成本理论和企业决策)、不同市场结构下的市场均衡理论、要素市场与分配理论、信息经济学、权衡时间和风险的研究、拍卖和讨价还价理论、福利经济学、效率与公平的权衡、市场失灵与政府干预。

微观经济学研究个人、家庭、企业和政府如何做出选择以及这些选择如何影响价格、资源配置和其他经济主体的福利。例如,微观经济学家设计节能减排政策时,考虑到全球变暖很大程度上是化石燃料的碳排放量逐年增长造成的,相关政策就要针对减少这类燃料的使用来设计,碳税就是针对碳排放设计的。根据碳税政策,高碳能源发电厂(如煤电厂)就要为其生产支付比低碳能源发电厂(如风力发电厂)更多的税。微观经济学家的工作就是设计碳税,并确定这样的税收将如何影响家庭和企业的能源使用。每当我们想分析微观经济活动产生的问题时,就需要求助于微观经济学的研究。

2. 宏观经济学

宏观经济理论是自上而下考察经济活动的一种理论,它研究一国经济作为一个整体的经济活动,研究经济总量及其相互关系,也叫总量经济学。宏观经济学假设市场机制并不完善,政府有能力调节经济,通过"看得见的手"纠正市场机制的各种缺陷。宏观经济学致力于考察在给定的制度条件和微观效率条件下,一国经济作为一个整体的运行状况对全社会范围内资源利用和社会福利的影响。当经济运行不稳定时,就会出现资源利用问题,从而导致社会福利的下降。由总需求波动或总供给波动引起的宏观经济波动是经济运行不稳定的主要表现,由此产生的经济增长下滑、失业、通货膨胀、国际贸易赤字等总量经济问题,以及解决这些问题的宏观经济政策成为宏观经济学关注的重点。

宏观经济学产生于20世纪30年代西方资本主义国家经历的经济大萧条时期。在那之前,西方经济理论认为,市场机制的自发性调节可以促使经济波动趋于均衡状态。然而,1929年底爆发的、持续了10多年的经济大萧条对当时的主流经济理论提出了严峻的挑战。欧美等国的许多重要人物都敦促联邦政府实施公共工程项目、赤字预算,要求联邦储备委员会放松信贷政策。类似的讨论和研究处于总量经济学的框架内,随着公众日益迫切地要求政府积极地处理失业问题,用总量方法研究经济现象的必要性与日俱增。在这种背景下,1936年,英国经济学家约翰·梅纳德·凯恩斯出版了《就业、利息与货币通论》一书,为宏观经济学的诞生和发展奠定了基础。凯恩斯的宏观经济理论主要关注消费、储蓄、收入和就业总量的决定因素,强调价格刚性和总需求导向,主张政府干预,即通过积极的财政政策与货币政策来干预经济,以促进充分就业、价格稳定和经济增长。

第二次世界大战之后,越来越多的国家政府接受了凯恩斯的宏观经济理论,对本国经济采取了积极干预的态度。尤其是20世纪50年代初到70年代初,伴随着西方经济发达国家经历了一段稳定、快速增长的时期,学术界对宏观经济理论的研究也进入了繁荣时期,使宏观经济理论的内容得到不断充实和完善,并形成了经济学的一个独立的学科分支。

现代宏观经济学的研究聚焦到两类宏观经济问题上:一是短期经济波动问题;二是长期经济增长问题。短期经济波动问题即所谓的经济周期问题,涉及失业、通货膨胀、金融危机、经济衰退、汇率波动,以及经济结构尤其是产业结构失衡等问题。长期经济增长问题涉及人口增长、不可再生资源的枯竭、资本积累、技术创新和技术进步、潜在产出的增长能力,以及人们生活水平的长期变动趋势。

宏观经济理论的基本内容包括国民收入决定理论、投资理论、消费函数理论、就业理论、通货膨胀理论、经济周期理论、经济增长理论、总需求与总供给分析、财政政策与货币政策理论、国际收支理论、开放经济理论等。宏观经济理论通过对诸如国内生产总值、价格水平、投资、货币供应量、利率等经济总量及其变动的分析来研究宏观经济运行状况。因此,对总量经济指标的界定与衡量,也是宏观经济理论的一项重要研究内容。

3. 微观经济学与宏观经济学的区别与联系

微观经济学与宏观经济学虽然在研究对象、研究方法、研究内容、研究假设,以及研究的科学问题等方面具有明显区别,但是作为经济学理论体系中的两个分支,两者之间也存在着千丝万缕的联系。

经济学方法论上的联系。经济学方法论也称经济哲学,是指对经济学领域进行探索或采取行动的一般性的方法,是经济学的认识论基础和方法论基础。经济学方法论将经济学研究所采用的具体方法当作"问题"进行思考和分析,既研究经济学以及方法的功能和特点,也研究这些方法在整体上的联系。微观经济学和宏观经济学所体现的方法论和哲学思想,至少在学科理论的形成和发展初期是有区别的。在经济学的发展过程中,演绎主义哲学思想和归纳主义哲学思想对研究方法的形成和选择产生过显著影响。微观经济学的发展体现了演绎主义哲学思想的影响。来源于17世纪法国数学家和哲学家笛卡尔的演绎主义哲学思想强调演绎方法是获取知识、建立理论的基本方法。19世纪出现的奥地利学派是演绎主义方法论的典型代表,他们用演绎的方法系统地构建了自己的理论体系。在边际革命以后形成的新古典经济学在演绎主义方法论影响下,走上了一条公理化道路。以理性经济人假设为前提,微观经济学演绎出一整套理论体系。19世纪70年代以后,建立在边际效用价值论、一般均衡分析等基础上的新古典经济学,把数学方法引入了经济学的研究中。1947年,美国经济学家萨缪尔森出版了《经济分析基础》一书,进一步扩展了数学推理方法在经济学中的应用。微观经济学从个人追求效用最大化、厂商追求利润最大化、边际生产力递减等基本假定为出发点,演绎出关于消费者行为、生产者行为、生产与成本、市场结构、要素价格以及一般均衡等理论,并且借助数学工具以简洁的形式表述这些理论,使之成为一个至少从形式上看有着严密逻辑的理论体系。宏观经济学的发展体现了归纳主义哲学思想的影响。归纳主义哲学思想可以追溯到17世纪的弗朗西斯·培根。这种哲学思想主张把知识的获得、科学理论的形成等都建立在经验的基础之上,认为只有通过感性认识和经验得到的知识才是可靠的,并把归纳法作为发现规律、建立公理的最基本的方法,充分利用人的理智、技巧,对观察、实验方式进行安排,使这一过程真正达到正确合理地反映客观事物的目的。归纳主义的方法论认为观察、实验的目的在于了解事物的属性,发现现象之间的因果联系,进而建立经得起客观事实检验的一般性科学理论。在经济学的形成和发展中,重商主义学派、古典经济学家中的威廉·配第、亚当·斯密,马尔萨斯,以及20世纪的经济计量学、宏观经济学等,在研究方法、研究内容与理论结构等方面都体现出归纳主义方法论的基本主张。归纳主义的方法强调对经济现象进行实证性的研究,通过整理和分析已有的经济统计资料和其他资料来揭示经济中某一领域、某一层次的规律性。

微观经济学与宏观经济学的区别。两个分支学科之间,至少在五个方面存在明显区别。

第一,研究对象不同。微观经济学的研究对象是单个经济单位,如家庭、厂商等。而宏观经济学的研究对象则是整个经济,研究整个经济的运行方式与规律,从总量上分析经济问题。第二,解决的问题不同。微观经济学要解决的是资源配置问题,即生产什么、如何生产和为谁生产的问题,以实现个体效益的最大化。宏观经济学则把资源配置作为既定的前提,研究社会范围内的资源利用问题,以实现社会福利的最大化。第三,研究方法不同。微观经济学的研究方法是个量分析,即研究经济变量的单项数值如何确定。而宏观经济学的研究方法则是总量分析,即对能够反映整个经济运行情况的经济变量的决定、变动及其相互关系进行分析。这些总量包括两类,一类是个量的总和,另一类是平均量。因此,宏观经济学又称为"总量经济学"。第四,基本假设不同。微观经济学的基本假设是市场出清、完全理性、充分信息,认为"看不见的手"能自由调节实现资源配置的最优化。宏观经济学则假定市场机制是不完善的,政府有能力调节经济,通过"看得见的手"纠正市场机制的缺陷。第五,中心理论和基本内容当然也不同。微观经济学的中心理论是价格理论,还包括消费者行为理论、生产理论、分配理论、一般均衡理论、市场理论、产权理论、福利经济学、管理理论等。宏观经济学的中心理论则是国民收入决定理论,还包括失业与通货膨胀理论、经济周期与经济增长理论、开放经济理论等。

宏观经济学的微观基础。国民经济的整体变动是由微观经济主体的行为决定的,因此,宏观经济运行与微观经济活动具有密不可分的联系。首先,从长期增长的角度看,宏观经济学和微观经济学是一致的,凯恩斯主义是现代宏观经济学的开端,但在古典主义、新古典主义阶段,从亚当·斯密到马歇尔,经济学家同样关注宏观经济特别是长期经济增长问题。经济增长理论是现代宏观经济学的重要组成部分,无论是新古典增长理论还是内生增长理论,都符合古典主义价格弹性、市场可自由调节的基本假设,因此虽然研究内容不同,但经济增长理论与微观经济学是相一致的,很少出现"合成谬误"。其次,微观的市场失灵是宏观经济不稳定的根源,对短期中失业和通货膨胀的研究是宏观经济学的另一个主要内容,在绝大多数宏观经济学教科书中占据超过一半的篇幅。最近的研究表明,宏观经济的不稳定根源在于信息不完全和竞争不充分导致的微观市场失灵。最后,宏观经济的特征由微观经济主体的行为特征决定。经济长期增长的差异与全社会的储蓄率、投资方向有关,而经济的周期波动特性则与居民的消费行为和企业的投资行为有关。宏观经济总量的特征需要从微观经济主体的行为特征中去挖掘,如消费者的偏好特征、厂商的技术特征。

1.2.3 经济学分析问题的视角

经济学家不仅从事理论研究,还要进行社会调查,并为政府制定和实施经济政策提供咨询建议。他们既要解释经济问题的成因,揭示经济活动变化和经济运行的内在规律,又要提出解决社会经济面临的重大问题、改善经济运行的可行方案。对于经济问题和经济政策的研究,实证分析和规范分析是经济学家最常用的两种分析视角,而实证经济学(Positive Economics)和规范经济学(Normativ Eeconomics)分别是这两种分析问题视角的理论基础。

1. 实证分析

基于实证经济学的理论和方法对经济现象和经济问题展开的分析,称为实证分析。实证分析是从旁观者的角度,客观地观察和研究经济现象、个人或群体行为,以及经济政策影响的一种方法。实证分析试图排除一切价值判断,只研究经济本身的内在规律,并根据这些规律分析和预测人们经济行为的效果。实证分析要回答"是什么"的问题,只是客观地描述经济中的事实、状况和关系,不评价。实证分析对经济现象的描述,可能是真的,也可能是虚假的,需要根据客观事实对其真伪进行检验。

实证经济学家在分析各种政策带来的影响时,将政策视为外生变量,它们能够影响价格、产出、就业等经济变量,但不受这些经济变量的影响。在实证经济学中,即使研究不同的经济现象,采用的概念和方法却可能相同。例如,研究两种经济现象:一是提高中央银行贷款利率对非金融部门的影响;二是提高银行贷款风险溢价的外生性对私人部门的影响,可以在同一理论框架下,运用相同的方法开展研究。

当经济学家对经济进行描述并建立模型预测经济如何变化,或预测不同政策可能产生的效应时,他们在从事实证分析。例如,在回答"现在的失业率是多少""较高的失业率如何影响通货膨胀""劳动力年龄结构的变化是否会影响生产率"等问题的时候,经济学家需要借助实证分析。

2. 规范分析

基于规范经济学的理论和方法对经济问题展开的分析,称为规范分析。规范分析以一定的价值判断为基础,提出作为分析、处理经济问题的标准,并研究如何才能符合这些标准,将其作为制定经济政策的依据。规范经济学要回答"应该是什么"的问题。它往往涉及社会意义,要做出好坏的评价。规范经济学研究"是否应该如此做事",而不是"为什么应该如此做事"。规范是对各种行为方式的合意性做出判断。

经济学家以政府或企业顾问的角色开展研究时,他们运用的是规范经济学的方法。他们要判断哪套方案能够最好地实现公共政策目标。这类公共政策的目标包括抑制通货膨胀、减少失业、保持经济的稳定增长、改善生活水平、保护生态环境、减少财政赤字等。公共政策的制定者和决策者相当于社会计划者,而经济学家则相当于工程师,工程师要告诉社会计划者如何选择合适的工具达成既定目标。经济学家会提出政策建议,还会对社会偏好做出或明或暗的假设,而这些假设往往会包含主观的价值判断。

规范分析得出的结论是主观的,涉及价值判断。不同的人有不同的价值判断标准,对同样的问题会有截然不同的看法。对于这些看法,你可以同意,也可以不同意。由于规范分析带有强烈的主观色彩,所得出的结论要受到人们的伦理观、哲学观、宗教观、政治观的影响。具有不同价值判断标准的人,对同一事物的好坏会给出不同的评价,谁是谁非没有绝对的标准,无法证明其真伪。规范分析涉及的价值判断可以分为描述性价值判断和评价性价值判断两种类型。描述性价值判断涉及对研究题材和资料的选择,判断新理论的有效性所应遵循的标准。评价性价值判断指的是对社会状况的评价,它涉及各种人类行为以及社会产品分配的公平性等评判问题。当经济学家对不同政策进行评价、衡量各种成本和收益时,他们在从事规范经济学研究。

规范分析通常意味着放弃最优(First-best)方案,考虑次优(Second-best)方案。这里所谓的最优方案,是在没有信息、制度或政治约束的理想条件下才能实现的方案。而次优方案则考虑到了这些约束。规范分析中的一个棘手问题,是政策的制定者和执行者与政策的影响对象之间存在着的信息不对称问题。经济理论的基本假定是,经济政策的制定者拥有完全信息,能完全控制政策的执行环节。可经济政策的实践并非如此,决策者既不拥有完全信息,也无法完全控制政策的执行过程。以电信行业为例,经营者或企业拥有监管者需要掌握的有关成本、投资收益、需求弹性的信息。但这些信息对经营者而言具有战略性价值,他们完全有理由不公开所有信息,或者提供有偏差的信息。

为了评价不同政策方案的效果,规范经济学需要借助于实证经济学的知识,确定评判标准,并在此基础上对可选的政策方案进行比较,从而建议使用何种政策。假定政府想减少失业,现有两个备选方案:方案一以降低劳动者的平均工资收入为代价;方案二以扩大工资差距为代价。这意味着,要想做出选择,我们要在失业率、平均工资水平、工资差距三个变量之间,确定偏好顺序,并将不同方案产生的社会成本和社会收益进行对比。

3. 经济学家的意见分歧

实证经济学致力于描述人们事实上做了什么,而规范经济学侧重于建议人们应该做些什么。不过,两者之间的区别更多地表现在经济学家从不同角度分析经济问题时所产生的意见分歧。具体来说,经济学家在进行实证分析时产生的意见分歧,主要产生于在分析问题的过程中采取的理论假设、建立的定量模型、确定的变量和筛选的数据资料等方面的差别。实证经济学家运用经济模型来分析经济问题时,基于不同理论假设建立的模型不同,分析的侧重点和需要收集的数据资料也不相同,因而得出的结论往往不一致。

规范经济学的研究更容易在经济学家之间、政策制定者或执行者之间产生意见分歧,即使两个经济学家对模型的意见是一致的,如果他们的价值观存在分歧,所关心的问题不一致,也会提出不同的政策建议。例如,在评价减税对失业和通货膨胀的影响时,关心失业问题的经济学家会赞成减税,关心通货膨胀的经济学家会反对减税。任何政策都有许多结果,有些是有益的,有些是有害的。在比较两种政策时,一种政策可能对一些人有利,另一种政策可能对另一些人有利。当经济学家思考政府政策时,道德判断通常是不可避免的,很少有政策能够使每个人的状况都变得更好。判断输家承担的成本相对于赢家得到的收益是否值当,这在一定程度上是一个道德判断问题。

价值观是社会成员用来评价行为、事物以及从各种可能的目标中选择自己合意目标的准则。作为科学家,经济学家要保持客观和理性,但作为社会的一员,他们又有自己独立的价值观和价值判断体系,因此,对于"什么重要、什么不重要"的问题会形成不同的看法。例如,对于个人收入所得税要不要采取累进税制的问题,把效率看得比公平更重要的经济学家就会认为,对高收入者征收更高的税收会降低他们创造财富的积极性,不利于经济的长期增长,因此会反对这一政策。而更看重公平的经济学家则会认为,对高收入者适用更高的税率有助于缩小贫富差距,因此会积极支持这一政策。显然,由价值观导致的分歧主要集中在经济学的规范分析中,这类分歧不能通过完善经济模型来解决。只要经济学家具有不同的价值观,他们对政策问题就会存在分歧。经济学家之间的分歧对社会来说是件好事,因为争论能够使人们对复杂经济现象的认识更加全面。

考察限制进口汽车这一建议。实证分析会描述实施限制进口汽车这种政策的影响:消费者必须支付较高的价格,国产汽车的销量增加,国内的就业机会增加和利润增加,污染增加。经济学家之间可能在限制进口的影响方面存在分歧,或者是在进口数量多少上存在分歧。他们或许会一致认为消费者支付的价格会上升,但对价格上升多少存在分歧。规范分析需要回答:"应该限制汽车的进口吗"这一问题,规范分析需要评价所有的相关影响:消费者的损失、工人的收益、增加的利润、增加的污染,从而得出全面的判断。

1.3 经济学研究的特点

经济学研究的特点体现在三类分析中,即优化分析、均衡分析和经验分析。

1.3.1 经济学研究中的"优化分析"

1. "优化"的含义

优化(Optimization)是指人们在面临多项选择时,通过比较不同选择的利与弊,力图挑选出最佳选择的一个过程。

经济的核心含义是效率,而优化是提高效率的必由之路。经济学用优化概念将不同类型经济主体做出选择的目的统一起来,即人们的选择行为都是理性的,通过对比不同选择带来的收益和成本做出最优决策。在给定可获得信息的条件下,力图挑选出最佳的可选选项,就是优化。一项选择带来的收益越大,产生的成本越小,就越佳。最佳选项就是能够产生收益与成本之差额最大的选项。

优化是一个动态调整的决策过程,这一过程持续的时间越长,决策环境中的优化条件和影响优化的因素就越可能发生变化。因此,最佳选择是对应于特定时间和特定决策环境的选择。随着优化条件和影响优化的因素的变化,曾经的最佳选择就会成为历史。例如,我国产业结构的优化调整,在不同时期,重点发展的产业有很大不同。20世纪50年代新中国成立后的国民经济恢复时期,重点发展作为基础产业的农业;到了20世纪60年代至80年代,为了实现工业现代化,工业的发展得到加强;20世纪90年代至21世纪初,伴随着改革开放的不断深化,现代化制造业和电子信息产业快速发展起来;加入世贸组织(WTO)之后,我国经济与国际经济的联系更加密切,对外贸易行业、现代金融业、现代高端服务业在国民经济中扮演的角色越来越显著;近10年,我国政府更加强调高质量发展,积极推动产业结构朝着实现产业绿色升级发展的目标调整,以重大技术突破和重大发展需求为基础,对经济社会全局和长远发展具有重大引领和带动作用,知识技术密集、物质资源消耗少、成长潜力大、综合效益好的战略性新兴产业成为重点发展的产业。

在实践中,确定优化目标,是优化决策的重要工作内容。优化目标是判断一项选择或决策是否优化的标准,优化的过程就是要确保优化目标的实现。

2. 优化过程中的基本关系

人们在优化的过程中,必须深刻理解以下三种基本关系:

第一,取舍选择与机会成本的关系。选择是一种权衡(Tradeoff),而权衡意味着为了得到某种东西而不得不放弃其他东西。由于资源稀缺性的存在,人们在使用经济资源时就必须不断进行权衡,以决定如何分配和利用有限的资源,来最大限度地满足人们的各种需求,这就涉及"取舍"选择的概念。取舍选择的实质就是将有限的资源配置到一种特定的用途上。一项资源有多种用途,选择一种用途的同时就意味着放弃了这一资源的其他用途,而其他用途产生的价值就构成了使用这一资源的机会成本。在现实生活中,人们经常会碰到类似的"要么这样,要么那样"的选择问题,这类选择可以称之为取舍选择。在很多"取舍"选择中,被放弃的资源用途并非一种,这时,机会成本就是做出一种选择时放弃的其他若干种可能的选择中最好的一种,即次优选择。例如,建设住宅小区需要占用土地,而这块土地本可以用来种粮食、植树或者修建公园。假设在这些其他用途中植树的收益最高,那么,土地用于建设住宅小区的机会成本就是这块土地如果用于植树所能产生的收益。机会成本并不等同于实际成本,它不是在做出某项选择时实际支付的费用或损失,而是一种观念上的成本或损失,它描述的只是在资源稀缺性的约束下,"鱼和熊掌不能兼得"的一种状态,是我们损失的机会的价值。机会成本是经济学家思考问题的一个基点,它告诉我们,天下没有免费的午餐,获得的同时总要损失掉其他的东西;或者说,有收益就必有成本。那么,怎样进行"取舍"选择才算是正确呢?经济学认为,在进行选择时,应当权衡各项选择的收益和成本的大小,只有收益大于成本时,这种选择才是明智的。因此,正确进行"取舍"选择的原则就是选择能够使资源产生最大价值的用途。这意味着,人们在进行选择时追求的是"优化"的目标,即最大限度地从稀缺资源中获取他们想要的东西。

第二,"多少"选择与边际分析的关系。在我们的生活中,还有一类非常重要的决策,即需要对"多少"做出选择。例如,你每天应当花多少时间锻炼身体,一家企业应当雇多少工人,生产多少产品。进行"多少"选择时,人们往往需要对行动计划进行微小的增量调整。假定考试临近,你决定早上8点钟开始复习了,到了9点钟,你考虑要不要再花一个小时复习,到了10点钟,你重复同样的选择。多花一个小时复习能使考试的分数更高,但要牺牲其他活动给你带来的享受。在每一个时点上,你都要权衡复习的收益和成本,只要多花一个小时的收益大于成本,你就应当把更多的时间拿来学习。你最终会花多少时间复习经济学,要看什么时候你多复习一小时的收益开始小于成本。你下一小时做什么?类似的对一种活动做出是否增加或减少一点的决策在经济学中被称为边际决策,相应的研究方法被称为边际分析。边际分析是为做出最佳选择而对有关备选方案的边际收益和边际成本所进行的观察、计量与分析。边际分析是理解人们如何做出最优选择的基础,在经济学中有着非常广泛的应用。

第三,时间约束与预算约束的关系。人们在进行选择时往往必须面对时间约束(Time Constraints)和预算约束(Budget Constraints)。对于任何人来说,满足欲望的时间和资源都是有限的,并不是所有的选择都可行。很有钱的人,面临的预算约束要小一些,但却受时间的限制;而约束穷人选择的则更多是金钱的短缺。在经济学中,一组可行选择的集合被定义为机会集合(Opportunity Set)。时间约束界定了一种典型的机会集合。不论富人还是穷人,每个人一天用于各种活动的时间之和都只有24小时。一个人用于看手机的时间越多,用于从事其他活动的时间就越少。随着时间的推移,每个人在时间选择上的偏好及其效应会从他们的社会地位、财富积累、职业成就,甚至身体健康等各个方面反映出来。

第四,个体优化与团体优化之间的关系。值得注意的是,个体优化的目标和团体优化的目标是不同的。例如,企业追求的优化目标通常是利润最大化,而大部分家庭和个人追求的目标是福利最大化,这涵盖了收入、闲暇、健康,以及社会价值和人生的使命等许多非经济因素。对于大部分个体来说,如果优化的目标是赚更多的钱,那么,人们会尽量延长工作的时间,甚至在退休年龄到了之后还都会继续工作很多年。政府作为一个团体决策者,其优化目标往往是一个复杂的政策目标的组合。

第五,主动选择与被动选择的关系。人们的选择是相互影响的。在现实生活中,人们做的很多选择不仅影响自己,还会影响到他人。比如,受"三鹿奶粉事件"的影响,你可能决定不再购买牛奶做早餐,而是改用豆浆机现磨豆浆喝。由于你的这一选择,生产牛奶的企业销量下降,而生产豆浆机的企业销量上升,这又有可能进一步导致饲养奶牛的农民收入减少,种植大豆的农民收入上升。实际上,你的选择也受到了其他人选择的影响。如果牛奶企业不生产有质量问题的牛奶,你可能还会接着购买牛奶。如果没有企业选择生产豆浆机,你自己制作豆浆就会比较麻烦,可能你的选择也会不同。

3. 劳动分工与优化

个体之间的选择之所以会相互影响,是因为我们生活在一个分工的社会中,每个人都只从事特定的物品和劳务的生产,并在市场上进行贸易,向其他人提供产品和劳务,也从其他人那里获得产品和劳务。

分工能够产生专业化优势,当每个人专门从事一种工作,并相互进行交易时,经济作为一个整体就能获得更多的产出。在每个人的生存都依赖于专业化和交换的社会中,一个人的选择会改变其他人可供选择的机会。如果说,个体的选择行为需要强调取舍和优化,那么,制约一个社会运行的人与人之间的互动关系中,就需要强调群体的协作。

1.3.2 经济学研究中的"均衡分析"

1. "均衡"的含义

均衡(Equilibrium)是一种没有人可以从改变自身行为中获益的状态,即均衡是一种每个人都处于优化的状态,是没有人可以从改变自身行为中获益的特殊状态。当经济中的每个主体都认为不能通过选择其他行动而获益时,经济系统处于均衡状态。经济学研究中的均衡分析包括一般均衡分析和局部均衡分析。

2. 一般均衡分析

一般均衡分析(General Equilibrium Analysis)寻求在整体经济体系的框架内解释生产、消费和价格,它假定一个社会任何一种商品(或生产要素)的需求和供应,不仅取决于该商品的价格,还取决于其他所有商品的供求和价格。

一般均衡分析认为,在整个经济体系中,一切商品的价格与供求都是互相联系、互相影响和互相制约的。一种商品价格的变动,不仅受它自身供求的影响,还要受到其他商品的供求与价格的影响。经济中存在着这样一套价格系统,它能够使每个商品市场的供给与需求达到均衡,这时经济就达到了一般均衡,其价格就是一般均衡价格。

3. 局部均衡分析

局部均衡分析(Partial Equilibrium Analysis)在假定其他市场条件不变的情况下,孤立地考察单个市场的供求与价格之间的关系或均衡状态。相对于一般均衡分析而言,局部均衡分析着重考察个别经济主体的行为,而不考虑各个经济主体之间的相互关联和影响,它只分析某一商品自身的价格与其供求状况之间的关系,忽略该商品与其他商品的价格和供求的关系。局部均衡分析并不否认各种商品的价格、供求相互之间的联系和影响,但却认为在某一商品的均衡价格形成中,影响最大的还是该商品自身的供给和需求状况。因此,局部均衡分析把研究的对象限制在其他条件不变的假定之内,专注于分析某一商品的价格是如何由其自身的供求关系决定的。

一般均衡是局部均衡概念的扩展。在一个一般均衡的市场中，每个单独的市场都是局部均衡的。经济学家把世界看作是一个经济主体的集合，这些经济主体之间存在互动，在相互影响的过程中同时进行优化选择。在均衡状态下，考虑到每个经济主体拥有的信息和对其他经济主体行为的预期，他们都在做最佳的可行选择，没有人认为他们会从改变自己的行为中获益。例如，考虑人们在超市付款时对付款通道选择的问题，如果有一个付款通道前排的队较短，消费者将优先选择这个付款通道；如果一个付款通道前排的队较长，消费者将离开这个付款通道，加入队列较短的付款通道。当然，影响消费者选择付款通道的信息还包括了付款通道的结账速度、付款通道前每一个消费者准备结账的商品有多少，以及影响结账速度的其他因素。当所有等待结账的消费者把这些因素都考虑在内来优化他们的选择时，那么，在所有付款通道前预期等待的时间将大致相同，即达到了均衡状态。

1.3.3　经济学研究中的"经验分析"

1. "经验"的含义

经验分析是利用数据，或基于证据，所进行的分析。经济学家借助数据发现问题、提出假设、建立模型并检验理论，从而揭示经济现象背后的规律。相对于理论分析，经验分析主要以经验知识为依据和手段，由此获得的经验知识可以作为理性知识的基础和来源。经验分析具有直观性，比较切合实际，但不易发现问题的本质或现象背后的深层规律。实践中，经验分析需要与理论分析相结合。

经济变量之间的相关关系和因果关系是经济学研究中经验分析的重点。

相关关系(Correlation)是客观现象存在的一种非确定的相互依存关系，其中的自变量和因变量没有严格的区别，在相关分析中可以互换。当一个或几个相互联系的变量为一定的数值时，与之相对应的另一个变量的值按某种规律在一定的范围内变化。相关关系可以分为三类：正相关、负相关、零相关。如果两个变量之间的变化方向相同，则称这两个变量正相关；如果两个变量之间的变化方向相反，则称这两个变量负相关；如果两个变量之间没有相关关系，则称这两个变量之间零相关。

经济变量之间的因果关系(Causation)是一种确定的依存关系，其中一个变量的变化被认为是另一个变量变化的结果。因果关系可以看成是从原因到结果的路径，当某件事情直接影响另一件事情时，因果关系就发生了。例如，每年的高温季节往往伴随着大量人群涌向海滩游泳，这个例子中的"因"是每年特定时间的高温天气，"果"是人们蜂拥而至海边游泳。一般来说，因果关系会体现出变量变动之间的时间顺序，即变量之间的变动发生在不同的时间点上，先发生变化的变量是"因"，称作"自变量"；后发生变化的变量是"果"，称作"因变量"。探究生活中发生的事情是什么原因造成的，是经济学家感兴趣的研究领域。现实生活中，许多经济现象十分复杂，很难用单一的因果关系来解释。例如，近些年我国的房价上涨是多种因素相互作用、推动的结果，仅仅依靠控购、限制贷款或征收房产税等单一措施，很难有效解决房价上涨和住房需求之间的矛盾。

2. "经验分析"的逻辑

科学的本质在于方法的科学性，经济学家采用科学方法开展的经验分析是一个包含了理论假设、模型构建和假设检验三个阶段的逻辑过程。

(1) 第一阶段，提出理论假设

为了明确经验分析的方向和范围，经济学家需要在对客观现实进行深入、系统观察的基础上提出理论假设，以便简化问题，使对复杂的经济现象的分析变得更为容易。比如，在研究消费者行为时，通常假设消费者的全部收入只能用来购买两种商品，这虽然和实际不一样，但能帮助我们更好地理解现实世界中更为复杂的消费者行为。

除了在具体问题上进行假设之外，经济学的整个理论研究通常要做出两个重要假设：一是经济人假设，也被称为理性人假设，认为经济生活中的每一个人，其行为均是利己的，总是力图以最小的经济代价去追求自身利益的最大化；二是完全信息假设，认为每一个从事经济活动的个体（买者和卖者）都对有关的经济情况拥有完全充分和对称的信息。需要注意，假设不是随意的，而是科学思考的结果。比如，如果从楼顶抛下的不是石头，而是气球，物理学家就不会假设下落的环境是真空的，因为空气摩擦对气球的影响远远大于石头。经济学中的假设是基于对现实经济生活的观察，然后通过归纳、抽象提出理论推断。推断是否正确，需要进一步的理论分析和实战经验。

经济学家通过对经济现象的观察提出理论假设。例如，一位经济学家在购物的过程中发现面包的价格下降后，销量会上升，而价格上涨后，销量会下降，所以提出这样一种理论假设：人们对一种商品的需求量与该商品的价格负相关。为了验证这种理论假设是否正确，这位经济学家会搜集不同商品的价格水平和对应需求量之间的数据，如果发现两者之间都是负相关关系，那么这个理论假设就可能被证实；如果在一些情况下，两者之间是无关或者正相关的，那么这个理论假设就值得怀疑，甚至应该被否定。

专栏 1-2

自利与理性

(2) 第二阶段，构建分析模型

构建模型的目的是解释经济现象，说明经济现象发生的原因。在提出理论假设的基础上，经济学家会构建用于分析问题的模型。例如，市场供求模型可以表明商品市场中商品的需求、供给和价格之间的关系；投入产出模型可以反映出生产过程中特定技术条件下的投入与产出之间的关系。通过模型，经济学家可以解释企业生产成本上升的原因，是工人的工资上涨还是原材料价格上涨。好的经济学模型通常看起来非常简单，却能够用最简化的方式表达最深刻的思想。尽管模型也可以用文字加以说明，但在经济学中，通常用图表或数学模型的形式直观地描述。

经济模型的另外一个作用是预测。例如，如果对某种产品的需求增加，它的价格会上涨；人们的收入提高，对某种产品的需求会增加多少等。预测过程事实上就是一个推理过程。在推理过程中，经济学家不得不设想其他因素保持不变，例如，对某种商品的需求增加会导致商品价格上涨，这是基于该商品的生产成本没有下降的假设做出的推理。

一个经济模型是否有效，还要接受实践的检验。经济学家要根据是否成功地解释和预测现实经济现象来对模型进行评价。如果预测是错误的，那就要检查推理是否正确；如果推理正确，那就必须对模型进行改进或用其他预测更为准确的模型来代替。有时尽管模型的预测不准确，经济学家也想把这个模型保留下来，因为它有助于深入考察经济的运行。例如，可以实现效率、增长和公平目标的理想化经济模型在现实中几乎是不存在的，但通过它却可以对现实世界有更多的认识。

经济分析中常用的一类模型是图示模型,如图 1-2 的两部门经济循环流向图。

一个社会由无数个从事不同经济活动的个体组成,为了说明这些个体如何组织并构成一个协调运转的经济体,我们需要利用简化的模型,描绘出经济主体间的相互交易过程。在图 1-2 中,经济主体被分为两类:家庭和企业。企业使用劳动、土地和资本等投入品生产物品和劳务,这些投入品被称为生产要素。家庭拥有生产要素,并消费企业生产的物品和劳务。

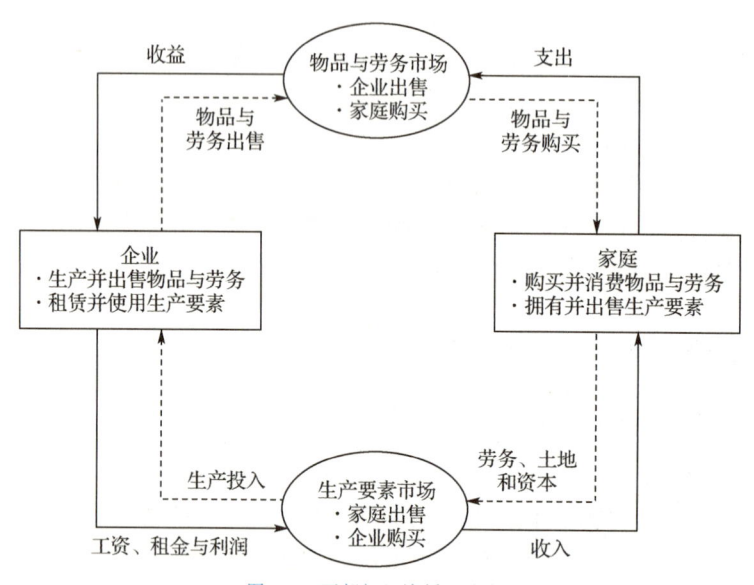

图 1-2 两部门经济循环流向图

家庭和企业间的相互交易形成了两个市场。在物品和劳务市场上,企业是卖方,家庭是买方。在生产要素市场上,家庭是卖方,企业则是买方。家庭在生产要素市场上把自己的劳动、土地和资本出售给企业使用,企业用这些生产要素生产出物品和劳务,然后又在物品和劳务市场上出售给家庭,这构成了实物的流动。

家庭支出货币去购买企业的物品和劳务,企业将销售的部分收益拿来支付生产要素的报酬,比如工人的工资,剩下的部分成为企业所有者的利润。值得注意的是,企业所有者本身也是家庭的成员。因此,货币以支出的形式从家庭流向企业,又以工资、租金和利润的形式从企业流向家庭。

经济分析中常用的另一类模型是数学模型。这类模型是由经济变量和基于理论设定的经济变量之间的关系构成。例如,柯布—道格拉斯生产函数是经济学中使用最广泛的一种生产函数,一般形式为:

$$Q = AL^{\alpha}K^{\beta} \tag{1.1}$$

式中:Q 为产品产量;L 和 K 分别表示劳动和资本的投入量;A 代表综合技术水平;α 是劳动产出的弹性系数($\alpha>0$);β 是资本产出的弹性系数($\beta<1$)。

该生产函数可以用来分析在一定时期内,在技术水平不变的条件下,生产过程中所投入的各种生产要素的数量与所能生产的最大产量之间的投入产出关系。

(3) 第三阶段,验证理论假设

在经济学的研究中,验证理论假设要比提出一种理论难度更大。研究万有引力的物理学家可以在实验室中通过重复实验得到检验他们理论的数据,而经济学家却不能把成千上万个独立的消费者弄到实验室中让他们重复自己的交易过程。作为实验室试验的替代品,经济学家很多时候只能使用历史资料或统计数据,即记录人们以往进行经济选择结果的数据。这些数据有的来自专业机构,有的则需要经济学家自己去搜集,而寻找准确的数据往往是经济学家最头疼的工作。

验证理论假设面临许多挑战,主要挑战包括数据的收集和分析、经济变量的确定、验证方法的选择,以及验证结果的分析。

数据按其本义来说是定量(计数或计量)的,但在实际应用中,它们可以是定量的,也可以是定性的,或者是两者的结合。随着人类认识客观世界能力的提高与认识层次的深化,数据的外延不断地扩大。近些年,信息技术和互联网经济的快速发展,使得人们获得数据信息的广度、深度和速度的能力获得了飞跃式的提升,基于大数据进行的分析成为经济研究中经验分析的一种趋势,也成为经济主体进行优化决策的一种重要手段。经济学的经验分析中采用的数据主要有三类:截面数据、时间序列数据和面板数据。截面数据(Cross Section Data)是一批发生在同一时间截面上的数据;时间序列数据(Time Series Data)是一批按照时间先后顺序排列的统计数据;面板数据(Panel Data)包含时间序列数据和截面数据两个维度,将这两类数据按两个维度排列在一个平面上,在时间序列上取多个截面,在这些截面上同时选取样本观测值所构成的样本数据。面板数据是一个 $m \times n$ 的数据矩阵,记载的是变量在 n 个时间节点上 m 个对象的数据。在分析经济政策或突发事件的影响时,也会用到虚拟变量数据(Dummy Variable Data)。虚拟变量数据也称为二进制数据,一般取值 0 或 1。虚拟变量经常被用在计量经济学模型中,以代表政策、条件等因素的变化。

统计模型和计量经济模型是经济学研究中验证理论假设最常用的方法。计量经济模型中的变量可以分为多种类型,例如,被解释变量与解释变量、内生变量与外生变量、工具变量与目标变量、离散型变量与连续型变量等。某个变量属于哪种类型并不是先验确定的,主要取决于它们在模型中的作用和分析目的。模型中变量的选择要遵循三个原则:第一,需要正确理解和把握所研究的经济现象中暗含的经济学理论和经济行为规律;第二,要考虑数据的可得性,这就要求对经济统计学有透彻的了解;第三,要考虑所有入选变量之间的关系,使得每一个解释变量都是独立的。选择变量不可能一次完成,往往要经过多次反复,而且,选择变量不能以数据拟合得好坏作为主要标准。

数学模型是构建计量经济模型的基础,确定模型数学形式的主要依据是经济理论。在经济学中,对生产函数、需求函数、消费函数、投资函数等模型数学形式的研究已经积累了较为丰硕的成果,对于计量经济模型的构建可以借鉴这些研究成果。确定模型的数学形式还要考虑变量之间的关系,其中主要关系有:线性关系与非线性关系、行为关系与技术关系、微观关系与宏观关系、静态关系与动态关系、恒等关系与制度关系、存量关系与流量关系。尽管这些关系并不相互独立,但不同类型的关系对模型数学形式的要求不尽相同。

运用计量经济学的方法验证理论假设,需要借助四类检验,即统计检验、计量经济学检验、经济学检验和预测检验。只有通过了这四类检验,理论假设才有可能得到证实。如果检验不能通过,则需重新选择变量,调整变量之间的关系,修改模型的数学形式,再进行这四类检验,直至通过检验。

3. 经验分析中的图示

运用数据图直观地描述经济变量的数值分布规律及其相互之间的关系,是经验分析中常用的方法。根据收集到的数据不同,我们可以运用时间序列图和散点图进行分析。

时间序列图是根据单变量的时间序列数据绘制的图形,如图1-3所示。其中,横轴 x 代表时间,纵轴 y 代表所分析的经济变量。该时间序列图描述了所分析经济变量的变化趋势,其中包含了上升的趋势和周期性波动的趋势。

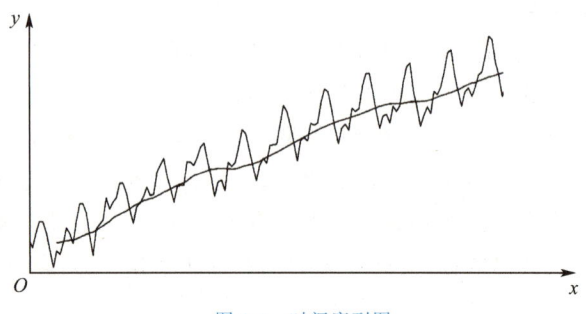

图1-3 时间序列图

散点图是根据两个变量的数据绘制的图形,如图1-4所示。其中,横轴 x 代表一个经济变量,纵轴 y 代表另一个经济变量。该散点图所描述的两个变量之间是正相关关系,即变量 x 的较高取值对应于变量 y 的较高取值,两个变量的取值同方向变化。如果两个变量之间没有关系,由其数据所描绘的散点图就会杂乱无章,如图1-5所示。

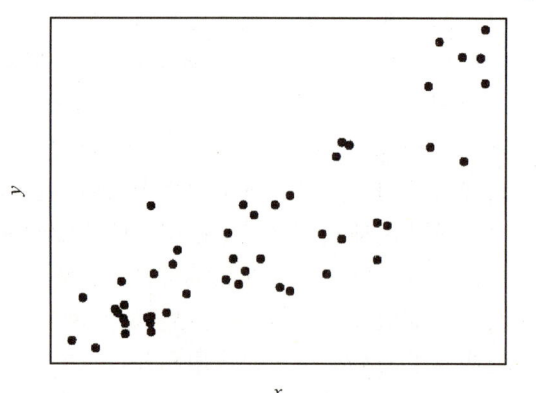

图1-4 表现为正相关关系的散点图

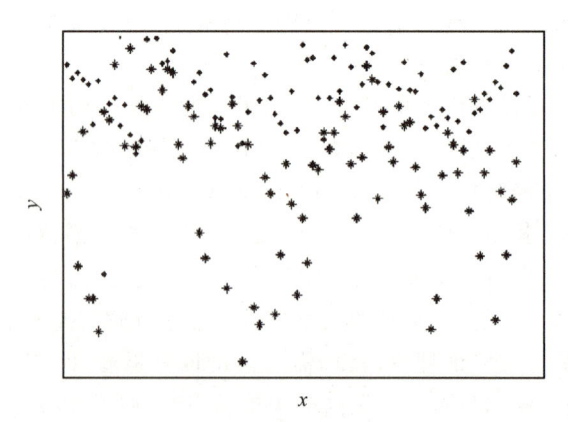

图1-5 没有显著相关关系的散点图

1.4 经济活动的组织和协调

当人们选择劳动分工和专业化生产并通过市场来获得自己不生产,却又需要的其他物品和劳务时,怎么才能保证每个人需要的东西都能够从市场上获得呢?在实现了劳动分工和贸易的经济中,个体之间的选择相互影响,需要一定方式的组织和协调。

一个社会组织和协调个体选择行为的方式被称为经济体制(Economic System)。广义上,经济体制泛指各种经济活动的组织和协调模式,如果把这种模式看成是经济运作的一种方式,经济体制则是实现稀缺性资源配置的运作方式。目前,世界各个国家实行的经济体制主要有三种:市场经济体制、计划经济体制和混合经济体制。

1.4.1 市场经济体制

1. 市场经济体制的含义

市场经济体制是指以市场机制作为配置社会资源基本手段的一种经济体制。它是与社会化大生产相联系的商品经济体制,其最基本的特征是经济资源商品化、经济关系货币化、市场价格自由化和经济系统开放化。

在市场经济中,政府对经济运行所起的作用更多地表现在宏观调控上,在人们的选择中不主动干预。生产什么、如何生产和为谁生产,都是由经济主体自己决定的。企业决定雇用谁和生产什么,工人决定为哪家企业工作,消费者决定用自己的收入购买什么商品和服务。乍一看,市场经济是混乱的,人们自由地追求自己的利益,自由地进行着物品和劳务的交易。但是,事实却证明,恰恰是这种看似混乱的、无人协调的经济体制能够在多数时候将众多独立个体的选择完美地衔接在一起,实现整个社会福利的最大化。亚当·斯密在《国富论》中将此总结为:家庭和企业在市场中相互交易,他们仿佛被一只"看不见的手"指引,导致了合意的市场结果。

2. 市场经济体制的特点

市场由买方和卖方构成。买方代表了市场需求,卖方代表了市场供给。买方需求包括普通消费者对消费品的需求;生产者对生产要素的需求;社会大众对公共设施的资源需求、国家战略储备和国防安全的资源需求;等等。卖方供给包括为了满足买方需求而生产并向市场提供的各种商品,其供给能力取决于卖方的产能和产量。

在市场经济中,无论是买方还是卖方,都是具有自主买卖权和经营权的自然人和法人。现代市场经济是由自然人和法人构成的市场主体。产权制度是现代市场经济体制的核心制度,可以为企业确立法人地位,走向公司化治理结构,保证市场经济体制的高效运行和企业健康发展。根据经济学理论,产权是对经济主体财产行为权利的法律界定。市场经济是一种具有不同利益取向的经济主体在产权明确界定的条件下进行公平交易的经济系统。在市场经济中,产权用以界定人们在交易中如何受益、如何受损以及如何补偿的行为权利。经济主体具有追求自身利益的权利,但要受到他人权利的约束。在这种人们追求自己利益最大化的行为不能损害他人权利的制度约束下,经济活动趋于有序和高效。

中国实行的是社会主义市场经济体制,即与社会主义基本社会制度结合在一起的市场经济,是在社会主义国家宏观调控下运用市场机制配置资源的经济体制。这种经济体制体现了社会主义的根本性质,受社会主义基本经济制度的制约,在公有制为主体的前提下,非公有制经济也是社会主义市场经济的重要组成部分。

3. 市场经济体制的协调方式

市场经济中协调经济活动的"看不见的手"其实就是价格机制。对于生产什么,如何生产和为谁生产这三个重要问题,采用价格机制的协调方式来回答既简单又直接:哪种产品价格高,就生产哪种产品;哪种生产方式成本低,就采用哪种生产方式;哪一种生产要素的价格高,这种生产要素的拥有者获得的收益就多。为什么当个人这样选择的时候,社会也能实现最优呢?简单说,自由决定的价格既反映了一种物品的社会价值,又反映了生产该物品的社会成本。人们为了最大化个人的利益在决定购买什么和卖出什么的时候往往会关注价格,也就不知不觉考虑到了他们行动的社会收益和成本。结果,价格在指引分散的个人进行选择的时候,也实现了社会福利的最大化。

因此,经济学家普遍认为,市场是组织经济活动的一种好方法,经济学的研究也是以市场经济为背景而展开的。

专栏 1-3 看不见的手与价格机制

在市场经济中,政府不直接干预人们的选择,但并不意味着无所作为。一方面,市场中的看不见的手需要政府的保护。如果一个农民预见到他的收成会被偷走,那么他就不会种庄稼;如果认为顾客享受完美味之后不会付费,那么餐馆就不会提供服务。只有产权得到保障,市场才能正常运行,而保护产权这一项艰巨工作必须依靠政府。另一方面,市场不是万能的,有些时候市场并不能实现资源的最优配置,需要政府的介入。因此,经济学也要研究,在市场经济中,政府什么时候应当干预市场,以及如何干预市场才能最有效地改善市场绩效。

1.4.2 计划经济体制

1. 计划经济体制的含义

计划经济体制,或计划经济,是根据事先制订的计划来安排产品的生产、交易、分配和消费等经济活动的经济体制。由于几乎所有计划经济体制都依赖于指令性计划,因此计划经济也被称为指令性经济。计划经济一般是政府提出国民经济和社会发展的总体目标,制定相关的政策和措施,有计划地安排经济活动,指导和调节经济的运行。在这种经济体制下,大部分关于生产什么、如何生产和为谁生产的决策都是由政府通过集中计划、指示或指导经济主体的行为来实现。中国、苏联等社会主义国家曾经采用过这种经济体制,但因为绩效不理想已经纷纷向市场经济转型。

在纯粹的市场经济中,资源分散在消费者和生产者手中,在价格机制的引导下,资源所有者的选择决定了一个社会的经济产出。与此相反,在纯粹的计划经济下,政府拥有资源,并负责决定利用资源生产什么、生产多少、在哪儿生产,以及什么时候生产。生产者则根据政府制定的计划组织生产和分配。理论上,经济中的资源配置基本上由政府来决定,重要的经济决策由代表人民利益的政府官员来决定,而不是像市场经济中那样由那些拥有绝大多数私有财产的少数富人来决定。

计划经济最突出的问题是,它改变了生产者和消费者面临的激励机制,使得任何社会化的经济运行丧失了活力。纯粹的计划经济导致消费和生产脱节。企业按照政府的计划指令生产出产品,然后由政府将这些产品按照公平或公正的标准分配给不同的人。在缺乏物质激励的计划经济中,如何驱使生产者长时间工作成了难题,大多数生产者不可能像在市场经济下那样努力工作。人们只有从自己的劳动中获得足够的回报才会努力工作,这是人性使然。因此,计划经济的常态是短缺,或供不应求。

激励问题还涉及稀缺性资源如何在生产者之间配置的问题。在市场经济下,金融市场的存在解决了这一挑战,尽管计划经济取缔了金融市场,但计划的制订者面临的挑战却没变。例如,在市场经济中,企业如果没有足够的资金投资一个项目,可以通过发行债券或股票来融资。不论该资金来自企业的内部还是外部,企业的所有者都要用自己的财产担保,承担与此投资相关的所有风险。在计划经济中,照样存在投资项目的风险和回报问题,投资成功固然皆大欢喜,倘若投资失败,计划制订者不可能用自己的资产弥补投资失败产生的损失。当面对"如何处理投资项目的风险与回报"这一问题时,市场经济与计划经济下激励机制的差别会再次显现出来。

计划经济失败的另一个重要原因是计划的制订者很难充分、及时地掌握每个行业的消费者需求和生产可能性的准确信息,以及各种类型经济活动复杂多变的情况,因此很难对众多个体决策和相关的微观经济活动进行有效协调。一个正常运行的经济体是由相互关联的众多产业构成。任何一种产品的生产,都依赖于对相关产业链中前后衔接的各个环节的需求结构和供给结构进行有效协调。例如,纯棉服装的生产涉及棉花种植业、纺纱业、织布业、印染业、服装制造业、运输业和零售业,任何一个产业生产的波动,都会波及其上游产业和下游产业的生产,从而引致整个产业链的连锁反应。这个过程一直持续,就像一个多米诺骨牌游戏。对于计划制订者来说,将经济中相互关联的各个产业的买者和卖者聚集在一起进行交易的协调是一个难题。因为,这种协同需要一种能够充分考虑买卖双方利益的机制。在市场经济中,价格机制决定了买卖双方交易的意愿,而利润决定了生产者的利益。但是,在计划经济中,买卖双方的交易是计划安排的,如果计划指令出现纰漏,经济活动的协调就会失败。

2. 中国计划经济体制的形成

20世纪50年代初,中国逐步走上计划经济体制的轨道。它的基本形成过程,大致可以分为三个阶段:第一阶段(1949年10月—1950年6月)是计划经济体制的萌生阶段。1949年底,成立国营工业企业(占全国工业资金的78.3%),开始建立社会主义公有制,政府掌握国民经济命脉。此后,对非公有制的私营工商业实行调整,使私营企业初步纳入计划生产的轨道,国家开始对经济活动实行行政指令的直接管理。第二阶段(1950年6月—1952年8月),是计划经济体制的初步形成阶段。中共七届三中全会以后,开始在全国范围内创造有计划进行经济建设的条件,初步形成中国计划经济体制决策等级结构的雏形。即决策权归国家,决策权力的分配采取行政方式形成条块分割的等级结构。中央政府首先加强对国营工业生产和基本建设的计划管理;其次,在对农业、手工业的计划领导方面,通过开展互助合作运动,克服农民分散经营中的困难,以保证国家农业生产计划的实现;再次,在1950年调整私营工商业的基础上,要求私营工商业遵照和执行政府制订的产销计划;最后,在市场管理方面,国家指令要求国营贸易公司正确执行价格政策。总之,在国家的集中统一领导下,以制订指令性的经济发展计划的形式,对国民经济各方面开始实行全面的计划管理,计划经济体制初步形成。第三阶段(1952年9月—1956年12月),是计划经济体制的基本形成阶段。1952年9月,毛泽东提出了"10年到15年基本上完成社会主义"的目标。为了实现这一目标,计划经济体制进一步健全并得到法律的确认,在已建立的各种专门性的计划管理机构的基础上,1952年11月成立了国家计划委员会。

1978年,中国开始实行改革开放政策,在以产品经济的计划经济体制中,逐步引入了商品经济和市场经济的成分。20世纪80年代,中国的经济体制改革经历了"农村的包产到户""城市国有企业的承包制、资产责任制""宏观计划,微观放开市场""生产资料的生产采用计划经济,消费品的生产采用市场经济""价格双轨制"等一系列改革的理论讨论和实践之后,中国的经济体制由计划经济体制逐步过渡到一种混合经济体制的模式。到20世纪90年代,中国正式确立并实施社会主义市场经济体制。

3. 中国计划经济体制的协调方式

中国自20世纪50年代初起,每五年会编制一份"五年计划(规划)",对国民经济和社会发展做出规划,确定目标、方向和相应的政策导向。1954年,中国制定和颁布第一部宪法,其第十五条规定:"国家用经济计划指导国民经济的发展和改造,使生产力不断提高,以改进人民的物质生活和文化生活,巩固国家的独立和安全。"这表明,计划经济体制已成为中国法定的经济体制。这种计划经济体制一直延续到20世纪90年代,才正式被社会主义市场经济体制所替代。

从1953年开始,中国制定并实施了第一个"五年计划(规划)",迄今为止,中国已编制了14个"五年计划(规划)"。其中,从"一五"到"十五"称作"五年计划",从"十一五"起,"五年计划"改称为"五年规划"。五年计划(规划)机制既有延续性、灵活性也有前瞻性,既考虑当前需求也顾及长远发展,既宏观整体部署也微观具体调控。在制定、实施过程中,立足现实问题,着眼长期发展目标,协调各地区、各行业、各领域的发展路径和各类经济活动,不仅是政府推动经济发展的依据,也是其考评具体发展成果的依据。2021年开始,中国进入第十四个五年规划,这是中国开启全面建设社会主义现代化国家新征程、向第二个百年奋斗目标进军的第一个五年。

在五年规划决策机制方面,中国形成了包括前期调研、形成基本思路、起草《中共中央关于制定国民经济和社会发展第十四个五年规划和二〇三五年远景目标的建议》(简称《建议》)、通过《建议》、起草《中华人民共和国国民经济和社会发展第十四个五年规划和2035年远景目标纲要》(简称《纲要》)草案、公众建言献策、衔接论证、广泛征求内外部意见、审批与发布《纲要》等多个阶段和步骤的编制过程。而移动互联网的发展与普及、人工智能与大数据等新技术的创新应用,也为中国民主决策提供了极大的便利,顶层设计与问计于民正随技术发展更好地相结合。目前,这一机制已从国家整体经济社会发展阶段性规划推广应用到从中央到地方多层级、多领域,并在不断创新完善中发挥更大作用。

1.4.3 混合经济体制

1. 混合经济体制的含义

混合经济体制是既包含了市场经济因素也包含了计划经济因素的一种经济体制,其经济活动既有市场调节,又有政府干预。目前,绝大多数国家实行的是混合经济体制,不同国家根据其经济发展的水平和社会制度,选择市场经济或计划经济在国民经济中所占的比重。

在混合经济体制下运行的经济是各种不同因素在一定社会制度下混合的经济运行体制。从公私混合的角度看,生产、收入与消费上存在公私混合;从政府在经济中所起作用的角度看,政府和私人同时对经济活动发挥作用;从市场与计划在一种经济体制范围内结合的角度看,通过市场机制配置资源、调节经济运行;同时,也运用计划这一调控手段,对宏观经济活动进行预测、规划和指导,规范微观经济活动,引导市场经济的发展方向。

2. 混合经济体制的特点

在混合经济体制下,经济主体的决策动机既可以来自市场的激励,也可以是被动地接受政府或机构的指令;整个经济中的信息传递也通过价格和计划来完成。

在混合经济中,通过市场机制的作用,解决生产什么和生产多少、如何生产和为谁生产的基本问题;当市场机制失灵时,则通过政府干预以促进资源使用的效率、增进社会平等、维持经济稳定和增长。政府的干预可能体现在以下领域:通过补贴或直接控制价格来调控商品和投入的相对价格,通过收入税、福利支出或直接控制工资、利润、房租等来调节相对收入,通过法律、直接提供产品和服务、税收、补贴或国有化调控生产和消费的类型,通过制定和实施宏观经济政策解决失业、通货膨胀、经济增长和支出赤字等宏观经济问题。

3. 混合经济体制的协调方式

资源配置的优化会提高市场效率,而资源配置的优化在于配置方式的综合运用。资源配置的方式有两种:市场和计划。市场通过价格机制优化资源配置,提高市场效率;计划通过对市场信息的获取,制定出各种措施调节资源配置,改进市场效率。

显然,市场对资源配置的优化并不是万能的,政府干预对市场资源配置效率的改进也并不总是有效的。市场配置资源的方式是基础,政府干预对市场资源配置效率的改进是建立在价格机制优化资源配置基础上的。同时,由于受到不完全信息等因素的影响,作为公共部门的政府的计划者通过计划手段矫正"市场失灵"的作用有时会达不到应有的效果,而且由于制度安排不当等原因,还会出现诸如"寻租"等问题,但这些问题的出现并没有抹杀政府在改进市场效率中的重要作用。

因此,在实际经济活动中,市场资源效率的改进在于:一方面,要以资源的市场配置方式为基础,把资源配置的市场和计划两种方式结合进来;另一方面,从信息的传递、制度的合理安排、有限理性的矫正等方面着手,把"市场失灵"降到最低,最大限度地提升市场效率。一般来说,对于生产什么、如何生产和为谁生产这些基本的经济问题,市场提供的解决方案能够基本保证经济系统的效率。不过,市场对为谁生产这一问题的回答不是所有人都能接受的,消费者能购买的商品和服务的数量及其类型取决于他们的收入,对于低收入者或贫困人群,政府就需要通过增加收入、转移支付、设计并实施能够缩小贫富差距的二次分配和三次分配制度等措施来资助他们。政府还要帮助离开工作岗位或暂时失业的人,通过伤残保险帮助那些失去劳动能力的人,等等。

关键术语

经济学　经济活动　稀缺性　效率　资源配置效率　劳动分工　专业化　生产可能性边界

实证经济学　规范经济学　经济资源　机会成本　优化均衡　微观经济学　宏观经济学　市场经济体制　计划经济体制　混合经济体制

思考题与讨论题

1. 许多人认为经济学的研究聚焦于如何赚钱。你如何定义经济学？
2. 经济学中的效率包括哪些类型？
3. 为什么说生产可能性边界可以表示一个经济体能够有效率地生产的最大产量？
4. 在日常生活中，人们的选择为什么是不可避免的？
5. 经济科学与自然科学的主要区别有哪些？
6. 为什么经济学家使用模型进行分析？
7. 实证分析和规范分析的区别是什么？
8. 为什么经济学家对同样问题的研究会出现意见分歧？
9. "经济学家运用科学方法"这种说法是指什么？
10. 经济学研究中的优化分析主要表现在哪些方面？
11. 定量模型在经济学研究的经验分析中具有什么作用？
12. 什么是混合经济？讨论在混合经济中政府可能扮演和不能扮演的角色。
13. 微观经济学的研究对象是什么？
14. 宏观经济学的研究对象是什么？
15. 微观经济学和宏观经济学的区别与联系有哪些？
16. 中国的经济体制为什么要从计划经济体制转变成社会主义市场经济体制？

第 2 章　消费者行为与市场需求

消费（Consumption）是人类社会最基本的经济活动之一。在社会再生产过程中，消费是最终环节。在这个环节上，消费者不以营利为目的去购买各种有形或无形的商品，满足自己的生活消费需要。因此，在现代经济中，消费者是与企业、政府一样参与市场经济活动的决策主体。消费者的行为直接决定了市场的需求，并在很大程度上影响着经济中稀缺资源的配置方式。

每个人一生中都要在衣、食、住、行等方面消费大量的商品和服务。为什么消费者会购买这些商品和服务，而不去购买另一些商品和服务呢？消费者的偏好和收入水平的变化是如何影响消费者选择的呢？消费者的选择是如何影响特定商品的市场需求呢？商品价格和收入水平的变化对消费者的最佳选择又会产生哪些影响？本章将重点讨论这些问题。

关键问题

- 消费者在购买商品时如何做出理性选择？
- 什么是消费者均衡？
- 如何分析消费者均衡？
- 基数效用和序数效用的主要区别是什么？
- 什么是市场需求和市场需求曲线？
- 哪些因素会导致市场需求曲线的移动？
- 什么是需求定律？
- 哪些因素决定了需求价格弹性的大小？

2.1　效用、偏好与消费者选择

在经济学中，对消费者行为的分析通常是从对商品的效用和消费者的偏好等基本概念的讨论开始。

2.1.1　效用及其衡量

1. 效用的概念

效用（Utility），是指商品满足人们需要的能力。或者说效用是消费者在消费商品时所感受到的满足程度。一种商品对消费者是否具有效用，取决于该商品是否具有满足消费者欲望的能力。消费者之所以要购买和消费某种商品，是因为他们能从消费该种商品的过程中得到满足。这种满足可能是来自物质方面,也可能是来自精神方面。例如,吃食物能够饱腹,喝饮料能够止渴,穿衣服能够御寒,看电影能得到精神享受,等等。

一种商品是否有效用或效用的大小,取决于它在多大程度上满足人们的需要。人们通常更喜欢能够在更大程度上满足他们需要的商品。经济学家运用效用这一概念,来衡量消费者如何根据对不同商品的喜爱程度对它们进行排序。

消费者在消费某种商品时所获得的满足程度是一种主观上的心理感受,所以商品效用的大小因人、因时、因地而异。同一种商品对不同的人来说,效用的大小是不可比的,而对同一个人来说,则是可比的。比如,一个馒头对于那些饥肠辘辘的人来说效用很大,而对于那些刚吃饱饭的人来说效用则较小。再比如,在冬季,一件棉衣对于中国北方的居民来说是御寒的服装,而对于居住在海南三亚的人们来说,效用很小,很可能是一种负担。即使对于同一个人来说,随着环境和条件的变化,同一种商品产生的效用也会发生变化。一杯水对于没有口渴感的人来说,效用很小,而对于在沙漠中拼命寻找水源的人来说,效用很大。而且,效用不存在好坏之分,即不论人们的需要是好还是坏,只要一种商品能够满足人们的需要,就具有效用。

总效用(Total Utility),是指一个人从物品和服务的消费中获得的总的满足。总效用取决于消费水平,消费越多,获得的总效用通常也越多。

负效用(Disutility),是指某种商品所具有的引起人们不舒适的能力。例如,人们在已经吃饱饭的状态下,继续吃饭就会导致身体不舒服,这时食物带给人们的是负效用。

边际效用(Marginal Utility),是指最后增加的一个单位的商品所具有的效用。边际效用等于增加一单位商品的消费所得到的总效用的增量。

如何来衡量消费者从消费商品中获得的"满足程度",即如何衡量商品效用的大小呢?在这个问题上,经济学家先后提出了基数效用和序数效用的概念,并形成了分析消费者行为的两种方法:一是以基数效用论为基础的边际效用分析方法;二是以序数效用论为基础的无差异曲线分析方法。

2. 基数效用与边际效用递减规律

基数效用(Cardinal Utility),是指用基数(如1,2,3,…)来表示的效用,即效用的大小可以像长度、面积、重量等概念那样,在基数的意义上进行具体计量并加总求和,具体的效用量之间的比较是有意义的。表示效用大小的计量单位被称作效用单位(Utility Unit)。

在经济学史上,以基数效用衡量为基础建立起来的效用理论被称为基数效用论。基数效用论是19世纪和20世纪初期西方经济学普遍使用的概念,其基本观点:效用是人们消费商品所获得的满意程度或快乐的指标,可以计量并加总求和。威廉姆·斯坦利·杰文斯、卡尔·门格尔、里昂·瓦尔拉斯,以及阿尔弗雷德·马歇尔等西方经济学家的理论,都采用了基数效用论来分析消费者的选择。尽管基数效用论的倡导者们对效用量,以及由此产生的衡量效用大小的效用值在不同消费者之间不具有可比性的问题有所察觉,也反对将效用值的衡量与对享乐的心理感受的衡量混为一谈,但都认可效用体现着心理感觉的数量效应。

根据基数效用论,具体效用量之间的比较是有意义的。例如,对一个人来说,看一场电影和吃一顿晚餐的效用分别为10个效用单位和20个效用单位,我们就可以说两种消费的效用之和为30个效用单位,而且吃晚餐给这个人带来的效用是看电影的两倍。在基数效用论下,可用具体的数字来研究消费者效用最大化问题,一般采用的是边际效用分析方法。

我们可以利用某人对比萨饼的消费来解释总效用和边际效用之间的关系。见表 2-1，当比萨饼的消费量由 0 增加到 1 时，总效用由 0 增加到 10 个效用单位，总效用的增量即边际效用为 10 个效用单位(10－0＝10)。当比萨饼的消费量由 1 增加到 2 时，总效用由 10 个效用单位上升为 18 个效用单位，边际效用下降为 8 个效用单位(18－10＝8)。依此类推，当比萨饼的消费量增加为 6 时，总效用达到最大值 30 个效用单位，而边际效用已降低为 0(30－30＝0)，此时，消费者对比萨饼的消费已达到饱和。当对比萨饼的消费量增加到 7 时，总效用下降到 28 个效用单位，边际效用会进一步降低为负值，即－2 个效用单位。

表 2-1 比萨饼的效用表

比萨饼的消费量	总效用(TU)	边际效用(MU)	比萨饼的消费量	总效用(TU)	边际效用(MU)
0	0		4	28	4
1	10	10	5	30	2
2	18	8	6	30	0
3	24	6	7	28	－2

根据表 2-1，可绘制出总效用曲线和边际效用曲线。如图 2-1 所示，图中的横轴表示比萨饼的数量，纵轴表示效用量，TU 和 MU 分别为总效用和边际效用。假设比萨饼的消费量可以无限细分，总效用曲线也就成为一条光滑的曲线。随着比萨饼消费量的增加，消费者的总效用增加，当消费量为 5 或 6 时，总效用达到最高点 30，而后开始下降。可以看出，总效用曲线以递减的速率先上升后下降。当边际效用为正时，意味着增加消费能带来总效用的增加；当边际效用为负时，继续增加消费不仅不能增加消费者主观上的满足感，反而会导致消费者厌恶或者痛苦。

边际效用递减规律（Law of Diminishing Marginal Utility）是指，在一定时间内，在其他商品的消费量保持不变的条件下，随着消费者对某种商品消费量的增加，消费者从该商品连续增加的每一个消费单位中所获得的效用增量即边际效用是递减的。同一种物品的每一个单位带给消费者的满足程度是不同的。根据边际效用递减规律，当人们消费较多的某种物品时，效用会趋向增加，但是总效用增加的速度却会放缓，即你从某种物品中得到的享受随着对该商品消费量的增多而下降。

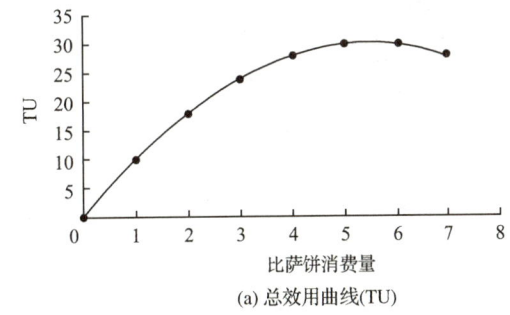

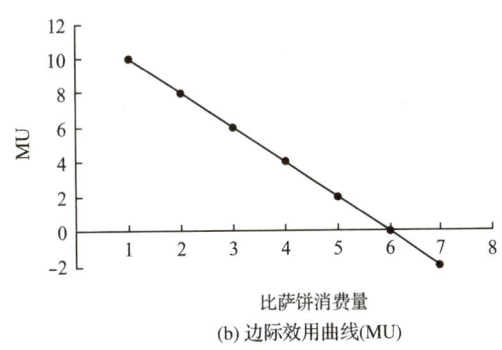

图 2-1 总效用曲线和边际效用曲线

在图 2-1 中，边际效用曲线是向右下方倾斜的，反映了边际效用递减规律，即在一定时间内，在其他商品的消费量保持不变的条件下，消费者随着对某种商品消费量的增加，从连续增加的每一单位该商品的消费中得到的效用增量是递减的。例如，当人们十分口渴的时候,喝的第一杯水是最畅快的;喝的第二杯水也能够起到较好的解渴作用;随着口渴程度的降低,对喝下一杯水的渴望在不断减少,递增的每杯水的效用逐渐降低。当人们喝到完全不渴的时候,总效用达到极限,此时再喝下去甚至会感到不适,对水的继续消费会带来负效用。

经济学家们试图通过各种途径解释边际效用递减规律,其中最重要的是生理方面的解释。效用是消费者的心理感受,消费某种物品实际上就是提供一种刺激,使人有一种主观上满足的感觉,或心理上有某种反应。消费某种物品时,开始的刺激一定比较大,从而带给人的满足程度就高。但不断消费同一种物品,即同一种刺激不断反复时,人们在心理上的兴奋程度或者满足感必然减少。或者说,随着消费数量的增加,效用不断累积,新增加的消费所带来的效用增量越来越微不足道。

当然,日常生活中经常会遇到一些令人"上瘾"的商品,其消费量越多,带给人的满足感越强。例如,与烟酒不沾的人相比,一个经常吸烟或者喝酒的人对香烟和酒类的消费欲望要强烈得多,说明消费这些商品给他带来的满足感较强,甚至会导致消费依赖,出现消费量越多效用越大的情况。

> 专栏 2-1
> 边际效用递减规律是否普遍存在?

对边际效用递减规律的分析涉及效用函数的概念。效用函数(Utility Function),是指用来描述消费者在消费中所获得的效用与所消费的商品组合之间数量关系的函数,以衡量消费者从消费既定的商品组合中所获得满足的程度。

基数效用论者将效用区分为总效用和边际效用。总效用是消费者在一定时间内从一定数量的商品和服务的消费中所得到的效用量总和。例如,当一个人消费比萨饼时,从第1块到第3块的效用分别为 U_1、U_2、U_3,则消费者获得的总效用 $TU=U_1+U_2+U_3$。一般地,设 Q 为一种商品或服务的消费数量,则总效用函数可以表示为:

$$TU = f(Q) \tag{2.1}$$

边际效用是消费者在一定时期内增加一单位商品的消费所得到的总效用的增量。例如,一个人消费比萨饼时,从第1个到第3个,每一个给他带来的满足程度是不一样的,最后一个比萨饼所带来的效用就是边际效用。根据边际效用的定义,边际效用函数为:

$$MU = \Delta TU/\Delta Q \tag{2.2}$$

当商品的增加量趋于无穷小,即 $\Delta Q \to 0$ 时有:

$$MU = \lim_{\Delta Q \to 0} \frac{\Delta TU}{\Delta Q} = \frac{dTU(Q)}{dQ} \tag{2.3}$$

对于边际效用递减的现象,可以利用反证法加以解释:如果消费商品的边际效用不递减,则在假定消费者可免费或者支付固定费用获取某种物品的情况下,消费者对它的需要量将无穷多。一个典型的例子是吃自助餐,每个人在支付固定费用的情况下可以消费任意多的食品,如果边际效用不是递减的,那么消费者将在自助餐厅持续不断地吃东西,直到规定时间结束为止。然而事实并非如此,食物带给消费者的效用随着消费量的增加递减,当继续吃东西不再使人的满足感增加时,消费者会停止继续用餐,此时消费者的总效用达到最大,而边际效用为零。

利用数学语言,边际效用递减规律可以表达为:

$$\frac{dMU}{dQ} = \frac{d^2TU(Q)}{dQ^2} \tag{2.4}$$

效用函数的二阶导数,即边际效用的一阶导数小于零,说明随着消费量 Q 的增加,边际效用是递减的。需要特别强调,在谈到边际效用递减规律时,总是说消费"同一"商品或者服务的数量越多,而且其他商品的消费量保持不变,如果前提条件发生了变化,边际效用递减规律不再适用。比如在消费比萨饼的例子中,如果随着比萨饼消费量的增多,饮料的消费量也增加,那么每一单位比萨饼给消费者带来的满足程度可能由于饮料的加入呈递增趋势,可见边际效用递减规律需要满足其他商品消费量保持不变的前提。

有了效用的概念,我们可以对经济学意义上的商品和服务进行大致的分类。凡是人们在增加其消费量时能够增加他们总效用的商品,可称之为经济商品。经济商品有很多种类,如食品、饮料、电影、服装、家具、旅游等。经济商品是人们在对其质量、性能等方面的信息充分了解的情况下,愿意出一定价格从市场上购买的商品。如果人们增加某种商品的消费量,反而会使他们获得的总效用下降,这类商品可称之为经济负商品。经济负商品在生活中也经常遇到,如变质的食品、假药、污染的水等。本书后面谈到的商品和服务,如不加特殊说明,都是指经济商品。

3. 序数效用与无差异曲线

序数效用(Ordinal Utility),是指用序数(第一,第二,第三,……)来表示的效用。序数效用论认为:效用作为一种心理现象无法计量,也不能加总求和,它仅仅是描述消费者偏好的一种方式。人们消费商品获得的满足程度只能用顺序或等级来表示。

与基数效用论的假设不同,序数效用论认为效用是描述消费者偏好的一种方式,只能以序数表示,而事实上一个人的主观感受很难用具体的基数单位来测算。比如,有些人喜欢吃牛肉,而不喜欢吃猪肉,可以说他们对牛肉有一种偏好,但要用具体单位来衡量吃牛肉比吃猪肉为他们增加了多少满意程度,显然是很难做到的。实际上在消费者行为分析中,并不要衡量出消费不同商品获得的具体效用是多少,只要求消费者能根据自己的偏好对不同商品组合的效用排出顺序。

序数效用论者认为,商品的效用是无法具体衡量的,基于此,序数效用论者提出了消费者偏好的概念。偏好(Preference)是指消费者对商品或商品组合的喜好程度。不同人的偏好是不同的,有些人爱喝啤酒,有些人爱喝可乐,有些人爱吃米饭,有些人爱吃馒头,就像谚语中所说的:"甲之砒霜,乙之佳肴。"偏好不受商品的价格和消费者的收入影响,而是消费者的一种心理状态,往往取决于一些非经济因素。尽管消费者偏好千差万别,但根据所有"理性"消费者的偏好所具有的一些共同特征,我们可以为进一步分析消费者偏好做出一些基本假设。

序数效用是为了弥补基数效用的缺点而提出来的另一种研究消费者行为的概念。到20世纪30年代,序数效用的概念为大多数经济学家所使用。1934年,美国经济学家希克斯和艾伦中提出:效用作为一种心理现象是无法计量的,因为不可能找到效用的计量单位;他们运用"无差异曲线"对效用进行了重新诠释,认为消费者在市场上所做的并不是权衡商品效用的大小而只是在不同的商品之间进行排序。序数效用论者认为,效用是一个类似于美、丑、香、臭的概念,对于其大小无法具体衡量,也是不能加总求和的,商品和服务之间的效用比较只能通过顺序或等级来表示,如第一,第二,第三……还是上面的例子,在序数效用论下,我们只需要了解对于消费者来说是更偏好于吃晚餐,还是更偏好于看电影,即吃晚餐带来的效用是大于还是小于看电影,但对于吃晚餐究竟比看电影给消费者带来的效用高出多少,或者吃晚餐和看电影总共给消费者带来了多少效用,就无法判断了。在序数效用论中,一般采用无差异曲线分析方法来研究消费者行为。

在微观经济学中,序数效用论这对消费者偏好提出了三个基本假设:

第一,偏好的完备性。偏好的完备性是指消费者总能够给不同的商品(或商品组合)按照偏好排列一个顺序。具体地讲,给定 A、B 两个商品(或商品组合),消费者只能做出如下三种判断的一种:对 A 的偏好大于对 B 的偏好;对 A 的偏好小于对 B 的偏好;对 A 的偏好与对 B 的偏好相同。若对 A 和 B 具有相同的偏好,可以称 A 和 B 是无差异的。需要指出,给偏好进行排序完全是由消费者的主观意识决定的,而不管商品的价格差别如何。

第二,偏好的可传递性。偏好的可传递性意味着对于任何三个商品(或商品组合)A、B、C,如果消费者对 A 的偏好大于对 B 的偏好,对 B 的偏好大于对 C 的偏好,那么对于商品 A 和 C,消费者必定更加偏好 A。例如,某消费者在只有饺子和包子可供选择时总是选择饺子,而在只有包子和油饼可供选择时总是选择包子,那么,如果面对饺子和油饼两种选择,他一定会选择饺子,否则这个人就是不理性的,也就破坏了理性人的前提。偏好的可传递性保证了消费者偏好的一致性。

第三,偏好的非饱和性。偏好的非饱和性是指如果两个商品组合的区别仅在于其中一种商品数量的不同,那么消费者总是偏好于数量较多的那个组合,即"多比少好"原则。只要商品属于严格意义上的"经济商品",多比少好是显然成立的。比如,消费者面临两组商品:一个橘子和两个香蕉、两个橘子和两个香蕉。那么消费者应该偏好于后一组商品,因为在香蕉数量相同的情况下,两个橘子总要比一个橘子好。而对于经济负商品,消费者是不会购买的,因为消费多了只能带来负效用,所以不在考察之列。

序数效用论者依靠有关消费者偏好的三个基本假设描绘出无差异曲线,并利用无差异曲线分析消费者的选择行为。

无差异曲线(Indifference Curve),是指这样一条曲线,在它上面的每一点代表的不同商品的组合带给人们的效用是相同的。无差异曲线是用来表示消费者在一定偏好、技术条件和资源条件下,选择商品不同数量的组合所获得的满足程度是相同的。无差异曲线符合这样一个要求:如果听任消费者对曲线上的点做选择,那么,所有的点对他都是同样可取的,因为任一点所代表的组合给他所带来的满足都是无差异的。

无差异曲线是一条向右下方倾斜的曲线,其斜率一般为负值,表明在收入与价格既定的条件下,消费者为了获得同样的满足程度,增加一种商品的消费就必须减少另一种商品的消费,两种商品在消费者偏好不变的条件下,不能同时减少或增多。虽然消费者往往面临着多种商品的选择,为了简化分析,我们假定消费者只消费两种商品,这样就可以在二维的平面图上讨论无差异曲线了。无差异曲线是用来表示消费者偏好相同的两种商品的所有可能组合,或者说,它是表示能给消费者带来同等效用水平或满足程度的两种商品的所有可能组合。现假设只有食物和衣服两种商品可供消费者选择,且存在 A、B、D、E、G、H 六种消费组合(表 2-2),每种组合对应着不同的食物和衣服的数量。

现将可选择的商品组合表示在图 2-2 中,横轴表示一定时期内消费的食物量,纵轴表示一定时期内消费的衣服量。与 G 点相比,商品组合 A 有更多的食物和更多的衣服,因此消费者偏好 A 而不是 G;同理,在商品组合 A 和 E 之间,消费者更偏好 E。这样,消费者对于商品组合 A 的偏好与阴影部分所有商品组合的偏好是不同的。如果没有更多关于消费者排序的信息,在 A 和 B、D、H 之间,无法准确了解消费者更偏好哪种商品组合。

表 2-2　　　　　　　　　　　　　　可选择的商品组合

商品组合	食物量	衣服量	商品组合	食物量	衣服量
A	20	30	E	30	40
B	10	50	G	10	20
D	40	20	H	10	40

现假定商品组合 B 和 D 带给消费者的效用与 A 是相同的，即商品组合 A、B 和 D 对消费者来说是无差异的。在假定商品数量可以无限细分的情况下，用曲线把这三个点连接起来，便形成了光滑的无差异曲线 U_1（图 2-3）。

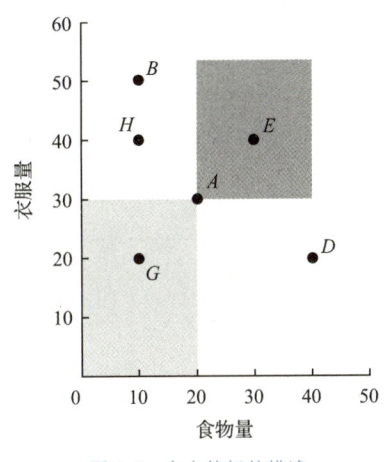

图 2-2　个人偏好的描述

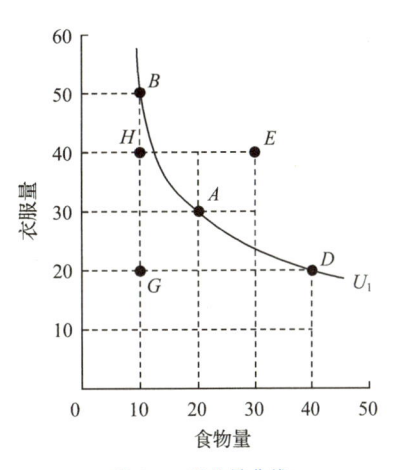

图 2-3　无差异曲线

根据对消费者偏好的基本假设，可以归纳出无差异曲线的三个特征：

第一，无差异曲线是一条向右下方倾斜的曲线，斜率为负。在消费者收入和商品价格既定的条件下，消费者若要得到相同的效用，在增加一种商品的消费时，必须减少另一种商品的消费，但两种商品不能同时增加或减少。如果曲线向上倾斜，则曲线上总有一些点比另外一些点同时包含更多的食物和衣服，在"多比少好"的原则下，包含更多食物和衣服的商品组合的效用更大，这与同一条无差异曲线上的所有点的效用相同的前提自相矛盾。

第二，在同一平面图上有无数条无差异曲线，而且任意两条无差异曲线不能相交。假定消费者对所有食物和衣服的可能组合按照偏好顺序进行排序，便会有无数条无差异曲线，每一条与某一效用水平相对应，形成无差异曲线簇，根据"多比少好"的原则，离原点越远的无差异曲线 U_3 所代表的效用越大（图 2-4）。同时，任意两条无差异曲线不能相交，这是由偏好的可传递性决定的。我们看一下两条无差异曲线相交的情况，如图 2-5 所示，U_2 代表比 U_1 更高的效用水平，则消费者在 B 和 D 两种商品组合中更偏好 B，又由于 D 和 A 在同一条无差异曲线上，消费者对 D 和 A 的偏好是无差异的；偏好的可传递性意味着在 A 和 B 中消费者应该更偏好 B。但是，A 和 B 又处在同一条无差异曲线上，根据无差异曲线的定义，A 和 B 的效用应该是相同的，这样就得到了自相矛盾的结论，因而通过反证法可知同一消费者的任意两条无差异曲线之间是不能相交的。

第三，在多数情况下，无差异曲线凸向原点。无差异曲线不仅向右下方倾斜，而且会呈现出凸向原点的特征，即无差异曲线斜率的绝对值是递减的。这一特征不能在偏好的基本假设中推导出来,而是由边际替代率递减规律决定的。

无差异曲线描述了某一特定消费者的偏好,具有不同偏好的消费者,其无差异曲线的形状会有所不同。以消费者对数码相机的偏好为例,一般人们会考虑两个因素:款式和功能。假如消费者甲喜欢比较时尚的数码相机,他可能会更关注相机款式的改变;若消费者乙是一个发烧友,他则可能会更注重数码相机内在功能的升级,而对相机款式并不十分在意。二人的偏好可以用图2-6所示的两条无差异曲线来表示。

图2-4 无差异曲线簇

图2-5 相交的无差异曲线

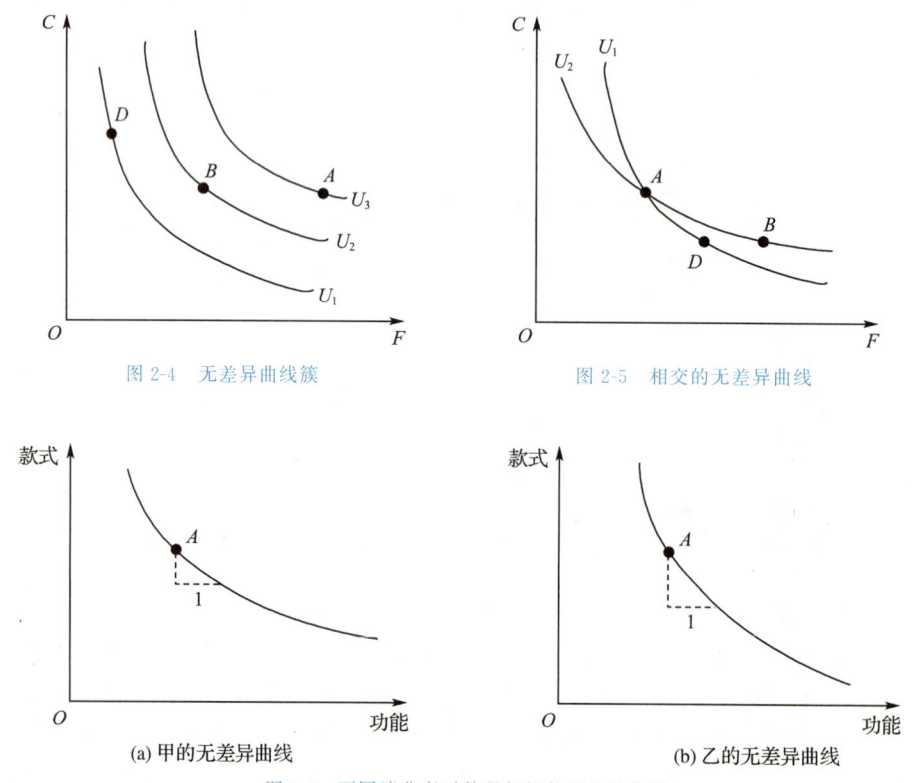

(a) 甲的无差异曲线

(b) 乙的无差异曲线

图2-6 不同消费者对数码相机的无差异曲线

可以看出,消费者甲对数码相机的款式具有较强偏好,因为当数码相机新增一个功能时,消费者甲只愿意损失少量的款式以使总效用保持不变;消费者乙对数码相机的款式没有那么强烈的偏好,如果出现了新增功能,消费者乙愿意放弃较多的款式以使总效用保持不变。在几何形状上,消费者甲的无差异曲线更加平坦,说明功能对款式的边际替代率较小,而消费者乙的无差异曲线更加陡峭,说明功能对款式的边际替代率较大。

在现实生活中,不同的消费者对商品的偏好会有所差别,比如有些消费者可能更加注意商品的外观,有些消费者看重的是商品的质量和性能,而有些消费者对于售后服务有特殊要求。并且,包括消费者的年龄、性别、风俗习惯和收入水平等在内的一系列因素都会影响消费者的偏好。

2.1.2 边际替代率及其应用

当消费者沿着一条既定的无差异曲线移动时,两种商品的数量组合会发生变化,而效用水平保持不变。由于无差异曲线向右下方倾斜,在维持效用水平不变的前提下,消费者在增加一种商品消费量的同时,必然会减少另一种商品的消费量,两种商品的消费量之间存在着替代关系。

1. 边际替代率

商品的边际替代率是指在维持效用水平不变的前提下,消费者增加一单位某种商品的消费所需放弃的另一种商品的消费数量。在食物和衣服的例子中,所谓衣服对食物的边际替代率,是指如果增加一个单位食物的消费,为保持总效用不变,必须相应地减少衣服的消费量。如果以 MRS(Marginal Rate of Substitution)代表商品之间的边际替代率,则商品 X 对商品 Y 的边际替代率公式为:

$$\mathrm{MRS}_{XY} = \frac{\Delta Y}{\Delta X} \tag{2.5}$$

式中,ΔX 和 ΔY 为两种商品的变化量。由于 ΔX 为增加量,ΔY 为减少量,二者符号相反,为了便于比较,通常使边际替代率的计算结果为正(即取负号)。当商品数量变化趋于无穷小时,边际替代率可以表示为:

$$\mathrm{MRS}_{XY} = \frac{\mathrm{d}Y}{\mathrm{d}X} \tag{2.6}$$

图 2-7 描述了边际替代率是如何变化的。在 A 点,消费者拥有 16 单位衣服和 1 单位食物,此时若增加 1 单位食物消费,消费者愿意减少 6 单位衣服消费,以保持总效用不变。但从 B 点到 C 点,消费者只愿意放弃 4 单位衣服获得额外 1 单位食物,再从 C 点到 D 点,消费者只愿意放弃 2 单位衣服获得额外 1 单位食物。这就说明一个人消费的衣服越多、食物越少,他为了获取更多的食物愿意放弃的衣服也就越多。同理,随着拥有食物的增加,为了获取更多食物愿意放弃的衣服越少。也就是说,随着食物的增加,食物对衣服的替代率是递减的,体现了边际替代率递减规律。

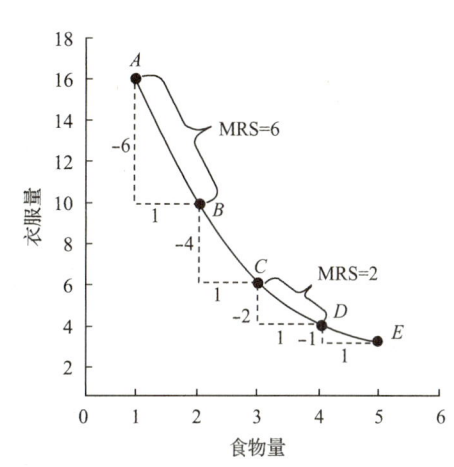

图 2-7 边际替代率递减规律

2. 边际替代率递减规律

边际替代率递减规律是指在维持效用水平不变的前提下,随着一种商品消费量的连续增加,消费者为得到每一单位的这种商品所需要放弃的另一种商品的消费量是递减的。从几何意义上讲,商品的边际替代率递减表示无差异曲线斜率的绝对值递减,也就决定了无差异曲线的形状是凸向原点的。

边际替代率递减规律是建立在边际效用递减规律之上的。当食物的消费量不断增加时,其边际效用不断减少,使其替代能力下降;当衣服的消费量不断减少时,其边际效用不断增加,能够替代的食物数量反而上升。

在一般情况下,商品的边际替代率是递减的,无差异曲线是凸向原点的,但也存在极端情况,包括完全替代品和完全互补品。

完全替代品,是指两种商品是可以完全替代的。在完全替代的情况下,两种商品之间的替代比例固定不变,边际替代率是一个常数,因此无差异曲线是一条斜率不变的直线。例如,在某个消费者心中,纯净水和矿泉水是完全没有差别的,二者可以称作完全替代品,如果对于该消费者而言,1瓶矿泉水和1瓶纯净水之间是无差异的,两者总是以1∶1的比例相互替代,则相应的无差异曲线即为斜率为-1的直线,如图2-8所示。

完全互补品,是指两种商品是完全互补的。在完全互补的情况下,两种商品必须按固定不变的比例被消费者同时使用,其无差异曲线呈现直角形状。例如,左鞋和右鞋是要搭配使用的,如果消费者只有其中的一只鞋,其满意程度为零。当拥有的左鞋数量多于右鞋,消费者愿意用所有多出的左鞋去交换另一支右鞋,此时右鞋的边际替代率为无穷大,对应于直角形无差异曲线的垂直部分。反之,若拥有的右鞋数量多于左鞋,消费者不愿意用任何一只左鞋与右鞋交换,此时右鞋的边际替代率为零,对应于直角形无差异曲线的水平部分,如图2-9所示。

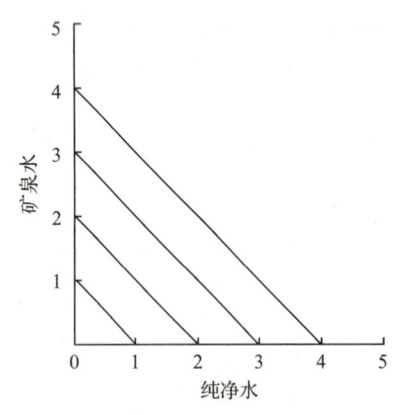

图2-8 完全替代品的无差异曲线

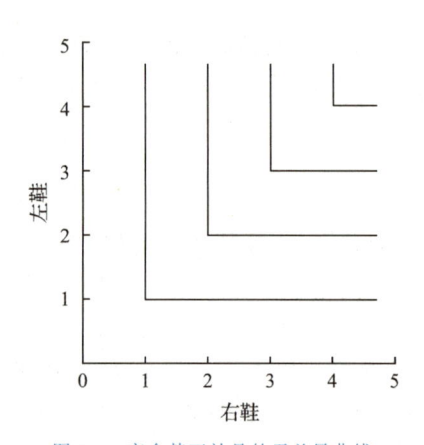

图2-9 完全替互补品的无差异曲线

专栏2-2
效用理论的历史

到目前为止,我们所讨论的商品都是经济商品,也就是对消费者来说多一点比少一点好的商品。然而,现实生活中有些商品是经济负商品,对消费者来说少一点比多一点要好,比如空气污染、含有农药的蔬菜、氟利昂等。在分析消费者偏好时,应该如何处理这些经济负商品呢?

一般地,由于经济负商品对消费者具有负的效用,因此消费者表现为偏好较少的经济负商品,消费量越少带来的效用越大,消费量越多带来的效用则越小。经过如此转换,把经济负商品作为经济商品来分析,讨论起来也更加方便。比如,我们不分析消费者对污染空气的偏好,而是考察对污染减少程度的偏好。

2.1.3 消费者选择

无差异曲线描述了消费者对不同商品组合的偏好,仅表示了消费者的购买欲望,而购买欲望只是分析消费者行为的一个方面。另一方面,消费者在购买商品时,必须受到自身收入水平和商品价格的限制,即可用预算线表示的预算约束。

1. 预算线

预算线(Budget Line)又称预算约束线,表示在消费者收入和商品价格既定的条件下,消费者的全部收入所能够买到的两种商品的各种组合。如果以 I 表示消费者的既定收入,以 P_X 和 P_Y 分别表示商品 X(如食物)和商品 Y(如服装)的价格,以 X 和 Y 分别表示商品 X 和商品 Y 的数量,则消费者预算线的公式为:

$$I = P_X X + P_Y Y \tag{2.7}$$

该式表示,消费者的全部收入等于其购买商品 X 的支出和购买商品 Y 的支出总和,可以用 I/P_X 和 I/P_Y 分别代表用全部收入仅购买商品 X 和商品 Y 的数量,分别为横轴和纵轴的截距,如图 2-10 所示。假设某消费者的周收入为 800 元,食物的价格为每单位 10 元,衣服的价格为每单位 20 元,直线 AB 反映了用 800 元购买食物和衣服的不同组合。点 A 表示如果将所有收入都购买衣服,最多能买 40 单位,点 B 表示如果将所有收入都购买食物,最多能买 80 单位。

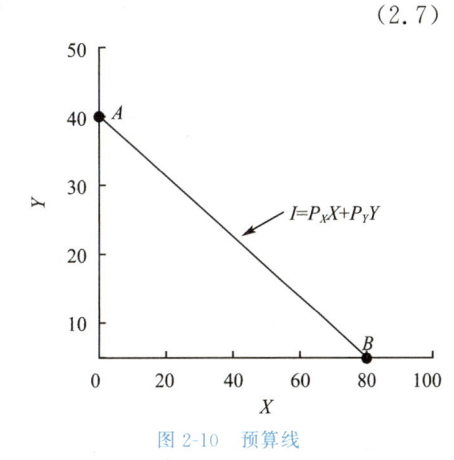

图 2-10 预算线

预算线 AB 把平面坐标图分为三个区域:预算线 AB 以外的区域中的任何一点,是消费者利用全部收入也不可能实现的商品购买组合点;预算线 AB 以内的区域中的任何一点,表示消费者用全部收入购买该点的商品组合后还有剩余;唯有预算线 AB 上的任何一点,才是消费者的全部收入刚好花完所能购买到的商品组合点。

对公式(2.7)进行适当变换,改写成如下形式:

$$Y = -\frac{P_X}{P_Y} X + \frac{I}{P_Y} \tag{2.8}$$

由公式(2.8)可知,预算线的斜率为两种商品的价格之比 $-P_X/P_Y$,纵轴截距为 I/P_Y。只要给定了消费者收入 I 和商品价格 P_X、P_Y,相应的预算线的位置和形状也就确定了。而当消费者的收入 I 或者商品价格 P_X、P_Y 发生变化时,将引起预算线的变动。

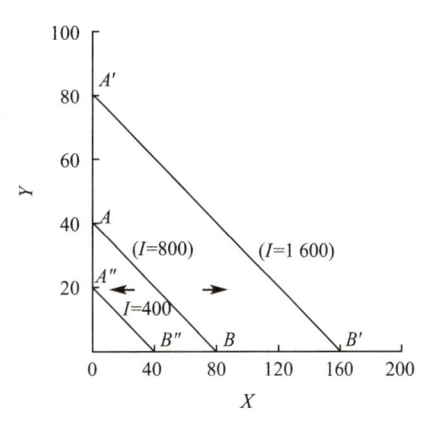

2. 收入变化引起的预算线变动

当消费者收入变化,商品价格不变时,预算线会平行移动。由于预算线的斜率 $-P_X/P_Y$ 不变,所以如果 I 增加,则预算线向右移,若 I 减少,预算线向左移。假定原有预算线 AB 代表收入 800 元,消费者收入增加至 1 600 使预算线向右平移至 $A'B'$;而消费者的收入减少到 400 元,则使预算线向左平移至 $A''B''$。

图 2-11 收入变化对预算线的影响

3. 价格变化引起的预算线变动

当消费者收入不变,商品价格 P_X、P_Y 变化时,分为两种情况。如果商品价格 P_X 和 P_Y 同比变化,由于 $-P_X/P_Y$ 不变,则预算线平移。若价格同比上升,预算线向左平移;若价格同比下降,则预算线向右平移,如图 2-12(a)所示。另一种情形,如果商品价格 P_X 和 P_Y 并未同比变化,则预算线的斜率 $-P_X/P_Y$ 会发生变化,同时预算线的横截距也会发生改变。比如商品 X 价格下降,商品 Y 价格不变,则会呈现图 2-12(b)的情形。

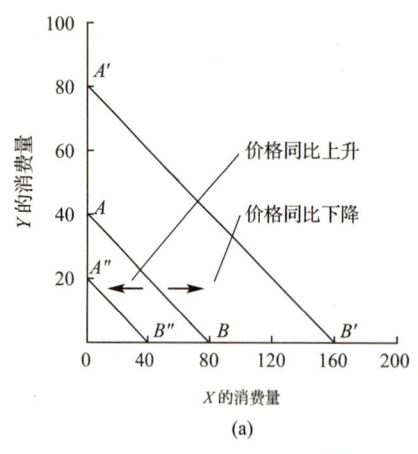

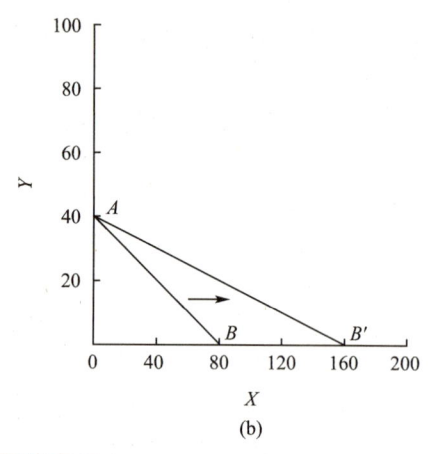

图 2-12 价格变化对预算线的影响

2.2 消费者均衡及其影响因素

2.2.1 基数效用论下的消费者均衡

在边际效用递减规律的作用下,即便只消费一种商品,消费者也不可能用所有收入无休止地购买单一商品,何况现实生活中消费者面临着多种商品的购买选择,更需要将收入合理地分配到商品的购买中。那么,消费者应该如何决策呢?消费者均衡研究的就是在既定收入的情况下如何实现效用最大化的问题,也可以说,如何把有限的货币收入分配在各种商品上以获得最大效用。消费者均衡状态,是指消费者既不想再增加,也不想再减少任何商品的购买量的一种状态,当然在这种状态下实现了消费者效用最大化。

在基数效用论下,运用边际效用分析法来说明消费者均衡时,消费者实现效用最大化的均衡条件:如果消费者收入是固定的,商品价格也是已知的,消费者用全部收入购买的各种物品所带来的边际效用,与为购买这些物品所支付的价格的比例相等,或者说,消费者应该使自己花在每种商品购买上的最后一元钱所带来的边际效用相等。

假定消费者的既定收入为 I,购买 n 种商品,价格分别为 $P_1,P_2,P_3,\cdots,P_n$,λ 代表货币的边际效用。以 $X_1,X_2,X_3,\cdots,X_n$ 表示 n 种商品的数量,$\mathrm{MU}_1,\mathrm{MU}_2,\mathrm{MU}_3,\cdots,\mathrm{MU}_n$ 分别表示 n 种商品的边际效用,则消费者效用最大化的均衡条件可表示为:

$$P_1 X_1 + P_2 X_2 + P_3 X_3 + \cdots + P_n X_n = I \tag{2.9}$$

$$\frac{\mathrm{MU}_1}{P_1} = \frac{\mathrm{MU}_2}{P_2} = \frac{\mathrm{MU}_3}{P_3} = \cdots = \frac{\mathrm{MU}_n}{P_n} = \lambda \tag{2.10}$$

消费者效用最大化的均衡条件中,公式(2.9)是限制条件,说明消费者的收入是既定的,购买商品的支出不能超过收入,也不能小于收入。公式(2.10)是消费者均衡的条件,即消费者应该选择最优的商品组合,使花费在各种商品上的最后一元钱所带来的边际效用相等。

我们以消费者购买两种商品为例,说明消费者均衡的条件。与公式(2.9)和(2.10)对应的两种商品情况下消费者效用最大化所遵循的条件为:

$$P_1 X_1 + P_2 X_2 = I \tag{2.11}$$

$$\frac{MU_1}{P_1}=\frac{MU_2}{P_2}=\lambda \tag{2.12}$$

为什么只有当消费者花在每种商品购买上的最后一元钱所带来的边际效用相等时,才能够获得最大的效用呢?该均衡条件的经济含义是什么呢?

当 $\frac{MU_1}{P_1}>\frac{MU_2}{P_2}$ 时,说明同样一元钱购买商品1得到的边际效用大于购买商品2得到的边际效用。举个例子来说,假定某人用28元钱消费蛋糕和肥皂两种商品,每个单位蛋糕价格为2元,每个单位香皂价格为4元。该消费者购买了4个单位的蛋糕,边际效用为10,则购买最后一个单位蛋糕所花费的每一元钱所带来的边际效用为5;同时购买了5个单位的香皂,香皂的边际效用为12,则购买最后一个单位香皂花费的每一元钱所带来的边际效用为3。这时,消费者一定会发现与其用那么多的钱买香皂,不如将花费在香皂上的钱拿出来多买点蛋糕更加合适,因为买最后一个单位蛋糕时每一元钱得到的边际效用为5,大于买香皂时的3。因此,理性消费者会调整两种商品的购买数量:减少对商品2(香皂)的购买,增加对商品1(蛋糕)的购买。

在这种调整过程中,消费者减少一元钱商品2的购买所带来的边际效用减量是小于增加一元钱商品1的购买所带来的边际效用增量的,意味着在固定花费的情况下消费者总效用得到了提高。同时,随着商品1消费数量的增加和商品2消费数量的减少,在边际效用递减规律的作用下,商品1的边际效用减少,即 MU_1/P_1 降低,而商品2的边际效用增加,即 MU_2/P_2 提高。例如,消费者把香皂的购买量降为4,香皂的边际效用提高为13,$MU_2/P_2=3.25$;蛋糕的购买量增加为6,蛋糕的边际效用下降为8,$MU_1/P_1=4$。由于 $MU_1/P_1>MU_2/P_2$,消费者应该进一步多买蛋糕,少买香皂。

直到消费者将购买组合调整到同样一元钱购买两种商品所得到的边际效用相等时,消费者就实现了效用最大化。如表2-3中所列出的数据,消费者把香皂的购买量减少为3块,剩余的收入16元钱(28-12=16)用于购买蛋糕,蛋糕的数量增加为8个,此时 $MU_1/P_1=7/2=3.5$,$MU_2/P_2=14/4=3.5$,实现了消费者效用最大化的均衡条件。

表2-3　　　　　　　　　　某消费者的边际效用表

商品数量	商品1(蛋糕)的边际效用	商品2(香皂)的边际效用	商品数量	商品1(蛋糕)的边际效用	商品2(香皂)的边际效用
2	12	15	6	8	11
3	11	14	7	7.5	10
4	10	13	8	7	9
5	9	12			

相反,当 $\frac{MU_1}{P_1}<\frac{MU_2}{P_2}$ 时,说明同样一元钱购买商品1得到的边际效用小于购买商品2得到的边际效用。根据相同道理,理性消费者会进行与前面相反的调整过程,增加商品2的购买,减少商品1的购买,直到 $MU_1/P_1=MU_2/P_2$,从而获得了最大化的效用。

在获得最大化效用后,消费者对商品组合的选择就达到了均衡,即消费者收入在各种商品上的分配达到了最优化。需要指出的是,花在每种商品上最后一元钱所带来的边际效用相等,并不是说在各种商品上花费相同数额的金钱,而是指消费者购买商品得到的边际效用与所付出的价格成比例。而且效用最大化并不意味着消费者的欲望得到完全满足,而是在收入和商品价格既定的情况下的最大化效用。

2.2.2 序数效用论下的消费者均衡

无差异曲线代表的是消费者对不同商品组合的主观态度,预算约束线则表示了消费者支付能力的客观条件,将二者放在一起,就可以分析消费者对最优商品组合的选择。

假定消费者是追求个人效用最大化的"理性人",其购买行为必须满足两个条件:第一,最优的商品组合必须位于给定的预算约束线上;第二,最优的商品组合必须是消费者最偏好的组合,也就是能给消费者带来最大效用的商品组合。

第一个条件通过观察预算约束线 DF 划分的三个区域(图 2-13)可知其原因。预算约束线左下方区域的任何一个商品组合都是不可取的,由于消费者收入并未花完,也就没有实现效用最大化的目标。在预算线右上方的区域中,任何一个商品组合对于消费者来说都是不现实的,消费者的收入根本无法达到商品组合所需的支出,例如无差异曲线上的点 B。因此,最优的购买组合只能位于预算约束线上。

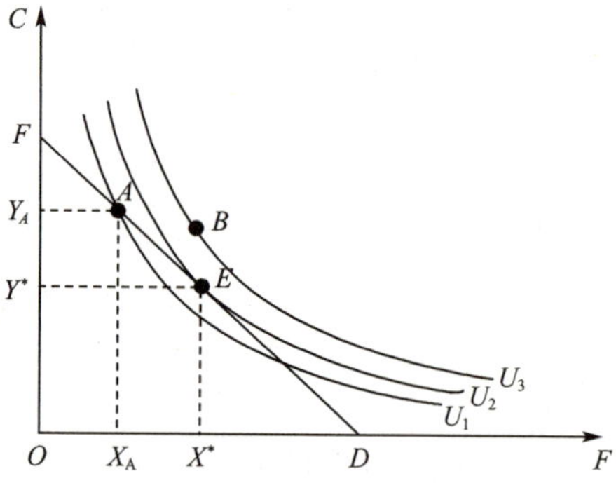

图 2-13 消费者均衡

在预算约束线上,如果消费者选择 A 点的商品组合,恰好用光所有收入,消费食物数量 X_A,衣服数量 Y_A,效用水平为 U_1。但是,消费者仍然没有实现效用最大化,因为如果他沿着预算线向下移动,通过减少衣服消费、增加食物消费来改变商品组合,可以和更加远离原点的无差异曲线相交,从而提高其效用水平。那么,移动到哪一点才能实现效用最大化呢?从图 2-13 中可知,追求效用最大化的消费者均衡点应该是预算约束线与其可能"碰"到的最高水平无差异曲线的交点,也就是与预算约束线相切的无差异曲线 U_2 上的切点 E,对应的食物消费量为 X^*,衣服消费量为 Y^*。此时,无论是通过减少衣服消费量、增加食物消费量的方法,还是增加衣服消费量、减少食物消费量的方法,都只能与效用水平较低的差异曲线相交,效用水平反而降低。在预算约束线上,均衡点 E 是消费者的最优选择,消费者在收入约束下实现了效用最大化,使自身的主观愿望得到了最大限度的满足。

消费者均衡需要满足什么条件呢?在均衡点 E,预算约束线和无差异曲线相切,在 E 点两条线的斜率相等。由于预算约束线的斜率为两种商品的价格之比(P_X/P_Y),无差异曲线上某点的斜率为两种商品的边际替代率 MRS_{XY}。而且,在边际效用递减规律证明中已知边际替代率等于两种商品的边际效用之比,即 $\text{MRS}_{XY} = \text{MU}_X/\text{MU}_Y$。综上所述,可得消费者均衡的条件:

$$\frac{P_X}{P_Y} = \text{MRS}_{XY} = \frac{\text{MU}_X}{\text{MU}_Y} \tag{2.13}$$

由公式(2.13),在消费者均衡点上,两种商品的价格之比等于边际替代率,也等于两种商品的边际效用之比。这样,在序数效用论下,由无差异曲线和预算约束线所得到的消费者均衡条件,与基数效用论下所得到的消费者均衡条件达成了一致。

2.2.3 序数效用论下消费者均衡的应用

1. 收入变化:收入—消费曲线

假定消费者的偏好和商品的价格不变,那么收入的变化只改变了消费者能够支付的商品组合的范围。收入增加导致预算约束线向外平移,消费均衡点发生变动。如图 2-14(a),x 和 y 分别代表商品 X 和商品 Y 的数量,开始消费者收入水平为 I_1,预算约束线为 AB,消费均衡点为 E。当收入增加到 I_2,预算约束线向外平移至 $A'B'$,消费均衡点移至 E'。当收入继续增加至 I_3,预算约束线平移至 $A''B''$,消费均衡点变为 E''。

假定消费者收入连续变化,把所有均衡点连接起来,就能得到图 2-14(a)中的收入-消费曲线。收入-消费曲线是指在消费者偏好和商品价格不变的条件下,与不同收入水平相联系的效用最大化商品组合的均衡点变动轨迹。根据收入-消费曲线的形状,可以判断出商品的性质。当收入-消费曲线向右上方倾斜时,即随着收入水平的增加,消费者对商品 X 和商品 Y 的需求量都上升,则两种商品都是正常品,如图 2-14(a)所示。比如,生活中正常消费衣服、鞋帽、饮料等都属于正常品之列。

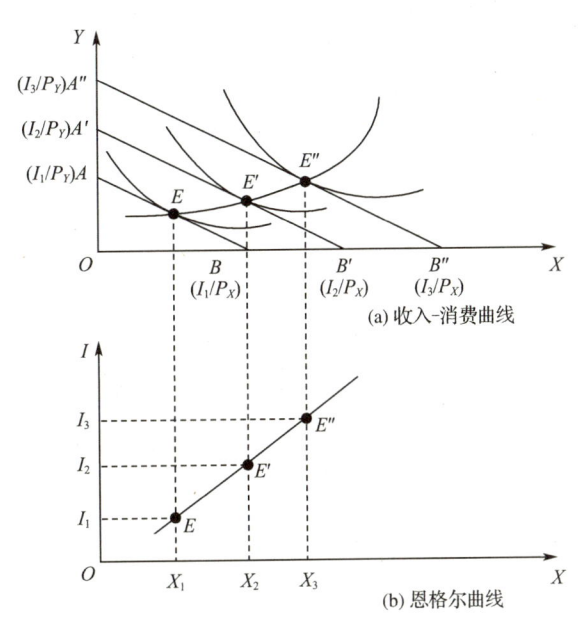

图 2-14 正常品的收入-消费曲线和恩格尔曲线

当收入—消费曲线向左上方倾斜,即随着收入水平的增加,对某种商品的需求量反而减少,则该种商品为低档品。在图 2-15(a)中,收入由 I_1 增加到 I_2,消费者对商品 X 的最优消费量却降低了,说明商品 X 为低档品。比如,人们在收入较低的情况下出行时会选择坐公交车。随着收入水平的提高,坐公交车的次数会逐渐减少,代之以打出租车或者购买私家车,那么,公交车对消费者来说就是一种低档品。当然,低档品给消费者带来的效用依然是正的,只是随着收入变化以效用最大化为目标的消费者会将其收入应用到能带来更多效用的商品上,而减少低档品的消费数量,这与经济负商品是截然不同的。

在某些情况下,收入—消费曲线会出现先向右上方倾斜再向左上方倾斜的情况,呈现向后弯曲的形状。也就是说,随着收入水平的增加,消费者对该商品的需求量开始是增加的,但是当收入继续上升到一定水平之后,消费者对该商品的需求量反而降低。这说明,在一定的收入水平上,商品由正常品变成了低档品。出租车就是一个典型例子,随着消费者收入水平的提高,起初会对出租车的需求量会增加,但是如果消费者收入提高到一定程度,就有可能自己购买私家车作为代步工具,从而减少了对出租车的需求,在这种情况下,出租车就经历了由正常品到低档品的转变。

2. 恩格尔曲线

为了更加直接地将收入和商品 X 的消费量联系起来,在图 2-15(b)中用横轴衡量商品 X,用纵轴衡量收入 I。当收入为 I_1 时,商品 X 消费量为 X_1,得到(b)中的点 E,同样方法画出 E′和 E″,从而可以得到一条联系收入变化和商品消费量变化的曲线,称之为恩格尔曲线。在图 3-15(b)中,恩格尔曲线由左下方向右上方倾斜,表明随着收入增加,商品 X 消费量也增加;而在图 2-15(b)中,恩格尔曲线由右下方向左上方倾斜,表明随着收入增加,商品 X 的消费量降低。

对于向后弯曲的收入-消费曲线(图 2-16),同样可得到恩格尔曲线,在一定收入水

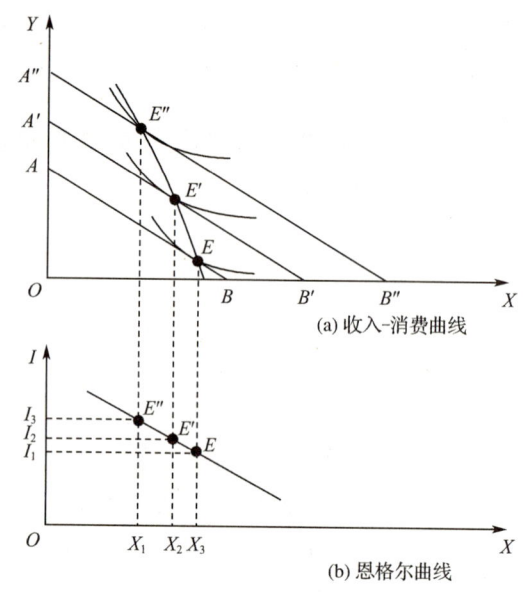

图 2-15 低档品的收入-消费曲线和恩格尔曲线

平上,商品 X 由正常品转变为低档品。在较低收入水平范围,商品 X 的消费量与收入水平同方向变动,在较高收入水平范围内,商品 X 的消费量与收入水平反方向变动。

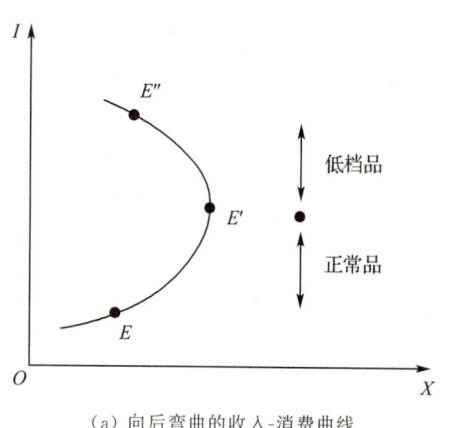

(a) 向后弯曲的收入-消费曲线

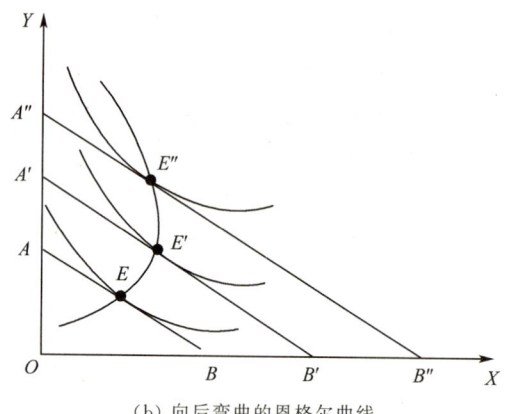

(b) 向后弯曲的恩格尔曲线

图 2-16 向后弯曲的收入-消费曲线和恩格尔曲线

恩格尔曲线是以德国 19 世纪后期统计学家恩格尔的名字命名的。恩格尔一直致力于研究家庭收入和各项支出之间的关系,1857 年提出了著名的"恩格尔"定律:随着收入上升,食品在总支出中的比重是下降的。通常以恩格尔系数,即食品在总开支中的比重作为衡量经济发展水平的一个指标,其计算公式为:

$$恩格尔系数 = 食物支出金额 \div 总支出金额 \qquad (2.14)$$

可以看出,在总支出金额不变的条件下,恩格尔系数越大,说明用于食物支出的金额越多;恩格尔系数越小,说明用于食用支出的金额越少,二者成正比。恩格尔系数是衡量一个家庭或一个国家富裕程度的主要标准之一。一般来说,在其他条件相同的情况下,恩格尔系

数较高,对于家庭来说表明其收入较低,而对于国家来说则表明该国较穷。反之,恩格尔系数较低,对于家庭来说表明其收入较高,对于国家来说则表明该国较富裕。根据恩格尔系数,联合国划分贫困与富裕的标准:恩格尔系数在59%以上为绝对贫困,50%～59%为温饱,40%～50%为小康,30%～40%为富裕,30%为最富裕。当然,这一标准并不是绝对的,个别经济体在一定时期内可能会出现经济发展与恩格尔系数相背离的情况。

表2-4列出我国城镇居民和农村居民1991—2006年恩格尔系数的变动情况,可以看出我国居民消费结构发生了显著变化,城镇居民的恩格尔系数由1991年的53.8%下降到2006年的35.8,农村居民则由57.6%下降到43.0%。从2000年开始,农村居民的恩格尔系数就降到50%以下,城市居民的恩格尔系数降到40%以下,说明我国人民已经由以吃饱为标准的温饱型生活,向以享受和发展为标准的小康型生活,甚至富裕生活转变。从恩格尔系数对比来看,城镇与农村居民的恩格尔系数相差幅度基本在10%左右,说明我国城乡居民的生活水平存在一定差异,而且没有缩小的趋势。

表2-4　　　　　　　　我国城镇与农村居民的恩格尔系数

年份	城镇居民的恩格尔系数/%	农村居民的恩格尔系数/%	年份	城镇居民的恩格尔系数/%	农村居民的恩格尔系数/%
1991	53.8	57.6	1999	42.1	52.6
1992	53.0	57.6	2000	39.4	49.1
1993	50.3	58.1	2001	38.2	47.7
1994	50.0	58.9	2002	37.7	46.2
1995	50.1	58.6	2003	37.1	45.6
1996	48.8	56.3	2004	37.7	47.2
1997	46.6	55.1	2005	36.7	45.5
1998	44.7	53.4	2006	35.8	43.0

3. 价格变化:价格-消费曲线

如果某种商品的价格发生了变化,说明该商品相对于其他商品来说更贵或者更便宜了,必然使消费者调整对该种商品的购买数量,下面考虑商品价格变化给消费者选择带来的改变。图2-17表示了食物价格变化对食物最优消费量的影响,在初始价格P_1下,预算约束线为I/P_1,均衡点为E;若食物的价格下降为P_2,表现为预算约束线绕纵轴截距点旋转至为I/P_2,均衡点变为E';如果食物的价格继续下降为P_3,预算约束线继续向外转到(I/P_3),均衡点为E''。如果食物的价格连续变化,将所有均衡点连接起来能够得到一条曲线,称之为价格—消费曲线。

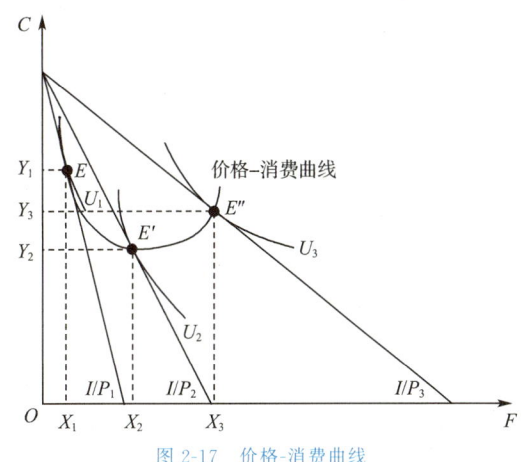

图2-17　价格-消费曲线

价格-消费曲线是指在消费者偏好、收入水平和其他商品价格不变的条件下,与某一种商品的不同价格水平相联系的消费者效用最大化商品组合的均衡点变动轨迹。由价格-消费曲线可以看出,随着食物价格的降低,为了实现效用最大化,在收入既定的情况下,消费者对食物的消费量增加。

2.3 市场需求与需求曲线

在市场经济环境下,任何商品的价格都是由供给和需求两方面因素共同决定的,学习微观经济学,最好的出发点就是供求理论。供求理论所研究的问题主要包括四大类:一是分析不断变化的经济环境如何影响市场价格和产量;二是考查不同的经济环境下生产者应如何做出价格和生产决策;三是评估政府在价格调控和生产激励方面的作用;四是研究税收、补贴、配额等制度安排如何影响生产者和消费者的福利。

2.3.1 需求量与需求

1. 需求量

需求量是指一定时期内,特定价格水平下,对于某种商品或服务,消费者愿意并且能够购买的数量。准确解释这一定义,必须理解以下三个关键词:

①特定价格水平。它意味着需求量的定义总是涉及两个概念:价格和与该价格相对应的商品或服务的数量。人们对商品或服务的意愿购买量通常随价格变化而变化。例如,当冰激凌的价格为每只10元时,你可能只想吃1只;而当价格变为每只2元时,你可能就想买3只。

②愿意。它意味着消费者所购买的商品或服务,一定是能够满足其一定需要的,能够给他带来满足。通俗来说,消费者所购买的商品或服务是"有用的"。正常情况下,没人会去买烟尘、尾气这类物品,因此这类物品就形不成对消费者的需求。

③能够。它意味着经济学中所说的需求不同于人们自然的、主观的需要或者欲望。需求量是以人们的货币购买力为前提的,是有支付能力的需要。只有购买意愿没有购买能力,是形不成需求的。对于靠救济金维持生活的人来说,他们意愿再强烈,也不能形成对高档别墅的需求,因为他们买不起。

2. 需求

与需求量相对应,需求是指一定时期内,各个价格水平下,对于某种商品或服务,消费者愿意并且能够购买的数量,它反映的是需求量与价格的一一对应关系。用几何语言描述,需求量通常是个点的概念,而需求则是多个点的集合。

3. 需求量的变动与需求的变动

微观经济学中,区分需求量的变动和需求的变动至关重要。

①需求量的变动。现实生活中,许多因素会影响到消费者的购买行为。其中最重要的是商品或服务自身的价格。当某商品或服务价格上升时,消费者对这种商品或服务的购买量会减少;当某商品或服务价格下降时,消费者对这种商品或服务的购买量会增加;当某商

品或服务价格不变时,如果没有其他因素的变化,消费者对某商品或服务的购买量是相对稳定的。

为何会出现这样的结果呢？这是因为,为满足同一种需要或者说欲望,大多数情况下都有多种商品可供选择。例如,在其他商品价格不变的情况下,如果猪肉价格上涨,消费者可能多购买牛肉、鱼、家禽等来代替猪肉,因而猪肉的购买量将会减少；反之,如果猪肉价格下跌,消费者可能会多购买猪肉,以替代原本购买的其他肉类,因此猪肉的购买量将会增加。如果消费者的收入在一定时期内保持不变,当猪肉价格上涨时,消费者会感觉到其实际购买力下降了,因而会减少对猪肉的购买量；反之亦然。事实上,对任何商品来说,价格变化之后,这两方面结果都是同时存在的,购买量的实际变化是这两种结果的综合反映。尽管购买量和需求量还存在一定差别①,但二者在绝大多数情况下联系紧密。从这种意义上说,商品或服务自身价格对需求量的影响和对购买量的影响是一样的。经济学家将这种商品或服务自身价格带来的需求量的变化称为需求量的变动。

②需求的变动。除了商品或服务的自身价格之外,还有一些因素的变化也会影响到消费者的购买行为,经济学家将这种变化称为需求的变动。

③消费者的收入。在大多数情况下,当收入上升时,即便商品自身的价格保持不变,消费者也倾向于购买更多的商品；而当收入下降时,即便商品自身的价格保持不变,消费者也倾向于购买更少的商品。这类商品指的是正常品。当然,也有一些商品,随着收入水平的提高,即便商品自身的价格保持不变,消费者也会减少对其的购买,这类商品指的是低档品。例如,近年来随着城镇居民收入水平的不断提高,其对低档品如黑白电视机、化纤服装的购买量逐渐下降。不仅如此,无论是正常品还是低档品,也不管是在哪个既定的价格水平下,消费者收入变化都会影响到其对特定商品的购买量。这实际意味着,当消费者收入发生变化后,在任何既定的价格水平下,其需求量都发生了变化,即商品的需求量和价格的对应关系发生了变化。

④相关商品的价格。这里的相关商品是指替代品(Substitute Goods)或互补品(Complement Goods)。其中,替代品是指功能上能够相互替代的商品②。前面提到的猪肉和牛肉、移动硬盘和U盘、传统相机与数码相机等均是互为替代品。对这类商品而言,一种商品的价格变动通常会导致另一种商品在任一价格水平上的需求量均呈现同方向变动。互补品则是指共同满足一种欲望的两种商品,他们之间是互相补充的。例如喷墨打印机与原装墨盒、汽车和汽油等。与替代品相反,对这类商品而言,一种商品价格的变动通常会导致另一种商品在任一价格水平上的需求量均呈现反方向变动。

⑤消费者偏好。消费者对不同商品的偏好程度决定了他们的购买意愿。消费者的偏好首先取决于个人生理和心理的欲望。例如,爱喝酒的人和不爱喝酒的人相比,前者在任何价格水平上都对酒有较大的需求量,而后者则只有较小的需求量甚至需求量为0。消费时尚同样能影响消费者偏好,进而影响需求。消费时尚可以通过示范效应和广告效应产生影响。

---

① 购买量是一种现实消费行为,而需求量是一种潜在的购买意愿。有些情况下,二者并不相同。例如,当存在商品短缺时,实际发生的购买量就少于该商品的需求量。

② 也有一种定义,认为如果某种商品的价格变动会引起另一种商品需求同方向变动,则两种商品互为替代品。实际上,这两种定义在大多数情况下是相同的。

示范效应是指某一消费群体的消费方式对其他群体的影响。一般来说,发达国家居民的消费方式对发展中国家有较大影响;高收入人群的消费方式会对其他群体产生较大影响。广告效应则是指广告对形成消费时尚的影响。例如,铺天盖地的减肥广告使得追求苗条身材成为多数女性热衷的目标。

⑥人口。需求还取决于人口的规模和年龄结构。人口规模越大,对商品的需求就会越多。近些年,中国人口的跨地区流动规模不断增大,趋势也越来越明显。南方沿海地区,经济发展较快,吸引较多人口流入,人口的增加扩大了需求,进一步拉动了当地的经济增长。北方地区,尤其是东北地区,由于经济发展滞后,许多城市出现了人口净流出的现象,人口规模缩小,导致需求萎缩,经济增长缓慢。此外,人口年龄结构的变化也会导致需求结构的变化,一个既定年龄组中的人口所占比重越大,对某些类型商品的需求就越大。

⑦预期。预期对购买行为的影响主要来自两方面:一是消费者对自己未来收入的预期。如果预期未来收入上升,即便商品价格上升也可能会增加当前的购买需求;如果预期未来收入下降,即便商品价格下降也可能会减少当前的购买需求;二是消费者对商品价格走势的预期。如果预期下周鸡蛋会涨价,消费者就很可能会在本周多买一些鸡蛋储藏起来;相反,如果预期其价格下跌,消费者就可能会推迟本周做蛋糕的打算来减少本周对鸡蛋的需求。

此外,市场规模、地理环境、人口结构、时间季节等因素的变化都会导致消费者需求发生变化。

2.3.2 需求的表示

在经济学中,需求可以用需求函数、需求表和需求曲线三种方式进行描述。

1. 需求函数

需求函数(Demand Function)是指用来表示一种商品的需求量和影响该需求量的各种因素之间相互依存关系的函数。假设用 Q_d 表示某种商品的需求量,P 表示该商品的价格,P_o 表示相关商品的价格,I 表示消费者收入,T 表示消费者偏好,E 表示消费者预期,O 表示所有其他影响商品需求的因素,则该商品的需求函数可以记作

$$Q_d = f(P, P_o, I, T, E, O) \tag{2.15}$$

由于在微观经济学中,大多数情况下,我们假定其他因素不变,单独研究商品需求量与其价格的关系,这就相当于将商品自身的价格作为影响需求量的唯一因素。因此需求函数通常被简化为

$$Q_d = f(P) \tag{2.16}$$

2. 需求表

需求表(Demand Schedule)是描述在每一可能的价格下商品需求量的表列。需求表可以直观地表明商品价格与需求量之间的一一对应关系。表 2-5 是消费者甲的冰激凌需求表。

从该需求表可以看出,如果冰激凌是免费的,消费者甲会吃 12 个。如果价格为每个 1 元,消费者甲会买 10 个。随着价格继续上升,消费者甲对冰激凌的需求量越来越少。当价格达到每个 6 元时,消费者甲根本不会吃冰激凌。

表 2-5　　　　　　　　　　　消费者甲的冰激凌需求表

价格/(元/个)	需求量/个	价格/(元/个)	需求量/个
0.00	12	4.00	4
1.00	10	5.00	2
2.00	8	6.00	0
3.00	6		

3. 需求曲线

需求曲线(Demand Curve)是描述商品价格与需求量关系的曲线。以纵轴表示冰激凌价格(P)，横轴表示对冰激凌的需求量(Q)，可以做出如图 2-18 的需求曲线 D。[①]

而运用简单的数学知识，我们知道，如果用需求函数表示消费者甲的冰激凌需求，该需求函数可以写作 $Q_d = 12 - 2P$。对比该函数与表 2-1、图 2-1，不难发现，需求函数、需求表和需求曲线所传递的信息是一样的，殊途同归。实际上，这里给出的是最简单的线性需求函数，它的一般形式是 $Q_d = a - bP$（a、b 通常均为大于 0 的常数），这是进行供求分析时为简化分析常用的假设。

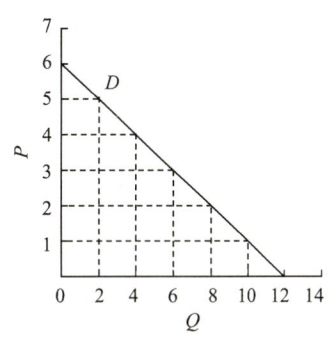

图 2-18　消费者甲的冰激凌需求曲线

2.3.3　从个人需求到市场需求

前面对需求表和需求曲线举例描述的都是个人需求情况。而在供求分析中，通常情况下，市场需求更为重要，因为在大多数市场中，单个消费者或生产者对价格的影响都是非常有限的，价格主要由整个市场的供给和需求共同决定。因此，从个人需求推导出市场需求就非常必要。

如何做到这一点呢？很简单，我们只要把既定价格水平下所有消费者对该商品的需求量相加，就可以得到该价格水平下的市场需求量。而不同价格水平下分别算出市场需求量，就可以准确描述商品的市场需求情况。为分析简单，假设冰激凌市场只有甲和乙两位消费者。表 2-6 给出了该市场的个人需求和市场需求情况。其中消费者甲的相关数据与表 2-5 相同。可见，在每一价格水平上，市场需求量都是个人需求量之和。例如，当价格为 0 时，消费者甲的冰激凌需求量为 12 个，消费者乙的需求量为 7 个，整个市场的需求量就为 19 个。

我们还可以用需求曲线来解释如何从个人需求推导市场需求。图 2-19 中，(a)图为消费者甲的冰激凌需求曲线，(b)为消费者乙的冰激凌需求曲线，将二者横向加总，就得到了冰激凌的市场需求曲线(c)。[②]

---

① 严格来说，冰激凌是不可无限分割的商品，即离散商品，因此需求曲线应由若干个离散的点组成。只有当商品可以无限分割，即为连续商品（如自来水、煤气等）时，需求曲线才为平滑的。这里并未考虑这种微小的差异。

② 本例中之所以冰激凌的市场需求曲线出现弯折点，是因为假设市场中只有两位消费者，在价格为 6 元时，消费者甲对冰激凌的需求量为 0，消费者乙对冰激凌的需求量为 1，因此此时市场需求曲线实际就是消费者乙的个人需求曲线。当市场中的消费者增加至无穷多时，市场需求曲线将逼近平滑。

表 2-6　　　　　　　　　　冰激凌的个人需求与市场需求

价格/(元/个)	个人需求量(个) 消费者甲	个人需求量(个) 消费者乙	市场需求量(个)
0.00	12	7	19
1.00	10	6	16
2.00	8	5	13
3.00	6	4	10
4.00	4	3	7
5.00	2	2	4
6.00	0	1	1

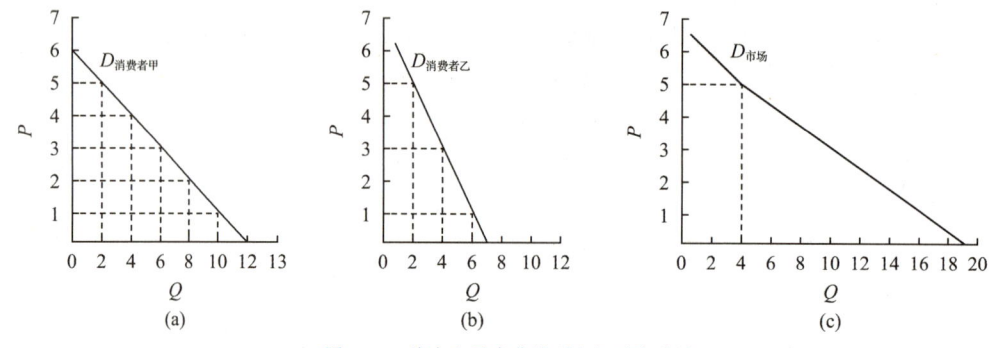

图 2-19　从个人需求曲线到市场需求曲线

2.3.4　沿需求曲线的移动与需求曲线的移动

介绍了需求曲线之后,我们用图形来解释需求量的变动和需求的变动之间的区别。

需求量是特定价格水平下,消费者对商品或服务愿意并能够购买的数量。例如,当鸡蛋价格为每千克 4 元时,王大妈计划购买 20 千克,这个 20 千克就是需求量。需求是指商品自身价格与需求量的一一对应关系。在需求曲线图中,需求量是需求曲线上的一个点,需求则是指整条需求曲线。

由于需求曲线是描述商品需求量和自身价格之间一一对应关系的曲线,因此当其他条件不变,仅商品自身的价格变动时,在原来的需求曲线上,对应于任何一个新价格,都可以找到一个点,该点对应一个新的需求量。也就是说,商品自身价格变动带来的是同一需求曲线上点与点之间的变化。

在需求曲线图中,这表现为沿着需求曲线的移动。例如,在图 2-20(a)中,当价格从 P_0 上升为 P_1 时,需求量从 Q_0 减少到 Q_1,在需求曲线上表现为从 B 点移动到 A 点。当价格从 P_0 下降到 P_2 时,需求量从 Q_0 增加到 Q_2,在需求曲线上表现为从 B 点移动到 C 点。这就是我们前面所说的需求量的变动。

而当商品自身的价格不变,其他条件发生变化时,对需求曲线的影响就不可能在同一条需求曲线上反映出来了。例如,考虑消费者收入水平的变化。如果收入水平提高,与原来相比,在每一既定的价格水平上消费者都会增加对商品的购买;相反,如果收入水平下降,与原来相比,在每一既定的价格水平上消费者都会减少对商品的购买。这就意味着,收入水平的变化会使原需求曲线上所有的点都发生变化,其结果是形成了一条新的需求曲线。也就是说,收入水平的变动带来的是不同需求曲线之间的变动。

在需求曲线图中,这表现为需求曲线的移动。图 2-20(b)可以用来说明这种变化。假定市场价格为 P_0。工作单位提高生活补贴使得许某收入提高,因此他在每个价格水平上需求量都增加了。在图形中,这表现为需求曲线从 D_0 右移至 D_2,价格 P_0 对应的需求量从 Q_0 增加到 Q_2。不幸的是,提高的补贴尚未发放,许某老家受难,他不得不将自己大部分的收入寄回老家,这导致在每个价格水平上他的需求量都减少了。在图形中,这表现为需求曲线从 D_0 左移至 D_1,价格 P_0 对应的需求量从 Q_0 减少到 Q_1。这正是我们前面所说的需求的变动。

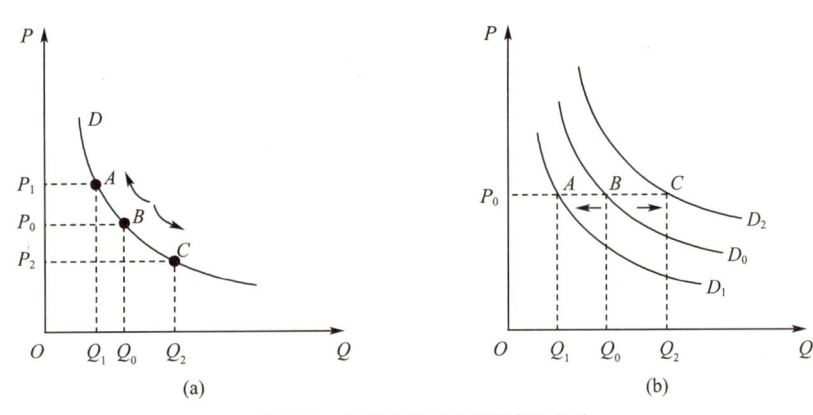

图 2-20 需求量的变动与需求的变动

除了消费者收入因素,相关商品价格、消费者偏好、预期等因素的变化所带来的也都是需求的变动,在需求曲线图上表现为需求曲线的整体移动。总之,商品自身价格变动能且仅能引起沿需求曲线的移动。除了商品自身价格之外,其他影响因素都是引起需求曲线的移动。

2.4 需求定律与需求弹性

2.4.1 需求定律

1. 需求定律的含义

无论是观察现实生活,还是考查需求曲线的形状(向右下方倾斜),我们都发现这样一条规律:商品的需求量与其价格之间存在反向变动关系,即商品价格上升,需求量随之减少;商品价格下降,需求量随之增加。这一规律在经济学中被称作需求定律(Law of Demand)。但是,要完整表述需求定律,必须加一条基本前提:其他条件不变。

经济学中任何一种经济理论的成立都是有条件的,只有在某些假设条件下才成立。需求定律成立的假设条件就是"其他条件不变",只考查商品自身价格变动对其需求量带来的影响。这里的"其他条件"是指商品自身价格以外的对需求有影响的所有因素,主要包括消费者收入水平、替代商品价格、消费者偏好、预期等。离开了这一前提,需求定律就无法成立。例如,如果消费者收入在增加,商品自身的价格与需求量就不一定具有反方向变动关系。

需求定律只是对人们日常经验的总结,而非严格的逻辑推理。大多数情况下,它是符合人们的生活经验的。但是,也确实存在一些商品,并不符合需求定律的表述。例如,某些炫耀性商品(Conspicuous Goods)①,如珠宝、文物、名画、名车等,其价格已经成为消费者地位和身份的象征。价格越高,越显示拥有者的地位,因而需求量越大;价格下跌,不再显示拥有者的地位时,需求量反而下降。再如,某些低档商品在特定条件下也可能出现价格下跌,需求量随之减少,价格上升,需求量反而增加的情况。吉芬在19世纪最先提出了这类商品的变化规律,因而得名吉芬品(Giffen Goods)。对炫耀性商品和吉芬品而言,其需求曲线都不是向右下方倾斜的,而是向右上方倾斜,如图2-21所示。

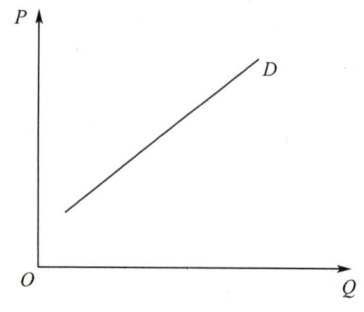

图 2-21 炫耀性商品和吉芬品的需求曲线

2. 替代效应和收入效应

一种商品的价格发生变化时,会对消费者购买行为产生两种效应:一是使商品和商品之间的相对价格发生变化;二是使消费者的实际收入水平发生改变。这两种效应会影响消费者对价格变化商品的需求量。以消费者购买食物和衣服为例,当食物价格下降时,食物相对于价格不变的衣服来说便宜了,这种变化使得消费者倾向于增加食物的需求量而减少对衣服的购买。另一方面,食物价格的下降意味着消费者同等收入水平下购买力得到提升,使消费者达到更高的效用水平,导致消费者增加所有商品的购买量。

因此,一种商品的价格变动所引起的消费者对该商品需求量变动的总效应可以分解为替代效应和收入效应两部分。替代效应是指因某种商品价格变动所引起的商品相对价格变动,进而导致了对商品需求量的改变。收入效应是指因商品价格变动所引起的实际收入水平变动,进而导致了对商品需求量的改变。

首先看一下正常品的情况(图2-22)。假定食物为正常品,初始价格条件下预算约束线为AB,消费者效用最大化的均衡点为E,食物的需求量为X_1。食物价格下降后,预算约束线变为AB',新的预算约束线AB'与另一条代表更高效用水平的无差异曲线U_2相切在点E',对食物的需求量从X_1上升到X_3,价格下降带来的总效应为X_3-X_1。

总效应中哪些属于替代效应呢?由于食物价格下降,消费者效用水平提高了,消费者新的均衡点E'在代表更高效用的无差异曲线U_2上。为得到替代效应,需要剔除实际收入水平变化的影响。假定消费者实际收入没有改变,即效用维持原来水平,相当于做一条平行于预算约束线AB'且与无差异曲线U_1相切的新的预算约束线A″B″。与无差异曲线U_1相切意味着能使消费者回到原有的效用水平,与新的预算约束线AB'平行说明食物和衣服的价格

---

① 炫耀性商品又称凡勃伦商品(Veblen Goods),因凡勃伦最早提出而得名。

比与食物价格变化后两种商品的相对价格相同。此时,均衡点为 E'',对食物的需求量为 X_2,与原来的均衡点 E 相比,食物的需求量增加 X_2-X_1,该增加量就是剔除实际收入水平变化影响后的替代效应,即由相对价格变化带来的,消费者多消费便宜商品少消费昂贵商品的结果。

预算约束线 AB 的斜率大于预算约束线 AB′ 的斜率,说明预算约束线 AB 表示的食物与衣服的相对价格 P_X/P_Y 大于 AB′,这是由于食物价格 P_X 下降而衣服价格 P_Y 不变引起的。当预算约束线由 AB 变为 AB′ 时,为了维持原有效用水平,消费者必然会由初始均衡点 E 沿着无差异曲线 U_1 向下滑动到新的均衡点 E'',增加对食物的购买而减少对衣服的购买。对于正常品来说,价格下降会引起需求量的增加,替代效应为正值。

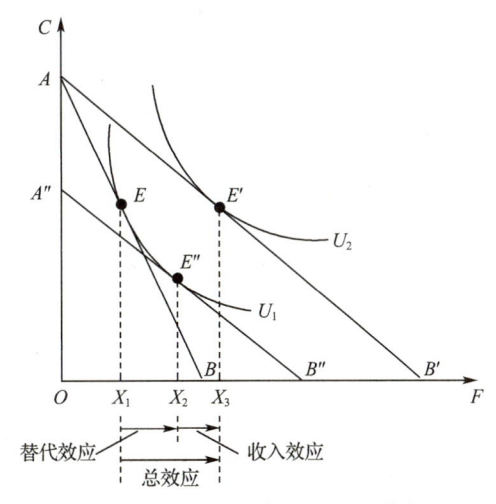

图 2-22　正常品的替代效应和收入效应

将预算约束线 A″B″ 向外平移至 AB′,消费者效用最大化的均衡点由无差异曲线 U_1 上的 E'' 点移动到无差异曲线 U_2 上的 E' 点,食物需求量由 X_2 增加到 X_3,增量 X_3-X_2 代表收入效应。预算线的平移并没有改变相对价格,仅使消费者实际收入水平有所上升。对正常品来说,价格下降带来收入水平提高时,消费者会增加对正常品的购买,因此收入效应也是正值。

3. 低档品的替代效应和收入效应

根据需求收入弹性对商品类型的界定可知,正常品的需求量与消费者收入水平同方向变动,收入提高会使消费者增加对正常品的购买,而低档品的需求量与消费者收入水平反方向变动,收入提高会导致消费者减少对低档品的购买。据此推断,低档品价格的下降所带来消费者实际收入水平的提高,会使消费者相应地减少对低档品的需求,因而其收入效应为负。

在图 2-23 中,假定食物为低档品,食物价格下降的总效应为 X_3-X_1,同样做出于预算约束线 AB′ 平行且与无差异曲线 U_1 相切的预算约束线 A″B″,将总效应分解为替代效应和收入效应。其中,X_2-X_1 为替代效应,由于无差异曲线的斜率为负,在同一条无差异曲线上相对价格的改变必然会使价格相对便宜的商品消费量上升,相对昂贵的商品消费量下降,因此无论是正常品还是低档品,商品价格下降带来的替代效应总是正的。X_3-X_2 为收入效应,食物价格下降引起消费者实际收入水平提高,导致消费者减少对低档品的需求量。由于价格变化的总

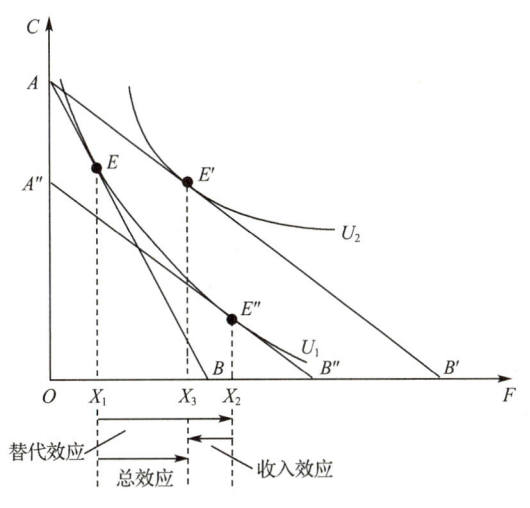

图 2-23　低档品的替代效应和收入效应

效应是替代效应与收入效应之和,所以很难判断其符号。一般情况下,当低档品价格下降时,替代效应的绝对值要大于收入效应,总效应为正。

4. 吉芬品的替代效应和收入效应

在理论上,低档品价格变化带来的收入效应可能会足够大,当收入效应的绝对值大于替代效应时,价格越低需求量越小,价格越高需求量反而越大,需求曲线会出现向上倾斜的状况,吉芬品就具有上述特征。

如图 2-24 所示,假定食物为吉芬品,食物价格下跌的总效应为 X_3-X_1,其中替代效应等于 X_2-X_1,收入效应为 X_3-X_2,由于负的收入效应的绝对值大于正的替代效应,使得总效应为负,这也就是为什么吉芬品价格下降反而使消费者对其需求量减少的真正原因。

为了便于比较正常品、普通低档品和吉芬品,根据价格变化引起的替代效应和收入效应的对比结果列于表 2-7(以价格下降为例)。

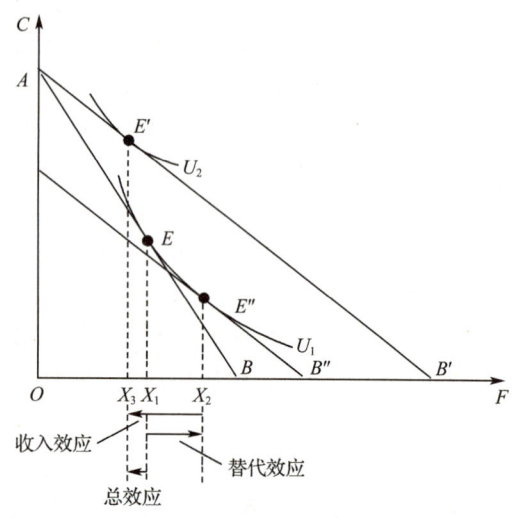

图 2-24 吉芬品的替代效应和收入效应

表 2-7　　　　　　　　不同商品替代效应和收入效应的比较

商品价格下降	正常品	低档品	
		普通低档品	吉芬品
替代效应	大于零	大于零	大于零
收入效应	大于零	小于零（绝对值小于替代效应）	小于零（绝对值大于替代效应）
总效应	大于零	大于零	小于零

2.4.2　需求价格弹性

1. 弹性的概念

弹性是物理学中的概念,它是指某一物体对外力作用的反应程度。经济学家马歇尔最早将弹性概念引入经济学分析,旨在解释特定商品供求量对其影响因素变化的反应程度。

一般来说,只要两个经济变量之间存在函数关系,我们就可以用弹性来表示因变量对自变量变化的反应敏感程度。在经济学中,弹性的一般公式为:

$$弹性系数 = \frac{因变量变化百分比}{自变量变化百分比} \tag{2.17}$$

该公式表明,弹性是两个变量各自变化比例的一个比值,而且是一个与度量单位无关的具体数字。需求分析中,常用的弹性概念包括需求价格弹性、需求收入弹性和需求交叉弹性。

2. 需求价格弹性

需求价格弹性表示在一定时期内一种商品的价格变动比率所引起的需求量变动比率,即需求量变动对于该商品价格变动的反应程度。经济学中一般用需求弹性的弹性系数来表示其大小。

$$需求弹性(系数)E_d = -\frac{需求量变化百分比}{价格变化百分比} \qquad (2.18)$$

在该公式中加入了一个负号,是因为大多数情况下,商品的需求量与其自身价格存在负相关关系,我们计算弹性的时候主要关心弹性系数的大小。使弹性计算结果为正值,引入负号进行调整。例如,某种保健品的价格变动10%时,需求量增加了20%。根据公式,这种保健品的需求弹性就为2。

3. 弧弹性与点弹性

需求价格的弧弹性表示某商品需求曲线上两点之间的需求量变动对于价格变动的反应程度,它表示需求曲线上两点之间的弹性。假定需求函数为 $Q=f(P)$,ΔQ 和 ΔP 分别表示需求量和价格的变动量,以 E_d 表示需求的弧弹性系数,则需求弧弹性的基本公式为

$$E_d = -\frac{\Delta Q/Q}{\Delta P/P} = -\frac{\Delta Q}{\Delta P} \cdot \frac{P}{Q} \qquad (2.19)$$

例如,某商品(如衣服)的价格由20元/件下降为15元/件时,需求量由20件增加到40件,此时,要计算的商品需求弹性就是弧弹性:

$$E_d = -\frac{20}{-5} \cdot \frac{20}{20} = 4$$

如果,某商品的价格由15元/件上升为20元/件时,需求量由40件下降到20件,此时,商品的需求弧弹性:

$$E_d = -\frac{20}{-5} \cdot \frac{15}{40} = 1.5$$

可见,上述基本公式下,尽管价格的涨跌幅度与需求量的变动幅度是一样的,但降价和涨价时分别计算出来的弹性系数却不尽相同。

如果仅仅是一般地计算需求曲线上某一段的需求弧弹性,而不是具体地强调这种需求弧弹性是作为涨价还是降价的结果,则为了避免不同的计算结果,通常采用变动前后价格和需求量的算术平均数,从而需求弧弹性公式变为

$$E_d = -\frac{\Delta Q}{\dfrac{Q_0+Q_1}{2}} \div \frac{\Delta P}{\dfrac{P_0+P_1}{2}} = \frac{\Delta Q}{-\Delta P} \cdot \frac{P_1+P_2}{Q_1+Q_2} \qquad (2.20)$$

可见,该弧弹性公式计算的是需求曲线上两点之间的平均弹性。由该公式计算出上例的弧弹性系数

$$E_d = \frac{20}{5} \cdot \frac{15+20}{40+20} = \frac{7}{3}$$

需求价格的点弹性表示需求曲线上某一点的需求量变动对于价格变动的反应程度。当需求曲线上两点之间的变化量趋于无穷小时,需求的价格弹性要用点弹性来表示。其计算公式是

$$E_d = \lim_{\Delta P \to 0} -\frac{\Delta Q}{\Delta P} \cdot \frac{P}{Q} = -\frac{dP}{dP} \cdot \frac{P}{Q} \qquad (2.21)$$

值得注意的是,这里的$(-dQ/dP)$实际上是需求曲线上(P,Q)点的切线斜率的倒数,而P/Q的P和Q实际是该点对应的坐标,需求弹性则是它们二者的乘积。这说明,弹性和斜率的概念是不同的。对于线性需求曲线而言,其斜率是唯一的,因而曲线上每一点的弹性都因其位置的不同而有所不同。假设需求函数为$Q=120-20P$,则有

$$\frac{dQ}{dP}=20$$

$$E_d=-\frac{dQ}{dP}\cdot\frac{P}{Q}=20\times\frac{P}{120-20P}=-\frac{P}{P-6}$$

这时可以求出任何价格水平下的弹性系数,如:当$P=2$时,$E_d=0.5$;$P=3$时,$E_d=1$;$P=4$时,$E_d=2$……

需求价格点弹性的几何含义:为简单起见,我们首先考虑线性需求曲线的情况。在图 2-25(a)中,线性需求曲线D分别与纵轴和横轴相交于A、B两点,令C点为该需求曲线上的任意一点。从几何意义看,根据点弹性的定义,C点的需求弹性可以表示为:

$$E_d=\frac{dQ}{dP}\cdot\frac{P}{Q}=\frac{GB}{CG}\cdot\frac{CG}{OG}=\frac{GB}{OG}=\frac{BC}{AC} \tag{2.22}$$

可见,如果需求曲线为直线,则其上任何一点C的点弹性均可用该点到横轴交点线段长与该点到纵轴交点线段长的比值表示。如果C点位于需求曲线的中点之上,则该点的点弹性系数大于1;如果C点位于需求曲线的中点之下,则该点的点弹性系数小于1;如果C点恰好位于需求曲线的中点处,则该点的点弹性系数等于1。

而当需求曲线为非线性时,通常只要在其上任何一点做需求曲线的切线,该点到切线与横轴交点的距离和该点到切线与纵轴交点的距离比,就是该点对应的点弹性。如在图 2-25(b)中,C点的需求弹性仍为 BC/AC。

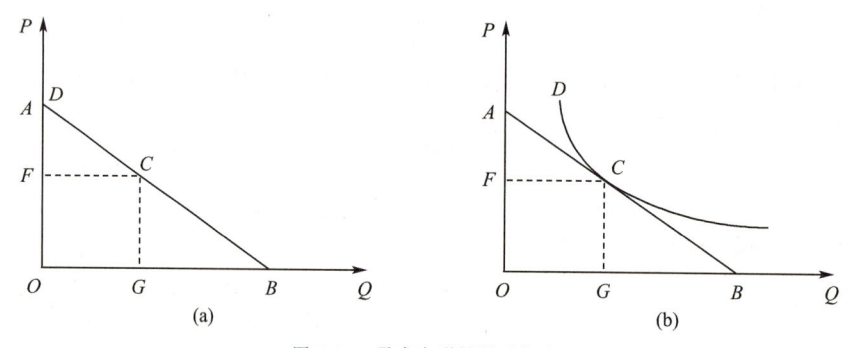

图 2-25 需求点弹性的几何意义

4. 需求价格弹性的类型

不同商品的需求价格弹性千差万别。有的商品,如保健品,需求量变动对其价格变动更为敏感;有的商品,如米、面、盐,需求量变动受其价格变动的影响很小。根据弹性系数的大小不同,我们可以将需求价格弹性分为五类:

①需求完全无弹性,即$E_d=0$。这种情况下,无论价格如何变动,需求量都不会变动。这时的需求曲线是一条垂直于横轴的线,如图 2-26 中的D_1所示。

②需求无穷弹性,即$E_d=\infty$。这种情况下,在既定的价格水平上,需求量是无限的;而一旦高于既定价格,需求量即为 0,说明商品的需求变动对其价格变动异常敏感。例如,银行

以某一固定价格收购黄金,无论有多少黄金都可以按这一价格收购。这时的需求曲线是一条平行于横轴的线,如图 2-26 中的 D_2 所示。

③需求单位弹性,即 $E_d=1$。这种情况下,需求量变动的比率与价格变动的比率相等,即价格变动 1%,需求量就相应变动 1%。这时的需求曲线是等轴双曲线的一支,如图 2-26 中的 D_3 所示。

④需求缺乏弹性,即 $E_d<1$。这种情况下,需求量变动的比率小于价格变动的比率。生活必需品,如粮食、蔬菜、米、面等大多属于这种类型。这时的需求曲线是一条比较陡峭的线,如图 2-26 中的 D_4 所示。

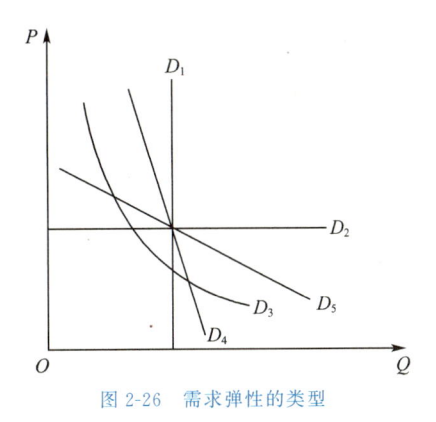

⑤需求富有弹性,即 $E_d>1$。这种情况下,需求量变动的比率大于价格变动的比率。奢侈品、价格昂贵的享受性服务多属于这种类型商品。这时的需求曲线是一条比较平坦的线,如图 2-26 中的 D_5 所示。

图 2-26 需求弹性的类型

5. 需求价格弹性的影响因素

影响需求价格弹性的因素有很多,其中主要因素包括:

①商品的可替代性。一种商品的可替代品越多,相近程度越高,则该商品的需求价格弹性往往越大;相反,该商品的需求价格弹性往往越小。例如,在苹果市场,当红富士苹果的价格上升时,消费者会减少对它的需求量,增加对相近的替代品如乔纳金苹果的购买。这样,红富士苹果的需求弹性就比较大。又如,对于食盐来说,没有很好的可替代品,所以,食盐价格的变化所引起的需求量的变化很小,它的需求价格弹性也很小。通常情况下,就可替代性而言,对一种商品所下的定义越明确、越狭窄,这种商品相近的替代品往往就越多,需求弹性也就越大。例如,某种品牌糕点的需求要比一般糕点的需求更有弹性,糕点的需求又比其他一般面粉制品的需求弹性大得多。

②商品用途的广泛性。一般说来,一种商品的用途越广泛,它的需求弹性也就越大;相反,用途越狭窄,它的需求弹性也就越小。这是因为,如果一种商品具有多种用途,当它的价格较高时,消费者将只购买较少数量的该商品用于最重要的用途上。当它的价格逐步下降时,消费者的购买量就会逐渐增加,将其越来越多地用于其他各种用途上。羊毛有广泛的用途,其价格的下降,会从多种渠道影响对羊毛的需求量,从而使需求量大幅增加。

③商品对消费者生活影响的重要程度。即该商品是生活必需品还是奢侈品。一般说来,生活必需品的需求弹性较小,奢侈品的需求弹性较大。例如,粮食、蔬菜这类生活必需品的弹性一般都很小,跨国旅游、名车、名表、豪宅的需求弹性则很大。

④商品在消费者预算总支出中所占的比重。消费者在某种商品上的支出在预算总支出中所占的比重越大,该商品的需求弹性往往就越大;反之,则越小。例如,盐、铅笔、肥皂等商品的需求弹性就是比较小的,因为消费者每月在这些商品上的支出是很小的,一方面不太重视这类商品价格的变化,另一方面也没有多大的回旋余地。

⑤时间因素。这包括两个层面:一是考察期的时间长短。一般说来,所考察的时间越长,则需求弹性就可能越大。因为,当消费者决定减少或停止对价格上升的某种商品的购买之前,需要花费时间去寻找和了解该商品的可替代品。例如,当汽油价格上升时,消费者在

短期内不会较大幅度地减少需求量。但如果时间足够长,消费者就可能找到替代品,从而加大需求弹性。时间长短的另一方面体现在商品特征上。通常情况下,使用时间长的耐用消费品需求弹性较大,而使用时间短的非耐用品需求弹性较小。

最后,需要指出,一种商品的需求价格弹性的大小是各种影响因素综合作用的结果。在分析时,要综合考虑具体情况。

2.4.3 其他需求弹性

1. 需求收入弹性

需求收入弹性是指一定时期内,一种商品的需求量对消费者收入变动的反应程度,它是需求量变动百分比与收入变动百分比的比值。如果用 E_I 表示需求的收入弹性系数,用 I 和 ΔI 表示收入和收入的变动量,Q 和 ΔQ 表示需求量和需求量的变动量,则需求收入弹性系数的计算公式为

$$需求收入弹性系数\ E_I = \frac{\Delta Q/Q}{\Delta I/I} = \frac{\Delta Q}{\Delta I} \cdot \frac{I}{Q}(弧弹性) \tag{2.23}$$

或

$$E_I = \lim_{\Delta I \to 0} \frac{\Delta Q}{\Delta I} \cdot \frac{I}{Q} = \frac{dQ}{dI} \cdot \frac{I}{Q}(点弹性) \tag{2.24}$$

需求收入弹性系数的取值既可能为正,也可能为负;既可能大于1,也可能小于1。主要类型包括:

$E_I > 0$。某种商品的需求收入弹性系数为正值,意味着随着收入水平的提高,消费者对此种商品的需求量会增加。这类商品通常称为正常品。对于正常品而言,E_I 还可以分为大于1、小于1和等于1三种情况。

$E_I > 1$ 意味着随着收入水平的提高,消费者对某种商品的需求量可能以更高的比例增加,这类商品称为奢侈品,如珠宝、名车、豪宅等。

$E_I < 1$ 意味着随着收入水平的提高,消费者对某种商品的需求量尽管也在增加,但增加幅度小于收入提高幅度,这类商品通常是必需品,如米、面、油等生活必需品。

$E_I = 1$ 意味着收入水平与需求量同比例增加,这种情况非常罕见。

$E_I < 0$。某种商品的需求收入弹性为负值,意味着随着收入水平的提高,消费者对此种商品的需求量会减少,这类商品通常称为低档品。

需求收入弹性与恩格尔系数:经济学家根据长期统计资料的分析发现,生活必需品的收入弹性很小,奢侈品和耐用品的收入弹性较大。统计学家恩格尔根据他对德国某些地区消费统计资料的研究提出一个定律:随着收入水平的提高,食物支出在居民全部支出中所占的比率越来越小。因此,食物支出占居民全部支出之比可以反映一个国家或家庭的富裕程度,该比值被称为恩格尔系数。一般来说,恩格尔系数越高,生活越贫穷;反之,则说明富裕程度较高。比较公认的标准是,恩格尔系数在 0.5 以下可以认为生活达到富裕水平。

2. 需求的交叉价格弹性

需求的交叉价格弹性简称需求交叉弹性,表示在一定时期内一种商品需求量的变动对于它的相关商品的价格变动的反应程度。它是该商品的需求量变动率和其相关商品的价格变动率的比值。

假定商品 X 的需求量 Q_X 是它的相关商品 Y 的价格 P_Y 的函数,即 $Q_X=f(P_Y)$,则商品 X 对 Y 的需求交叉弹性系数公式为

$$E_{XY}=\frac{\Delta Q_X/Q_X}{\Delta P_Y/P_Y}=\frac{\Delta Q_X}{\Delta P_Y}\cdot\frac{P_Y}{Q_X} \tag{2.25}$$

其中,E_{XY} 表示 X 对 Y 的需求交叉弹性系数,Q_X 和 ΔQ_X 表示 X 的需求量和需求量的变动量,P_Y 和 ΔP_Y 表示 Y 的价格和价格的变动量。

当 X 的需求量变化量 ΔQ_X 和 Y 的价格变化量 ΔP_Y 均为无穷小时,X 对 Y 的需求交叉弹性系数公式为

$$E_{XY}=\lim_{\Delta P_Y\to 0}\frac{\Delta Q_X}{\Delta P_Y}\cdot\frac{P_Y}{Q_X}=\frac{\mathrm{d}Q_X}{\mathrm{d}P_Y}\cdot\frac{P_Y}{Q_X} \tag{2.26}$$

需求交叉价格弹性系数的符号取决于所考查的两种商品的相关关系,是替代关系,还是互补关系。若两种商品之间存在着替代关系,则一种商品的价格与它的替代品的需求量之间呈现同方向变动,相应的需求交叉弹性系数为正值。若两种商品之间存在着互补关系,则一种商品的价格与它的互补品的需求量之间呈现反方向的变动,相应的需求交叉弹性系数为负值。同样的道理,可以根据两种商品之间的需求交叉弹性系数的符号,来判断两种商品之间的相关关系:若两种商品的需求交叉弹性系数为正值,则这两种商品之间为替代关系;若为负值,则这两种商品之间为互补关系;若为零,则这两种商品之间无相关关系,为无关品。

关键术语

偏好　序数效用　基数效用　边际效用　边际效用递减规律　消费者均衡　互补品　替代品　市场需求　市场需求曲线　需求价格弹性　需求收入弹性　需求交叉弹性　预算约束线　无差异曲线　替代效应　收入效应　经济商品　经济负商品　边际替代率　边际替代率递减规律　恩格尔曲线　低档品　必需品　奢侈品

思考题与讨论题

1. 基数效用和序数效用有什么区别?
2. 偏好的三个基本假设是什么?试阐述每个假设的内容。
3. 为什么两条无差异曲线不能相交?
4. 为什么一段时间内消费的商品减少,其边际效用会增加?
5. 假定货币的边际效用递减,将高工资者的收入转移给低工资者,能否增加全社会的总效用?
6. 我国北方的许多大城市水资源不足,自来水供应紧张,请根据边际效用递减原理设计一种解决这个问题的方案。
7. 消费品的边际替代率为什么是递减的?
8. 免费发给消费者实物(如服装)与发给消费者等值的现金(即按照市场价格计算的购买这些食物的现金),哪种方法会给消费者带来更高的效用?
9. 为什么需求曲线向右下方倾斜?

10. 需求的变化和需求量的变化有什么区别？

11. 需求价格弹性的主要决定因素有哪些？

12. 为什么斜率为常数的需求曲线，其弹性不是常数？

13. 某种商品的需求收入弹性可以告诉我们该商品的什么属性？

14. 假如鸡蛋的价格下降，为什么对鸡蛋的需求会增加？请用收入效应和替代效应进行解释。假如鸡蛋的价格下降后，猪饲料价格不变，猪肉的销售量和价格会发生什么变化？

15. 某城市交通运输的需求价格弹性估计为1.6，为了增加交通运输的收入，交通运输的价格应该增加还是降低？

16. 有人说，气候不好对农民不利，因为农作物要歉收；也有人说，气候不好对农民有利，因为农作物歉收之后农产品要涨价，农民收入会增加。对这两种议论，你有何评价？

第 3 章　生产者行为与市场供给

从上一章对消费者行为的分析中我们知道,在收入既定的情况下,消费者为了实现其效用最大化,会根据无差异曲线和预算约束线来确定最优的商品组合。与消费者的目标是效用最大化相对应,生产者的目标是利润最大化。在寻求利润最大化的过程中,生产者需要考虑如何有效安排生产,以最低的成本将既定的产品生产出来;或者说在投入既定的情况下如何实现最大化产量。因此,生产者既要了解产量与投入要素之间的关系,又要掌握生产成本随产量变化的规律。

关键问题

- 哪些因素决定了企业的边界?
- 为什么说企业本质上是一种资源配置方式?
- 如何用生产函数来描述生产者的行为?
- 为什么边际技术替代率呈递减趋势?
- 企业的短期生产成本和长期生产成本有什么区别?
- 企业的最优决策原则是什么?
- 市场供给曲线是怎么来的?
- 哪些因素决定了供给弹性的大小?

3.1　企业与生产函数

经济中的生产活动由形形色色的生产者来完成,经济学的研究对象主要是以经济组织的形式开展生产活动的生产者。在经济学研究中,把农场、工业企业、物流公司、商场,以及咨询公司等经济组织统称为生产者或企业,即市场经济中为实现一定目的从事生产活动的独立的经营单位。

3.1.1　作为生产者的企业

1. 企业的性质与边界

在经济学中,把生产者统称为企业或厂商。企业是一种经济组织,即在市场经济中依法设立,实行独立核算、自主经营、自负盈亏,以营利为目的,从事生产、流通、服务等经济活动,具有法人资格的经济组织。在经济学研究中,针对不同的问题和研究视角,对企业的界定不尽相同。

经济学原理

在传统微观经济理论中，企业被定义为利用各种投入要素（土地、劳动力、资本和技术等）生产和销售市场所需要的产品和服务，并获取利润的一种经济组织。企业的生产过程被抽象成一个由投入到产出的追求利润最大化的"黑匣子"，只考察生产过程的两端，即投入了多少生产要素，生产了多少产品，其关注的重点是企业与外部市场的关系。根据这种理论，企业是生产函数的实现者和载体，代表为了实现利润最大化所采用的投入与产出之间的技术关系。

在现代微观经济理论中，企业被定义为各种契约关系的集合，是契约关系的联结点。企业作为独立法人，必须与相关的市场参与者建立合法的契约关系，才能保证生产经营活动正常开展。企业内部建立的契约关系主要包括企业与劳动者的契约关系、企业与管理者的契约关系、企业与股东的契约关系；企业外部建立的主要契约关系包括企业与供货商、各种类型的中间商、客户的契约关系，企业与政府和债权人的契约关系；等等。这些契约关系的具体形式是具有法律依据的合同。例如，企业与其投资者签订的是股权合同，与供货商签订的是供货合同，与员工签订的是劳动合同，与顾客签订的是销售和售后服务合同，与银行等债权人签订的是借贷合同，与广告商、咨询公司、科技中介、培训公司、会计师事务所和律师事务所等各种服务机构签订的是服务合同。广义上，企业与政府之间的关系也是一种契约关系。政府允许企业注册成立并开展生产经营活动，为企业提供安全、水电、交通等基础设施的配套；企业则必须在相关法律法规的约束下，承担起纳税、提供就业岗位、减少环境污染等经济和社会责任。与企业的生产经营活动相关的供货商、企业员工、顾客、银行、各类服务机构，以及相关政府部门统称为利益相关者（群体）。

在资本市场发达的经济中，企业是投资者借以创造价值和实现价值的商品。对于上市公司来说，其投资者和高层管理者最关心的是资本市场对企业的评价，这种评价集中体现在企业市场价值的波动上，或企业发行的股票价格的波动上。企业发展强劲、经营业绩好，其股票价格就会不断上涨；否则，企业的股票价格就会趋降。经营企业就是经营企业的价值。

企业本质上是一种资源配置方式。在现代市场经济中，企业和市场是两种最基本的资源配置方式（或微观经济活动的协调方式）。企业作为微观经济活动的一种基本协调方式，依靠企业家把各种生产要素整合起来，运用一套有效的经营管理机制，生产出特定的产品和服务，在满足社会需要的同时实现其利润最大化。在企业内部，生产活动由企业家或企业管理人员来组织和协调。在企业外部，与企业生产活动密切相关的各种经济活动由一系列市场交易来协调。

企业的存在主要有三个原因：第一，可以降低交易成本；第二，可以实现规模经济；第三，可以实现范围经济。企业在组织和协调微观经济活动的规模和范围上是有局限性的，制约企业规模扩张的一个最重要的因素是企业的业务能力，包括企业的管理能力、技术能力和业务经验的积累。当企业的规模和业务范围超出企业的能力所能管理和有效控制的范围，企业内部的组织管理成本就会成为制约企业进一步发展的关键因素。随着企业生产经营的产品种类的增加、规模的扩大、地理空间的拓展，其内部组织结构会变得日趋复杂，从而导致内部的组织协调效率降低，组织协调成本显著提高，出现规模不经济现象，规模收益呈递减趋势。

有关企业性质的讨论可以追溯到罗纳德·哈里·科斯（R. H. Coase）在1937年发表的论文《企业的性质》。在该论文中，科斯从交易成本角度分析了企业与市场的关系，阐明了企业存在的原因和企业的边界两个问题。企业内部的组织管理成本和企业外部的市场交易成本,是界定企业边界的两个基本因素。企业外部的市场交易成本,是由市场的买方和卖方为了完成市场交易活动而发生的成本。在信息不完备的条件下,受各种主客观因素的影响,为了保证交易符合买卖双方的利益,交易合同会变得十分复杂。追求一个完备合约,必然增加相应的费用,若有违约也会产生相应的交易成本。从资源的配置效率出发,为了降低市场交易成本和企业内部的组织管理成本,有些交易通过市场完成,有些交易在企业内完成,选择哪一种资源配置方式,取决于市场交易成本与企业内部的组织管理成本之间的平衡关系。

企业边界(Boundary of a Firm)是企业组织结构的基本特征之一,是企业以其核心业务能力为基础,在与市场的相互作用过程中形成的经营范围和经营规模。企业边界决定了哪些微观经济活动由企业来组织和协调,哪些微观经济活动通过市场手段来协调。由于市场交易成本和企业组织管理成本的双重作用,企业规模的扩大只能达到这一点,即在企业内部组织协调一笔额外交易的成本等于在市场上完成这笔交易所发生的成本,或者等于由另一个企业家来组织协调这笔交易的成本。

决定企业规模的另一个重要因素是效率,即当企业规模边界的扩张不能产生效率时,企业就应该停止扩张活动。企业之所以存在,是因为其生产是有效率的,这种效率来自企业在规模经济、专业化分工、组织管理能力和开展创新活动等方面具有的优势,决定企业边界变化的最终力量是效率。

2. 企业的组织形式

企业一般采取三种组织形式:个体工商户、合伙公司和股份公司。

①个体工商户,也称个人业主制(Individual Proprietorship),是单个人独资经营的企业组织。个体工商户的老板往往既是所有者又是经营者,因而个人需要为经营付出巨大努力。此类企业决策灵活,易于管理,尽管数量很多,但普遍规模较小,往往受到资金、产品竞争力和经营规模的限制,容易破产。

②合伙制公司(Partnership)是由两个或更多人共同出资、合伙经营、共享收益所形成的企业组织。合伙制公司的参加者亲自参与公司事务,用自己的全部财产承担该公司债务的全部责任。相对于个体工商户而言,合伙制公司规模较大,资金充裕,抵抗经营风险的能力较强。由于多人共同拥有所有权和管理权,不利于企业经营决策的统一协调。合伙制公司需要承担无限责任,即如果企业破产,每一位合伙人需要倾其所有偿还债务,因而在国民经济的经济活动总量中,合伙制公司所占比重较小。假如,在由甲、乙、丙三个合伙人共同出资组建的合伙制公司中,合伙人甲在合伙制公司中的份额是5%,如果公司破产了,合伙人乙和丙无力偿还债务,合伙人甲不仅要赔偿5%的亏损,还可能被要求偿还所有的债务。因此,合伙制公司具有非常高的个人风险,往往局限于服务业、农业和零售业中。

③股份公司(Corporation)是通过发行股票及其他证券,把分散的资本集中起来经营的一种企业组织形式。股份公司的资本不是由一人独自出资的,而是划分为若干个股份,由许多人共同出资认股。股份公司的所有权不属于一个人,而是属于所有出资认购公司股份的人。如果一位股东拥有公司15%的股份,那么这位股东就拥有公司15%的所有权。股份公司具有独立的合法身份,具有"法人"权利,即可以根据自己的利益签订各种合同、购买、借贷、生产和出售产品和服务。股份公司享有有限责任的权利,每一位股东的投资风险严格限定在特定的数额上。股份公司能够满足现代化社会大生产对企业组织形式的要求。一方面,通过招股集资的方法能够集中巨额资本,满足大生产对资本的需要,有利于实现规模生

产和进一步专业化;另一方面,股份公司的所有权属于所有股东,通过设置股东大会、董事会、监事会等管理机构,实现了所有权和经营权的分离,即公司归股东所有,日常经营管理归职业经理负责。公司的董事会和职业经理拥有制定公司决策的合法权利,决定生产什么、什么时候生产和如何生产。当股份公司的规模过于庞大时,其内部管理也会出现许多问题。

3. 企业的目标

(1) 企业利润最大化

在微观经济学中,研究消费者行为的理论假定理性消费者追求效用最大化。类似地,研究生产者行为的理论假定企业也是理性的,其目标是追求利润最大化。经济学中,企业的利润通常定义为其收益与成本之差。利润最大化就是要在资源稀缺的条件下,力求有效利用资源,降低成本,最大可能地获得收益。在现实经济生活中,企业有时并不一定以利润最大化为目标。由于所面对的市场需求是不确定的,企业也有可能对产量变化所引起的生产成本变化情况缺乏准确了解,为了规避这种不确定性,企业更加普遍的做法是采取实现销售收入的最大化或者市场份额的最大化,以取代利润最大化的决策原则。

在股份企业中,由于所有权与经营权分离,企业所有者往往不是企业经营者,企业日常经营管理由所有者委托职业经理负责,所有者和职业经理之间是委托代理关系。在信息不对称的情况下,所有者并不能完全了解企业的经营状况,无法完全监督和控制职业经理的行为。具有信息优势的职业经理可能会在一定程度上偏离企业利润最大化的目标,而寻求自身效用的最大化,包括更高的工资、奖金、各种福利待遇、更多的假期和闲暇时间;也可能会热衷于寻求扩大企业规模,以提高自身在职业经理市场上的声望和地位,为未来的求职创造有利条件。这些行为都会导致企业追求短期利益,却偏离了利润最大化的长期目标。

在现代企业制度下,职业经理对利润最大化目标的偏离会受到制约。如果企业运行绩效不佳,生产效率下降,经营业绩持续下滑,企业股票价值会随之下跌,董事会就会解雇经营不善的职业经理。为了激励职业经理更加努力工作,有些企业会采取股票期权的方式,促使职业经理把自身的利益与企业利润最大化的目标结合起来。长远来看,如果企业不以利润最大化为基本目标,就有可能在激烈的市场竞争中遭到淘汰。因此,实现利润最大化是企业经营的基本目标。在有关生产者行为的分析中,通常假定企业生产的目的是追求利润最大化。

(2) 企业价值最大化

在资本市场发达的经济中,企业可以被作为一种借以创造价值和实现价值的商品,而投资者经营这种商品的目的是实现企业的价值最大化。对企业这种商品进行交易的市场是资本市场,企业的所有者和最高管理层最关心的是企业的价值,企业管理的最终目的是不断创造价值和实现价值。理论上,企业价值可以定义为企业在未来各个时期所创造和实现的现金净流量的折现值之和,用公式表示:

$$V = \sum_{t=1}^{N} \frac{C_t}{(1+\text{WACC})^t} \tag{3.1}$$

式中:V 为企业价值;C_t 为现金流量,表示企业在时期 t 现金流入与现金流出之差额;N 为企业的预期寿命;WACC 为加权平均的资本成本。

根据这个公式,企业存活的时间越长,每个时期获得的现金净流入越多,其经营所使用的资本的成本越低,则企业的价值就越大。

企业价值最大化目标把企业长期稳定发展放在首位,强调在企业价值增长中应满足各个相关利益集团的要求,最大限度地兼顾这些利益集团的利益。这一目标的合理性主要表现在:充分考虑了货币、时间的价值,以及风险与报酬之间的联系,有利于克服企业管理人员的短期行为。

(3) 股东财富最大化

在股份经济条件下,股东财富由其所拥有的股票数量和股票市场价格来决定,包括股利收入和资本利得。股东财富最大化,也称股东权益价值最大化,是指公司通过合法经营,采取有效的经营和财务策略,使公司股东财富达到最大化。股东财富通常按照股东持有的股份乘以股票的市场价格来确定。在股票数量一定的前提下,随着股票价格的上升,股东财富也在不断增加。所以,股东财富最大化又可以表现为他们持有的股票价格最大化。

专栏 3-1 企业价值的决定因素

股东是企业资本的提供者,也是企业的所有者,他们创办企业的目的是获得财富的增长。其投资的价值在于企业能给所有者带来未来报酬,包括获得股利和出售股权获取现金。股价的高低代表了资本市场对公司价值的客观评价,以股东财富最大化为经营目标的企业必须关注市场对企业的评价。

(4) 三种企业目标的对比

股东财富最大化目标的主要优点:目标比较容易量化,即可以用企业股票的市价来衡量,便于考核和奖惩;考虑了资金的时间价值和风险因素,风险的高低会对股票价格产生重要影响。股东财富最大化目标的主要缺点有:只适用于上市公司,为了保证有关企业经营信息的准确披露,对资本市场有效性的要求较高;股票价格受多种因素的影响,并不能完全反映企业的经营业绩。而且,除了股东之外,与企业的生产经营活动密切相关的利益群体还包括企业的顾客、企业员工、企业管理层、供货商、经销商、债权人以及政府部门。股东财富最大化目标强调更多的是股东利益,对其他相关利益群体的重视不够。

与利润最大化目标相比,股东财富最大化在一定程度上能够克服企业在追求利润上的短期行为,不仅企业的当期利润会影响其股票价格,未来的预期利润也会对企业股票价格产生重要影响。

在实行股东财富最大化目标的企业中,管理层服务的对象是明确的,即股东。在实行企业价值最大化目标的企业中,管理层服务的对象是拟人化的"企业"。企业价值包括股东权益和负债两个部分的价值,而股东财富只包括股东权益这部分的价值加上分配的股利。虽然负债对股东财富有影响,但它不属于股东财富的内容。

3.1.2 生产函数及其形式

1. 生产函数的含义

企业进行生产的过程就是在一定技术条件下投入生产要素生产出产品的过程。在经济学的分析中,生产要素主要是指劳动、土地和资本。劳动是人们在生产过程中所提供的体力劳动和脑力劳动的总和;土地是指生产中所使用的各种自然资源,包括自然界所存在的土地、水、矿藏、森林等;资本可以表现为实物形态和货币形态,前者包括厂房和机器设备,后者指货币资金的投入。

生产过程中的生产要素投入量与产品的产出量之间的关系可以用生产函数来表示。生产函数(Production Function)是指在一定时期内，在技术水平不变的条件下，生产过程中所投入的各种生产要素的数量与所能生产的最大产量之间的函数关系。在不同时期和不同的技术水平下，即便是同一企业利用相同生产要素所能生产出的产品数量也会有所差别。因此，生产函数反映的是在既定生产技术条件下投入和产出之间的数量关系。如果技术条件改变，原有的生产函数就会发生变化，从而产生新的生产函数。在新的生产函数下，相同的要素投入可能会有更多或更少的产出量。而且，生产函数反映的是在现有技术条件下某一特定要素投入组合的最大产出量。

生产函数可以用数理模型、图表或图形的方式表示，假定企业只使用劳动(L)和资本(K)两种生产要素，则生产函数可以表示为：

$$Q = f(L, K) \tag{3.2}$$

式(3.2)表示产出 Q 与劳动 L、资本 K 两种投入品之间的函数关系，这种关系普遍存在于各种生产过程中。生产函数可以描述一家拥有特定数量的厂房、工人和机器设备的汽车制造企业所能生产的汽车数量，或者描述一个拥有特定数量农业设备和农场能够生产小麦的数量。需要指出，生产函数中的投入和产出都是流量，不是存量，是以一定时间段为期限的，多数情况指一年。生产函数的存在使得利用不同的投入要素组合生产同一数量的产品成为可能。以纺织企业为例，一个劳动密集型企业可以利用较多的劳动投入生产布匹，一个资本密集型企业则可以使用更多的机器设备进行生产。

2. 生产函数的主要形式

生产函数有多种形式，下面主要介绍在微观经济学中常用的三种生产函数，即固定替代比例的生产函数、固定投入比例的生产函数和柯布—道格拉斯生产函数。

固定替代比例的生产函数，表示在每一个产量水平上，任意两种投入要素之间的替代比例是固定的。假定生产过程中只使用劳动和资本两种投入要素，则固定替代比例的生产函数可以表示为

$$Q = aL + bK \tag{3.3}$$

式中：Q 为产品产量；L 和 K 分别表示劳动和资本的投入量；常数 a、$b > 0$。固定替代比例的生产函数通常为线性形式，对应的等产量曲线是一条直线。

固定投入比例的生产函数，表示在每一个产量水平上，任何一对要素投入量之间的比例都是固定的，其函数形式为

$$Q = \min\left\{\frac{L}{u}, \frac{K}{v}\right\} \tag{3.4}$$

式中：Q 为产品产量；L 和 K 分别为劳动和资本的投入量；u 和 v 为固定的劳动和资本的生产技术系数，分别表示生产一单位产品所需要的固定的劳动投入量和资本投入量。在固定投入比例的生产函数中，Q 的生产被假定为必须按照 L 和 K 之间的固定比例。

固定投入比例的生产函数与上一章消费者行为分析中完全互补品的无差异曲线的特征比较类似。对于必须结合使用的商品来说，消费者的效用取决于两种商品中数量较小的一个，如果一种商品的消费量不变，另一种商品的消费量再多，消费者的效用也无法提高。而在固定比例的生产函数中，产量 Q 取决于两个比值 L/u 和 K/v 中较小的一个。当一种生产要素的数量不能变动时，另一种生产要素的数量再多，也无法提高产量。

柯布—道格拉斯生产函数(简称 C-D 生产函数)是由数学家柯布(C. W. Cobb)和经济学家保罗·道格拉斯(Paul H. Douglas)于 20 世纪 30 年代提出来的生产函数。柯布—道格拉斯生产函数是经济学中使用最广泛的一种生产函数,一般形式为

$$Q=AL^{\alpha}K^{\beta} \tag{3.5}$$

式中:Q 为产品产量;L 和 K 分别为劳动和资本的投入量;A 代表综合技术水平;α 是劳动产出的弹性系数($\alpha>0$);β 是资本产出的弹性系数($\beta<1$)。

3. 企业的短期生产和长期生产

企业在组织生产活动时,调整投入要素需要一定时间。比如,新建工厂需要计划、设计、建设厂房,订购、装运新机器设备,此类活动往往要耗费一年甚至更长的时间,在足够长的时间里企业可以根据需要调整资本和劳动投入。而短期内企业很难通过调整资本和劳动的投入来提高产量。短期内,生产要素的投入分为不变投入(或固定投入)和可变投入,前者一般包括厂房、机器设备、生产线等的投入,后者主要是指原材料、燃料和劳动力等的投入。长期来说,企业可以调整全部生产要素的数量,所有投入都是可变的。

长期和短期并没有一个明确的时间划分界限,主要以企业能否改变全部要素投入为标准。对于不同产品的生产,长期和短期的界限是不同的。比如,对于一个大型的发电厂来说,调整工厂规模可能需要两年时间,而对于一家小型的软件企业,其规模调整可能半个月的时间就可以顺利完成。

3.1.3 投入要素及其最优组合

1. 单一可变要素的生产

短期生产的主要特征是存在着不变投入,企业只能对部分可变要素的投入量进行调整,下面将以单一可变投入的生产函数来讨论短期生产中可变要素的投入量与产量之间的关系。

单一可变投入的生产函数(又称短期生产函数),是指在技术条件不变、固定投入既定的情况下,一种可变投入与可能生产的最大产量之间的关系。

根据生产函数的一般形式 $Q=f(L,K)$,假定资本投入量是固定的,用 $\overline{K}$ 表示,劳动投入量是可变的,用 L 表示,则单一可变投入的生产函数可以表示为

$$Q=f(L,\overline{K}) \tag{3.6}$$

在资本固定、劳动可变的情况下,企业可以通过增加劳动投入来提高产量。比如,作为一家纺织厂的管理者,拥有的设备是固定的,但可以雇用操作设备的劳动力是可变的。短期内,管理者就需要对应该生产多少产品,雇用多少工人做出决策。在这之前,必须了解产量随可变要素投入量变化而变化的规律。

在考察产量与单一可变要素投入量之间的关系之前,需要理解总产量、平均产量和边际产量的概念及其相互联系。

总产量(Total Product)是指利用生产要素所能生产的最大产量,用来表明企业的产出总量,同生产函数中的 Q 具有相同意义,通常用 TP 表示。

平均产量(Average Product)是指平均每单位的生产要素所能生产的产量,平均产量等于总产量除以要素投入量,通常用 AP 表示。

边际产量(Marginal Product)是指在其他投入保持不变的条件下,增加一个单位某种要素(如劳动)投入所带来的总产量的增量。边际产量是总产量对可变要素投入量无限小变化的变动部分,通常用 MP 表示。

我们以表 3-1 中的数据为例,说明产量随可变要素投入量增加而变动的情况。在表 3-1 中,第一列为劳动投入量;第二列为不变的固定资本投入量;第三列为总产量,即不同劳动投入量下每星期能够生产的产品总量;第四列表示劳动的平均产量,等于总产量 Q 除以劳动投入 L 量;第五列表示劳动的边际产量,是最后一单位劳动所带来的总产量增加量。在固定资本投入量为 8 的情况下,劳动投入量为 0 时,总产量为 0,当劳动投入量由 0 增加到 8 时,总产量也随之增加至 64,但超过 8 之后总产出开始下降。这种现象可以解释为:由于机器数量是不变的,最初每单位劳动的增加使机器的利用越来越充分,但超过某一点后,劳动相对于机器设备来说开始过多,机器设备的数量无法满足劳动的有效使用,继续增加劳动反而会降低效率。

由表 3-1 可以看出,平均产量最初呈上升趋势,在劳动投入量增加到 4 和平均产量增加到 12 以后开始下降。边际产量同样先增加后减少,当劳动投入量由 2 增加到 3 时,总产量由 18 增加到 36,表明劳动的边际产量为 18(36－18＝18),当劳动投入量超过 3 时,边际产量开始下降。当劳动投入量由 8 增加到 9,总产量由 64 降低为 63,边际产量开始变为负值(63－64＝－1),如果继续增加劳动投入量,边际产量会进一步减少。

表 3-1　　　　　　　　　　单一可变投入劳动投入的产量情况

劳动投入量(L)	固定资本投入量(K)	总产量(Q)	平均产量(Q/L)	边际产量(ΔQ/ΔL)
0	8	0	0	
1	8	6	6	6
2	8	18	9	12
3	8	36	12	18
4	8	48	12	12
5	8	55	11	7
6	8	60	10	5
7	8	63	9	3
8	8	64	8	1
9	8	63	7	－1
10	8	60	6	－3

根据表 3-1 的数据可以绘制出产量曲线图。如图 3-1 所示,横轴表示可变要素(劳动)的投入量 L,纵轴表示产量 Q。TP、AP、MP 分别代表总产量、平均产量和边际产量曲线,这三条曲线都是先呈上升趋势,达到最高点后再呈下降趋势。

根据表 3-1 的数据和图 3-1 描绘出的产量曲线形状,我们可以得到企业短期生产的总产量、平均产量和边际产量之间的关系。

①总产量和边际产量之间的关系。根据定义,边际产量 MP 在数值上等于总产量曲线 TP 上任何一点切线的斜率。因此,当总产量曲线 TP 上升时,某点切线斜率为正,边际产量 MP 为正值;当总产量曲线 TP 下降时,某点切线斜率为负,边际产量 MP 为负值;当总产量曲线 TP 达到极大值时,该点切线斜率为零,边际产量 MP 也为零。由于总产量曲线 TP 先

加速上升,后减速上升,斜率先递增后递减,相应地,边际产量曲线 MP 先递增后递减,在总产量曲线的拐点 B 处达到最大值,因此边际产量曲线的最高点与总产量曲线的拐点 B 是互相对应的。

②平均产量和总产量之间的关系。产量 AP 在数值上等于总产量曲线 TP 上任何一点与坐标原点连线的斜率,随着总产量曲线某点与原点连线的斜率增加,平均产量 AP 递增;当总产量曲线与原点的连线和总产量曲线相切时(见点 C),平均产量达到最大;而后,平均产量开始递减。

③边际产量和平均产量之间的关系。由图 3-1 中可以看出,边际产量和平均产量之间的关系可以表述为:当边际产量 MP 大于平均产量 AP 时,平均产量递增;当边际产量 MP 小于平均产量 AP 时,平均产量递减;当边际产量 MP 等于平均产量 AP 时,平均产量 AP 达到最大值,即边际产量曲线通过平均产量曲线的最高点 E。

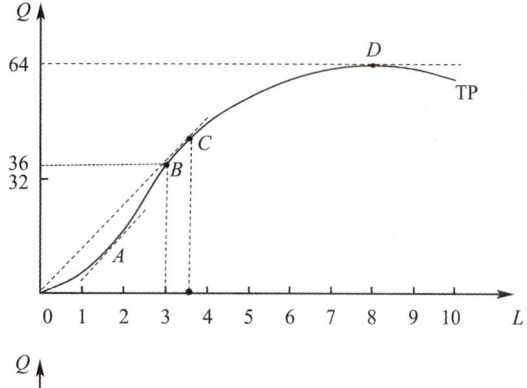

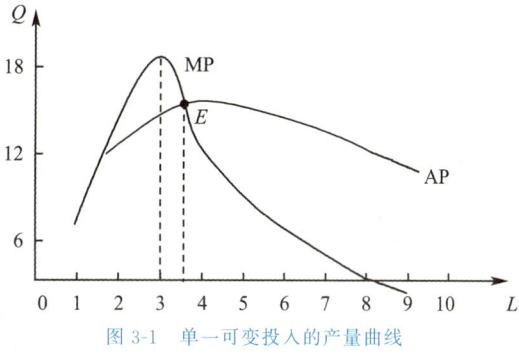

图 3-1 单一可变投入的产量曲线

就任何一对边际产量和平均产量而言,只要边际产量大于平均产量,边际产量就会把平均产量向上拉升,而如果边际产量小于平均产量,边际产量就会把平均产量拉低。而且,由于在可变要素投入的变化过程中,边际产量的变动相对于平均产量的变动更加敏感,因此无论是增加还是减少,边际产量的变动都要快于平均产量的变动。

2. 边际报酬递减规律

边际报酬递减规律(Law of Diminishing Marginal Returns),是指在技术不变、其他生产要素投入量不变的条件下,随着某种生产要素投入量的不断增加,在达到某一点之后,继续增加该要素投入所带来的边际产量是递减的。对于单一可变投入的生产函数来说,边际产量表现出的先上升后下降特征,被称为边际报酬递减规律。

边际报酬递减规律是短期生产的一条基本规律。以农业生产为例,向农田里施化肥可以提高农作物的产量。在一亩农田里施 10 千克化肥时,由于施肥量少,产量的增加不明显。随着施肥量的增加,化肥肥力的作用开始显现出来,边际产量逐渐提高,可能施加到第五个 10 千克化肥时,肥力达到最佳效果,化肥的边际产量最大。此时,如果继续增加施肥量,化肥的效果会逐渐降低,可能施加到第九个 10 千克化肥时,对庄稼生长已经没有什么好处,再继续施肥就会由于化肥过量而烧坏庄稼,导致边际产量为负。

对任何产品的短期生产来说,可变投入与固定投入之间存在着一个最佳的数量组合比例。随着可变要素的投入量逐渐增加,投入要素之间的配比接近最佳比例,可变投入的边际产量呈现出递增的趋势,直至达到最佳组合比例时,边际产量达到最大值。超过最佳组合比例后,可变投入的边际产量呈现出递减趋势。理解边际报酬递减规律时应注意以下三点:第一,并不是在所有投入量下都存在边际报酬递减现象,只有在达到某点之后才会出现;第二,边际报酬递减规律具有严格的限制条件,即技术水平不变、其他生产要素的投入不变;第三,技术进步、其他生产要素投入量的增加会推迟生产要素边际报酬递减的出现,但并不违反边际报酬递减规律。因此,在分析企业短期生产时需要注意,边际报酬递减规律的一个前提条件是技术水平保持不变,如果生产技术得到改进,劳动生产率得到提高,产量曲线将整体上移,如图 3-2 所示。

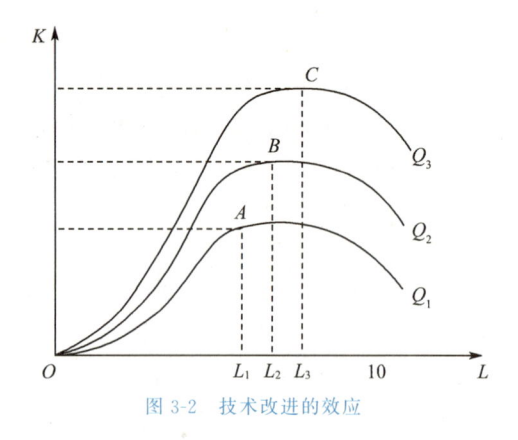

图 3-2 技术改进的效应

为了确定单一可变要素的合理投入,结合平均产量曲线和边际产量曲线之间的相互关系,可以把短期生产分为三个阶段,如图 3-3 所示。

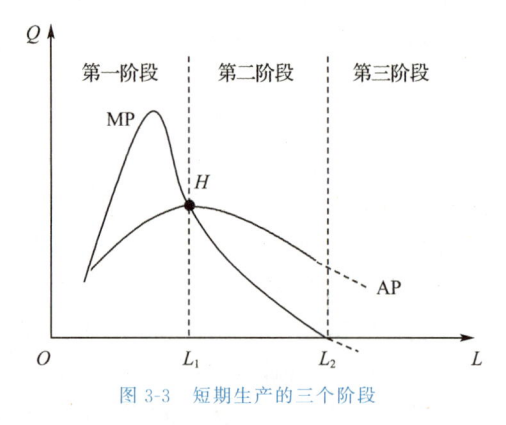

第一阶段:可变要素的投入量从 0 增加到平均产量的最高点 H,即劳动投入量为 $[0, L_1]$ 的阶段。在该阶段,平均产量逐步递增,从 0 到最高点 H,其特征是边际产量大于平均产量,平均产量持续上升,总产量同样以递增的速度增加(但经过边际产量最高点即总产量的拐点后,递增率减慢)。企业生产停留在第一阶段是不合理的,理由是可变要素的效用没有得到最大化利用,继续增加可变要素的投入可以使每单位要素所能提供的产品产量增加。产生这种现象的原因在于不变投入和可变投入之间的不平衡关系,在该阶段,不变要素的投入量与可变要素相比显得过多,导致不变要素没有得到充分利用。因此,应进一步增加可变投入要素的投入量以缓解可变投入和不变投入的不平衡,从而提高不变要素的使用效率。

图 3-3 短期生产的三个阶段

第二阶段,从平均产量的最高点 H 到边际产量等于 0 处(L_2 点),即从边际产量与平均产量相等点到总产量的最高点,为劳动投入量为 $[L_1, L_2]$ 的阶段。该阶段的特征:边际产量小于平均产量,平均产量和边际产量均递减,边际产量仍为正值。总产量增加至最高点,但该阶段总产量的增速逐渐减慢,这是由于可变要素的投入量增加提高了不变要素的使用效率,不变投入的平均产量在继续上升,可变投入的平均产量在下降。

第三阶段,边际产量等于 0(L_2 点)之后的阶段,也就是总产量达到最高点之后逐渐下降的阶段。该阶段的特征:边际产量为负,总产量递减,可变要素的过多投入反而使不变要素无法得到有效利用,企业减少可变要素的投入反而是有利的。

根据短期生产的三阶段划分可知,对于一个理性的生产者来说,不会将生产停留在第一阶段,因为继续增加可变要素的投入可以增加总产量。同样,也不会在第三阶段从事生产活动,因为在该阶段追加任何可变要素的投入,不仅不能使总产量增加,反而会引起总产量的减少。在短期生产的第二阶段,企业可以得到由第一阶段增加可变要素投入带来的好处,又可以避免过度投入可变要素给生产带来的不利影响。因此,第二阶段是企业进行短期生产的合理区间。

3. 两种可变要素的生产

在企业长期生产中,所有投入的要素都是可变的,我们将以两种可变要素的生产函数来讨论长期生产中可变要素的投入组合与产量之间的关系。

当考察时间足够长时,企业所有投入的要素都是可以变动的,称为长期生产函数。在生产理论中,为了简化分析,通常以两种可变要素的生产函数来考察长期生产问题,假定企业使用劳动和资本两种要素进行生产,则两种可变要素生产函数的一般形式可以表示为

$$Q = f(L, K) \tag{3.7}$$

式中:L 为劳动投入量;K 为资本投入量;Q 为总产量。

仍然以纺织厂为例,由于在长期内投入的要素都是可变的,作为一家纺织厂的管理者,为了扩大生产规模,既可以选择扩建厂房、购买新设备,也可以雇用更多的工人。那么,对于管理者来说,就需要对采取什么样的资本和劳动组合从事生产进行决策。

为了进一步解释两种可变要素的生产函数,我们需要引入等产量曲线的概念。等产量曲线(Isoquant Curve)是指在技术水平不变的条件下,生产同一产量的两种投入要素的不同组合轨迹。等产量曲线与效用理论中的无差异曲线非常类似,可以认为是无差异曲线在生产中的应用。

假定制装厂的企业投入劳动和资本两种生产要素,这两种生产要素都是可变且能够相互替代的,表 3-2 给出了不同投入组合可以得到的产出。表中最上面一行数字代表劳动投入量,最左面一列数字为资本投入量,其余数字部分代表一定的劳动与资本投入量组合所能生产的产品数量。例如,3 单位劳动和 4 单位资本组合能够生产出 90 件衣服,4 单位劳动和 5 单位资本组合能够生产出 105 件衣服,5 单位劳动和 5 单位资本组合能够生产出 110 件衣服。横向来看,在资本投入一定的前提下,随着劳动投入量的增加,总产量递增。纵向来看,在劳动投入量一定的前提下,随着资本投入量的增加,总产量也递增。

表 3-2 两种可变要素下的产出

资本投入量	劳动投入量				
	1	2	3	4	5
1	15	35	50	65	70
2	35	55	70	80	85
3	50	70	85	90	95
4	65	80	90	100	105
5	70	85	95	105	110

表 3-2 中所包含的投入要素组合与产量之间的关系可以用等产量曲线来表示。如果以 Q^0 表示既定的产量水平,则与等产量曲线相对应的生产函数可以表示为

$$Q = Q^0 = f(L, K) \tag{3.8}$$

根据表 3-2 中生产数据,描绘出等产量曲线图(图 3-4)。考虑到投入品细分的可能,将其描绘成平滑曲线。其中,A—E 点与表 3-2 中的数据相对应,A 点为 3 单位资本和 1 单位劳动的组合,D 点为 3 单位劳动和 1 单位资本的组合,都能够生产出 50 件衣服。B 点为 2 单位劳动和 3 单位资本的组合,能够生产出 70 件衣服,C、E 两点分别为 3 单位劳动、3 单位资本

和 2 单位劳动、5 单位资本的组合,能够生产出 85 件衣服。

图 3-4 描绘了三条等产量曲线,实际上等产量曲线有无数条,每一条都表示在各种投入组合下所能得到的最大产出,这样一簇等产量曲线共同组成了等产量曲线图。等产量曲线图是生产函数的另一种表述方式,每一条等产量曲线与某一产量水平相对应。

与无差异曲线十分类似,等产量曲线具有如下三个特征:

第一,等产量曲线与坐标原点距离的大小代表产量水平的高低。离原点越近代表产量水平越低,离原点越远代表产量水平越高。原因是两种要素投入量越多,所能生产的产品数量当然越高。

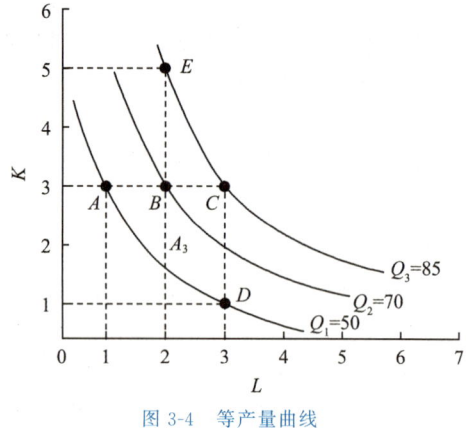

图 3-4 等产量曲线

第二,任何两条等产量曲线互不相交。我们假设有两条等产量曲线相交,说明同一种要素投入组合能够生产出两种产量水平,由于等产量曲线上的点代表了企业利用投入要素所能生产出的最大产出,那么两条等产量曲线相交就意味着企业相同的投入却有两种不同的最大产出,这显然是不符合实际的。

第三,等产量曲线凸向原点,表明等产量曲线某点切线斜率的绝对值不断减少,该特征需要用后面讲到的边际技术替代率递减规律加以证明。

在长期生产中,企业的资本和劳动投入量都是可变的,那么边际报酬递减规律是否仍然适用呢?在图 3-4 中,我们将资本投入量固定在 3 上画一条水平线,与三条等产量曲线分别相交。当劳动投入量为 1 单位时总产量为 50;劳动投入量增加到 2 单位时总产量为 70,产出增加 20 单位;劳动投入量进一步增加到 3 单位时总产量为 85,产出增加 15 单位。如果将劳动投入量固定,改变资本投入量,资本的边际报酬同样存在递减趋势。可以看出,无论是在长期还是在短期,都遵循边际报酬递减规律。

4. 边际技术替代率

边际技术替代率(Marginal Rate of Technical Substitution,MRTS),是指在技术水平不变的条件下,为维持同样的产量水平,增加一单位某种生产要素投入量时所减少的另一种生产要素的投入量。边际技术替代率通常用来描述这种可变要素之间的替代关系。等产量曲线表示既定产量水平可以由两种可变投入要素的不同组合生产出来,例如为了生产 70 件衣服可以选择较多的劳动和较少的资本,也可以选择较多的资本和较少的劳动。也就是说,企业可以通过要素之间的相互替代来完成既定产量的生产。等产量曲线的斜率表明了在保持产出不变的前提下,一种投入要素与另一种投入要素之间的替代关系。在图 3-4 中,为保持 50 件衣服的固定产量,沿等产量曲线由 A 点向 D 点移动的过程中,劳动投入量必然会随着资本投入量的减少而不断增加;同样,在由 D 点向 A 点移动的过程中,劳动投入量会随着资本投入量的增加而不断减少。

与消费者行为理论中的边际替代率十分相似,边际技术替代率始终为正数。以劳动对资本的边际技术替代率为例,其定义公式为:

$$\mathrm{MRTS}_{LK} = -\frac{\Delta K}{\Delta L} \tag{3.9}$$

其中,ΔK 和 ΔL 分别为资本和劳动投入的变化量,加负号是为了使 MRTS 为正值,以便于比较。

等产量曲线上某一点的边际技术替代率就是等产量曲线在该点切线的斜率,也可以表示为两种投入要素的边际产量之比。原因在于:放弃一个单位的劳动产出将减少 MP_L,故放弃 ΔL 的劳动产量将减少 $\mathrm{MP}_L \cdot \Delta L$,为维持产量水平不变,必须增加资本 K 的投入量。每增加一单位资本投入量能够增加的产出量为 MP_K,故增加 ΔK 的资本可增加 $\mathrm{MP}_K \cdot \Delta K$ 的产量。因为在同一条等产量曲线上,各种投入要素组合代表的产量相等,所以减少劳动导致的产量下降与资本增加所提高的产量相等,即:

$$|\mathrm{MP}_L \cdot \Delta L| = |\mathrm{MP}_K \cdot \Delta K| \tag{3.10}$$

整理,得

$$\mathrm{MRTS}_{LK} = -\frac{\Delta K}{\Delta L} = \frac{\mathrm{MP}_L}{\mathrm{MP}_K} \tag{3.11}$$

在两种要素相互替代的过程中,存在着这种现象:为了使产出保持不变,当劳动投入不断增加时,每单位劳动能够替代的资本数量不断减少,也就是说,劳动的边际技术替代率是递减的。

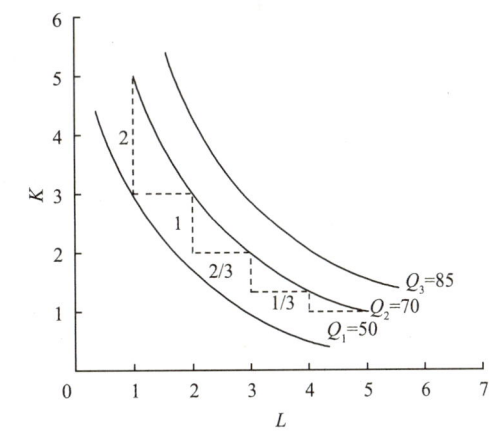

5. 边际技术替代率递减规律

边际技术替代率递减规律(Law of Diminishing Marginal Rate of Technical Substitution),是指在总产量不变的条件下,当一种要素的投入量不断增加,每单位该要素能够替代的其他要素的数量不断减少的趋势。换言之,在其他要素投入量不变时,随着某一要素投入量的增加,其每一单位投入的边际产量会下降。

在图 3-5 中,如果将产出固定在 70,当劳动投入量由 1 单位增至 2 单位时,边际技术替代率等于 2。当劳动由 2 单位增加至 3 单位时,边际技术替代率降为 1,然后逐渐减低至 2/3、1/3。当用越来越多的劳动替代资本时,劳动的生产率降低,资本的生产率相对上升,每单位劳动所能替代的资本数量越来越少,等产量曲线也就变得越来越平坦。

边际技术替代率递减的主要原因是,任何产品的生产技术都要求各种投入要素之间符合适当的比例,这意味着投入要素间的替代是有限的。以劳动和资本两种要素投入为例,在劳动投入量很少、资本投入量很多的情况下,劳动对资本的替代比较容易,为保持固定的产量水平,很容易通过增加劳动投入量来弥补资本投入量的减少。随着劳动投入量的增多和资本投入量的减少,再用劳动替代资本就比较困难了。

根据公式(3.11),边际技术替代率等于两种投入品边际产量之比。随着劳动投入量的

图 3-5 边际技术替代率递减

增加,即使在不减少资本投入量的情况下,劳动的边际产量也会递减,加上资本投入量的减少,MP_L降低的速度更快。同理,随着资本投入量的减少,劳动投入量的增多,MP_K上升。

由于等产量曲线某点切线的斜率等于边际技术替代率,根据边际技术替代率递减规律,等产量曲线各点切线的斜率沿着横轴方向递减,即越来越平坦。所以,等产量曲线通常会呈现出凸向原点的形状。

6. 规模报酬

从长期生产的角度看,企业可以通过改变投入要素之间的组合比例来调整生产。当所有投入要素均可变时,为了扩大经营规模,企业需要考虑增加产出的最佳办法。是按照相同比例增加所有要素的投入,还是按照不同比例增加要素的投入?例如,两个工人利用一台机器能够制作出10件衣服,那么4个工人利用两台机器能制作出多少件衣服呢?产量会增加,但是增加到恰好两倍、少于两倍还是超过两倍呢?规模报酬分析的就是企业生产规模变化与所引起的产量变化之间的关系。规模报酬可以分为三种情况:规模报酬递增、规模报酬不变和规模报酬递减。

①规模报酬递增(Increasing Returns to Scale),也叫规模经济,是指所有要素投入的增加导致产出水平以更大的比例增加。例如,一个工厂的劳动、资本和原料投入增加10%,引起产出的增长达到15%,就是规模报酬递增的情况。现代制造业中采用大规模流水线生产的工厂都有适度的规模报酬递增。

②规模报酬不变(Constant Return to Scale),是指所有要素投入的增加导致产出以同样的比例增加。例如,当劳动、土地、资本和其他要素投入增加1倍,产出也增加1倍时,就是规模报酬不变的情况。许多手工业(如发展中国家的手工织布业)就表现为规模报酬不变。

③规模报酬递减(Decreasing Returns to Scale),也叫不规模经济,是指所有要素投入的增加导致产出水平以较小的比例增加。例如,一个工厂的劳动、资本和原料投入增加10%,引起的产出增长只有7%,就是规模报酬递减的情况。规模报酬递减现象的发生,是因为企业规模的扩大存在适度规模的极限,超过这一点,过大的规模会导致企业内部管理成本显著上升,效率趋于下降。

规模报酬的三种情况可以用等产量曲线来表示。图3-6(a)表示规模报酬递增。从原点出发的OA线代表一种生产过程,劳动和资本两种投入要素按照3单位劳动和2单位机器的比例投入生产。产出从10单位增加到20单位所需要的投入并不需要增加一倍,生产30单位产品所需增加的投入远远少于2倍,所以相同产量差距的等产量曲线之间的间距越来越小。

图3-6(b)描述了规模报酬不变的情况。使用3单位劳动和2单位机器时得到的产出为10单位;当两种投入同时增加为原来的2倍时,产出也变为原来的2倍;当投入要素同时增加到原来的3倍时,产出也从10增加为30。在规模报酬不变的条件下,相同产量差距的等产量曲线之间的间距相等。

图3-6(c)描述了规模报酬递减的情形。使用3单位劳动和2单位机器得到10单位产出;当两种投入同时增加为原来的2倍时,产出变为18,不到原来的2倍,而且相同产量差距的等产量曲线之间的间距越来越大。

导致规模报酬递增的原因主要包括劳动的专业化分工、规模经济、生产要素的不可分割性、财务因素。

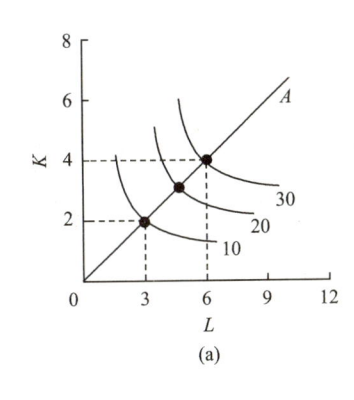

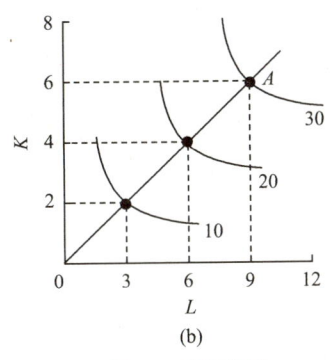

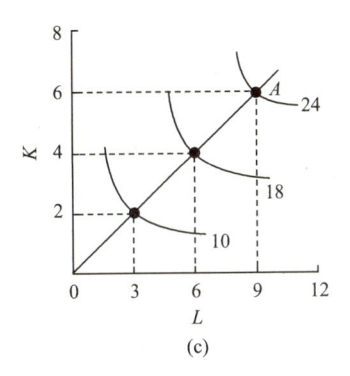

图 3-6 规模报酬

①劳动的专业化分工。在大规模生产中,工人可进行更加有效的分工协作,各自专门从事某项具体工作的效率要远远高于每个人从头到尾完成每一道工序的效率。

②规模经济。大型设备每单位产出的制造和维修费用通常要比小型设备低。例如,把输油管道的周长扩大1倍,此时油管的截面积(运输能力)将超过1倍,每单位原油的运输成本也随之降低。

③生产要素的不可分割性。有些先进的工艺和技术,如电脑管理、流水作业等,只能在产量达到一定水平时才能采用,因此大批量生产的工艺和技术通常是不可分割的。

④财务因素。企业经营活动的大规模化会给其带来筹措资金、购买原料和半成品、销售等方面的好处。大企业凭借其规模优势通常能够得到银行贷款和发行股票、债券方面的便利。在购买原料和半成品时,由于采购数量大,可以利用规定质量、打折、订立收购合同等条件降低采购成本。

带来规模报酬递增的因素是有限的,当生产规模达到一定程度后,规模报酬递减的因素开始占上风。例如,专业化分工存在一定限度,不能无限地加以细分,分工太细反而会带来副作用。在生产活动中,一旦工人的工作成了一种机械化运动,就会使其产生厌烦情绪,失去创造性思维,从而降低劳动生产率。再如,几何因素的作用也是有条件的。输油管道的直径不能无限制地扩大,因为直径过大的输油管道铺设起来十分困难,成本将大幅度增加。规模过大也会使运输费用增加,因为原料可能需要从更远的地方运来,产品则需要运到更远的地方去销售。如发电厂规模越大,电力输送目的地也就越远,结果电力输送中的损耗也就增加,从而导致单位成本的上升。

随着企业规模的扩大,其内部管理和协调生产经营活动的效率趋于降低,成本趋于提高,这是导致规模报酬递减的另一个重要原因。一家企业的生产规模愈大,管理层次愈多,企业内部协调和控制就愈加困难。信息在上、下的传递过程中容易丢失或被扭曲,管理者之间、管理者与工人之间的联系与交流也日益困难。由于决策者不能及时得到正确信息,就无法做出正确的决策;即使决策已定,付诸实施也需要较长时间,执行的有效性很难得到保证。

一般说来,在长期生产过程中,企业规模报酬的变化呈现如下规律:当企业从最初较小的生产规模开始逐步扩大的时候,经历的是规模报酬递增的阶段;当企业得到了由生产规模扩大所带来的产量递增的好处之后,会继续扩大生产规模,将生产维持在规模报酬不变的阶段,该阶段一般持续时间较长;如果企业继续扩大生产规模,就会进入规模报酬递减的阶段。

3.2 成本与成本函数

在生产中,企业要对所购买的各种投入要素进行支付,这种支付的货币形式通常被称作生产成本。不过,经济学的分析中,仅从该角度理解成本的概念是不够的。成本在企业生产过程中所起的作用不仅仅是影响生产和利润的水平,还会影响生产过程各个环节的投入和产出决策,甚至会影响到企业经营的业务组合和生产地点选择等重大决策。

3.2.1 成本与利润

1. 成本的概念

人们要进行生产经营活动,必须耗费一定的资源(人力、物力和财力),其所耗费资源的货币表现称为成本。企业的生产成本包括显性成本和隐性成本两部分。

(1)显性成本。它是企业购买或者租用所需生产要素的实际支出。例如,企业从事生产经营活动需要租用一定面积的厂房,从银行获得一定数量的贷款,雇用一定数量的工人。在该过程中,企业需要为租用的厂房支付租金,为从银行获得的贷款资金支付利息,为雇用的工人支付工资,这些都是生产所需花费的货币支出。由于它是看得见的支出且可计入会计账户,所以称之为"显性"成本,具体包括研发经费、生产费用、工资费用、市场营销和售后服务费用等,销售收入减去显性成本以后的余额称为会计利润。

(2)隐性成本。它是企业使用自身的生产要素所产生的成本。例如,为从事生产经营,企业除了租用厂房、从银行获得贷款和雇用工人外,还可能动用自己的资金、土地和厂房,并亲自参与经营管理。既然租用厂房需要支付租金、使用他人的资本需要支付利息、雇用工人需要支付工资,那么当企业使用自己的生产要素时也应该得到报酬。所不同的是,企业是向自己支付租金、利息和工资的,这部分费用也要计入成本之中,由于这不像显性成本那样易于察觉,故称之为隐性成本。一般地,隐性成本包括厂房、机器设备等的折旧费,自投资金的利息,企业主为生产经营提供劳务应得的报酬。

(3)机会成本。经济学的研究以资源稀缺性为前提,当企业使用一种资源生产产品的时候,这些资源就不能同时被用在其他用途上,这时企业获得的产品收入是以放弃利用同样资源在其他用途上所能获得的收益为代价的,这种代价也是成本。一般地,将资源用于某种特定用途而放弃的其他用途可能得到的最高收益叫作机会成本。比如,一种生产要素既可以用来生产汽车,又可以用来盖楼房,那么一旦该要素被用来生产汽车,就无法用于盖楼房,也就损失了因盖楼房可能获得的潜在收益,这种潜在的收益就构成了生产汽车的机会成本。

对于工业企业来说,机会成本是利用有限的资源生产一种产品而失去生产其他产品可能获得的收益。对于农民来说,使用土地修建养鸡场的机会成本是放弃养猪而带来的收益。对于个人而言,看电影的机会成本是所放弃的给别人做家教所带来的收益,如果这个人不仅可以利用这段时间做家教,还可以到快餐店打工赚钱,而且做家教的收入要大于到快餐店打工的收入,那么看电影的机会成本应该是利用这段时间所能得到的最高收入,即做家教所能得到的收入。

在经济学家眼中,机会成本等于显性成本与隐性成本之和,是一个比会计成本含义更广泛、内容更丰富的概念。例如,某人利用自己的土地进行生产经营活动,其机会成本不仅包括正常生产所耗费的原材料和工人工资等费用,还包括放弃了向他人出租土地和房屋的租金收入,以及自己受雇于别人可赚得的工资。在会计核算中,隐性成本并没有列入会计账户,导致经营利润偏高。而在经济分析中,以自有资源投入所产生的机会成本应该被看作是实际生产成本的一部分,尽管这些要素并不是花钱买来的,其成本仍然存在。

可变成本、固定成本与总成本。在企业的生产过程中,投入的生产要素可以分为可变生产要素和固定生产要素两类。相应地,生产过程中产生的成本也可以分为可变成本和固定成本两类。可变成本(Variable Cost,VC)是指随产量变动而变动的成本,是与可变生产要素相联系的那些成本,包括雇用员工的工资和奖金,购买原材料、零部件和能源的费用支出,等等。固定成本(Fixed Cost,FC)是指不随产量变动而变动的成本,是与固定生产要素相联系的成本,包括购置厂房和机器设备的费用、银行贷款的利息、高级管理人员的年薪、与产量无关的企业税金等。总成本(Total Cost,TC)是可变成本与固定成本之和。

成本是可变的还是固定的,取决于所考虑的时间长短。在很短的时间(如两个星期)内,大多数成本都是固定的,企业很难在如此短的时间内改变合同规定的费用支出,也不太容易通过解雇员工而改变工资支出。在较短的时期(如3个月)内,部分其余成本是固定的,如企业无法变动机器设备的耗费等,其余是可变的,如企业有可能调整原材料购置和员工雇用计划。在长期(如3年)内,大多数成本都是可变的,企业有足够时间考虑改变生产计划,甚至可以考虑更换设备和厂房。通常认为,短期生产存在可变成本和固定成本之分,长期生产不存在固定成本,只有可变成本。一般情况下,将一年以下看作短期,一年以上看作长期。由于固定成本是已经产生且无法收回的成本,不会随着产量的变化而改变,所以企业在制订生产经营决策时,主要考察销售收入与可变成本之间的关系。

平均成本。平均成本包括平均可变成本(Average Variable Cost,AVC)、平均固定成本(Average Fixed Cost,AFC)和平均总成本(Average Total Cost,ATC)。设 Q 为企业的产出总量,则:

平均可变成本为:
$$AVC = VC/Q \tag{3.12}$$

平均固定成本为:
$$AFC = FC/Q \tag{3.13}$$

平均总成本为:
$$ATC = TC/Q \tag{3.14}$$

边际成本。企业的生产经营决策是以边际分析为基础的。边际成本是企业边际分析中的一个核心概念。边际成本(Marginal Cost,MC)是与多生产一个单位产出相联系的总成本的变动,它是指企业追加一个单位的产量所产生的成本。根据这个定义,边际成本等于总成本(TC)的变化量(ΔTC)除以对应的产量上的变化量(ΔQ),即:
$$MC(Q) = \Delta TC(Q)/\Delta Q \tag{3.15}$$
或
$$MC(Q) = dTC/dQ \tag{3.16}$$

边际成本指的是每一单位新生产的产品(或者购买的产品)带来的总成本的增量。这个概念表明每一单位产品的成本与总产量有关。比如,仅生产一辆汽车的成本是极其巨大的,而生产第101辆汽车的成本就低得多,而生产第10 000辆汽车的成本就更低了(这是因为规模经济带来的效益)。生产一辆新车时,所用的材料可能有更好的用处,所以要尽量用最少的材料生产出最多的车,这样才能提高最后生产的那辆车的收益,即边际收益。

2. 生产与成本之间的关系

决定一个企业成本的主要因素是生产要素的价格和企业的生产函数:生产要素价格下降、企业的技术创新和技术进步,会促使企业成本降低。因此,只要我们知道了生产要素的价格和反映了企业技术水平的生产函数,就可以确定企业的成本曲线。

经济学家通常会假设,在生产的最初阶段,随着产量的增加,成本趋于下降;到达最低点后,产量的进一步增加会导致成本上升。因此,在微观经济学中,通常用 U 形曲线描述成本曲线。对应于生产分析中的短期和长期,对成本的分析也分为短期和长期。在短期,可以调整原料、零部件和劳动等生产要素的投入量,由此产生的成本是可变成本;而厂房和设备等固定资产的投入不能完全得到调整,由此产生的成本是固定成本。在长期,所有投入都能得到调整,因此所有成本都是可变成本,没有固定成本。

为什么成本曲线是 U 形的?在短期,当厂房、设备等固定资产不变时,可变要素一般表现为开始阶段的边际产量递增和随后出现的边际产量递减。与之相对应,伴随着开始阶段产量递增所产生的规模经济效益,边际成本呈递减趋势,而随着产量扩大到一定程度所导致的边际产量递减的出现,边际成本达到了最低点,之后边际成本呈递增趋势。从短期看,可变要素的边际收益递减意味着短期边际成本的递增。这就说明了为什么边际收益递减导致边际成本在某一点之后上升。

3. 利润

利润是企业经营活动的财务成果,是相对于企业全部成本而言的一个概念。由于企业的成本有显性成本和隐性成本之分,企业的利润也有会计利润和经济利润之分。

在会计核算中用到的成本实际上是显性成本,也就是常说的会计成本。而在经济决策中,需要考虑机会成本。有了会计成本和机会成本,能够分别得到会计利润和经济利润:

$$会计利润 = 销售收入 - 会计成本(显性成本) \tag{3.17}$$
$$经济利润 = 销售收入 - 机会成本(显性成本 + 隐性成本) \tag{3.18}$$

显然,会计利润对于会计师比较有用,从企业的财务报表中能够比较容易得到利润信息。但对于经济学家来说,进行经济决策需要依靠经济利润的准确信息。根据公式(3.17),由于会计利润仅考虑显性成本,因此要小于机会成本,导致经济利润在数值上小于或者等于会计利润。一般情况下,将机会成本超过显性成本的部分叫作正常利润,也就是企业各种资源投入的机会成本超出会计成本的部分。

在经济分析中,经济利润不为负是企业继续从事生产经营活动的必要条件。如果企业的经济利润为零,并不是说该企业没有盈利,而是指当企业将资源用于其他用途时也只能够得到同样的收益,两种选择没有差别。如果企业的会计利润超出正常利润,其经济利润为正,说明企业获得了超额利润,目前的选择要优于将资源投入其他用途所得的收益。如果企业的会计利润低于正常利润,经济利润为负,在经济学意义上,企业就是亏损的,继续生产不如将资源用于其他用途。

3.2.2 等成本曲线

本节将对几个成本的概念进行比较,描绘出等成本曲线,进而分析企业在产量一定的情况下如何实现成本最低。

1. 等成本曲线

等产量曲线表明了固定产出情况下两种要素投入的不同组合,但是仅依靠等产量曲线,企业还无法准确了解哪一种要素组合是最佳的,即所付出的成本最低。为了确定固定产出条件下企业生产的最低成本点,需要分析投入要素的成本状况。

等成本曲线表示一个固定总支出所能获得的各种投入品组合。假定生产要素包括劳动 L 和资本 K 两种:用 W 代表劳动力的价格,即工资;用 r 代表资本的价格,即利息率;用 C 代表企业的总成本,则企业的总成本可表示为:

$$C = W \cdot L + r \cdot K \tag{3.19}$$

图 3-7 是与公式(3.19)相对应的等成本曲线。等成本曲线与纵轴 K 相交于点 A,表明企业将既定成本用于资本时能够获得的最大资本数量。等成本曲线与横轴 L 相交于点 B,代表企业将既定成本用于劳动时所能雇用到的最多劳动数量。两个端点之间的任意一点,表示企业耗费相等的总成本所能使用的两种生产要素的不同比例。

将公式(3.19)变为下式:

$$K = \frac{C}{r} - \frac{W}{r} \cdot L \tag{3.20}$$

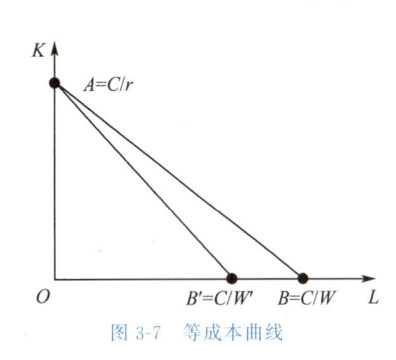

图 3-7 等成本曲线

结合图 3-7 和公式(3.20)可知,等成本曲线是一条向右下方倾斜的直线,斜率为 $-W/r$。图 3-7 中,等成本曲线之内的任何一点,代表用既定的全部成本购买该点的劳动和资本的组合以后还有剩余。等成本曲线以外的任何一点,代表用既定的全部成本无法实现的劳动和资本的组合。只有等成本曲线上的点,才代表用既定的全部成本刚好能购买到的劳动和资本的组合。

如果两种投入要素的价格发生变化,等成本曲线将会转移。假定工资水平 W 上升至 W',利息率 r 不变,等成本曲线的斜率 W/r 将增加到 W'/r,等成本曲线在横轴 L 上的截距减小,在纵轴 K 上的截距不变。这样,等成本曲线 AB 将围绕点 A 做顺时针旋转,移动到 AB' 的位置。

2. 投入要素的最优组合

有了等产量曲线和等成本曲线,我们就可以考察企业在产量既定的情况下,如何调整投入要素的组合以实现总成本最小。假定既定产量为 Q_0,企业应该如何决策呢?

图 3-8 中画出了产量为 Q_0 的等产量曲线和三条等成本曲线。距离原点越远的等成本曲线代表的成本越高,因此 $C_1 < C_2 < C_3$。在既定产量为 Q_0 的条件下,企业不可能将成本降至 C_1,因为等产量线 Q_0 与等成本曲线 C_1 没有交点。在 F 点,等产量曲线 Q_0 与等成本曲线 C_3 相交,说明企业能够以资本 K_1 和劳动 L_1 的组合生产出 Q_0 的产量,但是并没有达到成本最小化的目标。如果企业沿着等产

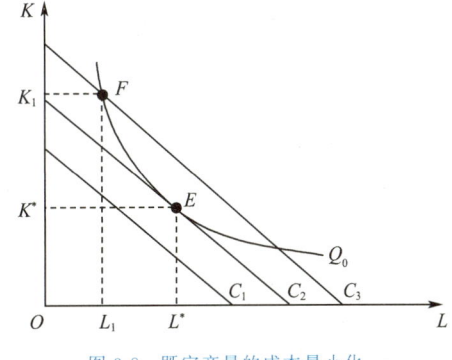

图 3-8 既定产量的成本最小化

量曲线由 F 点向下移动,能够通过增加劳动投入、减少资本投入而降低生产成本,因此 F 点并不是最优选择。

再来观察等成本曲线 C_2,该条等成本曲线是等产量曲线能够"碰到"的最低的等成本曲线,二者恰好相切于点 E。在 E 点,企业生产达到了最优状态,劳动使用量为 L^*,资本使用量为 K^*,在既定产量 Q_0 下企业无论如何调整资本与劳动的组合比例,都只能导致总成本的提高。同样,在等成本曲线 C_2 上,E 点之外的要素组合所能达到的产量都要小于 Q_0。因此,等产量曲线和等成本曲线相切的点代表生产既定产量所需的最低成本,也是付出既定成本所能达到的最高产量,实现了生产要素投入的最优组合。

在切点处,等产量曲线在该点的切线斜率与等成本曲线斜率相等,前者在数值上等于两种投入要素的边际产量之比,后者等于两种投入要素的价格之比。因此,在既定产量下,要素投入最优组合的条件为:两种投入要素的边际产量之比等于两种投入要素的价格之比,即

$$\mathrm{RTL}_{LK} = \frac{\mathrm{MP}_L}{\mathrm{MP}_K} = \frac{W}{r} \tag{3.21}$$

对公式(3.21)稍做转换,可得

$$\frac{\mathrm{MP}_L}{W} = \frac{\mathrm{MP}_K}{r} \tag{3.22}$$

公式(3.22)意味着投入到每种要素中的最后一元钱所能带来的边际产量相等。假定劳动支出增加一元钱所增加的产量大于资本支出增加一元钱所带来的产量,即 $\mathrm{MP}_L/W > \mathrm{MP}_K/r$,说明资源并没有达到最优配置。因为,企业如果将资金投入从资本转移到劳动中,新增劳动带来的边际产量大于资本,在总成本不变的条件下,通过投入要素组合的调整能够使总产量增加。同理,如果劳动支出增加一元钱所增加的产量小于资本支出增加一元钱所带来的产量,即 $\mathrm{MP}_L/W < \mathrm{MP}_K/r$,那么,企业应该减少劳动投入,增加资本投入。

因此,只有在劳动支出和资本支出增加一元钱所增加的产量相等的情况下,投入要素组合的任何调整都不可能在产量既定的情况下降低成本,或者不可能在成本既定的情况下增加产量。公式(3.22)代表了企业在既定产量下实现最小成本,或既定成本条件下实现最大产量的两种投入要素的最优组合原则。

3. 生产扩张线

如果企业的产量增加,投入要素的最优组合会发生什么变化呢?扩张线可以解释该问题。在生产要素价格不变的情况下,如果企业改变成本或者改变产量,新的等产量曲线与等成本曲线相切形成一系列不同的生产均衡点,这些生产均衡点的连接线轨迹叫作扩张线(图 3-9 中的曲线 OS)。

由于生产要素的价格保持不变,两种要素价格比例是固定的。生产均衡的条件是两种要素的边际技术替代率等于这两种要素的价格之比,所以生产扩张线上所有生产均衡点的边际技术替代率都是相等的。

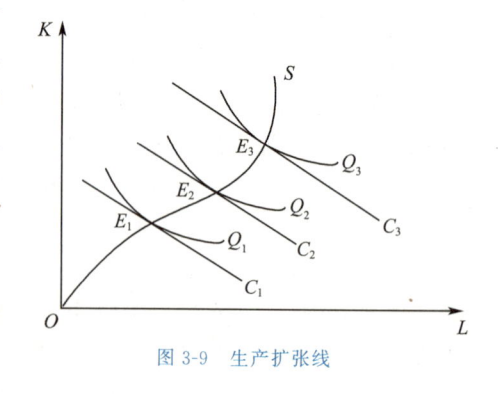

图 3-9 生产扩张线

生产扩张线表示当产量发生变化时,企业必然会沿着扩张线来选择最优的投入要素组

合,从而实现既定产量条件下的最小成本。生产扩张线对应于每个产量水平下投入要素最优组合的轨迹,也是企业在长期扩张或收缩生产时需要遵循的路线。

3.2.2 企业的生产决策

企业的生产过程伴随着成本的付出,企业的生产分为短期生产和长期生产,与此对应的企业成本也分为短期成本和长期成本。前者与短期生产过程相联系,后者与长期生产过程相联系。

1. 短期成本

在经济学定义的短期内,企业的要素投入所带来的成本可以分为固定成本(FC)和可变成本(VC)两部分,二者之和等于企业的短期总成本(STC)。

图3-10(a)描述了固定成本、可变成本和短期总成本曲线的形状,横轴表示产量,纵轴表示成本。固定成本曲线FC与产量变动无关,是一条水平线。可变成本曲线VC是一条先减速上升,后加速上升的曲线。短期总成本曲线STC为固定成本和可变成本之和,由可变成本曲线向上平移固定成本这段距离得到。由于短期总成本曲线和可变成本曲线形状相同,二者在每一产量水平上的切线斜率都相等。通过对比可以发现,可变成本的变化与单一可变要素下总产量的变化正好相反,即增加产量所带来的可变成本的变化恰好是增加可变投入带来的产量变化的倒数,实际上,可变成本的形状是由总产量曲线决定的。

与分析产量类似,分析生产成本也需要使用平均成本和边际成本的概念。固定成本、可变成本和短期总成本除以产量,可分别得到平均固定成本(AFC)、平均可变成本(AVC)和平均短期总成本(ATC)。根据定义,平均可变成本等于可变成本曲线上相应点与原点连线的斜率。在图3-10(b)中,平均可变成本曲线表现为先下降后上升的U形,当产量为Q_2时,可变成本曲线VC上对应点F与原点连线的斜率最小,此时平均成本达到最低点。同理,平均短期总成本曲线ATC也呈U形,当产量为Q_3时达到最低,而且大于平均可变成本曲线AVC最低点的产量Q_2。随着产量增加,固定成本曲线FC上相应点与原点连线的斜率逐渐减小,因此平均固定成本曲线AFC单调下降,恰好等于平均总成本与平均可变成本之间的垂直距离。

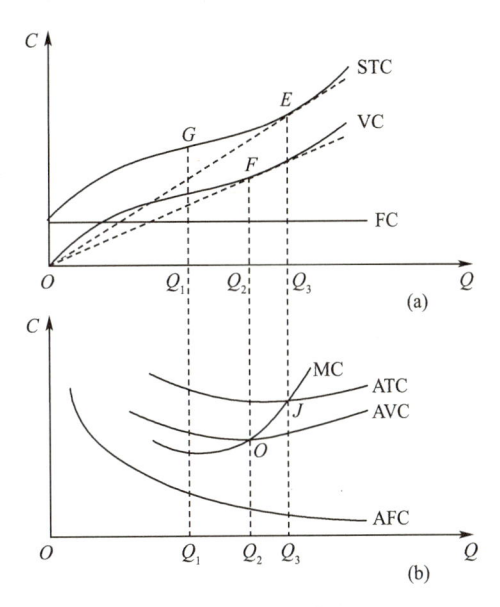

图3-10 短期成本曲线

边际成本(MC)是增加一单位产量带来的成本增量,数值上等于总成本(或者可变成本)曲线某点切线的斜率。由于固定成本是不变的,其边际成本为零,所以边际成本曲线只有一条。如图3-10(b)所示,边际成本曲线MC也表现为先下降后上升的U形,当产量为Q_1时达到最低,对应的G点也是短期总成本曲线STC上的拐点。而且,边际成本曲线分别与平均可变成本曲线和平均短期总成本曲线的最低点相交。在两个交点的左侧,边际成本小于平均成本,平均成本呈下降趋势,在两个交点的右侧,边际成本大于平均成本,平均成本呈上升趋势。

平均成本与边际成本之间的关系可以用一个简单的例子来解释。开学后,学校要求同学们买10本教材,现在已经买了8本,平均每本教材的价格为30元,也就是说同学们为已经买到的8本教材付出了30元的平均成本。那么,现在要购买第9本教材了,这第9本教材的价格就相当于边际成本,如果它的价格低于30元,则同学们购买教材的平均支出将有所下降,如果高于30元,则同学们购买教材的平均支出将上升。

根据边际报酬递减规律,随着某种可变生产要素投入量的不断增加,在达到一定点以后该要素投入所带来的边际产量是递减的。我们可以从产量变化的角度来分析边际成本的变化:假定生产要素的价格不变,在边际报酬递增阶段,增加一单位可变要素投入所产生的边际产量递增,意味着该阶段增加一单位产量所需的边际成本是递减的;在边际报酬递减阶段,增加一单位可变要素投入所产生的边际产量递减,意味着增加一单位产量所需的边际成本是递增的。因此,随着产量的增加,短期边际成本曲线应该表现为先下降后上升的U形,这也是由边际报酬递减规律所决定的。

2. 长期成本

在长期,企业所有投入要素都是可变的,此时总成本不再区分固定成本与可变成本,长期总成本曲线也就只有一条。我们知道,生产扩张线上任何一点都代表相应的产量水平下,企业所投入的两种要素的最优成本组合,通过将生产扩张线上各点的产量与总成本对应起来,就可得到企业的长期总成本曲线(图3-11)。

长期总成本曲线从原点出发,表明长期内不存在固定成本,形状与短期总成本曲线类似,先减速上升后加速上升。事实上,长期总成本曲线是众多短期总成本曲线的包络线,即每条短期总成本曲线与长期总成本曲线都相切,切点的连线就是长期总成本曲线。例如,LTC与STC_1、STC_2和STC_3分别相切于A_1、A_2和A_3点。由于企业在长期可以任意选择生产规模,对于某个确定的产量,企业要比较各种可供选择的生产规模对应的短期总成本,并选择短期总成本最小的生产规模。

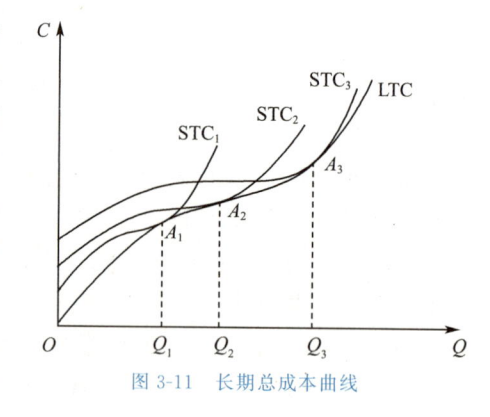

图3-11 长期总成本曲线

在图3-11中,STC_1、STC_2和STC_3就代表了三种不同的生产规模曲线,如果产量为Q_1,尽管企业有三种可供选择的规模来生产Q_1,但STC_1对应的短期总成本最小,A_1点为短期总成本曲线与长期总成本曲线的切点。同理,若产量为Q_2和Q_3时,企业应该分别选择生产规模STC_2和STC_3。对于不同的产量,企业在长期可以通过调整短期内本无法改变的固定要素投入(即生产规模)达到成本最小,因而长期总成本总是小于或等于短期总成本。

由长期总成本曲线可进一步推出长期平均成本曲线和长期边际成本曲线,其形状与短期类似,都是先下降后上升的。如图3-12所示,长期边际成本LMC穿过长期平均成本曲线LAC的最低点,当LMC>LAC时,LAC递增,当LMC<LAC时,LAC递减,该特征与短期成本的情形一致。

通过观察可以发现,长期平均成本曲线LAC也是短期平均成本曲线SAC的包络线,每一条短期平均成本曲线都与 LAC 相切。而且,只有一条短期平均成本曲线(SAC_2)的最低点与 LAC 相切,当然也是 SAC_2 和 LAC 的最低点,对应于产量 Q^*。在 Q^* 的左侧,短期平均成本曲线与长期平均成本曲线的切点位于 LAC 下降的部分,在 Q^* 的右侧,切点位于 LAC 上升的部分。

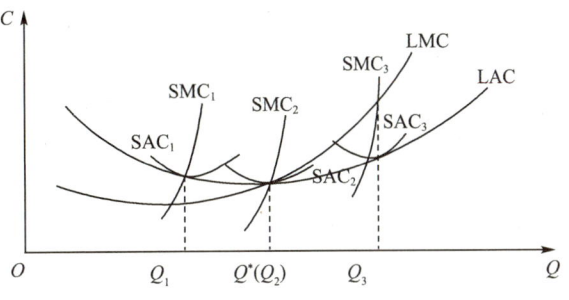

图 3-12 长期平均成本曲线和长期边际成本曲线

由于每一条短期平均成本曲线 SAC 都代表了企业的一种生产规模,从左至右表示生产设备等固定要素投入逐渐增加,企业规模逐步扩大。除了 SAC_2 以外其他短期平均成本曲线与 LAC 的切点都不在 SAC 最低点的原因是,企业在短期内仍然受到固定投入的限制。在 Q^* 的左侧,固定投入较少,如果继续扩大企业规模,平均成本会继续降低。在 Q^* 右侧,固定投入过多,企业应该适当缩小规模,以实现更加经济的生产。只有在 Q^* 处,长期和短期的最优状态重合在一起,固定投入最为合适,企业生产达到了长期平均成本曲线的最低点,此时的规模 Q^* 是企业最优生产规模。

长期边际成本 LMC 等于长期总成本曲线上各点切线的斜率,同时长期边际成本曲线也可以由短期边际成本曲线得到。由于长期总成本曲线是无数条短期总成本曲线的包络线,在每一产量水平上,长期总成本曲线都与一条代表该产量下最优生产规模的短期总成本曲线相切,说明两条曲线在切点的斜率是相等的(如图 3-11 中的 A_1、A_2 和 A_3 点)。由于长期边际成本和短期边际成本分别等于相应的长期和短期总成本曲线某点切线的斜率,因此在每一产量水平上(如图 3-12 中的 Q_1、Q_2 和 Q_3),长期边际成本都与代表该产量下最优生产规模的短期边际成本的值相等。

短期边际成本曲线和平均成本曲线的形状是由边际报酬递减规律决定的,但由于长期内不存在固定要素投入,因此长期边际成本曲线和长期平均成本曲线的形状并不是由边际报酬递减规律决定的,而是由规模经济决定的。规模经济是指由于生产规模扩大而导致的长期平均成本下降的现象。产生规模经济的主要原因是劳动分工和技术因素,如企业规模扩大使得劳动分工更细,专业化程度更高,会促进劳动生产率的提升,使得机器设备的配置更加有效率。

规模经济与规模报酬产生的原因类似,但二者不是同一个概念。规模报酬是所有要素投入同比例变化时所引起的产出变化情况,涉及投入与产出的关系,而规模经济考察的是规模大小与成本的关系。

另外,在达到企业最优生产规模之前,促使长期平均成本曲线呈下降趋势的因素,除了规模经济之外,还有学习效应。学习效应是指人们在从事一项工作时,随着工作次数的增多和工作时间的延长,其工作效率会越来越高。学习效应通常用学习曲线(Learning Curve,LC)来表示(图 3-13),其中横轴表示企业累计生产的产品数量,纵轴表示产品的平均劳动投入量(HC),随着累计产量的增加,每单位产品所耗费的成本逐渐降低。

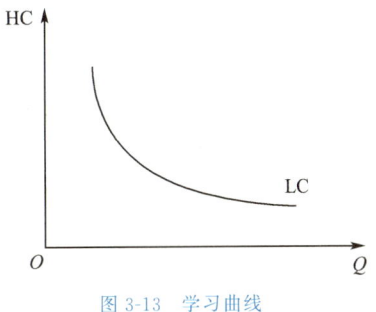

图 3-13 学习曲线

3. 企业最优决策的原则

为了追求利润最大化,企业应该如何做出决策呢?

回答这个问题,需要先解释总收益、平均收益和边际收益的概念。总收益(Total Revenue,TR)是企业出售产品所得到的全部收入,等于销量与平均收益的乘积。平均收益(Average Revenue,AR)是每单位产品的销售收入,等于价格 P。边际收益(Marginal Revenue,MR)是每增加一单位产品销售所产生的总收益的增量。

企业的利润等于总收益与总成本的差额。设企业的产量为 Q,产品价格为 P,利润为 π,则总收益 TR=PQ。由于总收益和生产成本均为含有产量 Q 的函数,利润也取决于产量,则企业的利润 π 可表示为

$$\pi(Q) = TR(Q) - TC(Q) \tag{3.23}$$

我们可以将收入、成本和利润之间的关系用图 3-14 来解释,其中横轴代表产量,纵轴代表成本、收入和利润。可以看出,随着产量增加,销售收入逐渐上升,但上升速度递减,而总成本先减速后加速上升,使得利润曲线呈现倒 U 形。当产量较低($Q<Q_0$)时,收入不足以抵消成本,利润为负。当产量达到 Q_0 时,收入与成本恰好相抵,利润为 0。产量继续增加,企业开始获得正的利润,当产量达到 Q^* 时,利润最大,即收入曲线和成本曲线之间的距离 AB 最大。因此,企业利润最大化的条件为边际收入等于边际成本,即:

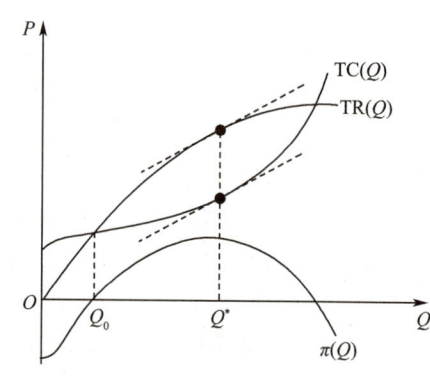

$$MR = MC \tag{3.24}$$

图 3-14 利润最大化决策

如图 3-14 所示,当产量小于 Q^* 时,边际收益大于边际成本,利润会随着产量增加而增加,企业应该提高产量;当产量大于 Q^* 时,边际成本大于边际收益,利润会随着产量增加而降低,企业应该减少产量。只有当边际收益等于边际成本时,即收入曲线和成本曲线在某产量下切线的斜率相等时,企业才能实现利润最大化。该法则适合于所有的企业,在后面完全竞争市场和不完全竞争市场的分析中,企业的利润最大化决策都遵循边际收益等于边际成本的基本原则。

3.3 市场供给与供给曲线

3.3.1 供给量与供给

1. 供给量

供给量是指一定时期内,特定价格水平下,对于某种商品或服务,生产者愿意并且能够提供的数量。与需求量的定义类似,要准确理解供给量的含义,也必须注意特定价格水平、愿意和能够三个关键词。

特定价格水平强调供给量总涉及两个概念:价格和与该价格相对应的商品或服务的数

量。每个价格水平对应唯一的供给量,没有价格概念,就没有供给量的概念。

愿意和能够强调供给是欲望和能力的统一。当市场上猪肉需求旺盛,但由于生猪价格受到干预,低于生产成本时,生猪养殖企业或农户不会愿意进入生猪饲养行业,因而形不成猪肉供给。只有当生猪的市场价格高于生产成本,有利可图时,生猪养殖企业或农户的饲养欲望和能力实现了统一,供给才能真正形成。

在理解供给量的含义时,需要注意,供给量是生产者愿意出售的商品数量,而不是实际出售的商品数量。意愿供给量可能大于、等于或小于实际销售量。

2. 供给

供给则是指一定时期内,各个价格水平下,对于某种商品或服务,企业愿意并且能够提供的数量,它反映的是供给量与价格的一一对应关系。用几何语言描述,供给量通常是一个点的概念,而供给则是多个点的集合。

供给的表示方法主要有三种:供给函数、供给表和供给曲线。

供给函数(Supply Function),是指用来表示一种商品的供给量和影响该供给量的各种因素之间相互依存关系的函数。假设用 Q_s 表示某种商品的供给量,P 表示该商品的价格,P_o 表示替代商品的价格,P_f 表示投入品价格,A 表示技术和管理水平,E 表示生产者预期,O 表示所有其他影响商品供给的因素,则该商品的供给函数可以记作:

$$Q_s = f(P, P_o, P_f, A, E, O) \tag{3.25}$$

为了简化分析,我们假定其他因素不变,单独研究商品供给量与其价格的关系。因此供给函数可以被简化为:

$$Q_s = f(P) \tag{3.26}$$

供给表(Supply Schedule)是在每一个可能的价格下商品供给量的表列。供给表可以直观地表明商品价格与供给量之间的一一对应关系。例如,表 3-3 是农民甲的玉米供给表。

从该供给表可以看出,如果玉米价格低于 0.8 元/千克,玉米的供给为零。当价格上升到 0.8 元/千克时,玉米的供给是 2 吨。随着价格上升,农民甲供给的数量越来越多。当价格上升到 2.4 元/千克时,玉米的供给量达到了 10 吨。

表 3-3 　　　　　　　　　　农民甲的玉米供给表

价格/(元/千克)	供给量/吨	价格/(元/千克)	供给量/吨
0.00	0	1.60	6
0.40	0	2.00	8
0.80	2	2.40	10
1.20	4		

供给曲线(Supply Curve)是表示商品价格与供给量关系的曲线。以纵轴表示玉米价格,横轴表示玉米的供给量,供给曲线 S 如图 3-15 所示。

如果用供给函数表示玉米的供给,该供给函数可以写成 $Q_s = -2\,000 + 5\,000P$。对比该函数与表 3-3 和图 3-15,可以发现,供给函数、供给表和供给曲线所传递的信息是一样的。实际上,这里给出的是最简单的线性供给函数,它的一般形式是 $Q_s = -a + bP$,其中 a、b 通常是大于 0 的常数。

3. 从个人供给到市场供给

供求分析,不仅涉及单个企业的供给,更需要考虑市场供给。为从单个企业供给推导出市场供给,需要将既定价格水平下所有企业对该商品的供给量相加,从而得到既定价格水平下该商品的市场供给量。在不同价格水平下,分别算出该商品的市场供给量,就可以得到描述该商品市场供给情况的市场供给曲线。

为说明这一点,我们假定玉米市场中仅有两位生产者农民甲和农民乙。表 3-4 给出了该市场的个人供给和市场供给情况。其中农民甲的数据与表 3-3 相同。可见,在每一价格水平上,市场供给量都是个人供给量之和。例如,当玉米价格为 1.2 元/千克时,农民甲的供给量为 4 吨,农民乙的供给量为 1 吨,整个市场的供给量就为 5 吨。

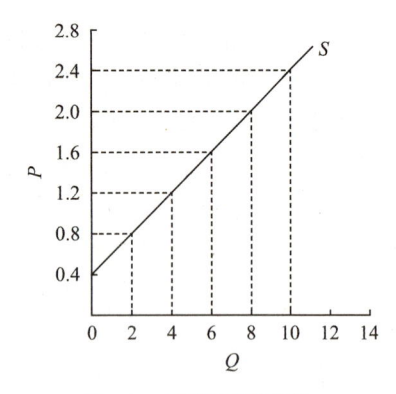

图 3-15 玉米的供给曲线

表 3-4　　　　　　　　玉米的个人供给与市场供给

价格/(元/千克)	个人供给量(吨) 农民甲	农民乙	市场供给量/吨
0.00	0	0	0
0.40	0	0	0
0.80	2	0	2
1.20	4	1	5
1.60	6	2	8
2.00	8	3	11
2.40	10	4	14

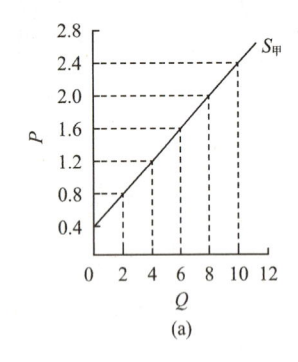

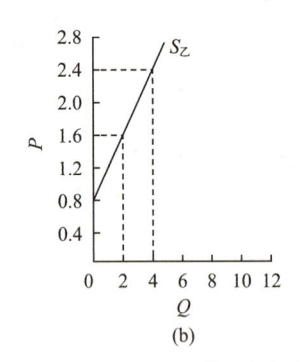

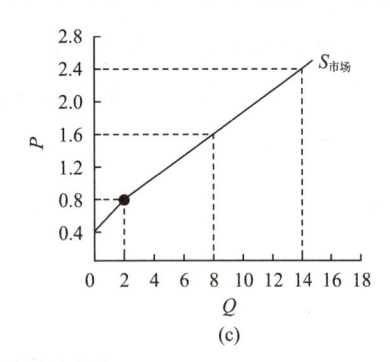

图 3-16　从单个生产者供给曲线到市场供给曲线

我们也可以用供给曲线来解释如何从单个企业的供给推导市场供给。在图 3-16 中,(a)图为生产者甲的玉米供给曲线,(b)为生产者乙的玉米供给曲线,将二者横向加总,就得到了玉米的市场供给曲线(c)[①]。

[①] 之所以玉米的市场供给曲线出现弯折点,是因为假设市场中只有两位生产者。当市场中的生产者增加至无穷多时,市场供给曲线将逼近平滑。

3.3.2 边际成本与供给曲线

1. 供给曲线的性质

企业的供给曲线是由企业的供给愿望和供给能力决定的,两个条件缺一不可。企业愿意生产并向市场供应所生产的产品,是因为它们可以从生产经营活动中获得利润,由此产生了供给愿望;而开展生产经营活动是要付出代价的,生产成本是主要代价,企业的生产成本决定了企业供给能力的高低。只要企业的生产成本低于产品的市场价格,企业就有能力继续生产并向市场供应产品。

企业生产成本的高低主要取决于投入要素的价格和技术进步。劳动、能源或机器等投入要素的价格会对既定产出水平的生产成本产生重大的影响。例如,石油、煤炭等能源是工业企业的重要投入要素,能源价格上升,增加了工业企业的能源开销,从而提高了生产成本。技术进步是决定企业生产成本的另一个重要因素。技术进步提高了企业的生产效率,使得企业能够以更低的成本生产出相同产量的产品,或用相同的成本生产出更多的产品。政府政策也会对供给曲线产生重大影响。政府补贴会降低企业的生产成本,政府的环境规制会迫使企业增加节能减排的费用,从而增加企业的生产成本。

显然,企业的供给曲线与企业的生产成本密切相关,我们考虑的不是企业的总成本,而是追加一个单位产品的生产所产生的总成本的增量,即边际成本。因此,企业的供给曲线本质上是其边际成本曲线。从图 3-10 中可以看出,企业的边际成本曲线与其平均可变成本曲线的最低点相交,准确地说,企业的供给曲线是高于其平均可变成本曲线最低点的边际成本曲线。

2. 短期供给曲线

如上所述,企业的短期供给曲线是高于其平均可变成本曲线最低点的边际成本曲线。完全竞争企业的短期供给曲线与短期生产中生产合理区间相对应。如图 3-3 所示,生产合理区间的起点对应于由 AP 曲线和 MP 曲线相交于 AP 的最高点 H,终点对应于 I(MP=0)。换言之,如果完全竞争企业处于短期生产的合理区间,这意味着该企业的生产定位于短期供给曲线上,这同时也表示该企业的生产处于短期生产的合理区间。

在完全竞争市场上,由于每个企业都是价格接受者,企业的边际收益等于平均收益,都等于市场价格。按照利润最大化原则,企业选择的最优产量对应于边际收益等于边际成本,或 $P=MC$ 的产量。当市场价格低于平均可变成本最低点时,企业生产要比不生产损失更大,对应于平均可变成本最低点的产量是企业停止营业点。当市场价格高于平均可变成本最低点时,企业会在边际成本曲线上确定相应的供给量。因此,平均可变成本之上的边际成本曲线就是企业的短期供给曲线。由于边际产量递减规律的作用,企业的边际成本曲线呈现递增趋势,因而企业的供给曲线是向右上方倾斜的。

在垄断竞争的环境下,垄断企业自身就是市场均衡价格的制定者,有能力根据需求的增加,自主设定供给价格。对每单位产品,企业制定的价格会偏离边际成本曲线。因此,垄断竞争市场的供给曲线不能够简单地用边际成本曲线来表示。

3. 长期供给曲线

在长期内,完全竞争企业生产的产品价格及其供应量之间关系的曲线是位于长期平均成本曲线上方的递增的长期边际成本曲线。

完全竞争企业的长期供应量应满足的两个条件：第一，该产量是价格等于长期边际成本时的产量（必要条件），在该产量上边际成本递增（充分条件），企业长期供给曲线在递增的长期边际成本曲线上；第二，长期内企业的利润为非负，即价格不小于长期平均成本。因为长期内企业可以自由进出一个行业，当企业发生亏损时会退出市场。根据这两个条件，企业的长期供给曲线比企业的短期供给曲线更具有弹性，因为企业在长期内有更大的调整产量的可能性。

如果企业技术为规模报酬递增，企业的长期供给曲线一般向右上方倾斜。如果企业技术为规模报酬不变，其长期供给曲线是一条水平直线。

3.3.3 供给量与供给的变动

1. 供给量的变动

从现实经验我们知道，许多因素会影响到生产者的供给行为。这其中，和需求的情况类似，最重要的也是商品或服务自身的价格。

当该价格上升时，我们通常会观察到越来越多的原生产者或销售者加入这种商品的生产或销售行列，该商品的原生产者或销售者的产量或销售量也在增加。表现在市场上，就是消费者可以购买越来越多的该商品了。而当该价格下降时，我们则会观察到越来越多的人会退出这种商品的生产或销售，即便是那些仍然在生产或销售该商品的生产者或销售者，其产量或销售量也在减少。表现在市场上，就是消费者可以购买的该商品数量在下降。而当该价格不变时，如果没有其他因素的变化，人们对特定商品或服务的产量或销售量则是相对固定的。

那么，为何会出现这样的结果呢？这是因为，生产者的目标通常是最大化利润，在其他条件不变的情况下，如果某种商品的价格上升，从利润最大化的角度出发，生产者将原本用于其他商品生产的资源转向该商品的生产是有利可图的。

不仅如此，一些本来由于生产成本较高，在原来的市场价格下无法提供商品的生产者，在其价格提高以后，可能会发现他们也可以向市场供给该商品了。相反，如果该商品价格下降，出于利润最大化考虑，生产者会将原本生产该商品的资源转向生产其他价格较高的商品。同时，一些原来成本接近市场价格的生产者会发现价格降低以后，他们无力向市场供给商品了。经济学家将这种由于商品自身价格变化带来的供给数量的变化专称为供给量的变动。

2. 供给的变动

除了商品或服务的自身价格之外，现实中我们发现还有一些因素也会影响到生产者的供给行为，例如投入品的价格。

在其他条件不变的情况下，投入品价格上升会增加生产成本，生产者利润减少，相比于变动之前，即便商品自身价格不变，各个价格水平上商品的供给量也会相应减少；反之，投入品价格下降，生产者利润增加，相比于变动之前，即便商品自身价格不变，各个价格水平上商品的供给量也会相应增加。也就是说，当投入品的价格发生变化后，在任何既定的价格水平下，商品的供给量都发生了变化，这意味着商品的供给量和价格的对应关系发生了变化。经济学家将这种变化专称为供给的变动。

不仅是投入品的价格,下面一些因素也会带来生产者供给的变动。总之,除了商品自身价格以外,从供给角度来说,所有其他因素带来的都是供给的变动。

生产技术和管理水平。技术是把投入品变成产品的方法。如果在技术上能使生产变得更为容易,也就是说,技术的创新使得生产者提供某种商品的单位成本下降,那么他们就能够在任一既定的商品自身价格下,提供更多的该商品。管理水平与技术水平的作用类似。

相关商品的价格。即便商品自身的价格不变,其他相关商品的价格发生变化时,该商品的供给也会发生变化。例如,对一个同时生产小麦和玉米的农户来说,在玉米价格不变、小麦价格上升时,该农户就可能增加小麦的耕种面积而减少玉米的耕种面积。这将导致每一个价格水平下,玉米的供给量均下降。

生产者对未来的预期。如果生产者对未来的预期看好,如预期商品的价格会上涨,在制订生产计划时就会增加未来每一个价格水平下的供给量,同时减少当前供给。如果生产者对未来的预期是悲观的,如预期商品的价格会下降,在制订生产计划时就会减少未来每一个价格水平下的供给量,同时增加当前供给。

此外,时间、政府政策、市场规模、气候等因素的变化也都可能带来商品供给的变动。与需求类似,根据特定的商品和其他条件的不同,影响供给的因素不胜枚举。上面所列出的只是其中比较常见的一些因素。

3. 沿供给曲线的移动与供给曲线的移动

我们用图形描述供给量的变动和供给的变动之间的区别。

从供给量和供给的含义我们知道,供给量是特定价格水平下,生产者对商品或服务愿意并能够提供的数量。例如,当玉米价格为每千克 0.8 元时,喜耕田愿意供给 2 吨,这个 2 吨就是供给量。在供给曲线图中,供给量是供给曲线上的一个点。我们假设在图 3-17(a) 中,该点对应的是 B 点。供给是指商品自身价格与供给量的一一对应关系。例如,玉米每千克 0.4 元时喜耕田供给量为 0,0.8 元时供给量为 2 吨,1.2 元时供给量为 4 吨……

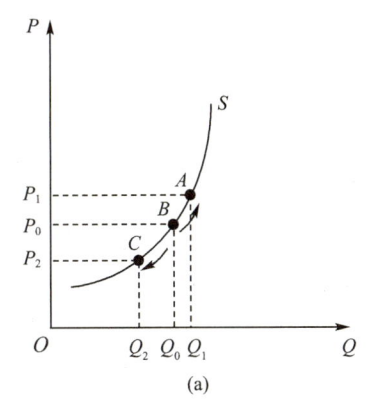

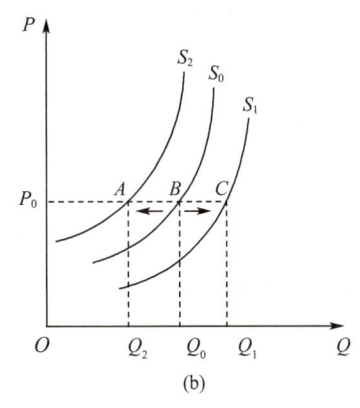

图 3-17 供给量的变动与供给的变动

由于供给曲线是描述商品供给量和自身价格之间一一对应关系的曲线,当其他条件不变,仅商品自身的价格变动时,在原来的供给曲线上,对应于任何一个新价格,都可以找到一个点,该点对应一个新的供给量。也就是说,商品自身价格变动带来的是同一条供给曲线上点与点之间的变化。

在供给曲线图中,这表现为沿着供给曲线的移动。例如,在图 3-17(a)中,当价格从 P_0 上升为 P_1 时,供给量从 Q_0 增加到 Q_1,在供给曲线上表现为从 B 点移动到 A 点。当价格从 P_0 下降到 P_2 时,供给量从 Q_0 减少到 Q_2,在供给曲线上表现为从 B 点移动到 C 点。这就是我们前面所说的供给量的变动。

而当商品自身的价格不变,其他因素发生变化时,其对供给曲线的影响就不可能在同一条供给曲线上反映出来了。例如,考虑投入品价格的变化。如果价格提高,商品的生产成本就提高了。与原来相比,在每一个价格水平上生产者都会减少商品的供给量;相反,如果价格下降,商品的生产成本也会下降。与原来相比,在每一个价格水平上生产者都会增加对商品的供给量。这就意味着,投入品价格的变化会使原供给曲线上所有的点都发生变化,其结果是形成了一条新的供给曲线。也就是说,投入品价格变动带来的是整条供给曲线的移动。

在供给曲线图中,这表现为供给曲线的移动。图 3-17(b)可以用来说明这种变化。假定玉米的市场价格为 P_0。如果因为市场供应紧张,种子、化肥价格提高,喜耕田种玉米的成本将上升,这会导致在每个价格水平上玉米的供给量都减少。在图形中,这表现为供给曲线从 S_0 左移至 S_2,价格 P_0 对应的供给量从 Q_0 减少到 Q_2。相反,如果国家支农惠农政策的落实使得种子、化肥价格下降,喜耕田种玉米的成本就将下降。这会导致在每个价格水平上它的玉米供给量都增加。在图形中,这表现为供给曲线从 S_0 右移至 S_1,价格 P_0 对应的供给量从 Q_0 增加到 Q_1。这正是我们前面所说的供给的变动。

除了投入品价格,技术和管理水平、相关商品价格、预期等因素的变化所带来的也都是供给的变动,在供给曲线图上表现为供给曲线的整体移动。

总之,商品自身价格变动能且仅能引起沿供给曲线的移动。除了商品自身价格以外,其他影响因素都会引起供给曲线的移动。

3.4　供给定律与供给弹性

3.4.1　供给定律

1. 供给定律的含义

无论是观察现实生活,还是考查供给曲线的形状(向右上方倾斜),我们都会发现这样一条规律:商品的供给量与其价格之间存在同向变动关系,即在其他条件不变的情况下,商品价格上升,其供给量随之增加;商品价格下降,其供给量随之减少,这就是所谓的供给定律(Law of Supply)。

为什么在表述供给定律时,必须在前面加一条基本前提"其他条件不变"呢?这是因为,供给定律是在假定投入品价格、生产技术和管理水平、相关商品价格、生产者预期等所有引起供给变动的因素不变的前提下,商品本身的价格与供给量之间才存在正向的一一对应关系。离开了这一前提,供给定律会无法成立。例如,如果发生了技术进步,即便电脑的价格一直下降,供给量也可能会增加。

生产成本可以用来解释供给定律的作用。现实经济中,生产要素的数量总是稀缺的。

通常情况下,某种商品的供给增加,就需要更多的生产要素,为了把生产要素从其他商品的生产中吸引过来,就要提高生产要素的价格,从而使生产该商品的边际成本增加。因此,只有商品价格上升到能够弥补边际成本增加的水平,生产者才愿意追加该商品的生产,该商品的供给才能增加。

2. 供给定律的进一步解释

供给定律同样只是对人们日常经验的总结,并非严格的逻辑推理。尽管该定律大多数情况下是符合现实的,但是,也确实存在一些情况,并不符合供给定律的表述。例如,某些原本只能以手工单件生产的商品,随着生产技术的发展和规模经营,成本锐减,且使大批量生产成为现实。这时,虽然商品价格下降,但成本更大幅度地降低使得一定产量范围内,企业仍愿意供给更多的产品。这种情况下,供给曲线表现为向右下方倾斜,如图 3-18 所示。

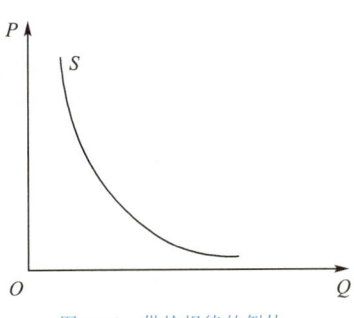

图 3-18 供给规律的例外

3.4.2 供给价格弹性

1. 供给价格弹性的含义

供给价格弹性简称供给弹性,表示在一定时期内一种商品的供给量变动对于该商品价格变动的反应程度。供给弹性衡量的是一种商品供给量对其价格变动的敏感程度,一般用供给弹性的弹性系数计算一种商品的供给弹性的大小:

$$供给弹性(系数)E_s = \frac{供给量变化百分比}{价格变化百分比} \tag{3.27}$$

与需求弹性相比,该公式中没有了负号,这是因为通常来说商品自身价格与其供给量是同向变动关系,即两者之间是正相关关系。例如,假设某种保健品的价格变动 10% 时,供给量增加了 20%。根据公式,这种保健品的供给弹性就为 2。

供给弹性的取值范围在零(垂直的供给曲线)和无限大 ∞(水平的供给曲线)之间。

2. 弧弹性和点弹性

供给弹性也有弧弹性和点弹性之分。供给的弧弹性表示某商品供给曲线上两点之间的供给量变动对于价格变动的反应程度。简单地说,它表示供给曲线上两点之间的弹性。

假定供给函数为 $Q=f(P)$,ΔQ 和 ΔP 分别表示供给量和价格的变动量,以 E_s 表示供给的弧弹性系数,则供给弧弹性系数基本公式:

$$E_s = \frac{\Delta Q/Q}{\Delta P/P} = \frac{\Delta Q}{\Delta P} \cdot \frac{P}{Q} \tag{3.28}$$

同样,为了避免不同的计算结果,如不需区分涨价和降价的区别,实际中通常采用变动前后价格和供给量的算术平均数来计算弧弹性系数,从而供给的弧弹性系数公式:

$$E_s = \frac{\Delta Q}{\frac{Q_0+Q_1}{2}} \div \frac{\Delta P}{\frac{P_0+P_1}{2}} = \frac{\Delta Q}{\Delta P} \cdot \frac{P_1+P_2}{Q_1+Q_2} \tag{3.29}$$

它表示供给曲线上 (P_0,Q_0) 和 (P_1,Q_1) 两点间的平均弹性。

供给的点弹性表示供给曲线上某一点的供给量变动对于价格变动的反应程度。供给的点弹性系数公式：

$$E_s = \lim_{\Delta P \to 0} \frac{\Delta Q}{\Delta P} \cdot \frac{P}{Q} = \frac{dQ}{dP} \cdot \frac{P}{Q} \qquad (3.30)$$

下面我们来考虑供给点弹性的几何含义。为简单起见，我们还是首先考虑线性供给曲线的情况。

在图 3-19(a)中，线性供给曲线 S(反向延长线)①与横轴相交于 A 点，C 点为该供给曲线上的任意一点，其在横轴的射影为 B 点。从几何意义看，根据点弹性的定义，C 点的供给弹性可以表示

$$E_s = \frac{dQ}{dP} \cdot \frac{P}{Q} = \frac{AB}{BC} \cdot \frac{BC}{OB} = \frac{AB}{OB}$$

而当供给曲线为非线性时，通常只要在其上任一点做供给曲线的切线，该点在横轴射影到切线与横轴交点的距离，与该点射影到原点距离之比，就是该点对应的点弹性。如在图 3-19(b)中，C 点的供给弹性仍为 AB/OB。

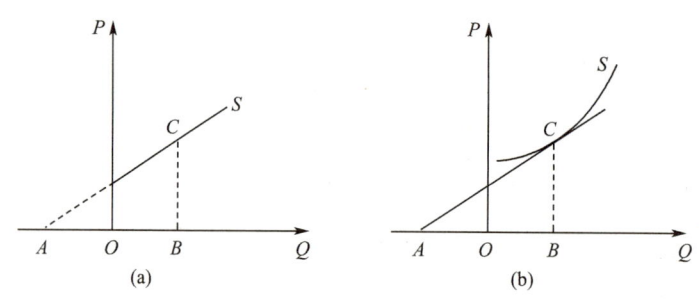

图 3-19 供给点弹性的几何意义

3. 供给价格弹性的类型

与需求弹性类似，依据弹性系数的大小不同，我们也可以将供给弹性分为五类：

供给完全无弹性，即 $E_s = 0$。这种情况下，无论价格如何变动，供给量都不会变动。此时的供给量是固定不变的。例如，土地、文物、某些艺术品的供给基本属于这种情况。这时的供给曲线是一条垂直于横轴的线。图 3-20 中的 S_1 即是如此。

供给无穷弹性，即 $E_s = \infty$。这种情况下，在既定的价格水平上，供给量是无限的。这种情况非常罕见，当商品出现严重过剩时有可能出现类似的情况。这时的供给曲线是一条平行于横轴的线。图 3-20 中的 S_2 正是这样一条线。

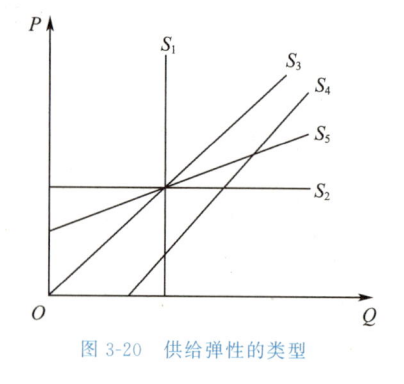

图 3-20 供给弹性的类型

供给单位弹性，即 $E_s = 1$。这种情况下，供给量变动的比率与价格变动的比率相等，即价格变动 1%，供给量就相应变动 1%。这时的供给曲线是从原点出发(或反向延长线过原

---

① 当供给曲线与横轴直接相交时，该交点即相当于 A 点；当供给曲线与纵轴正半轴相交时，其反向延长线与横轴的交点才是这里所说的 A 点。

点),向右上方倾斜的直线。图 3-20 中的 S_3 代表了这样一条线。这种情况在现实生活中也是非常罕见的。

供给缺乏弹性,即 $E_s<1$。这种情况下,供给量变动的比率小于价格变动的比率。这时的供给曲线是一条向右上方倾斜、比较陡峭的线,如图 2-20 中的 S_4。

供给富有弹性,即 $E_s>1$。这种情况下,供给量变动的比率大于价格变动的比率。这时的供给曲线是一条比较平坦的线。图 3-20 中的 S_5 表示这种类型。

3.4.3 影响供给弹性的因素

影响供给弹性的因素有很多,主要的包括如下几方面:

1. 资源替代的可能性

一些商品的生产采用的生产要素十分稀少或独特,这些商品的供给弹性低,甚至为零。而另一些商品的生产可以用普遍能够得到的资源,这些资源可广泛地用于各种用途。这类商品的供给弹性高。

古董和名画的供给曲线通常是垂直的,供给弹性为零。小麦和玉米可以在同样的土地上种植,因此种植小麦和种植玉米的成本相似,其供给曲线几乎是水平的,供给弹性很大。同样,一种商品在许多不同国家生产时,这种商品的供给非常富有弹性。

大多数商品的供给弹性在这两个极端之间。如果商品的价格上升,其供给量就增加,这类商品的供给弹性在零和无穷大之间。

2. 供给决策的影响因素

(1) 时间因素

当商品的价格发生变化时,企业对产量的调整需要一定的时间。在短时间内,企业若要根据商品的涨价及时地增加产量,或者根据商品的降价及时地缩减产量,都存在一定程度的困难,因而供给弹性是比较小的。

而在长期,生产规模的扩大与缩小,甚至转产,都是可以实现的,供给量可以对价格变动做出较充分的反应,供给弹性也就比较大了。

(2) 其他因素

增加生产的难易程度。如果所有的投入品都很容易在现行市场价格下购得,如纺织行业,则价格的微小上升就会导致产出的大幅度增加。这就表明供给弹性相对较大。另外,如果生产能力受到严格限制,面对价格变动,供给量不会有太大的调节余地,供给就会缺乏弹性。

生产规模大小和规模变化的难易程度。一般而言,生产规模大的资本密集型企业,其生产规模相对较难变动,调整生产规模所需的周期更长,因而商品的供给弹性较小;规模小的劳动密集型企业,应变能力较强,商品的供给弹性较大。

生产周期。一定时期内,对于生产周期较短的商品,企业可以根据市场价格的变化较及时地调整产量,供给弹性相应就比较大。相反,生产周期较长的商品的供给弹性往往就较小。

最后要说明的是,同需求弹性一样,由于影响供给弹性的因素也是各种各样的,因此在分析具体问题时需要结合实际情况。

关键术语

企业　生产函数　总产量　平均产量　边际产量　等产量曲线　总收益　平均收益　边际收益　边际技术替代率　边际技术替代率递减规律　边际报酬递减规律　规模报酬递增　规模报酬不变　规模报酬递减　成本函数　显性成本　隐性成本　边际成本　会计利润　经济利润　固定成本　可变成本　等成本曲线　供给　供给量　供给函数　供给价格弹性　供给规律　生产扩张线　规模经济　学习效应

思考题与讨论题

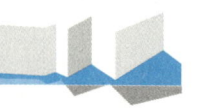

1. 面对不断变化的环境,为什么企业也会保持一些生产要素不变?

2. 总产量、边际产量与平均产量之间存在什么样的关系?如何根据这种关系确定一种要素的合理投入?

3. 为什么越来越多的资本代替劳动投入,边际技术替代率递减?

4. 什么是规模报酬?

5. 什么是供给曲线?

6. 为什么说企业是契约关系的集合?

7. 解释经济学家关于成本利润概念与会计上的有关概念有何不同。

8. 企业的停止营业点是由什么决定的?

9. 试用边际报酬递减规律分析企业为何不能无限制地增加某一种生产要素。

10. 若产品的边际成本递增,是否意味着平均可变成本递增或递减?

11. 粮食价格提高对猪肉的供给曲线有何影响?猪肉价格提高对猪肉销售量和供给曲线是否会产生影响?

12. 在生产的三个阶段中,问:

(a) 为什么企业的理性决策应在第二阶段?

(b) 企业将使用什么样的要素组合?

13. 规模报酬的递增、不变和递减这三种情况与可变比例生产函数的报酬递增、不变和递减的三种情况的区别有哪些?

14. 怎样区分固定比例生产函数和规模报酬不变的投入与产出之间的数量关系?

15. 一个企业主在考虑多雇用一名工人时,在劳动的平均产量和边际产量中他更关心哪一个?为什么?

第4章 市场结构与市场均衡

在市场经济条件下,市场的构成、市场均衡及其变化、市场的类型、不同类型市场中竞争与垄断的关系以及在不同类型市场中政府干预的方式和后果,是考察市场经济活动必须分析的内容。本章将围绕这些内容展开讨论。

关键问题

- 什么是市场竞争?
- 市场垄断是如何形成的?
- 市场具有哪些不同类型?
- 完全竞争市场在市场结构分析中为什么重要?
- 不同类型市场结构中的均衡有哪些区别?
- 哪些因素会打破市场均衡?

4.1 市场结构

经济学家考察市场时,首先考察市场结构(Market Structure),即考察市场经济活动是如何组织起来的。根据市场中买方和卖方的数量及其规模分布、产品差别程度、进入和退出市场的难度,以及市场竞争的激烈程度等影响市场构成的要素不同,市场结构可以划分为完全竞争市场、垄断竞争市场、寡头垄断市场和垄断市场四种基本类型。

4.1.1 市场结构的基本类型

1. 市场

在经济学中,市场(Market)的概念具有狭义和广义之分。狭义的市场概念是指买者和卖者相互作用并共同决定商品、劳务、资产的价格,以及交易数量的场所。在现实生活中,消费者到市场(如超市)去购买日常生活所需要的大米、蔬菜、水果、食盐和服装等商品,而生产者则根据消费者的需要组织生产,并将生产出来的商品运送到市场销售。因此,狭义的市场是人们在固定时段或地点进行买卖交易的场所,如超市、农副产品市场、股票市场、期货市场,等等。

广义的市场概念,不仅仅是指交易场所,还包括所有的交易行为,以及由交易行为所产生的各种市场关系。这些市场关系包括买者与卖者之间的交易关系、买者与买者之间的竞争关系、卖者与卖者之间的竞争关系、卖者与供货商之间的关系,以及卖者与广告商、经销商等中介机构的关系。所以,广义上,所有产权发生转移和交换的市场关系都可以构成市场。

在市场经济中,几乎每一样东西都存在相应的市场。市场按交易对象的最终用途可分为消费品市场和投资品市场;按交易对象是否具有物质实体可分为有形产品市场和无形产品市场;按交易对象的交易时间可分为现货市场和期货市场。市场可以是集中的,也可以是分散的,甚至是虚拟的或电子化的。随着互联网的发展和电子商务的盛行,网上交易的市场逐渐发展成主要的市场形式。

对现实生活中的具体市场进行分析,首先要明确市场的边界,边界以内包含所有具有密切替代关系的产品,不具有替代关系的产品被排除在市场边界之外。具有垄断行为的企业通常界定的市场边界的范围较大,声称自己占有的市场份额较小。相反,起诉垄断企业的小企业往往界定的市场边界的范围较小,认为垄断企业在市场中占有较高的市场份额。

对市场的界定通常需要考虑两个维度:一是产品维度,取决于商品之间的可替代性,通常用商品的需求交叉弹性来衡量;二是空间维度,市场的地理区域取决于卖者的运输成本、买者的交通成本,以及商品的需求交叉弹性。例如,在产品维度上,商品1是红苹果,商品2是绿苹果,假如红苹果价格上涨20%导致绿苹果需求量增加40%,说明这两种苹果具有很高的替代性,被认为是同一个市场中的产品。在空间维度上,商品1是城市A的鲜牛奶,商品2是城市B的鲜牛奶,假如城市A的鲜牛奶价格上涨20%并不会导致城市A的消费者到城市B购买鲜牛奶,说明城市A的鲜牛奶市场和城市B的鲜牛奶市场是不同的区域市场,市场间的空间距离产生的交通、运输成本大于价格的变动幅度,导致了区域市场的分割。

2. 市场结构

市场结构(Market Structure)的概念也有狭义和广义之分。狭义的市场结构是指市场中的买方构成和卖方构成。广义的市场结构是指企业之间的市场关系的特征和形式,买方和卖方的数量及其规模分布、产品差别的程度、新企业进入市场的难易程度的综合状态,是某一市场中各种要素之间的内在联系及其特征,包括买方之间、卖方之间、买卖双方之间的交易关系、竞争关系、合作关系,以及市场内已有的买卖双方与正在进入或可能进入市场的买卖双方之间在交易、利益分配等方面存在的竞争关系。

市场结构反映了市场的竞争和垄断关系,包括竞争的激烈程度、竞争的形式(如价格竞争、广告竞争、产品质量竞争,等等)、垄断的形式和特征,以及具有垄断地位的企业垄断势力的变化。市场结构决定了市场的商品交易价格和交易量的形成方式。

在宏观经济层面,市场结构通常用来描述一国经济中市场和产业的特点及构成,包括某一特定市场或产业中企业的数量和规模、某一特定市场或产业的重要性和特点。

3. 竞争与垄断

竞争和垄断是分析市场结构时必须讨论的两个基本概念。

竞争(Competition)是个体或群体力图压倒对方的心理需要和行为活动。在日常生活中,人们谈到"竞争"一词的时候,通常是指在一项有若干竞争对手参与的活动中,以战胜竞争对手为目标的行为。理论上,竞争的积极作用是个人或群体采用胜过对方的对抗性行为,获得精神的振奋和进取,从而提高劳动生产率,促进社会进步;其消极作用是容易造成个体间或群体间的不和谐,不利于和谐社会关系的建立与发展。在竞争关系中,一方的成功通常意味着另一方的失败。在社会生活中,竞争往往通过竞赛的形式表现出来,政治、经济、军事、教育、文化等许多社会现象本质上是不同形式的竞争。

经济学中的竞争特指市场竞争,是经济主体之间为争夺经济利益而展开的较量,表现为市场参与者为实现自身的经济利益和既定目标而不断进行的角逐行为,主要包括卖方与卖方的竞争、买方与买方的竞争。

在经济学中,垄断(Monopoly)通常是指市场的全部或部分份额由一家企业所占有,企业有市场价格的定价权。这个定义并不严谨,它取决于对产品市场的定义。例如,软件产品市场十分宽泛,没有一家企业占有绝对的垄断地位,当计算机软件产品市场细分为系统软件和应用软件两大类之后,我们会发现,微软公司的Windows产品在系统软件市场中具有明显的垄断优势。而应用软件市场则可以进一步细分为财务软件、游戏软件、文字处理软件、图像处理软件、杀毒软件、管理软件、教学软件,等等。在每一个细分的应用软件市场中,卖方与卖方之间的竞争关系,买方与买方之间的竞争关系,卖方与买方之间的市场关系,以及市场结构具有显著的区别。

垄断可以分为卖方垄断和买方垄断。卖方垄断是指在一个或多个市场中,竞争性的买者面对的是唯一卖者。买方垄断(Monopsony)则恰恰相反,市场中的竞争性生产者面对的是唯一的买者。经济学研究的重点是卖方垄断的垄断行为。垄断作为一种经济现象,是市场竞争的必然结果,也是市场竞争的抑制因素。在市场上,卖方(企业)参与市场竞争,目的是通过不断地战胜竞争对手,壮大自己,获得垄断势力和垄断利润。在市场经济条件下,能够获得垄断势力的卖方通常是大企业,这类大企业的垄断行为包括对商品的生产、销售和价格进行操纵和控制,排除和限制竞争,或可能排除和限制竞争。如果一个市场的供给只由一家或极少数几家企业来支配,这类市场就是垄断市场。

市场垄断的形成主要有三个原因:一是自然垄断,即垄断企业的生产效率高于竞争对手的生产效率;二是资源垄断,即垄断企业拥有了关键性生产资源;三是行政性垄断,即政府给予一家企业排他性地生产某种产品或劳务的权利。大企业获得垄断势力后,往往凭借自己的竞争优势,排挤和吞并中小企业,把生产要素的获得和产品的生产集中在自己手中。

4. 市场结构的分类标准

在经济学中,由卖方构成的市场结构有四种类型:完全竞争市场、垄断竞争市场、寡头垄断市场和垄断市场。在这四种市场结构中,完全竞争市场的竞争最为充分,垄断市场不存在竞争,垄断竞争市场和寡头垄断市场是不完全竞争市场,既存在竞争也存在垄断,见表4-1。

表 4-1　　　　　　　　　　不同类型市场结构的对比

市场类型	卖者数目	产品差别程度	卖者对价格的控制程度	进出市场的难易程度	类似的市场
完全竞争	很多	完全无差别	没有	很容易	一些农产品
垄断竞争	很多	有差别	一定程度	比较容易	香烟、糖果
寡头	几家	有差别或无差别	较大程度	比较困难	钢铁、汽车
垄断	一家	唯一的产品,没有替代品	很大程度,但经常受到管制	很困难,几乎不可能	公共事业,如水、电

判断一个市场属于什么类型,主要依据三个标准:

第一,市场内的企业数目。如果市场中只有一家企业在经营,这类市场被称为垄断市场;如果市场中的经济活动由少数几家大型企业支配或主导,这类市场被称为寡头垄断市场;如果市场中企业数目很多,没有一家企业能够支配或主导市场经济活动,则这类市场被称为完全竞争市场或垄断竞争市场。一个市场内的企业数目越多,其竞争的激烈程度就越高;反之,一个市场内企业数目越少,其垄断程度就越高。

第二,市场内企业的产品差别程度。这是区分垄断竞争市场和完全竞争市场的主要特征。产品差别可以产生于产品的质量、性能、形状等物理上的不同,也可以产生于包装、经销渠道、服务态度、品牌宣传等营销方式的差别。市场中的产品差异程度越大,企业就越可能获得垄断势力。

第三,进入和退出障碍的高低。所谓进入障碍,是指一个新企业要进入某一行业市场所遇到的阻力;退出障碍则是指一个企业退出某一行业市场所面临的阻力。一个市场进入和退出障碍的高低,反映了生产要素跨越该市场边界流动的难易程度。市场的进入和退出障碍越低,其竞争程度就越高;反之,市场的进入和退出障碍越高,其垄断程度就越高。

4.1.2 不同类型市场结构的特征

1. 完全竞争市场的特征

在经济学的研究中,通常假定完全竞争市场(Perfect Competition Market)具有以下四个基本特征:

大量的卖者和买者。在完全竞争市场中,存在着数量众多的卖者和买者。相对于整个市场的供给量和需求量而言,任何一个卖者的供给量和任何一个买者的需求量都是微不足道的。一个卖者卖与不卖,或者打算卖多少,以及一个买者买与不买,或者打算买多少,都不会对市场价格产生任何影响。在这种条件下,完全竞争市场中的每一个参与者都是价格接受者(Price Taker),即任何卖者和买者的行为都不能影响产品的市场价格,单个企业会把市场价格看成是既定的。

产品是同质的。在完全竞争市场上,所有企业生产的产品在质量、外观、性能等各方面没有任何差别,是完全同质的,使得买者无法区分产品是哪家企业生产的,或者说购买任意一家企业生产的产品都一样。同质性意味着产品之间可以完全替代,如果某一家企业将产品价格提高到市场价格之上,消费者就会转向购买其他企业的产品。当然,单个企业总是可以按照既定的市场价格把自己的产品全部卖出去。许多农产品就是同质的,如同一区域内生产的谷物在产品质量方面十分类似,买主无法区分农户所提供产品之间的差别。产品的同质性决定了企业无法利用广告等销售策略影响消费者的购买行为。

资源自由流动。完全竞争市场要求资源可以自由流动,即企业进入或退出市场不存在任何障碍。资源自由流动有两层含义:一是购买者能够很轻易地从一家企业转向另一家企业,二是企业可以在没有特殊成本发生的情况下进入或退出市场。在资源完全流动的条件下,企业可以将资源及时地投入到有经济利润的生产中,并能够及时地从亏损的生产中退出来,而不必负担任何成本。这种成本既包括新企业进入市场必须承担的成本,也包括在位企业退出市场必须遭受的损失。例如,电信行业就不是一个完全竞争市场,因为中国移动和中国电信等在位企业已经为铺设网络设备耗费了巨额的前期投资,其所耗费的成本既为新企业进入设置强大的障碍,也使得在位企业从该行业退出代价高昂。

完全信息。完全竞争市场中,有关产品的信息必须是完全公开的,消费者和生产者可以根据信息做出理性决策。一方面,生产者了解产品生产方面的信息,包括生产要素价格、自身生产函数、产品价格等;另一方面,消费者同样掌握着有关自身偏好、效用函数、产品价格等方面的信息。在完全信息条件下,企业了解其他生产者都按照何种价格销售,因此不会抬高价格。消费者则可以准确地了解在什么地方能够以市场价格购买到同质商品,出价也绝对不会高于市场价格。如果不满足完全信息的条件,就无法保证商品按照均衡价格成交,因为若消费者在不了解市场上存在较低价格的情况下高价购买了某种商品,同一种商品将会在市场上出现不同的价格。

现实生活中,几乎没有哪个市场完全符合上述四个条件,只有初级产品、农产品市场和证券市场比较接近完全竞争。尽管完全竞争市场是一种抽象的、理想化的市场形态,但是它为分析市场经济活动确定了可供参照的基准。对其他三种市场结构的讨论均是在放松有关完全竞争市场假设的某些条件下展开的。

2. 垄断竞争市场的特征

垄断竞争市场(Monopolistic Competitive Market)具有如下三个关键性特征:

企业数目众多。企业规模小,每个企业所占的市场份额都不大。有许多企业争夺相同的顾客群体,因此要在一定程度上接受市场价格,但又可对市场施加一定程度的影响。

产品存在差别。不同企业生产的产品并非同质。产品差别可以大致分为主观差别和客观差别两类。主观产品差别是指不同企业生产的产品除了商标、包装、广告、销售条件等引起的非实质性印象差别之外,其他方面都是一样的,但消费者在心理上认为产品是有差别的。客观产品差别则是体现在产品的构造、质量、功能、销售地点等方面的差别。由于垄断竞争市场的产品本质上属于同一类产品,相互之间具有较高的替代性。产品差别是造成企业之间垄断竞争的根源,在同样的价格下,如果企业能够生产出与众不同的产品,消费者对其产品又表现出特殊的偏好,该企业就可以获得形成垄断的市场势力(Market Power)。

企业可以自由进入和退出。资源可以在行业市场间自由转移,这意味着,在长期均衡时,企业的经济利润为零。垄断竞争市场缺乏进入障碍,限制了单个企业持久维持其垄断地位的能力。

显然,垄断竞争市场与完全竞争市场的主要区别就是产品差别。当存在产品差别时,每个企业的产品都具有一定的独特性,不能被其他企业的产品完全替代,每个企业都是其产品的垄断者,能够制定较高的价格,市场具有垄断市场的特点。但同一行业市场中的企业生产的是同一类产品,每个企业的市场份额都很小,相互之间存在激烈的竞争,市场又具有完全竞争市场的特点。因此,这类市场被定义为垄断竞争市场。现实生活中,化妆品、服装、食品、餐馆、影视娱乐、家用小电器等很多行业的市场都属于垄断竞争市场。

3. 寡头垄断市场的特征

寡头垄断市场(Oligopoly Market)是指一个市场中只有少数几个卖方(当企业为两个时,叫双头垄断),每个企业在市场中都具有举足轻重的地位,对其产品价格具有相当的影响力,通常受到进入障碍的保护。寡头垄断市场中交易的商品可以是同质、标准化的,也可以是有差异的。当市场中的产品同质、彼此依存的程度很高时,叫纯寡头垄断市场;当市场中的产品有差别、彼此依存的程度较低时,叫差别寡头垄断市场。与其他市场结构相比,寡头垄断市场具有三个显著特征:

只有少数几家企业。在寡头垄断市场上,数量不多的几家企业占据了整个行业市场的大部分份额,每个企业生产同质或者有差异的产品。

进入和退出障碍高。规模经济是形成寡头垄断市场进入障碍的一个主要原因,企业的大规模生产比小规模生产具有成本优势。当规模经济的作用非常强的时候,就会导致垄断,不过没有完全垄断那么严重,只是形成少数几家寡头企业竞争的局面。

企业之间存在相互依存性。由于寡头垄断市场只有少数几家企业,每家企业的产量、价格或策略行为的变动都会引起其他企业的重视。一个企业在采取行动时必须考虑其他企业的反应,并根据其他企业的反应调整自己的策略。

企业之间的相互依存性是寡头垄断市场最突出的特点,这种相互依存性使寡头垄断市场的理论分析要比其他三种市场更加复杂。为了更好地分析寡头垄断企业间的相互依存关系,现代经济学发展出了很多有用的工具,博弈论是最具代表性的一种。

4. 垄断市场的特征

垄断市场是只有一家企业提供所有供给的市场结构。垄断企业面对着整个市场的需求,需求曲线向右下方倾斜的,其边际收益曲线位于平均收益曲线之下。垄断市场具有三个主要特征:

垄断市场是只有一家企业提供所有供给的市场结构,市场份额由一家企业所独占,即一种产品只有一个卖家。一个市场是否是垄断市场,在很大程度上取决于对产品的界定。如果对产品的定义足够宽泛,那么没有任何一个市场中的产品只由一家企业出售;如果对产品的定义足够狭窄,则生产差异化产品的每个企业都是垄断者,没有任何两家企业出售完全相同的产品。

垄断企业有确定市场价格的权利。这一特征决定了垄断企业在产品市场上不仅要决定如何生产和生产多少,而且要决定索要多高的价格。垄断企业面临着整个市场的向下方倾斜的需求曲线,其边际收益曲线位于平均收益曲线之下。垄断企业可以采取价格歧视定价策略。在分割的市场上,垄断企业借助垄断的市场支配力对需求价格弹性小的消费者或在需求价格弹性小的市场上索要较高的价格。垄断企业制定歧视价格的一般原则是,不同市场上的边际收益分别等于企业的边际成本。

垄断企业在长期一般会处于获得超额利润的均衡。在短期内,垄断企业按照边际收益等于边际成本的原则决定生产数量,并在需求曲线上确定价格。只要这一价格高于平均可变成本,垄断企业就会向市场供给商品。在长期中,垄断企业调整生产要素投入,使得在每个产量下成本为最低,因此,垄断企业会处于获得超额利润的均衡。无论是在短期还是在长期,垄断企业都没有明确的供给曲线。在垄断市场上,价格高于边际成本、高于平均成本,因而垄断企业在产量供给和技术创新方面缺乏效率。

关于市场垄断的形成,经济学中的解释集中在因规模经济导致的边际成本降低、技术专利所形成的路径依赖、政府的特许或财政补贴,进入壁垒等因素上。例如,在技术或者制度的演进中,消费者一旦选择了某种技术发展和演进的路径,就很可能形成路径依赖。如微软的 Windows 软件,最先占据了个人电脑操作系统的主流市场,人们习惯了用 Windows 软件,就很难换成别的软件。作为应用软件的开发商,不得不和 Windows 软件兼容。为了使用更多的兼容应用软件,用户不得不继续依赖于 Windows 软件。然而,伴随着技术创新和技术进步,垄断企业的垄断优势会不断受到冲击。例如,电力传输之所以依赖于大电网,就是因为它的规模经济,大电厂的发电成本低。但现在出现了很多先进的小型发电技术(例如小燃气轮机发电),它的发电成本低、损耗少,使用灵活方便,这样一来,原来的大发电厂的垄断优势就逐渐地被削弱了。

4.1.3 市场机制与"看不见的手"

1. 市场机制

市场机制是指市场运行的实现机制,它通过市场价格信息来反映供求关系,并通过这种市场价格信息来调节生产和流通,从而实现资源配置。市场机制是一个有机的整体,主要由价格机制、供求机制、竞争机制和风险机制等构成。

价格机制是指在市场竞争过程中,商品价格的变动与市场上该商品供求关系变动之间的有机联系。价格机制可以促进竞争和激励,决定和调节收入分配。

供求机制是指通过商品的供求关系及其变动来影响生产要素组合的一种机制。供求机制通过供给与需求之间的相互作用所形成的均衡市场价格来调节社会生产和需求。不过,供求机制在不同类型市场中发挥作用的方式是不同的。

竞争机制是指经济主体之间为了自身的利益,通过价格竞争或非价格竞争,按照优胜劣汰的法则来调节市场运行。这种机制能够形成企业的活力和发展的动力,促进生产,使消费者获得更大的实惠。

风险机制是指企业的盈利、亏损和破产之间相互联系和作用的机制,在产权清晰的条件下,风险机制对经济发展具有至关重要的作用。

价格机制、供求机制、竞争机制是构成市场机制的三大基本要素,不论市场的性质、规模、范围如何,这三大基本要素不会变。市场价格影响着生产者、经营者、消费者的利益。价格取决于市场供求关系的变动,市场活动参与者根据价格的变化调整自己的市场行为,由此形成了"价格—竞争—供求—价格"的一种循环过程。

2. "看不见的手"

在市场经济中,人们以追求自己的利益为目的进行物品和劳务的交易。生产者决定生产什么、如何生产、何时生产、雇用谁来生产,从而获得最大利润;劳动者决定为哪家企业工作以获得更高的工资;供货商决定将生产要素卖给哪家企业以获得更多收入;消费者决定购买什么商品以及购买哪家企业生产的产品以实现最大效用。人们在进行选择时,并没有沟通和协商,乍一看,市场中的经济活动是很混乱的。然而,经济中似乎有一只无形的手能够在多数情况下将目标各异的众多独立个体的选择完美地衔接在一起,产生了合意的市场结果,即实现了整个社会福利的最大化。这只能够协调市场经济活动的无形的手,被英国经济学家亚当·斯密称之为"看不见的手"(Invisible Hand)。

亚当·斯密在其出版的《国富论》中用"看不见的手"来说明市场机制的作用。用他的话来说,每个人都试图应用他的资本,来使其生产品得到最大的价值。一般来说,他并不企图增进公共福利,也不清楚增进的公共福利有多少,他所追求的仅仅是他个人的安乐、个人的利益,但当他这样做的时候,就会有一双看不见的手引导他去实现另一个目标,而这个目标绝不是他所追求的东西。由于追逐他个人的利益,他经常促进了社会利益,其效果比他真正想促进社会效益时所得到的效果更大。亚当·斯密所描述的经济体系,是人的利己心及其就一种东西和另一种东西进行交换、互易和交易的人类习性的产物。交换导致劳动分工,而劳动分工使生产者能利用规模经济,生产出比没有交易时更多的财富总额。因此,国家财富依赖于市场参与者的专业化和市场交易。

后来,"看不见的手"成为表示市场经济中完全竞争模式的形象用语。这种模式的主要特征是私有制,人人为自己,都有获得市场信息的自由,自由竞争,无须政府干预经济活动。亚当·斯密的后继者们以均衡理论的形式完成了对完全竞争市场机制的系统分析。在完全竞争条件下,价格自由地反映供求的变化,发挥着配置稀缺资源、分配商品和劳务的作用。通过"看不见的手",市场经济活动的参与者们做出各自的决策,企业家获得利润,工人获得工资,土地所有者获得地租,消费者获得所需要的商品和服务。

市场经济中协调经济活动的"看不见的手"其实就是价格。对于生产什么,如何生产和为谁生产这三个重要问题,价格机制的协调方式既简单又直接:哪种产品价格高,就生产哪种产品;什么生产方式成本低,就用什么方式生产;哪一种生产要素的价格高,这种生产要素的拥有者获得的收入就多。为什么当个人这样选择的时候,社会也能实现最优呢?简单说,自由决定的价格既反映了一种物品的社会价值,又反映了生产该物品的社会成本,人们为了个人利益最大化,在决定购买什么和卖出什么的时候关注价格,也就不知不觉考虑到了他们行动的社会收益和成本。结果,价格在指引分散的个人进行自由选择的时候,也实现了社会福利的最大化。

3. 弥补"看不见的手"的缺陷

在理想的市场经济中,所有商品的价格都由市场的供求关系来决定,市场竞争的参与者以货币形式自愿地进行交换。这种制度无须政府的干预,就可以从可供利用的资源中获取最大的利益。然而,在现实经济中,"看不见的手"是一只有缺陷的手,在一定条件下会导致市场失灵。社会中普遍存在着诸如环境污染、垄断导致的市场扭曲、失业、金融危机、经济衰退、贫富两极分化等市场机制解决不了的问题,每个市场经济都会为其制度和运行机制的不完善付出代价。

这时,市场中"看不见的手"就需要政府的保护,政府的干预成为维持市场经济正常运行的重要手段。例如,一个果农预见到他的苹果会被偷走,他就不会种植果树;如果企业的科研成果和专利会被仿冒或盗用,企业就不会投入科技创新活动。一方面,只有产权得到保障,市场才能正常运行,而保护产权这一工作必须依靠政府。另一方面,市场并不是万能的,当市场不能实现资源的最优配置时,就需要政府的介入。因此,在市场经济中,经济学也要研究政府什么时候应当干预市场,以及如何干预市场才能最有效地改善市场的资源配置效率。

在经济学中,政府对市场经济的干预有时被称作"看得见的手"。国防、社会治安、气象服务、宇宙空间探索、重大科学研究计划等公益事业,都是政府活动的常见领域。政府还会对金融、制药、食品等行业进行监管,对教育、医学研究、公共交通等活动则予以补贴。政府通过制定和实施各种法规约束对社会发展产生负面影响的经济活动,例如,不让工人暴露在危险的工作条件下,不让工厂排放有毒的烟尘,不允许企业出售危险的药品,不得酒后驾车,等等。此外,政府还对其公民征税,并通过再分配缩小社会中的贫富差距。

在"看不见的手"和"看得见的手"之间寻求平衡,是一项艰巨的工作。政府的干预过多,或干预得不恰当,会削弱市场经济的活力;政府的干预不够,或不作为,市场会陷入混乱无序状态,资源配置的效率和社会的公平得不到保障。

4.2 市场均衡及其变动

在前两章中,我们分别讨论了市场需求和市场供给。市场需求表示每一价格下消费者对某种商品的需求量是多少,市场供给则表示每一价格下生产者对某种商品的供给量是多少。解释商品的价格是如何决定的,必须将市场需求和市场供给结合在一起进行分析。

4.2.1 市场均衡

1. 市场均衡的含义

"均衡"(Equilibrium)原本是物理学中的一个概念,是指来自不同方向的力的作用相互抵消,使得物体处于相对静止的一种状态。

经济学家在分析经济问题时引入均衡概念,意指对经济系统产生影响的相关变量在一定条件的相互作用下所达到的一种相对静止状态。经济系统在这样的状态下,各参与者的力量能够相互制约和抵消,使得各方面愿望都能得到满足。经济学的研究往往专注于寻找既定条件下经济系统的变化最终趋于静止的均衡状态。

在经济分析中,市场均衡(Market Equilibrium)是指市场需求量等于供给量的状态。此时的市场价格,称之为均衡价格(Equilibrium Price)。在该价格下,任何消费者都能买到他想购买的商品数量,任何生产者都能卖出他想出售的商品数量,市场处于出清(Market Clear)状态。市场均衡下的交易数量称为均衡数量(Equilibrium Quantity)。在图 4-1 所示的市场中,市场均衡出现在 E 点,此时的均衡价格和均衡数量分别为 P_E 和 Q_E。

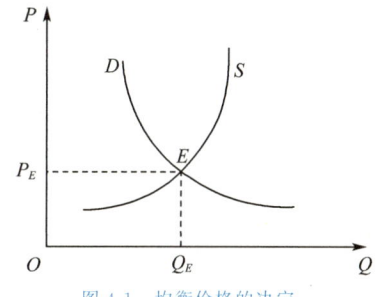

图 4-1 均衡价格的决定

市场均衡分析包括局部均衡分析和一般均衡分析两种类型。局部均衡分析是对单个市场或部分市场的供求与价格之间的关系和均衡状态进行的分析。一般均衡分析是对一个经济体中所有市场的供求与价格之间的关系和均衡状态进行的分析。一般均衡分析假定各种商品的供求和价格都是相互影响的,一个市场的均衡只有在其他所有市场都达到均衡的情况下才能实现。

2. 市场均衡的形成

在完全竞争市场中,均衡价格是在供求双方竞争过程中自发形成的,依靠的是市场机制的调节。那么,市场均衡是如何形成的呢?假设,某苹果市场的供求情况如表 4-2 所述。

表 4-2　　　　　　　　　　某苹果市场的供求表

价格/(元/千克)	需求量/千克	供给量/千克
3.6	200	50
3.8	150	80
4.0	100	100
4.2	80	150
4.4	50	200

经济学原理

如果市场上的一位苹果供应商以每千克苹果 4.2 元的价格销售苹果，这时市场的需求量为 80 千克，而供给量为 150 千克，供给量大于需求量，必然有一部分苹果卖不出去。面对这种供大于求的状况，供应商要卖出苹果，就不得不降低价格，这将导致市场供给量减少，需求量增加。而如果供应商以每千克苹果 3.8 元的价格销售，此时市场需求量为 150 千克，供给量仅为 80 千克，需求量大于供给量，必然有一部分想买苹果的消费者买不到苹果，供不应求的状况导致供应商提高价格。这样反复多次调价之后，当苹果的市场价格为每千克 4 元时，需求量和供给量恰好相等，均为 100 千克，市场均衡得以形成。

在图 4-2 中，如果苹果价格为每千克 4.2 元，需求量为 80 千克，而供给量为 150 千克，存在数量为 70 千克（图中 a 和 b 之间的距离）的超额供给，价格必然按箭头所指方向向右下方移动。相反，如果苹果价格为每千克 3.8 元，则需求量为 150 千克，供给量为 80 千克，存在数量为 70 千克（图中 c 和 d 之间的距离）的超额需求，价格必然按箭头所指方向向右上方移动。这种价格的涨跌会交替进行，直至最终达到价格为每千克 4 元时为止，供给量和需求量相等，均衡得以实现。

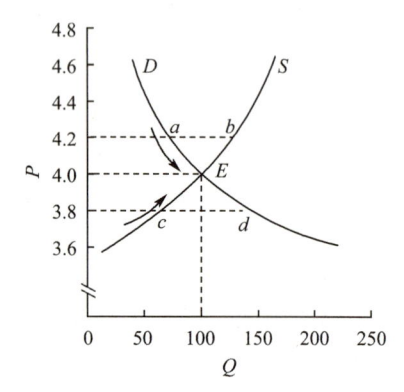

图 4-2 市场均衡的实现

市场均衡状态被称作市场出清，这时市场中既不存在超额供给，也不存在超额需求。市场出清是通过经济个体间的竞争和合作来实现的，只要产权和制度完善，任何商品或服务的市场都有出清的倾向。市场出清的倾向既不是由经济学家和政府决策者计划的，也不是由生产者和消费者控制的，只不过是这些活动的无意后果。

在完全竞争市场中，均衡是一种趋势。市场价格一旦偏离均衡价格，由于供求的相互作用，存在自动恢复到均衡的趋势。现实生活中，我们观察到的市场并不总是处于均衡状态，其原因主要来自两个方面：第一，市场调整不是瞬间完成的，甚至有时可能是缓慢的；第二，可能存在外在的因素阻碍价格的自由调节，突发的自然灾害对经济产生的冲击、政府的干预、宏观经济的波动等因素都会干扰市场均衡的形成。在开放经济条件下，其他国家的经济波动、汇率的波动、国际要素市场的价格波动也会打破国内市场的均衡状态。

4.2.2 市场均衡的变动

以上对市场均衡的分析，是在假定需求和供给既定，需求曲线和供给曲线不发生移动的前提下进行的。如果需求或供给发生了变化，即需求曲线或供给曲线发生了移动，市场均衡就会发生变化。以下分三种情况进行说明。

1. 需求变动对市场均衡的影响

需求变动表现为需求曲线的移动，图 4-3 中，D_0 是某苹果市场的初始需求曲线，它与市场供给曲线 S 相交于 E_0 点，此时的市场均衡价格是 P_{E0}，均衡数量为 Q_{E0}。假如一项研究发现苹果有利于健康，这使得消费者对苹果的需求增加，需求曲线由 D_0 右移至 D_1，D_1 与 S 相交于 E_1 点，对应的均衡价格为 P_{E1}，均衡数量为 Q_{E1}。这意味着需求的增加提高了市场的均衡价格和均衡数量。

相反,如果另一项研究发现,苹果含糖量过高,可能引发糖尿病,则消费者对苹果的需求就会下降,需求曲线由 D_0 左移至 D_2,D_2 与 S 相交于 E_2 点,其对应的均衡价格为 P_{E2},均衡数量为 Q_{E2}。这意味着需求的减少导致均衡价格和均衡数量下降。

由此,我们可以得到结论:需求变动会引起均衡价格和均衡数量发生同方向变动。

2. 供给变动对市场均衡的影响

供给变动表现为供给曲线的移动,图 4-4 中,S_0 是某苹果市场的初始供给曲线,S_0 与需求曲线 D 相交于 E_0 点,此时的均衡价格是 P_{E0},均衡数量是 Q_{E0}。

如果洪涝灾害导致苹果减产,供给将会下降,在图 4-4 中,表现为供给曲线由 S_0 左移至 S_1,S_1 与 D 相交于 E_1,对应的均衡价格为 P_{E1},均衡数量为 Q_{E1}。这意味着供给的减少,导致均衡价格上升了,均衡数量却下降了。

相反,如果苹果种植技术的改进带来了产量的提高,供给将增加,在图 4-4 中,表现为供给曲线由 S_0 右移至 S_2,S_2 与 D 相交于 E_2,对应的均衡价格为 P_{E2},均衡产量为 Q_{E2}。这意味着供给的增加,导致均衡价格下降,均衡数量却上升了。

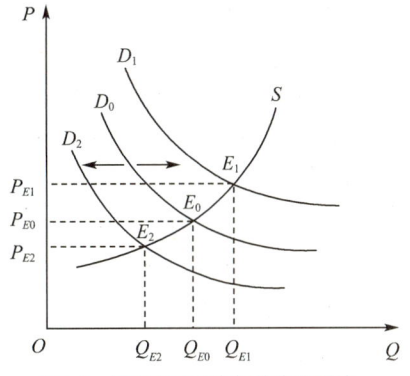

图 4-3 需求变动对市场均衡的影响

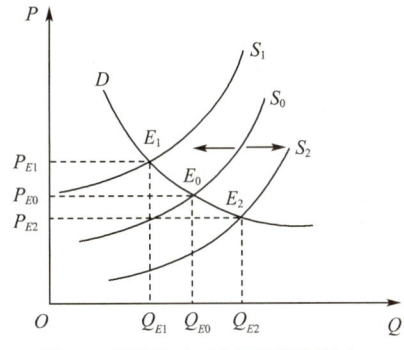

图 4-4 供给变动对市场均衡的影响

因此,可以得出结论:供给变动会引起均衡价格发生反方向变动,均衡数量发生同方向变动。

3. 需求和供给同时变动对市场均衡的影响

需求和供给同时发生变动的情况比较复杂,两者变动的方向和幅度的差异均可能对市场均衡产生不同影响。

首先,我们考虑需求和供给发生同方向变动的情况。假定苹果市场的需求和供给都增加了,如图 4-5 所示,需求曲线由 D_0 右移至 D_1,供给曲线由 S_0 右移至 S_1,均衡点随之由 E_0

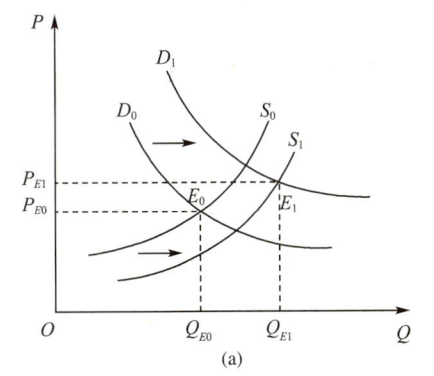

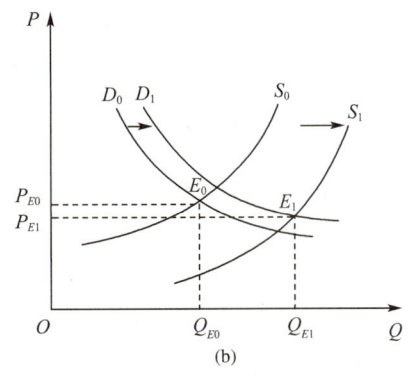

(a)

(b)

图 4-5 需求和供给同向变动对市场均衡的影响

移至 E_1。根据前面的分析,需求、供给增加后,均衡数量会随之增加,因此新的均衡数量 Q_{E1} 要大于原来的均衡数量 Q_{E0}。

但是,均衡价格的变动却不能确定。因为需求增加会使均衡价格上升,供给增加则使均衡价格下降,因而均衡价格的实际变动还要取决于两者增加的程度。如果需求增加的程度大于供给增加的程度,如图4-5(a)所示,则均衡价格将由 P_{E0} 上升到 P_{E1};如果需求增加的程度小于供给增加的程度,如图4-5(b)所示,则均衡价格将由 P_{E0} 下降到 P_{E1};如果需求和供给增加的幅度一样,均衡价格将不会发生变化。同样,如果需求和供给同时减少,均衡数量必然减少,均衡价格也不能确定。

再考虑需求和供给反向变动的情况。假定苹果市场的需求增加,供给减少,如图4-6所示。需求曲线 D_0 右移至 D_1,供给曲线 S_0 左移至 S_1,均衡点随之由 E_0 点移至 E_1 点。根据前述分析,需求增加,供给减少,均会使均衡价格上升,因此新的均衡价格 P_{E1} 较之原来的均衡价格 P_{E0} 要更高。

但是,此时均衡数量的变动则不能确定了,具体情况要取决于供给和需求的变动程度。如果需求增加的幅度比较大,如图4-6(a)所示,则均衡数量将由 Q_{E0} 增加到 Q_{E1};如果供给减少的幅度比较大,如图4-6(b)所示,则均衡数量将由 Q_{E0} 减少到 Q_{E1};如果需求和供给的变动程度一样,则均衡数量将保持不变。同样地,需求减少,供给增加,均衡价格必然下降,但均衡数量也不能确定。

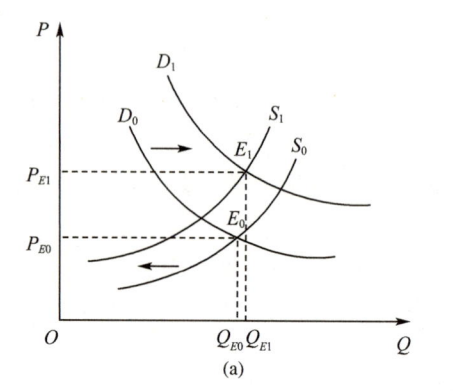

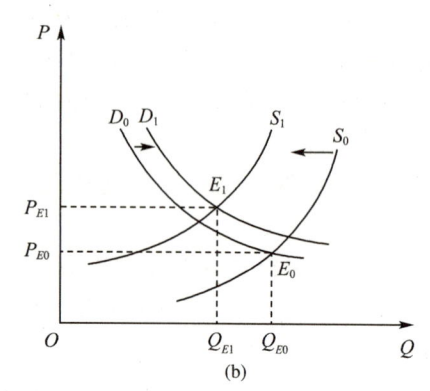

图4-6 需求和供给反向变动对市场均衡的影响

综合上述三种情况,需求、供给变动对市场均衡的影响可以归纳为表4-3所示的结论。

表4-3　　　　　　　　　需求、供给变动对市场均衡的影响

需求	供给	均衡价格	均衡数量
增加	不变	上升	增加
减少	不变	下降	减少
不变	增加	下降	增加
不变	减少	上升	减少
增加	增加	不定	增加
减少	减少	不定	减少
增加	减少	上升	不定
减少	增加	下降	不定

供给分析与需求分析,不仅仅会告诉我们均衡价格和均衡数量,还能用于预测经济条件的变化对于价格和数量的影响。例如,防止病虫而使用的农药费用是苹果种植的成本的一部分,如果农药价格上涨,苹果的供给曲线就会向左上方移动,即使需求曲线没有移动,我们可以预测苹果的价格会上升,需求会降低。当市场上价格或数量发生变化时,反映了供给方面的变化还是需求方面的变化?在简单的情形下,同时考察价格和数量会给我们提供一条线索:究竟是供给曲线移动了,还是需求曲线移动了。苹果价格的上升伴随着数量的减少表明供给曲线向左上方移动(供给下降了);苹果价格的上升伴随着数量的增加则表明需求曲线向右上方移动了(需求增加了)。

4.2.3 政府干预与市场均衡

严格来说,上述对市场均衡的分析是建立在完全竞争市场假定之上。满足了这一假定条件,需求、供给两种力量的相互作用才决定了均衡价格,进而影响供求变化。然而,完全竞争市场只是一种理论上的假设。现实经济生活中,经济、社会、政治等因素的变化都会对市场供求关系的调整及市场均衡的形成产生影响。其中,政府对市场价格的干预是影响市场均衡的一个重要因素。

1. 最低限价

最低限价也称支持价格或保护价格,是指政府为了扶持某种商品的生产,对该商品规定的最低价格。如中国政府为了扶持农业发展,对农产品实行最低限价即粮食保护价进行收购。

在政府规定了最低限价时,如果市场均衡价格高于这种最低限价,价格仍由供求决定,最低限价对市场没有任何影响。要想使最低限价对市场均衡产生影响,起到保护某种商品生产的作用,最低限价必须高于均衡价格。

如图 4-7 所示,市场的均衡价格为 P_E,均衡数量为 Q_E。实行最低限价 P_1 后,市场价格上升,对应的市场需求量为 Q_1,供给量则为 Q_2。由于供给量大于需求量,市场出现过剩,过剩产量为 Q_2-Q_1。

为维持最低限价,过剩的商品不能在市场上卖掉。此时,政府可以采取两种措施:第一,政府收购过剩商品,或用于储备,或用于出口。如果储备或出口受阻,收购过剩商品必然会增加政府财政支出;第二,政府对商品的生产实行产量限制,将生产的总量控制在 Q_1,以使市场供求实现平衡,但这一措施必须确保政令的严格执行,通常会产生不小的代价。

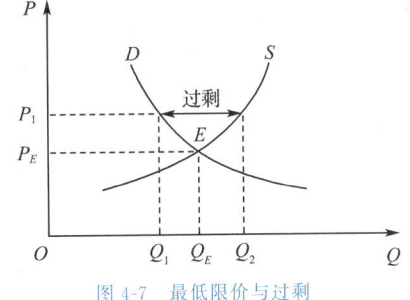

图 4-7 最低限价与过剩

就农产品最低限价而言,目的是保证农民收入,稳定农业生产,有其积极意义。由此产生的负面作用是农产品过剩不利于农业结构的优化调整。实行农产品最低限价政策,也增加了政府的财政负担。

除了农产品最低限价政策,最低工资制度也属于最低限价政策。

2. 最高限价

最高限价又称限制价格,是指政府为了限制价格过高而规定的某些商品的最高价格。

其目的是稳定经济生活,保护消费者的利益。与最低限价政策相反,在政府规定了最高限价时,如果市场均衡价格低于这种最高限价,价格仍由供求决定,最高限价对市场没有任何影响。要想使最高限价对市场均衡产生影响,最高限价必须低于均衡价格。

假设,某汽油市场的供求曲线如图 4-8 所示,市场的均衡价格为 P_E,均衡数量为 Q_E。实行最高限价 P_1 后,市场价格下降,对应的市场供给量为 Q_1,需求量为 Q_2。由于需求量大于供给量,该汽油市场出现短缺,缺口为 Q_2-Q_1。

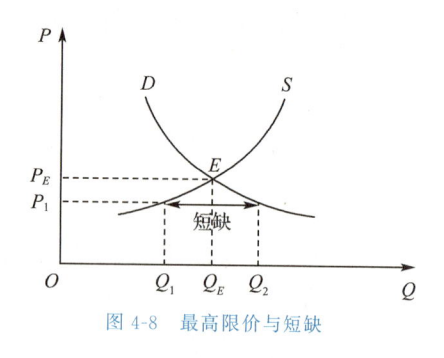

在这种情况下,市场容易出现抢购、排队和黑市交易。为解决这些问题,政府就需要控制需求量,常用办法是采用配给制,即政府决定谁可以得到短缺的商品。配给制可以采用发放定量票证的方法,也可以按某种条件配给。这需要成立专门部门负责配给工作,既造成了资源浪费,也容易滋生腐败。

图 4-8 最高限价与短缺

4.3 完全竞争市场的均衡

根据企业最优决策的原则,企业实现利润最大化的条件是其边际成本等于边际收益。但是,在不同类型的市场中,企业的行为模式不尽相同,其最优决策也会因此受到影响。

4.3.1 完全竞争市场的短期均衡

在利润最大化目标下,完全竞争企业的短期决策和长期决策有所不同。

1. 行业需求曲线与企业面对的需求曲线

在完全竞争市场中,整个行业的市场需求曲线与单个企业面对的需求曲线是不同的。行业的市场需求曲线和供给曲线反映了市场中全部生产者和消费者的行为。如图 4-9(a)所示,需求曲线 D 向右下方倾斜,供给曲线 S 向右上方倾斜,二者的交点 E 是市场均衡点,对应于 E 点的价格 P^* 是市场均衡价格,对应于 E 点的数量 Q^* 是市场均衡数量。

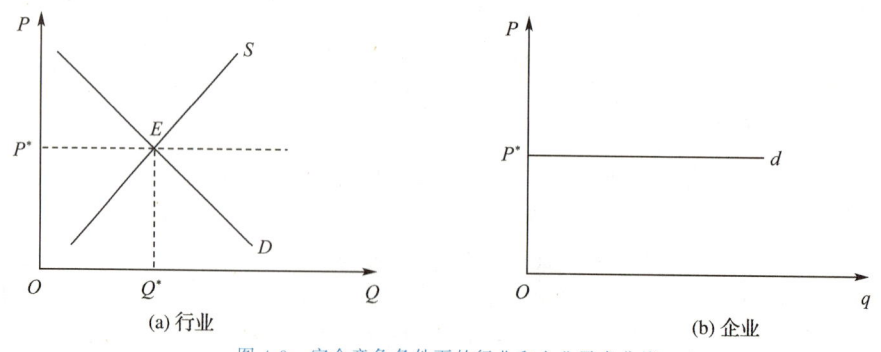

图 4-9 完全竞争条件下的行业和企业需求曲线

由于完全竞争市场中有大量企业,每一家企业的行为都不足以影响市场价格。单个企业会把市场价格看作是既定的,即企业是市场价格的接受者。单个企业面对的需求曲线是一条纵轴截距为市场价格 P^* 的水平直线,如图 4-9(b)所示。水平需求曲线说明单个企业的需求具有完全弹性,只要其产品价格高于市场均衡价格,对产品的需求量就会降为零。在等于或低于市场均衡价格的价格水平下,企业可以卖出自己生产的所有产品。因而,企业没有必要把价格降到均衡价格之下。

价格是企业销售每单位产品所能获得的收益,即平均收益 AR。需求曲线也是企业的平均收益曲线。由于企业面对的需求曲线是水平的,价格为常数 P^*。这意味着企业每多销售一单位商品的收益就是常数 P^*,即边际收益。完全竞争企业的需求曲线、平均收益曲线和边际收益曲线互相重合,为同一条纵轴截距为 P^* 的水平直线,这对于分析完全竞争市场的短期均衡十分重要。

2. 完全竞争市场中企业的短期决策

在短期,完全竞争企业的平均收益为市场价格 P^*,生产成本包括固定成本 FC 和可变成本 VC 两部分。相应地,平均成本包括平均可变成本 AVC 和平均总成本 AC。根据销售产品的平均收益 AR 和平均总成本 AC 之间的关系,完全竞争市场中的企业短期利润可能会有四种情况:盈利、盈亏平衡、亏损但可以弥补可变成本、亏损且无法弥补可变成本。

图 4-10 描述了短期内完全竞争企业利润为正的情况,横轴表示产量,纵轴表示价格和成本。企业的边际成本曲线 MC 与边际收益曲线 MR(即纵轴截距为市场价格 P^* 的水平直线)相交于点 E,此时满足企业利润最大化的条件:

$$MR = MC = AR = P \quad (4.1)$$

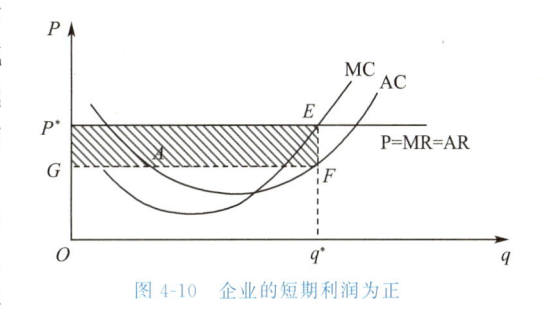

点 E 对应的产量 q^* 即为利润最大化产量。由于企业从每单位产品上获得的收益 P 大于平均成本 AC,因此,每单位产品可获得的利润等于 $P-AC$,即 E 点到 F 点的距离,从全部产量 q^* 中获得的总利润为 $q^*(P-AC)$,即阴影部分的面积 $EFGP^*$。

图 4-10 企业的短期利润为正

可以看出,短期内企业能够获得超额利润的原因在于边际成本曲线 MC 与平均收益曲线 AR 的交点位于平均总成本上方。如果企业的平均成本上升,或者产品的市场均衡价格下降,恰好使得边际成本曲线与边际收益曲线的交点为平均成本曲线 AC 的最低点,则企业就无法获得正的利润,只能达到盈亏平衡,如图 4-11 所示。仍然按照边际成本与边际收益相等的原则决策,边际成本曲线与边际收益曲线相交于点 E,此时企业的平均收益 AR(即价格 P^*)等于平均成本 AC,产量为 q^*,利润为零。如果不在 E 点生产,产量大于或小于 q^*,企业的利润都将为负值,因此 E 点仍然是完全竞争企业的最优生产量决策点。

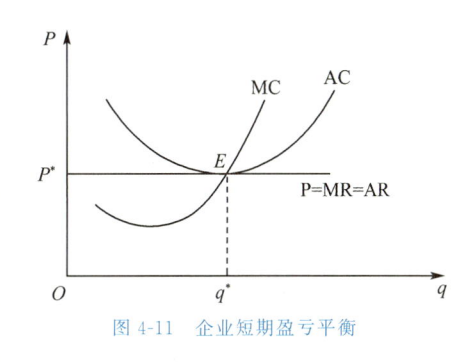

图 4-11 企业短期盈亏平衡

如果企业的平均成本进一步上升,或者市场价格继续下降,完全竞争市场中的企业在短期内无法盈利,甚至面临亏损。此时企业可能会选择继续生产,也可能选择停止营业。

如果市场价格降到平均总成本 AC 以下，且在平均可变成本 AVC 之上，完全竞争企业仍然可以按照边际成本等于边际收益决定最优产量。如图 4-12 所示，边际成本曲线 MC 与边际收益曲线 AR 相交于点 E，对应的最优产量为 q^*。此时，尽管企业利润为负，由于总成本中的固定成本已经支付，即便不生产也无法挽回固定成本带来的损失，因此企业应该继续生产，以收回部分固定成本。从广义的角度讲，企业利润最大化也蕴含着亏损最小化，如果不生产，企业将损失全部固定成本，即矩形 FGHI 的面积（固定成本等于平均总成本和平均可变成本之差所代表的平均固定成本与产量的乘积），而按照最优产量决策 q^* 生产，可以使亏损达到最小，亏损额仅为阴影部分面积 $EFGP^*$。

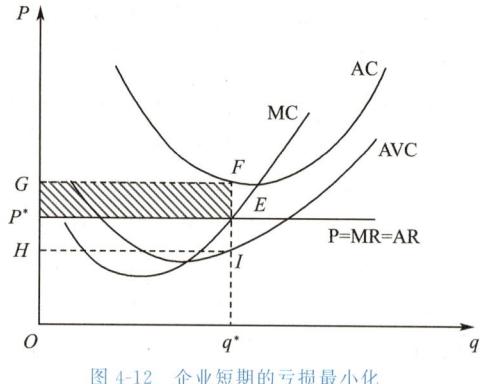

图 4-12　企业短期的亏损最小化

最后一种情况，市场均衡价格 P^* 继续下降，恰好下降到平均可变成本曲线 AVC 的最低点，由图 4-13 可知，该点也是边际成本曲线 MC 与边际收益曲线 AR 的交点，符合企业最优产量决策的原则。但在此时，企业的销售收入只能够弥补可变成本，无法补贴固定成本，对企业来说生产和不生产没有任何区别，都将承担相当于固定成本的净损失。我们把平均可变成本曲线 AVC 的最低点叫作停止营业点，对应于点 M。当市场价格低于 P_M 时，销售收入小于可变成本，完全竞争企业会选择不再营业，如果继续生产，将出现更为严重的亏损。

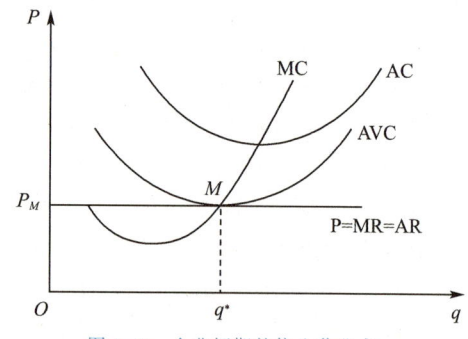

图 4-13　企业短期的停止营业点

3. 完全竞争市场的短期供给曲线

供给曲线是企业在每一价格下所愿意并且能够提供的商品数量，供给曲线上的每一点对应着一对特定的价格和产量。通过完全竞争市场的短期均衡分析可知，企业根据边际成本等于边际收益（即市场价格 P^*）决定利润最大化的产量，在每一个价格水平下企业都会依据边际成本曲线寻找到相应的利润最大化产量，因此边际成本曲线 MC 代表了市场价格与企业愿意提供的商品数量之间的一一对应关系，恰好是供给曲线所体现的关系。

并非整条边际成本曲线都是供给曲线，当市场价格低于 P_M 时，企业将停止生产，因此完全竞争企业的短期供给曲线是边际成本曲线位于平均可变成本曲线最低点之上的部分。在图 4-14 中，MC 曲线位于点 M 之上的实线部分表明市场价格高于 P_M 时企业的供给数量，当价格低于 P_M 时，企业供给量为零。

有了单一企业的短期供给曲线，可以推导出整个行业的短期供给曲线。图 4-15 描述了只有两家企业的行

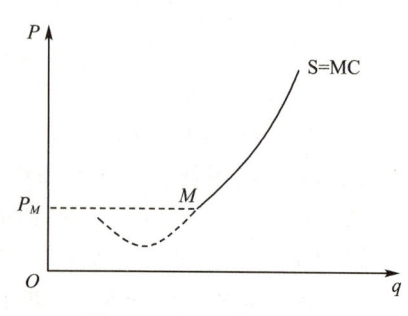

图 4-14　企业的供给曲线

业市场供给曲线,S_1 和 S_2 代表两家企业各自的短期供给曲线,当价格为 P_1 时,供给量分别为 q_1 和 q_2,则整个行业的供给量为 $Q_1=q_1+q_2$,同理可得,市场价格为 P_2 时行业的总供给量 $Q_2=q_3+q_4$,将 Q_1 与 Q_2 相连,可得仅有两家企业的行业短期供给曲线。将上述方法推广至无数家企业的情形,完全竞争市场的行业短期供给曲线即为各企业短期供给曲线的横向叠加之和。从形状上来看,行业短期供给曲线比企业短期供给曲线更加平坦。

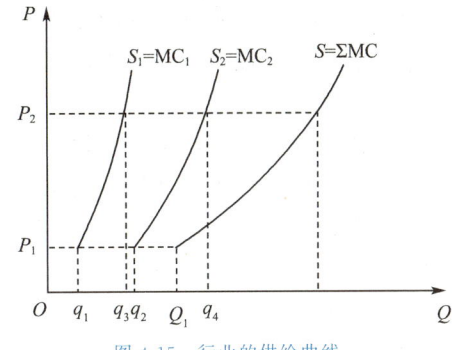

图 4-15 行业的供给曲线

至此,我们对供求关系模型有了更加深刻的认识。需求曲线上的每一点实现了消费者效用最大化,供给曲线上的每一点实现了生产者利润最大化。因而,供求关系决定的市场均衡价格和均衡数量实际上是市场参与者理性选择行为的结果,即消费者效用和生产者利润同时达到最大。

4.3.2 完全竞争市场的长期均衡

在短期内,对应于企业的不变投入要素和可变投入要素,企业的成本分为固定成本和可变成本。从长期看,企业有足够时间调整所有投入要素的数量,包括改建厂房、更换机器设备、增加生产线、扩大业务范围,等等。因此,在长期,完全竞争企业不存在固定成本。

1. 企业的长期利润最大化

在长期,单个企业仍然没有制定价格的能力,是价格的接受者,其面对的需求曲线为纵轴截距等于市场均衡价格的水平直线。与短期决策不同的是,企业需要根据其长期边际成本 LMC 考虑长期利润最大化的条件,即

$$P = LMC \tag{4.2}$$

图 4-16 说明了完全竞争企业长期利润最大化的决策。作为短期平均成本曲线的包络线,长期平均成本曲线 LAC 与某一生产规模所对应的短期平均成本曲线 SAC 相切于 A 点,长期边际成本曲线 LMC 与短期边际成本曲线 SMC 相较于 B 点,A 点与 B 点对应着相同的产量。当市场价格为 P^* 时,按照边际收益等于边际成本的原则,短期利润最大化的产量为 q_s,利润为矩形面积 $EFGP^*$。但在长期,企业可以调整生产规模,如果把产量定为 q_s

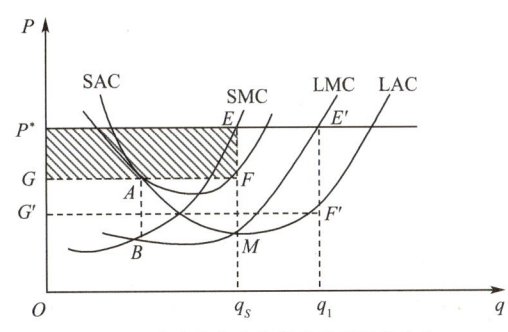

图 4-16 完全竞争企业的长期利润最大化

就会发现其并没有实现利润最大化,因为此时价格 P^* 高于长期边际成本,如果继续增加产量能够获得更多的利润。事实上,企业应该按照 $P^*=LMC$ 的原则把产量调整到 q_1,此时的利润为矩形面积 $E'F'G'P^*$。显然,由于企业可以把生产规模调整到最佳状态,资源得到了进一步优化配置,长期利润 $E'F'G'P^*$ 大于短期利润 $EFGP^*$。

在长期,由于企业不存在固定成本,只要产品的市场均衡价格降到企业长期平均成本最

低点 M 以下时,企业就会自动停止生产。因此,单一企业的长期供给曲线是长期边际成本曲线在长期平均成本曲线以上的部分。

2. 市场长期均衡的形成

如果企业在长期内能够获得正的利润,那么整个行业是否可以实现了长期均衡呢?完全竞争市场的一个重要特征是资源自由流动,没有进入和退出障碍。对生产者来说,如果某行业存在盈利机会,就会有新的企业进入。新进入的企业总能够雇用到所需劳动力,购买到设备和原材料;如果企业存在亏损,它们也能够自由退出市场。

假设完全竞争市场中的企业可以获得长期利润 $E'F'G'P^*$,则会吸引大量新企业在不需克服任何进入障碍的情况下涌入该行业市场。结果是,市场总供给增加,行业供给曲线向右平移,在需求不变的条件下,市场均衡价格降低。

在图 4-17 中,初始市场供给曲线为 S_1,产品的均衡价格和数量为 P_1 和 Q_1,企业利润最大化产量等于 q_1,能够获得超额利润。超额利润的存在激励新企业进入该行业,供给曲线由 S_1 向右平移,市场均衡价格下降。如果新的均衡价格仍然高于企业长期平均成本的最低点 M,由于仍然存在超额利润,该过程将持续下去,不断有新企业进入,供给继续增加。直到供给曲线移至 S_2,与行业需求曲线 D 相交得到均衡价格 P^*,此时市场价格恰好等于企业长期平均成本曲线最低点 M 所代表的最低平均成本,该行业的超额利润消失,不再有企业进入,行业的总产量为 Q^*,市场达到均衡。

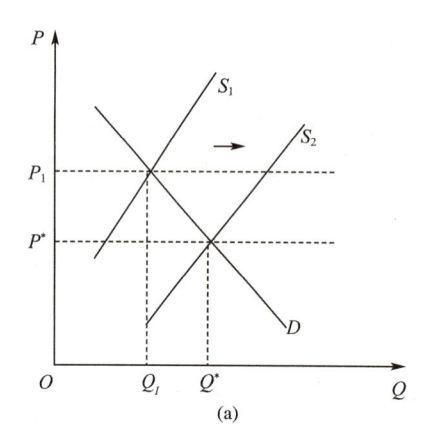

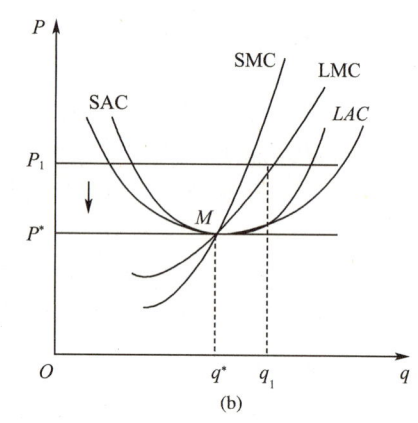

图 4-17 完全竞争市场的长期均衡

如果企业在长期内存在亏损,分析过程与上述内容类似。市场价格低于长期平均成本的最低点 M,由于亏损,部分企业退出市场,导致供给减少,行业供给曲线向左平移,在需求不变的情况下,市场均衡价格上涨。若新的均衡价格仍然低于长期平均成本最低点 M,就会不断有其他企业停止营业,直到市场均衡价格等于长期平均成本的最低点 M,企业亏损消失,完全竞争市场达到长期均衡。

3. 完全竞争市场的长期均衡条件

在市场具备了长期均衡的条件下,企业没有进入和退出的动机。长期均衡价格使得行业内企业的经济利润为零,在此种情况下,原有企业不会将要素投入从该行业中转移出去,新进入企业也没有理由将投资从其他行业转移过来,这种转换不会带来收益。

完全竞争市场达到长期均衡时,市场均衡价格穿过长期平均成本 LAC 的最低点 M,M

点不仅是长期边际成本 LMC 和长期平均成本 LAC 的交点。也是，企业最优规模下短期边际成本 SMC 和短期平均成本 SAC 的交点。因此，完全竞争市场实现长期均衡的条件是：

$$P = SMC = SAC = LMC = LAC \tag{4.3}$$

4.3.3 行业的长期供给曲线

假设短期内生产要素的价格不变，则完全竞争行业的短期供给曲线可以由企业的短期供给曲线水平加总得到。然而，在长期，企业能够自由进入和退出市场，整个行业产量的变化有可能对生产要素的市场需求产生影响，进而影响到产品价格。根据行业产量变化对生产要素价格可能产生的影响，完全竞争行业可分为三种类型：成本不变行业、成本递增行业和成本递减行业。

1. 成本不变行业的长期供给曲线

成本不变行业是指行业的产量变化而引起的对生产要素需求的变化，不会影响到生产要素价格的一类行业。造成这种情况的原因可能是该行业对生产要素的需求量占生产要素全部市场需求量的比例很小。我们将从完全竞争市场的长期均衡出发，推导此类行业的长期供给曲线。

在图 4-18 中，假设初始条件下，市场处在由短期需求曲线 D_1 和短期供给曲线 S_1 的交点 A 决定的均衡状态，均衡价格和产量分别为 P_1、Q_1。假定在价格 P_1 下行业中的企业在 E_1 点达到均衡，此时市场价格恰好等于企业的最低长期平均成本，单个企业的均衡产量为 q_1，利润为零。在这种情况下，不会再有企业进入或退出行业，即图 4-18(a)中的 A 点代表了行业的长期均衡状态，也是长期供给曲线上的一点。

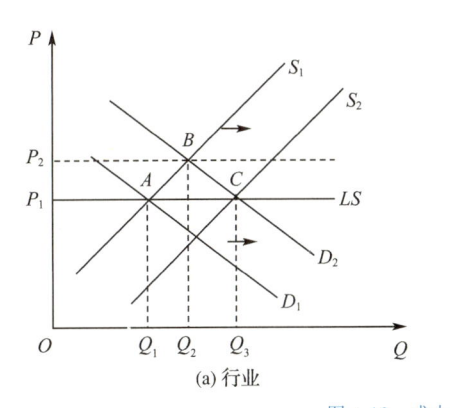

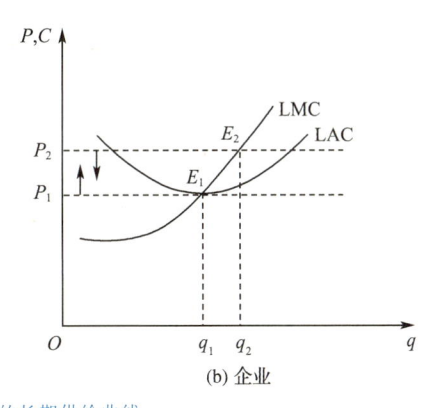

图 4-18 成本不变行业的长期供给曲线

假定由于某种原因市场对该种产品的需求增加，需求曲线由 D_1 向右移至 D_2，并与 S_1 相交得到新的市场均衡点 B，市场的均衡价格水平也由 P_1 上升至 P_2。在短期内，随着市场价格的上升，企业沿着既定生产规模的边际成本曲线 LMC 调整产量，市场均衡价格 P_2 代表的边际收益曲线与边际成本 LMC 相交于点 E_2，最大化产量由 q_1 提高至 q_2，并获得超额利润。从整个行业来看，在供给曲线不变的情况下，单个企业的产量提高，使得整个行业的总产量上升至 Q_2。

从长期来看，单个企业超额利润的出现会吸引新企业进入该行业，从而增加行业供给。

行业供给的增加会产生两方面影响:首先,生产要素的需求会随之增加。不过由于在成本不变的行业中,生产要素的价格不发生改变,所以对单个企业而言,其成本曲线的位置不变。其次,行业供给的增加会引起行业短期供给曲线 S_1 向右移动,并伴随着市场价格的回落及企业利润的下降。这个过程一直持续到企业的超额利润消失为止,即直到供给曲线 S_1 移动到 S_2 的位置。此时,市场价格又下降到原来的长期均衡价格水平 P_1,单个企业的长期均衡点也恢复到原来的 LAC 曲线的最低点 E_1,利润最大化产量由 q_2 降至 q_1。因此,新的市场供给曲线 S_2 与新的市场需求曲线 D_2 的交点 C 也是行业的一个长期均衡状态,代表长期供给曲线上的另外一点。需要指出,行业产量的增加量 Q_1Q_3 完全是由新加入的企业提供的,因为单个企业的产量仍维持在 q_1。

将 A 点和 C 点连接起来,便得到了行业的长期供给曲线 LS。成本不变行业的长期供给曲线是一条水平线,说明在成本不变行业中,市场需求的变化会引起行业产量的同方向变化,但长期均衡价格将维持不变。

2.成本递增行业的长期供给曲线

成本递增行业,是指行业的产量增加引起的对生产要素需求的增加,会导致生产要素价格上涨的一类行业。成本递增行业在经济现实中更为普遍,如棉纺工业是需要棉花最多的行业,该行业的扩张很可能会提高棉花的价格。如图 4-19 所示,与成本不变行业的推导过程类似,完全竞争市场开始处于均衡状态,市场均衡价格 P_1 恰好等于企业最低的长期平均成本,每个企业的利润都为零,点 A 代表了行业的一种长期均衡状态,也是行业长期供给曲线上的一点。

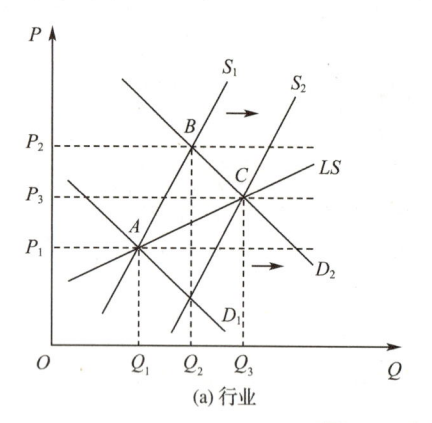

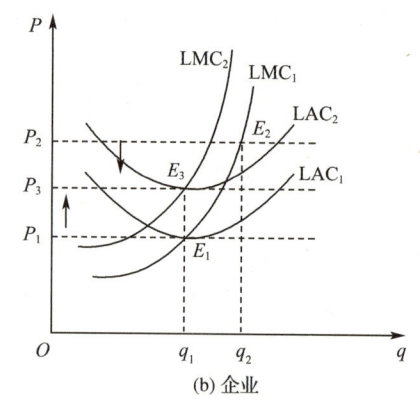

图 4-19 成本递增行业的长期供给曲线

假定市场需求增加使需求曲线由 D_1 向右移至 D_2,与原来的短期市场供给曲线 S_1 相交于新的均衡点 B,并形成新的更高的均衡价格 P_2。在 P_2 的价格水平下,企业在短期内仍以 LMC_1 所代表的既定的生产规模进行生产,P_2 与 LMC_1 相交于点 E_2,利润极大化的产量上升至 q_2,行业总产量增加到 Q_2,企业获得超额利润。

长期来看,由于超额利润的存在,新企业会进入该行业,使得整个行业的供给增加。行业供给增加的结果是对生产要素的需求增加,与成本不变行业不同的是,随着生产要素需求的增加,在成本递增的情况下,生产要素的市场价格会上升,从而导致企业的长期平均成本曲线 LAC_1 和相应的边际成本曲线 LMC_1 的位置向上移动。同时,行业供给的增加表现为

市场供给曲线 S_1 向右平移,在这一过程中,市场价格会逐步下降,但与成本不变行业不同,它不会下降到原先的水平。如图 4-19 所示,当曲线 LAC_1、LMC_1 和 S_1 分别移至曲线 LAC_2、LMC_2 和 S_2 的位置时,市场实现了新的均衡,即分别在 E_3 点和 C 点实现行业的长期均衡,C 点是行业长期供给曲线上的另外一点,此时新的价格水平为 P_3,企业在 LAC_2 曲线的最低点生产,超额利润为零。

将点 A 和点 C 连接起来,同样得到行业的长期供给曲线 S_L。成本递增行业的长期供给曲线是向右上方倾斜的,说明在成本递增的行业中需求扩大会引起行业长期均衡价格和长期均衡产量的同方向变化。但单个企业的产量与最初相比,既可能增加,也可能下降,这取决于新的平均成本曲线的位置。在图 4-19 中,我们假定新的平均成本曲线 LAC_2 的水平位置不变,由点 E_3 决定的企业最大化产量仍为 q_1。

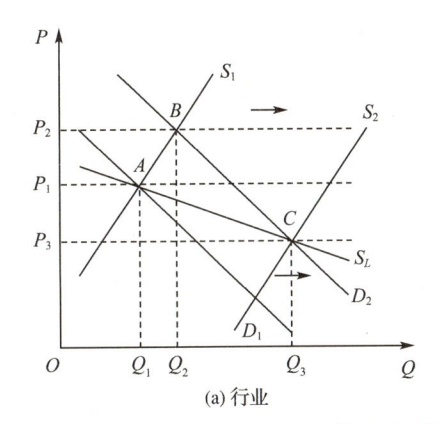

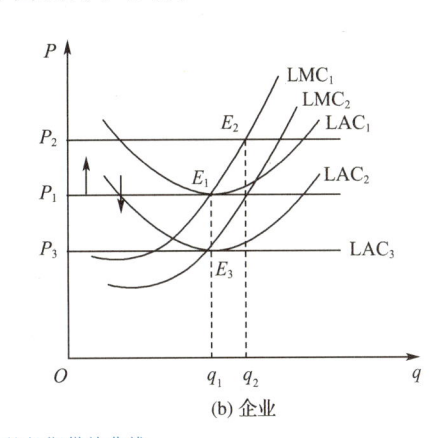

3. 成本递减行业的长期供给曲线

成本递减行业,是指由行业的产量增加而引起的对生产要素需求的增加,反而会使生产要素价格下降的一类行业。行业成本递减主要是因为生产要素行业产量的增加,提高了个体要素生产企业的生产效率,从而使得所生产出来的生产要素价格下降。按照上面两种行业的推导,成本递减行业的长期供给曲线向右下方倾斜。

如图 4-20 所示,初始情况下,行业在 A 点达到了长期均衡状态,与企业长期平均成本的最低点 E_1 相对应。需求增加是需求曲线向右平移,导致市场价格的上升,而市场价格上升带来的超额利润引起行业内企业数目的增加。一方面,要素生产的成本递减,使得行业供给增加进而导致对生产要素需求的增加,但却使生产要素的市场价格下降了,完全竞争企业的成本随之降低,在图中表现为 LAC_1 曲线和 LMC_1 曲线向下移动。

图 4-20 成本递减行业的长期供给曲线

另一方面,行业供给的增加仍直接表现为行业供给曲线 S_1 向右平移。这两种变动过程要持续到新的均衡点形成为止,在由新的供给曲线 S_2 和需求曲线 D_2 相交决定的价格 P_3 水平下,新的市场均衡价格 P_3 恰好等于企业新的长期平均成本曲线 LAC_2 最低点 E_3 所对应的成本,单个企业的超额利润消失,行业在 C 点达到长期均衡状态,C 点为行业长期供给曲线上的另外一点。

将点 A 和点 C 连接起来,得到行业的长期供给曲线 LS。成本递减行业的长期供给曲线是向右下方倾斜的,说明在成本递减的行业中需求扩大会引起行业长期均衡价格的反方向变动,以及长期均衡产量的同方向变动。同样,单个完全竞争企业的产量如何变化,也要取决于新的平均成本曲线的位置。在图 4-20 中,我们也假定新的平均成本曲线 LAC_2 的水平位置不变,由点 E_3 决定的企业最大化产量仍为 q_1。

4.3.4 完全竞争市场的效率

在完全竞争市场中,由供求关系决定均衡价格和数量的机制是不是有效率的呢?经济学通常借助消费者剩余和生产者剩余的概念分析完全竞争市场的效率。

1. 消费者剩余和生产者剩余

回忆边际效用递减规律,在其他商品的消费量保持不变的条件下,随着对某种商品消费量的增加,消费者从连续增加的每一消费单位该商品或服务中所得到的效用增量是递减的。以苹果为例(图 4-21),我们从第一个苹果中得到 7 个单位的效用,从第二个苹果中得到 6 个单位的效用,边际效用逐渐降低,到第 7 个苹果只能带来 1 个单位的效用。需要注意的是,尽管每个苹果带给消费者的边际效用不同,但是消费者为所有苹果支付了相同的价格,假定所有苹果的价格相当于 1 个单位效用,那么

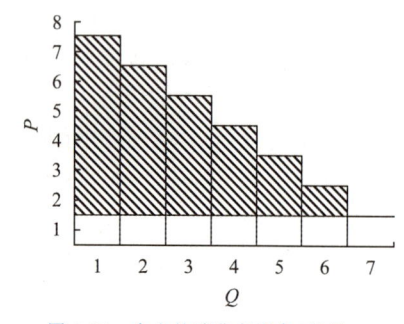

图 4-21 个人的消费者剩余(苹果)

前面 6 个单位的消费都要比最后 1 单位的消费具有更高的价值,这样消费者就从苹果消费中享受到了效用剩余。

通俗一点讲,当消费者以低于产品在消费者心目中的价值购买到自己所需要的商品时,心里会觉得很舒服,有一种划算甚至占了便宜的感觉。当这种便宜感很强烈时,消费者的购买行为完全可能再继续下去,直至购买产品的"便宜感"减弱、消失为止。这种便宜感就是消费者剩余,即消费者从一种商品消费中获得的总效用与商品总市场价值之间的差额。在图 4-21 中,作为消费者个体,从 7 个苹果的消费中获得了相当于 28 元的总效用,支付了 7 元的成本,则该消费者从苹果消费中获得了相当于 21 元的消费者剩余。

我们可以把个人的消费者剩余推广到整个市场。在市场中,某种商品对一些消费者来说价值很大,即便商品价格较高他们也愿意购买,而对另一些消费者来说,商品价值可能较小,只有价格较低时才愿意购买。如果按照统一的市场价格进行交易,商品给部分消费者带来的效用即商品的价值是超过其市场价格的,消费者剩余衡量的便是消费者获得的超过购买商品支付的总收益或总价值。

在图 4-22 中,某商品的市场价格为 P_1 元/单位,需求量为 Q_1,消费者剩余可以表示为需求曲线与市场价格之间的三角形面积 ABP_1,它衡量了市场中所有购买该商品的消费者获得的总的净收益。

如果市场价格发生改变,消费者剩余会如何变化呢?如图 4-23 所示,假定商品价格由 P_1 下降为 P_2 元,消费者的需求量由 Q_0 增加到 Q_1,消费者剩余增加到三角形 ACP_2 的面积。消费者剩余的增量(梯形部

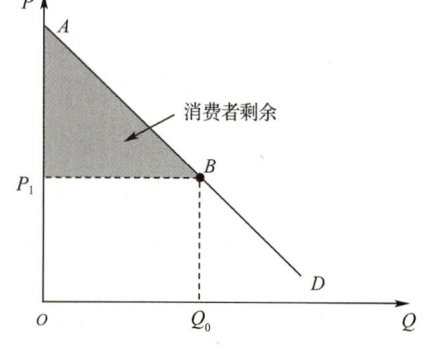

图 4-22 整个市场的消费者剩余

分面积 BCP_1P_2)由两部分组成:一是由于原来的消费者购买同样的商品现在只需更少地支付,使其状况变好了,消费者剩余的增量(矩形 BDP_1P_2 的面积)相当于这部分消费者支出的减少;二是由于较低的价格 P_2 使原本不愿意购买商品的消费者进入市场,使得这部分消费者愿意在价格 P_2 下购买商品,新进入者的消费者剩余为三角形 BCD 的面积。可以看出,市场价格越低,对消费者就越有利,因为其可以从商品购买中得到更多的消费者剩余。

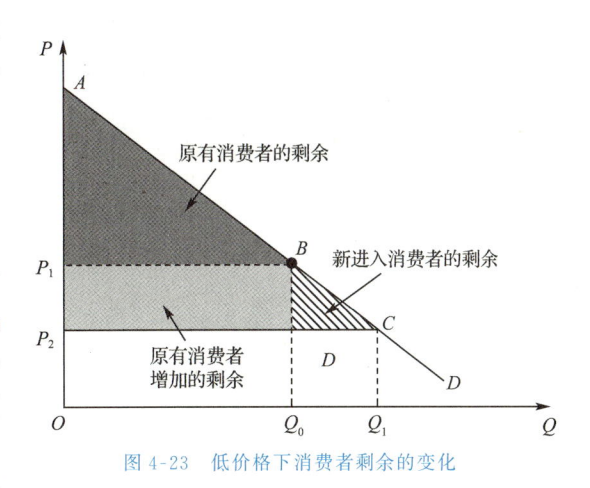

图 4-23 低价格下消费者剩余的变化

现在转向市场中的另一方,考察生产者从市场交易中得到了多少收益。由于所使用的机器设备、生产工艺、员工素质等方面的差异,市场中各企业的生产成本会有所不同,有的成本较低,有的成本较高。在这种情况下,低成本的企业就会在以市场价格销售商品时获得一种收益,称之为生产者剩余。从图 4-24 可以看出,当价格为 P_1 时,单位商品的生产者剩余等于生产者接受的市场价格 P_1 与生产成本之间的差额,总的生产者剩余可以表示为供给曲线上方至市场价格 P_1 的区域(三角形面积 ABP_1),其代表了生产者获得的超出提供商品所耗费成本的总收益。

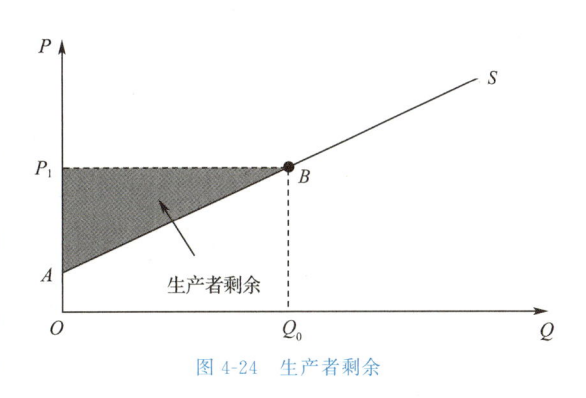

图 4-24 生产者剩余

如果市场价格改变,生产者剩余会发生什么变化呢? 如图 4-25 所示,假定商品价格由 P_1 上升为 P_2 元,生产者的供给量由 Q_0 增加到 Q_1,生产者剩余增加到三角形 ACP_2 的面积。生产者剩余的增量(梯形部分面积 BCP_1P_2)同样由两部分组成:一是在较低价格 P_1 时就已经出售 Q_0 商品的生产者,由于现在能够以更高的价格 P_2 出售商品而使其状况变好,这部分生产者的剩余增量等于矩形 BDP_1P_2 的面积;二是商品价格的升高使得原本不能供给的高成本生产者

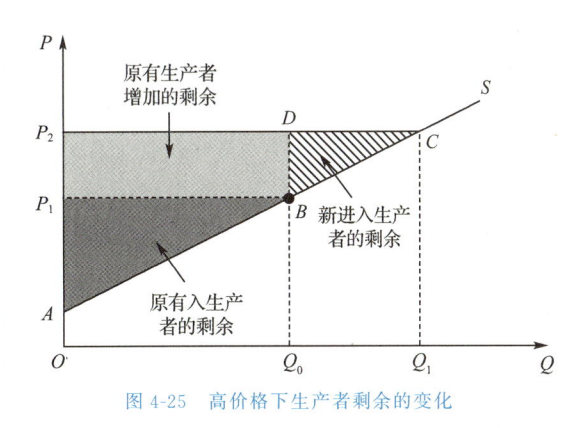

图 4-25 高价格下生产者剩余的变化

进入市场,愿意按照较高价格 P_2 提供产品,供给量由 Q_0 增加到 Q_1,这部分新进入者的生产者剩余为三角形 BCD 的面积。可以看出,市场价格越高,对生产者越有利,因为其可以从商品销售中获得更多的生产者剩余。

2. 完全竞争市场的社会福利

通过消费者剩余和生产者剩余的介绍,我们知道消费者希望把价格定得越低越好,而生产者则希望把价格定得越高越好。那么,从整个社会的角度来看,依据什么样的标准制定价格对整个社会才是最有利的呢?

为了回答这个问题,首先必须了解如何来衡量社会的福利水平。在经济学研究中,把消费者剩余与生产者剩余之和称为社会福利。由于消费者剩余是买方从商品购买中获得的好处,生产者剩余是卖者从产品生产中获得的好处,则社会福利就是全社会从生产和消费某种商品中所得到的总收益。

那么,如何更加精确地计算社会福利呢?我们知道:

$$消费者剩余=消费者对商品的评价-消费者的支出 \quad (4.4)$$

$$生产者剩余=生产者的收入-生产者的成本 \quad (4.5)$$

由于社会福利是消费者剩余与生产者剩余之和,因此:

$$社会福利=消费者对商品的评价-消费者的支出+生产者的收入-生产者的成本 \quad (4.6)$$

又因为生产者所得等于消费者支出,上式的中间两项恰好相抵,得到衡量社会福利的公式如下:

$$社会福利=消费者对商品的评价-生产者的成本 \quad (4.7)$$

由公式(4.7)可知,社会福利就是用消费者支付意愿衡量的其对商品的评价与生产者提供这些商品所耗费的成本之差。如果某种资源配置方式使社会福利达到最大,那么可以说这种资源配置的方式是有效率的。反之,如果消费者和生产者的一些好处也即剩余还没有完全实现,则此种资源配置的方式就是无效率的。

在完全竞争市场中,需求曲线和供给曲线的交点决定了市场均衡价格(为 P_0)和均衡数量(为 Q_0),消费者剩余为均衡价格以上需求曲线以下所围成区域的面积,生产者剩余为均衡价格以下供给曲线以上所围成区域的面积,而需求和供给曲线与纵轴所围成的区域即为社会福利(如图4-26)。下面就要讨论完全竞争市场的效率问题,也即考察社会福利水平是否实现了最大化。

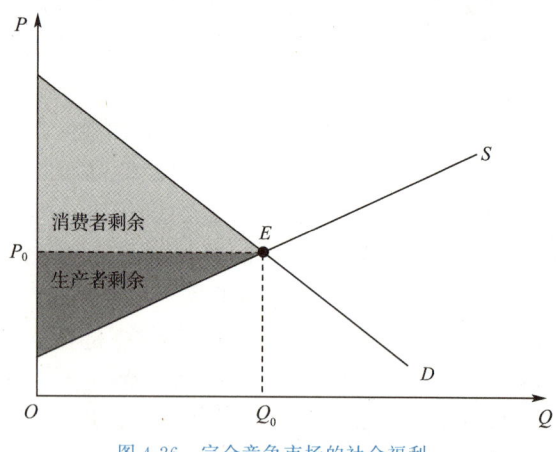

图4-26 完全竞争市场的社会福利

根据公式(4.7),社会福利等于消费者评价与生产者成本之差,而需求曲线与横轴围成的面积反映了消费者对商品的评价,供给曲线与横轴围成的面积反映了生产者提供商品的成本(图4-27)。当市场中商品买卖的数量低于由供求关系确定的均衡数量 Q_0 时,消费者的评价大于生产者的成本,此时增加产量会提高社会福利。当商品交易的数量高于均衡数量 Q_0 时,消费者的评价小于生产者的成本,此时降低产量会提高社会福利。因此,只有按照市场均衡数量 Q_0 进行交易,才无法通过增加或减少市场交易量来增加社会福利,此时社会福利水平达到最大。因此也就可以得到这样的结论:完全竞争市场这种按照供求关系决定商品均衡价格和数量的资源配置方式是有效率的。

从另一个角度讲,在完全竞争市场中,任何有购买愿望的消费者都已经购买到了商品,任何希望提供商品的生产者都参与到生产中,我们不能通过改变商品在消费者之间的消费配置,或者在生产者之间的生产配置来提高社会福利。既然完全竞争市场这种基于供求关系进行资源配置的方式是有效率的,那么任何干预行为都会造成社会福利的损失。

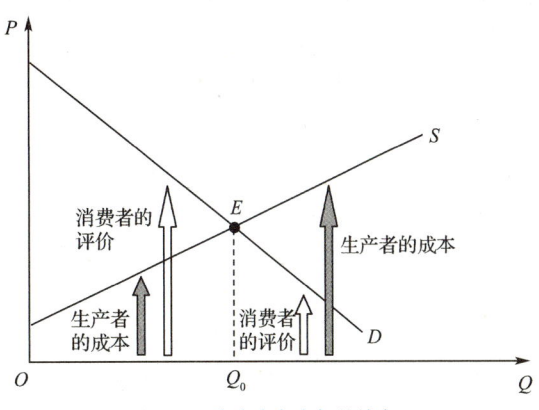

图 4-27 完全竞争市场的效率

尽管完全竞争市场在现实经济生活中是很少见的,但是研究完全竞争市场仍具有十分重要的意义。当我们熟悉掌握了完全竞争市场的特征、短期和长期均衡的条件,以及利用社会福利方法分析市场效率问题之后,可以为分析研究其他市场类型提供借鉴。例如,在对有关垄断市场、垄断竞争市场和寡头垄断市场中竞争与效率问题进行比较研究的过程中,完全竞争市场可以作为一个衡量标准,起到参照作用。

完全竞争的世界是一个价格接受者的世界。完全竞争企业出售无差异的产品(与行业中其他企业出售的产品相同)。这种企业相对于市场来说是如此之小,以至于它不能影响市场价格,而只是将市场价格作为既定价格加以接受。正如大多数消费者必须接受由网络服务供应商或影剧院所收取的价格一样,竞争企业也必须接受它们所生产的商品的市场价格。

4.4 垄断与不完全竞争市场的均衡

完全竞争市场是经济学家为研究企业行为设置的一个参照系。在现实生活中,真正符合完全竞争条件的市场很少。例如,完全竞争要求一个市场当中的企业数量非常多,但很多国家的邮政、电力、电信和石化等市场都只有少数几家企业;完全竞争要求不同企业生产的产品是无差异的,但在服装、化妆品、家用电器、饮料等很多市场中,企业为了获得市场势力,在产品生产中从外观设计、产品质量和性能,到营销方式,都试图做到与众不同。在现实生活中,人们经常感受到的是垄断市场、垄断竞争市场和寡头垄断市场中企业的行为。

垄断竞争市场和寡头垄断市场是介于完全竞争市场和垄断市场之间的两类市场,通常被统称为不完全竞争市场,在现实中最为常见。在垄断、垄断竞争和寡头垄断三种市场中,企业具有一定的市场势力,能够影响市场价格。由于三类市场中企业的行为模式不同,其市场均衡结果也与完全竞争市场的均衡结果不同。

4.4.1 垄断市场

1. 垄断及其成因

垄断是相对于完全竞争的另一个极端的市场结构。在完全竞争市场中,很多企业生产同质产品,不同企业生产的产品可以完全替代。在垄断市场中,产品只有唯一的生产者,即垄断企业,没有替代品竞争,垄断企业的产量就是整个行业的产量,垄断企业面对的市场需求曲线就是整个行业的市场需求曲线。

与完全竞争企业相比,垄断企业最突出的行为特征就是限产提价。垄断企业的产量发生变动时,市场价格会随着发生变动。因此,垄断企业通常会通过减少产量促使价格高于竞争水平(即边际成本的水平),以增加自己的利润。企业具有的使价格高于边际成本的能力被称为市场势力(Market Power)。市场势力也称为垄断势力,是企业获得市场垄断地位的一种能力。在完全竞争市场中,没有一家企业具有市场势力,就像我们在生活中看到的那样,数以万计的生产大米的农民只能按照现行的市场价格出售大米;如果每个城市只有一家有线电视公司,且电视娱乐没有别的完全替代品,作为垄断者的有线电视公司具有市场势力,能够提高价格又保留住大部分客户。

如果垄断者能够利用市场势力获取经济利润,为什么没有别的企业来分享利润呢?显然,要想保持垄断,就必须存在某种进入障碍,能够阻止别的企业进入这一行业。一般认为,下面几个因素是造成垄断的主要原因。

对资源的控制。如果有一家企业控制了生产某种产品所必需的关键资源,就能够防止其他企业进入这一市场,形成垄断。

规模经济。当一种产品的生产需要投入大量的固定成本时,规模经济性会非常显著,在很大的一个产量区间内,企业的平均生产成本将随着产量的上升而下降,以至于由一家企业来供应整个市场的成本要比几家企业瓜分市场的生产成本低得多。因为进入障碍并非人为的因素,这种由规模经济引发和保持的垄断也被称为自然垄断。许多公用事业,如电力供应、煤气供应、自来水、有线电视等都是典型的自然垄断产业。

技术优势。始终保持超过潜在竞争对手的技术优势的企业能够成为垄断者。例如,从20世纪70年代到90年代,芯片制造商英特尔凭借在计算机芯片设计和生产上的领先技术优势一直垄断着芯片市场。不过,技术优势一般是短期的,很难成为长期的进入障碍。比如,随着AMD公司投入大量资金提高技术水平,其生产的芯片性能现在已经与英特尔不相上下,后者的垄断地位已不复存在。需要注意一点,有些高科技行业存在网络外部性,即产品对于消费者的价值随着使用该产品人数的增加而上升。此时,技术优势往往并不能确保企业获得垄断地位,成为垄断者要靠拥有最大的用户网络规模。比如,微软的Windows操作系统在技术上存在很多漏洞,但因为用的人最多,微软仍然具有垄断地位。

政府创造的壁垒。许多时候,垄断的产生是由于政府给予了一个企业排他性地生产某种产品或劳务的权利,包括专利和特许两种情况。专利是政府和法律容许的一种垄断形式,因为专利禁止了其他人生产某种产品或使用某项技术,除非经专利持有人同意。进行专利保护主要是为了鼓励人们进行研发投资,因为专利具有时效性,由专利带来的垄断地位是暂时的。此外,政府也可能用特许权的方式授予某一企业在特定行业中独家经营的权利,从而造成垄断。

2. 垄断市场的均衡

垄断企业能够影响市场价格,以利润最大化为目的的垄断企业会如何定价呢?显然,即使不考虑潜在竞争者的进入或政府的管制,垄断企业制定的价格也不会太高。来自市场需求的压力约束着垄断企业的定价,过高的价格会导致需求急剧下降,从而减少垄断企业的利润。

垄断企业的需求曲线。在完全竞争市场中,消费者和企业都是价格的接受者,单个企业的产量与其产品价格无关,企业面对的需求曲线是一条水平线,如图 4-28(a)所示。企业每多卖出一单位产品,增加的总收益就是那一单位产品的价格,即边际收益等于价格。在垄断市场中,垄断企业是整个市场上产品的唯一供给者,其面对的需求曲线是一条向右下方倾斜的曲线,当企业增加产量时,其产品的价格会下降;当企业减少产量时,其产品的价格会上升,如图 4-28(b)所示。

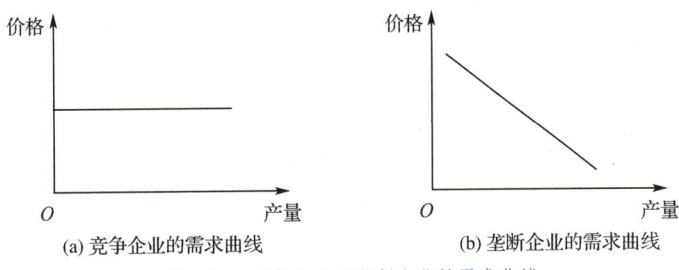

图 4-28 竞争企业和垄断企业的需求曲线

垄断企业的边际收益。企业的产量变动对其收入的影响取决于产品的需求弹性。尽管垄断企业的边际收益不仅取决于价格,其产量变动对收益的影响也与需求弹性相关。由于垄断企业的产量变动会影响价格水平,即 $dP/dQ \neq 0$,根据边际收益的定义,可以得到

$$\text{MR} = \frac{dTR}{dQ} = \frac{d(P \cdot Q)}{dQ} = P + Q\frac{dP}{dQ} = P\left(1 + \frac{dP}{dQ} \cdot \frac{Q}{P}\right) \tag{4.8}$$

因此,垄断企业的边际收益与需求的价格弹性之间存在如下关系:

$$\text{MR} = P\left(1 - \frac{1}{|E_d|}\right) \tag{4.9}$$

从(4.9)式可以看出,当需求为单位弹性时,边际收益为 0,当需求富有弹性,即需求弹性的绝对值大于 1 时,边际收益大于 0,当需求缺乏弹性,即需求弹性的绝对值小于 1 时,边际收益小于 0。为了更直观地说明价格和垄断企业边际收益之间的关系,假设需求函数为

$$P = a - bQ \tag{4.10}$$

对应的总收益函数为:$TR = aQ - bQ^2$,因此,边际收益为

$$\text{MR} = a - 2bQ \tag{4.11}$$

可见,垄断企业边际收益曲线的斜率刚好是需求曲线斜率的 2 倍,表现在图 4-29 中,就是两条曲线在坐标轴的纵轴相交,边际收益曲线 MR 与横轴的交点 A 刚好位于需求曲线 D 与横轴交点 B 一半的位置。由于线性需求曲线的中点 A 的需求弹性为 1,上半部分富有弹性,下半部分缺乏弹性,因此,在图 4-29 中,当产量小于 A 时,需求弹性大于 1,边际收益也刚好大于 0,而当产量大于 A 时,需求弹性小于 1,边际收益也刚好小于 0。

图 4-29 还说明一点,就是不管在什么样的产量水平上,垄断企业增加 1 单位产量获得的边际收益总小于价格。大家一定还记得,在完全竞争市场中,企业的边际收益总与价格相等。那么,为什么垄断企业的边际收益会小于价格呢?这是由于垄断企业增加产量,对总收益($P \cdot Q$)会产生两种相反的效应:一是产量效应,即销售的产量越多,Q 越大,总收益增加;二是价格效应,即价格下降,P 降低,总收益下降。

垄断企业的产量水平直接影响市场价格，要想增加1个单位的产量，就必须降低所销售的每一单位产品的价格，这会降低它的总收益。所以，垄断企业的边际收益小于其价格。当价格效应对总收益的影响超过产量效应时，边际收益是负的，如图4-29中A点右边的产量区间所示，在这种情况下，当垄断企业多生产1单位产品时，尽管增加了销量，但因为价格下降得过多，总收益却递减。

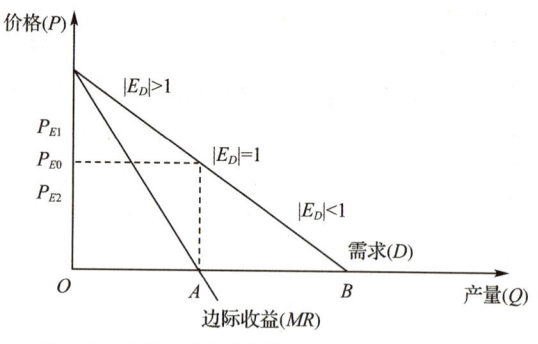

图4-29　垄断企业的边际收益与需求的价格弹性

3. 垄断企业的利润最大化决策

与完全竞争企业的利润最大化决策一样，垄断企业的利润最大化也要考虑其边际成本和边际收益之间的关系。图4-30描述了垄断企业的边际成本曲线MC、边际收益曲线MR和市场需求曲线D之间的关系。可以看出，能够使垄断企业利润达到最大的产量水平是边际收益曲线MR和边际成本曲线MC的交点E对应的产量Q^*。如果产量小于Q^*，边际成本小于边际收益，垄断企业增加一单位产量，增加的收益将大于增加的成本，利润会增加。所以，垄断企业会进一步扩大产量来增加利润。如果产量大于Q^*，边际成本大于边际收益，垄断企业减少一单位产量，节省的成本将大于失去的收益。因此，减少产量会增加利润。垄断企业会不断调整产量水平，直到产量达到Q^*为止，此时，边际成本等于边际收益，垄断企业的利润达到最大。

当垄断企业按照边际成本等于边际收益的原则确定其利润最大化产量时，市场价格会是多少呢？回答这个问题要看需求曲线，因为需求曲线反映了消费者在不同的消费量上愿意支付的价格。在图4-30中，与Q^*对应的市场价格位于需求曲线的A点，为P^*。因此，Q^*和P^*分别是垄断企业的利润最大化产量和价格，即均衡产量和价格。

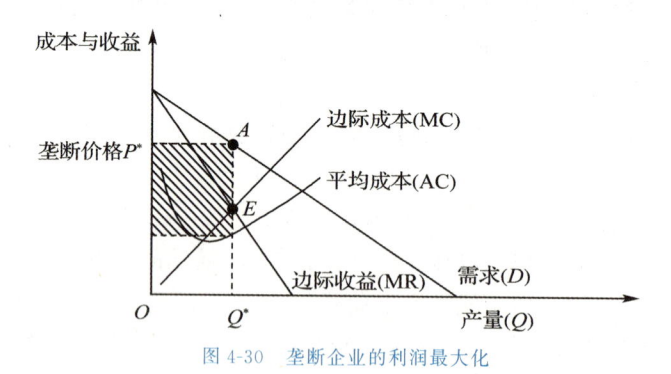

图4-30　垄断企业的利润最大化

对比完全竞争企业的利润最大化决策，可以看出，垄断企业和完全竞争企业的利润最大化原则是一样的，都是边际收益等于边际成本，区别在于价格和边际收益的关系不同。竞争企业的边际收益恒等于价格，利润最大化时$P=\text{MR}=\text{MC}$；垄断企业的边际收益小于价格，利润最大化时，$P>\text{MR}=\text{MC}$。企业的利润最大化决策决定了市场的均衡结果，因此，完全竞争市场的均衡价格等于边际成本，垄断市场的均衡价格则大于边际成本。

与完全竞争企业不同，垄断企业是价格制定者。虽然垄断企业需要做出供给量的决策，但它没有供给曲线。供给曲线表明，企业在任何一种既定价格时选择的供给量，但对于一个价格制定者来说，垄断企业在选择供给量的同时也确定了价格，因此，经济学中不讨论垄断企业的供给曲线。供给曲线的概念对于完全竞争企业而言是有意义的，因为完全竞争企业是价格接受者，需要根据市场价格决定供给量。在垄断市场上，需求曲线的形状决定了边际收益曲线的形状，边际收益曲线的形状又决定了垄断企业的利润最大化产量。垄断企业在决定实现利润最大化产量的同时，也决定了市场价格。在完全竞争市场上，可以在不考虑需求曲线的情况下分析企业的供给决策，但这种做法不适用于分析垄断市场。

如图 4-30 的阴影部分所示，当市场价格高于平均成本时，垄断企业能够获得超额利润。不过，这只是垄断企业短期均衡的一种情况，如果均衡时的市场价格低于或刚好等于平均成本，垄断企业在利润最大化时也有可能是亏损或 0 利润，这一点与完全竞争市场相似。在完全竞争市场，超额利润转瞬即逝；但在垄断市场，因为其他企业无法进入，企业可以长期获得超额利润。

从表面上看，垄断市场中的垄断利润归垄断企业所有，但实际上并没有这么简单。垄断利润的根源在于对市场的独占，谁拥有独占市场的权利，谁才能获得垄断利润。如果对市场的独占是因为专利保护，专利的拥有者就会获得垄断利润。有些时候，专利的拥有者并不是垄断企业，并且有多个潜在竞争企业争相购买，竞争的结果使得垄断企业以专利费的形式将全部的垄断利润让渡给专利的拥有者，垄断企业并没有真正获得垄断利润。如果垄断地位是政府创造的，企业需要不断向政府部门游说、寻租才能维持其垄断地位，那么相当一部分垄断利润最终就会以各种形式转移到政府官员的手中。

4. 价格歧视

在现实生活中，垄断企业会对不同的消费者征收不同的价格，这种行为被称为价格歧视。企业实行价格歧视，目的是增加自己的利润。不过，并不是所有的企业都能采取这种做法。在完全竞争的情况下，企业无法实行价格歧视的，给定的市场价格下，每个企业都可以售出所有的产量，没有必要采取价格折扣和优惠来促销；同样，任何形式的涨价都会使消费者转向购买其他企业的产品。垄断企业是价格的制定者，具有实施价格歧视的条件。寡头垄断市场和垄断竞争市场也会出现价格歧视。

企业实行价格歧视需要具备三个基本条件：第一，企业具有一定的市场势力，能够影响市场价格；第二，企业能够有效区分消费者的支付意愿，即能够对消费者进行市场细分；第三，商品在不同的消费者之间不能转售，否则，接受低价格的消费者就可以把商品以略低于企业制定的价格转售给接受高价格的消费者，企业将无法从中获利。价格歧视主要有三种类型：第一级价格歧视、第二级价格歧视和第三级价格歧视。

第一级价格歧视（First-Degree Price Discrimination），也称为完全价格歧视（Perfect Discrimination），是指企业能够识别出每个消费者的支付意愿，并对每个消费者都索取其愿意支付的最高价格。以只存在两个细分市场的情况为例，垄断企业会在每个市场都按照 $MR=MC$ 的原则决定该细分市场的价格，即在需求弹性较高的市场制定低价，而在需求弹性较低的市场制定高价，其定价原则为：

$$P_1\left(1-\frac{1}{|E_{d1}|}\right)=P_2\left(1-\frac{1}{|E_{d2}|}\right) \tag{4.13}$$

在第一级价格歧视下,每个消费者都为垄断商品支付他们愿意支付的最高价格。因此,垄断者在任何可能的情况下都偏向于用第一级价格歧视。在现实生活中,企业很难对不同消费者的支付意愿了解得一清二楚,因此完全价格歧视比较少见。较为近似的例子多发生在律师、会计师、建筑设计师等职业性服务活动中,这类企业对顾客较为了解,凭借经验和讨价还价,能够比较准确地估计出顾客愿意支付的费用,从而可以按照顾客的最高买价来定价。

第二级价格歧视(Second-Degree Price Discrimination),是指厂商为消费者提供相同的价目表,消费者自己选择不同的价格类别。当企业只知道消费者具有不同的支付意愿,但不能准确对其进行细分时,就会选择第二级价格歧视。企业会设计一系列价目表,让消费者根据自己的偏好自行选择所要支付的价格,每个消费者在相同的价格类别中购买商品的价格是相等的。企业采用第二级价格歧视,通过消费者的"自我选择"来区分不同的消费群体,提高自己的利润。第二级价格歧视的基本形式包括区时定价(旺季机票价格和景点门票、饭店的午餐价和晚餐价)、优惠券、数量折扣、二部定价等。第二级价格歧视的一种典型形式是数量折扣,也称非线性定价,即企业对于不同的购买量,设置不同的单价,大量购买能够享受更低的价格。

在第二级价格歧视的形式中,最常见的形式有双重收费、搭售和捆绑销售。双重收费(Two-part Tariff)是对一个商品或服务的一次性付款与每次单独支付使用费用相结合,常见的例子包括:租用一台复印机的费用和每复印一次的费用,一个高尔夫俱乐部对每个成员收取的费用和高尔夫场地每打一回合的费用,一个游乐园收取门票费和每个娱乐设施的费用。在搭售(Tie-in Sales)协议下,消费者只有在同意购买另一种商品时才可以购买他想购买的商品。搭售协议又细分为捆绑销售和必要搭售两种类型。捆绑销售是一种不同产品以固定的比例交易的搭售协议,例如微软的 Windows 操作系统绑定 IE 浏览器;必要搭售指搭售协议确定的多种商品以不同的比例交易,如麦当劳要求它的代销机构从麦当劳购买它们需要的所有的纸杯。航空公司通常向所有乘客提供关于同一航班的一系列不同收费选择,这些收费选择依赖于许多现实因素,包括购票时机、单程票还是往返票、持往返票的旅客在返程前停留时间的长短。第二级价格歧视的另一种形式是"区时定价",如长途电话的夜间和节假日半价,保龄球馆白天和晚上每小时的单价不同,等等。假定超市以两种不同方式出售方便面,一种是一袋一袋地零卖,一种是以更低的单价按箱卖。超市知道方便面的潜在消费者有两类:一类是因为出差或是想换换口味偶尔购买方便面的人,另一类是经常以方便面充饥的低收入群体。相比之下,前者对方便面的需求更缺乏弹性,支付意愿也更高,但显然不愿意为吃一袋面而购买一箱方便面。于是,当超市这样定价的时候,第一类消费者会购买单袋方便面,第二类消费者则更可能整箱购买。在这种价格歧视策略下,企业既能以较低的单价吸引低支付意愿消费者的需求,又能以较高的单价从高支付意愿消费者身上获取更多的利润。企业对购买量与价格的设定起到了自动筛选消费者的作用。

第三级价格歧视(Third-Degree Price Discrimination),是指企业能够根据不同消费者的需求弹性对他们进行有效的分组,分入某一组的消费者不能自己选择进入另一组,企业对不同组消费者制定不同的价格。在第三级价格歧视下,企业能够根据消费者不同的需求弹性对市场需求进行细分。例如,电影院根据年龄分组,60 岁以下的观众和 60 岁以上的观众购买电影票支付不同的价格,这意味着电影院面对两种需求曲线,一种是 60 岁以下观众的需求曲线,另一种是60岁以上观众的需求曲线。为了达到利润最大化,电影院通过价格歧视使得边际收益等于每个消费群体的边际成本。

5. 垄断的福利损失

企业普遍希望获得垄断地位,它们可以从垄断价格中获取超额利润。而垄断意味着消费者要支付更高的价格,所以消费者是反对垄断的。判断垄断是否合意,要综合地考虑消费者和企业两个群体的利益,需要分析垄断对消费者剩余和生产者剩余的影响。

为了分析这一点,让我们将垄断市场与完全竞争市场进行比较。如图 4-31 所示,边际成本曲线为 MC,需求曲线为 D,边际收益曲线为 MR。如果在完全竞争市场,均衡点是边际成本曲线与市场需求曲线的交点,均衡产量为 Q_C,均衡价格等于边际成本,为 P_C,此时的总剩余为边际成本曲线与需求曲线围成的大三角形的面积。如果在垄断市场,市场均衡点将是边际收益曲线与边际成本曲线的交点,对应的产量为 Q_M,价格为 P_M。显然,Q_M 小于 Q_C,P_M 大于 P_C,与竞争市场相比,垄断导致了过低的产量和过高的价格,社会总剩余则减少为边际成本曲线、需求曲线和产量 Q_M 围成的梯形的面积,减少的总剩余为图中的小三角形面积。总剩余为什么会减少呢?原因是从 Q_M 到 Q_C 这部分产量区间内,社会为生产一单位产品付出的代价,即企业的边际成本,低于由需求曲线表示的消费者对这一单位产品的评价,也即社会的边际收益,这部分原本应当生产出来的产量由于垄断而没有被生产出来。因此,垄断导致的结果从社会角度来看是无效率的。由产量过低(也可以说是价格过高)造成的这种福利损失被称为垄断的无谓损失。

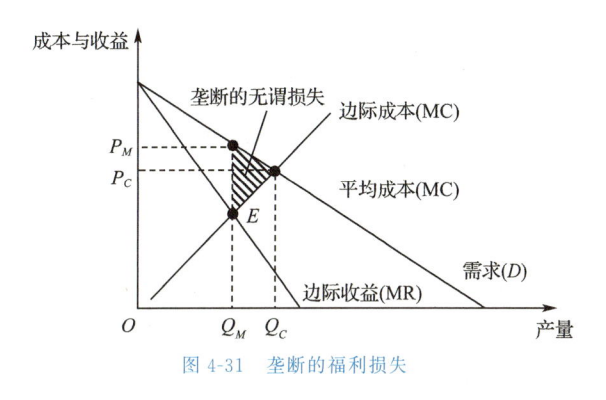

图 4-31 垄断的福利损失

此外,垄断企业由于缺乏竞争压力,往往从事技术创新的动力不足,内部管理也可能人浮于事,效率低下,生产成本没有达到最低限度同样给社会造成了损失。

与垄断企业只能制定单一价格时相比,一级价格歧视能够完全消除垄断导致的无谓损失,因此增加了社会福利。二级价格歧视和三级价格歧视的福利效果则比较复杂,有时会增加社会福利,有时则会减少社会福利,要看企业采取的具体歧视方式。

4.4.2 垄断竞争市场

1. 垄断竞争市场的短期均衡

为理解垄断竞争市场,我们首先考虑单个企业的决策。垄断竞争企业在许多方面很像垄断企业,因为提供的产品是有差异的,对产品具有一定的垄断能力。因此,在短期内,单个垄断企业面临的是一条向右下方倾斜的需求曲线。企业总是根据边际成本等于边际收益的原则确定利润最大化的产量,然后根据需求曲线确定与这一产量相对应的价格。

图 4-32 描述了短期内垄断竞争企业产量、价格和利润的两种情况。在图 4-32(a)中,利润最大化价格高于平均成本,企业有利润。图 4-32(b)中的最优价格低于平均成本,企业不能获得正的利润,只能追求亏损最小化。

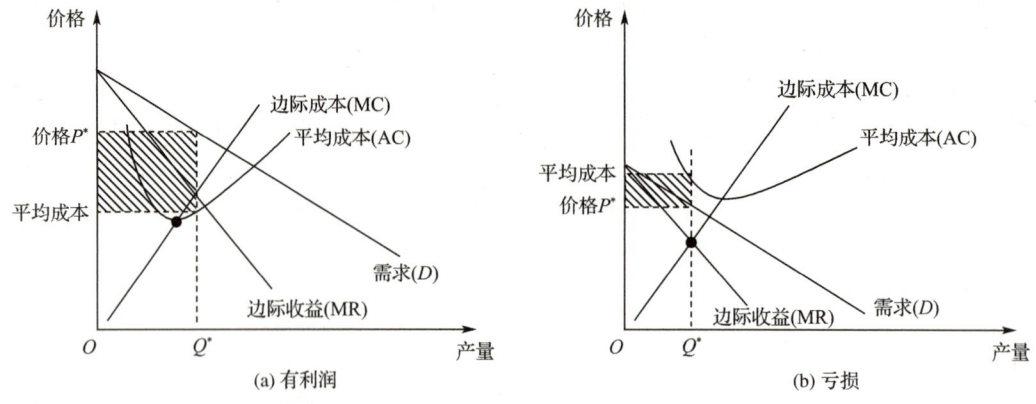

图 4-32 垄断竞争企业的短期均衡

2. 垄断竞争市场的长期均衡

在长期中,企业可以自由进入和退出垄断竞争市场。当企业的利润为正时,会吸引新企业进入并生产类似的替代品,每家企业的需求将减少,需求曲线向左移动。

虽然企业仍然按照边际成本等于边际收益的原则选择利润最大化产量,但获得的利润会下降。相反,当企业亏损时,会决定退出市场。随着企业陆续退出,消费者的选择减少,留在市场上的每个企业面临的需求会增加,需求曲线将向右移动,利润会增加。直到企业利润为零时,进入和退出过程才会停止,即没有新企业想进入,也没有原有企业想退出,市场达到长期均衡。

如图 4-33 所示,在长期均衡时,垄断竞争企业的平均成本曲线与其面临的需求曲线刚好相切。

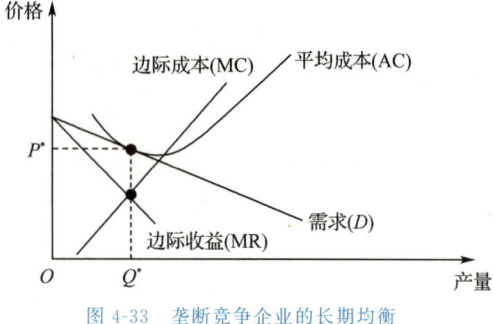

3. 垄断竞争市场的效率

生产能力过剩。在完全竞争市场的长期均衡中,企业总是能够将产量调整到长期平均成本曲线的最低点,使生产设备达到最高的利用效率。但从图 4-33 中可以看出,由于需求曲线是向右下方倾斜的,垄断竞争市场在长期均

图 4-33 垄断竞争企业的长期均衡

衡时,企业的产量总是处于长期平均成本曲线下降的部分,小于使平均总成本最低的产量。这说明,市场中的企业数量太多,每个企业能够获得的市场份额不足以充分利用其生产设备,存在过剩的生产能力。过剩的生产能力是一种资源浪费,这是垄断竞争市场低效率的一个表现。不过,从消费者的角度来看,完全竞争市场未必优于垄断竞争市场。垄断竞争企业提供的产品是有差异的,企业数量多虽然造成了每个企业的生产能力过剩,但却给消费者提供了丰富多样、各具特色的产品,让他们有了更多的选择,这显然比完全竞争市场只能提供毫无特色和个性的同质产品让消费者更满意。从这个意义上讲,生产能力过剩可能是社会为了获得多样化必须要付出的一种代价。

价格高于边际成本。垄断竞争市场的低效率还表现在价格上。由于具有一定的市场势力,垄断竞争企业在利润最大化时的价格总是高于其边际成本。与完全竞争时相比,垄断竞

争市场的价格偏高,产量偏低,同样存在着垄断市场上的无谓损失。在长期,受自由进入的影响,垄断竞争企业只能获得零利润。那么,为什么价格还会高于边际成本呢?答案在于平均成本和边际成本不同,零利润只表示价格等于平均成本,并不保证价格等于边际成本。事实上,由于垄断竞争企业在长期均衡时总处于平均成本曲线下降的部分,其边际成本是低于平均成本的。这样,价格等于平均成本时,必然高于边际成本。

非价格竞争。在短期内,垄断竞争企业能够赚取超额利润,依靠的是产品差异。企业在相互竞争时,除了可以用压低价格的方式吸引顾客,更倾向于通过提高产品的差异化程度来培养顾客忠诚度,增加自己的利润,如改进产品性能、精心设计包装、大规模做广告等,这些手段统称作非价格竞争。企业之间的非价格竞争对社会福利的影响存在不确定性。以广告为例,一方面,广告能够让消费者获得更多的产品信息,使垄断竞争市场更接近完全竞争市场"充分信息"的要求,提高市场的运行效率。另一方面,广告本身又会创造产品差异,使消费者对特定企业的产品产生忠诚,从而提高企业的市场势力,使垄断竞争市场更偏离完全竞争,更具有垄断性质。

此外,从社会角度来看,可能企业过度的非价格竞争行为会造成巨大的资源浪费,降低社会的福利。比如,在食品行业,如月饼、元宵、糖果等,行业竞争激烈,企业为了强化产品差异,在包装和促销上大做文章,其包装成本远远超过了产品本身的生产成本。

4.4.3 寡头垄断市场

只有几家大型生产企业的行业被称为寡头垄断行业,这类行业中的企业被称为寡头垄断企业。寡头垄断企业具有市场势力,可以通过决定生产产量来影响市场价格。因此,寡头垄断市场中的竞争不是"完全"的竞争。

1. 寡头垄断的市场均衡

寡头企业生产的产品可能是同质的,也可能是有差异的。当不考虑产品差异的时候,企业的行动策略就可以简化为价格和产量两个方面。分析寡头企业间的竞争及均衡,需要知道企业策略互动的行为方式:

策略的类型,在竞争中,企业选择的行动策略是什么,即它们进行的是产量竞争还是价格竞争?

决策的次序,企业是同时决策还是按次序先后决策?如果一方在决策时另一方已经公开做出了不可撤销的决策,两个企业之间就形成了一种不对等的关系,先行动的一方被称为领导者,另一方被称为追随者。

2. 寡头垄断的市场竞争

按照这两点,寡头垄断企业之间的竞争可以分为四种不同类型:同时定产型、先后定产型、同时定价型、先后定价型。接下来,我们就运用不同的理论模型分析这四种状况下的寡头垄断均衡。

同时定产的寡头竞争:古诺模型。同时决定产量的寡头竞争模型首先由法国经济学家古诺(Augustin Cournot)提出,通常被称为古诺模型。这一模型的基本假设有三个:第一,两个寡头企业生产一种同质产品;第二,每个企业同时并且独立地决定自己的产量,市场价格取决于两个企业的产量之和。第三,每个企业在做出产量决策时都假定对手的产量是既定不变的。让我们用一个最简单的线性需求曲线来说明这个模型。

假定两个企业的边际成本都为 0，市场需求的反函数为 $P=a-bQ$，两个企业的产量分别为 q_1 和 q_2，$Q=q_1+q_2$。假定企业的边际成本都为 0，并且没有固定成本。可以得到企业 1 的利润函数：

$$\pi_1=[a-b(q_1+q_2)]q_1 \tag{4.14}$$

由于两个企业是同时独立决定产量的，谁也不知道对方的产量，所以，每个企业都是在假定对方产量既定的情况下制定自己的产量决策，因此，$dq_2/dq_1=0$。此时，企业 1 要选择一个能够使其利润最大化的产量，这需要使 $d\pi_1/dq_1=0$，利用（4.15）式可以求出，相应的条件：

$$q_1=\frac{a}{2b}-\frac{1}{2}q_2 \tag{4.15}$$

（4.16）式是企业 1 的反应函数，也就是当企业 2 的产量为 q_2 时，企业 1 的利润最大化产量。同理，企业 2 的反应函数：

$$q_2=\frac{a}{2b}-\frac{1}{2}q_1 \tag{4.16}$$

两个企业会不断调整各自的产量，直到双方都实现了利润最大化。因此，市场均衡将出现在（4.15）和（4.16）式同时成立的时候。求解联立方程，可以得到，当每个企业的产量都为 $a/3b$ 时，市场达到均衡。均衡总产量为 $2a/3b$，对应的均衡价格为 $a/3$。

如果与完全垄断和完全竞争进行比较，我们会发现，当寡头企业进行古诺形式的产量竞争时，均衡总产量比完全竞争低，但高于垄断时，价格则比完全竞争时高，比垄断时低。这说明，古诺竞争下的寡头垄断市场效率虽然比完全竞争差，但优于垄断。古诺模型也适用于分析多个寡头企业同时决定产量的竞争情形。有意思的是，随着企业数量的不断增多，古诺均衡会越来越接近完全竞争均衡。事实上，企业数量越多，意味着单独一家企业的产量变化对市场价格的影响可以忽略不计，这正是完全竞争市场的关键特征。

先后定产的寡头竞争：斯塔克尔伯格模型。在现实中，更常见的寡头产量竞争往往不是两个企业同时决策，而是一个企业决定产量之后，其他企业再根据这一信息决定自己的产量。这种产量领导下的寡头竞争模型最早由德国经济学家斯塔克尔伯格（Heinrich von Stackelberg）提出，因为被统称为斯塔克尔伯格模型。斯塔克尔伯格模型的推导过程与古诺模型比较类似，区别只在于跟随企业在定产时，已经知道了领导企业的产量水平，因此，其最优产量是领导企业产量的函数。领导企业先推测跟随企业的反应函数，然后再据此确定自己的利润最大化产量。与古诺模型相比，斯塔克尔伯格模型在均衡时，领导企业会选择更高的产量，跟随企业选择的产量则更低。

同时定价的寡头竞争：伯特兰模型。同时定价的寡头竞争模型最早由法国数学家伯特兰（Joseph Bertrand）提出，因而也被称为伯特兰模型。该模型假定，行业内只有两家企业生产同质的产品，它们在不知道对方定价的情况下需要独立确定自己的价格，谁的价格低，消费者就会购买谁的产品，如果两家企业的价格相同，就会平分市场份额。这个模型的结论很容易推导，那就是两个企业都将按边际成本制定价格。大家一定还记得，价格等于边际成本是完全竞争市场的均衡结果。只有两个企业的双寡头垄断市场的均衡结果居然与完全竞争相同，这个看似矛盾的结论被称为"伯特兰悖论"。

解开"伯特兰悖论"其实并不难。该模型假设,两家企业的产品是同质的,因此,消费者才会对价格极其敏感。在任何高于边际成本的价格水平,一个企业通过略微降价就可以吸引全部客户来增加利润。所以,两个企业都会这样做,唯一的均衡只可能出现在大家都按边际成本定价的时候。如果稍微改变模型的某些假定,结论就会发生变化。比如,产品存在差异时,消费者就不再单纯注重价格,定价较高的企业就不会失去全部客户。如果企业存在生产能力约束,定价低的企业没有办法满足全部市场需求,均衡时的市场价格就会高于边际成本。其实,伯特兰模型描述的只是寡头企业之间价格竞争极其激烈的状况。当企业生产的产品差异不大,又不存在生产能力约束的时候,就可能出现模型的结果。

先后定价的寡头竞争:价格领导模型。价格领导模型与产量领导模型类似,在一个行业中,领导企业先制定价格,跟随企业则按照这一价格决定自己的利润最大化产量。为什么跟随企业要接受领导企业制定的价格呢?通常的原因是跟随企业在技术、管理或掌握的资源等方面不及领导企业,因而生产成本较高,在产品同质的情况下,不可能制定比领导企业更高的价格,最好的选择只能是做价格接受者。

那么,领导企业又是如何制定最优价格的呢?如图 4-34 所示,曲线 D 表示整个市场的需求曲线,S_0 为跟随企业的供给曲线,在价格领导情况下,跟随企业由于是价格接受者,因而与完全竞争企业一样,它的供给曲线就是自己的边际成本曲线。曲线 S_0 与纵轴相交于 P_2 处,表明价格如果为 P_2 或小于 P_2,跟随企业会因为价格太低而不愿意生产。当价格为 P_1 时,曲线 S_0 恰好与曲线 D 相交,表明此时跟随企业的产量已经能够满足

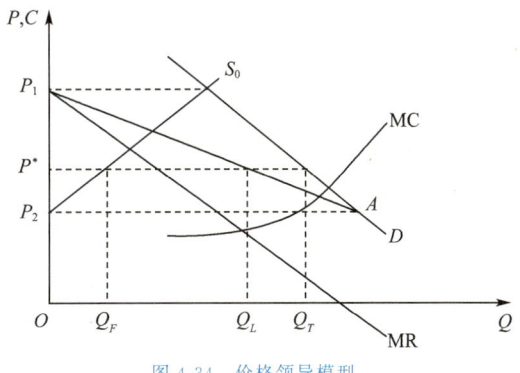

图 4-34 价格领导模型

整个市场的需求,留给领导企业的需求量为 0。领导企业面对的需求曲线表示在其制定的各个价格水平上,扣除跟随企业愿意提供的产量后,领导企业还能销售的产品数量,因此,可以由市场需求曲线 D 和跟随企业的供给曲线 S_0 水平相减之后得到,为一条折线,由曲线 P_1AD 和曲线 D 在 A 点以下的部分构成。根据这条折线,可以推导出领导企业的边际收益曲线 MR。领导企业选择的最优价格将是其边际成本曲线 MC 和 MR 的交点,即 P^* 和 Q_L。此时,跟随企业会生产 Q_F,市场总的供给量为 Q_T。

上面的四种模型给出了不同的市场均衡结果,可用于分析不同类型的寡头竞争。当面对一个具体行业时,要选对模型就必须判断出该行业的寡头企业间竞争属于什么类型。

企业是同时决策还是先后决策,通过直观的观察比较容易判断,困难的是确定寡头企业进行的是产量竞争还是价格竞争,或者说是古诺竞争还是伯特兰竞争。一般说来,如果企业的生产能力和产量难于调整,它们之间的竞争就会更多集中在产量上。当寡头企业的生产能力不受限制,或者很容易调整时,每个企业就面临着用低价格来抢夺更多市场份额的激励,企业间的竞争就会更多体现为价格竞争。

3. 寡头垄断企业的合谋

竞争总会带来利润的损失。如果一个市场中的所有企业能够联合起来,企业的总体利润会增加,这种做法被称为合谋。寡头垄断市场上企业数量较少,最容易形成合谋。卡特尔

和默契型合谋是寡头垄断市场上最常见的合谋形式。

如果寡头垄断市场上的主要企业通过明确的、正式的协议来协调各自的产量、价格或其他决策，它们就形成了一个正式的合谋组织，被称为卡特尔。通过组建卡特尔，原本应该相互竞争的寡头企业就会试图像垄断企业那样，共同限制产量来提高价格，或者共同维持较高的价格而不再打价格战。

世界上最著名的卡特尔是欧佩克（石油输出国组织），在20世纪70年代后期，其成员方签订的联合减产协议导致世界原油价格由1972年的每桶2.5美元暴涨到1974年的10美元。不过，20世纪80年代后期以后，欧佩克的限产提价协议就不再那么成功了。这一现象的出现与世界石油市场的变化有关，但更主要是因为每个成员方都私下违背协议。不只欧佩克，其他的卡特尔组织也都普遍"短命"，为什么企业之间的这种合谋往往很难保持呢？根源在于合作和利己的冲突。

以双寡头市场的产量卡特尔为例，在合谋之后，两个寡头企业就相当于卡特尔集团的两个分厂。卡特尔的目标是集团总体利润的最大化，按照边际成本等于边际收益的原则确定集团整体的利润最大化产量，然后在两个分厂间进行分配。那么，集团整体的边际收益包括哪些部分呢？类似于垄断企业的卡特尔每多生产一单位产品，就会产生正的产量效应和负的价格效应，即多出售一单位产品，垄断者必须降低所有被出售的产品的市场价格。作为一个集团，卡特尔的边际收益里的价格效应是两个企业价格效应之和。但是，每个企业在决定要不要增加产量时，在乎的只是自己面对的价格效应，并不会考虑其增加产出导致产品的市场价格下降给另一个企业造成的损失。因此，单个企业的边际收益总是高于卡特尔集团整体的边际收益。在卡特尔集团总体利润最大化的时候，每个企业的边际成本低于其自身的边际收益。所以，只要卡特尔组织不能施加有效的约束，每个成员都可能背弃限产协议，通过扩张产量来增加自己的利润。而一旦某个成员违反了协议，因为市场中企业数目较少，其他企业很容易察觉，从而引起连锁反应，卡特尔也就没法保持了。

除了合作与利己的冲突会导致卡特尔难以维持之外，很多国家的反垄断法也都明确禁止合谋行为。合谋会削弱竞争，造成与垄断类似的社会福利损失。由于这两点原因，卡特尔在现实的寡头垄断市场上很少出现，寡头企业的合谋更多的是一种心照不宣的默契合谋，即企业之间没有签订正式的协议，但却为了避免恶性竞争而在价格、产量或其他方面达成某一默契，并付诸实践。

一旦寡头行业出现了默契合谋，单个企业就会更加小心谨慎。因为在默契合谋下，企业之间没有正式沟通的渠道。当一个企业改变产量或价格时，即便是因为自己的生产成本发生了变化，也很可能被别的企业认为是破坏合谋的非合作之举，从而招致对方的报复。

图4-35的弯折需求曲线模型说明了这一现象。假定在最初的合谋结果中，产品的市场价格被定为P^*，企业按照其需求曲线生产产量Q^*。此时，企业面临的需求曲线就不是普通意义上的需求曲线了，它知道，它调整价格的不同方向会引起行业内其他企业的不同反应。如果它把价格降到P^*之下，对手会把这看作是违约，从而也会削减价格进行报复，因此，它的需求量不会因为降价而发生显著增加，反映在图中就是在P^*之下的一条相对平坦的需求曲线。而当它把价格提高到P^*之上时，对手正好趁此机会抢夺它的市场份额，而不会跟随它提价或者不提高同样幅度，这样，它稍稍提价就会失去很多顾客，在图中表现为P^*之上的一条比较陡峭的需求曲线。于是，企业面临的需求曲线在经由默契合谋形成的产量与价

组合(P^*,Q^*)处发生了弯折。

如果这个寡头企业减产提价之后,市场是否会在更低的产量和更高的价格水平上重新形成默契合谋?这种情况有可能发生,但更多的情况是,一次默契合谋失败会让企业之间丧失信任,很难再次形成合谋。企业出于谨慎考虑,更倾向于认为其面临的需求曲线是弯折的。

当需求曲线是弯折时,企业的边际收益曲线变成了断裂的两部分,AC 部分对应需求曲线的 AB 部分,EF 部分对应需求曲线的 BD 部分,C 点和 E 点之间存在较大的缺口。如果企业当前的边际成本曲线为 MC_1,那么利润最大化的产量和价格就是 Q^* 和 P^*。由于 C 点和 E 点间的缺口,即便边际成本上升至 MC_2 或降低至 MC_3,利润最大化的产量和价格仍然是 Q^* 和 P^*。除非边际成本大幅度变化,否则寡头企业就不会冒险破坏默契合谋来调整自己的产量和价格。

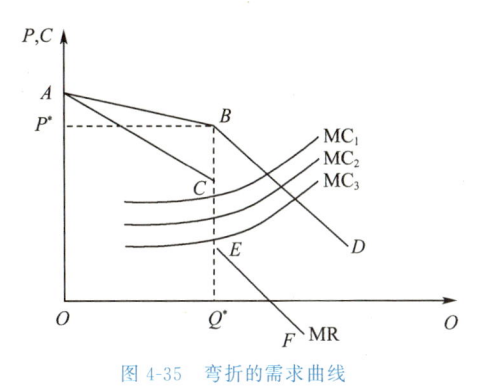

图 4-35 弯折的需求曲线

所以,我们能够看到,与其他市场相比,寡头垄断市场的价格比较平稳,企业的价格决策对成本的变化不太敏感,存在价格黏性的现象。

关键术语

市场　市场竞争　市场结构　市场势力　短期供给曲线　长期供给曲线　完全竞争市场　不完全竞争　垄断　寡头垄断　垄断竞争　无谓的福利损失　一级价格歧视　二级价格歧视　三级价格歧视　产品差异　古诺模型　伯特兰模型　斯塔克尔伯格模型　价格领导模型　合谋　卡特尔　默契合谋　弯折需求曲线　停止营业点　成本不变行业　成本递增行业　成本递减行业　消费者剩余　生产者剩余　社会福利

思考题与讨论题

1. 完全竞争市场具有哪些特征?
2. 什么是"看不见的手"?
3. 政府干预是否可以弥补"看不见的手"存在的缺陷?
4. 市场需求和市场供给的变动如何影响市场均衡?
5. 政府限价对市场均衡和市场竞争会产生什么影响?
6. 在完全竞争市场中,企业短期利润最大化条件是什么?
7. 为什么说完全竞争企业的短期供给曲线是其边际成本曲线位于平均可变成本曲线最低点之上的部分?
8. 为什么完全竞争企业利润最大化既可以表示为 MR=MC,也可以表示为 MC=P?
9. 完全竞争行业供给曲线由单个企业的供给曲线加总而成,其行业需求曲线是否也由企业的需求曲线加总而成?
10. 垄断竞争市场与完全竞争市场的区别是什么?

11. 导致垄断的原因有哪些?
12. 什么是成本递增行业?
13. 在什么情况下寡头垄断企业面对的需求曲线是弯折的需求曲线?
14. 如何用弯折的需求曲线来解释寡头垄断市场上的价格刚性现象?
15. 有人说"在一级价格歧视下,垄断企业掠夺了全部的消费者剩余,所以对于资源配置来说是无效率的。"这种说法对吗?
16. 在第二级价格歧视下,企业常用的方法有哪些?
17. 在完全竞争市场中,成本不变行业、成本递增行业与成本递减行业的长期供给曲线的主要区别是什么?
18. 当企业知道在长期内某一行业的经济利润将为零时,它们为什么还进入该行业?

第 5 章　要素市场与收入分配

与产品市场一样,要素市场上的价格也由需求和供给决定。不过,作为产品市场买方的消费者在要素市场上成了卖方,通过出卖劳动、土地、资本等生产要素,获得工资、租金和利息等形式的收入;而作为产品市场上卖方的企业则是要素市场上的买方,它们要购买上述各种生产要素来进行生产。

生产要素的价格不仅决定着企业的生产成本,更影响着要素提供者的收入。从对要素市场的考察中,我们可以理解生产要素提供者的收入是如何决定的,为什么不同生产要素的提供者的收入会有显著差别,以及经济发达国家的人均收入会高于发展中国家的人均收入。

关键问题

- 与产品市场对比,要素市场的特点有哪些?
- 为什么说要素需求是派生需求?
- 劳动的供给具有什么特点?
- 土地的供给为什么是无弹性的?
- 资本的短期供给曲线与长期供给曲线有什么区别?
- 什么是收入不平等?
- 如何衡量收入的不平等程度?
- 收入再分配的目的是什么?

5.1　要素的需求与供给

5.1.1　要素的需求

1. 要素需求的派生性

要素是企业生产产品和劳务的最初投入,主要包括劳动、土地和资本三大类。

企业购买要素是为了用其生产出产品并把产品出售给消费者,来满足消费者对产品的需求。例如,啤酒公司雇用工人酿造啤酒是为了满足消费者对啤酒的需求,当人们对啤酒的需求增加时,啤酒公司对工人的需求也会增加,如果啤酒市场需求萎缩,啤酒公司对酿酒工人的需求就会减少。啤酒公司对生产啤酒所需的其他要素的需求,如原材料、土地、设备和厂房等,也都派生自消费者对啤酒的需求。由于消费者对产品的需求导致企业对要素的需求,要素需求被称为派生性需求。

企业的目标是利润最大化,购买要素也必须满足其利润最大化的要求。为了实现利润最大化,企业生产的边际成本等于边际收益是决定产量的原则。无论企业所处的市场结构如何,这一原则都是成立的。企业的每一单位产出都要消耗要素,要素投入的成本决定了企业的生产成本,企业出售产品获得的收益实质也是要素投入产生的回报。因此,当我们把企业的生产活动与要素结合在一起时,企业的利润最大化条件就可以表述成,要素投入的边际成本等于要素投入的边际收益。企业会按照这一原则决定购买要素的最优数量,从而就决定了其对要素的需求。

2. 要素的边际收益

在第3章中,我们分析生产者行为时,用生产函数来描述企业的生产要素投入量和产量之间的关系,要素投入量增加一个单位所带来的产出增量被称为要素的边际产量。那么,要素的边际收益与要素的边际产量有什么关系呢?

企业的收益是企业出售产品获得的收入,是产量的函数,而产量又是投入要素的函数。因此,企业增加要素投入对收益的影响是通过增加产量来实现的。也就是说,要素的边际收益应当是增加一个单位的要素投入所带来的产出增量给企业带来的收益增量,即要素的边际产量 MP 与产品的边际收益 MR 的乘积。为了与产品的边际收益相区别,要素的边际收益被称为边际收益产品,用 MRP 表示。以劳动 L 这种要素为例,则有

$$\mathrm{MRP}_L = \frac{\mathrm{d}Q}{\mathrm{d}L} \cdot \frac{\mathrm{d}TR}{\mathrm{d}Q} = \mathrm{MP}_L \cdot \mathrm{MR} \tag{5.1}$$

可以看出,要素的边际产量是用实物衡量的,而要素的边际收益产品则以货币衡量,是边际产量的市场价值。

在完全竞争市场,企业的边际收益就是产品的价格 P,于是,要素的边际收益也就等于边际产量 MP 与产品价格 P 的乘积,这种情况下的要素边际收益被称作边际产品价值,简称 VMP。完全竞争市场中,价格对单个企业来说是既定不变的,要素投入带来的边际收益变化完全来自要素边际产量的变化。由于边际报酬递减规律,要素的边际产量递减,因此,在其他要素投入量不变的情况下,随着一种要素投入量的增加,其边际产品价值也是逐渐减少的。

如果企业所处的产品市场是不完全竞争的,产品的边际收益就不再是常量。我们知道,在不完全竞争市场,企业总是或多或少具有一定的市场势力,能够通过改变自己的产量影响产品的市场价格。当企业增加产量时,产品的价格会随之下降,边际收益 MR 会不断减少。由于 MRP 是 MR 和 MP 的乘积,MRP 会因为 MR 和 MP 两方面的递减而递减,随着要素投入量的增加,边际收益产品要比边际产品价值递减得更快。在 MP 相同的情况下,在不完全竞争产品市场中的企业会发现,它的 MRP 曲线要比它在完全竞争市场中得到的 VMP 曲线更加陡峭。不过,无论在哪种产品市场上,企业的生产都存在要素报酬递减规律。所以,企业的要素边际收益曲线总是向右下方倾斜的,如图 5-1 所示。

3. 企业的要素需求曲线

明确了要素的边际收益之后,接下来,让我们以完全竞争的产品市场和要素市场为例,来推导企业对要素的需求曲线。

与产品市场处于完全竞争时相同,在完全竞争的要素市场上,企业也是价格接受者。因为有大量企业购买同一种要素投入,每个企业购买的要素数量相对于市场总量而言都微不

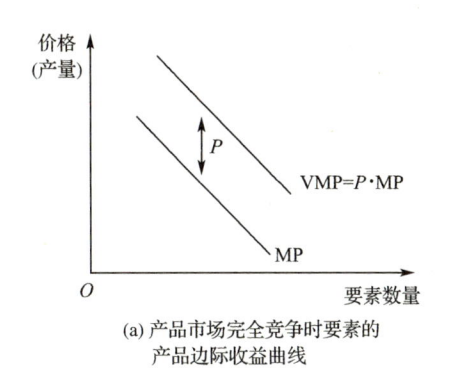

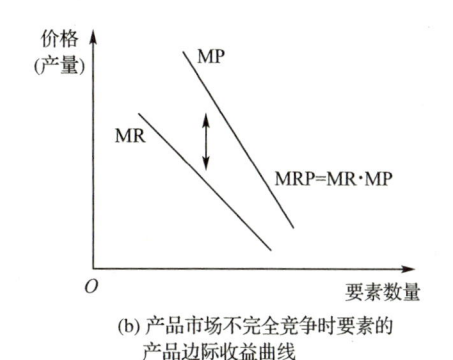

图 5-1　不同产品市场中厂商的要素边际收益曲线

足道,不管他购买多少,都不能改变要素的市场价格,所以,企业雇佣要素的边际成本就是要素的市场价格。为了实现利润最大化,企业要使要素的边际收益等于其边际成本,也就是说,企业雇佣最后一单位要素得到的收益要等于要素的价格,否则,企业就会调整要素的投入量。当要素价格变化时,企业的最佳要素购买量也会发生相应变化。

假如,一家玩具厂正在考虑每个月应当雇用多少工人来手工生产毛绒玩具,毛绒玩具市场是一个完全竞争市场,玩具工人市场也是完全竞争结构。因此,产品的边际收益为价格,要素的边际成本为工资。表 5-1 列出了工人的雇用量、工人的边际产量、产品的市场价格、劳动的边际产品价值和工资水平。

表 5-1　　　　　　　　　玩具厂对工人的需求

工人数量/名	边际产量/(个/月)	产品价格/元	边际产品价值/元	工资/(元/月)		
1	900	2	1 800	800	1 000	600
2	800	2	1 600	800	1 000	600
3	700	2	1 400	800	1 000	600
4	600	2	1 200	800	1 000	600
5	500	2	1 000	800	1 000	600
6	400	2	800	800	1 000	600
7	300	2	600	800	1 000	600
8	200	2	400	800	1 000	600

从表 5-1 中可以看出,当玩具工人每个月的工资为 800 时,玩具厂雇用的第一名工人每个月能够给企业增加 1 800 元的收益,高于玩具厂为他支付的工资,所以,雇用这名工人能够增加企业的利润,类似的情况一直持续到玩具厂雇用第 6 名工人时。如果玩具厂雇用第 7 名工人,由于边际产量递减,这名工人只能给企业增加 600 元的收益,而玩具厂支付给他的工资是 800 元。显然,如果雇用第 7 名工人,玩具厂的利润会减少。所以,玩具厂的最优选择是雇用 6 名工人。此时,劳动的边际产品价值刚好等于工资,玩具厂的利润达到最大。当工资发生变化时,玩具厂雇用工人的数量也会变化。如果工资涨到 1 000 元,玩具厂只会雇用 5 名工人;如果工资降到 600 元,玩具厂则会雇用 7 名工人。显然,要素的价格越低,企业愿意购买的要素数量就越多。

上面的例子说明,对于要素投入的每一个价格水平,企业都会按照边际产品价值与价格相等的原则来选择自己的最优要素雇佣量。给定一种要素的边际产品价值曲线 VMP,则当要素价格为 P_0 时,企业选择购买的要素数量为 Q_0,当要素价格上升为 P_1 时,企业的要素购买量减少为 Q_1,当要素价格下降为 P_2 时,企业的要素购买量增加到 Q_2,如图 5-2 所示。可见,要素的边际产品价值曲线就是企业对要素的需求曲线,它反映了在不同的要素价格下,能够给企业带来最大利润的要素投入量。

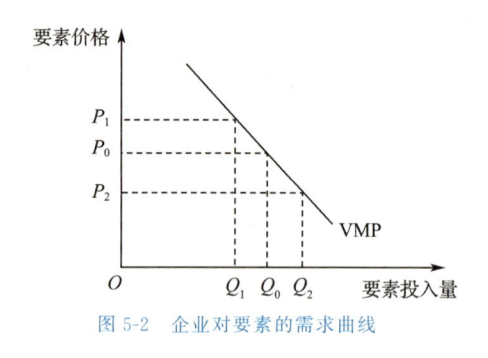

图 5-2 企业对要素的需求曲线

与产品的需求曲线一样,要素的需求曲线也向右下方倾斜,企业对要素的需求量与要素的价格负相关,这是由要素的边际报酬递减规律导致的。

除了要素价格之外,其他因素也会影响企业对一种要素的需求,这些因素主要包括:

企业产品的价格。产品价格上升会提高产品的边际收益,进而提高要素的边际产量价值,使企业对要素的需求曲线向右移动,从而增加了企业对要素投入的需求。

其他要素投入的价格。在短期,企业对某些生产要素的投入,如厂房、机器设备等,是无法改变的。但是,在长期,所有的要素投入都是可变的,企业可以用成本更低的生产要素去替代成本较高的生产要素。所以,当其他要素投入价格下降时,企业对一种要素投入的需求会减少。例如,当资本相对于劳动变贵时,企业就会多雇用工人,少购买机器设备。要素间的这种替代使得企业对一种要素的长期需求曲线较之短期需求曲线更为平缓,即企业对要素的长期需求弹性大于短期。

技术。影响要素边际产量的技术变化也会影响企业对一种要素的需求。例如,电脑排版技术的发展就降低了排字工人的需求量,提高了电脑工程师的需求量。但是,这种影响也只有在长期当中,企业得以调整所有投入并把新技术运用到其生产过程中时,才会发生作用。

5.1.2 要素的供给

1. 要素供给问题

要素需求理论从要素使用者最大化其行为的角度,研究他们对要素的需求量如何随要素的价格变化而变化。类似地,要素供给理论就要从要素供给者(所有者)最大化其行为的角度,研究要素的供给量如何随要素价格的变化而变化。

要素的供给由消费者或家庭决定。消费者会把他们拥有的要素配置到能够产生最大报酬的用途上。与产品市场上的供给一样,任何一种生产要素的供给量都取决于其价格。一般来说,一种生产要素的价格越高,其供给量也越多。不过,在要素需求方面,要素使用者(生产者或企业)的目标是单一的,即利润最大化;而在要素供给方面,不同要素所有者目标却不尽相同。作为消费者的要素所有者,其目标是效用最大化;而作为生产者的要素所有者,其目标是利润最大化。

消费者对要素的供给有一个特点,即在一定时期内或一定时点上,他们用于要素供给的数量是不变的。例如,劳动者1天拥有的时间是24小时,他们可以提供的劳动供给时间不可能超过24小时。要素所有者所拥有的资源是既定的,他只能将其拥有资源的一部分提供给市场,形成要素供给,剩下的部分留给自己,称为"保留自用"的资源。因此,要素可分为提供给市场和保留自用两部分。因此,要素供给问题可以概括为:在一定的要素价格水平下,要素所有者如何在要素供给和保留自用两种用途之间配置他们拥有的资源,以获得最大效用。

那么,要素所有者如何在保留自用和提供给市场两部分之间进行选择呢?要素所有者即消费者,他们追求最大效用的原则是:在消费者收入既定和商品价格既定的条件下,每1单位货币所购买到的各种商品的边际效用均相等。同样道理,在要素市场,要素所有者在其拥有资源既定的条件下,每单位供给市场的资源所获得的边际效用与每单位保留自用的资源所获得的边际效用应该相等。要素供给的边际效用是指每增加1单位的要素供给所带来的效用增量。保留自用要素的边际效用是指每增加1单位自用资源所带来的效用增量。

2. 要素供给的原则

在企业生产过程中投入的生产要素分为两类:一类是生产过程中最初投入的原始要素,主要包括劳动、土地和资本;另一类是称之为中间产品的中间要素,这些中间要素主要是生产过程中投入的原材料,如生产面包需要面粉,制造汽车需要钢材,加工服装需要布料,等等。不过,面粉、钢材和布料不是最初的原始要素,它们也是利用其他生产要素生产出来的。

我们这里所指的要素并不是中间要素,而是原始要素,在下面的分析中简称要素。消费者或家庭是生产要素的供给者,劳动是由消费者提供的,这一点很好理解。对于资本,需要明确,在要素的意义上,它是指货币形式的资本,可以用来购置厂房、生产线、机械设备等。表面上看,企业运营所需资本可以是自有资金,或从银行借贷,或是通过发行股票和债券从证券市场筹集,但最终的供给者仍然是消费者或家庭。自然资源中的一部分是公共资源,如海洋、山川、矿藏、淡水、新鲜空气等;在实行私有制的国家中,有一部分自然资源是私人所有的,如土地和某些矿产资源等。

要素供给者是指拥有劳动、土地、资本等要素的个人和家庭,这些个人和家庭在市场上被统称为消费者,他们为从企业那里获得报酬而将自己拥有的要素出售给企业。劳动的所有者向企业出售劳动的使用权以获取工资,土地的所有者向企业出售土地的使用权以获取地租,资本的所有者向企业出售资本的使用权以获取利息和利润。由于要素拥有者的要素供给各不相同,不同要素具有不同的供给特性,其报酬也有不同的形式和意义。不过,各种要素的供给都具有如下共同特性:

第一,要素供给只提供其使用特性,而不是要素本身。因此,在要素市场上分析的要素价格和要素数量,是指要素的使用价格和数量,而不是要素的出售价格和数量。要素的使用价格被称作服务价格,要素的出售价格被称作源泉价格。例如,企业投资建工厂需要土地,从生产者的角度看,要获得土地,主要考虑的是土地的使用价格(租金)而不是其买卖价格。劳动的供给有其特殊性,工人在生产过程中提供劳动能力,而不是工人本身,劳动的使用价格就是劳动服务价格,工人本身是不能作为买卖对象的。

第二,各种生产要素有不同的流动性。有些生产要素,如劳动资源和自然资源,有总量固定的特性。土地就是最明显的例子。土地泛指所有自然资源,包括土壤、矿藏、森林、河川、海洋等,它们的供给总量是固定的,在短期内变动的可能性很小。但这并不意味着各行业所面对的土地资源供给量是固定的,相反,其供给弹性可能非常大。如一块土地既可以建设楼房,也可以种植粮食和蔬菜,这取决于它们的相对价格;劳动资源总量受到人口规模的限制,人们对各种行业的劳动供给,在短期可能改变的幅度不大,尤其是那些有特殊技术、专门化的劳动供给,在短期内很难随工资率的上升而增加。而那些非技术性、非专门化的劳动供给在短期内会随着工资率的上升而增加。时间越长,各行业的劳动供给弹性也越大,因为只要有足够的时间,转业或改行都可以通过教育和培训来实现。资本供给量在短期内是固定的,在长期中流动性非常大。一般说来,短期内,各种资源的供给总量是固定的,但在长期,要素的供给量受相对价格所左右,供给量随着要素价格的变动而变动。

一般来说,要素供给遵循三条原则:第一,要素所有者遵循效用最大化原则,即供给要素的边际效用要与保留自用要素的边际效用相等;第二,供给要素的边际效用间接地等于要素供给的边际收入与收入的边际效用的乘积;第三,保留自用要素的边际效用是直接边际效用增量与自用要素增量之比的值,即增加一单位保留自用要素带来的效用增量。

要素供给的效用是间接的,消费者把要素供给给市场对他们没有任何效用,他们的目的是从要素供给的行为中获得收入,从而购买所需要的消费品,并从消费中获得效用。保留自用的要素既可以带来间接效用,也可以带来直接效用。以时间为例,工人如果不把时间花在工作上,则可以用来做晚餐、休闲或锻炼身体。自己做晚餐可以节省去餐馆吃饭的开支,间接地带来了效用;休闲和锻炼则满足了消费者的健康需求,直接增加了消费者的效用。

3. 要素供给曲线

要素供给是指在不同的要素价格下,要素所有者在市场上所提供的要素数量。一般而言,在较高的要素价格下,要素供给较多,随着要素价格下降,要素供给也会减少。因此,要素的供给曲线通常是向右上方倾斜的曲线。

然而,要素供给在不同类型的要素之间存在很大差异,不同类型的要素供给曲线的形状也有所不同。除了一般具有正斜率的要素供给曲线外,有的要素受资源条件所限,尽管价格提高了,但供给却不会发生任何变化,形成一条垂直的供给曲线;还有的要素,在要素价格提高的情况下,要素的供给量会随之增加,但价格提高到一定程度后供给量又会减少,形成向后弯曲的供给曲线。

5.1.3 要素市场的均衡

与产品市场均衡一样,分析要素市场的均衡也需要考虑要素市场的不同结构。而且,由于企业对要素的需求是派生需求,是由产品市场上消费者对产品的需求派生出来的,因此,在分析要素市场均衡时,不仅要考虑要素市场本身的结构,还要考虑与其相关联的产品市场的结构,即与要素市场有纵向关联的下游产品市场的结构。本节将分别讨论完全竞争要素市场的均衡和不完全竞争要素市场的均衡,并对工资、利率和地租三种要素价格的决定过程进行具体的分析。

1. 完全竞争结构下的要素市场均衡

在分析完全竞争要素市场的均衡时,我们讨论以下两种情况:一种情况是购买要素的企业生产的产品在完全竞争市场中销售;另一种情形是企业的产品市场是不完全竞争结构,即企业具有一定的市场势力。无论是哪种情况,由于企业并不是某类要素的唯一使用者,它们在具有完全竞争结构的要素市场上都没有任何垄断能力。但是,产品市场的不同结构,还是会影响它们在要素市场上的行为。

首先,我们考虑完全竞争产品市场的情形。我们已经知道,市场均衡的条件是供给等于需求。如产品市场中的分析一样,我们将要素的供给曲线和需求曲线叠加在一起来描述市场的均衡状态。图 5-3 所描述的就是当行业是完全竞争市场时,要素市场的供给、需求及市场均衡状况。需求曲线与供给曲线的焦点 E 即为此时行业的均衡点。相应地,行业的均衡要素价格为 W_E,均衡使用量为 L_E。因此,在完全竞争的要素市场上,每一种要素得到的报酬就是该要素的边际产量和产品价格的乘积。

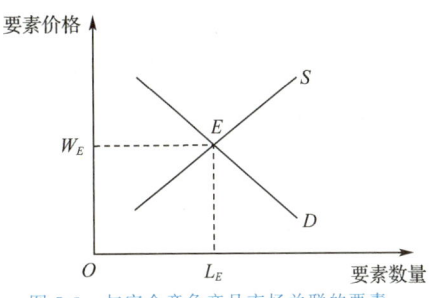

图 5-3 与完全竞争产品市场关联的要素市场均衡

接下来,我们再来看不完全竞争产品市场的情形。如果产品市场是不完全竞争的,情况就会随之发生变化,此时企业的边际收益不再等于价格,因而 $MRP = P \cdot MP$ 也就不再成立。在不完全竞争的产品市场上,当要素的投入不断增加时,产品的边际收益 MR 将随之下降,所以企业的 MRP 曲线位于它处在完全竞争市场时的 VMP 曲线的下方,如图 5-4 所示。

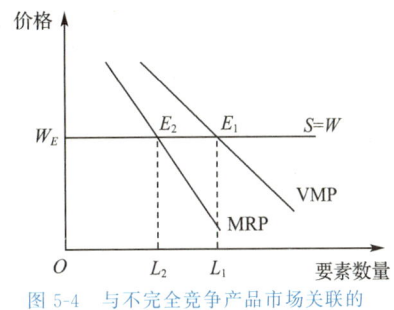

图 5-4 与不完全竞争产品市场关联的要素市场均衡

为了考虑的方便,我们假定图中所描述的是某一完全竞争要素市场上生产规模相同的两个企业,不同的是企业 1 是产品市场上的完全竞争企业,而企业 2 是产品市场上的不完全竞争企业。其中,横坐标表示的是要素数量,纵坐标表示的是要素价格,S 表示要素市场上要素的供给曲线,由于两个企业是同一要素市场上的完全竞争企业,故它们面对的是同一条水平的要素供给曲线。对于企业 1 来说,由于它是产品市场上的完全竞争企业,其所对应的要素需求曲线就是边际产品价值 VMP;对于企业 2 来说,由于它在产品市场上是不完全竞争企业,其对要素的需求曲线就是边际收益产品 MRP,从上面的分析可以看出,MRP 较之于 VMP 更为陡峭,且位于 VMP 曲线的左下方。根据企业实现利润最大化的条件,要素的边际收益等于要素的边际成本,企业 1 的最优要素使用量为 L_1,企业 2 的最优要素使用量为 L_2。

如果不完全竞争市场上的企业在要素市场上不享有任何市场势力,企业面对的要素需求曲线依然向右下方倾斜,但是斜率要大于完全竞争市场上企业面对的要素需求曲线。因而,在要素价格既定情况下,不完全竞争产品市场上企业对一种生产要素的最优使用量要低于完全竞争产品市场上的企业。然而,无论是不完全竞争市场上的企业,还是完全竞争市场上的企业,它们面临的都是一条水平的要素供给曲线。因此,企业面临的要素价格不随产品市场结构的变化而变化。

2. 不完全竞争结构下的要素市场均衡

对于不完全竞争结构的要素市场,根据企业在要素市场上是买方还是卖方又分为两种类型:一是在要素市场上是买方垄断;二是在要素市场上是卖方垄断。

(1)买方垄断的要素市场

在买方垄断的要素市场中,只有唯一的买家来购买生产要素。于是,买方垄断企业面临的要素供给曲线就是整个市场的要素供给曲线,是一条向右上方倾斜的曲线。当只存在一个购买者时,这个购买者在市场上就可能具有一定的市场势力。因此,与完全竞争企业不同,买方垄断企业不是既定价格的接受者,而是可以通过减少要素的使用量来压低要素价格,从而能够以低于竞争市场的价格购买到生产要素。

买方垄断的情形下,企业要确定合理的要素使用量,就要对该要素所能带来的总收益的增加量(即要素的边际收益产品 MRP)与该生产要素的边际成本(即要素的边际要素成本 MFC,表示每增加一单位要素购买所增加的成本)进行比较。由于前文我们已经讨论过不同产品市场中企业的要素边际收益曲线,下面我们将对企业的边际要素成本曲线进行讨论。

企业的成本是所使用的要素数量与要素价格的乘积,其中要素价格通常又是要素数量的函数,也即为企业面临的要素供给函数,但它不同于市场的要素供给函数。例如,设该供给函数为 $W(L)$,则成本函数为 $L \cdot W(L)$,于是,边际要素成本:

$$\text{MFC} = \frac{dC(L)}{dL} = \frac{d[L \cdot W(L)]}{dL} = W(L) + L \cdot \frac{dW(L)}{dL} \tag{5.2}$$

由公式(5.2)可以看出,边际要素成本由两部分组成:第一部分是要素价格 $W(L)$,表示企业为增加使用要素而必须支付给新增加要素的价格,这是由于要素增加而引起的成本的增加;第二部分为乘积项,其中 $dW(L)/dL$ 反映由增加使用要素引起的要素价格的变动。它乘上要素数量 L 正好就是由于价格上涨而引起的成本的增加。

对于企业的边际要素成本,我们从两个方面进行考虑:一方面,如果企业为要素市场上的完全竞争者,则它面临的要素供给曲线就是水平的,要素价格就是固定不变的常量,即 $W(L)=W$。于是,企业的边际要素成本 MFC 就等于要素价格,即 MFC=W。前面的图 5-3 和图 5-4 就是这种情形。另一方面,如果企业不是完全竞争者,而是要素市场上的垄断买方,它所面临的要素供给曲线 $W(L)$ 就是市场的要素供给曲线。而市场要素供给曲线通常是向右上方倾斜的,即要素的市场供给量随要素价格的上升而增加,因此,$W(L)$ 向右上方倾斜,从而 $dW(L)/dL>0$。再由边际要素成本 MFC 的表达式即知,MFC>$W(L)$,也就是边际要素成本曲线位于要素供给曲线之上。

此外,边际要素成本的概念还可以用另一种方式给出,如下:

$$\text{MFC} = \frac{dC(L)}{dL} = \frac{dC(L)}{dQ} \cdot \frac{dQ}{dL} = \text{MC} \cdot \text{MP} \tag{5.3}$$

其中 MC 表示产品的边际成本,MP 表示要素的边际产量。MFC 是两者的乘积说明,要素的边际成本应是增加一单位要素投入所带来的产量增量给企业带来的成本的增量。

根据利润最大化原则,企业增加一单位生产要素所增加的总收益应当与增加这一单位生产要素的成本相等,即要素的边际收益产品等于边际要素成本。我们将要素的边际收益产品曲线和边际要素成本曲线结合在一起,就可以得到生产要素买方垄断情形下,企业对生产要素的最优使用量和对应的均衡价格,如图5-5所示。MRP 曲线与 MFC 曲线的交点对应的最优要素使用量为 L_1,这一使用量显然小于完全竞争市场情况下的使用量 L_2。并且,当要素的使用量为 L_1 时,买方垄断企业可以将要素价格压低到 W_1,这一价格也显然低于完全竞争市场情况下的价格 W_2。所以,买方垄断企业通过人为地减少对要素的使用量而压低要素价格,这与垄断企业在产品市场上限制产量以提高价格正好对应。显然地,买方垄断企业在要素交易过程中,利用自己是唯一要素购买者的地位获取了额外收益。

在实际生活中,带有买方垄断性质的要素市场并不少见,其产生的原因主要包括以下三方面:一是生产要素的专业化。由于有些生产要素具备特殊的技能和性质,导致其只能适应某种特殊的工作或用途,离开了这些工作它也就失去了存在的价值,而需要这种特殊要素的企业就有可能成为买方垄断。二是地理上的隔绝。在某些交通不便的地方,或者某个地区居民的家乡意识浓厚而不愿意出远门等,这个地区的一家企业就有可能成为要素的唯一买主。三是买方垄断卡特尔。同一行业几家大企业联合起来购买一种生产要素,就可能形成对这种要素的买方垄断。

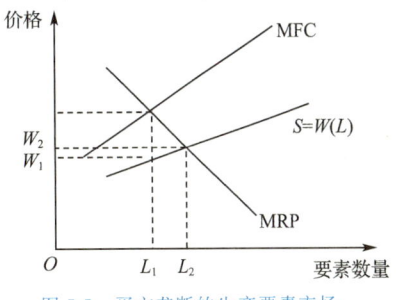

图 5-5 买方垄断的生产要素市场

(2) 卖方垄断的要素市场

生产要素的卖方垄断市场意味着要素市场上有且只有一家卖主。与买方垄断市场相反,在卖方垄断的要素市场中,卖方垄断者面临的要素需求曲线就是整个市场的要素需求曲线,是一条向右下方倾斜的曲线。然而,与完全竞争要素市场上的卖方不同的是,垄断卖方不再接受既定的价格,而是可以通过控制要素的供给量来决定要素的价格。

同样,在卖方垄断的情形下,企业为实现利润最大化,也必须遵循等边际原则,即它所使用的生产要素数量应当是使要素的边际收益产品和边际要素成本相等时的要素数量。

在图 5-6 中,在卖方垄断的要素市场上,卖方垄断者面对的是一条向右下方倾斜的要素需求曲线 D,边际收益曲线 MR 位于需求曲线 D 的下方,这是由于随着要素供给量的增加,边际收益要比要素价格下降的速度更快。如果没有卖方垄断,市场是完全竞争的市场,则均衡的要素购买量和市场价格将由要素的供给曲线 S 和需求曲线 D 的交点所决定。相应地,要素的市场价格为 W_2,购买量为 L_2。但是,在卖方垄断情形下,卖方垄断者就会根据边际收益等于边际成本的原则来调节要素的供给量。这时,垄断卖方将会把要素的供给量限制在 L_1 水平上,当垄断卖方只销售 L_1 的生产要素时,此时的均衡要素价格就为 W_1。很明显,L_1 这一供给量低于完全竞争要素市场情况下的供给量 L_2。并且,在要素供给量为 L_1 时,卖方垄断者会将价格抬高到 W_1,该价格又大于完全竞争要素市场下的价格 W_2。所以说,在存在卖方垄断的情形下,要素的使用量会减少,而要素的价格却会上升。

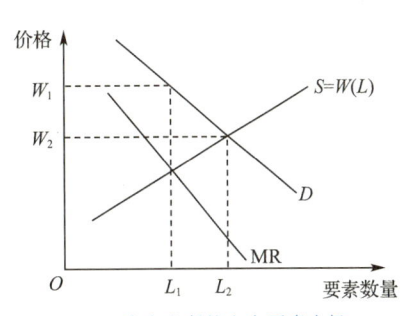

图 5-6 卖方垄断的生产要素市场

在要素市场上,纯粹的卖方垄断比较少见,但是在一些行业中,企业在销售其他企业用作生产要素的产品时,就可能拥有某种卖方垄断势力。例如,在劳动市场上,人们通常认为工会充当了要素卖方垄断的角色。

3. 双边垄断结构下的均衡

在不完全竞争的要素市场中,还存在着一种极端的情形,即买方垄断和卖方垄断同时的出现,这就是所谓的双边垄断。在这样的市场上,要素的买卖双方都拥有讨价还价的地位和能力,所以均衡的要素市场价格和使用量难以确定。最终的市场价格和使用量要取决于双方力量的对比。

图 5-7 说明了在双边垄断情形下,生产要素市场上要素价格的决定。图上的横坐标表示要素的数量,纵坐标表示要素的价格。曲线 $D(\mathrm{MRP})$ 表示垄断买方要素的边际收益产品决定的要素需求曲线,曲线 S 代表垄断卖方要素的供给曲线,MFC 是垄断买方的边际要素成本曲线,MR 是边际收益曲线。

对于买方垄断的企业来说,它是要素市场上的唯一购买者,要实现利润最大化,必须使得其要素的边际收益产品等于边际要素成本,即 $\mathrm{MRP}=\mathrm{MFC}$,此时,均衡的市场价格为 W_2,均衡使用量为 L_2。而对于卖方垄断者而言,为实现利润最大化,也要使其要素供给的边际收益等于要素供给的边际成本,即 $\mathrm{MR}=\mathrm{MC}=W(L)$,这时,确定的均衡要素价格为 W_1,均衡的供给量为 L_1。

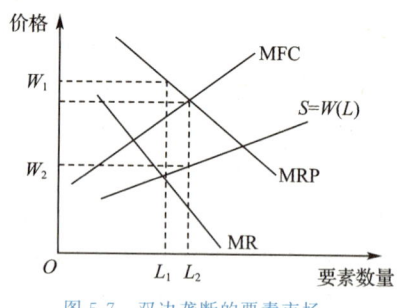

图 5-7 双边垄断的要素市场

因此,我们可知,要素的买主愿意以 W_2 的价格使用数量为 L_2 的生产要素,而卖主却希望以 W_1 的价格提供数量为 L_1 的生产要素,在双边垄断这种情形下,均衡的要素价格最重要的是取决于双方的讨价还价情况。如果能够达成协议,确定的价格水平将在 W_2 和 W_1 之间,对应的要素使用量会在 L_1 和 L_2 之间。如果双方对此都互不让步,就不会有交易发生。

5.2 要素价格的决定

5.2.1 劳动价格的决定

1. 劳动供给的特点

任何人拥有的时间都是有限的。消费者选择提供多少劳动,实质是在决定自己时间的配置。一般说来,人们的时间配置在两类活动上:一是市场活动,二是非市场活动。市场活动就是参加工作,从事生产活动等同于劳动供给;非市场活动包括睡觉、娱乐、旅游、做家务、接受教育等。人们从市场活动中获得收入,从非市场活动中获得家庭生产的物品和劳务、闲暇和休息、身心的满足,以及能够在未来回答更高收入的知识和社会关系。人们通过权衡参与者两类活动获得的相对收益来配置自己的时间。为了使人们愿意提供劳动,所提供的工资率至少要等于人们对用于非市场活动的最后一个小时的效用评价。这种工资率,即人们愿意向市场提供劳动的最低工资率,被称为保留工资。如果市场工资率低于保留工资,人们不会供给劳动。一旦工资率达到或超过保留工资,人们就开始提供劳动。不过,工资的上升对劳动的供给量有两种相反的效应:

第一,替代效应。替代效应是指在其他条件不变的情况下,工资越高,人们也就更愿意放弃更多的非市场活动,并增加用于工作的时间。比如,人们要用一些时间洗衣服和打扫家里卫生，假定从事这种活动产生的收益为每小时 20 元，那么，当人们可以得到的每小时工资高于 20 元时，他们就会认为多工作 1 小时，然后花 20 元去市场上购买这些服务是值得的。所以，工资率的提高使时间由非市场活动转向市场活动。

第二，收入效应。收入效应是指，工资率越高，人们的收入就越多。在其他条件不变的情况下，当收入上升时，人们对大多数物品的需求会上升。作为非市场活动一个部分的闲暇就是这些物品中的一种。由于收入的上升增加了人们对闲暇的需求，人们会把更多时间用于非市场活动，对劳动的供给量会减少。

在工资率上升的过程中，替代效应和收入效应同时存在，前者使劳动的供给量增加，后者则使劳动的供给量减少。当工资率处于较低水平时，替代效应通常大于收入效应。随着工资提高，劳动的供给量增加。但是，当工资率继续提高时，收入会达到使替代效应和收入效应相等的水平。这时，工资率的变动对劳动的供给就没有影响了。如果工资率继续提高，收入效应就开始大于替代效应，劳动的供给量开始减少，人们就会选择增加闲暇时间，比如去度长假或享受与子女在一起的天伦之乐。因此，如图 5-8 所示，个人的劳动供给曲线并不是一直向右上方倾斜的，而是从某一点上开始向后弯曲，被称为后弯的供给曲线。

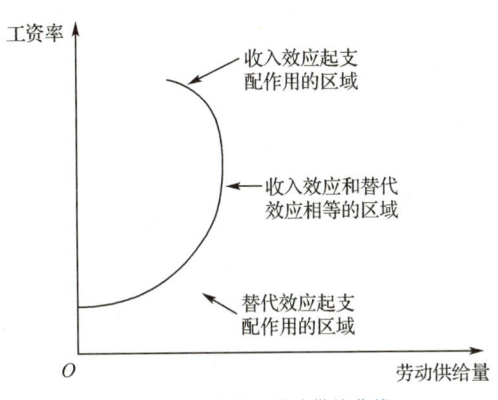

图 5-8 向后弯曲的劳动供给曲线

整个市场的劳动供给量是所有个人劳动供给量的总和，因此，市场的劳动供给曲线是所有个人劳动供给曲线的水平加总，如图 5-9 所示。需要注意，市场供给曲线虽然也与个体供给曲线一样向后弯曲，但市场供给曲线向右上方倾斜的部分要更长，这是因为由于受教育程度、年龄、文化等方面差异的影响，不同个体的保留工资并不相同，如大学生的保留工资通常会高于没受过高等教育的人的保留工资。当工资率提高时，在整个劳动力市场上，会有更多个体达到保留工资的水平，从而开始提供劳动，劳动供给会在相当长的时期内随工资率提高而增加。所以，劳动市场的供给曲线向上倾斜的部分就更长。

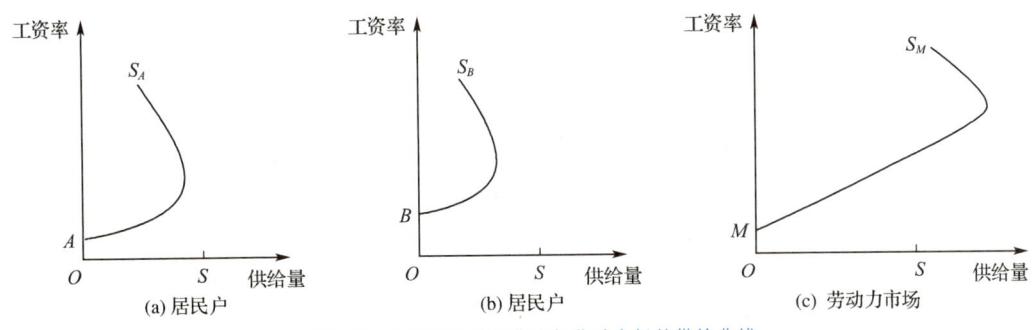

(a) 居民户　　(b) 居民户　　(c) 劳动力市场

图 5-9 个人劳动供给曲线与劳动市场的供给曲线

在现实生活中，当工资率提高时，一个经济的劳动供给总会增加。这说明，实际中的工资率很难达到使整个经济的劳动供给曲线向后弯曲的程度。更常见的情况是，工资率可以高到使部分个体减少劳动的供给,但同时,还会有更多供给曲线处于右上倾斜部分的个体选择提供更多的劳动。这些工人对高工资率的反应大于那些随工资率提高而减少工作时间的工人的反应。因此,对整个经济来说,劳动供给曲线是向右上方倾斜的。正是因为这一点,我们在研究劳动市场时,主要针对的是劳动供给曲线向右上方倾斜的部分。

以上我们分析了个体的劳动供给决策,以及这些决策如何加总为市场供给。那么,单个企业面临的劳动供给是如何决定的呢?这要看劳动市场的竞争程度。在完全竞争的劳动市场上,每个企业面临的都是供给弹性无限大,即水平的劳动供给曲线。这时因为每个企业的需求量只是整个劳动供给量中微不足道的一小部分,并不影响市场工资率。当企业面临的是不完全竞争的劳动市场时,企业面临的就是向右上方倾斜的劳动供给曲线,它想雇用的工人越多,需要支付的工资就越高。

2. 工资的决定

工资作为劳动的价格,是由劳动市场中需求和供给的相互作用决定的。如图 5-10 所示,在 E 点劳动市场需求等于劳动市场供给,均衡的社会总体工资水平为 W^*,均衡的劳动总供给量为 L^*。如果工资率超过了 W^*,个体对劳动的供给量就会超过企业对劳动的需求量,市场上存在多余的劳动力,形成失业;而当工资率低于 W^* 时,劳动的供给量少于劳动的需求量,市场上存在劳动力短缺。在一个竞争的劳动力市场中,当出现上述两种情况时,工资率会做出相应的调整,直到劳动的

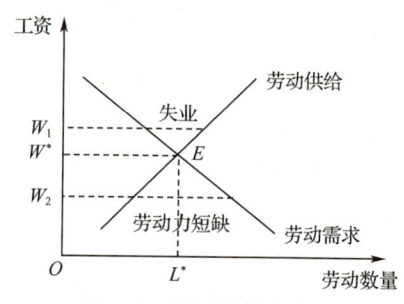

图 5-10 劳动市场的均衡

供求平衡为止。上述分析假定所有劳动者都是同质的,然而在现实中,人与人不会完全相同,不同的人能胜任不同的工作。所以,劳动市场是由许多细分市场构成的。每个细分劳动市场的供求关系不同,均衡工资自然存在差异。因此,即使在同一地区,不同职业、不同工种之间的工资水平都存在巨大的差异。

以图 5-11 为例,假定(a)图为娱乐节目主持人市场,在电视成为大众娱乐的主要载体,并且电视娱乐节目竞争越来越激烈的今天,优秀的娱乐节目主持人是提高节目收视率的关键,因此,他们提供的劳动具有很高的边际收益产品,在图中表现为对他们劳动的需求曲线 D_N 比较陡峭。但是,具有娱乐节目支持才能的人的供给是很少的,所以,对其的供给曲线为 S_N。均衡的工资率为每小时 500 元,雇佣量仅为 Q_N。

假定图 5-11(b)图代表保姆市场,显然,保姆劳动的边际收益产品较娱乐节目主持人低得多,所以对其的需求曲线为 D_B。当保姆不需要具备太多的专业技能,甚至只要受过中学教育就行,对保姆的供给远远比娱乐节目主持人多,供给曲线为 S_B。在均衡时,保姆每小时的工资仅为 10 元,雇佣量多达 Q_N。

3. 工资差异的成因

上面的分析说明,不同职业的工资之所以存在差别,很重要的一个原因是不同的劳动市场具有不同的供求关系,更具体地说,是由于从事不同工作的劳动力具有不同的边际收益产品,即具有不同的边际生产率,这被称为收入决定的边际生产率理论。除了边际生产率理论之外,实际当中的工资差异还可以用以下三方面进行解释:

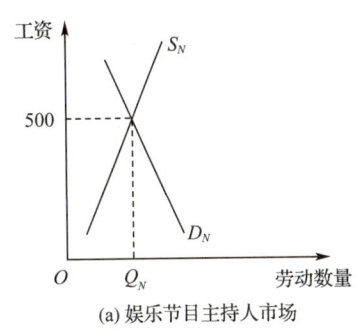

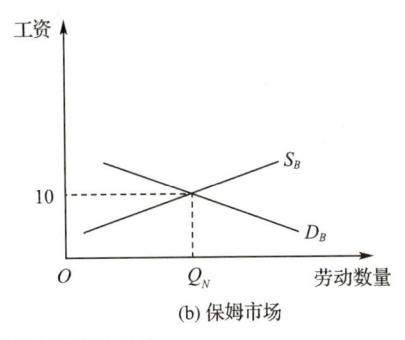

图5-11 不同劳动市场均衡工资的差异

第一，补偿性工资差异。不同职业不仅在工资收入上存在差异，在工作条件和工作本身的乐趣等方面也存在不同。有些工作轻松、有趣而体面，有些工作则又脏又累、枯燥，可能还有生命危险。如果人们普遍觉得某些工作本身就比另一些工作更具吸引力，那么，为了吸引人们愿意从事那些"不好"的工作，对"不好"的工作支付的报酬就得比那些"好工作"要高，以使不同工作经过非货币因素调整后的"真实工资"相同。比如，煤矿工人的工资通常高于其他有类似教育水平的工人，工厂中夜班工人的工资高于白班工人的工资，可以用补偿性工资差异来解释。

第二，人力资本投资的差异。人力资本是人本身积累的技能和知识，教育是生产人力资本的主要方式。人们放弃当前工作和赚钱的机会，花费时间和金钱去接受教育实质是对自己的人力资本进行投资的一种行为。按照个人拥有的人力资本存量的差异，劳动力可以分为熟练劳动力和非熟练劳动力两类，前者受教育程度较高，具有较高的人力资本存量，能够完成复杂的工作，后者受教育程度较低，人力资本存量较低，只能胜任相对简单的工作。企业雇用熟练劳动力能够获得更高的边际收益，因此愿意为这类劳动者支付高报酬。而熟练劳动力本身为了弥补自己投资人力资本的成本，也会向企业索要更高的报酬。如果工资水平不因为人力资本的差异而存在差异的话，将很少有人愿意接受教育，这不仅会损害到企业的利益，对整个经济的发展来说也是极其不利的。

第三，能力的差异。每个人的劳动生产率不完全取决于教育程度和工作经历，还与天生个性和智力等因素有关。不同人的身高、外表、力量、耐力、逻辑思维能力、想象力和创造力等都不相同，适合做的工作也不相同。超凡的天赋能力并非一定带来高收入，只有当消费者愿意支付高价来享受这种能力带来的服务时，能力才是"值钱的"。一般说来，拥有某种特殊才能的人与一般劳动力相比稀缺程度要高得多，因此，工资就要更高一些。

5.2.2 土地价格的决定

1. 土地的供给

土地是自然资源中非常重要的一类，也是企业进行生产所需的重要生产要素。与劳动和资本不同，一种经济能够利用的土地存量是由大自然决定的，任何个人的决策都不能改变土地的供给总量。个人可以调整自己拥有的土地量，但一个人得到的土地总是另一个人所出售的。无论个体做出什么决策，在任何地方，土地供给总量是固定的，不会随价格的变动而发生变化，即土地的供给是无弹性的。

149

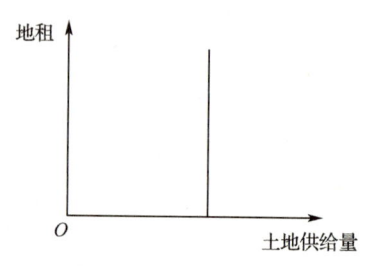

如图 5-12 所示，横轴代表土地供给量，纵轴代表土地的价格，即地租。土地的供给曲线为一条垂线，表明一种经济所能利用的土地总量是固定的。

上面的分析针对的是所有生产性用途的土地供给。但是，如果考虑某种具体生产性用途的土地供给，如农业用地、商品房建设用地、工业用地等，情况就会有所不同。有些时候，土地可以在不同用途之间进行转换，农业用地可以用来盖厂房，工业用地经过改造能够变成住宅小区，住宅用地也可以拿来修路造桥。不过，土地的用途转换需要涉及居民动迁、土地平整与通电、通水等复杂过程。因此，在短期中，某种特定用途的土地供给是缺乏弹性的，如图 5-13 所示。只有在长期中，随着特定用途土地租金的上升，其他用途的土地才会转向这种用途，供给量才会增加，反映在供给曲线上，就是特定用途土地的长期供给曲线向右上方倾斜。

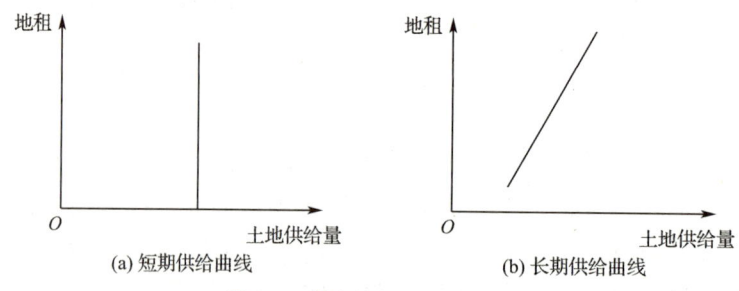

图 5-12 土地的供给曲线

图 5-13 特定用途土地的供给曲线

2. 地租的决定

土地作为一种重要因素投入，与劳动和资本相比，最显著的区别就是其供给在短期内是极其缺乏弹性的。在图 5-14 中，我们用垂线 SS_0 表示特定类型的某种土地在短期内的供给曲线，对其的需求曲线为 D_0。土地需求曲线 D_0 与供给曲线 SS_0 的交点决定了土地的均衡价格 R_0，这一价格被称为地租。

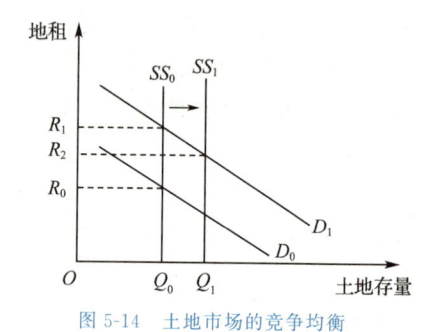

由于土地的供给在短期内缺乏弹性，当对土地这种生产要素的需求由 D_0 上升至 D_1 时，地租就会迅速由 R_0 上升至 R_1。地租的上升会使更多这种类型的土地开发出来供应市场。相应地，该类型的土地存量就会增加，供给曲线会由 SS_0 向右移动至 SS_1，均衡地租就会由 R_1 降低至 R_2。

图 5-14 土地市场的竞争均衡

土地供给在短期内极其缺乏弹性的特点使得土地的价格会随需求的上升而大幅度提高。长期来看，如果没有后续土地供给的增加，地价或地租的上升就会无法缓解，甚至越演越烈。这在房地产市场上表现得最为突出。当房价上升时，开发商对土地的需求就会增加，在短期内会显著拉升地价。这时，如果政府严格控制土地的供应，就会使得地价进一步上涨，并导致房价大幅度攀升，加剧房地产市场上的泡沫现象。

3. 固定的土地

土地是最有价值的自然资源,在法律上,"土地"的所有权包括一系列的权利与义务,例如占有的权利、耕种的权利、拒绝使用的权利,以及进行建筑的权利。土地对任何商业活动都是一种基本的生产要素。土地的突出特征是:数量固定,对价格完全缺乏弹性。

固定要素的价格称为租金,或纯经济租金。经济学家所说的"租金",不仅是就土地要素而言,还包括所有供给固定的要素。租金以单位时间和单位固定要素的金额计价。"租金"一词在经济学中具有特殊含义,即租金是对使用供给固定的生产要素所支付的报酬。日常生活中的"租金"通常包含其他的意思,如对租用公寓或车辆所支付的费用。

土地市场的需求和供给的相互作用决定了市场均衡,需求曲线与供给曲线的焦点形成均衡点,对应于均衡点的价格和数量是均衡价格和均衡数量。在市场供求的作用下,土地的租金的波动收敛于这个均衡价格。如果租金高于均衡价格,所有厂商需要的土地数量就会少于所能供给的现存的土地数量,土地所有者就不能将其全部土地租出去,他们不得不以较低的租金出租自己的土地,于是土地租金就会降下来。同理,租金也不会长时间停留在均衡水平以下,供不应求的压力会促使租金上涨。只有在对土地的需求量正好等于固定供给量时,市场才会重新达到均衡状态。

假定土地只能被用来种植大豆,如果对大豆的需求上升了,对种植大豆的土地的需求曲线就会向右上方移动,租金就会上升。这说明了土地的一个重要特征:对要素的需求是由对要素所生产的产品的需求所派生出来的,土地价值(租金)的高低取决于大豆价格的高低。

土地供给数量固定这一事实引出了一个很重要的结论。假如政府对所有的土地租金征收50%的税,征税后人们对土地的总体需求并没有改变,人们对土地的需求仍然等于土地的固定供给数量。因此,土地市场的均衡关系不会因为税收的增加而变动。由于土地的需求和供给数量并没有变化,所以市场价格不会受税收影响,税收是从土地所有者的收入中扣除的,即税收全部由供给完全无弹性的要素所有者承担。土地所有者会抱怨,但在完全竞争条件下,他们对此无能为力。因为,他们不能改变土地的总供给,而且土地总要被用来获得些什么,得到一袋大豆总比没有大豆要好。而且,对租金征税不会引起扭曲或经济无效率,对纯经济租金征税不会改变任何人的经济行为:需求者没有受到影响,因为他们的意愿价格没有改变;供给者的行为也没有受到影响,因为土地的供给是固定的,不可能做出反应。于是,税后的经济会与税前的经济一样地运行。

5.2.3 资本价格的决定

1. 资本的含义

资本是指那些生产出来的耐用品,它们在进一步的生产中被作为生产性投入。有些资本能连续使用几年,有些则可能持续使用几十年或更长。资本的基本特征是:它既是一种投入,又是一种产出。

在早期,资本主要是指有形资产,包括:建筑(如工厂和住宅)、设备(耐用消费品,如汽车;耐用生产设备,如机床和卡车),以及生产过程中的原材料、零部件、半成品和产成品的存货。有形资产是经济的重要组成部分,因为它们可以提高其他要素的生产率。现今,无形资本在经济中的作用越来越重要,尤其是智力资本。商誉、品牌、专利、人力资本和关系资本需要多年的投资才能形成和积累起来,上市的知识密集型公司和技术密集型公司的市场价值与其账面有形资产价值的差距越来越大。

资本在资本市场上交易。例如,波音公司将飞机卖给航空公司,航空公司再用这些特殊的资本品,加上软件、熟练劳动、土地和其他投入品,提供航空运输服务。大多数资本归使用它们的企业所有,但有些资本是由其所有者租借出去的。为暂时使用资本品进行的支付叫作租费,我们需要将固定要素(如土地)的租金与有形资本的租费区别开来。

个人和公司都拥有各种不同种类的资产,一种是作为生产性投入的资产,如用来生产其他产品和服务的计算机、汽车和厂房等;另一种是金融资产,它是一方对另一方的货币要求权。例如,房屋抵押贷款就是银行对房屋所有者按月支付本金和利息的要求权,这些支付的钱款将用来偿还为买房所借的原始贷款。在抵押贷款的情况下,有形资产通常会作为一项金融资产的抵押品。而在其他情况下,如学生贷款,金融资产的价值则可以来自以个人未来收入能力为基础的还款承诺。金融资产的作用产生于储蓄者和投资者之间的不匹配。学生们需要钱来上大学,但他们现在没有收入来支付学费,而那些正在工作并存钱的成年人,可以将超过消费需要的收入可以提供给学生。把储蓄者的资金引向投资者的是金融系统,其中包括银行、基金、保险公司等金融机构,通常还有政府贷款和政府担保作为补充。在按固定利息计算金融资产收益的情况下,贷款的收益称为利率。从经济学角度看,利率或投资收益率是借款或贷款的价格。由于期限、风险、税收情况和其他投资属性的不同,投资的收益也往往不尽相同。

2. 资本的供给

生产要素意义上的资本是指企业用来购买厂房、设备等资本品的资金。这些资金通过金融机构和金融市场来筹集,前者包括银行、保险公司等,后者包括股票市场、债券市场等。然而,无论金融机构还是金融市场,其流动的资金都来自人们的储蓄,即人们没有将当期收入全部用于消费,而是节余一部分提供给企业使用。因此,个体提供资本的多少就取决于他的收入当中有多少用于储蓄。

个体的储蓄决策受很多因素影响,最重要的是以下两方面:

第一,现期收入与预期未来收入的比值。如果一个人的现期收入低于预期的未来收入,他就会少储蓄,甚至借债(负储蓄)。如果一个人预期的未来收入低于现期收入,他就会多储蓄,以保证未来的消费。个人所处的生命周期阶段是影响现期收入与预期收入比值的主要因素。年轻人通常对未来收入持乐观预期,所以储蓄率偏低,愿意借债消费,如贷款买房、买车;而年龄较大的人的现期收入一般高于未来预期收入,普遍乐于储蓄并积累资产,以便为退休后的生活提供保证。

第二,储蓄利率的高低。个人(家庭)进行储蓄需要放弃当前的消费,以期获得利息收入。储蓄利率越高,人们就越愿意减少现期消费,从储蓄中获得更多未来的收入。因此,利率就是资本的价格,利率越高,资本供给量就越多。个人(家庭)的资本供给曲线反映在不同的利率水平上他们愿意以储蓄方式提供的资本数量。资本的市场供给是一个经济体中所有个人(家庭)的资本供给的总和,资本的市场供给曲线描述了资本供给随利率变动的变化。

资本数量的变化是储蓄的结果,短期内,储蓄增加会增加资本,但增加的数量与原有的庞大资本存量相比可能微不足道。所以,短期内,资本供给是缺乏弹性的,甚至完全无弹性;但在长期,资本供给是富有弹性的,如图 5-15 所示。

3. 利率的决定

综合资本的需求和供给,能够得到资本市场的均衡。在图 5-16 中,(a)图是钢铁行业的资本市场。假设最初投入该行业的资本数量为 Q_1,资本的短期供给曲线就为 SS_1,钢铁行业对资本的需求曲线为 D_1,由钢铁企业使用资本的边际收益产品决定。于是在短期均衡时,钢铁行业的均衡利率为 i_1,这是资本供给者将资本投入钢铁行业所能获得的回报率。(b)图是软件行业的资本市场。在软件行业中,假设由最初的资本存量 Q_3 决定的短期资本供给曲线为 SS_3,对资本的需求曲线为 D_2,于是,短期的均衡利率为 i_2,这是资本供给者将资本投入软件行业所能获得的回报。显然,由图 5-16 可以看出,软件行业支付给资本所有者的回报高于钢铁行业。

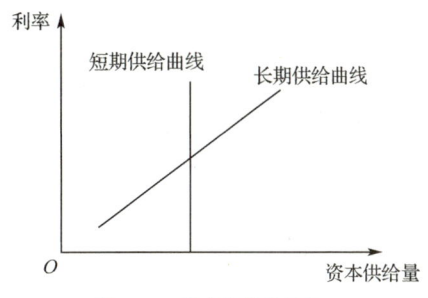

图 5-15 资本的供给曲线

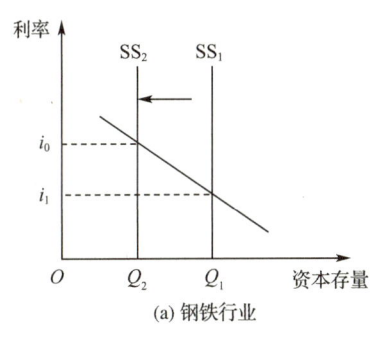

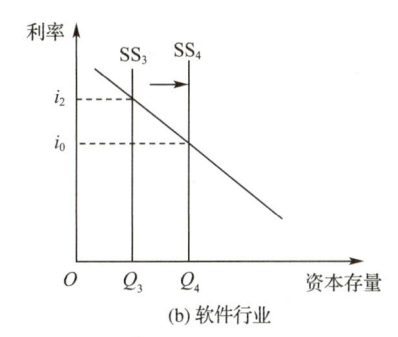

图 5-16 资本市场的均衡

资本利率的这种不均等会引起资本市场的动态调整,资本所有者将把其投在钢铁行业中的资本抽回,投向软件产业。资本的抽回需要耗费一段时间,于是,钢铁行业的资本存量将逐步减少,一段时间之后,该行业的资本短期供给曲线会由 SS_1 向左移动至 SS_2,而软件行业的资本存量会慢慢增加,资本的短期供给曲线逐渐由 SS_3 向右移动到 SS_4。这种调整又会使得钢铁行业的资本利率上升,软件行业的资本利率下降。当资本市场整体达到均衡时,各行业的资本利率将相同。

资产的价格与利率呈反向变动,长期资产价格的变化大于短期资产价格的变化。当利率上升时,许多资产的价格会下降。大多数收益都产生于未来,一项资产的现值取决于其未来的收益率和利率。因此,利率变化对长期资产价格的影响更大。

资产价格对利率的依赖性是金融资产的一般属性。股票、债券、不动产和许多其他长期资产的价格,都是随着利率的上升而下降的。利率高低主要取决于资产的以下三个属性:

第一,贷款的期限或到期日的不同。短期证券的期限一般不超过 1 年。公司经常发行期限为 10 年到 30 年的债券和期限不超过 30 年的抵押贷款。长期证券的利率通常要高于短期证券,因为只有当借款者能够增加收益时才愿意放弃对其资金使用的便利性。

第二,贷款的风险也不同。一些贷款几乎没有风险,而一些则贷款极具风险性。当投资者投资于有风险的企业时,他们要求获得风险溢价。风险性投资,面临相当大的违约或无力支付的可能性。风险较大的证券的利率要高于无风险证券的利率,这个溢价所体现的是可能发生的违约损失而需要向借款者提供补偿的数额。

第三,资产的流动性不同。如果一项资产在其价值只有很小减耗的情况下能够迅速转变为现金,则称该资产具有流动性。大多数有价证券(包括普通股票、公司债券和政府债券)都能够以接近它们当前价值的价格迅速地转变为现金。非流动性资产变现能力较弱,例如,住宅是一项非流动性的资产,在中国的三、四线城市,房地产市场不完善,人们会发现很难迅速地或者很难以接近实际市场价值的价格将住宅卖掉。由于迅速实现资产价值的风险和困难比较大,非流动性的资产或贷款往往需要比流动性、无风险的资产或贷款支付更高的利率。

在讨论利率概念时,我们需要区分名义利率和实际利率。名义利率是以货币形式衡量的货币的利率,而实际利率则是对通货膨胀进行了修正后得到的利率,其计算公式为:名义利率减去通货膨胀率。假设名义利率是每年 8%,通货膨胀率是每年 3%,则实际利率为 8%-3%=5%/年。在通货膨胀时期,投资收益要用实际利率而不是用名义利率来计算。

5.3 收入不平等与收入再分配

通过前面的分析我们知道,在社会中,一个人的收入主要取决于他所拥有的生产要素的价格。影响生产要素需求和供给的各种因素在很大程度上决定了经济的总收入如何在不同社会成员间进行分配,决定了谁是穷人,谁是富人。但是,市场中"看不见的手"能够有效地配置资源,但并不一定能保证公平地配置资源。在收入分配方面,政府有必要对市场形成的收入分配结果进行调节,即进行收入再分配。

5.3.1 收入不平等及其衡量

1. 收入不平等的含义

在衡量一个人或一个国家的经济状况时,最常用的两个指标是收入和财富。收入是指在一定时期内(通常为一年)的工资、利润、租金、利息,以及股息和其他有价物品的流入。一国经济在一定时期内的所有收入总和被称作国民收入。其中,生产要素的供给者以工资、利润、租金和利息等分配形式获得收入。一般来说,国民收入中最大的部分是劳动收入,其形式为工资、薪金和附加福利。其余部分是各种形式的财产收入,如租金、净利息、公司利润和业主收入,等等。

收入不平等是指在特定经济体(如一个国家或地区)内收入和财富在不同人群中分配不均的现象。当收入不平等程度很高时,意味着生活在该经济体的少数人在特定时期内获得了大部分收入,而其他人的收入水平较低。当收入不平等程度较低时,则意味着该经济体的国民收入分配在每一个家庭中的分布较为平均。

2015 年,北京大学中国社会科学调查中心发布的《中国民生发展报告 2014》中指出,目前中国大量的财富集中在极少数人手中,家庭财富最多的前25%家庭拥有全国79%的财产,排名在顶端1%的精英阶层则拥有全国三分之一以上的财产;与之相比,排名在末端的25%家庭财产总量仅占全国财产总量的1.2%。由于每个人或家庭在工作能力、受教育程度、健康状况、拥有的资源、所处环境等因素的差异,绝对的收入平等是不存在的。那么,哪些因素导致了收入不平等程度这么高呢?这个问题引起过很多讨论,以下是主要观点的归纳:

第一,经济全球化和中国对外开放产生的地区经济发展不平衡,导致了不同地区居民收入的不平等。沿海城市的发展普遍好于内陆城市的发展,北京、上海、广州、深圳等一线城市的居民不仅收入较高,集聚财富的机会也更多。例如,住房制度改革以来总体呈不断上涨趋势的房价是我国财富不均的重要来源,较之经济发展水平低的城市,经济发展水平高的城市的房产对居民积累财富的贡献显著更高。目前,在我国家庭财产中,房产所占比重高达70%以上,这是导致我国家庭财富不平等的一个重要因素。财富不均与收入不平等之间存在着相互加强的趋势,一方面,财富不均会降低社会流动性,加剧收入不平等;另一方面,收入不平等也会转化为更高的财富不平等。由于消费具有边际效用递减规律,随着少数人收入的快速提高,他们的边际消费倾向也在下降,导致他们将越来越多的收入用于储蓄和投资,从而加大财富不均。

第二,技术进步速度、技术创新成果应用和产业发展机遇在各产业之间的不平衡,导致在不同产业工作的劳动者的收入两极分化。在技术进步速度较快、技术创新成果普及程度较高、产业发展机遇较多的产业中工作,获得的收入普遍较高。2021年,国内薪酬排列前10名的行业包括证券、游戏、银行、半导体设备制造、港口物流、生物医药、集成电路与芯片、航空机场、石油石化、电力电网。而在技术含量低、发展慢的传统行业中就业的劳动者,获得的收入相对较低。

第三,劳动者的能力、受教育水平、工作经历等因素所导致的职业两极分化。职业两极分化通常被解释为"不同职业中,职业薪酬的顶端与末端的就业增长率比职业薪酬中部增长率更高"。

第四,初次分配过程中存在的不平等竞争导致的收入差距。例如,各种形式的行业垄断。

2. 收入不平等的衡量

对一个社会的收入不平等程度进行衡量,主要有以下几种方法:

(1) 贫困指数

贫困指数(Poverty Index)也称贫困率,是指处于贫困线以下的人口占总人口的比例,是一种常用的衡量社会公平程度的指标。贫困指数的值越高,说明贫穷者人数越多,收入分配越不平等。

用贫困指数来衡量收入分配不平等的程度,首先要确定一个作为贫困线的收入水平,通常以满足基本生活水平所需要的收入作为贫困线的标准。但实际操作中,评价同一种收入分配状态时,若把贫困线定得高一些,贫困指数反映的收入不平等程度就会上升;若是把贫困线定得低一些,从贫困指数来看,收入分配不平等程度就会下降。怎样确定贫困线没有一个客观标准,通常的做法是以人们满足基本生活水平所需的收入来界定贫困线,但基本生活水平又怎样确认?衣、食、住、行、教育、卫生的一定水平既可以看作是基本生活水平,也可以被视为小康水平。

2007年5月,由经济学家阿玛蒂亚·森发起,在英国牛津大学设立的牛津贫困与人类发展中心(Oxford Poverty and Human Development Initiative, OPHI),致力于多维贫困的测量,他们提出的多维贫困指数(Multidimensional Poverty Index,简称MPI)将选取的10个维度指标分为三个维度来测量贫困。第一个维度是健康维度,包括营养状况和儿童死亡率;第二个维度是教育维度,包括儿童入学率和受教育程度;第三个维度是生活水平维度,包括饮用水、电、日常生活用燃料、室内空间面积、环境卫生和耐用消费品。MPI可以反映不同个体或家庭在不同维度上的贫困程度,其取值越小,说明该个体或家庭贫困程度越低。MPI从微观层面来反映个体贫困状况,以及贫困的深度,能够较好地反映贫困人口所处的真实情况,是一种更加符合现代社会发展需求的贫困测度方法。

(2)洛伦兹曲线

洛伦兹曲线(Lorenz Curve)是指在一个经济体(国家、地区)内,将全社会的人口从最贫穷的人口到最富有人口进行升序排列,然后计算不同累计百分比的人口的收入占社会总收入的比例所得到的曲线。洛伦兹曲线是统计学家M. O.洛伦兹(Max Otto Lorenz, 1876—1959)在1907年提出来的,目的是研究国民收入在国民之间的分配问题,它可以用来比较和分析一个国家在不同时期,或者不同国家在同一时期的财富不平等问题。该曲线作为一个总结收入和财富分配信息的直观图示方法得到了广泛应用。

在图5-17中,横轴表示依据收入由低到高排列的居民家庭数量的累计百分比,纵轴表示国民收入的累计百分比。A点表示收入最低的20%居民获得了4.6%的国民收入;B点则表示收入较低的40%居民获得了15.4%的国民收入;把更多类似的点连接起来,就得到一条平滑的曲线,被称作是洛伦兹曲线。从坐标原点到正方形对面的另一个顶点的连线(对角线)被称为均等线,代表了收入分配绝对平等。假设收入最低的前1%的人口的收入占比为1%,前2%的人口的收入占比为2%,……,前99%的人口的收入占比为99%,那么洛伦兹曲线就与收入分配绝对平等直线重合,此时全社会所有人口的收入都是一样的。这时洛伦兹曲线就会变成一条对角直线,与图中的OE连线相重合。

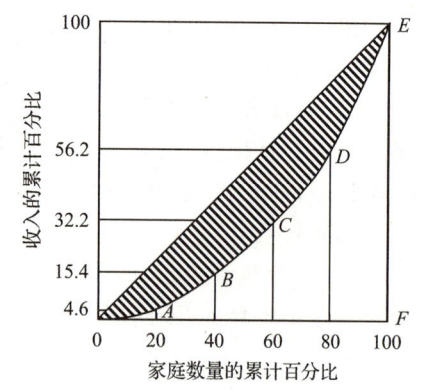

图5-17 洛伦兹曲线与基尼系数

收入分配绝对公平一般是不存在的,实际收入分配曲线即洛伦兹曲线都位于均等线的右下方,贫富差距越大,洛伦兹曲线就越是往下凹。假设收入最低的前99%的人口的收入占比为50%,那就意味着剩下1%的人口拿走了全社会50%的收入,此时洛伦兹曲线严重偏离收入分配绝对平等直线。如果全社会的收入都集中在一个人手中,洛伦兹曲线就会与图中直角折线OFE相重合。

(3)基尼系数

基尼系数(Gini Coefficient)最早由意大利统计与社会学家基尼(Corrado Gini)在1912年提出来,现在已经成为国际上用以衡量一个国家或地区居民收入差距的常用指标。在图5-16中,洛伦兹曲线与对角线之间的阴影面积与三角形OFE的面积之比被称为基尼系数,用来衡量收入分配不平等的程度。基尼系数的取值范围在0至1之间。如果每个人或家庭的收入都相等,图5-16中的阴影部分为零,则基尼系数为0;当收入分配极端不平等时，图 5-16 中的阴影与三角形 OFE 相等，则基尼系数为 1。基尼系数的数值越大，社会的收入分配不平等程度就越严重。

如何根据基尼系数判断一个国家的收入分配是否平等呢？联合国开发计划署等组织提出的标准是：基尼系数低于 0.2 表示收入分配高度平均，基尼系数在 0.2～0.29 表示收入分配比较平均，基尼系数在 0.3～0.39 表示收入分配相对合理，基尼系数在 0.4～0.59 表示收入分配差距较大，基尼系数在 0.6 以上表示收入分配差距悬殊。

5.3.2 收入再分配

1. 收入再分配的政策目标

收入和财富的严重不平等会阻碍社会经济的长期可持续发展，这是因为收入和财富不均容易滋生各类社会不公问题，引发社会矛盾和冲突。收入和财富不均在很大程度上抑制了穷人的消费需求，从而不利于通过消费拉动经济增长；收入和财富不均是各种经济危机爆发的重要诱因。政府进行收入再分配的直接目的是要降低市场初次收入分配的不平等程度，在这个过程中，最为棘手的问题就是如何协调效率和公平的关系。

在效率之外，公平之所以是社会值得追求的一个目标，有两个基本理由。

第一，一定程度的公平是实现效率的必要条件。一个社会要实现效率就必须使社会成员遵守一定的社会运行规则，只有当每一个社会成员的基本生活需要得到必要的保障时，社会规则才能被维护。一旦社会的贫富差距扩大到一定程度，社会就可能发生动荡，实现效率所必需的规则就会受到侵犯，效率也就无法实现。

第二，公平会影响社会福利。社会福利是一个社会的总体满意程度，追求效率可以提高社会福利水平，一定程度的公平也能使社会福利得到改善。收入和商品一样，也存在边际效用递减规律。增加 1 单位收入给一个穷人带来的效用增量会大于富人从增加的 1 单位收入中获得的效用。如果将富人的收入减少 1 单位，并将其转移给穷人，穷人增加的效用将大于富人减少的效用，整个社会的福利会增加。因此，通过一定程度的收入再分配来降低社会成员收入不平等的程度，能够提高社会福利。

但是，上面的分析基于一个重要的假设，就是不管社会如何分配收入，收入的总量都不会发生变化。这个假设显然与事实不符。如果穷人知道自己可以通过政府的再分配获得额外的收入，富人也知道自己收入的一部分会被政府拿走转移给穷人，他们努力工作的激励就都会变小，整个社会的收入就会下降。正因为如此，过分追求公平会损伤效率。

2. 政府在收入再分配中的作用

对于收入的不平等，政府到底应当做些什么，收入再分配的政策问题是如何对效率和公平进行权衡的，这些问题已经超出了经济学的范畴，涉及社会伦理和政治学，对此的回答有三种不同的观点。

功利主义。这种观点认为，社会福利水平，即社会总效用，等于社会所有成员的效用之和。一个社会应当追求社会总效用的最大化，不论是高收入者还是低收入者，他们之间的每一单位效用都是等价的。功利主义观点强调效率，也认可收入的边际效用递减规律，但不完全赞同按个人对生产的贡献来分配收入，而是认为政府应当实施温和的收入再分配政策。

罗尔斯主义。这种观点认为，社会福利水平不是社会各成员效用的简单加总。当社会成员的收入存在差距时,富人的1单位效用与穷人的1单位效用不是等价的,一个社会应当重视穷人的效用,社会福利水平应当直接由一个社会中境况最糟的那个人的福利水平来决定。在设计公共政策时,政府应当提高社会中最差的人的福利,即促使效用最小的社会成员的福利达到最大限度,被称为最小者最大化标准。与功利主义相比,罗尔斯主义更注重公平,主张政府进行强度较大的收入再分配,但其不主张平均主义。因为如果政府努力使收入完全平等化,人们就没有勤奋工作的激励,社会的总收入就会大大减少,社会中最差的人的福利必定会更加恶化。

自由主义。这种观点认为,社会本身并没有赚到收入,赚到收入的只是单个的社会成员。政府不应当,也没有权力将一些人的收入拿走,转移给另一些人。当收入分配是以不公正的手段达到时,比如,一个人偷了另一个人的东西,政府有义务也有权利对此进行干预。但是,只要决定收入分配的过程是公正的,不管最终的结果如何,政府都不应当进行干涉。自由主义观点强调机会平等比收入平等更重要,认为政府应当建立并维护游戏规则,确保每个人都有同样使用自己才能并获得成功的机会,政府没有理由去改变机会平等前提下形成的收入分配结果。

上述三种观点对于政府收入再分配的目标和看法存在着分歧,也没有给出具体的可以操作的政策目标。政府进行收入再分配时需要结合实际,相机选择政策的目标。但是,无论如何选择,都绕不开公平和效率的权衡。

3. 收入再分配的政策工具

国民收入再分配是继国民收入的初次分配之后,在整个社会范围内进行的分配,主要由国家各级政府部门以社会管理者的身份通过财税手段参与国民收入分配的过程。目前,各国政府进行收入再分配的政策工具主要有三种:税收、社会保障体系和实物转移支付。

税收。政府可以通过税收政策来调节收入分配,使得社会成员的收入分配差距缩小。为了达到这一目的,就需要让高收入者承担较多的税负,让低收入者少交税。税率的设计需要满足累进原则,即各人缴纳的税款与收入的比例应当根据各人的收入水平来确定,收入越多,适用的税率越高。

社会保障体系。社会保障体系一般包括社会救济和社会保险两部分。社会救济是指政府向高收入者征收社会保障费,然后再将其无偿转移给低收入者。社会救济对收入分配的调节程度取决于征收的社会保障费在多大程度上具有累进性以及对低收入者的保障水平。社会保险是指政府设立专门机构进行管理,并通过强制性规定建立起的保险,如养老保险、医疗保险等。当社会中某些人的生活困难纯粹是由一些不可预见的因素造成时,社会保险可以解决这一问题。虽然参加保险是自愿的,这一过程不具有收入再分配的性质,但从结果来看,绝大多数购买保险的人最终把自己的一部分收入转移给了那些不幸的人,所以也是一种收入再分配。

实物转移支付。实物转移支付是指政府直接向低收入者提供改善其生活所需的某些物品和劳务,如食品、药品、衣物、免费教育等。支持者认为,与直接向低收入者提供现金相比,实物转移支付能够确保低收入者得到他们最需要的东西;但反对者则认为,政府并不知道低收入者到底需要什么东西,直接提供现金让人们自己选择购买的物品,要比实物转移支付更能改善低收入者的生活。

收入再分配的实质是在一定的经济、政治制度下,收入从一些群体向另一些群体的转移过程。收入再分配有三种实现形式:第一,劳动者个人收入的再分配;第二,劳动者代际收入的再分配;第三,同代劳动者之间的收入再分配。劳动者个人收入的再分配是指劳动者的收入在不同年龄段的再分配,即劳动者在劳动期间的部分收入由于养老保险制度的作用被延迟到退休期间使用,从而体现出个人收入的再分配效应。

5.3.3 收入分配中的效率与公平

在市场经济条件下,收入分配包括三个层次:第一次分配即初次分配,倾向于效率,是由市场按照效率原则进行的分配,收入分配的差别既是市场效率的源泉和动力,也是市场效率的结果;第二次分配是由政府按照兼顾公平和效率的原则、侧重公平原则,通过税收、社会保障支出等手段所进行的再分配;第三次分配是在道德力量的推动下,通过个人自愿捐赠而进行的再分配。党的十八大报告指出:"初次分配和再分配都要兼顾效率与公平,再分配更加注重公平。"当初次收入分配差别过大,有悖社会公平,损害市场效率时,政府就应在经济活动之外通过国民收入再分配进行有效调节。

收入分配中存在两个既相关联又相区别的原则,即效率原则和公平原则。

1. 收入分配中的效率原则

效率是指资源配置的效率。微观经济学将其解释为在有序的市场环境下,经济组织以最低的投入获得能够最大限度地满足人们需要的产品和劳务的状态;宏观经济学将其解释为稀缺资源在社会各部门之间合理配置和优化组合。分配中的效率原则就是指社会分配制度和分配政策要以促进生产力的发展和提高企业与国民经济的效率为目标。

近几十年来,中国发展中坚持的"效率优先,兼顾公平"原则一直是我们在实践中处理效率与公平关系的基本依据。2005年,中国共产党的十六届五中全会就提出要"更加注重社会公平",并明确指出:"完善按劳分配为主体、多种分配方式并存的分配制度,坚持各种生产要素按贡献参与分配,更加注重社会公平,加大调节收入分配的力度。"2017年,中国共产党第十九次全国代表大会报告中进一步强调:"坚持按劳分配原则,完善按要素分配的体制机制,促进收入分配更合理、更有序。鼓励勤劳守法致富,扩大中等收入群体,增加低收入者收入,调节过高收入,取缔非法收入。坚持在经济增长的同时实现居民收入同步增长、在劳动生产率提高的同时实现劳动报酬同步提高。拓宽居民劳动收入和财产性收入渠道。履行好政府再分配调节职能,加快推进基本公共服务均等化,缩小收入分配差距。"

中国仍然是一个发展中国家,在加快发展的过程中,资源始终是一个重要的制约因素。资源的稀缺性要求资源配置的合理性和使用的有效性。有限的经济资源在生产中的投入是以资源使用的高效率为前提的。分配的合理性不仅是指个人收入的分配,还涉及资源的分配,即资源配置的合理性,而资源配置合理性体现在资源使用的高效率上。通过资源的优化配置来提高资源的使用效率,对于中国的高质量发展有特殊重要的战略意义。在市场经济条件下,资源的优化配置是通过市场机制来完成的。因此,提高资源配置效率,必须深化改革,完善市场机制,建立全国统一的大市场。总之,"效率优先,兼顾公平"和"初次分配注重效率,再分配注重公平"依然是在中国整个社会主义初级阶段认识和处理效率与公平关系的基本原则。

2. 收入分配中的公平原则

相对于效率而言,公平就是社会成员之间利益和权利分配的合理化,或利益和权利的平等。从广义上说,这种平等包括经济、政治和法律等各个方面的平等;从狭义上说,是指经济利益和权利的平等,包括机会平等和收入分配平等。

机会平等是指社会成员具有平等参与竞争的机会和就业机会。收入分配平等,即公平原则,一方面是指分配制度和政策的平等,具体地说就是要坚持按劳分配与按要素分配相结合的分配制度,使社会成员的劳动投入和其他各种要素投入都平等的获得收益;另一方面,收入分配的平等原则还要求将社会成员之间的收入差距限制在一个相对合理的范围,保证每一个社会成员的基本生活需要,特别要保护社会弱势群体的利益,解决好困难人群的生活需要。这是一种相对意义上的平等,而不是绝对的平等,更不是平均。

在现代社会中,公平概念有不同的含义。首先是政治权利的平等,通常包括投票权、陪审团制度、言论自由和集会自由。所有的人都应该在同一赛场上按同样的规则比赛,都应该有同等的机会进入最好的学校,获得最好的训练和工作。这样,基于种族、性别和宗教的歧视就会消失。其次是经济结果的公平,不论是杰出的还是平庸的,勤奋的还是懒惰的,幸运的还是不幸的,人们都应该享有同等的消费水平。

政府在采取税收和转移支付等措施收入从富人向穷人那里进行再分配的过程中,可能损害经济效率,并减少可以用来进行分配的国民收入的数量。问题是,人们到底愿意以多少效率为代价来换取更多的公平?经济学家阿瑟·奥肯在他提出的"漏桶实验"中认为,如果人们重视公平,那么将1美元从富人的桶里转移到穷人的桶里时,人们将表示赞同。但是,假如在再分配之桶上有一个漏洞,富人所交的税只有一部分实际到了穷人的手里,那么以公平的名义所进行的再分配就是以损失经济效率为代价的。

"效率优先,兼顾公平"作为中国处理效率与公平关系的基本原则,并不排斥在某个特定时期和条件下可以把解决社会公平问题摆在更突出和更重要的位置上。妥善处理好社会公平问题事关中国的社会主义性质和广大人民根本利益等一系列重大问题。随着改革的深化和经济的发展,一些社会问题与矛盾凸现,认真解决人民群众最关心、最直接、最现实的利益问题,尤其要关注社会弱势群体与困难人群的就业、生活和未来发展等问题,已成为中国可持续发展所面临的突出的现实问题和矛盾。在这样的背景下,提出"更加注重社会公平"的问题,这体现了中国共产党对坚持发展效率优先的同时,对社会公平问题的高度重视。

3. 效率和公平之间的权衡

效率与公平是对立统一关系,两者之间相互依存、相互促进。一方面,效率是实现公平的物质基础和途径,生产效率的高低决定着收入分配的价值内容、规模和具体方式。按照效率原则调节分配关系,既可以促进生产力的发展和创造更多的社会财富,也可以为公平分配和实现共同富裕目标奠定物质基础。另一方面,公平是效率的必要条件,实行公平分配,可以调动社会各阶层和群体的生产经营积极性,促进人们增加投入和提高效率。

效率和公平又是相互矛盾的。效率原则不会自动地实现公平,公平原则也不一定会促进效率的提高。效率原则的实现主要以市场机制为基础,公平原则的实现则要靠政府的调节。片面地追求效率会导致人们的收入差距扩大,从而威胁社会公平,阻碍效率的进一步提高;片面地追求公平会导致平均主义,从而会抑制效率的提高和经济与社会的发展。因此,必须要坚持效率与公平的统一。

效率和公平之间的矛盾在很多公共政策领域一直困扰着我们,使得我们无法在按照市场效率原则组织生产的同时又必须按照公平原则去进行分配。因此,慎重地权衡效率与公平我们最需要关注社会经济问题。解决矛盾的出路在于:二者相互制约,相互促进,让公平促进效率,为效率创造良好的基础环境;让效率促进公平,为公平提供物质条件,在双方间建立一种合理的平衡。要做到这一点,就不但要处理好一系列经济关系,而且要相应地解决政治、社会、文化、伦理等与经济的配套问题,甚至涉及人和社会应有怎样的价值取向问题。

　　为了实现公平与效率的协调发展,首先在经济领域中应优先创造机会均等、起点平等的公平竞争的环境。这取决于建立健全规范的市场秩序,让市场按照自身的机制对社会成员做出第一次分配,即把按劳分配与按生产要素分配相结合。然后通过政府干预、调节手段,做出第二次分配,以改善社会中处于最不利地位的人的境况,增强他们的竞争能力。也就是说,不断消除新产生出来的机会不均等,及时将效率成果转化为公平。体现社会公平的第二次分配需要市场为创造高效率提供必要的物质条件。因为一个社会能够公平到何种程度,需要依据该社会的物质积累所能承受的限度来制定。如果不顾经济承受能力去超前满足某些平等要求,就会造成社会生产率下降,反而阻碍了实现社会公平的进程,从这一特殊的意义上才可以讲效率优先的原则。

　　在经济领域之外,政治的基本权利、生存权利的平等和法律面前人人平等,是建立和维护市场秩序的前提,它们应不受市场波动及个人在市场中得失涨落的影响。如果人的生存权利、基本权益随时受到威胁,得不到法律的保护,市场上的公平竞争就是一句空话。无论是产生高效率的经济公平还是政治法律平等,其实质都是以道德规范去规范个人、群体、政府的行为,是靠有道德觉悟、有社会公正观念的人自觉制定和建立规则秩序,并以此自我约束,平衡调节人在社会中的交往行为,其背后的基础是道德和具有道德的人。所以,大力进行伦理道德、人文素质的教育,培养和塑造具有高尚思想品格和道德情操,能够担负起对社会、对他人的道义责任,树立合理的公平观念和效率意识的人格,才是最重要的。

　　在混合型市场经济国家中,市场要对绝大多数的产品和服务的生产和定价负责,政府则维持经济体系的正常运行并向穷人、失业者以及老年人提供社会安全保障。政府政策中最具争议的是针对穷人的社会保障计划。贫穷家庭是否应该得到有保障的收入?或者只应该得到最低水平的食品、住房和医疗保健?税制应该起到在富人和穷人之间进行收入再分配的作用,还是主要促进经济有效率地增长?随着社会经济的发展水平不断提高,这些问题也日益引起更多的争议。人们逐渐地意识到,追求收入公平的尝试往往会损害应有的激励力度和效率水平,而保障收入公平分配是当今最具争议的经济话题。

　　由于经济和社会结构的不同,不同类型国家的收入分配存在巨大差异。相关研究发现,在发展中国家,工业化进程开始时,不公平程度加剧;工业化进程完成后,不公平程度下降。最极端的不公平现象出现在中等收入国家,例如拉丁美洲的秘鲁、巴西及委内瑞拉。

关键术语

生产要素劳动　资本　土地　派生需求　边际收益产品　边际产品价值　要素需求曲线　保留工资　替代效应　收入效应储蓄工资　利率　利息　地租　收入再分配　功利主义　罗尔斯主义　自由主义

思考题与讨论题

1. 在要素市场完全竞争的条件下,为什么要素的边际收益产量曲线就是企业对这种生产要素的需求曲线?
2. 企业对要素的需求曲线为什么向右下方倾斜?
3. 在劳动市场自由竞争的条件下,劳动的供给曲线为什么会向后弯曲?
4. 原始要素与中间要素有什么区别?
5. 人口增长为什么会使地租上升?
6. 是土地价格的上涨导致房屋价格的上涨,还是房屋价格的上涨导致土地价格的上涨?
7. 许多国家都制定了最低工资法,即某一种类型的劳动者的最低工资必须达到某一个水平。如果劳动力市场是竞争的,最低工资法将会产生什么影响?
8. 影响资本需求与供给的主要因素有哪些?
9. 有人认为应该对演员的高额收入征收高额的累进税,你的意见如何?
10. 为什么说收入不平等是市场运行的必然结果?
11. 在生产要素市场上,企业以什么形式支付要素所有者的报酬?
12. 为什么说消费者购买产品和劳务的价格在一定程度上决定了生产要素的市场价格?
13. 工资率所产生的替代效应和收入效应如何影响劳动供给量?
14. 资本市场的短期供给曲线与长期供给曲线有什么区别?
15. 为什么土地的供给是完全无弹性的?
16. 如何衡量一个社会的收入不平等程度?
17. 在经济发展的不同阶段,如何权衡效率与公平之间的关系?
18. 政府进行收入再分配可以采用的主要措施有哪些?

第 6 章　市场失灵与政府干预

经济学理论假设,在完全竞争、产权清晰、不存在交易成本等条件下,市场经济可以通过"看不见的手"的调节,实现资源配置的帕累托最优状态。然而,现实经济中不存在完全竞争市场,在很多情况下,产权并不清晰,交易成本处处存在,垄断、经济活动的外部性、信息不完全等因素经常会导致市场机制的失灵,"看不见的手"对很多经济活动是无能为力的。在这种情况下,为了保证资源的配置效率,政府就不得不借助"看得见的手"干预经济运行,以便纠正市场失灵对经济和社会福利造成的损害。

关键问题

- 什么是市场失灵?
- 政府干预的理论依据是什么?
- 在环境保护领域,政府可以采用哪些措施减少负外部性的影响?
- 外部性为什么会导致市场失灵?
- 如何解决信息不对称对经济效率的影响?
- 公共物品为什么会导致市场失灵?
- 信息不完全如何导致了市场失灵?
- 经济系统与环境系统之间如何互动?

6.1　市场失灵及其成因

市场失灵(Market Failure)是指市场机制不能实现资源的最优配置,即不能达到帕累托最优的状态。微观经济学认为,在完全竞争条件下,市场经济能够在自发运行的过程中,依靠价格机制,即"看不见的手"的调节,实现社会上的各种稀缺资源得到充分、合理的利用,达到社会资源的有效配置状态。但是,市场经济并不是万能的。市场机制并非任何状态下都能够满足完全竞争条件,即使市场机制能够得到充分发挥,也无法达到符合整个社会要求的理想的资源配置结果。这些问题就是市场经济自身所无法克服的固有的缺陷或不足,经济学家将这些现象称之为"市场失灵"。

6.1.1　垄断与市场失灵

1. 垄断及其成因

垄断也称为完全垄断,是完全竞争的对立面。由于在垄断行业中,只有一家生产者,因此,垄断企业的产量就是整个行业的产量,垄断企业面临的需求曲线就是整个行业的需求曲线。垄断企业为了自己利益的最大化,通过控制产量,抬高商品价格,损害效率,从而导致市场失灵。

与完全竞争企业相比,垄断企业最典型的行为特征就是限产提价。除了垄断企业之外,在不完全竞争市场中,寡头垄断企业和垄断竞争企业均拥有一定的市场势力,能够对市场价格产生影响,可以将商品价格提高到边际成本之上。企业具有的使价格高于边际成本的能力被称为市场势力。较之完全竞争市场,当企业在市场中处于垄断地位时,它会按照MR=MC的原则来确定价格和产量,消费者会支付较高的单价,购买较少的数量,从而导致社会福利净损失。实际上,只要企业拥有市场势力,通常都会采取高价低产的做法,其结果都会造成一定的社会福利净损失。存在社会福利净损失的情况下,资源配置就不能实现帕累托最优。

如果垄断企业能够利用市场势力获取经济利润,就会吸引新的企业进入市场来分享利润。要想保持垄断地位,市场中的在位企业(已经在市场中经营并获得了垄断地位的企业)就必须设置某种进入壁垒,阻止潜在的竞争对手进入市场。其中,主要进入壁垒有以下几种:

对资源的控制。如果有一家企业控制了生产某种产品所必需的关键资源,就能够防止其他企业进入这一市场,形成垄断。比较典型的例子是南非的钻石企业戴比尔斯,其控制了世界上的大部分钻石矿,从而成为世界市场的垄断者。

规模经济。当一种产品的生产需要投入大量的固定成本时,规模经济性会非常显著,在很大的一个产量区间内,企业的平均生产成本将随着产量的上升而下降,以至于由一家企业来供应整个市场的成本要比几家企业瓜分市场的生产成本低得多。因为进入壁垒并非人为的因素,这种由规模经济引发和保持的垄断也被称为自然垄断。许多公用事业,如电力供应、煤气供应、自来水、有线电视等都是典型的自然垄断产业。

技术优势。始终保持超过潜在竞争对手的技术优势的企业能够成为垄断者。例如,从20世纪70年代到90年代,芯片制造商英特尔凭借在计算机芯片设计和生产上的领先技术优势一直垄断着芯片市场。不过,技术优势一般是短期的,很难成为长期的进入壁垒。比如,随着AMD公司投入大量资金提高技术水平,其生产的芯片性能现在已经与英特尔不相上下,后者的垄断地位已不复存在。需要注意一点,有些高科技行业存在网络外部性,即产品对于消费者的价值随着使用该产品人数的增加而上升。此时,技术优势往往并不能确保企业获得垄断地位。成为垄断企业,要拥有最大的用户网络规模。

政府设置的壁垒。许多时候,垄断的产生是由于政府给予了一个企业排他性地生产某种产品或劳务的权利,包括专利和特许两种情况。专利是政府和法律容许的一种垄断形式,因为专利禁止了其他人生产某种产品或使用某项技术,除非经专利持有人同意。进行专利保护主要是为了鼓励人们进行研发投资,因为专利具有时效性,由专利带来的垄断地位是暂时的。此外,政府也可能用特许权的方式授予某一企业在特定行业中独家经营的权利,从而造成垄断。比如,我国对食盐就采取了由中国盐业总公司专营的形式。

2. 垄断企业不正当竞争的形式

合谋。如果一个市场中的所有企业能够联合起来,像一个垄断企业那样行事,企业的总体利润会增加,这种做法被称之为合谋。寡头垄断市场上企业数量较少,最容易形成合谋,合谋的主要形式是卡特尔。如果寡头垄断市场上的主要企业通过明确的、正式的协议来协调各自的产量、价格或其他决策，它们就形成了一个正式的合谋组织，被称为卡特尔。通过组建卡特尔，原本应该相互竞争的寡头企业就会试图像垄断企业那样，共同限制产量来提高价格，或者共同维持较高的价格而不再打价格战。

维持过剩生产能力。在完全竞争市场的长期均衡中，企业总是能够将产量调整到长期平均成本曲线的最低点，使生产设备达到最高的利用效率。在垄断竞争市场中，垄断企业的产量总是处于长期平均成本曲线下降的部分，小于使平均总成本最低的产量。过剩的生产能力是一种资源浪费，这是垄断竞争市场低效率的一个表现，但是过剩的生产能力对想要进入市场的潜在竞争对手来说，是竞争压力。

价格高于边际成本。垄断竞争市场的低效率还表现在价格上。由于具有一定的市场势力，垄断竞争企业在利润最大化时的价格总是高于其边际成本。与完全竞争时相比，垄断竞争市场的价格偏高，产量偏低，存在着无谓损失。

非价格竞争。垄断竞争企业能够在短期当中赚取超额利润，依靠的是产品差异。企业在相互竞争时，除了可以用压低价格的方式吸引顾客之外，更倾向于通过提高产品的差异化程度来培养顾客忠诚度，增加自己的利润，如改进产品性能、精心设计包装、大规模做广告等，这些手段统称作非价格竞争。企业之间的非价格竞争对社会福利的影响存在不确定性。以广告为例，一方面，广告能够让消费者获得更多的产品信息，提高市场的运行效率。但另一方面，广告会使消费者对特定企业的产品产生忠诚，从而提高企业的市场势力。

3. 垄断的福利损失

消费者肯定认为垄断不好，因为垄断意味着消费者要支付更高的价格。但是，企业普遍希望获得垄断地位，因为他们可以从较高的垄断价格中获取超额利润。站在整个社会的角度分析垄断的利与弊，需要综合考虑消费者和企业两个群体的利益，即比较作为消费者剩余和生产者剩余之和的总剩余是否发生了变化。

下面，我们通过对比垄断市场和完全竞争市场来分析垄断的利与弊。如图 6-1 所示，边际成本曲线为 MC，需求曲线为 D，边际收益曲线为 MR。如果在完全竞争市场，均衡点将是边际成本曲线与市场需求曲线的交点，均衡产量为 Q_C，均衡价格等于边际成本，为 P_C，此时的总剩余是边际成本曲线与需求曲线围成的大三角形的面积，这是社会有效率的产量和价格。如果在垄断市场，市场均衡点将是边际收益曲线与边际成本曲线的交点，对应的产量为 Q_M，价格为 P_M。显然，Q_M 小于 Q_C，P_M 大于 P_C。与完全竞争市场相比，垄断导致了过低的产量和过高的价格，社会总剩余则减少为边际成本曲线、需求曲线和产量 Q_M 围成的梯形面积，减少的总剩余是图中的小三角形面积，被称作哈伯格三角形。

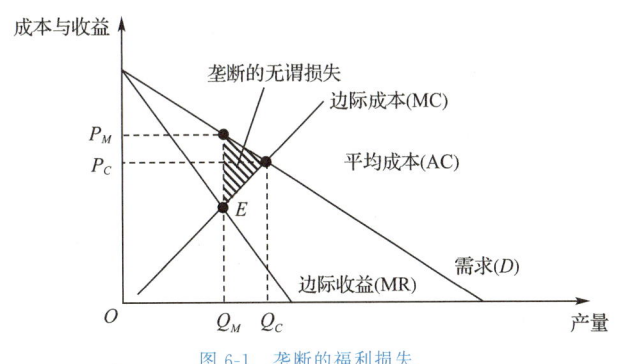

图 6-1 垄断的福利损失

总剩余为什么会减少呢？原因是从 Q_M 到 Q_C 的这部分产量区间内，社会为生产一单位产品付出的代价（即企业的边际成本），低于由需求曲线表示的消费者对这一单位产品的评价(即社会的边际收益),这部分原本应当生产出来的产量由于垄断而没有被生产出来。因此,从社会角度来看,垄断的结果是无效率。由产量过低(也可以说是价格过高)造成的这种福利损失被称为垄断的无谓损失。

然而,垄断导致的福利损失往往还不仅仅是无谓损失。有时,垄断企业为了获得和维持自己的垄断地位,原本应当用于生产活动的宝贵资源被浪费到了其他方面,这种非生产性的资源消耗也造成了福利损失。

6.1.2 外部性与市场失灵

1. 外部性的含义

外部性(Externalities)又称外部效应或溢出效应,是指一个经济主体的行为对其他经济主体的福利产生了直接影响,而这种影响却没有在市场交易中体现出来。当存在外部性时,市场经济主体之间的相互影响没有通过价格体系反映出来。

根据影响性质的不同,外部性可以分为正外部性(Positive Externalities)和负外部性(Negative Externalities)。

当一个经济主体的行为给其他经济主体带来有利的影响,而自己又得不到补偿时,就产生了正外部性。例如,当一个蜂农饲养的蜜蜂使附近果园的苹果产量增加时,果园主人通常并不会给养蜂人支付什么报酬,此时养蜂所带来的社会收益大于养蜂人的私人收益,因此正外部性就产生了。

相反,当一个经济主体的行为给其他经济主体带来不利的影响,自己又不负责赔偿时,就产生了负外部性。例如,发电厂不断向空气中排放含硫废气,对附近的房屋和居民健康造成了损害,但它通常却不会为此付出代价,此时发电厂所带来的社会成本就大于其自身承担的成本,因此负外部性就产生了。

2. 外部性与市场失灵

外部性是造成市场失灵的原因之一。那么,外部性究竟是如何造成市场失灵的呢?为什么在存在外部性的情况下资源配置不能实现帕累托最优呢?为了便于理解,我们考虑造纸企业向河中排污影响下游渔民的情况。图6-2(a)反映了某造纸企业A的生产决策,假设其所属的纸业市场是完全竞争的,企业具有固定比例的生产函数,它们无法改变投入组合,只有减少产量,才能降低污水和其他污染物的排放量。

完全竞争市场环境下,纸制品的价格由市场需求曲线和供给曲线的均衡点决定,如图6-2(b)所示,均衡价格为P_1,它与图6-2(a)中的P_1相等,即市场中每家企业面对价格均为P_1的水平需求曲线。

图6-2(a)中的MC曲线是企业A的边际成本。根据利润最大化原则,企业A会选择对应于$MC=MR=P_1$的产量q_1。

随着造纸企业产量的变化,企业给下游渔民带来的外部性成本也随之改变。在图6-2(a)中,我们用MEC(Marginal External Cost,边际外部成本)曲线表示。该曲线向右上方倾斜,因为随着造纸企业排污量的增加,对下游渔民造成的额外损害也会越来越大。

显然,在前述假设条件下,企业A并不承担边际外部成本,也就是说,MC中不包含MEC。实际上,不仅造纸企业,大多数污染企业都是这种情况。

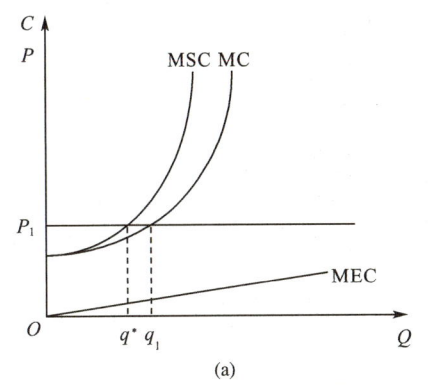

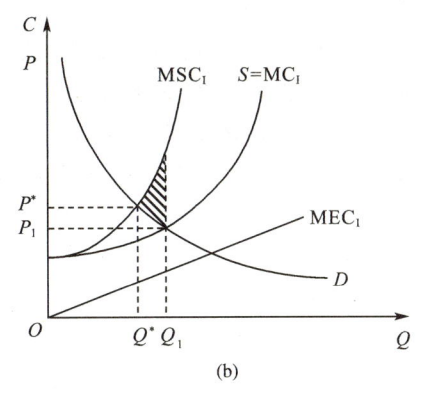

图 6-2 负外部性与市场失灵

然而,从社会角度看,q_1 是否也是企业 A 的最优产量呢?

出于社会福利最大化的考虑,我们知道,造纸企业 A 的最优产量水平应该由它生产给全社会带来的边际成本和边际收益共同决定,对于前者,我们称之为边际社会成本(Marginal Social Cost),在图 6-2(a)中用 MSC 曲线表示。显然,边际社会成本等于企业 A 的边际生产成本 MC 再加上边际外部成本 MEC。对全社会而言,污染成本必须有人承担。

在图 6-2 中,这表现为 MSC 曲线是 MC 曲线和 MEC 曲线的纵向加总。不难发现,MSC 曲线与价格线交于产量 q^* 处。从社会福利最大化角度出发,企业 A 应该按照 MSC=MR=P_1 的原则确定产量 q^*,这才是对社会而言,企业 A 的最优产量。由于 MSC 线位于 MC 线的左侧,因此 q^* 必定小于 q_1。这就意味着,对社会而言,企业 A 出于利润最大化考虑而确定的产量 q_1 过高了。

下面再考虑当所有造纸企业都向河中排污时,情况会如何。

图 6-2(b)中,我们用 MC_1 表示行业供给曲线(边际成本曲线),它是将所有造纸企业供给曲线横向加总得到的。将不同产量水平下每位渔民受损的边际成本相加,即将每家造纸企业的 MEC 曲线纵向加总,则可以得到造纸业全行业的边际外部成本 MEC_1。MSC_1 曲线则代表了所有造纸企业的边际生产成本和边际外部成本之和,即 $MSC_1=MC_1+MEC_1$。

存在负外部性的情况下,行业的产量会是社会最优的吗?从图 6-2(b)中我们看到,社会最优产量水平应该由供需曲线交点决定,因此 D 与 MSC_1 曲线的交点所确定的产量 Q^* 应为社会最优产量。然而,由于所有造纸企业都不承担排污成本,因此完全竞争的市场环境下行业产量会确定在供给曲线与需求曲线的交点处,对应的行业产量为 Q_1。显然,相比于 Q^*,对社会来说 Q_1 过高了。可见,当存在负外部性时,无论是考查单个企业,还是考查整个行业,市场自行调节的结果都会导致经济的无效率。在造纸业中,这表现为污染物的过度排放。

那么,这类无效率会给社会带来怎样的成本?在图 6-2(b)中,对高于 Q^* 的每一单位产出,我们可以通过边际社会成本与边际收益(需求曲线)之差求出净社会成本。因此,我们可以得到由于产量过高带来的社会成本,即图 6-2(b)中阴影部分。

不但污染、噪音这样的负外部性会导致市场失灵,正外部性同样会带来市场失灵,造成市场调节经济的无效率。我们考虑一个企业绿化惠及周边居民的例子,在图 6-3 中,横坐标表示绿化量①。绿化的边际成本曲线,给出了增加绿化量时所需增加的成本。简单起见,我们假设边际成本曲线是水平的,即与绿化量无关。需求曲线 D 是绿化给企业带来的边际私人收益。根据 $MR=MC$ 的原则,市场机制作用下企业会将绿化量确定在 q_1 的水平。那么,q_1 这一私人最优绿化量是否也是社会最优的呢? 要回答这一问题,我们必须注意,绿化除了会给企业带来收益之外,还会给周边的居民带来收益,因为植树种草有利于改善空气质量,居民并不会因此而向企业付费。因此,企业绿化会产生正外部性。

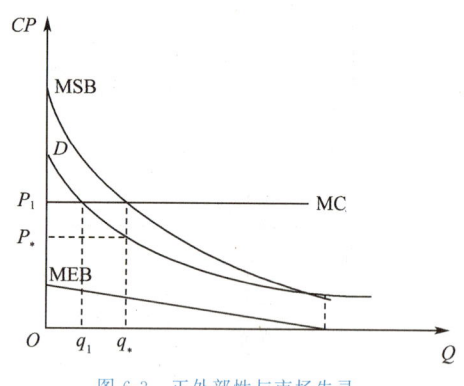

图 6-3 正外部性与市场失灵

图 6-3 中我们用 MEB(Marginal External Benefit,边际外部收益)曲线来反映这种正外部性。在每一产量水平下,将边际私人收益和边际外部收益相加,就得到了边际社会收益(Marginal Social Benefit)曲线 MSB。

从社会福利最大化的角度来看,本例中我们应该按照 $MSB=MC$ 的原则确定最优产量 q^*,此时绿化的边际社会收益等于边际社会成本。相比于 q^*,q_1 显然过低了。这种无效率的产生,是因为企业并不能得到绿化所带来的所有收益。从社会角度说,绿化的价格(成本) P_1 过高了,要实现最优水平,应该降低到 P^*。

其他类型的正外部性同样会造成类似的市场失灵。

3. 纠正外部性影响的方式

既然外部性会导致市场失灵,外部性存在的情况下资源配置无效率,那么我们就需要思考如何纠正外部性的影响。经济学家研究发现,在政府的政策干预之外,当满足一定条件时,通过私人之间的协商谈判,就可能实现这一目标。那么,这里的"一定条件"都包括哪些呢? 要回答这一点,就必须从"科斯定理"(Coase Theorem)说起。

1960 年诺贝尔经济学奖得主科斯(R. H. Coase)在其发表的《社会成本问题》一文中,提出了科斯定理的核心思想②。科斯定理的内容是:不论产权的初始分配如何,只要产权界定清晰,并且交易成本为零,市场机制作用下可以实现资源最优配置。这里首先需要解释两个概念:产权和交易成本。

一般来说,产权是一种通过社会强制性规范(如法律)的约束得以实现的对某种经济物品的多种用途进行选择的权利。具体而言,产权通常包括占有、使用、收益和转让四项权利。产权分为私有产权和公有产权。属于私人的产权为私有产权,例如,你买了一支钢笔自己使用,你对这支钢笔拥有的产权就是私人产权;对公共物品所拥有的产权为公有产权,例如,同一宿舍中的舍友对该宿舍的空气拥有的产权就是公有产权。

交易成本则是泛指市场交易过程中发生的所有费用,它既包括为获取准确的市场信息所需的费用,也包括为克服市场交易摩擦和冲突而发生的费用。信息搜寻成本、谈判成本、

---

① 在这里,我们将绿化面积的扩大和绿化密度的增加均视为绿化量的增加。

② 需要说明的是,科斯定理并非科斯本人的命名,而是由同样是诺贝尔经济学奖得主的施蒂格勒(G. J. Stigler)总结和命名的。

拟定和执行合约的成本、界定和控制产权的成本、监督管理的成本和制度结构变化的成本等都是交易成本的具体表现。

在满足科斯定理的条件下,市场机制如何能够解决外部性问题呢？我们来考虑造纸企业污染河水影响下游渔民的例子。我们假设,政府规定该河流是一条纳污河,或者说,河流的使用权归造纸企业,这时渔民如果想养鱼,可以向造纸企业购买使用河流的权利。结果就有如下两种可能:

第一,如果养鱼的利润足够高,渔民可以在保证利润为正的前提下向造纸企业付费,使其不排污,或者先对污水处理达标后再向河里排放。

第二,如果养鱼的利润不够高,渔民不能向造纸企业支付足够的价格购买干净的河水,他们将停止养鱼,造纸企业继续排污。

可以证明,无论是哪一种情况,此时的资源配置都是有效率的。反过来,如果政府规定河流的使用权归渔民,这时造纸企业要想继续向河里排污,就只能向渔民购买河流的使用权或者说排污权了。此时同样会出现两种结果:

第一,如果造纸企业的利润足够高,它(们)可以在保证利润为正的前提下向渔民付费,使其忍受污水对养鱼带来的不利影响,甚至放弃养鱼。

第二,如果造纸企业的利润不够高,它(们)就不能向渔民支付足够的价格购买排污权,结果只能放弃排污,要么停产,要么购进净水设备处理污水。

与前面类似,政府将河流的使用权界定给渔民,也可以实现资源配置的最优。也就是说,无论初始的河流使用权界定给造纸企业还是渔民,都可以借助市场的力量,通过协商谈判来决定河流如何使用,最终的结果是,对于河流的使用权评价较高的一方通过市场交易得到使用河流的机会,河流的使用总能实现最优配置。因此我们说,资源的最优配置与产权的初始分配无关。从这个意义上说,即便外部性存在,市场也并非一定失灵。

按照科斯定理的思路,诸如环境污染导致的负外部性问题不必需要政府的干预,只要明确界定资源、环境的产权,负外部性问题就可以通过私人协商谈判解决。

现实经济中,科斯定理已经有了较为广泛的尝试和应用。通过可交易排污权制度解决环境污染问题便是一种已在某些领域取得成功的实践。

当然,科斯定理尽管具有较强的创新性和政策含义,但其同时满足两个前提条件:产权界定清晰和交易成本为零的要求,在现实世界中还是显得过于苛刻了。现实中我们发现,几乎不存在交易成本为零的情况,相反,很多情况下交易成本是非常高昂的,以至于私人间的谈判无法进行。即使居民拥有对河流的使用权,但大多数情况下沿岸居民规模庞大,如何才能保证其团结一心,并就向企业要求的赔偿额达成一致呢？如何才能确切知道企业到底向河流中排放了多少污染物呢？对这些问题的回答是居民与企业进行有效谈判的前提。然而,找到这些答案的成本是很高的,以至于居民没有动力去进行谈判。

即便科斯定理的条件不成立,某些情况下通过私人之间自利的行为也可能解决外部性造成的市场失灵问题。其中,合并、道德规范或社会约束就是可能的方式。

通过合并的方式解决外部性问题,单靠私人的力量很多情况下很难实现,特别是如果一方对另一方带来负外部性,又没有明确的产权界定时,想要使二者合并是非常困难的,害人方没有激励去和受害方实现合并,此时就需要政府的干预,促使二者实现合并。我们可以再考虑一下蜂农和果农的例子,养蜂通常可以增加果农收益,因为蜜蜂授粉可以提高水果品质,增加水果产量,因此养蜂对果农产生了正的外部性。但实际上,果农种植果树也对蜂农产生了正的外部性,因为正是有了果树,蜜蜂才能采到花粉,酿造蜂蜜,因而种植果树也使得蜂农的收益有所增加。但是,在蜂农和果农决定养蜂数量和种植果树的数量时,他们通常不会考虑这两种正外部性。结果,养蜂量和果树数量通常都不能实现最优。此时,如果养蜂人将果园买下,或者果农将蜂园买下,两种外部性就可以实现内部化,在同一个企业内进行两种经营活动,市场失灵的诱因消失,经济效率得以实现。

我们常常受到这样的教育:"己所不欲,勿施于人"。用经济学语言来解释,就是一个人在采取某种行动的时候,要认识到自己不愿意做的事也会给他人带来高昂的成本。通过这样的道德规范的约束,一定程度上也可能减少外部性对效率的影响。当然,有些情况下,为树立良好的道德规范,需要采取一些强制性的措施。例如,许多城市都对行人乱穿马路实施罚款制度,有的城市甚至实施重罚。尽管真正受罚的人只是极少数,但这种震慑作用对于树立良好道德规范还是很有意义的。

此外,通过慈善行为也可能解决部分外部性带来的市场失灵问题。例如,对希望工程捐款就是因为教育会对社会产生正外部性。

6.1.3 公共物品与市场失灵

1. 公共物品的含义

公共物品(Public Goods)[①]是一个非常重要的经济学概念,它是指同时具有非排他性(Non-exclusive)和非竞争性(Non-rival)的物品和服务。

所谓非排他性,是指无法阻止他人对物品的使用,或者阻止他人对物品或服务使用的代价太高。通常情况下,我们可以这样判断某一物品或服务是否具有非排他性:看能否向使用该物品或服务的人收费。如果可以收费,则不具有非排他性;反之,则具有非排他性。国防是非排他性服务的一个典型例子。一旦国家提供了国防服务,所有的居民都将受益,居民不必为此付费。

所谓非竞争性,是指增加使用物品或服务的消费者数量不会带来成本的额外增加。海上的灯塔是非竞争性物品的一个典型例子。多增加一艘船通过并不会增加灯塔的成本。

与公共物品相对应的是私用品。后者是指同时具有排他性和竞争性的物品或服务。既然非排他性是无法阻止他人对物品或服务的使用,与之相对应,排他性就是指可以很容易地阻止他人对物品或服务的使用。例如,你花钱买了一千克香蕉,没有你允许别人就不可以吃。既然非竞争性是指增加使用物品或服务的消费者数量不会带来成本的增加,竞争性就是指使用物品或服务的消费者数量越多,成本就越高,这种情况下,一个人消费了一定量的某种物品或服务,就会对他人对该物品或服务的使用造成影响。比如说,你多吃了一两肉,别人就吃不到这块肉了,因而谁来吃肉要由消费者之间"竞争"决定。

结合公共物品与私用品的含义以及现实生活,我们发现,大多数物品或服务都属于私用

[①] 尽管"Public Goods"的流行译法是"公共品""公共物品"或"公共产品",但严格说来并不恰当。因为"公共"没有说清楚到底是"共有"还是"共用",而实际上"Public Goods"真正重要之处在于其"共用性",即强调产权属谁,与所有权归属无关。不仅如此,"物品"和"产品"的含义也过窄,例如"空气"等天然性"共用品"就不是"产品",而"天气预报"等服务型"共用品"也不是"物品"。

品,衣、食、住、行、用莫不如此。但是,也确实存在一些物品或服务,同时具有非排他性和非竞争性的特征,如国防、治安、基础研究、天气预报、不拥挤的不收费道路等,这些都属公共物品的范畴。

除了严格的私用品和公共物品之外,还有两类商品:一类是具有非排他性和竞争性的物品或服务,例如海洋渔业资源、空气、环境等;另一类是具有排他性和非竞争性的物品或服务,例如有线电视、不拥挤的影院、不拥塞的电信网络等,二者均可称为准公共物品[①]。表6-1对全部四种情况进行了归纳。

表 6-1　　　　　　　　　　公共物品和私用品的分类

	排他性	非排他性
竞争性	私用品: 商品房 汽车 食品	准公共物品: 海洋渔业资源 空气 环境
非竞争性	准公共物品: 有线电视 不拥挤的影院 不拥塞的电信网络	公共物品: 国防 治安 天气预报

需要注意的是,公共物品与私用品的划分不是绝对的、一成不变的。随着技术的进步和制度的变迁,一些公共物品可能不再具有非排他性或非竞争性,而演变成准公共物品甚至私用品。一个典型的例子是曾经被认定为公共物品的灯塔。

过去人们普遍认为向灯塔受益者收费是非常困难的,而灯塔本身又具有非竞争性,因此认定灯塔具有公共物品属性。但是随着技术的进步,人们发现,可以通过在付费的船只上安装某种信号发射设备,同时在灯塔上安装信号接收设备的办法消除灯塔的非排他性。因为这样一来,当付费船只通过时,灯塔会提供服务,否则就关闭。因此,灯塔的公共物品属性至少失去一半,成为准公共物品。

2. 公共物品与市场失灵

公共物品为何会导致市场失灵?为分析这个问题,我们假设两户居民 A 和 B 共住的二层小楼出现了蟑螂。该楼的卫生工作没有物业或其他人负责,只能靠 A、B 两户居民自行完成。假设 A、B 两户居民对消灭蟑螂的需求曲线分别为 D_A 和 D_B,如图 6-4 所示。

因为灭蟑螂的活动具有非排他性(无论是 A 或 B 居民均不能阻止对方享受无蟑螂空间)和非竞争性(蟑螂的强扩散性决定了要消灭蟑螂,就必须针对全楼,否则起不到作用,因而灭蟑螂的总工作量既定,成本既定),因而属公共物品范畴。

尽管从灭蟑螂中的获益可能不同,但 A 和 B 所能享受到的无蟑螂空间是一样的,这相当于公共物品数量既定。此时,能够变化的不是 A、B 的消费量,而是两人从灭蟑螂活动中

[①] 有人将公共物品进一步分为两类:一类称为"公有资源"(Common Resource),另一类称为"俱乐部品"(Club Goods)。

获得的边际效用。正因为如此,公共物品的"市场"需求曲线 D_T 不再像私用品那样是个人需求曲线 D_A 和 D_B 的横向加总,而是纵向加总。

进一步假设灭蟑螂活动的边际成本为常数 MC。这样一来,我们就可以确定社会最优的灭蟑螂工作量和价格。D_T 与 MC 的交点确定的 Q_* 是均衡灭蟑螂工作量,P_* 则是均衡价格。不妨假设 Q_* 的灭蟑螂活动恰好可以将蟑螂全部消灭。这样,A 和 B 愿意为得到无蟑螂空间所愿意支付的价格分别是 P_A 和 P_B。如果 A 和 B 果真按照这个价格出钱,公共物品的市场均衡能够实现。

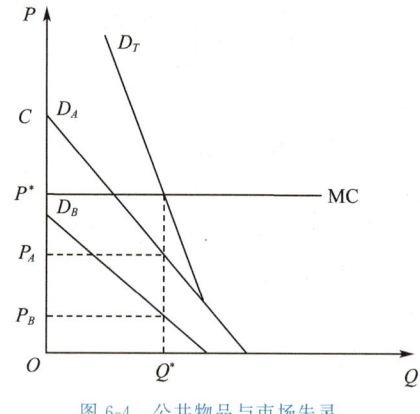

图 6-4 公共物品与市场失灵

但是,A 和 B 会不会如此出价呢?答案是否定的,因为灭蟑螂活动的公共物品性质,使得 A 和 B 出于利益最大化考虑都存在一种搭便车(Free Riding)的倾向。

所谓搭便车,是指不付代价就可以消费的情况。在本例中,无论是 A 还是 B,都会想:如果对方能够出足够的钱灭蟑螂,即便我不出钱,也可以享受到无蟑螂空间。有如此想法的结果是,每户居民为灭蟑螂愿意支付的价格都会低于他们的实际评价 P_A 或 P_B。因此,灭蟑螂活动投入不足甚至没人投入便是自然的结果。

实际上,不只是灭蟑螂活动,由于搭便车现象的存在,仅靠市场供给公共物品,数量不足是常态。正是从这个意义上说,公共物品导致了市场失灵。

6.1.4 信息不完全与市场失灵

1. 信息不完全的含义

经济学家把信息分为两类:一类是公共信息,即人人都能够观察或掌握到的信息,例如鸡蛋的固定形状决定了不是那种形状的东西就不会是鸡蛋;另一种是私人信息,即在交易中一方掌握而另一方却并不了解的信息。例如,想要投保健康险的人知道自己的健康情况、有无家族病史等,但保险公司对这些信息却是很难掌握的。

由于私人信息的大量存在,市场交易中无论是买者还是卖者,都很难掌握涉及交易的一切信息,大多数情况下,都会出现卖者掌握部分买者不了解的信息,同时买者也掌握部分卖者不了解的信息的情况,即出现信息不对称的情况。

现实经济中,信息不对称是普遍存在的。除了保险的例子之外,在信贷市场上,银行与贷款人之间也存在着信息不对称。贷款人拥有的私人信息是自己的偿还能力,而银行并不了解。因此,贷款人有机会掩盖自己的真实还贷能力,骗得贷款。银行为了防止被骗,不得不怀疑所有贷款人的偿还能力,从而制定很高的贷款利率。

在劳动力市场上,雇主和求职者之间同样存在着信息不对称。雇主并不了解求职者的个人实际能力,求职者的实际能力是他自己的私人信息。因此,求职者就有可能向雇主传递虚假信息,夸大自己的能力,以获取雇主的聘用。如果这种情况普遍化,雇主就会怀疑所有求职者的能力,从而不愿随便聘用新人,即便聘用了也只会支付较低的工资。这些情况都会使价格杠杆在一定程度上失效,物有所值无法实现,资源配置效率自然会受到影响。

2. 逆向选择与市场失灵

信息不对称会产生损害市场效率的逆向选择问题。逆向选择是指信息不对称的情况下，交易中拥有信息较少的一方做出不利于另一方的选择，从而导致"劣品驱逐良品"的现象。

例如，在二手车市场中，由于买卖双方对于二手车质量的信息是不对称的，买方显著处于劣势地位。为了防止自己上当受骗，买方会极力压低对二手车的报价。这样一来，那些本来质量较好的二手车会因价格过低而退出市场，旧车市场上汽车的平均质量降低，买者愿意支付的价格进一步下降。最终，只剩下一些质量最差的车会参与二手车市场交易，极端情况下甚至没有交易。逆向选择又称隐藏信息行为。

信息不对称带来的另一类损害市场效率的问题是道德风险。它是指信息不对称的情况下，拥有信息多的一方利用自己的信息优势来侵犯另一方的利益，以增加自己利益的情况。

前面提到的信贷市场和劳动力市场的例子都是道德风险的典型表现。再比如，在保险市场中，投保了车辆财产险的保户，往往就会不注意对车辆的保护，有的会故意制造事故骗取赔偿，有的会在车辆即将报废时人为损坏汽车，骗取保险公司的赔偿。面对这种情况，保险公司只能假设大家都不注意保护车辆，从而大幅提高保费，出现有关道德风险带来的低效率问题。

实际上，不仅是信息不对称，由于现实世界的复杂性，很多情况下，还可能出现无论是交易中的买方或卖方，有些信息双方都难以掌握的情况。例如，当你考虑买辆车的时候，你和4S店的老板都未必能掌握到政府有关成品油油价的调整信息，而这一信息对交易实际上是会产生影响的。这种信息不完全的情况同样会影响到市场效率的实现。

下面我们以二手车市场为例，解释逆向选择究竟如何导致市场失灵。

在以前的供求分析中，我们几乎没有涉及商品质量的内容，那是因为我们实际上假定了同种商品质量是相同的。但在二手车市场中，车辆的质量参差不齐，买者又无法掌握有关车辆质量的信息，从而其在做出购买决策时必须同时考虑价格和质量两个方面。

图6-5(a)描述了二手车市场的价格与平均质量的关系图。其中，横坐标表示二手车价格，纵坐标表示二手车的平均质量。价格-平均质量曲线的特点是向右上方倾斜，表示二手车的平均质量随其价格的上升而上升。我们发现，该曲线是上凸的，这意味着尽管二手车的平均质量是随着价格的上升而上升的，但上升的"速度"却越来越慢。换句话说，价格变动对平均质量的影响是"递减"的。

既然二手车市场中，买者需要同时考虑价格和质量两个因素以决定购买决策，我们可以将价格和质量两个指标综合起来构成一个新的指标 P/q，即每单位价格上的质量。我们不妨将该指标称为二手车的真实"价值"。这样，二手车市场的买者考虑购买决策时要考虑的就是其"价值"如何。在不同的价格水平上，二手车的平均质量是不同的，"价值"也就不同。

在图6-5(a)中，二手车"价值"的几何表示应该是价格-平均质量曲线上的点到原点的连线的斜率。由图可见，这个连线的斜率在价格为 P^* 时达到最大。换句话说，二手车的"价值"在开始时随着价格的上升而上升，上升到最高点之后，会随着价格的上升而下降。

现在我们来看二手车买者的需求曲线。二手车市场中，买者追求的是"价值"最大。从图6-5(a)我们知道，这对应的是 P^* 点。因此，从理论上说，买者对二手车的需求量在价格为 P^* 时达到最大。当价格由 P^* 上升或者下降时，由于二手车的"价值"都是下降的，因此买者

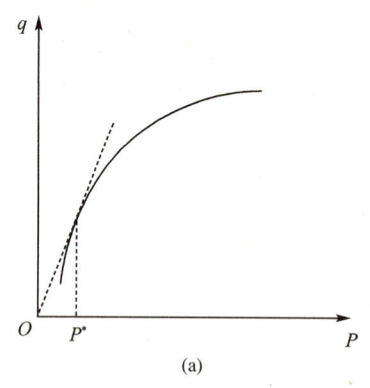

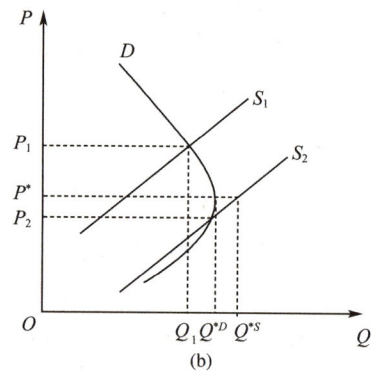

图 6-5 逆向选择与市场失灵

对二手车的需求量也是下降的。由此,我们得到了一条与以往很不相同的需求曲线:它不再只是向右下方倾斜,而是还包含一段向右上方倾斜的部分,也就是说需求曲线是向后弯曲的,有些类似于劳动供给曲线的形状。在图 6-5(b)中,这表现为曲线 D。

在二手车市场中,信息不对称主要表现为买者拥有的信息明显少于卖者。因此,和其他市场相比,二手车市场的供给曲线不会有明显变化,仍然是向右上方倾斜的,如图 6-5(b)中的 S_1 和 S_2。现在我们考虑二手车市场的市场均衡如何。

二手车的供给曲线位置有两种情况:它或者与需求曲线在 P^* 之上的部分相交,如图 6-5(b)中的 S_1,或者与需求曲线在 P^* 之下的部分相交,如图 6-5(b)中的 S_2。当供给曲线为 S_1,与需求曲线在 P^* 之上的部分相交时,结果就与以前一样,市场均衡出现在供求曲线的交点上,该交点决定了均衡价格 P_1 和均衡数量 Q_1。这里不存在低效率和市场失灵问题。但是,当供给曲线为 S_2,与需求曲线在 P^* 之下的部分相交时,结果就不一样了。此时,供求曲线交点决定的价格为 P_2,虽然它仍可称为均衡价格,但却不再是社会最优价格。因为此时如果我们把价格从 P_2 稍微提高一点,由于需求曲线向上倾斜,图 6-5(b)描述的情形下,需求曲线高于供给曲线,提高价格并增加供给量对于二手车买者和卖者都有利。

当然,价格也不能提高到超过 P^*,因为如果价格超过了 P^*,由于需求曲线开始向后弯曲,需求量不仅不增加,反而会减少,此时提价对二手车买者和卖者又都不利。因此,从社会最优的角度出发,应该将价格确定在 P^* 的水平。但是,当价格为 P^* 时,我们却发现,二手车的供给量 Q^{*S} 大于需求量 Q^{*D},也就是说出现了市场非均衡状态,一部分二手车卖者想要卖车却卖不出去。而 $Q^{*S}-Q^{*D}$ 这部分卖不出去的二手车,恰恰又是那些价格比较高的。从供给层面考虑,正是质量较好的二手车。

因此,二手车市场,买卖双方信息不对称的结果,是好车被坏车"驱逐"出市场了。坏车"驱逐"好车、社会最优时非均衡或者说市场均衡时社会非最优,从这两层意义上说,二手车市场自动运行无法实现资源配置效率,逆向选择的结果市场是失灵的。不仅是二手车市场,其他信息不对称导致的逆向选择行为也都会导致市场失灵,道理是类似的。

3. 道德风险与市场失灵

为解释道德风险是如何导致市场失灵的,我们同样从一个例子出发。考虑投保车辆财产险前后私家车车主行为的变化。图 6-6 中,需求曲线 D 表示车主对私家车的使用需求,单位为公里/天。D 衡量了用车的边际收益。因为随着成本的上升,车主应该考虑用公共交通工具代替私家车,因此需求曲线 D 是向下倾斜的。

在没有投保车辆财产险的时候,私家车使用成本既包括燃油费、车辆折旧费,还包括可能发生的事故带来的损失。这种情况下,不存在道德风险。为分析简单,假设开车的边际成本固定为 MC_1。此时,因为没有保险,MC_1 完全由车主承担。从而,车主会在 D 与 MC_1 曲线的交点处确定私家车行驶公里数 Q_1。此时,无论 Q_1 的具体位置在哪里,从社会角度看,都是最优的。而如果投保了车辆财产险,车主知道如果开车过程中发生事故,损失由保险公司负责。而从车辆财产险的投保办法我们知道,对绝大多数保险公司来说,保费是相对固定的,最起码与行驶里程无关。这种情况下,车主就不必考虑多开车带来的额外事故损失。因此,其用车的边际成本会下降。

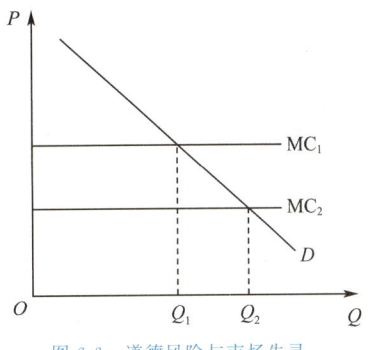

图 6-6　道德风险与市场失灵

假设图 6-6 中 MC_2 衡量了投保车辆财产险后车主开车的边际成本。MC_1 和 MC_2 的距离衡量了保费额度。这种情况下,车主将在 D 与 MC_2 曲线的交点处确定私家车行驶公里数 Q_2。对车主来说,此时他的用车行为仍是最优的。

但是,此时车主的用车行为是否为社会最优的?不是。从社会角度看,车主用车带来的边际收益就是其用车的边际社会收益。而边际社会成本无论车主投保与否,都既包括燃油费、车辆折旧费,还包括可能发生的事故带来的损失。尽管购买保险之后,车主自己可能不再承担事故损失,但转嫁给了保险公司,从社会的角度说,依然要承担成本。

因此,投保前后,车主用车的边际社会成本都是 MC。所以,根据 MR＝MC 的原则,最优用车量始终应该确定在 Q_1 的水平。相对于 Q_1,Q_2 显然是过高了,过多地用车势必带来额外的社会成本,资源配置自然无效率,市场机制因此失灵了。其他的道德风险情形也会带来类似的经济无效率。

6.2　政府的干预

任何一个国家的政府,无论多么保守,都不会对经济袖手旁观。政府针对市场机制的缺陷肩负起许多责任。军队、警察以及国家气象服务等,都是常见的政府活动的领域,宇宙空间探索和科学研究等公益事业,也都得到了政府的大力资助。政府或许还会对一些行业(如金融业及药业)加以监管,而对另一些(如教育、科学研究和医学健康研究)领域的活动则予以补贴。此外,政府还对其公民征税,并将税收中的一部分再分配给老年人和贫穷者。在包罗万象的政府职能中,政府对于市场经济所行使的职能主要有三项:

第一,政府通过制定和实施规制,约束垄断,促进竞争、控制诸如污染这类外部性问题,以及提供公共品等活动来提高经济效率。

第二,政府通过财政税收和预算支出等手段,有倾斜地向某些团体进行收入再分配,从而增进公平。

第三,政府通过财政政策和货币政策促进宏观经济的稳定和增长,在鼓励经济增长的同时,减少失业和降低通货膨胀。

6.2.1 政府对垄断的干预

1. 限价

垄断企业的典型行为是操纵市场价格,政府干预价格的两种形式是最低限价和最高限价。

最低限价,也称支持价格或保护价格,是指政府为了扶持某种商品的生产,对该商品规定的最低价格。如中国政府为了扶持农业发展,长期对农产品实行最低限价。粮食保护价收购就属于其中的典型做法。在政府规定了最低限价时,如果市场均衡价格高于这种最低限价,价格仍由供求决定,最低限价对市场没有任何影响。要想使最低限价对市场均衡产生影响,起到保护某种商品的作用,显然必须高于均衡价格。

假设某小麦市场的供求曲线如图6-7所示。可以看到,该市场的均衡价格为 P_E,均衡数量为 Q_E。实行最低限价 P_1 后,市场价格上升。此时,对应的市场需求量为 Q_1,供给量则为 Q_2。由于供给量大于需求量,该小麦市场将出现过剩,过剩产量为 Q_2-Q_1。为维持最低限价,过剩的小麦不能在市场上卖掉。此时政府可以采取的措施有:其一,政府收购过剩小麦,或用于储备,或用于出口。但如果储备或出口受阻,收购过剩小麦必然会增加政府财政支出。

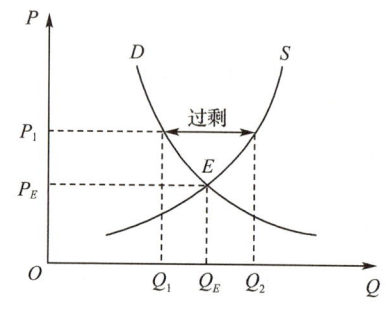

图6-7 最低限价与过剩

其二,政府对小麦的生产实行产量限制,规定将生产的总量控制在 Q_1,以使市场供求实现平衡,但这一措施必须确保政令的严格执行,而且通常也会带来不小的代价。

就农产品最低限价而言,目的是保证农民收入,稳定农业生产,有其积极意义。但这也会产生不可忽视的负面作用,农产品过剩的产生不利于市场经济下的农业结构调整。实行农产品最低限价政策,也给政府带来了一定的财政负担。除了农产品最低限价政策,一些国家实行的最低工资制度等也属于最低限价政策。

最高限价,也称限制价格,是指政府为了限制价格过高而规定的某些商品的最高价格。其目的是稳定经济生活,保护消费者的利益,安定民心。如中国一直以来对成品油实行的限价政策就属此类。与最低限价政策相反,在政府规定了最高限价时,如果市场均衡价格低于这种最高限价,价格仍由供求决定,最高限价对市场没有任何影响。要想使最高限价对市场均衡产生影响,起到保护消费者利益的作用,显然必须低于均衡价格。

假设某汽油市场的供求曲线如图6-8所示。可以看到,该市场的均衡价格为 P_E,均衡数量为 Q_E。实行最高限价 P_1 后,市场价格下降。此时,对应的市场供给量为 Q_1,需求量则为 Q_2。由于需求量大于供给量,该汽油市场将出现短缺,缺口为 Q_2-Q_1。在这种情况下,市场非常容易出现抢购、排队和黑市交易。为解决这些问题,政府就需要控制需求量,常用办法是采用配给制。

配给制就是政府决定谁可以得到短缺的商品,当需求者多,供给不足时,政府就只能用这类方法决定把商品卖

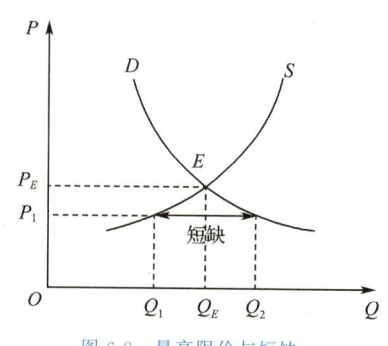

图6-8 最高限价与短缺

给谁。配给制可以采用发放定量票证(如发油票)的方法,也可以按某种条件配给。这是要有一个专门进行配给工作的机构,这就造成一定的资源浪费。更为严重的是,主管配给的官员有了分配物品的权力,就非常容易助长腐败现象的蔓延。

2. 反垄断法规

自 20 世纪以来,绝大多数国家的政府都采取了若干措施来反对企业的垄断和不完全竞争的行为,有时还对地区性的供水、电话和电力等垄断行业的价格和利润加以管制。反垄断法是各国政府针对企业的垄断行为制定的最主要的法规。

2007 年 8 月 30 日,中华人民共和国第十届全国人民代表大会常务委员会第二十九次会议通过的《中华人民共和国反垄断法》,是一部为了预防和制止垄断行为,保护市场公平竞争,提高经济运行效率,维护消费者利益和社会公共利益,促进社会主义市场经济健康发展制定的法律,自 2008 年 8 月 1 日起施行。

中国反垄断法颁布后的十多年实践中,随着改革开放的深入,反垄断法的实施,国务院、国务院反垄断委员会("反垄断委员会")和商务部、国家发展和改革委员会、国家工商行政管理总局三个反垄断执法机构先后出台了一系列配套法规、规章和指南,执法成果显著。从受理案件的数量来看,商务部遥遥领先其他两家反垄断执法机构。这种现象在反垄断法实施的最初几年尤为明显。发改委查处了多起涉及转售价格维持的案件。

反垄断政策是指通过对各种限制竞争行为的调节,以维护市场竞争的政策或法律体系。由于反垄断法是保护竞争自由的,因此反垄断法也被称为"经济自由的宪法"或"经济宪法"。

3. 垄断性产业的管制政策

垄断性产业的技术特征:从技术上而言,垄断性产业的一个显著特征是具有网络性。比如电信、电力、铁路运输、自来水和燃气供应等垄断性产业,因此这些产业通常被称为网络性产业。垄断性产业的经济特征主要体现为自然垄断。

管制是指具有法律地位的、相对独立的管制者(机构),依照一定的法规,对被管制者(主要是企业)所采取的一系列行政管理与监督行为。垄断性产业对政府管制的要求包括:抑制企业制定垄断价格、维护社会分配效率、防止破坏性竞争;通过控制进入壁垒抑制企业过度进入或退出,以保证社会生产效率和供应稳定;制约垄断企业的不正当竞争行为、解决垄断性产业的外部性问题,通过政府管制促进正外部性,减少甚至消除负外部性。

垄断性产业价格管制具有多重政策目标:促进社会分配效率,刺激企业生产效率,维护企业发展潜力。主要的管制政策包括:进入管制政策,即对具有自然垄断性的业务领域应严格控制,逐步放松进入壁垒,以保证有效竞争;联网管制政策,即政府通过制定有关联网管制价格和联网条件,从政策上保证有关企业有同等权利;质量管制政策,即政府在管制价格的同时,也管控产品质量;对企业内部业务间交叉补贴行为的管制政策,垄断企业为了增强竞争性业务的优势,会通过内部转移各种业务的成本,在竞争性市场上以低价战胜竞争者,政府为实现有效竞争,采取垄断性业务和竞争性业务相分离的政策,对垂直一体化经营企业可采取不同业务间财务上的分离政策。

垄断性产业的管制是有成本的,同时也为社会带来一定的收益。对管制成本与收益分析,是权衡政府管制的利弊得失,分析垄断性产业管制政策有效性的重要途径。

6.2.2 政府对外部性的干预

从政府的角度看,为解决外部性问题,可以采取的办法主要有直接管制、征税或补贴、建立可交易的排污许可证制度等。

1. 直接管制

政府可以通过规定或禁止某些行为来解决外部性问题。例如,可以规定将某些剧毒化学物质直接排入河流是犯罪行为。因为在这种情况下,污染物排放的外部成本远高于排污者的收益。因此,政府需要明令禁止。

但是,在经济学的视角中,大多数情况下,对待像污染这样的外部性,采取完全禁止的方式并不合适。从经济学出发,处理外部性问题还是应该进行成本收益分析,根据控制污染的社会成本和收益情况决定哪些污染可以排放,排放量应该是多少。许多国家采取的规定排污标准的办法就是基于这一考虑而做出的。

排污标准是规定污染排放主体最多可以排放多少污染物的法律许可。如果超过这一标准,排污主体将面临经济甚至刑事制裁。政府可以明确要求排污主体采用专门设备或技术对污染物进行处理,达标之后再排放。这些都是通过直接管制的办法解决外部性的例子。

然而,采用这种办法时,为了设计良好的规则,政府需要了解相关行业的各种技术细节,而得到这些信息往往是非常困难的,因而管制效果就要大打折扣。

2. 税收或补贴

对待外部性问题,除了直接管制之外,政府还可以通过以市场为基础的政策向私人提供符合效率原则的激励。通过对那些会带来负外部性的活动征税和补贴那些能够带来正外部性的活动,可以实现外部性的内部化。

向负外部性的产生主体征税的办法,是由英国经济学家庇古(A. C. Pigou)于20世纪30年代提出的,因而这类税收又被称为"庇古税"。

庇古税的道理非常简单,当边际成本提高时,排污企业最优产量就会下降,其投入要素的使用量当然也会下降,污染物排放量因而会随之下降。最理想的情况,如果能设计出一种税收方案,使得企业完全承担排污的外部成本,如图6-9所示,将 MSC 和 MC 之间的差额 MEC 部分完全补偿,此时企业的最优排污量对社会而言也是最优的。而当所有企业都面临这样的税收时,市场失灵问题就不存在了。

借鉴这样的思路,许多国家都对污染企业开征了污染税。当然,实际上,采用这种办法操作起来也有很大的困难,因为它需要政府拥有足够的必要信息。政府需要知道谁在制造污染,污染程度如何,排污的边际成本又如何,等等,只有这样才可能算出社会最优排污量,并确定排污税税率安排。这显然是过于理想化了。不仅如此,税负转嫁的可能性同样会影响征税的效果。

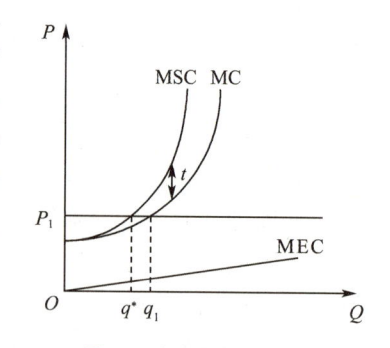

图 6-9 征税与负外部性

注:这里的 MEC 是排污量的增函数,因此 t 也不应是固定值,而是随排污量增加而增加。

3. 建立可交易的排污许可证制度

治理外部性的第三种方法是建立可交易的排污许可证制度。采用这一方法是由环保部门确定一个地区的总体排污标准,然后向污染企业发放(或拍卖)排污许可证。许可证可以在市场上进行交易,价格由许可证市场的供给和需求来决定。

可交易的排污许可证制度创造了一个治理负外部性的市场。这一方法越来越受到关注,因为管理机构制定的总许可证数量确定了总排污量,这和排污标准相同。由于许可证可以交易,污染治理成本又可以达到最低限度。

6.2.3 政府对公共物品的干预

1. 政府干预的方式

通过政府的力量解决公共物品问题,主要有两种办法:一是政府直接提供,二是依靠政府的力量改变公共物品的属性,使其私用化。

对于国防、治安、天气预报这样完全满足公共物品属性的物品或服务,单靠市场机制无法实现定价和收费,而要提供这些物品或服务又必须支付一定的成本。特别是,对于大多数公共物品来说,其提供成本又非常高昂。因此,只能由政府提供,资金支持主要靠财政拨款,通过税收的方式筹集。

政府提供公共物品不等于政府生产公共物品。有些公共物品,可以由私人生产,政府购买,然后向居民提供。这类公共物品的典型例子是一些交通基础设施。无论是修路还是架桥,现实中绝大多数都是政府承包给公路或桥梁企业,由其完成建设任务后政府负责运营。

而对于公路、桥梁、有线电视、渔业资源这类具有一定公共物品属性的准公共物品来说,政府可以通过不同的政策工具,将其变为纯私用品。这样一来,就可以由市场机制决定其供给和需求。一个典型的例子是高速公路。过去曾经认为,高速公路具有非排他性,在不拥挤的情况下,也不具有竞争性,因而属于公共物品。但是通过设立高速公路收费口的办法,政府可以实现高速公路的排他性,从而能够解决其提供问题。再比如,传统意义上公安部门提供的安全保障是公共物品,但现在私人提供的保安、侦探等服务越来越多。在越来越多的住宅小区里,绿化、保洁等工作都可以通过收取物业费的方式解决成本问题,从而由物业公司负责提供。

2. 明晰产权

1968年,学者哈定在《科学》杂志上发表了《公地的悲剧》的文章,用英国的一种土地制度作为例证,来说明公共产品的使用具有非竞争性和非排他性,往往使得它们在使用过程中落入低效甚至无效的资源配置状态。

这个例证的具体情节是:封建主在自己的领地中划出一片尚未耕种的土地作为牧场(称为"公地"),无偿向牧民开放。这本来是一件造福于民的事,但由于是无偿放牧,每个牧民都尽可能多地圈养牛羊。随着牛羊数量无节制地增加,公地牧场最终因"超载"而成为不毛之地,牧民的牛羊最终全部饿死。对于渔业、森林、牧业等具有非排他性和竞争性的资源,个人的利益最大化行为必然导致过度使用,资源枯竭的结局。

实际上,越来越多国家的经验表明,避免"公地悲剧"的关键在于解决产权问题。政府如果能够将这些公有资源的产权加以明确,就可以解决非排他性问题,从而把准公共物品变为私用品,由市场决定归谁使用和使用多少。中国正在启动的林权制度改革和沿海一些城市实行的海区承包制度背后的道理就在于此。

公地悲剧在英国是和"圈地运动"联系在一起的。15、16世纪的英国,草地、森林、沼泽等都属于公共用地,耕地虽然有主人,但是庄稼收割完以后,便敞开作为公共牧场,于是大量羊群进入公共草场,不久土地开始退化,"公地悲剧"出现了。于是一些贵族通过暴力手段非法获得土地,开始用围栏将公共用地圈起来,据为己有。"圈地运动"使大批的农民和牧民失去了维持生计的土地,不过,在经历了"圈地运动"的阵痛后,英国人发现草场变好了。由于土地产权的确立,土地由公地变为私人领地的同时,拥有者对土地的管理更加高效,为了长远利益,土地所有者会尽力保持草场的质量。

6.2.4 政府对信息不完全的干预

解决信息不完全问题的办法,概括起来可以分为两类:一类是依靠市场机制,如信誉、品牌、"三包"制度、企业内部的激励约束制度;另一类是依靠政府来解决,例如政府推行的全民医疗保险、交通强制险等。

1. 信誉

前面我们无论是对逆向选择还是道德风险的分析,实际上都隐含了一个假定:交易只进行一次。而现实生活中,无论是保险市场、二手车市场、信贷市场,还是劳动力市场,交易都不止一次。这种情况下,信誉就成为消除信息不完全影响的重要机制。

例如,二手车卖者通过设立固定营业场所的做法,就可以传递一种质量过关、信誉良好的信号,从而赢得买者的信任,增加二手车交易。再比如,现在越来越多的企业注重品牌建设,塑造自己的品牌,树立在消费者心目中的良好信誉,使得大家一听到著名品牌就知道其产品是值得信赖的。相反,一听到三鹿,就会联想到三聚氰胺,一听到大头娃娃,就会想到伪劣奶粉。任何一个企业要想长期发展,都必须重视品牌、诚信建设。

在信贷市场,信誉机制同样重要。中国的许多银行都规定,当贷款人在任何一家银行已有不良信贷记录,就将对其新生信贷业务加以严格限制,甚至不予放贷。这就意味着,任何人想要长期获得银行的资金支持,就必须保证良好的信誉,延期不还贷甚至赖账都是不可行的。这就减轻了信息不对称对银行造成的损失,也有助于信贷市场的健康发展。

而在保险市场,保险公司一般都规定,当一年之内被保险人出险超过一定次数,次年将提高车辆财产险保费,甚至拒保。这就对车财险被保险人的道德风险行为施加了一定的约束,有助于提高其谨慎驾驶、安全驾驶的意识,降低保险公司的理赔成本。值得注意的是,要使信誉机制充分发挥作用,必须使交易双方互相能够识别和记住。

2. 信息显示和信息甄别

信息显示是指交易中拥有私人信息的一方采取某种可观察的行为来向另一方传递自己的真实信息的情形。信息甄别则是指信息较少的一方设计某种方案来主动识别拥有私人信息一方所传递信息的真实性。

无论是信息显示还是信息甄别,在日常生活中都广泛存在。例如,二手车市场中,高质量车的卖者可能会向买者承诺,二手车售出后某一时期内如果发生质量问题,予以免费维修。与此类似,大多数商品现在都有"三包"条款,即规定商品售出之后一定时期内,如果出现质量问题,视具体情况由卖方提供包退、包换、包修服务,这都属于信息显示的情形。在劳动力市场中,应聘者向用人单位提供的文凭、工作经历、获奖情况证明等,也是信息显示的典型表现。信息甄别的机制也非常常见。例如,不同的薪酬制度就是其中之一。例如,某玩具企业同时实行计件工资制和计时工资制。这种情况下,劳动生产率高于平均水平的工人理论上说都会选择计件工资制,劳动生产率低于平均水平的工人则会选择计时工资制。此时的信息甄别机制就利用工人的自我选择实现了对其劳动生产率高低的区分。

3. 激励约束制度

为减轻信息不对称带来的非效率问题,通过某些具体的激励约束制度设计,也可以起到一定作用。例如,劳动力市场中,股东大会通常会将经理的报酬与企业的经营业绩挂钩,比方说采取股票期权制度。这种情况下,即便股东不能观察到经理的工作努力程度,但通过股票期权制度,也可以自动将经理的收入与其经营业绩联系起来,因为股票的价格与企业的经营好坏直接相关,只有企业经营得好,股票价格看涨,作为经理工作报酬的股票期权才真正代表了其未来的高收入。还有一些薪酬制度,如企业分红、利润分成等,也都可以在一定程度上克服经理的道德风险问题。而对于普通工人来说,企业内部的激励制度则通常表现为底薪+奖金的工资制度、绩效工资制度等。

从约束制度方面看,许多企业采取"末位淘汰"的办法,就是一种约束制度形式。保险市场中,现在保险合同常常规定一定的免责条款,除了自然灾害、不可抗拒力之外,对被保险人的行为不当所造成的损失,保险公司不予赔偿。这也会对被保险人的某些道德风险行为施加一定的约束。

4. 强制性保险制度

在保险市场中,逆向选择之所以会发生,是因为拥有信息优势的被保险人有权选择参保或者不参保。只有在这种情况下,出险概率小的被保险人才可以选择不参保,市场中只剩下出险风险大的被保险人,保险公司出于成本考虑不愿提供保险,或者即便提供也会收取高额保费。

而如果通过强制性的措施阻止逆向选择行为的发生,信息不对称带来的不利影响就可以消除。而这种强制性措施的出台,通常需要政府以制度化的形式制定。中国政府要求全部城镇职工参保医疗保险、失业保险和养老保险,要求全部车辆投保机动车交通事故责任强制保险(简称"交强险")的做法都属于这种情况。

此外,政府加强质量信息披露的做法,例如质量万里行、定期质检报告等,也都有助于克服信息不完全带来的资源配置低效率状况。但是,无论是信誉、信息显示与甄别、激励约束机制,还是强制保险制度、政府信息披露制度,都只能在一定程度上克服信息不完全带来的不利影响,而不可能根除由于信息不完全而带来的资源配置低效率问题。

6.3 环境经济学

6.3.1 经济与环境

1. 经济系统

经济是技术、法律和社会制度的集合,社会中的个体在参与经济活动的过程中寻求自身物质和精神福利的最大化。生产、分配、交换和消费是一个社会的四类基本经济活动。其中,生产活动决定了产品和服务的数量,而分配活动则要决定产品和服务如何在社会成员之间进行配置,这些产品和服务的最终使用被定义为消费。

经济系统被分为两部分:生产者和消费者。生产者包括所有生产性的企业、公共机构、非营利性组织、服务性企业(如运输企业)。生产部门所需的基本投入要素是来源于自然环境的各种物质,包括燃料、非燃料矿物和木材;各种液体(如水和石油);各种气体(如天然气和氧气)。任何产品和劳务的生产都离不开自然界提供的物质与能量。消费者包括消费最终产品和服务的所有个体。消费者有时会像生产者一样直接利用自然界的投入要素,如许多家庭的用水直接来自地下,而不是来源于自来水公司。

生产和消费活动会产生残留物,由排放到空气、水和土壤中的各种废弃物质构成,包括二氧化硫、挥发性有机化合物、有毒溶剂、动物肥料、杀虫剂、各种粉尘、废弃的建筑材料、重金属,等等。以热量、噪声和放射能形式存在的废弃能量也是生产过程的主要残留物,其中放射能还兼具能量和物质的双重特性。消费者同样制造大量的垃圾,其中,生活污水和汽车尾气居于首位。构成消费品的各种物质最终也仍然会转变成废物,即便可以循环利用,大量的固体垃圾和类似于有毒化学物、废机油等的有害物质都来源于此。

任何经济系统都是自然界的子系统。它的运行和变化受自然规律的支配。自然界的一个作用就是为经济系统提供原材料和能源,没有这些来自自然界的投入,人类的生产和消费将无法进行。反过来,经济系统的运行也直接或间接地影响着自然界,过度开采不可再生自然资源导致的自然资源枯竭是经济系统直接影响自然界的一种方式。同时,生产和消费活动产生的剩余废物,最终以某种方式返回自然界。如果废物处理不当,就会导致污染或自然环境的退化。

2. 环境系统

自然界为人类提供了两类服务:环境资源和原材料供给。环境资源是环境经济学的研究内容,而原材料供给是自然资源经济学研究的内容。两者结合在一起,形成了对环境系统的研究。

虽然环境经济学研究的重点是污染控制,但其研究对象并不仅局限于此。人类影响环境的很多方式与传统意义上的污染并没有关系。例如,房地产业的发展对动物栖息地的破坏,人为造成的自然景观退化,这些例子虽然与污染物的排放无关,但却影响到了自然环境。实际上,许多污染问题往往发生在更早的自然—经济相互作用的原材料阶段。因此,在接触环境经济学的内容之前,我们需要简单了解一下自然资源经济学的主要内容。

现代工业社会中的大部分经济活动仍然离不开对自然资源的开采和利用。自然资源经济学运用经济学的原理来研究人类开采和利用自然资源的行为。可再生资源和不可再生资源是自然资源经济学两个最基本的概念。动植物等有生命的物质是可再生资源,它们有自己的生物进程,会随时间的推移不断成长。有些非生物资源也属于可再生资源,典型的例子就是太阳能。不可再生资源是指那些无法再生的资源,这种资源用一点就少一点,一旦耗尽,便会永久消失。石油和非能源型矿物质是不可再生资源的典型例子。有些资源,如地下水,其再生率非常低,实践中也被归为不可再生资源。

不可再生资源的使用存在显著的时际问题,需要权衡现在和未来之间的关系。如果今年多开采石油,那么明年我们可用的石油储量就会减少。因此,确定当前正确的开采率需要比较石油当前的价值和未来的预期价值。可再生资源也存在时际权衡的问题,而且比不可再生资源更为复杂。例如,对于树木,我们是应该今天砍伐,还是让它接着生长,等到未来的某个时刻再来砍伐?在生物或生态进程的作用下,可再生资源的当前使用率会影响到未来可用资源的数量和质量,这就是通常所说的可持续性(Sustainability)问题。一种资源的可持续利用率是指能够在长期保持下去的、不会损伤后代人从这种资源中获得好处的使用率。保持资源的可持续性并不意味着一定要使资源原封不动,而是要求我们对资源的利用率不会危及后代的利益。对于不可再生资源,要求我们对开采资源的使用方式要有利于经济和社会福利的长期增长。对于可再生资源,则是指对资源的利用率应当与这种资源的自然再生速度相协调,因为资源的自然再生速度会影响资源成长和衰减的方式。

许多环境问题也需要在未来和现在之间做出取舍,很多污染物易于在环境中累积,很难消散或消失。几十年来,人们排放的 CO_2 在大气层中不断积累,这实际上是在消耗地球的吸收能力,即自然系统接受某些污染物并把它们转化为无毒无害物质的能力。这种能力的消耗显然会损伤我们后代的利益,因此,"吸收能力"也是一种自然资源。

3. 经济系统与环境系统的相互作用

如图 6-10 所示,人类的经济活动从自然界中获取原材料和能源(M),然后再把残留废物排放到环境中。以前,人们对环境的关注主要集中在生产者和消费者排放的废物量 R_p^d 和 R_c^d 上,试图通过对这些废物进行处理,或者调整排放的时间和场所,从根本上改变它们对人类和环境的影响。现在,人们已不再单纯注重废弃物管理,而是开始实施环境管理。

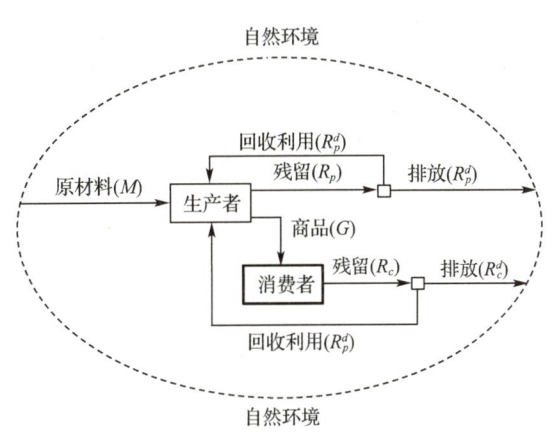

图 6-10 经济系统与环境系统的互动

从物理学角度来看,在长期当中,物质守恒定律决定了自然界的物质流出量和流入量必然相等,即 $M = R_p^d + R_c^d$。强调"长期"的原因,一是经济系统处于成长阶段,其自身会容纳一定比例的自然资源投入,这些投入将通过人口增长、资本积累等方式扩大经济系统的规模,只有当经济系统停止增长时,这些投入要素才会最终作为废弃物排放到环境中。因此,在成长阶段,物质的流出量会小于物质的流入量。二是循环技术显然能够延长投入要素的使用寿命,使得短期内的物质流入量小于流出量,任何循环都不可能做到尽善尽美,每一轮循环都会有一定比例的物质损失。因此,长期当中,物质的流入量仍会等于流出量。由于这两方面原因,基本的物质/能量平衡等式只适用于长期。这告诉我们一个基本的规律:要想减少环境中废弃物的排放量,就必须减少经济系统从自然界中获取的原料的数量。根据图 6-10,我们可以得到下式

$$R_p^d + R_c^d = M = G + R_p - R_p^r - R_c^r \tag{6.1}$$

这一等式说明,原材料总量 M 等于产品和劳务的产出 G 加上生产过程中产生的废物量 R_p,再减去生产者和消费者循环利用的原材料数量 R_p^r 和 R_c^r。于是,我们就有了减少 M 的三种途径,而减少 M 也就相当于减少排放到环境中的废物数量。

(1) 途径1:减少 G

在其他流量不变的情况下,我们可以通过减少经济中生产的产品和劳务的总量 G 来削减废物排放量。当削减产出或降低产出增长的速度时,废弃物的排放量也将相应地下降。虽然保持人口数量的缓慢增长或者零增长会使环境污染控制更加容易,但也并非总是如此:第一,在人口的绝对数量没有增长的条件下,人们的经济购买力仍有可能上升,从而增加经济对原材料的需求;第二,人类对环境的影响具有长期性和累积性,即便当前人口增长率为零,环境也会以自己的方式逐渐退化。不过,人口增长确实会加剧一个经济对环境的破坏程度。

(2) 途径2:减少 R_p

假定其他流量不变,那么,降低 R_p 的实质就是要在产量一定的情况下降低生产过程中的废物排放量。实现这个目标,有两种途径:一是发明和采纳新的生产技术及工艺,减少单位产出的废物排放量,从而降低整个经济的产出废物强度;二是调整最终产出的结构,即缩减单位产出废物排放量较多的部门,扩大单位产出废物排放量较少的部门,如从基础制造业转向服务业。这种转换改变了各个经济部门在整个经济中的相对份额,被称之为部门转换。

(3) 途径3:增加 $(R_p^r + R_c^r)$

减少 M 的第三种方法是加大循环利用。生产和消费活动产生的各种废物除了排入环境外,还可以通过循环利用重新进入生产过程。循环利用的核心就是用废物代替部分原材料 M,通过这种替代,我们可以在不改变总产出水平 G 的情况下减少废物的排放量。但是,我们不可能使原材料实现百分之百的循环。生产过程通常会改变投入原料的物理结构,使得有些废弃物很难再利用。能量的转化过程对能源物质的化学结构改变得更为彻底,对能源进行回收利用几乎是不可能的。另外,循环过程本身也会产生废物。

6.3.2 环境质量经济学

1. 污染损害

市场机制在处理环境污染问题时往往会失灵,正因为如此,我们需要研究环境政策,为政府的干预提供依据和建议。对于环境政策,首先要确定我们应该设法达到的最佳环境质量标准,然后决定如何划分环境质量达标任务。有效的环境政策的制定和实施是以完备的信息为基础的,这些信息包括企业和消费者在市场中的决策方式,污染物向自然环境的排放过程,污染物在环境中对人类和其他生物造成危害的机理,等等。污染控制活动需要考虑取舍关系,即一方面,削减污染排放会减轻人们因环境污染遭受的损害;而另一方面,它又会消耗本可以用于其他用途的资源。例如,位于上游的造纸厂可以在排放废水之前,通过对废弃物进行处理和回收,来减少污水排放量,废弃物的处理和回收需要耗费成本,占用一定数量的资源,这会影响纸制品的价格。

一般来说,污染越严重,所产生的损害就越大,治理污染的成本就越高。在环境经济学中,损害函数用来描述污染与损害之间的量化关系,其中排放损害函数描述的是一个或多个污染源排放的污染物数量与产生的损害间的关系;周边损害函数描述的是周边环境中,特定污染物的浓度与产生的损害之间的关系;边际损害函数反映了排放量或污染浓度增加或减少一单位所引起的损害变化量。

在运用损害函数进行分析时,隐含着这样的假设:损害函数是可逆的。损害会随着排放量的增加而增加,如果排放量减少,损害也会回到以前的水平。许多污染物都呈现出这种规律:哮喘病由于臭氧的增加而增加,当臭氧减少时,哮喘病也会随之减少。但还有许多污染物并没有呈现出这种规律,那些引起全球性气候变化的温室气体就表现为不可逆性。污染的加剧导致生态系统改变,使我们再也回不到以前的生存环境。例如,一旦地下蓄水层遭到污染,就不会再恢复到从前的状态。

物理意义上的环境损害包括很多类型:被污染的海岸线长度,感染肺病的人数,灭绝的动物数目,被污染的水量,等等。一般来说,每种污染情形都会涉及多种不同的环境损害,具体的性质取决于污染物的类型以及排放的时间和地点。为了能够全面反映这些损害,通常使用货币作为单位来统一对它们的度量。有些环境损害很容易用货币来表示,例如,人们为了使自己免受污染而进行的"防御性"支出(如为防止噪声污染而购买更好的隔音设施),但是,多数环境损害是很难准确地用货币表示出来。

理论上,对损害函数的描述可以做到清晰和明确,但在现实世界中却很难明确地界定损害的程度。污染的排放与各种损害(如对人类健康的影响、生态系统破坏等)间的关系存在着许多不确定性,人们很难确切地计量各种污染物造成损害的程度。不确定性还影响到排放量与周边环境状况之间的关系,人类对损害反应的不确定性也影响到损害造成的后果。由于有的损害要在未来很长时间内才会显现,这就给人们准确地预测污染损害程度增加了难度。

2. 治理成本

环境政策要在环境损害和治理成本之间进行权衡。环境经济学中的"治理"是广义的,涵盖了所有能够削减污染排放量的方法,如改变生产技术、调整生产投入、废物回收、处理和关闭污染源,等等。治理成本是削减污染排放量或降低环境中的污染浓度所发生的成本。例如,一家位于河流上游的造纸厂在正常的生产过程中,产生大量有机废物,如果使用河流是免费的,那么,对造纸厂来说,最廉价的垃圾处理方法就是把废弃物直接倒入河中。但是,除了将废物排到河里之外,企业一般还能利用技术或管理上的手段减少排放物,这些活动的花费叫作"治理成本",因为它们是企业为治理或减少向河中排放的污染物的成本。通过投入资源从事这些治理活动,造纸厂降低了污染排放量。一般来说,治理工程的规模越大,成本也越高。

治理成本受多种因素的影响,污染源不同,治理成本通常也不同。发电厂的二氧化硫治理成本与化工厂的毒烟治理成本不同,即使是同一种污染物,因为污染源企业的生产技术不一样,治理成本也存在差别。例如,一个新建立的企业使用的是现代生产技术,生产过程中的污染较少,治理成本相对较低;而一家老企业,由于使用的技术和设备老化,污染较大,治理成本也会较高。

治理成本函数是环境经济学中用来分析治理成本的一种方法,其中边际治理成本函数可以用来分析减少一单位污染排放量需要额外花费多少成本,或者说是增加一单位污染排放量能够节约多少治理成本。当然,污染治理成本是有上限的。对于一个工厂或者单一的污染源,极端的治理方法就是停产,从而把污染排放水平削减至零。如果一个规模很大的产业中有很多家企业,而污染源只是其中一家小厂,那么关闭它的成本并不大,虽然可能会给当地就业和社区福利带来影响,但是对该产业的市场价格和产量的影响很小,消费者不会受到什么损失。然而,对于垄断产业或寡头垄断产业来说,由于其中的企业规模很大,产业影响力也很大,如果把"关闭"企业作为产业达到零污染排放的途径,成本可能就很高了。

边际治理成本函数既能表示污染的实际边际治理成本,也能表示可实现的最低边际治理成本。实际治理成本是由企业过去采取的污染治理技术和工艺决定的,很多因素会影响到实际治理成本的大小,如管理上的失误,公共污染规制,等等。污染源采用的污染治理技术和管理方法通常是成本最低的,因而污染源治理污染的方式要符合成本节约的原则。

多数环境政策的目标并不是单一的污染源,而是一组污染源。当污染治理涉及分属不同的行业,使用不同的生产技术,具有不同的边际治理成本函数的多家企业时,就需要通过叠加单个企业边际治理成本函数的方法,构造一个针对全部企业的总边际治理成本函数。治理成本函数反映的是削减污染的最低成本,单个的边际治理成本函数代表的是一家企业所能采用的最经济的治污方式;如果分析对象是总边际治理成本函数,那么它所表示的就是对一组企业来说成本最低的治污方法。

从全社会的角度看,污染治理的目标是有效率的污染排放水平。"有效率"的污染排放水平是指边际损害等于边际治理成本的水平。任何污染问题都需要权衡两个方面:社会承担的污染治理成本越低,污染的排放量就越高,环境损害就越大;而社会承担的污染治理成本越高,污染高排放量就越低,环境损害就越小。因此,有效率的污染排放水平应当是两种成本恰好互相抵消时的水平,也就是边际治理成本等于边际损害成本的排放水平。

3. 针对排放量削减的等边际原则

要想获得最小的总边际治理成本,污染排放量在各个污染源之间的分配就必须使每个污染源的边际治理成本都相等,这就涉及一个重要概念:等边际原则。对于污染控制问题,等边际原则说的是:如果一种污染物有多个污染源,每个污染源具有不同的边际治理成本,那么,要想以最低的成本来削减某一既定的排污总量(或者用既定的成本实现最大的排放量削减),每个污染源分摊的污染减排量必须使它们的边际治理成本都相等。

在做控制环境污染的决策时,社会面临着削减损害与治理成本之间的取舍问题。如何管制环境污染已经成为一个政治问题,不同的社会群体都会站在自身的立场来考虑。环境管理和监控部门会强调控制污染(削减损害)的益处;而被管制的企业或组织会更加关注治理环境所需要花费的成本。如果制定政策时不偏重任何一方,这种"公平"对待会让双方都不高兴。在面临着治理成本和损害函数存在诸多不确定性的情况下,各方会很容易找到反驳对方的依据。

6.2.3 环境政策

环境经济学所研究的环境政策大体上分为两类:一类是命令和控制型环境政策,主要包括各种不同的标准;另一类是基于市场机制的激励型环境政策,包括排污费和可转让许可证制度等。

1. 标准

标准是指通过立法规范人们行为的准则或准绳,其实质是:如果不想让人们从事某种行为,就通过法律规定其为非法行为,然后选派特定的权威机构执行该项法规。例如,汽车限速行驶就是一种典型的标准,它从法律上限定了驾驶员驾车的最高时速。同样,排放标准规定了法律所允许的最大排污量。在环境治理领域,标准政策受青睐的原因有很多。首先,标准简单且直接,设定的目标具体、明确;其次,标准也迎合了人们的某种道德观,即环境污染是有害的,政府应视其为非法行为。另外,现有的司法系统适合界定及阻止非法行为,这极大方便了标准的实施。

环境标准主要有三种类型:周边环境标准、排放标准和技术标准。

周边环境标准。 周边环境质量指的是一定范围内的整体环境质量,可以是某一座城市上空的空气质量,也可以是某一条河流的水体质量。周边环境标准是法律上限定的一定地理范围内的最高排污水平。例如,对于某条河流,周边环境标准也许规定其氧气含量为百万分之三,这就意味着百万分之三是该河流中氧气的最低溶解量。当然,政府可以针对影响周边环境质量的各种污染源制定周边环境标准,从而进行干预。例如,为了保证某条河流中氧气的溶解量不低于百万分之三,我们首先必须了解哪些污染源会对该条河流氧气含量造成影响及影响程度,然后通过一定的方式来控制这些污染源。

排放标准。 排放标准是由政府设定的企业排污量的上限。排放标准通常以单位时间内排放的污染物数量来表示,例如,克/分钟,或吨/周。对于持续的污染物排放流,政府会把瞬时排放率上限作为排放标准。例如,设定每分钟污染物排放的最大速率或一段时间内的平均速率。我们有必要清楚周边环境标准和排放标准之间的差别。例如,政府把企业的排放标准设定在某个水平,但这并不一定满足周边环境质量标准。因此,二者之间并不存在直接的联系,而是通过气象现象及水文现象联系起来。排放标准可以从多个方面进行设定。例如,排放率、排放浓度、总废料排放量、单位产出产生的废料、单位投入产生的废料、污染物排放前的清除率,等等。由于排放标准是对排污水平的限定,代表最终结果,所以它是一种绩效标准。

技术标准。 在实践中,很多的标准并没有对最终结果做硬性规定,而是要求污染者必须采用一定的生产工艺、技术或措施。我们把这些统称为技术标准。典型的技术标准,例如,政府要求汽车必须安装安全带和尾气催化器,要求发电厂安装废气处理设备用以削减 SO_2 气体的排放量。技术标准还包括"设计标准"或"工程标准",以及生产标准和进料标准。

标准的运用原理是政府通过设定标准使污染者承担相应的责任。评价任何一项标准优劣的关键是看它能否对企业的行为产生激励。在短期内,看标准是激励企业采用最低成本将排污量削减至有效水平的方法。标准政策在短期内存在的问题是对于标准执行情况的评判过于简单,企业一旦达到了标准的规定,就再也没有动力去争取做得更好,即使它进一步削减排污量的成本会很低。另外,标准降低了污染者决策的灵活性,尤其是技术标准,规定了污染者必须采用某种方法,即使其他方法能以更低的成本或更高的效率实现相同的目标,为了避免因不遵守技术标准而受到政府的惩罚,企业有很强的动机放弃采用其他技术。从长期来看,合理的污染控制政策会对企业产生较强的激励作用,使他们自发地寻找先进的技术及管理经验,从而降低削减排污量时花费的治理成本。如果政府运用技术标准,则企业为了降低治理成本而寻找新生产工艺的激励为零。在政府详细地指定了企业所需采用的技术及实施的操作的情况下,企业只能按照政府的要求去做,即使企业找到了更好的生产工艺,也无法从中得到任何回报。

2. 排污费

排污费,也被称为排污税,是激励型的环境政策,也称作市场型激励政策。这种政策赋予企业一定的自由选择权,在利用环境的净化功能时,企业可以自主决定愿意支付的费用。长期以来,环境经济学家们倾向于采用激励型环境政策。这类激励因素可以使环境政策在许多方面更加有效,能够增强环境政策的成本效率。

排污费实质上不是政府对排污者的强制性规定,而是对排污者的一种经济激励,促使他们寻找削减排污量的最佳方法。排污费政策的实施意味着企业必须为转移、稀释、化学分解他们所排放的污染物的行为支付费用,促使企业寻找各种合理的方式,以减少其对环境资源的使用。排污费赋予企业较大权利,企业可以自由选择削减排污量的最佳方式,来寻找成本最低的排污削减方法。例如,企业可以选择整合多种处理工艺、改进内部生产过程、使用新的原材料、利用回收技术及生成低污染的产品等方法来降低成本。

与排污标准相比,排污费政策提升了企业的成本。排污标准实际上允许企业免费利用自然资源的净化功能,而排污费政策则要求企业为此付费。因此,企业更乐于接受排污标准,从社会角度来看,排污收费显然是优于排污标准的。在充分竞争的市场条件下,排污费税率设定得越高,排污削减量也就越多。但从社会角度来看,排污税费不同于治理成本,治理成本包含对真实资源的利用,因此属于社会实际成本,排污税费实际上是一种转移支付,由企业(最终是企业产品的购买者)支付给公共部门,最后转移到那些政府支出的受益者身上。因此,当企业计算其成本时,会将治理成本和排污税费考虑在内。

政府在运用排污费政策时,是按照等边际原则来处理多个污染源的排污问题。对拥有不同边际治理成本函数的企业,如果政府对其征收统一的税率,并且每个企业都会削减排污量,直至边际治理成本等于税率,那么所有企业的边际治理成本便会自然而然地相等。

污染控制政策是在一个充满不确定性的环境中实施的,政府既无法确切地掌握每个污染源排放了何种污染物,也无法准确地了解这些污染物会对人类及生态系统造成怎样的影响,更无法确定污染源的边际治理成本曲线的形状。需要强调的是,即使政府对企业的边际治理成本函数一无所知,仍可运用排污费方法取得有效率的结果。排污费方法只要求企业承担统一的税率,在每家企业均按照其边际治理成本对其排污量进行调整之后,它们各自都会将排污量控制在满足等边际原则的合理水平。

与排污标准政策相比,排污费政策对企业的研发激励会引发其与污染控制相关的成本(治理成本及税费)下降更大的幅度。在排污费政策下,只要能找到使边际治理成本曲线向下移动的方法,企业就会自发地削减其排污量,产生这种差别的原因在于:在承担排污税的情况下,企业不但要耗费治理成本,而且还要支付排污费用,而在面临一项排污标准时,企业仅需要支付治理成本。所以在排污费政策下,企业通过研发新的治污技术能够产生更大的成本节省。

3. 可转让排污许可证

可转让排污许可证(Transferable Discharge Permits)制度也是一种激励型环境政策。在可转让排污许可证系统中,污染企业分配到一定数量的排污许可证,每单位许可证允许持有者排放一单位(许可证上规定的单位,例如,磅、吨等)指定污染物。如果一家企业持有100个许可证,那么它就可以在特定的时间范围内最多排放100个单位的指定污染物。在许可证交易市场上,有权参与交易的双方,可以以合理的价格出售和购买排污许可证。

排污许可证交易主要有两种类型:信用交易和总量管制与排放交易。信用交易是指在现行的规制政策下,允许企业售出其多余的排污许可证额度。假设一家现有排污量为100

吨的企业,环境规制政策要求其将排污量削减至 80 吨。如果实施信用交易,企业可以将排污量削减到小于 80 吨的水平(比如 70 吨),而将"多余的额度"(这里是 80－70＝10 吨)出售给购买者。谁会成为购买者呢？或许是另一家想要扩张生产规模的企业,也可能是一家打算进入这一领域的新企业。通过实施信用交易计划,全社会在未遭受总体污染排放增加的情况下就能扩大生产规模。在总量管制与排放交易中,政府首先要决定许可污染排放的总量水平,再根据排放总量确定许可证的数量,最后将许可证分配给各个排污者。政府必须按照一定的规则在企业之间分配许可证,如果排污许可证数量少于当前排污总量,那么部分或者所有企业获得的排污许可证数量将少于其当前的排污量。

假如政府制定了一项总量管制与排放交易计划,目的是削减发电厂硫的排放量。现在,硫排放总量是 150 000 吨/年,政府希望将其削减至 100 000 吨/年。如果一家发电厂目前硫的排放量为 7 000 吨/年,政府给予其 5 000 吨/年的排污许可证,电厂的经营者面临三种选择：

第一,将电厂的排污量削减至许可证规定的水平。

第二,购买额外的许可证,从而加大其排污量(例如,电厂购买 1 000 个单位的许可证,其排污量将是 6 000 吨/年)。

第三,将电厂的排污量削减到低于政府给予的许可证所规定的水平,出售其富余的许可证(例如,电厂将排污量削减至 4 000 吨/年,出售富余的 1 000 个单位的许可证)。

排污企业(或者是其他交易主体)之间买卖交易许可证的最终结果,是使排污总量在各企业之间按照等边际原则分配。为了使许可证交易的结果满足等边际原则,许可证交易的所有参与买卖双方必须以统一的价格进行交易,这就要求建立一个统一的能够覆盖全部交易主体的许可证市场。通过公开的市场交易保证所有参与者都能够获得有关交易价格的信息。在竞争压力的作用下,许可证的价格最终会趋于统一。一般来说,边际治理成本较低的企业会将许可证转让给那些边际治理成本较高的企业。在一个由许多企业参与的市场之中,由于污染者始终存在着寻找更优方法削减排污量的激励,而且随着经济的不断变化发展,交易将会是一个持续不断的现象。

运用排污权交易进行污染控制的关键是限制流通中的排污许可证数量。每个企业都希望在初次分配中获得尽可能多的许可证,而采用何种方式分配许可证,往往存在较大的争议。几乎每一种方法都存在着不公平之处,如果对于排放同种污染物的企业,在他们之间平均分配许可证,则忽略了企业间规模的差异；如果根据产品的价值计算行业中所有企业的平均规模,鉴于产业之间在技术、产品价值、市场规模等方面的差异,给予每个污染者同等数量许可证的方法就有失公平。原则上讲,只要许可证能够被公平地分配,采用何种分配方式并不重要。因为,无论污染者最初获得了多少许可证,随后的市场交易都会按照污染者之间相对的边际治理成本对许可证进行重新分配。

为了使许可证交易市场有效地运行,政府必须制定明确的规则对参与者及规范交易程序进行管理。如果交易规则制定得过于烦琐,企业就会无法确切估计交易价格对自身成本的影响。这意味着政府在最初对许可证进行分配之后便不应再对市场的运行进行干预,而把管理的重点放到对市场的监控上。

如果有效排污水平随技术进步而降低,政府就需要减少流通中的许可证数量。有两种方法能够帮助政府达到这个目的：一种方法是借助于排污许可证交易市场,政府购回一定数量的许可证并将其报废,不再出售;另一种方法是标明许可证的有效期限,即每张许可证允许持有者在规定的期限内排放污染物,如1年。每个污染源每年所获得的许可证数量不是一个固定不变的数目,而是逐年降低的数字,每张许可证的有效期为一年。

关键术语

市场失灵　政府干预垄断的无谓损失　外部性　边际外部成本　边际社会成本　边际外部收益　边际社会收益　科斯定理　私人产权　公有产权　公共物品　搭便车　公共信息　私人信息　信息不对称　逆向选择　道德风险　最低限价　最高限价　反垄断法　排污标准　信息显示　信息甄别　污染损害　治理成本　周边环境标准　排放标准　技术标准　排污费　可转让排污许可证

思考题与讨论题

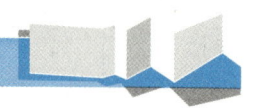

1. 分别举出正外部性和负外部性导致市场失灵的例子。
2. 什么情况下外部性需要政府干预?什么情况下政府无须干预?
3. 公共物品在什么情况下会导致市场失灵?
4. 很多人认为,医疗服务应该由政府免费提供,那么,哪些医疗服务是公共物品?属于公共物品范畴的那部分医疗服务,是否一定需要政府免费提供?
5. 为什么具有垄断势力的企业缺乏通过降价来吸引更多消费者的激励?
6. 公共物品是否必须由政府提供?
7. 公共物品和私用品的主要区别是什么?
8. 信誉在解决信息不完全问题方面发挥什么作用?
9. 什么叫逆向选择?在现实生活中有哪些逆向选择的例子?
10. 企业和个人可以采用什么方法来解决信息不对称问题?
11. 如果排放标准因某些原因无法实施,哪些方法可以用来取而代之?
12. 科斯定理包含哪些内容?
13. 假设政府要削减两个治理成本相同的污染源的排污量,为了公平起见,应该使用等比例削减方法,还是应该遵循等边际原则?
14. 解决贸易及全球环境问题的最公平的方法是所有的国家均使用统一的排放标准。从经济学角度考虑,该观点的正面及负面影响分别是什么?

第7章 经济活动的衡量

研究宏观经济学的前提是对宏观经济的运行状况进行准确描述。在现代的宏观经济理论和实践中，人们致力于设计和使用一套测度一国经济总体活动水平的复杂体系，这套复杂体系通常被称作国民经济核算体系，它是包含衡量各种类型宏观经济活动的方法、变量和指标的一个框架。

那么，对于一个具体的国家，究竟应该采用什么变量和指标来描述其宏观经济活动，又用什么方法统计和计算这些指标呢？这是本章讨论的主要问题。

关键问题

- 什么是国民经济核算？
- 核算GDP的主要方法有哪些？
- GDP核算存在什么问题？
- 衡量一国价格水平的主要价格指数有哪些？如何计算价格指数？
- 通货膨胀具有哪些类型？如何衡量通货膨胀？
- 失业具有哪些类型？政府的宏观经济政策可以解决哪些失业问题？
- 经济中的自然失业率高低取决于哪些因素？

7.1 国民经济核算与核算体系

7.1.1 国民经济核算

在宏观经济学中，一国经济的总产出通常是在国民经济核算中来定义和衡量的。国民经济核算，是按照一套既定的概念和方法对一个国家的经济总体运行情况所进行的系统的定量描述，其作用是反映经济运行和经济发展状况，发现问题、揭示规律，为宏观经济决策提供重要的信息资源服务。

国民经济核算的对象是一个国家的国民经济整体，它包括三个基本要素：

一国经济的范畴。国民经济核算中定义的国民经济是由该国经济领土上的常住单位的活动组成；一国的经济领土（Economic Territory）是该国国民经济的空间范围，即该国政府控制和管理的地理领土。在确定的地理领土上，该国的公民、货物、资本可以自由流动，不受国界的限制。

经济单位。国民经济核算中定义的经济单位是指在一定时期（一般以一年为标准）内，一国领土上拥有活动场所(住宅、厂房或其他建筑物)、并从事一定规模经济活动的常住单位。判断经济单位常住性的依据,不是国籍或法律意义上的财产所有关系,而是该单位所处位置、与该国经济的密切程度,以及时间的长期性。因此,常住单位是具有经济利益中心的经济单位。

国民经济活动。国民经济核算中定义的国民经济活动是由国民经济中各经济单位所从事的各种经济活动组成的。这些经济活动发生在不同的产业领域和经济层面,形成了错综复杂的经济关系。国民经济核算不描述单个经济单位的活动,而是按照一定标志将经济单位分成不同类别,按类描述其经济活动。

在国民经济核算中,采用统一的货币计量单位,运用一套相互之间有内在联系的账户和平衡表,连续描述国民经济中的整体运行状况。统计指标体系是国民经济核算用来描述国民经济的主要手段。借助国民经济核算,我们可以获得反映国民经济运行各个方面的一个完整的数据体系,其中有关主要经济总量的指标、详细的数据信息,可用以监测国民经济运行情况,分析经济关系的变化和经济政策的实施效果。例如,经济增长和物价稳定是各国政府追求的主要宏观经济目标,以国内生产总值为基础计算的经济增长率和反映物价水平变动的物价指数,就是国民经济核算的直接结果。没有这些对主要经济总量指标的核算,政府就无法科学、有效地进行宏观经济管理。

7.1.2 国民经济核算体系

围绕国民经济核算所形成的一套理论和方法,被称为国民经济核算体系。国民经济核算体系是在一定经济理论的指导下,综合应用统计、会计、数学等方法,为测定一个国家(地区、部门)在特定时期内的经济活动(流量)和特定时点上的经济成果(存量)所构成的一个相互联系的系统。

国际上曾经同时存在过两大国民经济核算体系:一个是产生于英美等西方发达市场经济国家的国民账户体系,主要由市场经济国家和第三世界国家使用,简称 SNA(The System of National Accounts),也叫西方体系。另一个是产生于苏联和东欧社会主义国家高度集中的计划经济制度的物质产品平衡表体系,主要由原经互会国家使用,简称 MPS(The System of Material Product Balances),也叫东方体系。由于构建核算体系所依据的理论基础和所服务的宏观经济管理模式不同,两套体系在核算框架、基本概念的定义、基本分类和主要经济指标等方面存在很大差异。

国民账户体系是在国民收入统计的基础上发展起来的。国民收入统计在西方经济发达国家有较长的发展历史,最早可追溯到英国经济学家威廉·配第(Willian Petty)于 1665 年对英国国民收入的估算。他在其出版的《政治算术》一书中,用统计数据分析了当时英国的人口、土地、国家收入、农业、渔业、建筑业、贸易、银行等情况,提出了对当时英国经济运行的看法。此后,国民收入统计逐渐传播到欧洲大陆、美国和澳大利亚等国,到 1939 年,对国民收入进行统计的国家达到了 39 个,其中有 9 个国家定期进行统计。

20 世纪 30 年代发生的经济大萧条对国民经济核算的发展和国民经济核算体系的形成起到了促进作用。在那段经济陷入严重困境的特殊时期,许多国家的经济学家和政府决策者强烈地感受到国民收入统计对分析经济形势和制定宏观经济决策的重要性。1936 年,英国经济学家约翰·梅纳德·凯恩斯在他出版的《就业、利息与货币通论》一书中提出的宏观经济理论,对国民收入统计的发展,以及之后的国民经济核算体系的形成产生过重大影响。现代的西方国民收入核算,无论是核算体系的形式,概念的定义,还是核算方法,都体现了凯恩斯主义理论的特点。1939年,英国财政大臣授权伦敦大学教授理查德·斯通和詹姆斯·米德二人作为凯恩斯的助手,完成了英国国民收入的研究工作,使得英国政府的领导人精确地估计了英国的财力和物力。1941年,他们在英国预算白皮书上发表的研究报告《战时财政资源分析与国民收入和支出估计数字,1938—1940》中,采用总值和市场价格的概念来计算国民产出,并把收入和支出联系起来进行估算。与此同时,美国经济学家西蒙·库兹涅茨和他所领导的美国国家经济研究所(NBER)的研究推动了美国国民收入和生产账户体系的早期发展。库兹涅茨在《国民收入,1929—1932》报告中,对国民收入的概念、作用、数据来源、估算结果的准确性等进行了系统评价,并为后来的国民收入核算设定了一个框架。在后续的研究中,他提出了生产核算和资本形成核算的商品流通法,并提出按市场价格计算国民收入(即国民生产总值)的思想,使得对国民生产总值的统计系统化。

第二次世界大战之后,对国民收入进行统计的国家增多了,统计的内容也发生了变化。1947年,联合国发表了由斯通教授所领导的专家小组为国际联盟统计委员会起草的报告《国民收入的计量和社会账户的建立》,该报告构成了联合国第一版国民经济核算体系(SNA)的基础。1953年,联合国公布了在斯通教授指导下制定的《国民账户体系及辅助表》,为各市场经济国家提供了一个统计国民收入和生产的普遍适用的框架。此后,根据国民收入核算理论和方法的进展,以及现实经济发展的需要,联合国在20世纪60年代末和90年代初对国民经济核算体系进行了系统的修改和完善,形成了SNA-1968版本和SNA-1993版本。

20世纪90年代后期,联合国依据SNA-1993版本组织编写了一系列操作手册,帮助各国实施国民经济核算。各国也根据本国的特点,探索具体的应用方案。随着国民经济核算应用领域的拓展,现代国民经济核算已经形成一套较为完整的体系。

与最初的国民收入统计相比,国民经济核算在内容上有着显著的区别。国民收入统计侧重于单个经济总量指标的估计,而国民经济核算是一个庞大的体系,既包括由众多指标构成的指标体系,也包括具有内在联系的基本核算表体系和账户体系。例如,1953年公布的SNA是由6个账户和12个辅助表组成按现行价格计算的核算体系,而1968年公布的SNA是由国民收入与生产核算、投入产出核算、资金流量核算、资产负债核算、国际收支平衡核算等五个子体系构成,每个子体系分别设计一个核算领域。

在国民经济核算体系的形成和发展过程中,宏观经济理论和国民收入统计的互动发展起到了重要的推动作用。宏观经济理论的发展为国民收入核算体系的构建、形成和完善提供了理论依据。另一方面,宏观经济的理论研究需要通过对大量统计资料的分析揭示经济的运行规律,宏观经济分析涉及的经济总量及其相互关系,均需通过国民收入核算来定义和计量。国民收入核算把各种反映经济活动的杂乱无章的数据汇总成系统的核算资料。借助这种核算资料,经济学家可以解释在过去的时期中经济总量及其相互关系发生过什么变化,并通过对这些变化的分析,做出对未来经济状况及其变动趋势的预测。宏观经济理论的发展不断对国民收入核算资料提出新的需求,是促进国民收入统计发展的一个重要因素。

物质产品平衡表体系,产生于苏联。1926年,苏联公布了"苏联1923—1924年国民经济平衡表",采取将多个收付平衡表并列组合的方式,涉及生产部门的划分、产品的生产和分配等。到20世纪30年代,通过不断补充平衡表的内容和改进编制方法,初步形成了一个平衡表体系。1950年,苏联中央统计局制定了一系列国民经济平衡表,主要包括:(1)国民经济综合平衡表;(2)国民经济劳动资源平衡表;(3)社会产品生产、消费和积累平衡表;(4)社会产品分配平衡表;(5)财政平衡表;(6)固定资产平衡表等,形成了以国民经济综合平衡表为中心的包括人、财、物平衡表在内的物质平衡表体系,并逐步推广到原经互会国家。

1971年,联合国公布了《国民经济平衡表体系的基本原理》,用于经互会成员国的国民经济核算。此后,经互会统计合作常设委员会又对MPS进行了重大修订,形成了《编制国民经济统计平衡表的基本方法原则》并于1984年提请联合国统计委员会审查,拟替代联合国1971年公布的MPS。1990年以后,随着苏联的解体和东欧社会主义国家的转型,MPS被宣布放弃。到1993年SNA发布最新版本时,国民经济核算体系已经基于SNA在世界范围内实现了一体化。

20世纪30年代,中国曾进行过国民收入估算。1949年新中国成立后,较为系统的国民经济核算制度才开始建立起来。与中国的经济体制和经济管理模式的演变相适应,中国国民经济核算制度的演变大体上经历了三个阶段:MPS体系的建立和发展阶段,MPS体系与SNA体系并存阶段,基于SNA体系的发展阶段。

20世纪50年代初到改革开放初期的三十多年的时间里,按照苏联的MPS核算体系框架,中国建立了国民经济核算体系。国家统计局于1953年开始试算国民收入,开展了农业、工业、建筑业、交通运输业和商业等五大物质生产部门的调查和核算,从而形成了社会总产值核算。到1956年,先后编制了社会产品生产、积累和消费平衡表,社会产品和国民收入生产、分配、再分配平衡表,劳动力资源和分配平衡表等基本表式。从20世纪80年代初开始,为适应中国经济体制改革的需要,国民经济核算体系开始由MPS向SNA转型。1984年底,国务院成立了国民经济统一核算标准领导小组,领导国民经济核算的系统研制工作。1985年4月,国务院批准建立国民生产总值和第三产业统计,国家统计局开始在国民收入的基础上进行国内生产总值核算。1992年8月,制定并发布了《中国国民经济核算体系(试行方案)》,由社会再生产核算表和经济循环账户两部分组成,既采纳了SNA的基本框架、内容和方法,也保留了MPS的部分内容,体现了中国经济体制转轨时期的特点和要求。1993年起,中国取消了MPS体系下的国民收入核算,开始了完全按照SNA体系进行国民经济核算的改革。1995年,开始编制SNA体系下的资产负债表和国民经济账户。2003年发布了《中国国民经济核算体系(2002)》。以此为标志,中国国民经济核算进入到一个新的阶段。

7.1.3 国民收入核算恒等式

国民收入核算是一套计量产品总流量和与之相对应的收入总流量的规则和方法。根据传统的复式记账原理,在国民收入和产品账户上,一方列出的是产品流量的总额,另一方列出的是这些产品的生产过程中产生的收入流量的总额。作为核算的结果,这个账户表示出经济中产品流量与收入流量在宏观水平上的恒等关系。在现代国民经济核算中,衡量一国产品总流量和与之相对应的收入总流量的最主要指标是国内生产总值。

1. 国内生产总值恒等式

国内生产总值既可以从产品流量角度进行核算,也可以从收入流量角度进行核算,两方面的核算结果必然相等。国内生产总值恒等式表示的就是国民经济中产品流量与收入流量之间的恒等关系,在宏观经济学中通常用如下形式表示国内生产总值恒等式:

$$C+I+G+(X-M)\equiv Y\equiv C+S+T$$

恒等式的左边表示产品流量。国内生产总值按在最终产品上的支出分为消费支出 C,总投资支出 I,政府购买产品和服务的支出 G,以及净出口 $(X-M)$ 四部分。

恒等式的右边表示收入流量,即收入总额用于哪些方面。C 是可支配收入中用于个人消费的数额。S 是个人储蓄与企业总储蓄之和,叫作私人储蓄。个人储蓄等于可支配收入减去消费 C,企业总储蓄等于企业净储蓄加上折旧,企业净储蓄是企业利润中扣去交纳给政府的所得税和付给个人的股息后的存留部分。T 是政府的净税收,即政府的总税收中扣去转移支付后余下的部分。因此,国内生产总值又可以表示成 C、S、T 之和。

折旧是企业每年提存的用于重置磨损掉的资本设备的费用,因此是企业储蓄的一部分。如果在总投资 I 和私人储蓄 S 中扣去折旧,恒等式两边用净投资和只包含企业净储蓄的私人储蓄代替,得到的恒等式是国内生产净值恒等式。

2. 投资与储蓄恒等式

国内生产总值恒等式涉及国民经济中实际存在的四个部门:消费者、企业、政府和国外。在宏观经济学的国民产出决定理论中,首先采用一种简化的模型进行分析。这种经济模型假定一国经济是封闭型经济,与其他国家没有任何经济联系,并且略去政府的经济活动。这样,经济主要由企业和家庭两大部分构成,即所谓的两部门经济模型。

在国内生产总值恒等式中,略去政府部门,去掉了 G 和 T;略去国外部门,又去掉了 $(X-M)$。因此,在两部门经济中,国内生产总值恒等式被简化为

$$C+I\equiv Y\equiv C+S$$

这个恒等式表明,在产品流量方面,一定时期内生产的全部最终产品,除了用于消费以外,剩余的都用于投资。在收入流量方面,国内生产总值中没有用于消费的部分,就是储蓄。在恒等式两边消去 C,我们得到

$$I\equiv S$$

这就是投资与储蓄恒等式。在任何时期内,实际发生的投资和储蓄必然相等,这种恒等关系不仅是由于国内生产总值核算的复式记账的结果,而且在定义上也是成立的。

在两部门经济模型的基础上加上政府部门,就构成了三部门经济模型。在三部门经济中,国内生产总值恒等式是

$$C+I+G\equiv Y\equiv C+S+T$$

在这个恒等式中,产品流量方面包括了政府购买产品和服务的支出 G,收入流量方面包括了政府的净税收 T(总税收-转移支付)。如果消去恒等式两边的消费 C,并把恒等式左边的 G 移到右边,我们得到

$$I\equiv S+(T-G)$$

这个恒等式的右边是国民经济中的储蓄总额,它是私人储蓄 S 和政府储蓄 $(T-G)$ 之和。在三部门经济模型中,私人储蓄 S 包括了个人储蓄和企业总储蓄。政府储蓄有时也称作政府预算盈余(当 T 大于 G 时),或政府预算赤字(当 T 小于 G 时)。由此可见,加进了政府部门后,投资与储蓄的恒等关系仍然成立。

最后,加上国外部门,回到了四部门经济。如前所述,四部门经济的国内生产总值恒等

式是

$$C+I+G+(X-M)\equiv Y\equiv C+S+T$$

这个恒等式,也可以根据前述的可支配收入与国内生产总值的关系求得

$$Y\equiv Y_d+S_c+T\equiv C+S_p+S_c+T\equiv C+S+T$$

其中,Y_d 表示可支配收入,S_p 表示个人储蓄,S_c 表示企业总储蓄。把上式两边的消费 C 消去,并把左边的 G 移到右边,得到下式

$$I+(X-M)\equiv S+(T-G)$$

上式的右边是储蓄总额,左边可以看作投资总额,因为 $(X-M)$ 是卖给外国的产品和服务的金额与从外国购买的产品和服务的金额之差。如果 $(X-M)$ 为正值,则表示对外投资。所以净出口,也就是"净国外投资"(Net Foreign Investment)。国内投资加净国外投资,构成投资总额。可见,在四部门经济中,投资和储蓄还是恒等的。

7.1.4 国民收入环流图

国民收入环流图可以用来进一步说明国内生产总值核算中产品总流量和与之相对应的收入总流量的恒等关系。

1. 两部门经济的国民收入环流图

假设经济由家庭和企业两部分组成。如图 7-1 所示,在产品市场上,家庭用货币购买企业生产的产品,包括各种产品与服务,以满足自己的消费需求。家庭在消费上的总支出代表着产品的总流量。在生产要素市场上,家庭向企业提供劳动、资本、土地和企业家才能等各种生产要素,并从企业那里取得工资、利息、租金和利润等生产要素的报酬。家庭获得的生产要素报酬的总和代表着收入的总流量。由此可见,在经济中,每生产一元的产品,就会产生一元的收入。

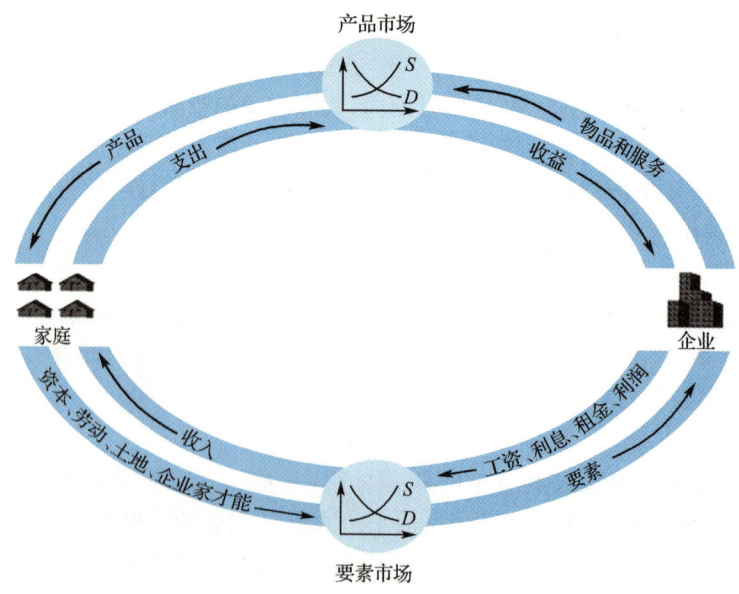

图 7-1 两部门经济中的国民收入环流图

2. 三部门经济的国民收入环流图

在三部门经济中，政府在家庭和企业、产品市场和要素市场之间建立的经济联系影响着产品和收入的环流，从而影响着整个经济的运行。如图 7-2 所示，政府与家庭之间的经济联系主要表现为家庭向政府缴纳所得税，政府则向家庭提供公共产品和服务（如交通设施、安全保障、基本教育和医疗保险等）和转移支付（如低收入家庭的生活补贴、养老保险、失业救济金等的支付，以及退伍、复员军人的补助）。政府与企业间的经济联系主要表现为政府从企业获得税收的同时向企业提供公共产品和服务，以及各种津贴（主要包括现金补贴、减免税收、财政贴息和实物补贴等形式的财政补贴）。政府与产品市场之间的经济联系，主要体现在政府从产品市场上购买支撑其正常运转的最终产品和服务（包括办公设备、教育、信息服务、公共设施等），其购买支出构成出售这些产品和服务的企业或家庭的部分收入。政府与要素市场之间的经济联系，主要体现在政府从要素市场上购买支撑其正常运转的各种要素（包括劳动、土地、智力资源、资金等），其购买支出构成出售这些要素的企业或家庭的部分收入。

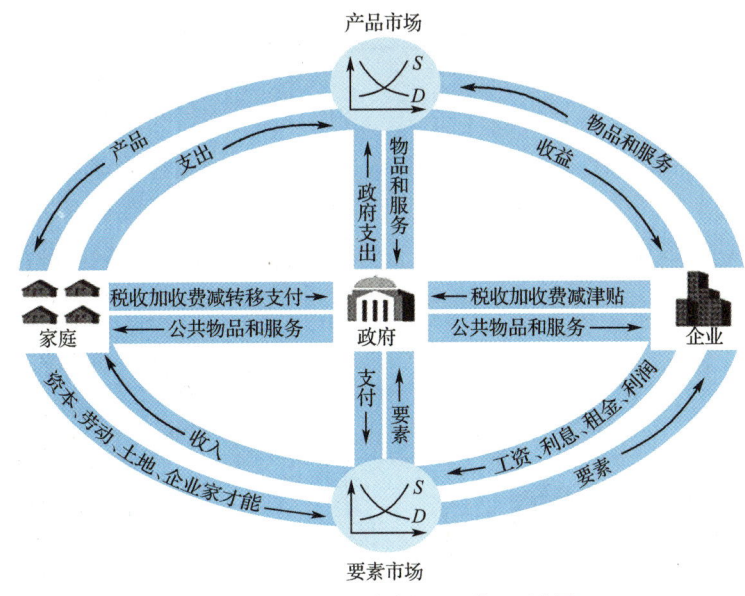

图 7-2 三部门经济中的国民收入环流图

在现代市场经济国家中，政府在经济中发挥的作用已经远远超出了维持其正常运行而建立的与企业、家庭、产品市场和要素市场之间的经济联系。政府为了实现在经济增长、就业、通货膨胀和国际收支等方面的既定目标，通常会采取多种宏观经济调控手段，制定和实施积极的宏观经济政策，影响经济中的产品总流量和与之相对应的收入总流量的水平和规模。

3. 四部门经济的国民收入环流图

四部门经济是开放型经济。在四部门经济中，其他国家的企业、家庭和政府通过与国际市场接轨的本国产品市场和要素市场与本国的企业、家庭和政府建立了经济联系，这种经济联系影响着本国产品总流量和与之相对应的收入总流量的水平和规模。如图 7-3 所示，在产品市场上，本国与其他国家之间进行的贸易表现为最终产品和服务的出口和进口；在要素市场上,本国与其他国家之间进行的贸易表现为生产要素的出口和进口。

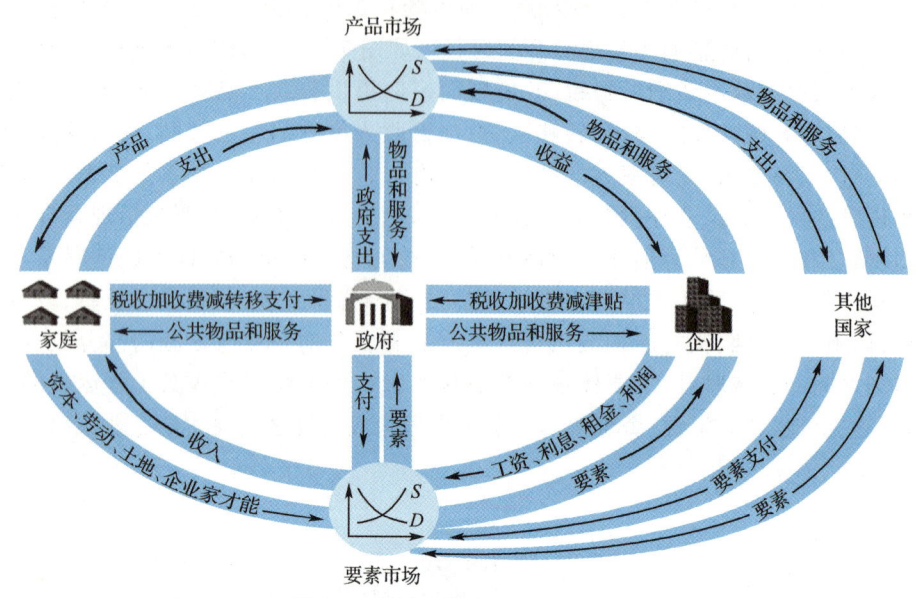

图 7-3　四部门经济中的国民收入环流图

在现代市场经济国家中,金融市场在国民收入的环流中也发挥着重要的作用。如图 7-4 所示,在一个开放型的经济中,金融市场与企业、家庭、政府,以及其他国家之间建立的联系,影响着该国的消费、储蓄、投资、进出口的水平和规模,甚至政府宏观经济调控的能力,从而影响着经济中的产品总流量和与之相对应的收入总流量。

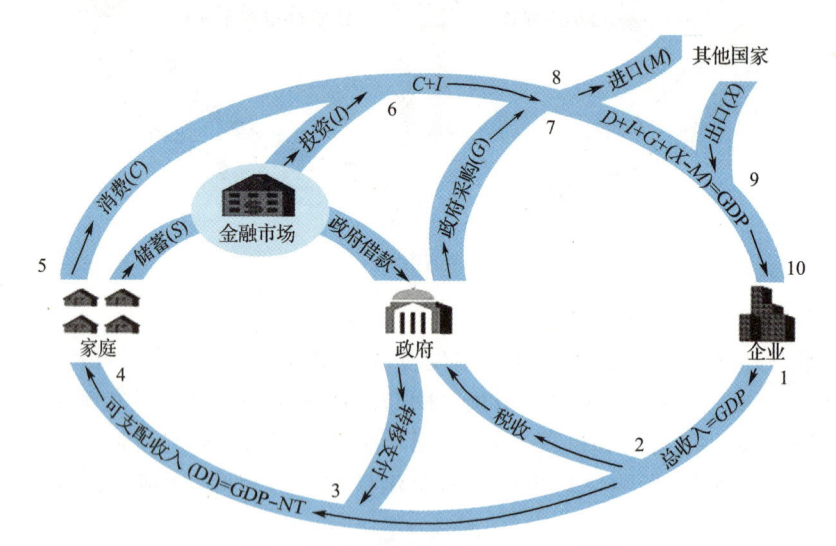

图 7-4　金融市场在国民收入环流中的作用

金融市场是企业经营所需资金的主要来源,企业通过发行股票、债券或银行贷款等方式获得资金,而使用这些资金的成本影响着企业的投资支出的水平。居民家庭的可支配收入除了用于本期消费,剩余的部分以银行存款、购买债券或基金等金融产品的形式储蓄起来,居民家庭从储蓄中获得的收益的多少影响着本期的消费支出的水平。政府通过在金融市场发行国债等借款手段对经济的运行进行调控。一个国家与其他国家之间开展的进出口贸易活动,在很大程度上也需要从金融市场获得资金支持。

7.2 总产出的衡量

7.2.1 衡量总产出的主要指标

1. 国内生产总值

国内生产总值(Gross Domestic Product,GDP),是指一个国家(或地区)在一定时期(如一年)内在本国(或本地区)领土上所生产出的全部最终产品和服务按市场价格计算的价值总和。

GDP是按市场价格计算的,不同产品和服务的价格在一定程度上决定了它们在GDP中的地位。一国经济所生产的最终产品和服务种类繁多,将这些产品和服务加总到一起,就需要借助价格把它们换算成相互之间可以对比的价值。在计算GDP时,每一种产品或服务的价格就是该种产品或服务的权重。严格意义上讲,产品的价格并不完全等同于它的价值。但是,在一个市场经济体系中,价格趋势反映了生产产品的成本和价值,是一种最全面、可行的衡量标准。

国内生产总值是一个国家(或地区)所有常住单位在一定时期内生产活动的最终成果。它有三种表现形态,即价值形态、收入形态和产品形态。从价值形态看,它是所有常住单位在一定时期内所生产的全部货物和服务价格超过同期投入的全部非固定资产货物和服务价值的差额,即所有常住单位的增加值之和;从收入形态看,它是所有常住单位在一定时期内所创造并分配给常住单位和非常住单位的初次分配收入之和;从产品形态看,它是最终使用的货物和服务减去进口货物和服务。国内生产总值包括总投资,因而包括资本设备的折旧。在生产过程中,资本设备不断磨损,其价值转移到生产出的产品中。所以,在国内生产总值中计入折旧,意味着它存在着"重复计算"。

2. 国内生产净值

国内生产净值(Net Domestic Product,NDP),是指一个国家(或地区)在一定时期内在本国(或地区)领土上生产的全部最终产品和服务按市场价格计算的净值,等于国内生产总值减去资本折旧。资本折旧(Depreciation),是指资产价值随时间的贬值,即每一年工厂、机器设备的资产消耗的总值。企业为了维持生产能力,需要投资购置新的设备来取代磨损的设备。这一部分投资被计入总投资中,GDP计算的是总投资,所以包含了资本折旧。

国内生产净值只包含净投资,从一定意义上说,它能够比国内生产总值更准确地衡量国民产出。国内生产总值的使用较为广泛,是因为人们能比较及时地获得可靠的国内生产总值数据。准确地估算折旧要相对难一些,而且,在一年内,国内生产总值和国内生产净值的变化基本一致,国内生产净值通常不被重视。

$$NDP = GDP - 折旧$$

3. 国民收入

国内生产净值减去间接税就是国民收入（National Income, NI）。间接税是国民产出的市场价值中直接交给政府的部分。国民收入作为一个总量指标，是从收入流量角度衡量国民产出，即它等于在一定时期内一个国家在本国领土上各种生产要素所有者得到的实际收入（包括工资，利息，地租和利润）的总和。

NI＝工资＋利息＋地租＋利润＝NDP－（间接税－政府对企业的补贴）－企业转移支付

4. 个人收入

个人收入（Personal Income, PI），是指一定时期内一个国家经济中所有家庭从各方面得到所有收入的总和，等于国民收入减去企业的未分配利润、企业上交政府的所得税和社会保险税，加上政府和企业对家庭的转移支付。个人收入包括工资和薪金收入、租金收入、股息和利息收入、来自政府和企业的转移支付等。国民收入中不付给个人的部分都要减去，政府和企业对家庭的转移支付是家庭收入的一部分，但未包括在国民收入中，所以要加上。

PI＝NI－企业的未分配利润－企业所得税和社会保险税＋转移支付

5. 个人可支配收入

个人可支配收入（Disposable Income, PDI），是指一个国家一定时期内可以由个人支配的全部收入，等于个人收入减去个人所得税。即

PDI＝PI－个人所得税

上述国内生产总值、国内生产净值、国民收入、个人收入和可支配收入之间的关系见表 7-1。

表 7-1　　　　　　　　从国内生产总值到可支配收入的计算

国内生产总值		
	减去：	资本折旧
国内生产净值		
	减去：	间接税
国民收入		
	减去：	企业未分配利润
		企业所得税
		社会保险税
	加上：	对个人的转移支付
个人收入		
	减去：	个人所得税
可支配收入		

表 7-1 中所列的国内生产总值与可支配收入的关系，可以简括为：从国内生产总值中减去实际上不付给家庭的部分，再减去家庭交纳的个人所得税，加上家庭得到的转移支付。也可以表述为：从国内生产总值中减去折旧和一切税收（直接税和间接税），再减去企业的未分配利润，又加上转移支付。还可以表述为：从国内生产总值中，减去企业总储蓄（包括折旧和企业未分配利润），再减去政府的净税收（等于总税收扣去转移支付）。

7.2.2 国内生产总值与国民生产总值

国民生产总值(Gross National Product,GNP),衡量的是一个国家(或地区)所有常住单位在一定时期内收入初次分配的最终成果。一个国家常住单位从事生产活动所创造的增加值(国内生产总值)在初次分配过程中主要分配给该国的常住机构单位,但也有一部分以生产税和进口税、劳动者报酬和财产收入等形式分配给该国非常住机构单位。同时,国外生产单位所创造的增加值也有一部分以生产税和进口税、劳动者报酬和财产收入等形式分配给该国的常住单位。从而产生了国民生产总值概念,它等于国内生产总值加上来自国外的要素收入减去支付给国外的要素收入。

国民生产总值是与国内生产总值密切相关的一个总量指标。实际上,在20世纪90年代以前,世界各国的宏观经济分析多采用国民生产总值作为总量指标。美国是在1991年11月以后使用国内生产总值作为国民产出的基本衡量指标的。国内生产总值取代国民生产总值主要有三个原因:一是相对于GNP,GDP是对一国经济中就业潜力的一个较好的衡量指标;二是由于较难获得国外净收入的准确数据,国内生产总值更便于衡量;三是世界多数国家目前都采用国内生产总值,便于国际间比较。

国民生产总值和国内生产总值的区别,产生于对资本跨国流动所产生的收益的计量。在一个封闭经济中,不存在资本的跨国流动,国民生产总值与国内生产总值是相等的。在开放经济中,两者往往不相等。具体来说,国民生产总值衡量一国居民拥有的生产要素在一定时期内生产的国民产出,它以人口为统计标准。因而,本国公民通过在国外投资或到国外工作所获得的收入(称之为从国外得到的要素收入),应计入本国国民生产总值;而非本国公民在本国领土范围内的投资或工作所获得的收入(称之为支付给国外的要素收入),则不应计入本国的国民生产总值。国内生产总值衡量位于一国领土内的生产要素在一定时期内生产的国民产出,它以地理上的国境为统计标准。因而,外国公民在本国投资获得的收入,应该计入本国的国内生产总值,却不应该计入本国的国民生产总值。例如,美国企业在中国设立的子公司获得的利润构成了中国国内生产总值的一部分,却不能计入中国的国民生产总值。因为它们是美国国民生产总值的组成部分。

设本国常住单位从国外得到的要素收入减去支付给国外的要素收入等于本国常住单位从国外得到的净要素收入,则用公式表示国民生产总值与国内生产总值之间的关系就是

$$GNP=GDP+国外净要素收入$$

7.2.3 其他相关指标

在宏观经济分析中,会经常用到名义GDP、实际GDP、现实GDP、潜在GDP,以及人均GDP等与国内生产总值密切相关的指标。

1. 实际GDP与名义GDP

在计算国内生产总值时,通常采用市场价格作为衡量尺度。在市场经济中,市场价格体现了不同产品和服务的相对经济价值,反映了消费者从每种产品和服务的消费中获得的相对满足程度。然而,以市场价格作为衡量尺度存在的主要问题是,它像一支橡皮尺,时长时短,不断变化。当产品价格普遍上涨时,尺子缩短了,一元购买的产品较之以前少了;当产品

的价格普遍下降时,尺子又伸长了,一元购买的产品较之以前多了。因此,用现行价格计算的国内生产总值反映不出各个时期生产水平的实际变化。

为了解决这个问题,需要以某一年为基期的价格作为不变价格来计算国内生产总值。由此产生了两种不同含义的国内生产总值:用现行价格计算的名义国内生产总值(Nominal GNP)和用不变价格计算的实际国内生产总值(Real GNP)。

名义国内生产总值是指一定时间内所生产的产品和服务的总量乘以"现行货币价格"或"市价"而得到的数字,而名义国内生产总值增长率等于实际国内生产总值增长率与通货膨胀率之和。名义国内生产总值既反映了生产的变动,又反映了价格的变动。因此,即使总产量没有增加,仅价格水平上升,名义国内生产总值仍然会上升。在价格上涨的情况下,国内生产总值的上升只是一种假象,有实质性影响的还是实际国内生产总值的增长率。

在宏观经济学中,对经济增长、失业、通货膨胀和经济的周期波动等许多宏观经济问题的研究多以实际国内生产总值为基础,这是因为:(1)实际国内生产总值衡量的是总产出的实物总量,它排除了价格变动的干扰,只反映生产水平及其变动。因此,一个国家的经济增长速度只能用实际国内生产总值的增长速度来衡量。(2)实际国内生产总值的变动是衡量经济周期波动的标准。经济的周期波动,实质上是生产活动的周期波动。经济衰退时,生产下降,失业增加,实际国内生产总值减少;经济复苏时,生产上升,失业减少,实际国内生产总值增加。所以使用国内生产总值这个指标时,必须消除价格变动产生的影响,从而精确地反映产出的实际变动。

2. 现实 GDP 与潜在 GDP

现实 GDP(Actual GDP),是指在现实经济生活中我们可以观测到、并基于统计数据核算出的国内生产总值,现实 GDP 可以是按现价计算的名义 GDP,也可以是按固定价格计算的实际 GDP。现实 GDP 是分析现实经济形势变化所依据的指标。潜在 GDP(Potential GDP),是指一国的生产资源(劳动力、资本和自然资源等各种生产要素)在其正常使用强度下得到充分利用时所能够生产的国内生产总值。潜在国内生产总值是由经济中的资本、劳动力、资源和技术条件所形成的生产能力决定的。

潜在 GDP 反映的是一国经济的潜在经济实力或潜在生产能力,无法直接观测或统计出来,通常是运用一定方法进行估算。理论界对潜在 GDP 的界定一直存在歧义,这也影响到对潜在 GDP 估算的准确性。首先,"正常使用强度"是一个抽象概念,只有从动态角度考察才能获得正确理解。一种观点认为,潜在 GDP 是一国经济所能生产的国内生产总值的上限。在经济运行的不同状态下,生产资源的使用强度差异很大。当经济快速扩张,经济运行呈现过热状态时,生产资源往往会处于过度使用的状态。从长期看,生产要素的使用强度不可能总是过高,也不可能总是过低,而是随经济周期起伏波动。因此,正常使用强度可以理解为生产要素在长期内的平均使用强度。当生产要素过度使用时(通常在经济快速扩张的后期或经济繁荣时期),工人加班、机器设备超负荷运转,一国经济生产的现实 GDP 会高于潜在 GDP。而当生产要素使用强度不足时(通常在经济衰退和萧条时期),工厂开工不足、机器设备闲置,一国经济生产的现实 GDP 会低于潜在 GDP。其次,"生产资源得到充分利用"也是一个抽象的概念,潜在国内生产总值有时也叫充分就业国内生产总值,意思是说经济在此产出水平上达到了充分就业。但是,充分就业的产出水平并不表明经济中没有失业现象,在这种状态下存在的失业率叫作自然失业率。而当实际国内生产总值小于潜在国内生产总值时,则说明经济中存在未得到充分利用的生产资源。第三,潜在国民产出并非固定不变。在经济增长过程中,随着技术进步、劳动力数量增加和素质提高、资本积累和新的自然资源开发利用,潜在国民产出在长期内呈增长趋势。所以,潜在国民产出增长率是由劳动力增长率和体现在劳动生产率增长率(或资本生产率增长率)之中的技术进步决定的。不过,在较短时期内(如一年内)可以假设潜在国民产出是一个常量,它代表在该时期内的技术条件下经济的潜在生产能力。

在任何时期内,现实国内生产总值可能会大于潜在国内生产总值,或小于潜在国内生产总值。潜在国内生产总值与现实国内生产总值之间的差额叫作国内生产总值缺口(GDP Gap),用符号 Y^* 表示潜在国内生产总值,Y 表示现实国内生产总值,则

$$国内生产总值缺口 = Y^* - Y$$

当国内生产总值缺口大于 0 时,经济中的总需求不足,迫使价格水平趋于下降,这时的国内生产总值缺口叫作通货紧缩缺口。当国内生产总值缺口小于 0 时,经济中的总需求过多,导致价格水平上涨,这时的国内生产总值缺口叫作通货膨胀缺口。

3. 人均国内生产总值

人均国内生产总值(Per Capita GDP),也称作"人均GDP",表示国内生产总值与人口总数之比。计算一国人均国内生产总值的人口是这个国家的常住人口,通常使用户籍人口数据。人均国内生产总值是衡量一国经济的发展状况和人民生活水平的一个重要的宏观经济指标,通常用来进行国家之间(或地区之间)经济发展水平的比较。由于各国核算数据的可比性和汇率换算等问题,人均国内生产总值经常与购买力平价结合起来使用,以便使衡量的结果更加客观、准确。

7.2.4 用GDP衡量国民收入的问题

国内生产总值虽然是衡量经济总产出的一个重要的经济总量,政府的宏观经济决策者十分关注实际 GDP 的增长,他们经常认为 GDP 增长越快,经济就越好。但 GDP 的规模和增长速度却不能全面地衡量与人们生活有更直接关系的经济福利。促进经济增长的政策也并非都会提高人们的生活水平。为了弥补国内生产总值在衡量经济福利方面的不足,经济学家提出了"净经济福利"(Net Economic Welfare)的概念,并且通过以下几个方面对国内生产总值的调整,来估量净经济福利。

1. 闲暇时间

人们除了有对产品和服务的需求外,还需要休息、娱乐等精神上的满足。工作时间的缩短、闲暇时间的延长,可能会在减少国内生产总值的同时,却增加人们的福利。在经济发达国家,人们现在的工作时间较之半个世纪以前明显缩短。人们有更多的闲暇时间提高生活质量,从事一些比工作赚钱更有意义的活动,如参加运动、开展业余爱好活动、接受文化和教育,等等。所以,闲暇时间是一种加到人们经济福利中的经济物品。从经济福利的角度看,工作和闲暇具有替代关系,即闲暇时间应该与工作最后一个小时赚的工资具有相同的价值。然而,享受闲暇时间的福利是不能用市场价格来衡量的,因而无法被统计到GDP中。

2. 非市场性经济活动

国内生产总值衡量在市场上发生交易的产品和服务的价值。然而,并非所有对人们的

生活和福利有影响的主要经济活动都在市场上进行。例如，一个教师请木匠给他做一个书架，这个书架的价值被计入国内生产总值。假如这个书架由教师自己来做，那么书架的价值就不被计入国内生产总值。同样，家庭主妇完成的洗衣、做饭、买菜等多种家务劳动的价值，都不包括在国内生产总值中。但是，如果家庭雇佣保姆完成这些家务，保姆的收入则计入国内生产总值。除了政府服务等少数例外情况，一般的非市场经济活动都没有计入 GDP。相对于经济发达国家，经济不发达国家中的非市场经济活动更普遍、影响也更大。因此，不发达国家的 GDP 数据会在很大程度上低估经济活动的实际水平。对经济福利的衡量应当把非市场性经济活动的价值包括在内。

3. 地下经济活动

在国内生产总值的核算中被忽略的一个重要内容，是所谓的"地下经济活动"。这些经济活动主要有两类：一是非法的经济活动；二是合法的但没有交纳所得税的经济活动。

非法经济活动，如赌博、卖淫、贩毒、走私等，是许多国家法律禁止的活动。尽管某些非法经济活动同合法经营活动一样，产生对生产要素的需求，生产的产品和服务在市场上出售，从事这些活动的人们获得收入，国内生产总值却不包括这些经济活动的收入。第二类地下经济活动，虽然是合法的，但没有向政府报税，因而没有计入国内生产总值。从事这类经济活动的人，如木匠、医生、保姆、小农场主等，不仅逃避交纳所得税，而且逃避交纳销售税和社会保险税，以及逃避工商管理。一般地说，税率越高，工商管制越严，从事这种地下经济活动的人可能越多。

在西方经济发达国家中，这种地下经济活动很普遍，在国民经济中占有较大比重。据估算，从事这类地下经济活动的人们的收入总额，在美国约为国内生产总值的 5% 到 15%；在意大利约为 25%；在秘鲁约为 40%。法律的改变可能会引起地下经济活动的规模发生变化，但还不至于对 GDP 的总体核算产生显著影响。

4. 环境质量

GDP 增长所产生的负面影响，是环境质量的恶化、不可再生资源的消耗。钢铁厂在生产钢铁产品的同时，也产生烟尘、污水和噪声，破坏了生态平衡，危害着周围居民的生活和身体健康，影响其他工厂的生产。国内生产总值在计入钢铁厂的产品价值时，却没有考虑生产这些产品对环境造成的污染。对钢铁厂来说，它产出的社会价值要小于被计入国内生产总值中的产品价值。生活在一个污染严重的环境中，即使 GDP 增长很快，也很难保证人们的生活质量。环境质量的恶化和不可再生资源的消耗是无法用市场价格来计量的。解决这个问题的一种办法是进行绿色 GDP 核算，即把环境污染造成的社会成本从 GDP 中扣除，以便更准确地反映人们享受的净经济福利。

5. 社会公平

影响人们经济福利的另一个重要因素是财富的分配方式。具有相同 GDP 的两个国家，其经济福利在其居民之间的分布很可能存在显著差异。在收入分配相对公平的国家中，大多数人会过着舒适的生活，极度富裕和极度贫困的人只占很少一部分，这类国家的社会要更稳定，社会总福利水平会较高。在收入分配不公平的国家，少数富裕家庭控制着整个经济，绝大多数人生活在贫困中，这类国家往往社会问题较多，社会总福利水平较低。收入分配和经济结构问题是无法在 GDP 中体现出来的。

6. 质量的改进

技术进步、产业竞争、业务流程再造等因素导致的产品和服务的质量提高,不能在 GDP 中反映出来。在价格相同的情况下,一辆新款汽车会比同一品牌的旧款汽车更舒服、更安全、更省油;在技术进步快的产业,产品的更新换代速度也较快,而价格却有可能不断降低。例如,许多品牌的家用计算机每隔不到半年就要推出升级产品,两年前的一台价格上万元的笔记本电脑的配置很可能要低于目前价格几千元的同一品牌笔记本电脑。这种产品质量的提高和性能的改进不能统计到 GDP 的增长中。

专栏 7-1

有关 GDP 替代指标的研究

7.3 国内生产总值的核算方法

在实际核算中,国内生产总值的核算方法主要有三种,即支出法、收入法和增值法。

7.3.1 支出法

支出法是根据购买最终产品的支出来计算国内生产总值的方法。

一国经济在购买最终产品上的支出总额叫作总支出。总支出分为四大部分:消费支出、投资支出、政府的购买支出和净出口,经济中与这四大部分相对应的人群则是消费者、生产者、政府和外国人。为什么总支出等于国内生产总值呢?因为,一定时期内生产的最终产品,或者当期被售出,或者未被售出。被售出的最终产品总额叫作最终销售,未被售出的最终产品总额叫作产品存货。这种核算方法把未售出的产品作为企业在产品存货上的投资支出,它是总投资支出的一部分。所以,经济在一定时期内生产的全部最终产品的市场价值,恰好等于购买这些最终产品的总支出。

1. 消费支出

消费(Consumption)支出,是指一定时期内居民在购买的用于消费的产品和服务上的支出。它包括购买耐用品的支出,如洗衣机、电冰箱、空调、汽车等;购买非耐用品的支出,如食品、服装、药品、汽油等;购买服务的支出,如理发、医疗、法律咨询等。居民购买住宅的支出不包括在消费支出内,它是投资支出的一部分。

2. 投资支出

投资(Investment)支出,是指一定时期内在购买不用于本期消费的最终产品上的支出,这类产品称作投资品。投资支出包括固定投资和存货投资两大类。固定投资指在可以长期使用的资本品上的投资,存货投资则是一种暂时性的投资。固定投资分为固定资本投资和住宅投资。固定资本投资指生产用的建筑物和机器设备的投资。住宅投资是用于建造新的居民住宅的投资。住宅是一种十分耐用的产品,它的效用在其很长的"寿命"期间缓慢地发挥出来。由于这种原因,住宅投资被计入投资支出,而不计入消费支出。

存货投资是经济中存货的变动,即

$$\text{本期存货投资} = \text{本期末存货} - \text{上期末存货}$$

为了保证生产的正常进行,所有企业都需要拥有一定存货,包括原材料和制成品。原材料的存货使企业能够防止供货的波动,产品的存货使企业能够适应市场需求的变化。

存货是生产过程的一个重要部分,它需要企业的投资。存货占用着企业资金,是企业已经支付了费用但尚未售出的产品。当存货增加时,存货投资为正值,说明本期生产的产品多于本期售出的产品。当存货减少时,存货投资为负值,说明本期生产的产品少于本期售出的产品,这时本期销售的一部分产品是前期生产的存货。在用支出法核算国内生产总值的过程中,考虑到存货投资才能准确反映出生产水平。例如,1981年美国按当年价格计算的存货投资是260亿美元,而1982年按当年价格计算的存货投资是－261亿美元。假如计算国内生产总值时不包括存货投资,那么,当存货投资为正值时,如在1981年那样,就会低估当年的生产水平;同样,当存货投资为负值时,如在1982年那样,就会高估当年的生产水平。一定时期内经济中的投资总额叫总投资。总投资分为两个部分:重置投资(Replacement Investment)和净投资。重置投资用于资本消耗的补偿,也叫资本折旧。净投资等于总投资减去资本折旧。净投资增加资本存量(Capital Stock),而重置投资则是使原有资本存量保持不变。

总投资、净投资与资本存量的关系如下:

本期末资本存量＝上期末资本存量－本期资本折旧＋本期总投资

或 本期净投资＝本期末资本存量－上期末资本存量

作为总支出或国内生产总值的一部分的是总投资而不是净投资。这是因为,所有的投资品都是国民产出的一部分,不论这些投资品是属于净投资还是属于重置投资。

3. 政府支出

政府支出指政府(包括中央政府和地方政府)购买产品和服务的支出,政府利用购买的产品和服务为社会提供公共教育、卫生事业、社会治安、道路建设、环境保护和国防等各种公共产品。

政府支出是国内生产总值的重要组成部分。不过,不能从最终产品的角度判断政府的某些支出是否应予计算。例如,警察对社会治安的维持,环境保护人员对环境污染的防治,都是一个国家的生产发展必不可少的,因此政府提供这些服务起着生产过程中中间产品的作用。然而,如果把这些服务看成是独立的服务形式,它们又具有最终产品的性质。为了避免这种混淆,西方国家的统计人员把政府支付给其雇员的一切薪金开支和向私有企业购买产品的支出都计入政府支出。

政府支出是根据成本,而不是根据市场价值来计算的,因为政府提供的许多公共产品不能用市场价值来估价。谁也无法确定法院的服务的市场价值是多少。所以,只能按政府提供服务的成本计算。不过,按成本计算政府支出会出现一定问题。例如,由于办公效率提高,以前两个人干的工作现在一个人就可以完成,结果政府部门的雇员减少,从而使政府支出在国内生产总值中的"贡献"下降。其实,政府的产出并没有发生变化。

应当指出,这里计入国内生产总值的政府支出,不包括政府的转移支付(Government Transfer Payment),如失业保险金、退休金、抚恤金等福利性支出,以及国债的利息支出等。转移支付之所以不包括在政府支出之内,是因为政府支出指政府购买产品和服务的支出,一手付出钱,一手购回产品和服务;而转移支付则是"有去无回",只有支付而没有收回任何东西。这种支付不能直接导致产出的增加,因而不能计入政府支出,不能计入国内生产总值。

4. 净出口

消费支出、投资支出和政府支出构成国内总支出。假如一国与别国没有经济关系,那么国内生产总值等于国内总支出。在现实世界中,具有封闭型经济的国家是很少的。特别是经济发达的国家,对外贸易在经济中占有很大比重。因此,在对总支出和国内生产总值的核算中,必须考虑到本国生产的但卖给外国的产品的价值,以及本国的居民、企业和政府购买的由外国生产的产品和服务的价值,另外,这里的进出口含义较广,不仅包括产品的进出口,还要包括服务和资本的输出与输入。

在一定时期内,本国生产并卖给外国的产品的价值,加上本国向外国提供的服务的收入,得到的是出口总额。

在一定时期内,本国购买的外国生产的产品的价值,加上本国支付给外国提供的服务的报酬,得到的是进口总额。

净出口定义为出口总额与进口总额之间的差额。出口大于进口时,净出口为正值;反之,则为负值。净出口综合地反映了出口和进口对经济的影响。

综上所述,通过购买产品和服务的支出核算国内生产总值的方法可以表述为表 7-2。

表 7-2　　　　　　　　　　支出法核算的国内生产总值

国内生产总值	＝消费支出	(包括耐用品、非耐用品和服务)
	＋投资支出	(包括固定资本投资、居民住宅投资和存货投资)
	＋政府支出	(包括中央政府支出和地方政府支出)
	＋净出口	(包括产品和服务的出口减去进口)

如前所述,用符号 C 表示消费支出,I 表示投资支出,G 表示政府支出,X 表示出口,M 表示进口。因此,按支出法计算的国内生产总值可以表示为

$$国内生产总值 = C + I + G + (X - M)$$

7.3.2 收入法

在产品和服务的生产过程中人们获得收入:工资、租金、利息和利润。收入法就是从生产过程中产生的收入流量的角度计算国内生产总值的方法,见表 7-3。

为了弄清国内生产总值与收入之间的关系,让我们看一下一个企业的增值是如何分配的。增值的一部分付给企业的职工作为工资,一部分付给企业租用的土地、房屋等的所有者作为租金,一部分付给银行作为贷款利息,一部分是付给政府的间接税,一部分是资本折旧,最后剩下的部分就是企业本身的利润。这样,所有企业的增值的总和等于国内生产总值,所有收入的总和也等于国内生产总值。

各项收入说明如下:

(1)工资。指工资收入者的劳动报酬,包括实得工资和附加福利收入,也包括工资收入者必须交纳的已被扣掉的各种税款。

(2)净利息。净利息不包括政府公债的利息,这部分利息作为转移支付处理,不计入政府支出和国内生产总值。

(3)租金。租金包括出租人所得的租金,如果某企业使用自己的土地和房屋,它被认为要把租金付给自己。

(4)间接税。用收入法计算国内生产总值,必须包括政府的全部收入,主要是全部税收。但在税收中,工资中已经包括个人所得税。同样,利息、租金、利润中也包括各自的直接税(由个人交纳或由企业交纳)。至于间接税,则还未包括在工资、利息、租金和利润之内。假如某商品一单位的间接税为0.1元,其要素成本(包括工资、利息、租金和利润)为0.9元,商品价格应为0.9+0.1=1元,而不是0.9元。可见,用收入法计算国内生产总值,除了工资、利息、租金和利润之外,还应加上间接税。

(5)资本折旧。与其他费用一样,资本折旧必须作为一种费用出现在国内生产总值之中。资本折旧是总利润的一部分,而不是净利润的一部分。

(6)利润。利润应放在最后谈,因为它是扣去其他项目后的余额。利润有两种:公司利润和非公司企业(即个人独揽经营和合伙经营的企业)利润,后者列为"非公司企业收入"项目。

表 7-3　　　　　　　　　　收入法核算的国内生产总值

国内生产总值	=工资
	+净利息
	+租金收入
	+企业间接税
	+资本折旧
	+公司利润
	+非公司企业收入

7.3.3　增加值法

增加值(Value Added)法,也称部门法,是根据生产过程各个阶段上(或国民经济中的各个部门中)产品的增加值计算国内生产总值的方法,见表7-4。

表 7-4　　　　　　　　　　企业增加值的计算

	不同生产阶段中企业之间的交易			合计
	企业1	企业2	企业3	
销售收入(万元)	100	200	300	600
购买其他企业产品的费用(万元)	0	−100	−200	−300
企业的增值(万元)	100	100	100	300

支出法从最终产品(Final Goods)角度核算国内生产总值,而增加值法则从最终产品的价值形成角度核算国内生产总值,它侧重于经济中的各个部门对最终产品的价值的贡献。如果经济中的每一个企业都只生产最终产品,用增加值法计算的国内生产总值等于所有企业产品价值的总和。但是,实际上企业生产并售出的产品并不都是最终产品,其中一部分产品被别的企业买去,作为其生产过程中的投入要素。这一部分由一个企业卖给另一个企业作为投入要素的产品叫作中间产品(Intermediate Goods)。生产汽车需要的钢材,加工面包

需要的面粉,制作家具需要的木料等,都属于中间产品。一般而言,最终产品是指整个社会大生产过程最后一个环节产出的,并由消费者实际享受的产品;中间产品则是在整个社会大生产过程中生产的,并作为进一步生产其他产品的投入品所使用的产品。在一国经济中,许多行业专门生产中间产品。例如,采矿企业把采集的铁矿石卖给钢铁企业,钢铁企业把生产的钢材卖给制造企业,制造企业再生产各种各样的金属用品出售给消费者。消费者不能直接消费铁矿石和钢材,所以采矿企业和钢铁企业都是专门生产中间产品的企业。

在计算国内生产总值的过程中,不同生产阶段中企业之间中间产品的销售,往往会产生重复计算问题。也就是说,如果把所有企业的产品的市场价值加总起来,得到的数字要远远大于国内生产总值。因为,其中一些企业的产品价值被重复计算了一次或多次。举一个简单的例子来说明这个问题。假设,企业1、企业2和企业3是处在某种最终产品生产过程的不同生产阶段中的企业。在表7-4中,三个企业销售收入合计600万元。但是,在这600万元的总销售额中,包含着企业1卖给企业2的100万元中间产品和企业2卖给企业3的200万元中间产品的销售收入。600万元的总销售额减去300万元的中间产品的销售额,余下的300万元才等于最终产品的销售额。

为了避免重复计算,经济学家提出了增加值的概念。一个企业的增加值是这个企业的产品销售收入与购买其他企业的中间产品价值之间的差额。增加值是在企业的产品生产过程中新增的价值。

国内生产总值是所有企业在一定时期内增加值的总和。在实际计算中,通常把经济中的企业按几大部门分类,加总各个部门的增加值,得到国内生产总值。增加值法的计算见表7-5。

表 7-5　　　　　　　　　　增加值法核算的国内生产总值

国内生产总值	=农业的增加值
	+采掘业的增加值
	+建筑业的增加值
	+制造业的增加值
	+运输和公共事业的增加值
	+批发和零售贸易的增加值
	+金融、保险和不动产业的增加值
	+居民服务业的增加值
	+政府部门的增加值

这种按部门划分的核算资料可以用于分析国民经济中各个部门的增加值在国内生产总值中占的比重及其变化情况,并且有助于区分哪些行业是生产最终产品的行业,哪些行业是生产中间产品的行业,哪些行业是既生产最终产品又生产中间产品的行业。

在理论上,用增加值法计算的国内生产总值等于用支出法计算的国内生产总值。但是,在实际核算过程中,由于数据来源不同以及计算误差,两种计算方法的结果可能不完全一致。

7.4 价格水平与通货膨胀的衡量

宏观经济学中研究的价格不是个别产品或服务的市场价格,而是能够综合反映经济中所有产品和服务市场价格的价格水平。价格水平是经济中各种产品和服务价格的平均数,通常用具有重要影响的某些大类商品价格的指数来衡量。

7.4.1 主要价格指数及其计算

目前,各国普遍采用的价格指数主要有三种:

1. 消费者价格指数

消费者价格指数(Consumer Price Index,CPI),是衡量家庭和个人消费的各种产品和服务价格水平的指标。它是一篮子消费品和服务价格的加权平均数,衡量的是一定时期内居民的"生活费用"。把过去的某一年作为基期,则计算本年 CPI 的公式可以表示为

$$CPI = \frac{基期一篮子产品和服务的本年费用}{基期一篮子产品和服务的基期费用}$$

假设 2003 年被政府确定为基期,普通家庭在当年购买一篮子产品和服务的支出是 1 000 元;到 2008 年,由于产品和服务价格的变动,普通家庭购买相同一篮子产品和服务的支出上升到了 1 300 元,比 2003 年多支出 300 元。则 2008 年的 CPI 等于 1.3(或 130%)。

一般的,计算价格指数的基本公式是

$$P_t = \sum_{i=1}^{n} w_i \frac{p_{i,t}}{p_{i,t-1}} \times 100$$

其中,P_t 为第 t 期的价格水平;$P_{i,t}$ 为第 i 种产品或服务在第 t 期的价格;$P_{i,t-1}$ 为第 i 种产品或服务在第 $t-1$ 期的价格;w_i 为权数,$\sum_{i=1}^{n} w_i = 1$。

2. 生产者价格指数

生产者价格指数(Producer Price Index,PPI),是衡量在生产过程的各个阶段生产者出售产品的价格水平的指标。生产者价格指数的计算方法与消费者价格指数的计算方法基本相同,但衡量的对象是面向生产者的批发市场的产品和服务的价格而不是消费品的零售价格,所包含的产品和劳务的数量和品种与消费者价格指数也不同。生产者价格指数的变化更为企业所关注。

生产者价格指数是有关原材料和中间产品价格的最好信息来源,能够反映生产过程中的成本及其变化,可以作为预警未来是否可以出现通货膨胀的一个领先指标。

3. 国内生产总值价格指数

国内生产总值价格指数(GDP Deflator),也称国内生产总值平减指数,是名义国内生产总值与实际国内生产总值之比率,它包含了整个经济中所生产的一切产品和劳务,可以最全面地衡量价格水平,其计算公式是:

$$国内生产总值价值指数 = \frac{按现行价格计算的国内生产总值}{按不变价格计算的国内生产总值} \times 100\%$$

按支出法核算的国内生产总值的每一个构成部分都有一个平减指数。例如,名义消费和实

际消费的比率构成消费平减指数,它可以作为 CPI 以外的另一种衡量生活费用的指标;名义投资支出和实际投资支出的比率所构成的投资平减指数,则可以作为 PPI 以外衡量投资品价格水平的指标。

在宏观经济分析中,价格指数的一个重要作用是对经济变量的数据进行调整,消除通货膨胀的影响,即把名义变量换算成实际变量,这种调整过程叫作减缩化过程。经过缩减化处理的可以用实际购买能力进行衡量,对于用同一基期的价格指数进行缩减化处理的经济变量,就可以作为比较不同年份购买力变化的依据。例如,在比较不同时期工资时,用给定时期的名义工资除以当期的消费者价格指数,由此得到的工资叫作实际工资,它反映了当期的实际购买能力。假如,城市中的一个普通家庭在 2003 年时的年收入为 50 000 元,到 2008 年收入增长了 10%,达到 55 000 元,而在同一时期家庭所消费的产品和服务的价格上涨了 25%,尽管家庭的名义收入提高了,但是他们所能购买的产品和服务却减少了,生活水平降低了。例如表 7-6,因为通货膨胀,家庭的实际收入从 2003 年到 2008 年下降了 6 000 元。

表 7-6　　　　　　　　　　　　家庭收入的实际价值变化　　　　　　　　　　　　单位:元

年份	名义家庭收入	CPI	实际家庭收入=名义家庭收入/CPI
2003	50 000	1.00	50 000=50 000/1.00
2008	55 000	1.25	44 000=55 000/1.25

另一方面,价格指数也会被用来把实际变量换算成名义变量,即根据价格指数的变化调整名义变量的值以防止通货膨胀削弱购买力,这种调整过程叫作指数化过程。对经济变量进行指数化过程的调整,通常是为了保证某一名义支付(如最低生活保障,或退休金)维持在不变的购买力水平上。例如,政府为了维持退休人群的购买能力,需要根据每年的通货膨胀率对所支付的退休金进行调整,使得退休金增加的百分比等于该年的通货膨胀率。

在美国,联邦法律对救济金的自动指数化做了相关规定,即每年救济金的增加幅度根据 CPI 上升的百分比自动调整。在一些劳动合同中也有类似的指数化规定,使得工资额的确定及其以后各年的调整能够全部或部分考虑到通货膨胀的影响。在表 7-7 中,如果某企业的劳动合同规定:第一年职工的工资是每月 2 000 元,以后每年职工的实际工资按 5% 增长;则考虑到通货膨胀的影响,第二年该企业支付的名义工资应该是 2 310 元,第三年支付的名义工资应该是 2 646 元。

表 7-7　　　　　　　　　　　　指数化劳动合同　　　　　　　　　　　　单位:元

年份	合同规定/月	CPI	实际工资/月	名义工资/月
1	2 000	1.00	2 000	2 000
2	实际工资提高 5%	1.10	2 000×1.05=2 100	2 100×1.10=2 310
3	实际工资提高 5%	1.20	2 100×1.05=2 205	2 205×1.20=2 646

7.4.2　通货膨胀及其衡量

价格指数衡量的是各个时期的价格水平。但是对人们生活产生影响的不是价格水平本身,而是价格水平的变动,以及这种变动所引起的经济调整过程。

1. 通货膨胀及其计算方法

通货膨胀（Inflation）是指价格水平普遍性地、持续地上涨。在现实经济生活中，由于各种因素的影响，产品和服务的市场价格会不断发生变化，一些产品和服务价格上升的同时另一些产品和服务的价格可能会下降。通货膨胀不是指个别产品和服务价格的上升，而是指经济中的产品和服务的价格普遍性上涨。而且，这种上涨不是短期的变动，而是产生了持续性影响的。准确地说，通货膨胀是指在国内生产总值缺口大于0的情况下，价格水平普遍性地、持续地上涨的过程。另一方面，与此相反的变化过程叫作通货紧缩（Deflation），它是指价格水平普遍性地、持续地下降，通常发生在国内生产总值缺口小于0的情况。

通货膨胀率是衡量通货膨胀的主要指标，通常用某种价格指数从一个时期到另一个时期增长的百分数来表示。用 P 表示价格指数，则通货膨胀率可以表示为

$$\text{通货膨胀率} = \frac{P_t - P_{t-1}}{P_{t-1}} \times 100\%$$

通货膨胀率的计算方法主要有两种：

第一种方法是在本年内把本月的价格指数与上月的价格指数进行对比。假如，上月的价格指数为 $P_{t-1}=150\%$，本月的价格指数为 $P_t=151.5\%$，则本月的通货膨胀率为 1%，即本月的价格水平较之上月的价格水平上涨了 1%。如果假设本月的通货膨胀率持续一年，则将本月的通货膨胀率乘以12就得出本年的通货膨胀率，即 12%。

第二种方法是把本月的价格指数与上年同月的价格指数进行对比。假如，本月的价格指数为 $P_t=150\%$，上年同月的价格指数为 $P_{t-1}=132\%$，则通货膨胀率为 12%。因为上年同月到本月已历时一年，由此计算出的是年通货膨胀率。

价格指数提供的是一种比较平均价格水平与基期价格水平的衡量方法，而通货膨胀则是对价格水平随时间变化程度的衡量。价格水平的急剧上升或下降会对经济运行和人们的生活产生各种影响，多数影响与所谓"货币购买力"的变化有关。货币购买力是指一定数量的货币能够购买的产品和劳务的数量。通货膨胀会降低货币购买力，给经济带来不良后果。

2. 通货膨胀预期

与在现实生活中发生的实际通货膨胀相对应，预期的通货膨胀是宏观经济分析中经常涉及的相关概念。人们在决定现在消费还是以后消费时，需要了解价格如何随时间推移而变化，为此会做出一些预测或形成通货膨胀预期（Expectations of Inflation）。一般来说，对通货膨胀的预期是不完全的：实际通货膨胀率一般会高于或低于人们的平均预期。如果人们能够有效地利用通货膨胀和其他变量的历史信息，理性地形成他们的预期，就可以避免在形成通货膨胀预期时出现系统偏差。

3. 通货膨胀衡量中的问题

尽管价格指数提供了衡量通货膨胀的方法，但是否能够准确地衡量"真实"的通货膨胀却是经济理论界争论的一个焦点。CPI是衡量通货膨胀最主要的价格指数。1996年，以美国总统布什的前经济顾问麦克·波斯金为首的委员会在完成的一项调查报告中指出，基于CPI计算的通货膨胀率高估了真实的通货膨胀程度，高估的部分每年达到 $1\%\sim2\%$。这一问题主要产生于对CPI计算上的偏差。产生偏差的主要原因是：

新物品偏差。计算CPI的一篮子产品和服务的内容及其权重并非一

专栏 7-2
对预期通货膨胀的衡量

成不变。例如,家庭的私人汽车替代了自行车,个人电脑替代了打字机,手机替代了固定电话。与10年前相比,今天城市普通家庭在购买和使用空调、洗衣机和电冰箱等家用电器上的支出比重显著增加。

质量变动的偏差。家庭消费的产品,尤其是耐用品,因更新换代而提高价格,其价格增幅是为产品更高的质量和性能而支付的。如果CPI把这种价格上升算作通货膨胀,就是高估了通货膨胀。

购买替代偏差。当价格上升时,人们会更经常去折扣商店购买打折商品,或购买相对便宜的商品。这类替代行为在CPI中反映不出来。

7.4.3 通货膨胀的类型

通货膨胀可以按照不同标准划分为不同类型。

1. 按通货膨胀率高低划分的类型

低通货膨胀,是指通货膨胀率为一位数时的通货膨胀。在低通货膨胀的情况下,由于货币贬值的幅度不大,人们对货币仍有信心,仍愿意持有货币,价格水平的上涨对经济运行没有产生严重影响。低通货膨胀还可细分为三种情况:一是爬行的通货膨胀(Creeping Inflation),即通货膨胀率在3%以内,人们没有产生价格水平进一步上涨的预期心理;二是温和的通货膨胀(Mild Inflation),即通货膨胀率在3%~6%;三是较严重的通货膨胀,即通货膨胀率在6%~9%,人们已经明显感觉到价格水平上涨的影响。

"飞奔的"通货膨胀(Galloping Inflation),是指通货膨胀率达到二位数甚至三位数时的通货膨胀。在"飞奔的"通货膨胀的情况下,价格水平的大幅度上涨对经济运行和人们的日常生活均产生了显著影响。金融市场可能会应资本外逃而萎缩,金融机构不愿意以较低的利率借出货币,人们会增加商品实物的储存并减少日常交易所需持有的货币,企业在签订长期交易契约时会将价格上涨因素考虑在内。但是,这种通货膨胀还不至于导致经济的崩溃。

恶性通货膨胀(Hyper Inflation),是指价格水平完全失去控制、无限制地加速上涨情况下的通货膨胀。在这种特殊时期,价格水平的上涨可能在短期内达到数千倍,甚至更高。流通货币量的增长大大超过货币流通速度的增长,货币购买力急剧下降,人们对持有本国货币失去信心,尽可能快地将货币变成实物,并且在市场交易中以实物交易代替货币交易,导致市场经济无法正常运行下去,甚至国内货币体系和国民经济的崩溃。

2. 按政府对通货膨胀干预的程度划分的类型

公开的通货膨胀(Open Inflation),是指政府对价格水平的上涨不进行任何干预,通货膨胀完全从价格水平的上涨中反映出来,通货膨胀率等于公开的价格水平上涨率。

抑制的通货膨胀(Repressed Inflation),是指政府采取某种形式对通货膨胀进行了干预。政府干预的形式可以是价格管制,这时商品价格被人为地压低,经济中总需求大于总供给,商品供不应求,出现普遍性的短缺经济特征。政府还可以在官方公布的数据中隐瞒真实的通货膨胀情况,以期改变人们对通货膨胀的心理预期。

3. 按价格上涨的范围划分的类型

均衡的通货膨胀,是指所有产品和服务的价格都按照同一比例上涨,最终产品和中间产品(各种投入要素)的相对价格不变。在这种情况下,通货膨胀对现金持有者的影响最大,因此人们不愿意以现金的形式持有货币。

不均衡的通货膨胀,是指不同产品和服务的上涨幅度不一致,它们之间的相对价格会发生变化,而这种相对价格的变化会导致经济结构的变动。因此,不均衡的通货膨胀是一种结构性通货膨胀。在现实生活中,通货膨胀多数情况下是不均衡的通货膨胀,在经济周期的不同阶段,经济中不同部门(或产业)、不同类型的经济活动的周期性波动往往不是同步进行的,有些经济活动要领先一些,而另一些经济活动则要滞后一些,从而导致不同类型的产品和服务的价格的变动幅度和方向存在差异。而且,相对价格的变化也不一定会导致显著的通货膨胀,因为某些产品价格上涨所带来的影响会被另一些产品价格下跌产生的影响所抵消。

7.5 失业及其统计

失业是最能够给人们带来切身影响的一个宏观经济变量,也是宏观经济学研究的最重要的经济问题之一。对失业的统计具有极其重要的意义。

7.5.1 对失业现象的衡量

1. 基本概念

与经济中的失业现象相关的主要概念有劳动人口、劳动力、劳动力参与率、就业、失业和失业率。

劳动人口(Working-Age Population),也称工作年龄人口,是指法律规定的成年人口减去法定退休人口后的人口总数。在中国,劳动力人口的法定年龄范围是:男性为 16~60 周岁;女性为 16~55 周岁。

劳动力(Labor Force),是指劳动人口中愿意就业的人口总数,是就业人员和失业人员的总和。劳动力人口是在法定年龄范围内,有劳动能力,正在工作或正在积极寻找工作的人口。

非劳动力(Outside of the Labor Force),是指年龄在法定范围之内且有劳动能力,但却既没有工作也没有在寻找工作的一类人口。这类人口包括在自己家中从事家务劳动的家庭主妇、在学校全日制学习的学生、不愿意工作或不积极寻找工作的人口。

劳动力参与率(Labor Force Participation Rate),是指在劳动人口中劳动力所占百分比。

$$劳动力参与率 = \frac{劳动力}{劳动人口} \times 100\%$$

就业人员(Employment),是指从事一定社会经济活动,并取得合法劳动报酬或经营收入的人员。就业人员从事的工作可以是全职或兼职。在进行就业统计时,有一份正常工作但正在休假、歇工或罢工的人员,通常被统计为就业人员。

就业-人口比率(Employment to Population Ratio),是指就业人数占劳动人口的百分比,是用来衡量经济中的工作可获得性和就业者的技能与工资的匹配程度的指标。

$$就业\text{-}人口比率 = \frac{就业人数}{劳动人口} \times 100\%$$

失业人员(Unemployment),是指没有工作但却在积极寻找工作的人员。在进行失业统计时,失业的持续时间是一个重要的参考因素。通常在过去的一段时间(如 4 周)为了寻找工作进行了努力和尝试(例如参加工作面试),被统计为失业人员。如果在进行失业统计时没有工作,而且在过去的一段时间(如 4 周)也没有寻找工作的人员既不是失业人员也不是就业人员,而是非劳动力(Outside of the Labor Force)人员。

2. 失业的衡量

衡量失业,首先要获得相关数据。在美国,人口调查局负责收集这类数据,他们通常要选取一个包含 6 万个家庭的样本,提出有关其成员年龄和工作状况的一系列问题。要算作失业者,一个人必须能够工作,并且没有工作,但在此前 4 周内特别努力地寻找工作;或者等待解雇自己的单位找回工作;或者在 30 天之内等待新的工作。

衡量失业现象的指标主要有两个:失业人数和失业率。在计算失业人数和失业率时,各个国家的统计范围和采用的方法均有所不同。有的国家根据抽样调查的数据进行估计,有的国家则是根据领取失业救济金的人数统计的。失业者是指积极在寻找工作的人员。首先,他们是愿意工作的,自己声称愿意工作还不够,必须能够提供证明,如向招工单位递交过求职申请,或参加过面试,或者能够证明原工作单位会将其招回聘用。其次,"积极寻找工作"反映了求职人员在心理上渴望得到工作岗位的程度,很难量化。在一定时期内(如一个月内)参加过多少次面试,或递交过多少份求职申请,才算是"积极寻找工作",并不是一件容易界定清楚的事情。因此,失业人数和失业率的统计并不完善,而且各国的统计数据也并不完全可比。

失业率(Unemplyment Rate),是指在劳动力中失业人数所占百分比,即

$$失业率=\frac{失业人数}{劳动力}\times100\%$$

在现实生活中,失业人数失业率的统计数据可能与实际失业水平之间存在着差距,除了概念界定、统计范围、统计方法及其误差等因素外,还存在其他方面的原因。

丧失信心的失业者(Discouraged Workers),是指在很长一段时间里一直在积极地寻找工作,却始终找不到工作,从而失去了信心,在统计的时间范围内没有继续积极地寻找工作的人群。这些人没有计入失业人数。多数丧失信心的失业者属于周期性失业,即他们在经济衰退时期暂时离开劳动力队伍,而在经济扩张时期又进入劳动力队伍,并成为积极寻找工作的人。

非全日制工作者(Part-Time Workers),是指只在部分时间工作、处于半失业状态的人群。例如,在经济衰退时期,企业因产品需求不足只能开半天工,工人的工作时间减少一半,工资收入也随之减少一半,这部分工人实际上是 50% 的失业者,但在失业统计时却把他们算作完全的就业者。针对此类人群,不同国家有不同的规定。例如,美国政府补充了一项新的类别,即"不充分就业"。它是指劳动时间少于法定工作时间,且劳动报酬低于当地最低工资标准、高于城市居民最低生活保障标准,本人愿意从事更多工作。不充分就业人员可以继续领取政府发放的基本生活费或失业保险金,并不能统计为已实现再就业的人数。而那些收入低于"最低生活保障标准"的就业人员可被视为失业。因此,他们同样可以领取政府的补助。"最低生活保障标准"实际上是根据当地生活成本而设定的贫困线。

不情愿的兼职工,是指那些自己希望获得全职工作但却只能找到兼职工作的人群。因为这些人已经拥有工作,在统计过程中他们被视为就业人员,而不是失业人员。一些经济学

家建议,将这类人员算作部分失业者。

自愿失业者,是指声称在积极地寻找工作,实际上却没有积极地寻找的人群。由于在统计过程中无法甄别调查对象是否真的在积极地寻找工作,往往将这类人群计入失业人数。

空缺(Vacancies),是指企业试图填补但又没有找到职员的岗位数量。失业是工人寻找工作的过程,而空缺则是企业寻找工人的过程。失业和空缺同时存在,反映了劳动市场运转中的"摩擦",即失业者不能找到满意的工作,企业不能找到合适的职员。现实生活中,由于空缺的存在,对失业的衡量变得更加复杂。

劳动量,是指经济中全体工作者实际工作的总时数。由于存在兼职工作和非全日制工作,就业人数并不能准确衡量生产中实际发生的劳动量。两名只工作半天的工人的工作量并不是一名全日制工人工作量的2倍,但在就业统计时却可能算作2名就业人员。所以,采用工作时数而不是工作人数进行衡量,可以更好地反映生产过程中实际投入的劳动量。实际GDP核算中的劳动量用一定时期内经济中工作者的总时数(Aggregate Hours)来衡量。

3. 劳动力的流入和流出

> 专栏 7-3
> 中国失业率统计的两种方法及其分歧

现实生活中,还有一些因素会影响劳动力的规模,从而影响对失业率的衡量。其中主要因素包括:

失去工作者(Job Loses)是指那些被长期或暂时解雇了工作的人。其中一些失去工作者成为失业者,而另一些失去工作者则会退出劳动力队伍。

离职者(Job Leavers),是指那些自愿离开自己工作岗位的人。一部分离职者成为失业者,是为了寻找更满意的工作;另一部分离职者则可能暂时离开劳动力队伍,或长期退休。

进入者(Entrants)或再进入者(Reentrants),是指进入或再进入劳动力的人。进入者主要是那些刚刚离开学校的人,一些进入者会马上得到工作成为就业人员;而另一些人则要花上一段时间寻找自己的第一份工作,在这期间,他们是失业者。再进入者是那些以前离开劳动力队伍的人,主要是那些曾经丧失过信心的求职者。

在分析劳动力的流入和流出时,既没有进入市场工作、当前也不寻找工作的非劳动力是必须考虑的一个因素。有时,我们很难区分非劳动力与失业者:二者的区别来源于人们在特定时期内对于是否积极"寻找工作"这一调查问题的回答。人们在劳动力与非劳动力之间流动的趋势和规模决定了不同时期的就业水平和失业水平。劳动力的流入和流出与失业和找到工作的趋势相互作用。频繁流入和流出劳动力队伍的人积累的工作经验相对较少,因此,他们通常是最先被解除合同、最后被雇用的人。因此,失业者停止寻找工作虽然减少了计入失业者的人数,但是却会导致失业上升。这是因为这些人重新流入劳动力时经常成为失业者;他们即使找到工作,过一段时间后,更有可能丢掉工作。

7.5.2 失业的类型

摩擦性失业、结构性失业和周期性失业是失业的三种基本类型。

1. 摩擦性失业

摩擦性失业(Frictional Unemployment),是指在劳动力正常流动过程中所产生的失业。

在一个动态的增长经济中,企业的技术进步、产品更新换代、业务流程调整、组织变革等因素,导致新的工作岗位不断出现,旧的工作岗位不断消失。在这个过程中,人们出于某种原因放弃原有工作或被解雇,开始寻找新的工作岗位。另一方面,退休人员流出劳动力市场,新毕业的年轻人流入劳动力市场。经济中总有一些企业有空的工作岗位,也总有一些人在寻找工作。企业需要花时间挑选满意的求职者,而求职者也需要花时间选择自己满意的工作和收入。在这一过程中,这些失业者就是摩擦性失业者。

摩擦性失业是不同企业的工作岗位空缺与求职者寻找满意工作岗位的匹配过程,最佳匹配往往不会一次完成。尽管工人和企业尽可能地评估所知信息,但是他们可能在事后发现自己犯错了。例如,雇主也许发现工人的产出比预期低,或者工人可能发现他们不喜欢这份工作(或工作环境)。当工作匹配看起来比最初的情况差很多时,厂商产生解雇工人的动机,或工人有辞职的动机。初始工作匹配质量越差,这类离职越容易发生。即使厂商和工人最初的相互评估是准确的,外部市场环境改变也会造成离职的出现。企业生产条件或产品需求的变动导致效益不好,或工人发现了更具吸引力的工作,工作匹配就会变得不稳定。即使工资收入和工作环境都是令人满意的,工人可能面临诸如家庭状况、学校教育、工作地点,以及工作前途决策等环境变化,这些因素的变化可能促使工人辞去工作。

摩擦性失业规模的大小取决于人们流入和流出劳动力市场的比率、工作岗位新旧更替的速度,以及寻找工作所需要的时间等很多因素,其中有些因素是制度性的,如退休年龄,新进入劳动力市场的学校毕业生的受教育程度,失业救济金的数额,等等;有些因素则是经济性的,如不同工作岗位工资水平的差异,放弃现有工作的机会成本,获得更好工作机会的信息的代价,等等;还有一些因素是社会文化性因素,如寻找工作期间亲友提供的帮助,工作地点和环境的选择,因照顾老人或孩子而退出劳动力市场,等等。就寻找工作所需要的时间来说,失业保障覆盖的失业者人数越多,失业保障金数额越高,失业者寻找满意工作的时间就会越长;失业时由于以前的积蓄或亲友的支持生活压力小,则失业者就会花更多时间去寻找满意的工作;而有关工作机会的信息越不容易获得,也需要失业者花更长的时间去寻找满意的工作。

摩擦性失业既有自愿失业,也有非自愿失业。一般来说,被解雇通常是非自愿失业,而主动辞职则很难说是自愿的还是非自愿的,这取决于有关失业者对工作要求是否合理的判断。对于一个有活力的经济来说,存在摩擦性失业是正常的。摩擦性失业通常是短期的,所产生的负面影响较小。而且,摩擦性失业在促使企业的工作岗位和失业者的求职需求更好匹配的过程中,可以推动经济效率的提高。

2. 结构性失业

结构性失业(Structural Unemployment),是指因国内经济结构变化或国际竞争格局的改变,从而改变了劳动力供求结构中技能、职业、产业和区域分布等方面的不一致所产生的失业。产业结构调整是产生结构性失业的一个最主要原因。在一个动态演变速度较快的经济中,不同产业之间的兴衰交替速度也较快。伴随着衰退产业的逐渐消失,产业中的工作岗位也会消失,劳动力会以失业者的身份退出这类产业。另一方面,新兴产业快速增长,创造出日益增多的就业机会,吸引劳动力进入这类产业。在劳动力离开衰退产业进入新兴产业寻找工作期间出现的失业,就是结构性失业。

在经济发展过程中,技术进步,消费者偏好,人口规模和构成的变化,产业的跨国转移,甚至产业政策的实施,都会导致经济结构的变化。由此产生的劳动力需求结构的变化与劳动力供给结构的变化是不一致的,劳动力的需求结构变化往往要快于劳动力的供给结构变化。新兴产业创造的工作岗位需要新的知识和技能,胜任这些工作的劳动力却供不应求,因此在新兴产业中会存在许多工作岗位空缺。如果这种经济结构的变动是区域性的,就会出现一些地区存在大量失业,另一些地区则存在用工紧缺的现象。因而,伴随着经济结构的变动,劳动力会出现大规模地跨地区流动,或举家迁移。

政府的经济政策,尤其是产业政策,会引起产业结构的变动,从而导致结构性失业。在政府干预较多的经济中,政府经常会有目的地制定和实施产业结构政策,扶持或保护某些产业的发展,限制另一些产业的发展。产业之间发展的不平衡就会造成劳动力在不同产业间流动,从而产生结构性失业。产业结构的变动会使一些失业者的原有技能与新的工作岗位的要求长期得不到匹配。例如,新兴的计算机软件行业迅速成长,传统的钢铁行业不断萎缩,失去工作的钢铁工人可以到计算机软件公司寻找工作,但是他们缺乏在计算机软件行业工作的知识、经验和技能,甚至工作兴趣,需要较长时间进行调整。

结构性失业持续的时间通常比摩擦性失业长,这是因为失业者必须接受再培训,获得新的工作技能,或者跨地区寻找工作。在美国,以前在钢铁行业工作的失业者,在他们迁移、再培训并得到一份新工作之前至少会失业好几个月。结构性失业产生的成本较高,尤其对中老年工人来说,结构性失业是痛苦的,他们面临的最好选择可能是提前退休,但收入低于他们所预期的。

3. 周期性失业

周期性失业(Cyclical Unemployment),是指因经济的周期波动而产生的失业。在经济周期的不同阶段,失业率往往有较大的差距。在经济衰退(收缩)时期,失业率会不断上升,通常在周期波动的波谷时达到最高;而在经济扩张时期,失业率会不断降低,通常在周期波动的波峰时达到最低。

周期性失业是总量性的失业,与总供求的波动紧密联系在一起,是经济中对劳动力的总需求量少于劳动力的总供给量而产生的失业。提出对劳动力的需求是一种"引致需求",即产生于对产品和服务的需求,因而对产品和服务需求的变化,会引起对劳动力需求的变化。一定时期内,一国经济中的劳动力供给比较稳定,周期性失业多产生于总需求变动时期,所以周期性失业有时也称为需求不足失业。

7.5.3 失业的进一步分析

1. 失业的影响

失业会给一个国家带来经济成本、心理成本和社会成本。

失业的经济成本主要体现在由于劳动力没有得到充分利用而造成的产出损失。劳动力是重要的生产要素,失业或劳动力的闲置本身就是资源的浪费,而且劳动力资源不能储存,如果不能在本期使用,就会成为永久性的浪费。伴随着失业,生产设备和其他生产资源也会闲置,从而减少了社会产出。产出水平降低的直接受害者是失业者,他们因没有工作导致生活水平下降,工作技能生疏。从全社会角度看,失业者不仅不用缴纳所得税,还能从政府那里获得失业救济金之类的援助,而政府预算上的这种转移支付会给所有纳税人带来成本。

失业的心理成本主要由失业者及其家庭承担。长期处于失业状态会使人罹患心理疾病,如失去自尊、灰心丧气、对自己的未来缺乏信心,严重时可能会导致自杀行为。失业者的家庭也会因为收入减少所造成的经济困难而出现矛盾,导致家庭结构的不稳定。有关研究发现,由于失业造成的生活水平下降和心理上的冲击,会使失业者早衰或早亡。为了解决这类问题,经济发达国家通常会实行失业保险制度,在一定程度上缓解失业者及其家庭的心理压力。

失业的社会成本是失业的经济影响和心理影响带来的结果。失业直接影响着社会的稳定。在失业率高的时期,犯罪、家庭暴力、离婚、酒精中毒、吸毒,以及其他社会问题通常也会加剧,社会必须动用更多的公共资源去解决这些问题。而且,失业还关系到政局的稳定,当失业率较高时,政府和当政者会受到人们的指责和反对。所以,政府在制定任何一项宏观经济政策时,必须考虑政策的实施对失业的影响。

在分析失业所产生的影响时,还必须考虑到失业持续的时间。一般来说,短期(如几个星期)失业对失业者及其家庭不会造成严重影响。他们可以借助以往的积蓄,或者向亲朋好友借钱,或者领取政府救济金来渡过这段时期。而失业持续时间越长,失业者面对的经济压力和心理压力就越大,整个社会的经济成本和社会成本也就会越大。失业持续时间的长短随经济周期而变化,在经济扩张时期失业持续时间通常要短一些;在经济衰退和收缩时期,失业持续时间则要长一些。不过,在任何给定的时点上,经济中总会存在一些失业期长达半年或更久的失业者。这类人员通常被称作长期失业者。而那些在经历了较短失业期后找到了稳定的长期工作的人员,通常被称为短期失业者。短期失业者一般不会因为失业而承受巨大成本。还有一部分失业者,在结束失业期时找到的只是一份会让他们很快失业的短期工作或临时工作,或者很快又退出劳动力队伍,这些人被称作习惯性失业者。他们所要承受的失业成本与长期失业者相似。

2. 失业的治理

治理失业的政策必须针对失业的原因。对需求不足失业,政府可以通过财政政策、货币政策等需求管理手段进行调节,本书第十章将做详细的讨论。对摩擦性失业,政府可以完善就业服务网络,以及引导公众树立现代就业观念,灵活就业。对结构性失业,一方面政府要加大教育培训,改进失业人员的技能,另一方面要向就业吸纳能力强的部门倾斜,加快发展现代服务业。此外,政府应完善包括失业保险在内的社会保障体系,保证失业人员的基本生活。

在我国的就业问题中,政府还应特别注意加强对就业困难人员的服务和救济。就业困难人员主要包括以下群体:一是零就业家庭,指城镇居民户籍家庭中,在法定劳动年龄内有劳动能力且有就业愿望的家庭成员无一人就业的家庭,据估计全国约有 30 万户。二是大学毕业生,包括往年没有就业的。三是"4050"人员,指的是男性 50 岁、女性 40 岁以上的大龄下岗失业人员。他们受教育程度偏低,再就业能力弱,家庭负担重,所谓"上有老,下有小,退休尚早,再就业已老",根据人力资源和社会保障部的抽样调查,"4050"人员约占下岗失业人员的 28%。四是农民工,全国总数约 2 亿,就业能力弱,初中以下文化程度者所占比例高达 83%,未接受过任何技能培训的占 72%。五是残疾人,全国约有 900 万有劳动能力、达到就业年龄的残疾人没有实现就业,而且每年还将新增 30 万人左右。

促进就业还要加快一系列制度和政策的改革与完善,至少包括:转变经济发展方式,纠正目前过度以 GDP 和税收为目标的产业选择导向；加快教育体制改革，大力发展职业教育；改革户籍制度，消除城乡就业差别；以创业促就业，加强和改进公共创业服务，扶持小额信贷等民间创业服务机构的发展；改善作为就业主渠道的中小企业的发展环境；缩短区域差距，促进人才向中西部地区流动。

关键术语

SNA MPS 国内生产总值 国民生产净值 国内生产总值恒等式 支出法 收入法 增值法 消费支出 投资支出 政府支出 净出口 储蓄 折旧 实际 GDP 潜在 GDP 可支配收入 间接税 增加值 CPI PPI GDP 平减指数 通货膨胀 劳动人口 劳动力 失业 摩擦性失业 结构性失业 周期性失业 自然失业率

思考题与讨论题

1. 国内生产总值是怎么定义的？
2. 要计算一个国家（或地区）的国内生产总值，可以采用哪些方法？是否三种方法都适用？
3. 怎样理解产出等于收入，以及产出等于支出？
4. 用 GDP 核算国民收入有什么问题？可以做哪些改进？
5. 收集中国历年的 CPI、PPI 和 GDP 平减指数，比较这三个指标是否一致？如不一致，可能的原因是什么？
6. 解释 GDP 和 GNP 之间的区别和联系。
7. 什么是国内生产总值恒等式？用循环流动图解释恒等式中的生产＝支出＝收入。
8. 在中国，哪类支出在国内生产总值中的比重最大？
9. 讨论 GDP 为什么不能成为总体福利或幸福感的良好衡量指标？
10. 收集中国历年的城镇登记失业率，并与 GDP 增长率、CPI 比较，看看它们之间是否有什么联系？
11. "如果一家企业用 5 台新机器设备替换 5 台报废的旧机器设备，这种行为没有使 GDP 增加，因为机器设备的数量未变。"这种说法对吗？
12. 人们常用的价格指数有哪些？
13. 对通货膨胀的衡量存在哪些问题？
14. 什么是失业？一国的经济中为什么会存在失业？
15. 用不同的失业统计方法获得的数据为什么会存在较大的差异？
16. 在一个正常运转的国家中，失业率应该是零吗？
17. 摩擦性失业和结构性失业的区别是什么？
18. 新技术在生产中的普及和应用，可以减少工人完成任务所需要的时间，甚至可以替代工人的工作，这是否意味着技术进步会导致大规模失业？

第 8 章　总需求与总供给

在第 4 章中，我们讨论了单个市场中的需求和供给，以及两者的相互作用对市场价格和需求量(供给量)的影响。无论单个市场是垄断竞争结构还是寡头垄断结构，需求变动，抑或供给变动，都会改变该市场的均衡关系，从而影响到相关的消费和生产等经济活动。在分析一个国家的经济作为一个整体的经济活动时，也要涉及需求和供给的概念。不过，在宏观层面上，我们讨论的是总需求和总供给的概念，以及一国的总需求与总供给相互作用如何决定该国的价格水平和国民产出。

关键问题

- 什么是总需求？什么是总供给？
- 总需求曲线为什么向右下方倾斜？
- 沿着总需求曲线移动和总需求曲线平移有什么区别？
- 总需求由哪些部分构成？
- 短期总供给曲线与长期总供给曲线有什么区别？
- 总供给曲线为什么向右上方倾斜？
- 储蓄与投资如何决定国民产出？
- 收入—支出分析的理论基础是什么？
- 总需求与总供给的相互作用如何影响宏观经济运行？

8.1　总需求与总需求曲线

8.1.1　总需求及其构成

1. 总需求的定义

总需求(Aggregate Demand, AD)是指在一定价格水平下，全社会对产品和劳务的需求总量，或一国在一定时期内对最终产品和服务的需求的总和。

总需求又称"总支出"，是一定时期内一国经济的各种不同经济实体用于购买物品与劳务的支出总额。一国经济的总需求取决于国内消费支出、投资支出、政府购买支出、净出口，以及货币供给和价格水平等因素的影响。

一定时期的总需求量与价格水平之间的关系可以用总需求曲线来描述，即总需求曲线可以告诉我们，在任何给定的价格水平下人们想购买的产品与服务的数量。我们可以用货币数量论提供的方程解释总需求曲线。

设：M 表示货币供给，V 表示货币流通速度，P 表示价格水平，Y 表示国民产出量，根据货币数量论，我们有如下货币数量方程：

$$MV = PY \tag{8.1}$$

公式(8.1)中，如果货币流通速度不变，则货币供给决定了国民产出的名义值，国民产出的名义值是价格水平与国民产出量的乘积。货币数量方程可以被改写成如下形式：

$$M/P = kY \tag{8.2}$$

公式(8.2)中，$k = 1/V$，是货币需求参数，它表示人们在其收入中需要持有货币的比例。货币流通速度 V 是货币需求参数 k 的倒数。假设流通速度 V 是常数，货币供给 M 由中央银行固定，那么价格水平 P 和国民产出 Y 之间是负相关关系，这意味着总需求曲线是一条向右下方倾斜的曲线。

2. 总需求的构成

总需求由四个部分构成：消费需求、投资需求、政府购买和净出口。

第一部分，消费需求

消费需求通常是指居民的日常消费需求，它是总需求（国内生产总值）中最大的组成部分。消费支出的主要项目大体上分为耐用品、非耐用品和劳务三大类。

任何两个家庭的消费支出的内容都不可能完全一样，大量的统计数据表明，居民家庭的消费构成具有一定的规律性。从长期看，消费模式还受技术进步和社会因素的影响。

消费率是衡量消费需求在总需求中所占比重的一个指标，它是指在一定时期内（通常为1年）一个国家或地区的最终消费（用于居民个人消费和社会消费的总额）占当年国内生产总值的比率，一般按现行价格计算。2001—2011年，中国的消费需求占国内生产总值的比重维持在48%左右，超过投资需求和净出口。近10年，由于购房和子女教育等因素的影响，中国的消费率呈下降趋势。经济学家钱纳里等人进行的一项实证研究表明：在人均国内生产总值达1 000美元左右时，居民消费率一般为61%。美国商务部经济分析局的数据显示，2011年，美国GDP的构成中，居民消费占GDP的比重为71.2%。与美国和其他发达国家相比，中国的消费需求还处于低水平。

第二部分，投资需求

投资需求是指企业在投资和再投资过程中形成的对商品和劳务的需求。在国内生产总值中，虽然投资在数量上少于消费，但是投资的波动却要比消费的波动剧烈得多。由于投资的这种易波动的性质，所以投资波动对总需求产生影响，从而对国民产出和就业具有重大影响。

在国民收入核算中，投资被分为三类：生产性固定资产投资、住宅投资、存货投资。

固定资产投资是指企业为建造、购置机器设备和建筑物，以及对现有设备厂房进行扩建、改建而发生的支出。固定资产投资在投资总额中所占的比例最大，但却是最稳定的。企业的固定资产包括房屋、建筑物、机器、机械、运输工具以及与生产经营有关的其他设备、器具和工具等，使用期限超过一年的，一般都归类于固定资产。生产性固定资产投资的周期波动与国内生产总值的周期波动几乎是一致的。

住宅投资是指在房屋维修和建造新房上的开支。住宅投资包括对单个家庭住宅和对公寓的投资。住房以其使用寿命的长期性而被划分为资产，是任何财富拥有者都能够拥有的财富之一。一个家庭从另一个家庭购买现有房屋，并不构成投资，因为在整个经济中，资本存量没有发生变化,只是所有权变更。住宅投资在投资总额中所占的比例最小,但是,它对实际利率最为敏感,具有特别的易变性。住宅投资是投资中对货币政策和财政政策所引起的利率变化最为敏感的部分。由于货币政策对利率的影响更大,所以住宅投资与货币政策的关系较之它与财政政策的关系更为密切。

存货投资是指企业持有的原材料、生产过程中的半成品或者成品的存量,包括各类原材料、在产品、半成品、产成品等。存货在企业的生产经营活动中必不可少,除了少数服务性行业,企业持有存货的行为非常普遍。企业存货投资的波动性很强,存货上升表示投资增加,存货下降则表示投资减少。一般来说,企业持有存货主要有四个目的:一是储存必要的原材料和在产品,可以保证生产正常进行;二是储备必要的半成品,有利于销售;三是适当储存原材料和产成品,便于组织均衡生产,降低产品成本;四是留有各种存货的保险储备,可以防止意外事件造成的损失。在企业的存货投资中,有一部分是自身意愿的结果,可以预期到的;另一部分是经济波动所导致的结果,很难预期到。

从宏观角度看,影响企业存货投资的最主要因素是经济的周期波动。在经济扩张时期,社会需求旺盛,原材料和制成品价格持续上涨,生产企业整体倾向于提高存货水平;反之,在经济收缩时期,存货水平也会降低。企业的存货调整有可能会加剧经济和价格的波动。

投资分为总投资和净投资。总投资等于净投资加上资本折旧,设 I 表示总投资,J 表示净投资,d 表示折旧参数,dK 表示资本折旧,则总投资与净投资的关系可以表示为

$$I = J + dK \tag{8.3}$$

资本存量的变化等于净投资,即

$$K_{t+1} - K_t = J_t \tag{8.4}$$

资本积累则可以表示为

$$K_{t+1} = (1-d)K_t + I_t \tag{8.5}$$

第三部分,政府购买

政府购买是指政府部门对商品和劳务的购买支出,它是政府支出的一部分。政府支出的另一些部分,如转移支付、公债利息等都不计入国内生产总值,因此不属于总需求的构成部分。理由是转移支付只是简单地把收入从一些人或一些组织转移给另一些人或另一些组织,没有相应的物品或劳务的交换活动发生。如政府给残疾人发放的救济金,不是因为这些人提供了服务,创造了价值,而是因为他们丧失了劳动能力,要靠救济生活。

政府购买大致有两种:一是从居民那里购买劳务;二是从企业或公司购买商品。政府把所购买的商品和所雇用的劳动组合起来,生产各种各样的公共物品,包括公共教育、医疗卫生、交通安全、基础设施、警务和消防、国防,等等。公共物品通常不是在市场上按价格出售,所以,政府购买的总值,就是所有公共物品的总值。政府购买是宏观经济政策中财政支出政策的重要内容,它的扩大和减少,有助于熨平经济的周期波动,缓解失业和通货膨胀问题。

第四部分,净出口

净出口(Net Exports,NX)是指一国在一定时期的出口总值(国外对本国商品和劳务的需求)减去进口总值(本国对外国商品和劳务的需求)之后的差额,也称作国际贸易余额。当净出口为正时称为顺差;当净出口为负时则称逆差。当出口总值与进口总值相等时,称为"贸易平衡"。

净出口由有形商品贸易和无形服务贸易两个部分构成,在国际贸易余额中,也可以分为

"商品贸易余额"和"服务贸易余额",或者"有形贸易余额"和"无形贸易余额"。虽然不同国家采用的术语不同,但是内涵是一致的。

3. 总需求的影响因素

如上所述,对国民产出的需求量 Y 是消费支出 C、投资支出 I、政府购买 G 和净出口 NX 之和,用公式表示,则

$$Y=C+I+G+NX \tag{8.6}$$

对总需求产生影响的因素很多,除了构成总需求的四个部分之外,经济学中重点讨论的还有以下因素。

消费者的收入。一般来说,在其他条件不变的情况下,消费者的收入越高,对商品的需求越多。但随着人们收入水平的不断提高,消费需求结构会发生变化,即随着收入的提高,对有些商品的需求会增加,而对另一些商品的需求会减少。

消费者的偏好。当消费者对某种商品的偏好程度增强时,对该商品的需求数量就会增加。相反,当偏好程度减弱时,需求数量就会减少。人们的偏好一般与所处的社会环境及当时当地的社会风俗习惯等因素有关。技术进步导致的消费者购买方式和消费方式的变化,也会改变消费者的偏好。例如,网购、外卖、直播带货的发展,在很大程度上改变了消费者的购买偏好;智能手机的普及,改变了消费者的沟通方式、支付方式、获得信息的习惯甚至分配时间的偏好;家用汽车的普及,增加了家庭闲暇时间的消费在其收入中的比重。

消费者对商品价格的预期。当消费者预期某种商品的价格在将来某一时期会上升时,就会增加目前的需求;当消费者预期某种商品的价格在将来某一时期会下降时,就会减少对该商品的现期需求。

政府政策。财政政策和货币政策是政府用于进行总需求管理的主要宏观经济政策,当经济出现衰退或进入收缩时期时,政府经常使用扩张性的财政政策和货币政策,刺激总需求增加,如增加政府购买、削减税收,或扩大货币供应量;当经济出现过热或严重通货膨胀时,政府就会采用紧缩性财政政策和货币政策,如减少政府购买、加大税收力度,或减少货币供应量。第11章将进一步讨论这个问题。

此外,人口的数量、结构和年龄,政府的消费政策等因素都会影响总需求。

8.1.2 总需求曲线

1. 总需求曲线的形状

总需求曲线表示各种产品的需求总量和对应价格水平之间的关系,如图 8-1 所示,横轴 Y 表示国民经济的总需求量,纵轴 P 表示国民经济的价格水平,总需求曲线是一条向右下方倾斜的曲线。

总需求曲线向右下方倾斜,意味着随着价格水平的提高,总需求量趋于减少;相反,随着价格水平的降低,总需求量趋于增加。解释总需求曲线为什么会向右下方倾斜,主要有三个理由:

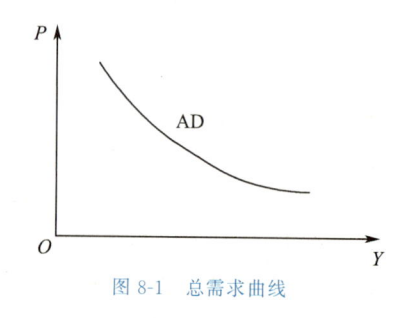

图 8-1 总需求曲线

第一,对支出的财产效应:当价格水平上升但其他条件不变时,人们的实际财产减少,以

货币表示面值的金融资产会贬值,人们会增加储蓄并持有货币,以便满足医疗、学费或其他大额支出,这就需要减少消费支出,以求补偿,从而导致需求减少。

第二,国外产品的替代效应:这是一种国际替代效应,即用国外产品替代本国产品。产生国际替代效应,是因为当价格水平上升而其他条件不变时,本国产品变得相对昂贵,导致出口减少,进口增加。因而,净出口会减少。

第三,对支出的利率效应:价格水平上升,增加了家庭和企业对货币的需求,造成货币短缺,从而推动利率提高,投资支出减少。广义上,这也是一种替代效应,称作时际替代效应,即用未来产品替代现期产品。产生时际替代效应,是因为当价格水平上升而其他条件不变时,利率上升,导致家庭和企业延迟实施消费需求和投资需求的计划,并减少支出。

总需求曲线的构成如图 8-2 所示。

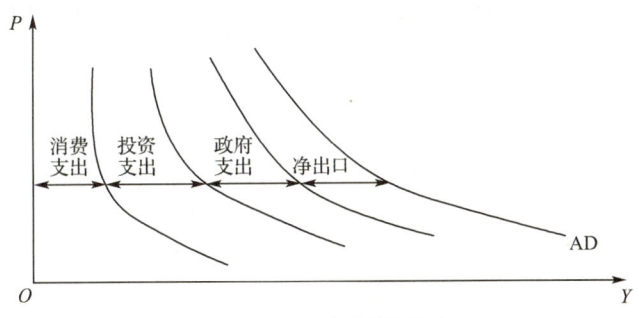

图 8-2 总需求曲线的构成

2. 总需求曲线的移动

伴随着价格水平变动,沿着总需求曲线,我们会找到对应的总需求量的变动。当价格水平以外的其他因素变动时,会导致总需求曲线向左或向右平移,如图 8-3 所示。

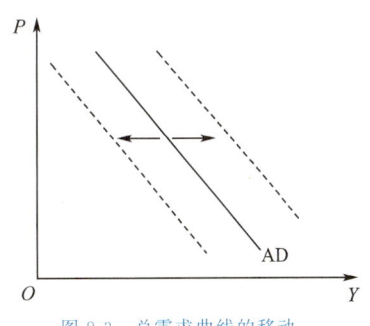

总需求曲线向右移动,意味着总需求的扩大,即在同一价格水平下,总需求量会增加。总需求曲线向左移动,意味着总需求的萎缩,即在同一价格水平下,总需求量会减少。那么,哪些因素会导致总需求曲线移动呢?

图 8-3 总需求曲线的移动

首先,构成总需求的四个部分的变动会导致总需求曲线移动。消费需求、投资需求、政府购买和净出口增加,会推动总需求增加,总需求曲线向右平移;相反,消费需求、投资需求、政府购买和净出口减少,会导致总需求萎缩,总需求曲线向左平移。同理,引起消费需求、投资需求、政府购买和净出口变动的因素,也会导致总需求曲线移动。例如,消费者可支配收入的提高,会引起消费需求增加;利率提高,会导致投资需求减少;政府实施的扩张性财政政策和货币政策,会刺激总需求增加;本国货币贬值,可能会有利于净出口增加。

其次,人口年龄结构的变化会导致总需求曲线移动。如果我们预期未来的老龄化问题会很严重,并担心将来的社会保障体系不足以支撑我们未来的养老,那么现在我们就会倾向于将更多的收入用于储蓄,而更少地进行消费,这会导致总需求曲线向左移动。

第三,政府的税收政策会在既定的价格水平下影响消费需求和投资需求。政府减税,就会鼓励人们增加支出,此时总需求曲线会向右移动;而当政府提高税收时,人们则会削减开支,此时总需求曲线会向左移动。如果政府对投资给予税收优惠,则企业会在既定的利率水平下增加投资需求,此时总需求曲线会向右移动。反之,如果政府增加了企业税收,企业的投资需求就会受到抑制,从而导致总需求曲线向左移动。

第四,预期的变化。消费支出和投资支出在一定程度上依赖于人们对未来的预期。消费者支出的多少不仅依赖于人们现在的收入,还依赖于人们对未来收入的预期。企业投资规模不仅依赖于当前的经济状况,也依赖于它们在未来的预期销售。所以,预期的变化可以推动消费支出和投资支出增加或减少。如果消费者和企业对未来充满信心,总支出将增加;如果他们对未来越来越悲观,总支出将下降。

第五,财富的变化。消费者支出在一定程度上依赖于居民资产价值的多少。当居民资产的实际价值增加时,购买力提高,会引起总需求增加。例如,股票市场价值的上升会推动总需求的增加,而当股票市场崩盘时,其所代表的购买力和总需求都会下降。例如,爆发于2008年的全球金融危机及其随后的经济衰退,导致不动产价值和金融资产价值的大幅下跌,是消费支出减少的一个主要原因。

第六,实物资本存量的大小。企业的投资支出会增加它们的实物资本存量,其支出的动因在某种意义上依赖于它们现有实物资本价值的高低:企业拥有的实物资本价值越高,在其他情况相同时,增加这种资本的动力越小,这同样适用于解释其他类型的投资支出。例如,中国近年来建造了大量房产,造成了房屋供给过剩,建筑行业难有动力去建造更多的住房,导致住宅投资支出减少。

3. 国民消费

国民消费是一国所有家庭消费的总和。显然,国民消费的变化也是引起总需求曲线移动的重要因素。除了可支配收入以外,决定国民消费的要素还包括:消费者财产、价格水平和价格预期、利率和国民储蓄率。

消费者财产。假如两个具有相同收入的消费者,一个在银行中有相当多存款,另一个没有存款,显然有存款的消费者可以维持较高的消费水平。对整个社会来说,财产的积累会使宏观消费曲线向上转移,提高平均消费倾向。在正常情况下,各年的财产变动不大,所以财产的变动很少引起消费的大幅度波动。财产具有多种形式,其中金融资产一般具有较大的流动性,易于脱手变现。一个家庭拥有金融资产多了,其可支配收入就可以较多地用于消费。就全社会来说,当所有家庭拥有的金融资产增加时,即使可支配收入不变,国民消费也会增加。当然,这也要看金融资产总量在社会不同阶层中的分配情况。如果金融资产的增加集中在高收入阶层的家庭手中,那么对消费的影响可能较小,甚至没有影响。因为高收入家庭不管怎样都要把收入的大部分用作储蓄。

价格水平。价格水平上升对国民消费的影响是通过对实际可支配收入的影响实现的。因此,需要把价格水平的上升与按现行价格计算的名义可支配收入的上升结合起来加以考察。当价格水平与名义可支配收入同比例上升时,实际可支配收入不变,实际总消费支出也不变;当价格水平上升快于名义可支配收入上升时,尽管平均消费倾向有所提高,但实际可支配收入减少,实际总消费支出减少;当价格水平上升慢于名义可支配收入上升时,尽管平均消费倾向有所降低,实际可支配收入增加,实际总消费支出增加。

价格预期。国民消费不但受价格水平变动的影响,还受对价格水平预期的影响。消费者在决定本期消费时,要把本期的价格水平同预期未来的价格水平进行比较,如果预期未来的价格水平会更高,则增加本期消费支出;反之,则把消费支出推迟到将来。消费支出的这种变动,通常在价格水平较大幅度上升或下降时出现。

利率。利率影响着现期消费和未来消费的相对价格,因此是决定消费的一个因素。研究利率对消费的影响,必须区分名义利率和实际利率。实际利率等于名义利率减去通货膨胀率。在通货膨胀的情况下,人们根据实际利率决定不同时期的消费水平。利率的变动对消费会产生"替代效应"和"收入效应"。"替代效应"是指当实际利率提高时,消费者倾向于将一部分现期消费推迟到未来。现期消费与实际利率呈反方向变动。这样,利率提高,人们将多储蓄,少消费。"收入效应"是指对于拥有金融资产的收益的消费者,利率的提高会增加他们的收入。收入的增加使得这些消费者在利率较高时反而减少储蓄,增加消费。利率变动对总消费支出产生什么影响取决于收入效应和替代效应相互抵销的结果。

国民储蓄率。国民储蓄率是指国民储蓄占国民收入的比重,国民储蓄包括政府储蓄、企业储蓄和居民储蓄三个部分。国民储蓄衡量一个国家在不举借外债的情况下,可用于投资的最大资金量。其中,企业储蓄和居民储蓄之和称作私人储蓄。政府储蓄可以是负的,即政府财政产生新的赤字。企业储蓄是指企业的未分配利润。在宏观经济学中,有时并不严格区分国民储蓄率和储蓄率。近几十年,在经济发达国家,出现了储蓄减少的倾向。经济学家主要从以下三个方面解释这种现象:

第一,社会保障体系的发展与健全。社会保障体系在一定程度上减少了个人储蓄的要求。由于社会保障体系的建立,政府收缴社会保险税,支付社会保险福利,因而替代了人们为退休养老进行储蓄的要求。针对农民设立的农作物收成保险、工人的失业保险、老年人的医疗保险等各种收入辅助性保障体系都具有类似效果。

第二,资本市场的发展。资本市场的发展不断推出新的贷款方式。人们可以更容易借钱买房、资助学习或开展经商活动。银行信用卡的普及也鼓励人们消费,甚至借钱(透支)消费,从而导致储蓄率降低。

第三,收入的缓慢增长。当收入快速增长时,经济要产生大量净投资,才能维持稳定的财产对收入比率。相反,在增长十分缓慢的经济中,只需很低的储蓄率和净投资,就可以保持稳定的财产对收入比率。

8.1.3 总需求的理论基础

1. 消费与储蓄

在现代经济学中,对消费和储蓄的分析始于凯恩斯,他提出的消费函数把当前消费和当前收入联系起来。此后,人们对当前消费和当前收入的关系进行了各种解释,形成了消费理论。消费理论始终是宏观经济学研究的热点领域之一,是宏观经济学的重要组成部分。

在短期,政府的目标是熨平经济波动。因此,政府对宏观经济的关注有两个特征:一是经济的稳定性,即在总需求受到冲击时,宏观经济会如何反应,如果受到冲击后波动较小,政府可能并不需要采取干预措施,否则政府就需要适时启动刺激计划;二是宏观经济政策的有效性。比如,2009年2月,美国总统奥巴马签署了7 870亿美元的一揽子刺激方案。他的首席经济顾问曾预测这将让失业率低于8%,奥巴马也承诺将创造350万就业岗位。不过,之后美国的失业率一直居高不下,人们开始质疑该方案的有效性,要求推出第二轮刺激计划的呼声不绝于耳。事实上,对政府政策有效性的争论,是宏观经济学的核心争论。

影响经济稳定性和政策有效性的因素很多,一个重要的因素是乘数。当乘数较大时,较小的冲击就会导致国民产出的较大波动,即政府的政策会更有效;反之,当乘数较小时,宏观经济的稳定性较强,政府政策的有效性会降低。而乘数的大小取决于边际消费倾向。因此,就宏观经济的短期波动而言,边际消费倾向是一个重要的参数。消费理论的核心任务是研究边际消费倾向到底有多大。边际消费倾向较大时,消费随收入的变动较大,消费具有敏感性;当边际消费倾向很小时,消费不随收入的变动而变动,消费具有稳定性。

2. 消费函数理论

消费函数是指能够反映消费与决定消费的各种因素之间依存关系的函数。在影响消费的各种因素中,可支配收入是最重要的决定因素,狭义的消费函数就是描述收入和消费之间依存关系的一种函数。设:用 C 表示消费,Y_d 表示可支配收入,消费函数可以写成

$$C = f(Y_d)$$

消费函数是一种递增函数,在图形上表现为一条向右上方倾斜的曲线,即当收入水平提高时,消费水平也会随之提高。消费倾向、平均消费倾向和边际消费倾向是消费函数中最重要的三个概念。

消费倾向是指在收入总额中用于消费部分的比例,包括平均消费倾向和边际消费倾向。平均消费倾向是指在一定的收入总额中消费所占的比例,或者说,平均每单位收入中消费所占的比例,即

$$平均消费倾向 = C/Y_d$$

边际消费倾向是指在收入增量中,消费增量所占的比例。用 ΔY_d 表示收入增量,ΔC 表示消费增量,则

$$边际消费倾向 = \Delta C/\Delta Y_d$$

边际消费倾向用于说明收入的变动与相应的消费变动之间的关系。在不同的时期或在不同的收入水平上,边际消费倾向的值可能不同,其取值区间是从 0 到 1。

平均消费倾向和边际消费倾向之间的关系,一般认为,在短期内,平均消费倾向大于边际消费倾向;在长期内,平均消费倾向等于边际消费倾向。

收入减去消费部分,剩下的部分叫作储蓄。储蓄函数是表示储蓄与收入之间关系的函数。用 S 表示储蓄,储蓄函数可以写为

$$S = f(Y_d)$$

这个函数表明储蓄取决于收入。收入水平越高,储蓄则越多,所以储蓄函数是一种单调递增函数。储蓄倾向、平均储蓄倾向和边际储蓄倾向是储蓄函数中最重要的三个概念。储蓄倾向是指在收入中用于储蓄部分的比例,包括平均储蓄倾向和边际消费倾向。

平均储蓄倾向是指在一定的收入总额中储蓄所占的比例,或者,平均每单位收入中储蓄所占的比例,即

$$平均消费倾向 = S/Y_d$$

平均储蓄倾向与平均消费倾向相对应。由于收入分为消费和储蓄两部分,平均消费倾向与平均储蓄倾向之和必然等于1,因此

$$平均储蓄倾向 = 1 - 平均消费倾向$$

平均储蓄倾向与平均消费倾向之间呈反方向变化。当收入水平提高时,平均储蓄倾向随之增大;当收入水平降低时,平均储蓄倾向随之减小。根据收入与消费之间的关系,平均储蓄倾向可能小于0或大于0。当消费大于收入时,储蓄为负值,平均储蓄倾向也是负值。在收支相抵点上,储蓄为0,平均储蓄倾向也是0。当消费小于收入时,储蓄为正值,平均储蓄倾向也是正值。

边际储蓄倾向是指在收入增长量中储蓄增量所占的比例。用 ΔS 表示储蓄增量,则

$$边际储蓄倾向 = \Delta S/\Delta Y_d$$

边际储蓄倾向与边际消费倾向相对应。由于收入增量分为消费增量和储蓄增量两部分,边际消费倾向与边际储蓄倾向之和必然等于1,因此,

$$边际储蓄倾向 = 1 - 边际消费倾向$$

根据这种关系可知,边际储蓄倾向是小于或等于1的正数。边际储蓄倾向的数学含义是储蓄函数或储蓄曲线的斜率。

当期收入对当期消费有多大影响呢?对这个问题的理论解释有多种,最有影响的是下面四种理论:

第一,绝对收入理论

绝对收入理论的基本观点是家庭消费在收入中所占比例取决于其收入的绝对水平。最初论述这一理论的是英国经济学家凯恩斯,他提出的主要观点如下:第一,消费是当期可支配收入的稳定函数;第二,边际消费倾向是正值,但小于1;第三,边际消费倾向随收入增加而递减;第四,边际消费倾向小于平均消费倾向。

在其他理论提出之前,这种理论曾普遍被西方经济学家接受。它似乎较好地解释了人们在日常生活中观察到的现象,即当人们的收入增加时,其消费不会以同一绝对量增加,因而储蓄的绝对量将增大;低收入的家庭可能把其收入的绝大部分用于消费;高收入家庭的消费可能仅占其收入的较小比例;家庭的收入水平越高,平均来看,其消费所占的比例则可能越小。也就是说,如果其他情况保持不变,随着家庭收入的提高,平均消费倾向趋于下降,而平均储蓄倾向趋于上升。

以凯恩斯的绝对收入理论为基础,我们可以提出如下消费函数:

$$C = a + bY_d \quad a > 0, 0 < b < 1 \tag{8.7}$$

式中,a 和 b 是常数。a 表示不依赖于可支配收入的消费部分,叫作自发性消费。b 表示在可支配收入的增量中消费增量所占的比例,叫作边际消费倾向。

根据绝对收入理论,平均消费倾向随收入的变化而变化,当收入水平提高时,平均消费倾向趋于下降;当收入水平降低时,平均消费倾向趋于上升。平均消费倾向要大于0。当消费大于收入时,平均消费倾向大于1;在收支相抵点上,平均消费倾向等于1;当消费小于收入时,平均消费倾向小于1。

消费对收入的变动具有敏感性,当收入增长时,消费增加;收入下降时,消费减少。因此,可以增加居民的可支配收入的政府政策,如扩大政府支出和减税,由于存在乘数效应,会刺激居民消费的增长。

专栏 8-1
基于绝对收入理论构建的实证模型

第二,相对收入理论

相对收入理论是由美国经济学家 J.S. 杜森贝提出来的。这种理论的基本观点体现在两个相对收入假设中。

第一个假设认为,一个家庭在决定其消费时,主要参考的是其他具有同等收入水平的家庭的消费,即家庭的消费在收入中所占的比例取决于它在收入分配中的相对地位。如果一个家庭收入的增加与在同一收入水平上其他家庭收入的增加保持相同速率,这个家庭与其他家庭之间在收入方面的相对地位没有改变,因而在它的收入中消费和储蓄所占的比例将保持不变。如果一个家庭的收入增长慢于其他家庭的收入增长,这个家庭相对于其他家庭的收入地位下降了,可是它仍将维持其他家庭的平均消费标准,因而消费在其收入中所占的比例将上升。如果一个家庭的收入增长快于其他家庭的收入增长,这个家庭相对于其他家庭的收入地位上升了,它仿效其他家庭的消费行为将使消费在其收入中所占比例下降。这种模仿或攀比别人的消费行为,杜森贝认为是"示范作用"的结果。由于在家庭消费中存在示范作用,所以当收入提高时,平均消费倾向并不一定下降。这就是所谓的"示范性"假设,即消费者的消费支出不仅决定于他们当期的可支配收入,而且受到其他人消费示范作用的影响。由于存在这种示范作用,因此随着收入的增加,消费增量在收入增量中的比例不一定是递减的。

第二个假设认为,家庭在本期的消费不仅受本期收入的绝对水平和相对地位的影响,还受它在以前时期已经达到的消费水平的影响。杜森贝认为,对于一个家庭来说,降低它曾达到的消费水平要比缩小储蓄在收入中所占的比例更为困难。因此,当收入发生变动时,家庭宁可改变储蓄来维持消费的稳定。这就是所谓的"不可逆性"假设。

相对收入理论从短期消费行为和长期消费行为两个方面考察消费在家庭收入中所占比例的变化。从短期看,消费在收入中所占比例与收入呈反方向变化;即收入减少时,平均消费倾向上升;收入增加时,平均消费倾向下降。这种短期消费行为用短期消费曲线描述。从长期看,消费在收入中所占的比例保持不变,这种长期消费行为用长期消费曲线描述。这种理论用现期收入对过去高峰收入的相对关系说明消费倾向的变化。家庭的这种短期消费行为和长期消费行为的结合,产生了所谓的"棘轮效应",即受本人过去的收入与消费水平的影响,在短期内,消费支出的变化往往落后于收入的变化。消费者宁肯动用储蓄来维持已达到的消费水平,也不愿改变自己的消费习惯,经济中消费的变动要比收入的变动稳定得多。

专栏 8-2
基于相对收入理论构建的实证模型

如果实际收入按固定增长率沿着长期趋势线增长,消费和收入则沿着长期消费曲线移动。在这种情况下,上一年的收入即是过去高峰收入。如果现期收入低于过去高峰收入,消费和收入则沿着短期消费曲线移动。

现实生活中,人们的消费受周围消费群体影响很大。某个地区、某个群体会有一些特殊的消费习惯。以高校的大学生为例,同一个寝室同学的消费行为会相互影响,相互间请客吃饭(不好意思总是被别人请),从而增加了支出,这就是示范效应。棘轮效应同样存在,同一个单位的同事,收入水平相当,家庭出身富裕的花费较多;出身贫寒的,一贯节俭,日常支出较少。

第三,持久收入理论

美国经济学家米尔顿·弗里德曼提出的持久收入理论,把研究的重点放在一个家庭着眼于未来若干年内的持久收入上,而不是它的现期收入上。持久收入理论的特点,是把任何时期内家庭的收入分成持久收入和暂时收入,把家庭的消费分成持久消费和暂时消费。

持久收入定义为长期的平均预期收入。弗里德曼认为,持久收入表现为一个长时期内的平均收入,它包含着家庭对未来收入的预期。暂时收入是指暂时性的、偶然变动的收入,它可能是正值,如意外获得的奖金;也可能是负值,如偶然失窃造成的损失。任何时期内,家庭的收入等于持久收入加上暂时收入。

持久消费是指家庭在长期计划中确定的正常消费。暂时消费是指不在计划中的暂时性消费,它可能是正值,也可能是负值,取决于家庭在正常消费基础上增加了消费还是减少了消费。任何时期内,家庭的消费等于持久消费加上暂时消费。

持久收入理论有四个基本假设:

第一,持久收入和暂时收入之间不存在相关关系,暂时收入是使家庭的收入围绕持久收入随机波动的一个变量。

第二,持久消费和暂时消费之间不存在相关关系,暂时消费是使家庭的消费围绕持久消费随机波动的一个变量。

第三,暂时收入和暂时消费之间不存在固定关系。也就是说,暂时性收入增加不会导致消费的立即增加,暂时收入的边际消费倾向等于零。

第四,持久收入和持久消费之间存在着固定的比例关系,这种比例关系并不随收入的变动而变动。因此,处在不同收入水平上的家庭,其消费在收入中所占的比例是相同的。

持久收入理论强调的正是持久收入和持久消费之间的这种固定比例,并借此来说明经济中的总收入与总消费或储蓄之间的比例关系。

专栏 8-3 基于持久收入理论构建的实证模型

第四,生命周期理论

美国经济学家 F.莫迪利安尼提出的生命周期理论,把研究的重点放在人们的长期收入上,他把人的一生按照收入和消费之间的关系分为三个阶段:

少年时期:消费大于收入,要靠借债维持消费水平。

壮年时期:收入大于消费,其剩余部分用于偿还少年时期的债务或储蓄起来留作养老。

老年时期:消费大于收入,其差额动用壮年时期的储蓄来弥补。

专栏 8-4 基于生命周期理论构建的实证模型

生命周期理论不但考虑了从工作中获得的现期收入对消费的影响,而且考虑了财产总额对消费的影响。这种理论假设:在一定财产总额的条件下,收入的变动表现为收入的持久性变动,收入变动的边际消费倾向接近于1;在一定收入水平的条件下,财产总额的变动是暂时性变动,如公司股票的一次性增值,财产总额变动的边际消费倾向接近于利率。生命周期理论认为,在短期内,消费在收入中所占的比例与收入呈反方向变化,这可以解释周期性的消费行为。在长期内,消费在收入中所占的比例保持不变。

消费者如何确定他一生的消费水平呢?这种理论认为,一个人一生中总消费的现值不

能超过他的总收入(包括工作中获得的收入和财产)的现值。因此,消费水平在一定程度上取决于他想留给下一代子女的财产。

生命周期理论假设的内涵是:第一,消费比收入稳定,因为个人会在一生中大致维持稳定的消费水平;第二,把现期消费同整个未来收入流量的现值联系起来,所以现期收入的暂时变动对现期消费产生的影响不大;第三,政府政策的有效性很低,因为暂时性的收入产生的边际消费倾向几乎为零,不存在乘数效应。

4. 投资需求理论

现代宏观经济学从三个方面研究投资总额的决定问题:

一是投资需求,即需要投资的企业计划购买的投资品总额;

二是投资供给,即生产投资品的企业计划供给的投资品总额;

三是储蓄供给,即消费者决定的储蓄总额。

而决定投资需求的主要因素是投资产生的收益、投资的成本和对投资前景的预期。

企业在制定投资决策时,首先要考虑投资可能产生的收益或投资回报。企业的收入与其销售量密切相关。只有当一项投资能够使企业出售更多的产品时,这项投资才会增加企业的收入。这说明,决定投资的一个重要因素是新投资所产生的产品的市场需求状况。当工厂处于闲置状态时,企业通常不会产生建设新工厂的投资需求。投资需求取决于投资收入,而投资收入则是与整个国民经济状况分不开的。

利率影响投资成本,利率越高则投资成本也越高。如果企业投资使用的是自有资金,投资形成的固定资产占用资金的利息是投资的利息成本。如果企业投资使用的是贷款,企业支付的贷款利息是投资的利息成本。利率是由货币市场上的货币供给与货币需求之间的关系决定的。货币供给的增加将导致利率下降,货币需求增加则导致利率上升。由于货币供给由政府控制,政府可以运用货币政策影响投资需求。影响投资成本的另一途径是政府的税收。政府可以通过提高所得税来抑制企业投资,也可以通过税收减免等措施鼓励企业投资。所以,税收政策是政府对投资需求施加影响的一个有效手段。

投资是对未来的一种赌博,其赌注是现期和未来的收入要大于现期和未来的成本。投资水平取决于企业对未来时期的经济状况、政治环境和投资前景的预期。如果企业认为,它们的投资在未来某个时期可能收归国有,或产品的价格下跌,或对产品的需求下降,那么企业现在就不愿意进行投资。如果企业认为,投资前景良好,投资有利可图,就会决定投资。未来存在着不确定性,未来的许多事件是难以预测的,这使得投资决策在很大程度上依赖于投资者的主观判断。人们的乐观态度或悲观情绪,以及证券市场上证券价格的波动,都可能对投资前景的预期产生一定的影响。在经济发展的不稳定时期,预期在决定投资需求的作用中尤为突出。如在经济萧条时期,低利率对投资的刺激作用不大;在经济繁荣时期,高利率也不能有效地抑制投资。

把收入、成本和预期这些影响投资需求的主要因素结合在一起,西方经济学家提出了几种用于投资决策的准则,其中在宏观经济学中较为常用的是凯恩斯提出的资本边际效率准则。按照凯恩斯的说法,资本边际效率是使资本资产在未来各年预期收入的现值之和等于资本资产的购买价格的贴现率。或者说,是使资本资产的购买价格等于它的预期收入流量的现值时的预期收益率。投资需求取决于资本边际效率和利率之间的关系,只有当资本边际效率高于或等于利率时,投资才有利可图。

在现代宏观经济学中,投资需求理论的发展大致经历了三个阶段:

第一阶段的理论被称为新古典投资理论,是以戴尔·乔根森为代表的经济学家在 20 世纪 60 年代发展起来的。严格地说,新古典投资理论描述的是稳定状态下的理想资本水平及其决定因素之间的关系,其中的主要变量是产出和资金的使用成本。

第二阶段以 q 理论的形成为标志,由詹姆士·托宾首先提出。该理论的严谨模型是在 20 世纪 70 年代后期和 20 世纪 80 年代初建立起来的,并随之成为投资理论的主流。

第三个阶段,是以被称为不可逆性投资理论(Theory of Irreversible Investment)的形成为标志。起始于 McDonald 和 Siegel 1985 年在 *International Economic Review* 杂志上发表的一篇文章。随后出现了大量同类研究文献,使这一研究扩展和深入到投资理论的各个方面。

投资理论要回答三个基本问题:是否投资?何时投资?投资多少?当市场情况变糟的时候,投资理论还要回答何时停止生产或退出产业。

新古典投资理论对是否投资与何时投资的回答是基于马歇尔的长期与短期均衡分析。如果产品价格高于长期平均成本,现有企业将进行投资以扩大生产能力,同时新的企业也会进入这一产业,从而使这一产业扩展和增长。另一方面,扩大了的生产能力增加了未来产品的供给数量,通过市场竞争将会使价格下降以达到新的价格均衡与产业均衡。反过来,如果价格低于平均可变成本,企业将暂停生产甚至退出这一产业。对价格与长期平均成本的比较将回答是否投资与何时投资的问题,而对价格与平均可变成本的比较将回答何时停止生产或退出产业。

对现实的观察所得出的结论与上述理论分析之间存在着很大差异。比如说,企业经常用折现值的办法来估价一项投资的现期价值。许多研究发现,企业用来折现的利息率远远高于教科书上所讲的无风险投资的利息率(或投资的机会成本)。企业对于一项投资所预期的长期收益要远远大于为这项投资所投入的成本。另一方面,我们经常看到,很多企业即使长期处于亏损状态仍在继续营运,即使市场价格严重低于平均可变成本仍是如此。

乔根森等经济学家在假设生产函数为柯布-道格拉斯生产函数的条件下,解出了可以决定稳定状态下理想固定资本水平的方程:

$$k^* = \alpha \cdot y/u \tag{8.8}$$

其中,α 是参数,y 是产量,$u=(r+d)P$。u 被称为资本的使用成本,它包含三个因素,其中 r 是无风险投资的利息率,d 是固定资产折旧率,P 是投资品的价格。公式(8.8)表明,理想固定资本取决于两个因素:产量和固定资本的使用成本。产量越高,理想固定资本水平越高;固定资本的使用成本越高,则对其需求的水平就越低。乔根森假设企业弥补理想资本水平和其实际水平之间的差距不是一次完成的,而是分期逐步完成的。

q 理论以调整成本的观点为基础建立投资行为模型,变量 q 定义为企业的股票市场价值除以企业资本的重置成本。"资本的重置成本"是指在产品市场上购买该企业的厂房和设备需要支付的费用。如果企业的市值为 1.5 亿元,企业资本的重置资本为 1 亿元,则 q 等于 1.5。q 是在金融市场获得该企业的成本与在产品市场获得该企业的成本之间的比率。

企业的股票市场价值有助于衡量实际资本 K 与合意资本 K^* 之间的缺口。q 作为一个衡量新投资支出营利性的良好指标,当 $q>1$ 时,意味着 $K^*>K$,投资增加;当 $q<1$ 时,意味着 $K^*<K$,投资减少。

股票市场为企业所面临的投资激励提供了一个灵敏的指标。当股票市场价格高时,市场要求资本存量增加,因而对投资的需求增加;当股票市场价格低时,市场要求资本存量减少,因而对投资的需求减少。

不可逆性投资理论认为经济学中的投资,是指用于购置生产中长期使用的设备和生产设施所进行的投资,特别是与工厂的规划设置和设备安装有关的成本,这些投资含有所谓沉淀成本(Sunk Cost)。如果决策者日后改变投资计划或决定,这部分成本将无法挽回,这就是投资的不可逆性。

投资的这一性质主要来源于生产性投资的具体产业特征。用于某种特定生产的投资一旦形成或部分形成固定资产,将很难转换成其他产业或产品的生产。即使这一转换最终得以实现,用于原来目的的投资将会遭受损失。

投资行为的另一个特点是,如果不马上进行投资,投资机会一般不会消失。因此投资决策不仅包括是否进行投资,还包括时间因素,即什么时候进行投资。正因为如此,等待和观察就成为有价值的选择。

不可逆性投资理论是惰性行为理论的一个典型例子。固定资产投资往往包含大量的一次性投资成本,这些成本具有不可逆性。这种理论强调固定资产投资决策中所存在的不确定性,即投资的未来收益是一个随机变量。这种不确定性与不可逆性相结合,可以建立起比传统理论深刻得多且更具现实意义的投资理论。

在经济环境逐步演变的过程中,时间会换来关于投资项目前景的更多信息。因此,较晚的决策可能是较好的决策,特别是当考虑到投资的不可逆性时,匆忙决定一项投资而日后再试图改变或挽回,往往是得不偿失。

投资决策者不能无休止地等待和观察下去,何时进行投资,遵循什么样的原则来做出投资决定,成为经济学必须回答的问题。经典的微观经济理论所解决的个体优化行为,实质上是静态经济环境中的一种理想状态。当经济处于动态演化过程中时,经济个体将根据新的信息和变化了的环境不断地重新优化,以达到新的理想状态。然而,由于存在着调节成本和未来风险,经济个体不可能随时随地进行优化调节。所以,使自己时刻处于理想状态之中的目标很难实现。在这种情况下,优化行为是容忍现实状态与潜在的理想状态之间存在差异或偏离。这种偏离使得决策人的利益受到损害,决策人将对这种损害的程度与进行调节所承担的成本和风险加以比较。只有当前者大于后者时,经济决策人才会进行这一调整。

决策者在考虑投资时存在着很多不确定因素。很难区分现在市场对决策者产品需求的增加是由于总体经济环境所造成,还是由于其产品的特点和质量所引起。即使这种区分可以做到,把握其程度也是相当困难的。产品销路好会引发竞争者生产或增加生产同样或类似的产品,而竞争会导致价格下跌,降低未来的收益,因而使投资得不到预期的回报,甚至遭受损失。所有这些都说明固定资产投资中存在着大量的不确定性,加上不可逆的调节成本,这些因素会对投资决策者产生重要影响。

5. 投资需求曲线

在影响投资需求的诸多因素中,投资与利率之间的关系最重要。投资需求和利率之间存在着负相关关系。利率提高会导致投资需求减少,反之,利率降低会鼓励投资需求增加。如图 8-4 所示。

利率决定着投资成本。利率上升使得投资成本提高,处在边际上的投资项目就会由盈利变为亏损。即使投资的资金是企业的自有资金,投资需求也会受利率变动的影响。因为企业必须考虑资金不同用途的机会成本,当投资的收益率低于利率时,企业将选择把剩余的资金贷出去,如购买政府债券。

在现代经济中,存在着多种不同类型的利率,诸如长期证券利率、短期证券利率、有风险证券利率、无风险证券利率,等等。在宏观经济分析中,用一个平均利率代表所有不同类型的利率。因此,当提到利率为 5% 时,指的是利率的平均水平为 5%,见表 8-1。

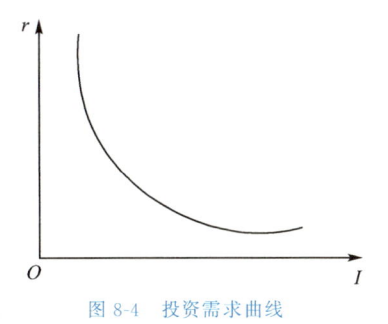

图 8-4 投资需求曲线

表 8-1　　　　　　　　　　投资需求与利率的关系

(1)	(2)	(3)	(4)	(5)	(6)	(7)
项目	项目投资总额/百万元	每千元投资的年收入	每千元投资的年成本当年利率		每千元投资的年净利润当年利率	
			10%	5%	10%	5%
1	1	1 500	100	50	1 400	1 450
2	4	220	100	50	120	170
3	10	160	100	50	60	110
4	10	130	100	50	30	80
5	5	110	100	50	10	60
6	15	90	100	50	−10	40
7	10	60	100	50	−40	10
8	20	40	100	50	−60	−10

实际上,影响投资需求的因素并不仅仅是利率,当其他影响因素发生变动时,也会导致投资需求曲线的转移。推动投资需求曲线转移的因素包括:国民产出的变动、企业所得税的变动、对未来经济状况的预期以及储蓄的变化。

国民产出的变动。国民经济的总产出水平提高,会使投资曲线向右转移,在同一利率上,投资需求增加。国民产出水平降低,则会导致投资需求曲线向左移动。

企业所得税的变动。增加企业所得税,在企业的投资成本不能减少的情况下,企业的净利润就会减少。就是说,征收企业所得税,会导致投资需求曲线向左转移,即使利率不变,投资需求也会减少。

对未来经济状况的预期。如果投资者很悲观,认为未来的收入会减少,则投资需求曲线会向左转移。反之,如果投资者很乐观,则投资需求曲线将向右转移。

储蓄的变化。计划投资和计划储蓄之间不能自动达到平衡。原因是进行投资和进行储蓄的人往往是不相同的,他们进行投资和进行储蓄的动机也不相同,而且市场机制不能很快地协调计划投资和计划储蓄。

在现代经济中,资本的形成或投资基本上是由企业完成的。企业进行投资,是为了扩大生产规模,获取更多利润。当企业有好的投资机会时,便把其存留利润大部分用于投资。所

235

以，在一定程度上，企业进行储蓄的直接动机是投资。但是，当企业投资大幅度增加时，就必须从外部筹集资金，这就要靠社会储蓄。

8.2 总供给与总供给曲线

8.2.1 总供给及其决定因素

1. 总供给的含义

总供给（Aggregate Supply，AS）是指一个国家在一定时期内由生产活动提供并通过市场交易实现的最终产品和服务的总量。总供给包括两个部分：一是由国内所有企业生产并出售的最终产品和劳务的总量，包括农林牧渔业、工业、建筑业等行业提供的产品，也包括由交通运输、邮电通信、银行保险、商业、咨询业等行业提供的服务；二是由国外提供的产品和劳务，即商品和劳务的进口。

相对于总需求水平而言，总供给水平代表一个国家满足总需求水平的总产出能力。总供给反映了在一定的价格水平下，一个国家的生产者在一定时期愿意生产并通过市场销售的产品和服务的总量。

在资源约束型经济中，总供给水平是决定一国经济增长速度的主要因素；在需求约束型经济中，总需求水平则是经济增长速度的主要决定因素。

2. 总供给的时间范围

经济学家在分析不同时间范围的总供给时，需要考虑不同因素。短期与长期之间的关键差别是价格，尤其是生产要素的价格。在长期，价格是灵活性的，能对供给或需求的变动做出反应。在短期，许多价格是"黏性的"，固定在某个既定的水平上。由于价格在短期与在长期具有不同的行为，所以对总供给有不同的影响。

短期与长期的区分对经济分析有什么不同？我们考虑货币政策变动对价格的影响。假如一国的货币供给降低5%，受到影响的是名义变量，实际变量不会受到影响。货币供给对实际变量决定的无关性被称为货币中性。所以，货币供给减少5%，会导致所有价格（包括工资）下降5%，而产出、就业和其他实际变量没有变化。因此，在长期，货币供给的变动不会引起产出或就业的波动。

在短期，许多价格并不会对货币政策做出敏捷的反应。货币供给减少不会立即引起所有企业削减它们支付的工资，也不会立即引起所有商店更换商品的价格标签。也就是说，许多价格是黏性的。这种短期价格黏性意味着货币供给变动的短期影响与长期影响并不相同。

因此，在短期，总需求与总供给的相互作用决定了经济的周期波动、经济衰退和萧条、经济扩张和繁荣。总供给和总需求在短期会出现不一致的现象。当总供给过大时，会出现通货紧缩、失业增加和经济增长速度放慢等症状，短期内需要采取措施刺激总需求；当总需求过大时，会出现通货膨胀、泡沫经济等症状，这时，政府就需要运用宏观经济政策调控总需求和总供给，使之达到均衡。但是，在长期，潜在产出能力的变动则决定着长期总供给的变动，即潜在产出的增长决定了长期总供给的增长。

3. 总供给的决定因素

对总供给产生影响的因素有多种,这些因素大致上可以分为两类:一类因素与生产成本有关,另一类因素与潜在产出有关。

与生产成本有关的因素基本上是短期内发挥作用的因素,主要包括:价格因素,尤其是生产要素的价格、工资、进口商品的价格以及政策因素。生产成本的变化会影响短期总供给,生产成本增加,会导致短期总供给曲线向左上方移动,在同样的价格水平下,供给数量会减少;而生产成本降低,会导致短期总供给曲线向右下方移动,在同样的价格水平下,供给数量会增加。例如,21世纪初期曾发生的石油价格急剧上涨,致使飞机燃料价格上升,而航空公司短期内无法充分调整他们的运营航班和机票价格,从而不能完全抵消成本上升的影响。这样,他们只能缩减航班、减少航线、减少食物供应等服务,并闲置了许多飞机。在短期内,企业的某些生产成本是固定的,比如航空公司的租赁合约是长期的,劳动合同也是跨若干年度。如果对航空旅行的需求增加,那么航空公司增加航班和提高机票价格将有利可图。因此,生产成本变动导致的短期总需求波动将使得价格商品和产出总量同方向变动。

与潜在产出有关的因素基本上是在长期发挥作用的因素,主要包括:资本积累、劳动力数量增长和质量提高、技术进步、生产率和资源利用效率的提高、资源禀赋,等等。在下一章我们将看到,这些因素也是决定经济长期增长的因素。因此,潜在产出的变动与经济的长期增长密切相关。经济的长期增长速度越快,潜在产出的增长就越快。在持续几年或几十年的时期内,导致经济周期波动的多数因素的影响会减弱,价格(包括工资)可以灵活变动,国民产出由潜在产出水平决定,与价格水平无关。需要指出的是,潜在产出是可持续的最大产出,但未必就是经济所能生产的最大产出。在短期内,实际产出水平很可能会高于潜在产出水平,工人会在一段时期内加班,生产资源被过度使用,工厂会高强度运转。但是,这种状况并不会持久。因为,当实际产出高于潜在产出时,工人和企业都急于获取更高的工资和利润,价格水平会快速上升,通货膨胀会升温,经济结构会失衡,生产资源很难长期支撑这种状况的经济运行。

在经济学中,总供给和总需求的均衡,还可以转换成下列公式:总收入=总支出。总收入就是总供给,总支出就是总需求。总支出包括消费支出和投资支出。总收入包括工资收入、利息收入、地租收入和利润收入。用公式表示就是:$C+I=C+S$(其中C表示消费,I表示投资,S表示储蓄)。

总供给是一个国家的生产者依据一定的价格水平,在一定时期内愿意生产并通过市场销售的产品和服务的总量。在资源约束型经济中,总供给水平是决定一国经济增长速度的主要因素;在需求约束型经济中,总需求水平则是经济增长速度的主要决定因素。一般的,整个社会在某一时期提供的总产出即该时期各种生产要素的总和,也是各种生产要素相应的得到的收入(工资、利息、地租和利润)的总和。总供给包括国内生产的产品与劳务和进口的产品与劳务。在凯恩斯主义宏观经济模型中进行短期分析时,假设总供给是可以适应总需求而无限增加的。一个经济(或国家)中各企业所愿意提供的商品和劳务总量,取决于该经济中可供利用的资源状况、技术水平和价格水平等因素。由于总供给等于各种生产要素供给的总和或各种生产要素得到的收入的总和,因此,可以利用各种生产要素收入(工资、地租、利息和利润)的最终去向来衡量总供给的数量,即总供给包括消费、储蓄和政府税收三个主要项目。通过比较总供给和总需求的关系,可以判断国民收入的决定及变化趋向:总供给大于总需求会引发生产能力的浪费和失业,国民收入低于潜在的产出水平;总供给小于总需求能够促使国民收入的向上调整,但会引起物价上涨甚至通货膨胀;只有总供给等于总需求,才能实现国民收入的均衡稳定增长。

8.2.2　短期总供给曲线

总供给曲线(Aggregate Supply Curve)是刻画价格水平与企业计划生产并销售的商品和服务总量之间关系的曲线。与向右下方倾斜的需求曲线不同,总供给曲线的形状取决于我们所考察的时间长短,即短期总供给曲线与长期总供给曲线是不同的。

总供给(Aggregate Supply)是产品与服务的供给量和价格水平之间的关系。由于供给产品与服务的企业在长期中有具有弹性的价格,但在短期中价格是黏性的,总供给曲线的形状取决于时间范围,即短期总供给曲线与长期总供给曲线。

1. 短期总供给曲线

短期总供给曲线的形状,取决于不同的假设。第一种假设:短期内(一年以内)生产能力和供给能力不变,价格水平也不变,供给曲线呈水平状,可以用水平直线来表示,如图8-5(a)所示。第二种假设:随着产出水平趋近潜在国民产出水平,总供给曲线向右上方倾斜,如图8-5(b)所示。

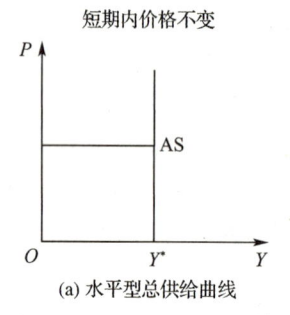

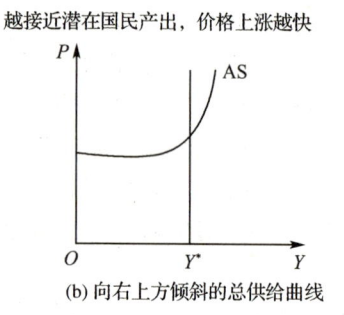

图 8-5　短期总供给曲线

根据第一种假设,短期总供给曲线呈水平状,其理论解释是:第一,黏性工资理论,即工资在短期中是"黏性的",工人和企业之间签订了固定名义工资的长期合同,因此名义工资的调整可能是十分缓慢,名义工资是基于预期的价格水平确定的,当实际的价格水平和预期发生背离时,企业不能立即进行调整。第二,黏性价格理论,即相对于经济状况的变化,一些商品和劳务的价格的调整是缓慢的,且需要付出一定的成本。例如,餐馆调整价格,就需要重新印制菜单和价格标签,要支付"菜单成本",由此就产生了价格的黏性。

根据第二种假设,随着产出水平趋近潜在国民产出水平,总供给曲线向右上方倾斜,经济学给出了三种解释:

第一,随着产出水平的提高,企业需要启用效率较低的备用设备,增雇效率较低的工人和要求现有工人加班工作并支付加班工资,这意味着随着产量的增加,产品成本趋于增加。

第二,即使在短期内投入要素的价格不变,由于企业只有在以较高价格出售产品的条件下才愿意增加产量,产出水平的提高往往伴随着价格水平的上升。

第三,相反,当需求减少时,企业将削减产量,解雇工作效率低的工人,停用生产效率低的资本设备,这将导致单位生产成本下降,因而产品的价格也随之下降。

2. 短期总供给曲线的移动

引起短期总供给曲线移动的主要因素包括:劳动力、资本、自然资源、技术进步、要素配置效率、对未来的预期等,这些因素的变动会推动总供给曲线向左或向右移动。

仅以对价格水平的预期为例,根据黏性工资理论,当个人和企业预期价格水平要上升时,工资就会提升,成本随之增加,企业在既定价格水平愿意生产的产品和劳务的数量会减少。这样,短期总供给曲线就会向左移动。相反,当预期的价格水平下降时,工资下降,企业成本也因此下降。在价格水平既定时,企业会增加其产量,此时短期总供给曲线会向右移动。

根据黏性价格理论,我们也可以进行类似逻辑的推论。因此,总体而言,预期价格水平的上升会减少经济中商品和劳务的供给,并使短期总供给曲线向左移动;而预期价格水平的下降则会增加经济中商品和劳务的供给,并使短期总供给曲线向右移动。

8.2.3 长期总供给曲线

1. 长期总供给曲线

在长期中,名义工资和价格都可以逐步得到调整,总供给曲线将不再是向右上方倾斜的,而是会变成一条垂直线,如图 8-6 所示。

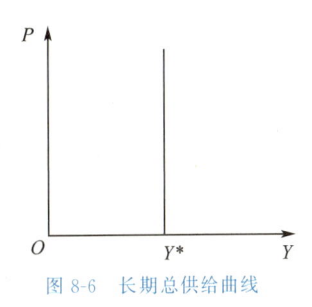

长期总供给取决于潜在国民产出,不受价格水平的影响。因此,长期总供给曲线是一条垂直线,其对应的国民产出水平等于潜在国民产出水平。长期总供给曲线并非固定不变,决定潜在国民产出变动的因素也会影响长期总供给曲线的变动。

图 8-6 长期总供给曲线

2. 长期总供给曲线的移动

具体来说,导致长期总供给曲线移动的主要因素有:

劳动力数量和质量。劳动力数量的增加、受教育程度的提高、健康水平的提高、劳动组织方式和激励方式的创新,都会推动长期总供给曲线向右移动,即增加潜在国民产出的能力。显然,人口的年龄结构、预期寿命和自然增长率对劳动力的数量和质量具有很大影响。目前,老龄化是中国社会所面临的一大挑战。人口老龄化到来后,经济中适龄劳动力数量会迅速减少,导致潜在国民产出能力下降,致使长期总供给曲线向左移动。为了应对老龄化的挑战,一些经济学家建议放宽退休年龄。延迟退休的政策实施后,可以在一定程度上保证经济中可供使用的劳动力增加,这会引起长期总供给曲线的向右移动。

资本的积累。经济中的资本存量增加会提高潜在国民产出能力,从而会增加商品和服务的供给,推动长期总供给曲线向右移动。在现代经济中,资本积累不只是机器设备和生产设施等物质资本的增加,还包括人力资本的增加。

自然资源的变化。土地、矿藏、气候等自然资源的变化也影响长期总供给曲线的移动。例如,新油田和新煤矿的发现、新能源的发现和普及应用会增加潜在国民产出,从而推动长期总供给曲线向右移动;传统化石能源的枯竭则会导致长期总供给曲线左移。生产资源的对外依存度高的国家,主要通过进口获得很多重要的自然资源。因此,国际市场上自然资源供给的变化也会引起该国总供给曲线的移动。

生产率的变化。生产率的提高是推动总供给曲线向右移动的重要因素。提高生产率有两个来源:一是技术进步,二是资源配置效率的提高。技术进步提高了信息传递速度,降低了生产成本,加强了经济活动的协调,使得人们在既定的资源条件下能获得更高的国民产出,由此推动了长期总供给曲线向右移动。资源配置效率的提高,保证了在同样的资源条件下,经济可以达到更高的潜在国民产出水平,从而带来了长期总供给曲线的向右移动。

8.3　国民产出的决定因素

8.3.1　储蓄和投资决定国民产出

1. 储蓄动机与投资动机的差异

对宏观经济波动的一种理论解释,是计划投资和计划储蓄不能自动达到平衡。因为是进行投资的人和进行储蓄的人往往是不相同的,他们进行投资和进行储蓄的动机也不相同,而且市场机制不能很快地协调计划投资和计划储蓄之间存在的差异。

在现代经济中,投资或资本的形成是由企业完成的。企业进行投资,是为了扩大生产规模,获取更多利润。当企业有好的投资机会时,便把其存留利润和储蓄大部分用于投资。所以,企业进行储蓄的直接动机是投资。但是,当企业投资大幅度增加时,就必须从外部筹集资金,这就要依靠社会储蓄。

社会储蓄主要是个人或家庭的储蓄。个人进行储蓄可能出于各种不同的动机:为老年生活做准备、用于未来度假、购买汽车或住房、为给子孙留下遗产、被银行高利率所吸引,或者由于节俭的习惯,等等。无论个人储蓄的动机如何,它与企业的投资动机没有什么联系。市场机制通常不能迅速而有效地把企业计划投资的变化与消费者计划储蓄的变化沟通起来。在价格和工资不够灵活时,投资和储蓄之间的通道就会堵塞,因而会影响总需求和国民产出。当计划投资小于计划储蓄时,国民产出趋于下降;当计划投资大于计划储蓄时,国民产出趋于上升。

是否存在一种能够保证计划投资与计划储蓄在充分就业水平上达到平衡的自动机制?是否存在"宏观经济的看不见的手"引导宏观经济达到最佳的投资、储蓄和就业水平?回答是否定的。

持续不断的周期波动说明,在有些年份,投资需求和其他需求严重不足,导致失业、通货紧缩、企业破产、生产能力过剩。而在另一些年份,投资需求和其他需求过剩,导致通货膨胀。出现这种经济波动的一个重要原因,就是计划投资和计划储蓄不能自动达到平衡。

如表8-2中的数据所示,当计划储蓄大于计划投资时,国内生产总值大于计划总支出,结果是国民产出呈现收缩趋势;当计划储蓄小于计划投资时,国内生产总值小于计划总支出,结果是国民产出呈现扩张趋势;当计划储蓄等于计划投资时,经济达到均衡状态。

表 8-2　　　　　　　　　　　　　国民产出的决定　　　　　　　　　　　　　单位:亿元

1	2	3	4	5	6	7
国内生产总值	计划消费	计划储蓄 3=1−2	计划投资	国内生产总值 5=1	计划总支出 6=2+4	国民产出变动趋势
4 200	3 800	400	200	4 200	>	4 000	收缩
3 900	3 600	300	200	3 900	>	3 800	收缩
3 600	3 400	200	200	3 600	=	3 600	均衡
3 300	3 200	100	200	3 300	<	3 400	扩张
3 000	3 000	0	200	3 000	<	3 200	扩张
2 700	2 800	−100	200	2 700	<	3 000	扩张

2. 投资曲线与储蓄曲线的相互作用

在图 8-7 中,曲线 S 代表储蓄曲线,是一条向右上方倾斜的曲线,曲线的斜率是储蓄函数中的边际储蓄倾向。储蓄曲线 S 与横轴的焦点 B 代表收支相抵点,B 点右边代表正储蓄。曲线 I 代表投资曲线,为了简化分析,假设投资是一个不依赖于国民产出的变量,投资曲线是一条平行于横轴的水平线。这两条曲线相交的点 E 代表计划储蓄等于计划投资的均衡点,与该点对应的产出 Y_0 代表经济的均衡产出或实际产出。Y^* 代表潜在国民产出,用垂直线表示。

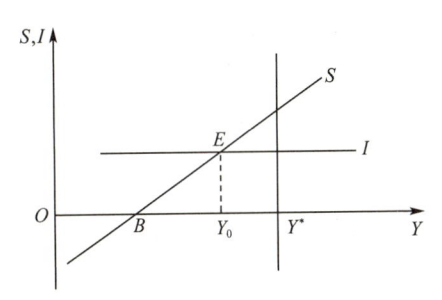

图 8-7　储蓄和投资决定国民产出

当实际国民产出小于潜在国民产出时,说明经济中存在生产资源的闲置、失业和通货紧缩等问题。推动实际产出水平接近潜在国民产出水平,就需要扩大投资,表现为投资曲线向上平移;或者减少储蓄,表现为储蓄曲线向右下方平移,使得储蓄和投资在更高的产出水平上达到均衡。

3. 收入-支出分析

收入-支出分析是凯恩斯提出的一个简单的国民收入决定模型。这个模型的基础是产出与支出之间的相互作用:支出决定产出,而产出与收入也决定支出。收入-支出是个短期模型,运用这个模型进行分析,必须满足以下两个假设:

第一,经济中存在超额的生产能力,劳动力、资本等生产要素未得到充分的利用,因此不需要考虑总供给对国民收入决定的影响。

第二,价格水平是固定的,由于存在足够的生产能力,生产者愿意按现有价格水平生产任意多的产量,不需要考虑价格水平变化(通货膨胀)的影响。因此,只要总需求增加,产出水平就会相应增加。

上述的两条假设所阐述的正是凯恩斯定律,即在价格黏性的条件下,价格水平并不发生变动,总需求的变动只会引起总产量的变动,从而使总供求相等。凯恩斯理论产生的背景是1929—1933 年的资本主义世界的经济大萧条,资源大量闲置,产品大量积压,工人大批失业。此时,总需求的增加,或者使闲置资源得到利用从而生产增加,就业也就会增加,或者使积压产品售出,但产品成本和产品价格基本上保持不变。

总支出曲线（Aggregate Expenditure，AE）是收入-支出分析中的一个重要概念，它描述了在既定的价格水平下总支出与国民收入之间的关系，如图 8-8 所示。

为了用总支出曲线推导出总需求曲线，我们引入 45°线概念，如图 8-9 所示。45°线代表的是总需求等于总收入 Y，它说明在短期内总需求的水平决定了国民产出水平，二者在量上是相等的。在总需求的其他影响因素（预期价格、利率、汇率等）固定不变的假设下，在一定的价格水平下，通过收入-支出分析可以确定均衡的国民产出。

如前所述，总需求（AD）也称为总支出（AE），是由消费（C）、投资（I）、政府购买（G）和净出口（$X-M$）四部分构成，即

$$AE=C+I+G+(X-M) \quad (8.9)$$

在图 8-9 中，AE_0 表示价格水平为 P_0 时的总支出曲线，对应于 AE_0 与 45°线交点的均衡国民产出是 Y_0。假定价格水平由 P_0 下降至 P_1，新的价格水平 P_1 使总支出曲线上移至 AE_1，均衡产出水平将由 Y_0 提高至 Y_1。

为什么价格水平下降，总支出曲线却会向上平移？首先，对于消费来讲，价格水平下降相当于提高人们的实际财富，即所持有的货币的实际价值升高，人们会变得富有。由于价格下降而增加的实际财富将使人们增加消费，因此，价格水平下降将导致总消费函数向上移动。其次，价格下降产生的利率效应会使企业付出的资金成本降低，在较低的实际利率水平上，企业愿意增加投资。第三，对于净出口，价格下降会使本国生产的产品对国内外消费者都更具有吸引力，因此，价格水平下降会导致出口增加，进口减少，从而净出口增加。

总支出曲线的斜率是国内生产总值的边际消费倾向，边际消费倾向发生变动会改变总支出曲线的斜率，因而导致总支出曲线的转移。如图 8-10 所示，当边际消费倾向增大时，总支出曲线的斜率增大，从而使总支出曲线向上转移。边际消费倾向的变动也会引起总需求的变动。而当边际消费倾向减小时，总支出曲线向下转移，总需求减少，国民产出的均衡水平降低。

在短期内，在价格水平不变的情况下，总支出的变动会引起均衡的国内生产总值同方向变动，即总支出增加，均衡的国内生产总值增加，总支出减少，均衡的国内生产总值减少。如图 8-11 所示，总支出增加，总支出曲线向上方移动，即从 AE_0 移动至 AE_1，则均衡产出由 Y_0

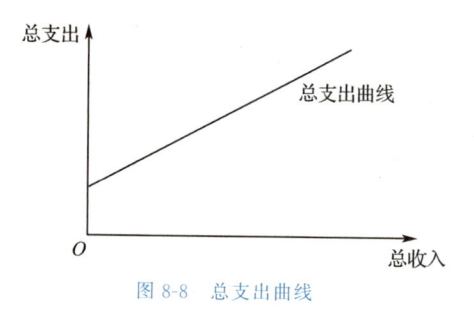

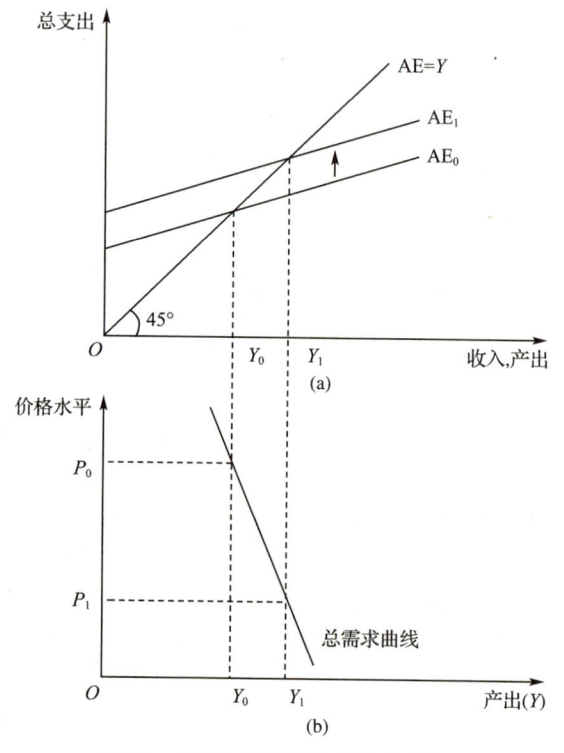

图 8-8　总支出曲线

图 8-9　由总支出曲线导出总需求曲线

增加到 Y_1。并且均衡产出增加的幅度要大于总支出增加的幅度,具体增加多少由总支出曲线的斜率决定,总支出曲线的斜率越大,均衡产出的增加量也就越大。

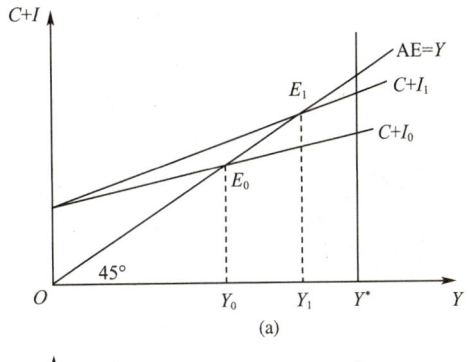

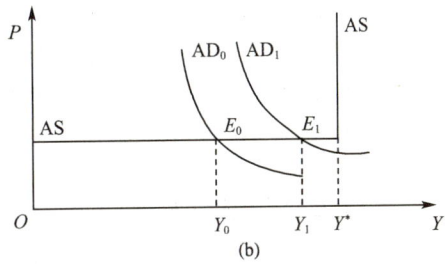

4. 乘数原理

乘数原理研究总支出的变动对国民产出变动的影响,是凯恩斯国民收入决定理论的核心组成部分,它可以用来解释当投资、政府支出或净出口增加 1 个单元时,为什么国民产出的增加会超过 1 个单元？总产出的增加量如何确定？

上述分析虽然说明了总支出的变动会引起国民产出的变动及其变动的方向,但是,却没有说明这些变动的数量关系。当投资增加 100 万元,国民产出增加多少呢？回答这个问题需要借助于乘数概念。

在宏观经济学中,乘数定义为支出的自发变化所引起的国民产出变化的倍数。由于通常用国内生产总值衡量国民产出,乘数可以用公式表示为

$$支出乘数 = \frac{国内生产总值的变化}{支出的变化}$$

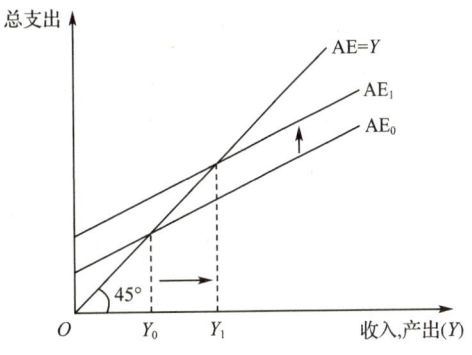

乘数的值大于 1。也就是说,因支出的自发变化而引起的国民产出的变化要几倍于支出的变化。因此乘数是一个数字,用它去乘以支出的变化量会得到支出的变化所导致的国民产出变化的数字。支出变化的乘数作用,是因为最初的支出变化(如投资变化)引起了经济中一系列的连锁反应。

图 8-10　边际消费倾向的变化对国民产出的影响

图 8-11　总支出曲线移动的效应

在宏观经济学中,支出乘数主要有投资乘数和政府乘数两种

假如用 ΔY 表示国内生产总值(或收入)的增量,ΔI 表示投资的增量,b 表示边际消费倾向,则简单的投资乘数可以表示成

$$\frac{\Delta Y}{\Delta I} = \frac{1}{1-b} \tag{8.10}$$

这个公式表示的是简化了的乘数,它假定价格水平不变。边际消费倾向的大小决定乘数的大小。边际消费倾向越大,在每一轮增加的收入中,用于消费的比例则越大,乘数的值就越大。

由于 1－边际消费倾向＝边际储蓄倾向,投资乘数也可以表示为边际储蓄倾向的倒数,边际储蓄倾向的值越大,投资乘数的值则越小。

价格水平变化会对乘数产生影响。在经济衰退和萧条时期,国民产出与潜在产出的差

专栏 8-5
支出变化的乘数作用

距较大，经济中存在着大量未得到利用的生产资源，当总支出增加时，会引起国民产出成倍增加。随着产出水平接近于潜在产出，未得到利用的生产资源越来越少，总支出和总需求的增加就越有可能引起价格水平上升。

较真实地描述短期总供给曲线，AS 不是一条水平直线，而是一条向右上方倾斜的曲线，即产出水平越高，对应的价格水平也越高。而且，产出水平越接近于潜在产出，总供给曲线 AS 的斜率越大，支出变化的乘数作用就越小或不起作用。

价格水平变化对乘数影响的程度取决于短期总供给曲线的斜率，总供给曲线的斜率越大，总需求曲线向右移动引起的价格水平上升的幅度就越大，支出乘数的值则越小。当产出水平接近和超过潜在产出时，短期总供给曲线趋近于垂直。这时，即使总需求增加，企业由于生产资源已经充分利用，没有可能提高产出水平，增加总供给，而只能导致价格水平上升。

8.3.2 二部门模型

二部门模型假定的经济中只存在家庭和企业两个部门，忽略了政府和净出口。二部门模型中的总支出包括消费支出和投资支出，即家庭做出消费的决策，产生消费支出；企业做出投资的决策，产生投资支出。

一般来说，投资需求的多少取决于利率、对未来经济前景的预期等因素，受当前国民产出水平的影响有限。假设某个时刻的投资水平与这一年的国民产出水平无关。这样，在原有的消费支出曲线的基础上加上一个固定的投资水平，可以得到新的总支出曲线，如图 8-12 所示，即投资使总支出曲线向上平移，边际消费倾向不变，因此总支出曲线的斜率不变。

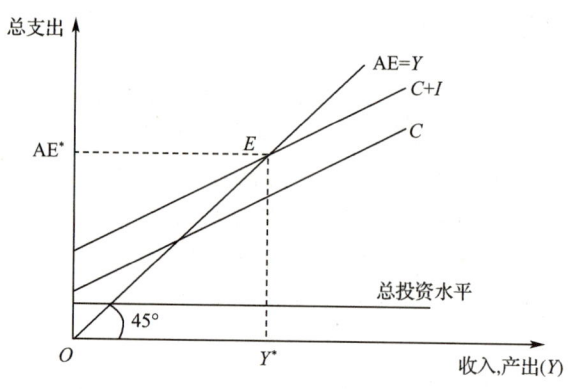

图 8-12 二部门模型中均衡国民产出的决定

二部门模型中的国民产出决定可以用如下方程来分析：

国民收入恒等式：

$$Y \equiv C + I \tag{8.11}$$

消费函数：

$$C = a + bY \tag{8.12}$$

把这两个方程联立起来，就构成了描述两部门经济系统的一个宏观经济模型，即

$$Y = C + I$$
$$C = a + bY \tag{8.13}$$

把消费函数代入定义方程，经过整理后我们得到：

$$Y = \frac{a + I}{1 - b} \tag{8.14}$$

这个方程反映了总支出与国民产出之间的均衡关系，利用它计算出的产出水平就是产出的均衡水平。

假如投资增加，对均衡国民产出会有什么影响？在图8-13中，投资从 I_0 增加到 I_1，增量为 ΔI，则总支出曲线从 $C+I_0$ 向上平移到 $C+I_1$，均衡点由 E_0 转移到 E_1，均衡国民产出由 Y_0 增加到 Y_1。

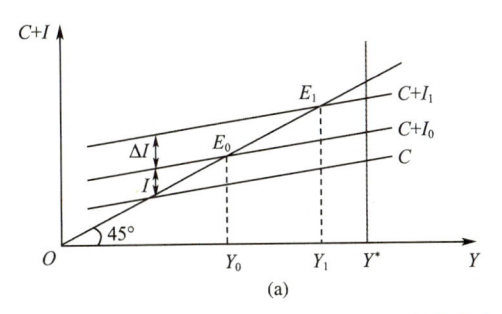

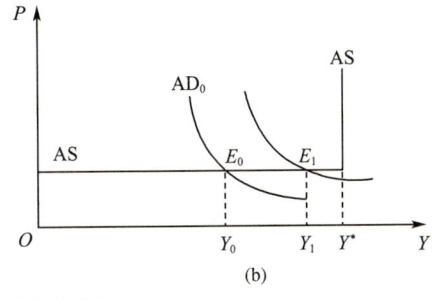

图8-13　投资变动对国民产出的影响

8.3.3 三部门模型

在三部门模型中，加进了对政府部门的分析。政府部门对均衡国民产出的影响体现在两个方面：第一，政府支出（G）是总支出的一个组成部分；第二，政府的税收（T）影响着国民产出或国民收入（Y）与可支配收入（Y_d）之间的关系。可支配收入是家庭可实际用于消费和储蓄的收入，等于收入减去税收，即

$$Y_d = Y - T \tag{8.15}$$

严格意义上说，消费是可支配收入的函数①，即

$$C = a + bY_d \quad a > 0, 0 < b < 1 \tag{8.16}$$

下面将从政府支出与税收两个方面来进行分析。

1. 政府支出的变动

在消费支出 C 和投资支出 I 的基础上增加政府支出（G），总支出就变为

$$Y = C + I + G \tag{8.17}$$

如图8-14所示，总支出曲线在消费支出曲线 C 的基础上，加上投资支出 I，再加上政府支出 G，总支出曲线就会不断向上平移，从而导致国民产出水平不断提高。显然，政府支出的增加对国民产出的影响同增加投资支出和消费支出

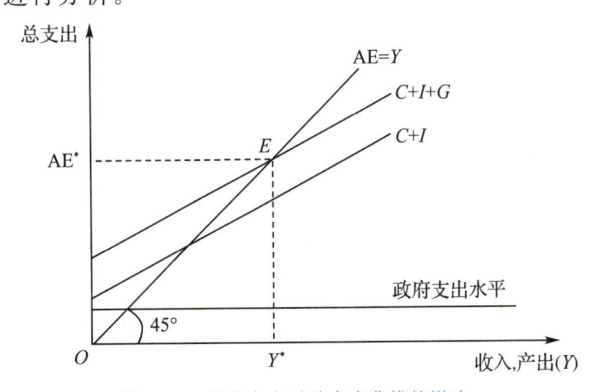

图8-14　政府支出对总支出曲线的影响

---

① 在前面的分析中，我们没有考虑政府部门，即家庭收入不受政府税收和转移支付的影响。因此，可以假定 $Y = Y_d$，消费函数可以写成：$C = a + bY$；考虑到税收的影响，消费函数可以写成：$C = a + bY_d$。

245

的作用是一样的。

根据公式(8.17)，三部门经济系统的均衡国民产出可以通过公式(8.18)来计算。

$$Y = \frac{a+I+G}{1-b} \qquad (8.18)$$

政府支出的增加也是通过乘数作用来影响均衡产出量水平的，政府支出乘数的大小也取决于边际消费倾向 b 的大小，其作用与投资乘数是一样的。

2. 税收

政府的税收有两种形式：定量税与比例税。定量税是不随收入变动而变动的税收，比例税则是与收入变动相关的税收，定量税与比例税对均衡国民产出具有不同的影响。

定量税

假定税收与总产出无关，即税收总额不随收入变化而变化。那么，在存在定量税的情况下，消费函数变为

$$C = a + bY_d = a + b(Y-T) = a - bT + bY \qquad (8.19)$$

如图8-15所示，增收固定额度的定量税 T，相当于使自主消费降低 bT，即总支出曲线向下平移了 bT，但其斜率不发生变化，仍然为边际消费倾向 b。

这时，均衡国民产出可以通过公式(8.20)来计算。

$$Y = \frac{a-bT+I+G}{1-b} \qquad (8.20)$$

因此，自主消费、投资与政府支出的乘数并不发生变化。而定量税增加 ΔT 时，有

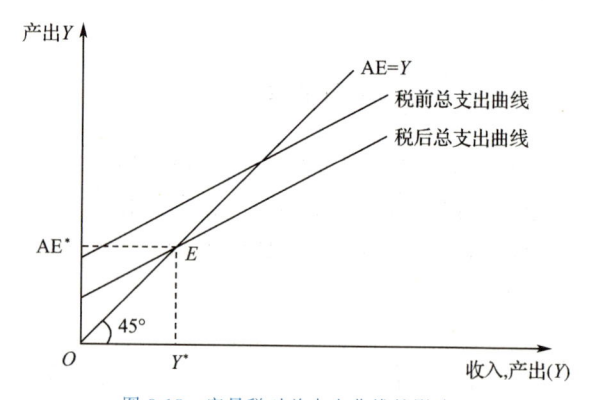

图8-15 定量税对总支出曲线的影响

$$\Delta Y = -\frac{b}{1-b}\Delta T \qquad (8.21)$$

比例税

在现实生活中，政府通常根据不同的对象制定不同的税率，如个人所得税与公司所得税就有较大差异。同时，政府还根据收入的高低开征累进税。这样，政府税收就与国民产出紧密相关，国民产出水平越高，政府的税收收入也就越高。

假定用 t 表示政府的税率，则政府的税收总额就是 tY。可支配收入与国民收入之间的关系可表示为

$$Y_d = (1-t)Y \qquad (8.22)$$

如果税率 $t=0.2$，在国民产出中就有20%是税收，80%是可支配收入。税率越高，在国民产出的增量中，可支配收入的增量就越少，消费的增量也就越少。假设可支配收入的边际消费倾向是0.8，如果税率 $t=0.2$，则国民生产总值的边际消费倾向为 $(1-0.2)\times 0.8 = 0.64$，即每增加1元国民产出，消费支出的增加只是0.64元，其余部分为税收和储蓄所吸收。在图8-16中，税前总支出曲线的斜率为边际消费倾向 b，税后总支出曲线的斜率则变为 $b(1-t)$。由于 $0<t<1$，所以 $b(1-t)<b$。

显然,税率的增加使消费函数的斜率变小,从而导致总支出曲线斜率变小。这两条总支出曲线之间的垂直距离表示政府的税收总额。可以看出,政府的税收依赖于国民收入,国民收入越高,税收收入也就越多。

政府税率的增大对经济会产生两方面的影响。一方面,税率的增大导致国民产出的边际消费倾向减小,使经济的均衡点从 E_0 移到 E_1,均衡国民产出水平则从 Y_0 下降到 Y_1。另一方面,税

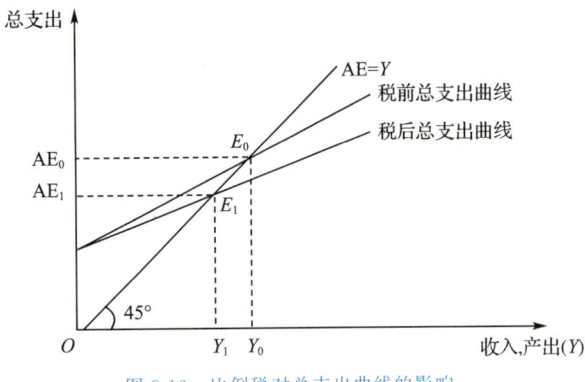

图 8-16 比例税对总支出曲线的影响

率的增大使得投资的波动对产出的影响变小了,从而起到了稳定经济的作用。税率的这种作用通常被称为财政政策中的自动稳定器。即使可支配收入的边际消费倾向不变,因自动稳定器的作用,在可支配收入发生变化时,国民收入的边际消费倾向也会发生变化。这样,当投资等自发支出发生变动时,自动稳定器就会削弱自发支出变动的乘数作用,缩小因支出变动而引致的国民产出波动的幅度。

8.3.4 AD-AS 模型

1. AD-AS 模型示意图

宏观经济学是通过对经济总量及其相互关系的分析解释宏观经济的运行状况和宏观经济问题,因此也称作总量经济学。AD-AS 模型是将总需求曲线与总供给曲线结合起来,说明宏观经济运行中的国民产出、价格水平、生产成本、技术进步、资源利用、就业水平、政府政策等宏观经济变量的内在联系,以及这些宏观经济变量的相互作用如何影响宏观经济波动,既可以用来做短期分析,又可以用来做长期分析。

图 8-17 是一张示意图,它显示了影响总体经济活动的主要因素,左侧是决定总供给和总需求的主要变量,中间部分表明宏观经济均衡是由总供给和总需求的相互作用来决定,右侧是宏观经济运行的结果。如图 8-17 所示,决定总需求的主要因素有:货币供给、消费支出、投资支出、政府购买和净出口;决定总供给的主要因素有:价格水平、生产成本、潜在产出、资本、劳动力和技术水平;总需求与总供给相互作用,决定了经济中的国民产出、就业水平、价格水平和国际贸易水平。

显然,一国的宏观经济活动和宏观经济运行的状态是各种不同因素相互作用的结果。AD-AS 模型把这些因素分成两类:一类是总需求类因素,另一类是总供给类因素。这两类因素形成了两股力量,相互作用,促使宏观经济达到均衡。当宏观经济体系遭受外部因素冲击,或内部结构出现问题,均衡状态就会被打破,经济波动就会出现。可见,宏观经济作为一个整体,是由众多相互制约、相互依存的因素构成的复杂经济体。一些关键因素的变动,会起到牵一发而动全身的作用。政府的宏观经济管理,无论是侧重于总需求方的管理还是侧重于总供给方的管理,制定和实施宏观经济政策必须充分考虑到宏观经济系统的复杂性。

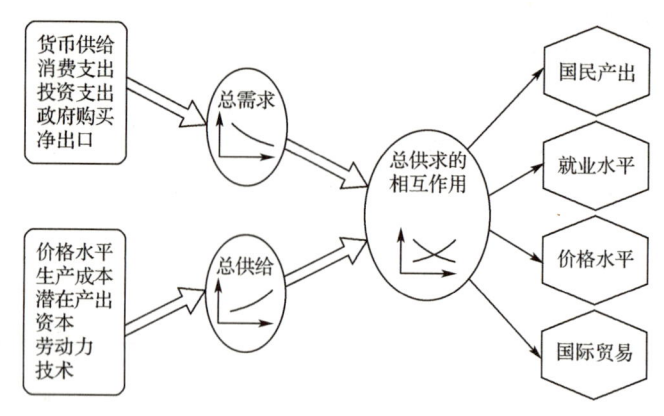

图 8-17　AD-AS 模型

2. 短期宏观经济均衡

AD-AS 模型中,总供给曲线与总需求曲线的交点决定了经济中的均衡国民产出与均衡价格水平。这里的总需求虽然同样由消费、投资、政府支出以及净出口构成,但总需求曲线描述的是产品市场和货币市场同时达到均衡时价格水平与国民收入间的函数关系,即在每一个价格水平下对产品和服务的需求总量。总供给曲线描述的是在其他条件不变的情况下,价格水平与社会总供给之间的函数关系。

在宏观经济学中,总供给和总需求的均衡可以转换成下列公式:总支出≡总收入。总支出就是总需求,总收入就是总供给。如前所述,总支出包括消费支出、投资支出、政府购买和净出口。总收入包括工资收入、利息收入、地租收入和利润收入。一般的,整个社会某一时期提供的国民产出就是该时期各种生产要素得到的收入(工资、利息、地租和利润)的总和,即经济中能用于满足总需求的产品与劳务的总供给量。

国民产出和价格水平是由总供给和总需求的相互作用决定的。如图 8-18 所示,在其他因素不变时,AD 曲线代表在不同的价格水平下的总需求量,AS 曲线代表在不同价格水平下企业所愿意生产和出售的产品和服务总量。国民产出和总体价格水平在总需求曲线和总供给曲线的交点 E 处达到均衡,这时企业愿意生产和出售的数量正好等于消费者和其他需求者愿意购买的数量。

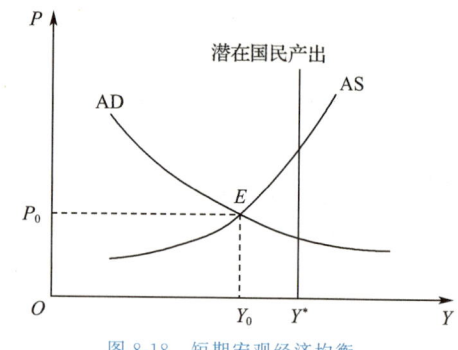

图 8-18　短期宏观经济均衡

经济在长期和在短期如何运行之间的关键区别是:价格在长期具有弹性而在短期具有黏性。AD-AS 模型为分析经济波动和理解不同时间范围内政策和事件的影响有什么不同提供了一个框架。此外,AD-AS 模型不仅能说明总需求曲线移动的效应,还能说明总供给曲线移动的效应,这是收入-支出模型所不能做到的。

宏观经济均衡是指国民产出和价格水平达到这样一种组合:经济中的买者和卖者都不愿意再改变他们的购买量、销售量或价格水平。如果价格水平高于均衡价格水平,企业愿意生产并出售的数量就会大于买方愿意购买的数量,经济中就会出现商品过剩和积压,结果是企业不得不减少生产,降低价格,总价格水平也会随之下降,直至宏观经济达到新的均衡点时,既不存在供给过剩也不存在需求过剩,从而不存在促使总体价格水平变动的压力。

当总需求曲线和总供给曲线移动时,宏观经济的均衡状态也会发生变化。总需求曲线移动产生的影响如图8-19所示,当总需求曲线从 AD_0 向右上方移动到 AD_1 时,均衡点从 E_0 变动到 E_1,对应的国民产出从 Y_0 增加到 Y_1,价格水平从 P_0 提高到 P_1;当总需求曲线从 AD_0 向左下方移动到 AD_2 时,均衡点从 E_0 变动到 E_2,对应的国民产出从 Y_0 减少到 Y_2,价格水平从 P_0 下降到 P_2。

总供给曲线移动产生的影响如图8-20所示,当总供给曲线从 AS_0 向左上方移动到 AS_1 时,均衡点从 E_0 变动到 E_1,对应的国民产出从 Y_0 减少到 Y_1,价格水平从 P_0 提高到 P_1;当总供给曲线从 AS_0 向右下方移动到 AS_2 时,均衡点从 E_0 变动到 E_2,对应的国民产出从 Y_0 增加到 Y_2,价格水平从 P_0 下降到 P_2。

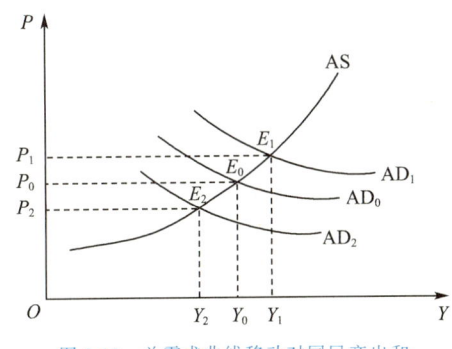

图8-19 总需求曲线移动对国民产出和价格水平的影响

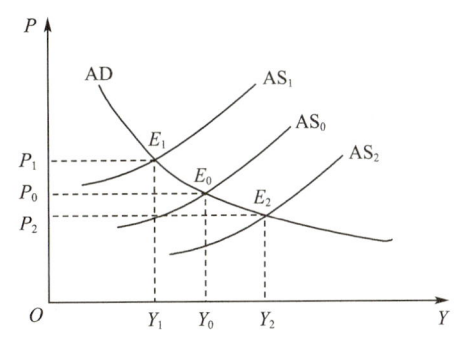

图8-20 短期总供给曲线的移动对国民产出和价格水平的影响

3. 宏观经济波动的分析框架

AD-AS模型可以用来分析伴随宏观经济波动出现的中短期的萧条、通货膨胀、滞胀等状态,以及长期的充分就业状态。下面,我们运用AD-AS模型分析宏观经济中的通货紧缩缺口、通货膨胀缺口、充分就业均衡、通货膨胀过程和滞涨五种状态。

通货紧缩缺口。当经济中的实际国民产出 Y_0 小于潜在国民产出 Y^* 时,就出现了通货紧缩缺口。这时,经济中存在闲置的机器设备、生产线和厂房等生产设施,工人失业,消费者收入减少,消费水平下降,消费需求和投资需求不足,促使价格下调的压力较大,如图8-21所示。

通货膨胀缺口。当经济中的实际国民产出 Y_0 大于潜在国民产出 Y^* 时,就出现了通货膨胀缺口。这时,经济中出现生产设施过度使用,工人加班加点,消费需求旺盛,投资过度,对生产资料需求的旺盛推动了原材料价格上涨,从而导致价格水平的不断提高。经济处于过热运行的状态,产生了通货膨胀的压力,如图8-22所示。

充分就业均衡。当经济中的总需求与总供给相交的均衡点与潜在国民产出重合时,实际国民产出 Y_0 等于潜在国民产出 Y^* 时,就出现了充分就业均衡,如图8-23所示。这是宏观经济运行的最佳状态,这时即使存在失业,也是自然失业率反映出来的失业。

通货膨胀过程。假定总供给曲线不变,当经济中的总需求曲线不断向右上方移动,均衡点也向右上方变动,对应的价格水平不断上升,对应的国民产出不断增加,这个过程被称作通货膨胀过程。这种情况通常发生在经济扩张阶段的后期,政府仍然实施扩张性货币政策和扩张性财政政策,加剧了通货膨胀的发生,如图8-24所示。

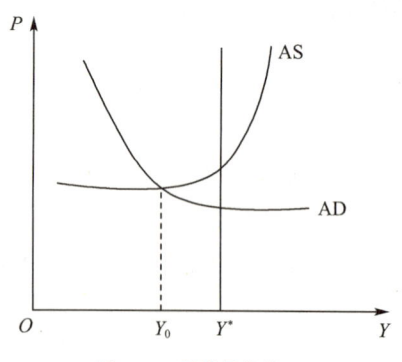

图 8-21 通货紧缩缺口

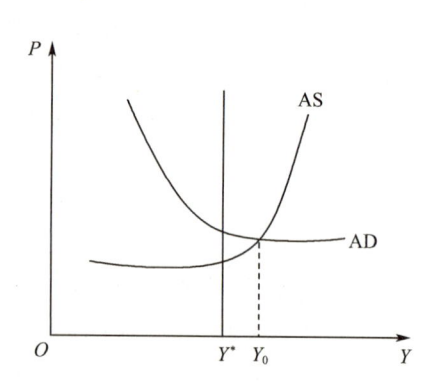

图 8-22 通货膨胀缺口

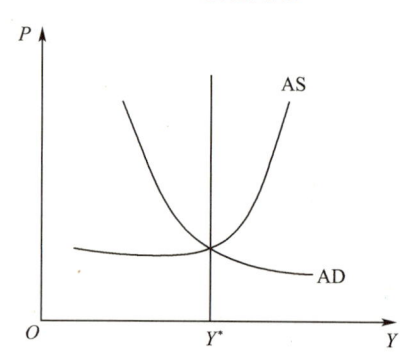

图 8-23 充分就业均衡

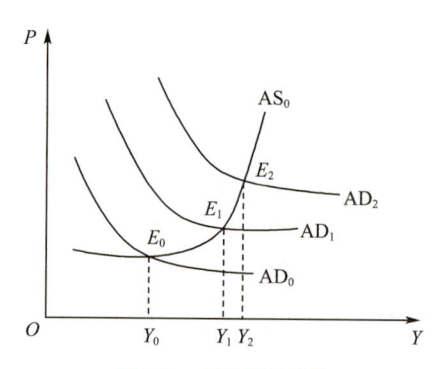

图 8-24 通货膨胀过程

滞涨。假定总需求曲线不变,当经济中的总供给曲线不断向左上方移动,就会出现滞涨现象,如图8-25所示。滞涨是由停滞(Stagnation)和通胀(Inflation)两个词组合而成,表示经济中的国民产出水平下降和通货膨胀同时发生的现象。生产成本上升是导致滞涨发生的一个重要原因,例如,20世纪70年代初,因欧佩克组织减产石油,导致石油价格暴涨,在西方经济发达国家中出现了严重的滞涨。

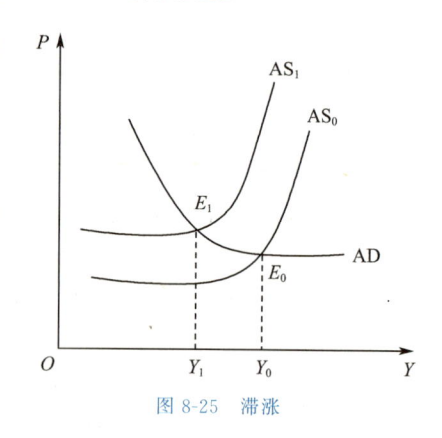

图 8-25 滞涨

关键术语

总需求 总需求曲线 总支出 总支出曲线 总供给 短期总供给曲线 长期总供给曲线 消费函数 绝对收入理论 相对收入理论 持久收入理论 生命周期理论 消费支出曲线 投资曲线 边际消费倾向 平均消费倾向 边际储蓄倾向 平均储蓄倾向 固定资产投资 存货投资 住宅投资 收入-支出分析 AD-AS模型 自发性消费 储蓄函数 支出乘数 滞涨均衡 国民产出均衡 价格水平 国民消费 国民储蓄率 货币数量方程 价格预期 "示范性"假设 "不可逆性"假设

思考题与讨论题

1. 消费理论回答的核心问题是什么?
2. 绝对收入假设、相对收入假设、持久收入假设、生命周期假设各自有什么政策内涵?
3. 人们在消费和储蓄时,面临哪些不确定性?
4. 中国消费者的遗产动机与经济发达国家消费者的遗产动机有什么不同?
5. 计划储蓄与计划投资的差异是如何产生的?
6. 投资是影响总需求波动的最主要原因吗? 为什么?
7. 总支出由哪些部分构成,总支出曲线与总需求曲线有何差异?
8. 什么决定了总支出曲线的斜率?
9. 消费函数和储蓄函数的斜率分别是由什么决定?
10. 税收、政府购买和转移支付这三者对总支出的影响方式有何不同?
11. 如何用收入-支出分析推导出总需求曲线?
12. 收入-支出模型与AD-AS模型的主要区别有哪些?
13. 两部门模型中的支出乘数与三部门模型中的支出乘数有什么区别?
14. 总需求曲线如何表现经济中价格水平与总需求量之间的关系?
15. 总供给曲线如何表现经济中价格水平与总供给量之间的关系?
16. 为什么短期总供给曲线不同于长期总供给曲线?
17. 如何用AD-AS模型来分析经济波动?
18. 为什么说总供给是一定时期内各种生产要素得到的收入的总和?

第 9 章　经济的长期增长

经济增长理论揭示经济增长的规律,研究决定经济长期增长的关键因素,以及实现经济稳定增长的条件。长期以来,人们对经济增长理论进行了大量的研究,从古典经济增长理论到新古典经济增长理论,再到内生经济增长理论,对经济增长的理论思考在不断发展。这既反映了人们对经济增长规律的认识过程的深化,也反映了影响经济增长的环境和关键因素相对重要性的变化。

关键问题

- 什么是绿色经济增长?
- 经济增长的决定因素有哪些?
- 经济增长与经济发展有哪些区别?
- 什么是经济增长核算?
- 如何运用生产函数核算经济增长?
- 哈罗德-多马模型如何阐述均衡经济增长?
- 索罗模型的基本假设有哪些?
- 什么是内生经济增长模型?

9.1　经济增长概述

9.1.1　经济增长的含义与特征

1. 经济增长的含义

一般说来,经济增长是指一个国家或一个地区生产的商品和劳务能力的增长。如果考虑到人口增加和价格变动的因素,经济增长还应包括人均福利的增长。美国经济学家西蒙·库兹涅茨给经济增长下了一个经典的定义:一个国家的经济增长,可以定义为给居民提供种类日益繁多的经济产品的能力长期上升。

经济增长(Economic Growth),比较一致的表述是,在一个较长的时间跨度内,一个国家或地区的国民产出(或人均产出)水平的持续增加。在一定时期内,经济增长率的高低体现了一个国家或地区的经济总量在该时期的增长速度,是衡量一个国家或地区总体经济实力增长速度的标志。在实际核算中,国民产出通常用国内生产总值(GDP)来衡量,用现行价格计算的 GDP,可以反映一个国家或地区的经济规模;用不变价格计算的 GDP,可以用来计算经济增长速度,并用来进行跨时期比较。如果将人口变化的因素考虑在内,用人均国内生产总值的增长来反映经济增长更具有现实意义。

经济增长是反映一个国家或地区的经济实力和生活水平最重要的指标,经济学家常用的表达方式是:在一定时间内,一个经济体系的生产可能性边界不断向外扩张,生产所需商品与劳务的生产力随之成长。一个国家生产力的成长主要取决于自然资源禀赋、资本数量的累积与质量的提升、人力资本的累积、技术进步以及制度环境改善。因此,经济增长意味着决定生产力的诸多因素的扩展与改善。

经济正增长是国内生产总值的不断增加,一般被认为是整体经济景气的表现,它可以增加一个国家的财富和就业机会。如果一个国家的国内生产总值为负增长,即当年国内生产总值低于往年,往往会被形容为"不景气"或经济衰退。通常情况下,当国内生产总值连续两个季度持续减少,才被称为经济衰退。零增长是指本年的国内生产总值与往年持平,如果考虑到通货膨胀导致货币购买力降低,零增长有时也会被认为是负增长。

一个国家或地区的经济增长速度通常用经济增长率来衡量。经济增长率是指本时期的国民产出相对于上一时期的国民产出所增加的百分比,通常以年作为计量单位。设 G_t 表示时期 t 的经济增长率,Y_t 表示时期 t 的国民产出,Y_{t-1} 表示时期 $t-1$ 的国民产出,ΔY 表示国民产出从时期 $t-1$ 到时期 t 的增量,则时期 t 的经济增长率可以表示为

$$G_t = \frac{\Delta Y}{Y} = \frac{Y_t - Y_{t-1}}{Y_{t-1}} \times 100\% \tag{9.1}$$

一般说来,世界上大多数国家的经济都是呈正增长态势,即 $\frac{\Delta Y}{Y} > 0$。

2. 潜在 GDP 的增长

根据第 7 章的定义,潜在国内生产总值(潜在 GDP),是指一国的生产资源(劳动力、资本和自然资源等各种生产要素)在其正常使用强度下得到充分利用时所能够生产的国内生产总值。潜在国内生产总值是由经济中的资本、劳动力、资源和技术条件所形成的生产能力所决定的,它反映的是一国经济的潜在经济实力或潜在生产能力,无法直接观测或统计出来,通常是运用一定方法进行估算。

理论界对潜在 GDP 的界定一直存在歧义,这也影响到对潜在 GDP 估算的准确性。首先,"正常使用强度"是一个抽象概念,只有从动态角度考察才能获得正确理解。一种观点认为,潜在 GDP 是一国经济所能生产的国内生产总值的上限。在经济运行的不同状态下,生产资源的使用强度差异很大。当经济快速扩张,经济运行呈现过热状态时,生产资源往往会处于过度使用的状态。从长期看,生产要素的使用强度不可能总是过高,也不可能总是过低,而是随经济周期起伏波动。因此,正常使用强度可以理解为生产要素在长期内的平均使用强度。当生产要素过度使用时(通常在经济快速扩张的后期或经济繁荣时期),工人加班、机器设备超负荷运转,一国经济生产的现实 GDP 会高于潜在 GDP。而当生产要素使用强度不足时(通常在经济衰退和萧条时期),工厂开工不足、机器设备闲置,一国经济生产的现实 GDP 会低于潜在 GDP。其次,"生产资源得到充分利用"也是一个抽象的概念,潜在国内生产总值有时也叫充分就业国内生产总值。而当实际国内生产总值小于潜在国内生产总值时,则说明经济中存在未得到充分利用的生产资源。第三,潜在 GDP 并非固定不变。在经济增长过程中,随着技术进步、劳动力数量增加和素质提高、资本积累和新的自然资源开发

利用,潜在 GDP 在长期内呈增长趋势。

潜在 GDP 增长率是由劳动力增长率和体现在劳动生产率增长率(或资本生产率增长率)之中的技术进步决定的。不过,在较短时期内(如一年内)可以假设潜在国民产出是一个常量,它代表在该时期内的技术条件下,经济的潜在生产能力。在现实生活中,实际 GDP 增长率通常围绕潜在 GDP 增长率波动。国内生产总值加速增长时期,实际 GDP 增长率会高于潜在 GDP 增长率;国内生产总值减速增长时期,或国内生产总值绝对水平下降时期,实际 GDP 增长率可能会低于潜在 GDP 增长率。从长期看,一国潜在 GDP 增长得快与慢,决定了该国经济实力的增长。

3. 经济增长的特征

美国经济学家西蒙·库兹涅茨(Simon Smith Kuznets)根据英、美、法等 14 个国家近三百年的经济增长统计分析,总结出现代经济增长的六大特征:

(1)人均产值和人口快速增长的趋势。1750 年以来的 200 多年中,发达国家人均产量的增长速度平均每年大致为 2%,人口每年平均增长 1%,因此总产量大约年平均增长 3%。这意味着,实际国民生产总值每 24 年翻一番,人口每 70 年翻一番,人均产量每 35 年翻一番,增长速度远远快于工业革命开始前的整个时期。

(2)由于技术进步,生产率不断提高,对经济增长起到了巨大作用。按库兹涅茨的估算,人均产量增长的 50%~75%来自生产率的增长。生产率迅速提高归功于技术进步,也就是说,技术进步对于现代经济增长起了很大作用。

(3)经济增长推动了经济结构的快速转变。经济增长使农业过剩人口转向城市和工业,促进了农业向非农产业、工业向第三产业的转变。农业部门实现的国民收入在整个国民收入中的比重,以及农业劳动力在全部劳动力中的比重,随着时间的推移,处于不断下降之中。工业的国民收入的相对比重,大体上是上升的,而工业部门劳动力的相对比重,大体不变或略有上升。服务业劳动力的相对比重几乎在所有国家都呈上升趋势,但其国民收入的相对比重大体不变或略有上升。此外,经济增长还使产品结构、生产单位的规模、消费结构、收入分配结构等都得到了不断改善。

专栏 9-1 经济增长的基本趋势

(4)社会结构和意识形态的迅速转变。经济增长使僵化的社会结构变得较为灵活,与经济结构密切相关的社会结构和意识形态也发生了迅速变化。例如,城市化、工业化、家庭规模的变化、全球化等。

(5)发达国家向全球扩张经济实力。经济发达国家在全球范围内争夺发展中国家的产品市场和原材料。

(6)成为各国追求的目标。经济增长不是某一个国家或地区的独特现象,而是在世界范围迅速扩大。尽管经济增长有扩散到世界范围的倾向,但实际的扩散却是有限的。

9.1.2 经济增长的决定因素

一个国家或地区的生产总值和收入水平依赖于该国的劳动力或人力资源(包括教育、培训、技巧和技能等方面的人力资源投资)、自然资源(包括矿产、水、森林等)、资本资源(包括物质资本投资、基础设施建设、金融资本资源等)、技术进步、组织与制度的变革等关键因素。

1. 人力资源

人力资源是推动一国经济增长的最重要因素。一国的人力资源主要体现在投入到生产过程之中的劳动力数量和质量上。劳动力的质量取决于劳动力接受的教育和培训、积累的专门知识、经验和技能。高质量的劳动力不仅可以提高劳动生产率,还可以形成高质量的人力资本。劳动力的数量取决于人口增长,然而,在经济学界,对人口增长的后果却始终存在着不同的观点。

对人口增长后果持悲观论调的是马尔萨斯主义者。在人口增长与经济增长的关系上,马尔萨斯主义者的基本观点是,经济的增长带来人口的增长,人口的增加反过来又稀释人均资本占有量,进而使人均产出维持在一个较低水平。只有当大规模的投资推动国民收入迅速达到一个高水平,使得人均收入水平的增长速度大大地超过人口增长的速度,才能抵消人口增长的负面结果。因此,在一个最低的人均收入水平和增长至与人口增长率相齐的人均收入水平之间,存在着一个"人口陷阱",在这个陷阱中,任何超过最低水平的人均收入的增长都要被人口增长所抵消。他们认为,发展中国家要改变人均收入停滞不前的状况,就必须从人口陷阱中跳出来。马尔萨斯主义者认为,发展中国家人均收入长期处于较低水平,一方面是这些国家的经济发展缓慢,另一方面是由于这些国家的人口过度增长形成了"人口陷阱"。马尔萨斯主义者认为,人口增长是经济增长不可避免的阻力,只有抑制人口增长才可能使经济有所增长。

也有一些学者对马尔萨斯主义持批判态度,认为马尔萨斯主义将人口与经济增长对立起来的悲观态度是错误的。他们的理由是,马尔萨斯主义片面强调了人口的物质消耗属性,忽视了人口的物质创造属性,低估了技术进步对生产的促进作用。

2. 自然资源

自然资源主要包括耕地、石油、天然气、森林、水力和矿产资源等。经济增长是靠消耗自然资源为前提的,自然资源为经济增长提供物质资料来源。自然资源对经济增长的影响主要体现在三个方面:第一,自然资源是经济增长的物质基础和条件,自然资源丰度的差异形成不同的社会劳动生产率;第二,自然资源是制约产业布局和产业结构的重要因素,自然资源的利用能促进技术进步,资本的积累也建立在自然资源的开发利用之上;第三,自然资源的数量、质量、类型、结构和分布特点都影响着经济增长,对经济长期增长具有制约作用。

近代以来的经济发展史表明,资源相对丰裕的国家通常蕴含了更大的增长潜能。自然资源的确对于一国资本的初始积累起到了非常关键的作用,如美国、澳大利亚和加拿大的快速工业化与其丰裕的自然资源密不可分。而一些资源丰富的发展中国家在普遍缺乏资本与技术创新的情况下,通过出口资源以及资源密集型产品来获取外汇收入,为本国的工业化进程提供了必要的资金支持。例如,第二次世界大战以后,中东一些产油国家依靠出口石油迅速积累了大量的资本,提高了人均收入水平。

许多国家凭借其丰富的资源跻身于高收入国家之列,但是,拥有自然资源禀赋并不是经济发展取得成功的必要条件,另外一种现象也是普遍存在的,即自然资源匮乏的国家或地区增长较快。例如,20 世纪 60 年代以来,资源缺乏的日本、中国香港、中国台湾、韩国和新加坡等东亚新兴经济体经历了较长时间的快速增长,而一些自然资源丰富的国家反而陷入了增长陷阱。20 世纪 80 年代以来,越来越多资源丰裕的国家陷入了增长陷阱的事实引起了经济学家的深思。经验数据显示,从一个较长的时间范围来看,资源丰裕国家经济增长的速度是缓慢的，甚至是停滞的，这就是所谓的"资源诅咒"，即丰富的自然资源对经济增长产生了限制作用。

为什么资源丰富的国家比资源贫乏的国家增长更慢？常见的解释：一是自然资源丰富的国家容易轻视人力资本投资，妨碍了技术进步；二是广泛存在资源寻租及腐败，引起了收入分配不公和社会动荡；三是自然资源开发部门过度膨胀，挤占了其他部门的发展机会，使经济增长落入"陷阱"，例如，我国能源大省的产业结构特征就是以采掘和原料工业为主的工业比重过大，各类产品的加工链很短，中间产品比例高，最终消费品比例低，挤占了技术含量和附加值高的最终产品工业和高新技术产业的发展空间。

3. 资本资源

资本资源是一个经济体为了生产其他的物品而生产出来的耐用品，专业化的资本品积累是经济发展必不可少的要素。资本资源可以分为物质资本投资、基础设施建设、金融资本资源几大类，具体内容包括机器、道路、计算机、铁锤、卡车、钢铁厂、汽车、洗衣机和建筑物，等等。

按照哈佛大学的学者米歇尔·波特对资本资源的定义，衡量一国资本资源的指标分为三类：一是国内投资总额，一个国家经济中对固定资产追加的支出加上存货水平的净变化；二是外国直接投资（FDI），它是指为获得在一国经济中经营的某个企业的长期权利权益而投资的净流入量，是国际收支中股本、收益再投资、其他长期资本和短期资本的总和；三是股票市场市值，也称为资本市值，是指所有在国内证券交易所上市的公司的资本市值的总和，这一指标反映了一国金融市场的发展规模。

从企业的生产过程看，资本积累是企业扩大再生产的源泉，利润是资本积累的源泉。资本积累的规模与企业利润成正比，资本积累的规模越大，企业获得的利润就越多。资本积累的实质是企业将所获得的利润的一部分再转化为资本，用来购买追加的资本要素和劳动要素，扩大生产规模，从而进一步赚取更多的利润。

4. 技术进步

历史上，增长从来不是一种简单复制的过程，促使一国生产潜力获得巨大提高的往往是发明和技术创新的结果。

技术进步是技术不断发展、完善和新技术不断代替旧技术的过程，主要包括四方面内容：第一，科学、技术、生产紧密结合，使科学技术、经济、社会协调发展；第二，不断采用新技术、新工艺、新设备、新材料，用先进的科学技术改造原有的生产技术和生产手段，设计和制造生产效率更高的新工具和新产品，使整个国民经济技术基础逐步转移到现代化的物质技术基础上来；第三，全面提高劳动者的道德素质和文化技术素质，不断开发人的智力，造成人才辈出、人尽其才的良好环境；第四，综合运用现代科技成果和手段，提高管理水平，合理组织生产力诸要素，实现国民经济结构和企业生产技术结构合理化。

技术创新、技术扩散、技术转移与引进是开放经济条件下一国技术进步的三种主要途径。后发国家技术赶超应该分为三个阶段：第一阶段以自由贸易和技术引进为主，主要通过引进技术，加速自己的技术进步，促进产业结构升级；第二阶段，技术引进与技术开发并重，实施适度的贸易保护，国家对资源进行重新配置，通过有选择的产业政策，打破发达国家的技术垄断，进一步提升产业结构；第三阶段，必须以技术的自主开发为主，面对的是新兴的高技术产业，国家主要通过产业政策，加强与发达国家跨国公司的合作与交流，占领产业制高点,获得先发优势和规模经济,将动态的比较优势与静态的比较优势结合起来。

在对技术进步的分析中,会涉及中性技术进步、劳动节约型技术进步、资本节约型技术进步等术语。

中性技术进步(Neutral Technical Progress)是指劳动和资本的生产效率同比例增加。发生中性技术进步后,资本/劳动的相对要素价格(工资率/利率)比率不变。也就是说,由于工资率/利率比率未变,生产过程中不会发生劳动替代资本(或相反)的情况,因而资本/劳动比率保持不变。

劳动节约型技术进步(Labor-Saving Technical Progress)是指生产中资本要素的生产效率的增加大于劳动的生产效率的增加,由资本替代劳动。在工资率/利率比率不变的情况下,资本/劳动比率上升,由于对每单位劳动来说,使用了更多的资本,所以这种技术进步被称为劳动节约型技术进步。

资本节约型技术进步(Capital-Saving Technical Progress)是指劳动要素的生产效率增加大于资本的生产效率的增加,在工资率/利率比率不变的情况下,发生了以劳动替代资本和劳动/资本比率上升(或资本/劳动比率下降)的情况。由于对每单位资本来说,使用了更多的劳动,所以这种技术进步被称为资本节约型技术进步。

5. 组织与制度

大多数经济学家都会同意这种观点:制度的优劣在很大程度上决定了一个国家的增长绩效。然而,无论是新古典增长理论,还是内生增长理论,都忽略了制度对经济增长的影响。大多数增长模型都隐含地假定制度是外生给定的,主要是通过各种物质生产要素的变化去解释经济增长。用生产要素的扩张和技术进步来解释经济增长的实证研究,总有一部分"剩余因素"得不到说明,这很可能就是忽视了制度因素的结果。

制度经济学家认为,资本积累、技术进步、教育等因素本身就是经济增长的体现,经济增长的根本原因在于制度的演进。制度与技术进步一样,都可以使生产更有效率。制度还具备技术所没有的对经济主体的激励作用。经济组织的有效性需要在制度上做出合理安排和确立产权,以便提供适合个人刺激的有效产权制度体系。国家能有效地推行制度上的创新使产权更有效率,是实现经济增长的有效途径。

经济学家诺斯(Douglass C. North)通过对历史的考察发现,在1600—1850年的250年间,尽管海洋运输技术没有大的变化,但是海洋运输的生产率却获得了大幅度提高。用生产要素和技术的变化,解释不了这种现象。诺斯的解释是,海洋运输变得更安全和市场经济变得更完善,使得海洋运输生产率大有提高。因此,在技术没有发生变化的情形下,通过制度创新或变迁亦能提高生产率和实现经济增长。

诺斯与托马斯合作,将制度分析方法运用于经济史学研究中,特别是对欧洲经济发展的历史做了重新考察。他们认为,对近代欧洲经济增长起到真正决定性作用的是私有产权制度的确立。这一制度变革不仅保障了人们从事生产活动的自由,而且还保护了每个生产者的个人利益,从而激发了人们从事生产活动的积极性。

诺斯指出,制度是一个社会的游戏规则,是为决定人们的相互关系而人为设定的一些约束。制度有可能是有利于经济增长的,即有效率的;也可能是不利于经济增长的,即无效率的。诺斯认为,有效率的制度应该满足的基本特征是:能够使每个社会成员从事生产性活动的成果得到有效的保护,使他们能够获得从事生产活动的激励;并且,能够给每个社会成员以发挥自己才干的充分自由,从而使整个社会的生产潜能得到完全发挥。而无效率的制度则不能有效地保护每个社会成员从事生产性活动的成果,会鼓励"搭便车"等行为。

9.1.3 经济增长与经济发展

1. 经济发展的含义

经济增长和经济发展（Economic Development）是两个既密切相关又不完全相同的概念。

经济发展是指一国从不发达到发达的过程,是经济、社会的全面发展。如果说,经济增长是从"量"的角度来考察一国国民经济的长期发展问题,经济发展则是从"质"的角度来考察一国国民经济的长期发展问题。经济发展不仅包括经济增长的速度、增长的平稳程度和结果,而且还包括国民的生活质量,如教育水平、健康卫生标准等,以及整个经济结构、社会结构、制度等的总体进步。

经济发展是反映一个经济社会总体发展水平的综合性概念,相比经济增长更具有社会进步的含义。但经济发展并不能离开经济增长的支撑,国民生活水平的提高、经济结构和社会形态等进步也都很大程度上依赖于经济增长。可以把经济增长与经济发展的关系概括为:经济增长是经济发展的手段,经济发展是经济增长的目的。

2. 经济增长与经济发展的区别

在宏观经济学中,经济增长具有明确的可度量标准,它通常被定义为按可比价格计算的本期国内生产总值比上一个时期的国内生产总值增长的百分比,或人均国内生产总值增长的百分比,是一个单纯的"量"的概念。显然,经济增长的概念忽视了国内生产总值所衡量的国民产出是以什么方式在社会成员中进行分配,也不能说明就业状况、职业保障、资源利用、生态环境、升迁机会以及保健、教育等情况。如果一个国家的财富和生产资源掌握在少数富豪手里,生产成果的绝大部分归少数人享用,导致贫富差距巨大,即使经济高速增长,该国也不具有真正意义上的发展。

经济发展不仅包括经济增长,还包括伴随经济增长过程而出现的技术进步、产业结构优化（农业、工业、服务业产出的比例变化）、投入结构的变化（劳动密集、资本密集、技术密集的投资比例变化）、居民的生活水平、卫生、健康状况的变化（人均GDP/分配状况、福利改善）、人口数量和质量的变化（文化教育状况、预期寿命、婴儿死亡率、适龄儿童入学率、接受教育的程度,如研究生和本科生占受教育人口的比例）、人与自然之间关系的进一步和谐（自然环境、生态平衡的变化）、制度变迁等方面的内容。

经济增长率的高低体现了一个国家或一个地区在一定时期内经济总量增加的速度,也是衡量一个国家总体经济实力增长速度的标志。经济发展的快慢则从总量和结构不同层面综合地衡量了社会、经济、人口质量、生态环境、制度的进步。尽管人们越来越重视经济发展,但是经济发展并不能离开经济增长的支撑,国民生活水平的提高、经济和社会等进步也都很大程度上依赖于经济增长。

考虑到经济增长对生态与环境的影响,人们提出了"绿色GDP"的概念,目的在于强调在经济增长过程中要注意环境的保护。

3. 经济的高质量发展

中国的高质量发展是2017年中国共产党第十九次全国代表大会首次提出的新表述,表明中国经济由高速增长阶段转向高质量发展阶段。党的十九大报告中提出的"建立健全绿色低碳循环发展的经济体系",为新时代下高质量发展指明了方向。

绿色发展是中国从追求高速度经济增长转向高质量发展的重要标志。高质量发展根本在于经济的活力、创新力和竞争力。而经济发展的活力、创新力和竞争力都与绿色发展紧密相连,密不可分。离开绿色发展,经济发展便丧失了活力,经济发展的创新力和竞争力也失去了根基和依托。

绿色发展最早源于欧美等经济发达国家为应对重大环境污染事件,制定并出台管控环境污染的相关法规。绿色技术创新是相关绿色产品、绿色制度的创新,以减少对生态环境的冲击、提高环境管理效率为目标。与传统的技术创新相比,绿色技术创新具备技术创新的基本属性特征,如技术活动呈集聚性、流动性和多样性特征,强调环境和生态的收益。绿色技术创新是一种新型技术创新手段,能够降低传统技术创新的机械和物理色彩,把降低生态与环境污染纳入范畴,减少产品生产或工艺创新中的负环境外部效应,达成经济收益与生态收益的协调一致。

具体来说,高质量发展包含了六个方面的内容:

第一,加快实现创新驱动,转换经济发展的动能,由低端要素投入驱动为主转向以创新驱动为主。

第二,提高产业人力资本质量,积极培育知识和技术型高端人才,提高各层次人才技术创新、工艺创新、管理创新的能力。

第三,提升经济的全要素生产率,重点提升生产要素重新配置效率和微观生产效率。

第四,促进产业结构优化升级,推动产业数字化、智能化与服务化发展,不断提高低能耗、低污染、高效益的产业在国民经济中所占比重。

第五,实现环境保护与经济发展双赢,随着人们对生态环境质量的诉求不断增强,促使以"绿色"为目标的各种技术和产业的发展必然成为经济发展的重要内容,从而为经济高质量发展提供新的动力来源。

第六,正确把握公平与效率的关系,把做大蛋糕和分好蛋糕有机统一起来,着力解决收入分配差距大的问题,调整国民收入分配格局,使发展成果更多更公平地惠及全体人民。这样不仅有利于激发各种生产要素特别是劳动者的积极性,扩大中等收入群体,而且有利于推动经济更有效率、更加公平、可持续地发展。

9.2 经济增长的核算与环境约束

9.2.1 经济增长的源泉

生产率是指投入到生产过程中的生产要素与产出的比率,即产出效率。生产率的提高,尤其是全要素生产率的提高,是推动长期经济增长的关键性因素和最重要的源泉。经济增长理论重点考察劳动生产率的提高对长期经济增长的影响。

劳动生产率(Labor Productivity)简称生产率(Productivity),既可以表示为劳动力的人均产量,也可以表示为劳动力的单位时间产量,如每小时产量。在本书中,生产率是指人均产量,它等于实际 GDP 除以参加工作的人口数。

为什么说生产率的提高是长期经济增长的源泉?在短期内,一个经济体可以通过增加参加工作的人口比例来推动人均产量快速增长。但是,在长期,就业增长率基本接近于人口增长率,实际 GDP 的总量有可能随人口的增长而增长,但是人均实际 GDP 的显著增长则必定是人均产量增长的结果。因此,生产率的提高是长期经济增长的关键因素。

生产率的提高取决于三个基本因素的变化:

第一,实物资本的增加。实物资本是指建筑物、机器设备、生产工具和办公空间等的人造资源。给处于生产过程中的工人配置的实物资本不断增加,能够提高工人的生产效率。经济发达国家配置给工人的实物资本数量要多于发展中国家配置给工人的实物资本数量,更是远远多于经济落后国家配置给其个人的实物资本数量。一个国家的经济发展水平越高,给其工人配置的实物资本数量通常也会越多。

第二,人力资本的增加。从本质上讲,人力资本(Human Capital)是一种人类通过学习和经验积累所形成的能力,而这种能力只有运用于人类有意识、有目的的劳动时,才具有经济意义。人力资本体现在劳动者身上,劳动者是人力资本的载体。西方学者给人力资本下的定义是:体现在劳动者身上的、经过教育、培训等形成的劳动者的知识和技能及健康等内在质量因素。这一定义表明,人力资本并非与生俱来,乃是通过一定的投资和积累才能获得。20 世纪 50 年代末,美国经济学家舒尔茨从探索经济增长成因的角度阐述了人力资本,他认为人们的知识和技能是资本的一种形态,可以称作人力资本。人力资本的形成是投资的结果,而教育、培训和医疗保健等方式是形成人力资本最重要的方式。从动态角度看,人力资本还应该包括劳动者的学习能力、在完成有意义工作中积累经验的能力、获取和处理各种相关信息的能力、适应新环境的能力、创造性地解决问题的能力,以及具有经济价值的意识形态等。

在企业中,人力资本就是企业员工为了完成其本职工作所具有的技能、诀窍、经验、创新能力和解决问题能力的综合反映。作为生产过程中的重要投入要素,人力资本是无形的。个人所学东西越多、工作能力越强、工作效率越高,所体现的人力资本的价值就越高。企业组织是使人力资本得到充分发挥的基础,包括组织默契、共事经验、关系网络等,也包括使个人能力得到充分发挥的组织形式、组织结构、组织制度、企业文化,以及多年积累的企业形象和商誉等。企业提供了知识共享的工作环境,团队之间进行有效的分工和合作。由于这些组织因素,员工在企业工作时的技能能够得到"超常发挥",一旦离开了企业,员工的人力资本会打折扣。因此,企业中人力资本的价值与企业的整体价值是密不可分的。

必须指出,人力资源(Human Resource)与人力资本是两个不同的概念,它们之间既有区别又有联系。从整个社会角度看,人力资源是全体人口所拥有的劳动能力的集合,受社会政治、经济、文化和心理等各种因素的制约。而人力资本则强调人力资源在生产过程中创造价值和实现价值的能力。我们通常用一定范围内从事智力劳动和体力劳动的人的数量和质量来表示人力资源。人力资源的数量由具有劳动能力的人的总量来衡量,人力资源的质量由拥有劳动能力的人的文化程度、能力和技能来表示。人力资本是指体现在人身上的技能和生产知识的存量。人们用于教育、医疗保健、培训、迁移等方面的开支,由消费转变为投资,消费行为成为人们为谋取未来收益而进行的投资行为。人力资本的衡量由两部分组成:一部分是为形成这些技能和知识花费的直接费用;另一部分是从事人力资本投资而失去的收入。

第三,技术进步。技术进步在这里泛指生产产品和服务的技艺和方法的进步。即使拥有同样数量的实物资本和人力资本,但掌握更先进技术的劳动力可以生产出质量更高、数量更多的产品,因而,生产率会更高。技术随着时间的推移在不断进步,但是,经济意义上重要的技术进步并不仅仅是由重大发明或者依赖尖端科学成果所推动,数以万计的普通创新也功不可没。例如,出现于1981年的便利贴极大地提高了办公效率,许多专家把美国20世纪末期的生产率的快速增长归因于像沃尔玛那样的服务性企业所采用的新技术,而不是高科技企业的新技术。

9.2.2 经济增长核算

1. 基于生产函数的经济增长核算

假设其他条件不变,如果为劳动力配备更多的实物资本、更多的人力资本、更先进的技术,那么生产率就会提高。一般情况下,这三种要素会随着时间的变化而增加。那么,每种要素的变化对经济增长产生了什么影响,这是增长核算要回答的问题。生产函数可以用来帮助我们分析这个问题。

为了简化分析,假设整个经济只使用实物资本和人力资本两种要素进行生产。一般的,经济总产出与投入要素之间的函数关系可以表示为

$$Y = f(K, L)$$

如果我们运用柯布-道格拉斯生产函数进行分析,则

$$Y = AK^{\alpha}L^{\beta} \tag{9.2}$$

其中,Y 表示经济的总产出,K 表示实物资本的投入,L 表示人力资本的投入,A 是衡量当前技术水平的指标,被称为全要素生产率。α 是资本产出的弹性系数,反映了实物资本增加对总产出的贡献;β 是劳动产出的弹性系数,反映了人力资本增加对总产出的贡献;$0 < \alpha、\beta < 1$。

2. 基于实证研究的解释

一个利用实际数据开展增长核算的例子是经济学家巴里·博斯沃思(Barry Bosworth)和苏珊·柯林斯(Susan Collins)对中国和印度经济增长的比较研究[①]。他们使用了以下总量生产函数:

$$\text{每名工人的 GDP} = A \times \text{每名工人的人力资本}^{0.6} \times \text{每名工人的实物资本}^{0.4}$$

其中,A 表示技术水平的估计值。他们认为教育每增加1年,工人的人力资本提高7%。根据这一函数,他们发现在1978—2004年,中国的增长速度高于印度。对于这一现象,他们的解释是中国高水平的投资支出和较快的技术进步,使得中国每名工人的实物资本水平的提高速度高于印度。

在对经济增长历史的分析中,经济学家发现总量生产函数呈现出实物资本报酬递减(Diminishing Returns to Physical Capital)的特点。也就是说,如果每名工人的人力资本和技术水平保持不变,为每名工人配置的实物资本数量的增加所带来的生产率增长数量将呈

[①] 参见保罗·克鲁格曼,罗宾·韦尔斯著,赵英军译,克鲁格曼经济学原理,第四版,中国人民大学出版社,2018年,第377-378页。

递减趋势。以农业生产设备数量对农场工人生产率的影响为例,少量的农业生产设备能够发挥很大的作用;拥有一辆拖拉机的工人能比没有拖拉机的工人效率更高。假定其他条件不变,工人配备的设备价值越高,其生产率也会越高。但是,如果工人具有相同的人力资本和技术水平,一个工人使用价值 50 000 元拖拉机的生产率可能不会是使用价值 25 000 元拖拉机的生产率的两倍。完全没有拖拉机的个人与拥有一台便宜的拖拉机的个人相比,生产率的差异巨大;而使用一台低价拖拉机与使用一台高价拖拉机的生产率差别,就会小很多。一台拖拉机对提高生产率的贡献是有限的,对其他设备而言同样如此,因此总量生产函数会呈现实物资本报酬递减的特征。

实物资本报酬递减是在"假定其他条件不变"的情况下发生的现象,如果人力资本和技术水平发生了变化,即人力资本增加、技术水平提高,增加实物资本就不会出现报酬递减的现象。

实际上,在经济增长过程中,所有有助于提高生产率的要素均有所改进:增长核算能够估计每名工人的实物资本和人力资本均有所增长,技术水平也有所提高。经济学家采用增长核算(Growth Accounting)的方法估计每种要素对经济增长的贡献。

根据生产函数(9.2),经过简单推导,可以得到如下公式:

$$G_Y = G_A + \alpha G_K + \beta G_L \tag{9.3}$$

其中,G_Y 表示总产出增长率,G_A 表示全要素生产率的增长率,G_K 表示实物资本增长率,G_L 表示人力资本增长率。由(9.3)式可知,经济增长速度的快慢取决于全要素生产率、实物资本和人力资本的增长速度。

3. 技术进步的贡献

技术进步对经济增长的贡献体现在全要素生产率的增长速度上。全要素生产率的增长率 G_A 很难直接计算出来,经济学家通常采用的方法是估计剔除了实物资本和人力资本对经济增长的贡献之后的剩余量,即可以用下式来间接估计:

$$G_A = G_Y - \alpha G_K - \beta G_L \tag{9.4}$$

这种全要素生产率增长率的估计方法是由美国经济学家罗伯特·索洛首先提出的,因此,G_A 也被称为"索洛余项"。

在对经济增长的核算中,我们通常假设总量生产函数不随时间变动。但是,技术进步可以改善生产函数,对于任何给定的投入量,技术进步使得我们能够生产比过去更多的产出。全要素生产率的增长可能起因于多种因素,例如,有关生产方法的知识和经验的积累,劳动力接受教育、培训和发挥自己才干的机会的增加,以及政府通过管制要求企业改善工作环境或提高工人安全性。在核算经济增长的生产函数中,扣除了实物资本增长的贡献和人力资本增长的贡献,剩下的都可以归入技术进步的贡献。

9.2.3 经济增长的环境约束

当其他因素不变时,经济增长往往会对人类的生态环境产生负面影响。

1. 经济增长与环境保护

经济增长对生态环境的负面影响首先体现在大气污染和气候变化上。工业生产消耗大量的化石能源,煤和石油的燃烧会向大气释放二氧化碳,不断上升的二氧化碳和其他气体水平造成的温室效应影响着地球环境,致使吸收的太阳热量越多,地球的整体温度就越高。气温升高会加剧人力和经济的负担,海平面上升会淹没沿海地区,气候变化会扰乱农业,特别是贫困国家的农业。

从历史上看,这些大气污染物的排放,大部分来自发达国家或富裕国家,因为它们消耗的能量比贫困国家多得多。现在,这些发达国家通过采取措施保护环境,空气和水的质量得到了明显的改善。尽管一个国家或地区治理环境污染的成功例子很多,但是,今天人类面临的是全球环境污染问题,即全球经济增长对作为一个整体的地球的生态环境的不利影响。这些问题中最重要的是化石能源消耗对世界气候的影响。

在遏制温室气体排放量的同时能够维持长期经济增长吗？大多数研究过这个问题的经济学家给出了肯定的答案。随着技术进步,尤其是绿色技术进步,减少温室气体排放的方式越来越多,从使用非化石燃料能源如风力、太阳能、核能,到采取措施进行碳固存(对发电厂的二氧化碳回收并将其储存),再到更简单的一些措施,如建筑物在设计时更容易在冬季保持温暖和夏季保持凉爽。这些方法都会增加一些经济成本,但最可行的估计表明,未来几十年,在大幅减少温室气体排放量的同时,只会小幅放缓人均实际GDP的长期增长。

与解决资源稀缺性的问题不同,环境问题不会自动地为改变人们的行为提供激励。环境污染是负外部性的一个例子,个人或企业造成的环境污染,在强加给别人成本时却没有提供补偿。在没有政府干预的情况下,个人或企业没有动力减少负外部性,这就是为什么政府需要加强监管来减少空气污染。所以,政府需要采取行动来应对气候变化,无论是设定更严厉的排放标准,还是以碳税的形式或要求污染排放企业必须购买排放许可证,来控制污染排放。

2. 绿色增长

绿色增长是在可持续发展的框架下提出的。经合组织(OECD)给出的定义认为,绿色增长是指在确保自然资产能够继续为人类幸福提供各种资源和环境服务的同时,促进经济增长和发展。绿色增长把防止环境恶化、生物多样性丧失和不可持续地利用自然资源作为实现经济增长的重要内涵,它在强调经济和环境协调发展的同时,还强调通过改变消费和生产模式完善社会福利、改善人类健康状况、增加就业并解决与此相关的资源分配问题。

加快产业结构优化调整,转变经济增长方式,促使经济向绿色增长方向迈进,是目前中国经济工作的首要任务,也是未来较长时期内中国经济增长方式转变的方向。

绿色增长的实现仅仅依靠政府之力是不够的,它要求包括政府、企业、公众、科研院所、环保组织、国际组织等全社会都对推动绿色增长发挥重要作用。近些年,中国在推动绿色增长的过程中,探索出了一些行之有效的模式和措施。例如,建立循环经济工业园区、循环经济农业示范区,形成绿色发展先导效应;建立健全下游地区对上游地区,开发地区对保护地区、生态受益地区对生态保护地区等的生态环境补偿机制;实施强制性能耗物耗标准,控制高耗能、高排放行业的低水平扩张和重复建设,淘汰落后产能;引进、研发和普及应用节能降耗新技术、新工艺;构建绿色发展保障机制,包括资源有偿使用、生态环境补偿、节能减排约束、循环经济统计评价、生产者责任延伸制度;严格环境监管监测,完善污染事故应急预警系统,建设项目环境影响评价制度,落实环境保护目标责任制和总量控制指标考核制。通过这些工作的开展,绿色经济增长的机制会逐步形成。

3. 碳达峰与碳中和

"碳"是指石油、煤炭、木材等由碳元素构成的自然资源。随着人类追求经济增长的活动增加,"碳"耗用得越来越多,导致地球暖化的"二氧化碳"也制造得越来越多。全球变暖在改变着人们的生活方式并为世界带来越来越多的问题。

碳达峰(Peak Carbon Dioxide Emissions)是指在某一个时点,二氧化碳的排放达到峰值,之后逐步回落。碳达峰是二氧化碳排放量由增转降的拐点,标志着碳排放与经济发展实现脱钩。碳中和(Carbon Neutrality)是指国家、企业、产品、活动或个人在一定时间内直接或间接产生的二氧化碳或温室气体排放总量,通过植树造林、节能减排等形式,以抵消自身产生的二氧化碳或温室气体排放量,实现正负抵消,达到相对"零排放"。碳达峰与碳中和一起,简称"双碳"。中国政府承诺,在2030年前,二氧化碳的排放不再增长,达到峰值之后再慢慢减下去。而到2060年,中国实现碳中和目标。中国承诺实现从碳达峰到碳中和的时间,远远短于发达国家所用的时间。

气候变化是人类面临的全球性问题。随着各国二氧化碳排放和温室气体猛增,对大自然的生命系统形成了威胁。2018年11月28日,欧盟委员会发布一项长期愿景报告,其中的目标是到2050年实现"碳中和",即将净碳排放量降至零。2019年11月,北欧国家芬兰、瑞典、挪威、丹麦和冰岛在芬兰首都赫尔辛基签署一份应对气候变化的联合声明,表示将合力提高应对气候变化的力度,争取比世界其他国家更快实现"碳中和"目标。

2021年2月2日,中国政府颁布了《国务院关于加快建立健全绿色低碳循环发展经济体系的指导意见》,其中指出:要全方位全过程推行绿色规划、绿色设计、绿色投资、绿色建设、绿色生产、绿色流通、绿色生活、绿色消费,使发展建立在高效利用资源、严格保护生态环境、有效控制温室气体排放的基础上,统筹推进高质量发展和高水平保护,建立健全绿色低碳循环发展的经济体系,确保实现碳达峰、碳中和目标,推动我国绿色发展迈上新台阶。2021年7月16日,中国碳排放权交易市场启动上线交易,发电行业成为首个纳入中国碳市场的行业,纳入的重点排放单位超过2 000家。中国碳市场将成为全球覆盖温室气体排放量规模最大的市场。2021年10月24日,中共中央、国务院印发的《关于完整准确全面贯彻新发展理念做好碳达峰碳中和工作的意见》发布,根据此意见,到2030年,经济社会发展全面绿色转型取得显著成效,重点耗能行业能源利用效率达到国际先进水平。到2060年,绿色低碳循环发展的经济体系和清洁低碳安全高效的能源体系全面建立,能源利用效率达到国际先进水平,非化石能源消费比重达到80%以上。

9.3 典型经济增长模型

9.3.1 哈罗德-多马模型

英国经济学家哈罗德(Roy Forbes Harrod)和美国经济学家多马(Evesey D. Domar)分别提出的经济增长模型结构相似、结论相似,因此被统称为哈罗德-多马模型。哈罗德-多马模型以凯恩斯理论为基础,把凯恩斯采用的短期静态均衡分析所提出的国民收入决定理论长期化和动态化,考察了一个国家的国民收入和就业实现均衡增长所需的条件。

1. 哈罗德-多马模型的基本形式

哈罗德-多马模型建立在如下基本假设之上：

第一,全社会只生产一种产品,只存在一个生产部门、一种生产技术；

第二,生产过程中只使用劳动力和资本两种生产要素,两种要素不能相互替代。

第三,储蓄是国民收入的函数,储蓄与收入的比率保持不变,且储蓄能够有效地转化为投资。

第四,资本与劳动按照一个固定比例投入生产,即资本劳动比率保持不变,同时,资本产出比也保持不变。

第五,劳动力按不变的、由外部因素决定的速度 n 增长。

第六,技术状态既定,不存在技术进步。

按照凯恩斯的理论,只有当 $I=S$ 时,即在投资能够吸引全部储蓄时,经济活动才能够达到均衡状态。由于新增资本 ΔK 等于投资 I,则 $I=S$ 可以写成 $\Delta K=S$。根据假设三,储蓄与收入的关系为 $S=sY$,s 表示储蓄率,可以推知

$$\Delta K = sY \tag{9.5}$$

根据假设四,资本存量 K 与国民收入 Y 之间存在着固定的资本产出比：$v=K/Y$。同样,新增国民收入与新增资本之间存在同样的比例：$v=\Delta K/\Delta Y$,可以推导出经济增长率 G 为

$$G = \frac{\Delta Y}{Y} = \frac{\Delta K/v}{Y} = \frac{\Delta K/v}{\Delta K/s} = s/v \tag{9.6}$$

公式(9.6)表明,经济增长率等于储蓄率与资本产出比的比值。这意味着,经济增长率由储蓄率和资本产出比共同决定,它与储蓄率成正比,与资本产出比成反比。由于假定了资本产出比保持不变,则经济增长率取决于储蓄率。因此,可以通过改变储蓄率或投资比例的方法来改变经济增长率。

2. 经济均衡增长的条件

既然经济增长率由储蓄率与资本产出比的比值决定,那么什么样的储蓄率与资本产出比才是最理想的？理想的储蓄率与资本产出比与现实情况一致吗？如果劳动力和技术都发生了变动,经济增长会如何变化？对此,哈罗德用有保证的增长率 G_w、实际增长率 G 和自然增长率 G_n 三个概念来说明经济长期稳定增长的条件及其波动原因。

哈罗德提出的有保证的增长率(Warranted Rate of Growth),是指使企业感到满意并愿意继续维持下去的增长率。满足有保证的经济增长率的储蓄率和资本产出比分别被称为合意(预期的)储蓄率和合意资本产出比。合意储蓄率是一个国家的居民希望保持的储蓄水平；合意资本产出比是一个国家的厂商希望保持的(意愿中所需要有的)资本-产量比。

有保证的增长率可以用公式表示为

$$G_w = s_w/v_w \tag{9.7}$$

式(9.7)中,G_w 表示合意的增长率,s_w 表示合意的储蓄率,v_w 表示合意的资本产出比。哈罗德假定,合意的储蓄率 s_w 总是会实现的。因此,合意的储蓄率总是等于实际储蓄率。这意味着如果要保持长期的经济增长,投资必须按储蓄进行调整。在哈罗德看来,一国经济

要实现稳定增长,其经济增长率必须能使预期的投资等于预期的储蓄。只有这样,产出的增长才能引致足够的投资,以吸收本期的储蓄。如果这种情况实现了,哈罗德就称这种增长率为有保证的增长率。

实际增长率是指社会经济实际达到的增长率,可以用公式表示为

$$G = s/v \tag{9.8}$$

式(9.8)中,G 是实际增长率,s 是实际储蓄率(哈罗德假定它总是和合意的储蓄率相等),v 是实际资本产出比。

自然增长率是考虑了长期中人口增长和技术变化的因素所能达到的最大增长率,可以用公式表示为

$$G_n = s_n/v_w \tag{9.9}$$

式(9.9)中,G_n 表示自然增长率,s_n 表示社会最适合储蓄率,v_w 表示合意的资本产出比。哈罗德认为,G_n 是由人口增长和技术进步所决定的。如果假定技术条件不变,只考虑人口增长,则 G_n 即人口增长率(n)。从整个社会来看,G_n 是既能适应劳动力增长,又能实现充分就业的增长率。哈罗德认为,在长期中,经济实现均衡增长的条件是实际增长率、有保证的增长率与自然增长率相一致,并且要等于人口增长率。即

$$G = G_w = G_n \tag{9.10}$$

公式(9.10)给出了经济增长的长期均衡条件,但要实现这个均衡条件并不容易。原因在于 G 与 G_w 之间,以及 G_w 与 G_n 之间并没有内在联系。储蓄取决于公众的边际储蓄倾向或边际消费倾向,而决定投资的因素是厂商对未来利润的预期,人口自然增长率则由出生率和死亡率决定。因而,不存在必然的内在机制使得 G、G_w、G_n 完全相等,除非是"偶然的巧合"。一些经济学家将上述增长路径称为"刀锋"上的增长,哈罗德也认识到增长条件是难以实现的,并以此说明市场经济不可能自动达到和保持均衡,必须借助国家干预的力量。

如果在"偶然的巧合"下,实际增长率和有保证的增长率以及自然增长率同人口的增长率相同,那么按照哈罗德的观点,经济可以实现均衡增长。但是如果经济受到外部因素的冲击或其他因素的影响而偏离这条道路时,经济是否能通过自动调节而回归上述"均衡路径"呢?下面分四种情况来讨论:

第一种情况,实际增长率小于有保证的增长率,即 $G<G_w$。若合意的储蓄率 s_w 与实际储蓄率 s 一致,则必然有实际的资本产出比大于合意的资本产出比,即 $v>v_w$。这意味着实际投资超过了预计投资,企业的固定资产和存货就会大于企业家所需要的数量,企业就会减少投资,从而使 $I<S$,生产将萎缩,从而形成积累性的投资收缩和经济收缩,实际增长率将越来越低于有保证的增长率。

第二种情况,实际增长率大于有保证的增长率,即 $G>G_w$。若合意储蓄率与实际储蓄率一致,则 $v<v_w$。这就意味着计划投资大于实际投资,企业为了弥补资本供给不足,就要增加存货和投资,使 $I>S$,实际增长率将越来越高于有保证的增长率,形成积累性的经济扩张,实际增长率与有保证的增长率之间的差距将越来越大。

第三种情况,自然增长率小于有保证的增长率,即 $G_n<G_w$。由于 G_n 是 G 的最高限度,在 $G_n>G_w$ 时会出现劳动力资源等供不应求,机器设备不能充分利用,使得工资上升,生产能力过剩,企业利润减少,从而投资与产量减少,经济陷入萧条或停滞状态。

第四种情况,自然增长率大于有保证的增长率,即 $G_n>G_w$。在这种情况下,劳动力供大

于求,各种自然资源的供给比较充分,使得工资降低,生产能力得到充分利用,企业利润增加,刺激了投资和生产,从而使经济进入长期"兴奋"状态。

上述四种情况说明,如果经济增长偏离了 $G=G_w=G_n$ 这一均衡条件,经济本身不仅不能自动恢复到这一均衡,而且会发生更大的偏离。这就是均衡条件的稳定性难题,换言之,即使存在均衡增长路径,但该路径也是不稳定的。

3. 经济稳定增长的条件

哈罗德-多马的经济增长理论是在凯恩斯理论的基础上发展起来的,根据这种经济增长理论,"经济中存在着这样一种增长率,按照它来增长,每一个时期的实际产量增量(Δy_r)将会恰好等于该时期的生产能力产量增量(Δy_p),这种使 $\Delta y_r=\Delta y_p$ 的增长率被称为均衡增长率"。[①] 换句话说,哈罗德-多马提出的经济稳定增长的条件就是经济均衡增长,而均衡经济增长率是在经济中的投资与储蓄相等,即总供给与总需求相等时的经济增长率。

在任何条件下,投资都是经济增长最重要的决定因素。哈罗德和多马正是抓住了这一点建立他们的经济增长理论。投资具有双重效应,既能增加总需求和国民收入又能增加生产能力和总供给。投资变动与国民收入变动之间的关系,通常用乘数理论说明。设以 Δy 表示国民收入增量,ΔI 表示投资增量,s 表示边际储蓄倾向,则 $1/s$ 为简单投资支出乘数,$\Delta y=1/s \cdot \Delta I$,另一方面,投资增加生产能力,设以 σ 表示资本生产率[②],则投资增加的生产能力等于 σI。

均衡增长要求,经济中的国民收入等于它的生产能力。为要保持这种状态,每个时期的收入增量应该等于生产能力增量,即

$$\Delta I \cdot 1/s = I\sigma \tag{9.11}$$

虽然投资在等式两边都出现,但表现形式却不同。"国民收入的增加不是投资的函数,而是投资增量的函数。假如今天的投资无论有多大,只是等于昨天的投资的话,则今天的国民收入亦正好等于昨天的国民收入,而不是大于它。"[③]这说明投资对国民收入的影响和对生产能力的影响是不同的。

设储蓄与国民收入按同一百分率增长,则平均储蓄倾向等于边际储蓄倾向,$s=s/y$。公式(9.11)可改写成

$$\frac{\Delta I}{I} = s \cdot \sigma \tag{9.12}$$

要使经济均衡增长,国民收入增长率和生产能力增长率必须与投资增长率 $\Delta I/I$ 相同,即

$$\frac{\Delta I}{I} = \frac{\Delta y}{y} = r = s\sigma \tag{9.13}$$

为了阐明均衡经济增长概念,哈罗德进而提出三种增长率:实际增长率,有保证的增长率,自然增长率。

现实生活中,实际增长率往往不等于有保证的增长率。如果实际增长率小于有保证的

---

① 夏皮罗.宏观经济分析.北京:中国社会科学出版社,1985:573.
② 在多马的原文中,σ 被定义为潜在的社会平均投资生产率,它等于产量增量与投资之比率,即 $\sigma=\Delta Y/I$。由于 $I=\Delta K$,当总产出量和资本存量按相同百分率增加,则 $\sigma=y/k$ 是一常数,它等于资本生产率,即 α。
③ E.多马.经济增长理论.北京:商务印书馆,1983:92.

增长率,则社会总需求小于总供给,扩大了的生产能力得不到充分利用,会出现开工不足,投资与收入下降,以及失业等现象。如果实际增长率大于有保证的增长率,则社会总需求将超过总供给,会出现通货膨胀现象。

然而,有保证的增长率并不一定是社会最适宜的增长率,这是因为受不同国家在不同时期的各种制度上的安排支配,储蓄不一定代表社会的一种最适宜状态。哈罗德认为,社会最适宜的增长率是自然增长率,它是在劳动人口增长和技术改进的条件下所能达到的最大增长率。在均衡增长率表达式中,用在一定制度安排下最适宜的储蓄代替合意的储蓄率,就得到自然增长率表达式。

自然增长率之所以是社会最适宜的增长率,因为它与经济的潜力相适应。如果有保证的增长率大于自然增长率,则由于劳动力不足,经济将呈现长期停滞趋势。如果有保证的增长率小于自然增长率,则由于劳动力过多会造成工资低廉,因而经济可能出现"长期兴奋"状态。在这两种情况下,都不能做到既没有失业又没有通货膨胀。因此,哈罗德把实际增长率和有保证的增长率与自然增长率相等说成是最理想的均衡经济增长线,认为这既能实现充分就业和充分发挥生产能力,又能避免通货膨胀;另一方面他又把这三种增长率之背离,说成是破坏均衡增长条件、造成经济波动的基本原因。

在哈罗德看来,实际增长率与有保证的增长率偏离导致的不稳定性具有累积的特点,一旦有保证的增长率与实际增长率发生了偏离,偏离不仅不会自动消除,而且还会增大。这就像"放在草坡上的一个球。要推动它,也许得狠踢一脚。但是,一旦滚动了,它会比平地上用同样的力来踢它要滚得更远,"[①]而且绝不会自动滚回原处。据此,哈罗德解释经济增长过程中实际发生的周期波动现象:"人们总是认为存在着偏离稳步的增长率的偏向;但在商业循环中,似乎确有一种累积的过程,这个过程毋论在上升阶段还是在下降阶段,都靠自己的势头而继续进行。"[②]

实际增长率与有保证的增长率的偏离导致的经济不稳定性之所以具有累积特点,是因为投资者在主观上对实际发生的偏离产生了错觉,从而导致错误的行动,使这种偏离朝同一方向进一步扩大。例如,当实际增长率大于有保证的增长率时,本来意味着实际投资过多,但由于实际资本产出率小于合意的资本产出率,投资者会感到现有的固定资本或存货不足以保证需要,而乐于进一步扩大投资,使实际增长率进一步大于有保证的增长率,以致酿成通货膨胀。反之,当实际增长率小于有保证的增长率时,本来意味着投资不足,但由于实际资本-产出率大于合意的资本-产出率,投资者会感到现有的设备和存货将有剩余,从而减少投资,使得实际增长率进一步小于有保证的增长率,以致酿成萧条。[③]

当然,实际增长率与有保证的增长率的偏离并不是无限扩大的,实际增长率在某个上限和下限之内波动。上限以达到充分就业为止,因为在充分就业时实际增长率不可能超过自然增长率。[④] 而下限则取决于实际增长率和有保证的增长率之间的关系。由于在经济的扩

[①] 同前页,第40页。
[②] 同前页,第49页。
[③] 显然,哈罗德解释周期波动的累积过程时,侧重于心理因素,如他本人所说:"在各种传统的商业循环理论中间,据我看来,唯有那种认为商业的乐观主义心理和悲观主义心理相互交替的理论有根据。《动态经济学》。"
[④] 当然,在从失业局面中复苏过来的时期,实际增长率能够高于自然增长率。

张和收缩时期，合意的储蓄率和合意的资本-产出率将发生变化，"有保证的增长率在周期波动的不同阶段也会发生变化。一般来说，在扩张时期，有保证的增长率趋于上升，在收缩时期，有保证的增长率趋于下降。这样，有保证的增长率不止一个，而是多个。哈罗德把它们区分为两种，一种是与均衡增长相联系的有保证的增长率，称为"正常的有保证的增长率。"而其余的则称之为"特殊的有保证的增长率。""在衰退的下限（如果它确实正常地达到一个下限的话）上，则特殊的有保证的增长率将和实际的增长率有同样的值。"但是，"这根本不是一种均衡位置，甚至连不稳定的均衡位置也不是。"①正是由于，在经济周期的扩张时期或者收缩时期，特殊的有保证的增长率可能朝上或者朝下追赶实际增长率，实际增长率与均衡增长率的偏离才有上限和下限。

导致经济增长不稳定的另一种情况，是有保证的增长率与自然增长率的背离。如果说实际增长率等于有保证的增长率是短期均衡的条件，有保证的增长率等于自然增长率则是长期均衡的条件。哈罗德认为，由于各自的决定因素不同，除非是巧合，有保证的增长率与自然增长率是完全不同的。两者之间的不相等可能是一种长期的连续性现象。可能有一种收敛或发散的趋向，但在未加调节时，它们之间的收敛和发散，似乎是一种缓慢的过程。"因而，在相当长的时期内，常常需要动用调节武器，目的是使它们尽可能接近起来。"②

从上述分析中，我们可以得出以下结论：

第一，理想的经济增长是均衡经济增长。短期均衡增长的条件，是实际增长率与有保证的增长率保持相等；长期均衡增长的条件，是有保证的增长率与自然增长率保持相等。若要实现短期和长期的均衡增长，则实际增长率和有保证的增长率都要与自然增长率保持相等，这是最理想（或最适度）的经济增长。

第二，由于每种增长率的影响因素各不相同，除非政府对经济（运用货币政策和财政政策）进行干预，这三种增长率一般是不相等的，而且也不会自动趋于相等。经济的不稳定增长和周期波动正是起因于这三种增长率之间的偏离。

第三，不仅实际增长率不断波动，而且有保证的增长率和自然增长率也不断变动。例如，因某种新发明产生的对大量资本支出的需求，会使合意的资本-产出率增大，从而导致有保证的增长率降低；而这种新发明带来的技术进步，则会使自然增长率提高。因此，即使存在一个与上述三种增长率相等的最理想的增长率，这个增长率也不是固定不变的。

第四，政策干预能够保证经济按最理想的均衡增长线增长吗？至少哈罗德这样认为。从近几十年西方各主要资本主义国家的实际经济增长情况看，虽然各国政府在干预经济方面使尽了浑身解数，但周期波动依旧存在。这说明，政府的经济政策虽然有可能缓解周期波动，但绝不可能消除周期波动。

9.3.2 索洛模型

虽然哈罗德-多马模型开创了现代经济理论的数学模型化，但该模型关于劳动和资本不可相互替代以及不存在技术进步的假定过于严格，限制了对现实的解释，难以反映现代经济

---

① 哈罗德. 动态经济学. 北京：商务印书馆，1981：47.
② 同上，第213页。

增长的特征。因此,许多西方学者尝试建立新的模型,以便说明经济增长的动力。这一努力的主要成果之一就是新古典增长理论。1956年索洛(Robert Solow)发表了论文《对经济增长理论的一个贡献》,同年斯旺(Trevor Swan)发表了《经济增长和资本积累》,两人的模型相近,合称为索洛-斯旺模型。索洛-斯旺模型开创了新古典经济增长理论模型,成为以后大部分经济增长理论模型研究的出发点。新古典增长理论包含了众多具体模型,而索洛模型是最经典的模型。

索洛在构建他的经济增长模型时,既汲取了哈罗德-多马模型的优点,又摒弃了哈罗德-多马模型中的那些不现实假设。索洛认为,哈罗德-多马模型只不过是一种长期经济体系中的"刀刃平衡",其中,储蓄率、资本产出比率和劳动力增长率是主要参数。这些参数值若稍有偏离,其结果不是增加失业,就是导致长期通货膨胀。用哈罗德的话来说,这种"刀刃平衡"是以有保证的增长率G_w和自然增长率G_n的相等来支撑的。索洛指出,G_w和G_n之间的这种脆弱的平衡,关键在于哈罗德-多马模型的劳动力不能取代资本,生产中的劳动力与资本比例是固定的假设。倘若放弃这种假设,G_w和G_n之间的"刀刃平衡"也就随之消失。基于这一思路,索洛建立了一种没有固定生产比例假设的长期增长模型。

1. 索洛模型的基本假设

索洛模型包含以下一些假设:
(1)只生产一种复合产品。
(2)产出是一种资本折旧后的净产出。
(3)规模报酬不变,即生产函数是一阶齐次关系式。
(4)两种生产要素(劳动力和资本)按其边际实物生产力付酬。
(5)价格和工资是可变的。
(6)劳动力永远是充分就业的。
(7)能利用的资本存货都得到充分利用。
(8)劳动力与资本可相互替代。
(9)存在中性技术进步。

在这些假设下,索洛建立的模型试图解释:在技术系数可变的情况下,资本与劳动力比率具有随时间推移而向均衡比率自行调整的倾向。如果最初的资本与劳动力比率大,资本和产出的增加就会比劳动力的增加慢得多;反之亦然。索洛是从资本与劳动力比率入手分析均衡增长路径的。

为了简化分析,索洛模型聚焦到以下三个基本假设来筛选对经济增长具有关键性影响的变量及其相互关系上。

第一,存在资本和劳动力两种生产要素,且这两种生产要素是能够互相替代的,即能够以可变的比例组合。索洛指出,哈罗德-多马模型中有保证的增长率与自然增长率之所以很难达到一致,归根结底是由于哈罗德-多马模型的劳动和资本具有"固定比例"的关键假设。这种固定比例意味着资本和劳动要按照同一比例变化,而事实上两者难以同比例增长或减少。因此,如果放弃固定比例的假设,哈罗德-多马模型中长期增长的"刀锋"性质就会随之消失。在这一假设下,即使生产资源禀赋不同的国家都有可能达到均衡增长的目标。例如,同样生产数量的粮食,发展中国家可以使用较多的劳动力和较少的资本,而发达国家可以使用较少的劳动力和较多的资本。

第二,整个经济时刻都处于劳动和资本这两种生产要素供求均衡的状态,也就是说劳动力和资本都可以得到充分利用,不存在生产要素的闲置;而哈罗德-多马模型不包含这样的假定。新古典增长理论对这一假定的解释是,既然资本和劳动可以相互替代,那么在完全竞争的市场条件下,一切被投入的劳动和资本都可以得到充分利用。

第三,生产过程符合新古典生产函数的性质,即生产函数 $F(K)$ 满足以下三个条件:
$$F(0)=0, F'(K)>0, F''(K)<0$$

2. 索洛模型的基本方程

索洛模型包含两个基本方程,一是劳均(人均)意义上的生产函数方程或者劳均产出方程,二是资本积累方程。

假设生产过程只采用资本和劳动两种生产要素,不考虑技术进步的因素,则总量生产函数为 $F(K,L)$。根据生产函数规模报酬不变的假定,有

$$F(\lambda K, \lambda L) = \lambda F(K, L) \quad \lambda \geq 0 \tag{9.14}$$

令 $\lambda=1/L$,则可以从(9.14)式中得到 $Y/L=F(K/L,1)$,它表示劳均产出 Y/L 是劳均资本存量或者资本劳动比的函数。用 y 表示劳均产出,即 $y=Y/L$,k 表示劳均资本,即 $k=K/L$,则生产函数可表示为下述劳均形式:

$$y = f(k) \tag{9.15}$$

其中,$f(k)=F(K/L,1)$。(9.15)即为劳均产出方程。该方程表明,不考虑技术进步的条件下,产出增长就由劳均资本存量来解释。图9-1描述了劳均收入随劳均资本积累水平变化的情形。从图9-1可以看出,随着每个劳动力拥有的资本存量的上升(即 k 值增加),劳均产出水平也增加。但是,由于报酬递减规律的作用,劳均产出增加的速度是递减的,因此生产函数曲线的走势越来越平缓。

图 9-1 劳均生产函数

如果不考虑政府和对外经济部门,在一个两部门模型中,经济的均衡是投资等于储蓄,即 $I=S$。资本存量的增加等于扣除折旧后的新增投资。当资本存量为 K 时,假定折旧率是资本存量 K 的一个固定比率 δ,并假设 $0<\delta<1$,则资本存量的变化 $\dot{K}$ 为

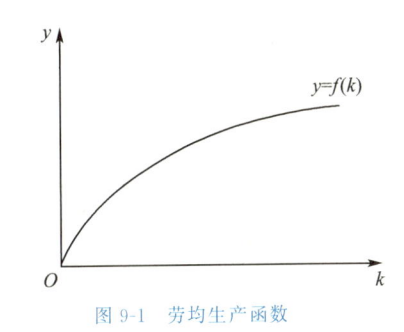

$$\dot{K} = I - \delta K \tag{9.16}$$

根据 $I=S=sY$,(9.16)可写为

$$\dot{K} = sY - \delta K = sF(K,L) - \delta K \tag{9.17}$$

在(9.17)式两边同时除以劳动数量 L,则有

$$\dot{K}/L = sf(k) - \delta k \tag{9.18}$$

假定劳动增长率为 $n=(dL/dt)/L$,并假定资本和劳动均为连续变化,则劳均资本存量的变化为

$$\dot{k} = \frac{dk}{dt} = \frac{d(K/L)}{dt} = \frac{1}{L}\frac{dK}{dt} - \frac{K}{L^2}\frac{dL}{dt} = \frac{\dot{K}}{L} - nk \tag{9.19}$$

将(9.18)代入(9.19),得到

$$\dot{k} = sf(k) - (\delta+n)k = sy - (\delta+n)k \tag{9.20}$$

公式(9.20)是索洛模型的资本积累方程。该资本积累方程表明,劳均资本的增加等于

劳均投资 sy（假定投资等于储蓄）减去 $(\delta+n)k$。$(\delta+n)k$ 可以理解为：一方面，一定量的投资必须用于补偿资本的折旧，这一用途的投资为 δk。另一方面，一定量的投资必须用于装备新增劳动力，劳动力的增长率为 n，每个劳动力占有的资本存量为 k，这一用途的投资为 nk。$(\delta+n)k$ 的意义体现在为增加的每个人提供每个人平均应得的资本量，可以称为资本的广化。人均投资超过 $(\delta+n)k$ 的部分则导致了人均资本 k 的上升，这被称为资本的深化。

3. 索洛模型的稳态的条件

当劳均产出与劳均资本不变时，经济就处于稳定状态（Steady-state），简称稳态。因此，要实现稳态必须满足 $\dot{k}=0$，即

$$sf(k)-(\delta+n)k=0 \tag{9.21}$$

从稳态方程(9.21)中，我们可以求解出稳定状态时的劳均资本存量 k^*。由于 s、n、δ 等均为常数，因此，k^* 是一个稳定的均衡解。

在图 9-2 中，$sf(k)$ 线是劳均投资曲线。由于投资率（储蓄率）s 介于 0 和 1 之间，故劳均投资曲线位于劳均生产函数曲线的下方。在稳态时，有 $sf(k)=(\delta+n)k$，因此，$(\delta+n)k$ 线和 $sf(k)$ 曲线的交点 A 所对应的劳均资本即为 k^*，此时劳均投资恰好能够补偿资本折旧和为新增长的劳动力提供资本而不会引起劳均资本的变化。

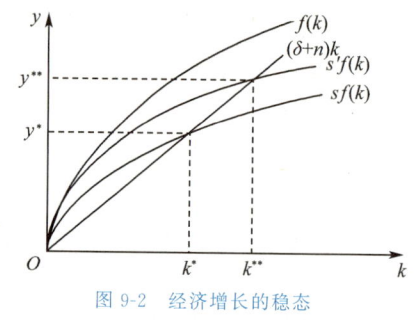

图 9-2 经济增长的稳态

如果劳均资本没有达到 k^* 或者超过 k^*，即经济处于非稳定状态时，它能够回到稳定状态吗？当 $k<k^*$ 时，劳均投资 $sf(k)$ 超过了保持资本产出比不变的新增劳均资本量 $(\delta+n)k$，这时劳均资本 k 将增加，而劳均产出 $f(k)$ 也将随之增加。反之，当 $k>k^*$ 时，劳均投资 $sf(k)$ 小于保持资本产出比不变的新增劳均资本量 $(\delta+n)k$，这时劳均资本 k 将减少，而劳均产出 $f(k)$ 也将随之下降。可见，只有 $k=k^*$ 时，劳均产出 y 和劳均资本 k 才不再变化。值得注意的是，稳态虽然意味着 y 和 k 的值是固定不变的，但总产出和资本存量仍将增长。实际上，在稳态中总产出和资本存量的增长率均与劳动力的增长率相等，即均为 n。

稳态点的位置取决于曲线 $sf(k)$ 和直线 $(\delta+n)k$ 的相对位置。如果生产函数 $f(k)$ 和资本折旧率 δ 保持不变的话，那么稳态的劳均资本和稳态的劳均产出水平将取决于储蓄率或投资率 s 的大小，以及劳动增长率的大小。

如果提高储蓄率，那么 $sf(k)$ 将向上移动，在其他因素不变的情况下，稳态劳均资本和稳态劳均产出都将提高，如图 9-2 中的 k^{**} 和 y^{**}；相反，如果降低储蓄率，那么 $sf(k)$ 将向下方移动，稳态劳均资本和稳态劳均产出都将降低。

如果提高劳动增长率，那么稳态劳均资本和稳态劳均产出都将下降，而降低劳动增长率，稳态劳均资本和稳态劳均产出都将增加。如果人口中劳动参与率不变的话，那么劳动增长率与人口增长率应该保持一致。这样，人口增长的差异就可以用来解释为什么一些国家富有而另一些国家贫穷了。一些经验研究也表明，人口增长率高的国家往往人均收入水平低，这与索洛模型的预测是一致的。

综上所述，提高储蓄率和降低劳动增长率是促进经济增长的方法。但是，这两种方法对经济增长的影响都是暂时性的，一旦经济达到了新的稳态均衡，劳均产出将不再增长，而总

产出将与劳动力保持同步增长。要想促进劳均产出的长期增长，就必须不断提高储蓄率或者降低劳动增长率。然而储蓄率的提高是有一定限度的，不可能无限制地压制消费来增加储蓄。同样，劳动增长率也不可能无限下降。这就意味着依靠以上两种方法来促进劳均产出的长期增长是不可行的。世界各国经济增长的历程也表明，一些国家数百年来人均收入（人均产出）在不断提高，而这并不依靠储蓄率的提高和劳动增长率的下降。那么除了储蓄率和劳动增长率外，还有其他因素被遗漏了。

4. 资本积累的黄金律

根据上述分析，较高的储蓄率或投资率会提高稳态劳均产出水平。这是否意味着储蓄率越高就越好呢？从表面上看，如果一国有100%的储蓄率，并全部转化为投资，就会导致最大可能的劳均产出水平。但是，所有的收入都用于储蓄，没有任何消费，社会总需求就会萎缩，总需求与总供给只能在较低的产出水平上达到均衡。那么，采取一个什么样的储蓄率水平是最好的呢？

解决这个问题的"钥匙"是资本积累的黄金律水平。从经济福利的角度来看，选择一个什么样的稳定水平，取决于社会的个人福利最大化。对个人而言，他本身并不关心产出和资本有多少，而是关心可供他消费的产品与服务有多少。因此，个人福利最大化可以用个人消费的最大化来表示。使消费最大化的稳态劳均资本 k 被称为资本积累的黄金律水平，下文以 k^{gold} 表示。那么资本积累的黄金律水平到底是多少呢？

在简单的两部门模型中，国民收入等于消费与投资之和，在人均意义上，有

$$y = c + i \tag{9.22}$$

其中，y 表示劳均产出，c 表示劳均消费，i 表示劳均投资。稳态的劳均产出 $y = f(k^*)$，其中 k^* 为稳态的劳均资本存量。由于稳态资本存量是不变化的，所以新增资本主要用以弥补资本折旧和配置给新增劳动力的装备资本，即投资 $i = (\delta + n)k$。将稳态条件下的劳均产出和劳均投资代入方程(9.22)，重新整理后得到稳态的劳均消费水平为

$$c^* = f(k^*) - (\delta + n)k^* \tag{9.23}$$

式(9.23)表明，稳态的劳均资本 k^* 对稳态的劳均消费 c^* 存在两种相反的作用。一方面，k^* 的增加意味着产出的增加，进而推动消费的增加；另一方面，k^* 的增加也意味着需要将更多的产出用以弥补资本折旧和给新增劳动力装备资本。求 c^* 的最大值是一个求极值问题，c^* 取最大值时的条件为

$$f'(k^*) = \delta + n \tag{9.24}$$

$f'(k^*)$ 的含义是劳均资本的边际产出。公式(9.24)表明，在使得稳态消费水平最大的资本积累的黄金律水平上，劳均资本的边际产出等于资本折旧率与劳动增长率之和。图9-3可以说明这一条件。

在图9-3中，在 $f(k)$ 和 $(\delta + n)k$ 两条曲线之间的距离即为劳均消费。当劳均资本存量 k 达到资本积累的黄金律水平 k^{gold} 时，劳均消费达到最大的 c^{gold}。如果 $k < k^{\text{gold}}$，k 的增加引起的 $f(k)$ 增加大于 $(\delta + n)k$ 的增加，劳均消费 c 还将继续增加；如果 $k > k^{\text{gold}}$，k 的

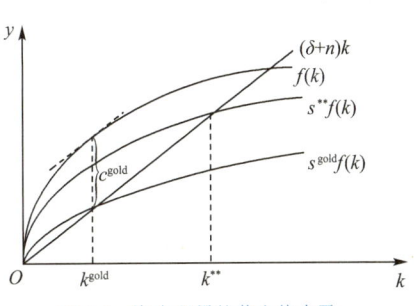

图9-3 资本积累的黄金律水平

增加引起的 $f(k)$ 增加小于 $(\delta+n)k$ 的增加,劳均消费 c 将减少。当 $k=k^{\text{gold}}$ 时,曲线 $f(k)$ 的斜率 $f'(k)$ 等于曲线 $(\delta+n)k$ 的斜率 $\delta+n$,此时劳均消费 c 达到最大。

需要指出的是,经济并不会自动地趋向于黄金律对应的稳态资本量。只有在一个合适的储蓄率水平上,才能达到黄金律稳态。例如,在图 9-3 中,储蓄率水平为 s^{gold} 时,稳态的劳均资本正好位于黄金律水平上,而在储蓄率水平为 s^{**} 时,稳态的劳均资本高于黄金律水平。如果一个经济中劳均拥有的资本量小于黄金律水平的资本量,那么,可以通过削减当前消费,增加储蓄(投资),使得劳均资本量达到黄金律水平的资本量,从而使消费最大化。反之,则可通过增加消费,减少储蓄,使劳均资本量下降以达到黄金律水平的资本量,就可实现消费最大化。

5. 技术进步的意义

在之前的模型中,技术进步是被遗漏的一个重要因素。索洛将技术进步纳入增长模型中,以提高模型的解释力。关于技术进步的简单假定是:技术进步只会引起劳动生产效率的提高,其作用相当于劳动规模的扩张。这种技术进步也称为劳动扩张型技术进步,如果技术进步的增长率为 g,那么它对产出增加的作用与劳动力增加 n 对产出的作用是相似的。在劳动扩张型技术进步的假设下,总量生产函数的形式为

$$Y = F(K, L \times E) \tag{9.25}$$

其中,E 为劳动生产效率。$L \times E$ 同时考虑了劳动数量和劳动的生产效率,为有效劳动的数量。这个生产函数的含义在于,总产出 Y 取决于资本数量和有效劳动数量。

前面我们根据每个劳动力的资本和产出来分析经济,现在,在考虑技术进步对劳动生产率影响的情况下,我们采用每个有效劳动力的资本和产出来分析经济。在存在技术进步的情况下,有效劳动力增长率为

$$\dot{L} = n + g \tag{9.26}$$

不难推知,索洛的资本积累方程(9.20)将变为以下形式

$$\dot{k} = sy - (\delta + n + g)k \tag{9.27}$$

值得注意的是,式(9.27)中的 $y=Y/(L \times E)$、$k=K/(L \times E)$,它们的含义较之前有所变化,分别表示有效劳动的人均产出和有效劳动的人均资本。在此基础上,令 $\dot{k}=0$,则稳态方程为

$$sf(k) = (\delta + n + g)k \tag{9.28}$$

式(9.28)表明,稳态的有效劳动的人均产出将不只是依赖于劳动增长率和储蓄率,还受到技术进步率的影响。在纳入技术进步因素之前,稳态条件下劳均产出不再变化,但是在考虑了技术进步后,虽然稳态条件下的有效劳均产出 y 也不再变化,但劳均产出 $(Y/L = y \times E)$ 仍将按技术进步的速度增长。可见,在纳入技术进步因素后,索洛模型很好地解决了不能解释人均收入的长期增长的困难。另外,在未考虑技术进步的情况下,稳态条件下总产出的增长速度与劳动增长率一致,也就是经济规模的扩张需要不断增加劳动力,这显然是不可能长期持续的,而在存在技术进步的情况下,即使劳动力数量不变,稳态条件下总产出仍然可按照技术进步率的速度持续扩张。

正如以上分析所言,在增加了技术进步后,索洛模型终于可以解释许多国家的人均收入和生产水平的持续提高。在经济达到稳态的时候,劳均产出的增长只与技术进步有关,这给予我们的启示是,可以通过培训工人、投资教育和科技事业、鼓励创新等手段推动技术进步,

进而促进人均收入（产出）水平的提高。

另外还需要指出的是，在考虑技术进步之后，在资本积累的黄金律水平上，资本的边际产量等于折旧率、劳动增长率和技术进步率之和。在现实经济中，技术进步是个不可忽视的重要因素，我们必须采用这个新的标准来判断经济的资本存量是大于还是小于黄金律稳态。

9.3.3 内生经济增长模型

1. 核心思想

以索洛模型为代表的新古典增长理论将经济的长期增长归因于外生的劳动（人口）增长率和技术进步率。由于将劳动的增长和技术进步设定为经济系统之外的因素，在新古典增长模型中，经济增长并不取决于经济系统自身，而是取决于经济以外的因素，这就导致用新古典增长模型解释经济增长的困难。例如，由于技术进步是外生的，因此技术进步对于经济增长来说具有偶然性，那么经济增长也就成了偶然事件，这与现代经济增长的事实是不相符的。针对新古典增长模型的缺点，20世纪80年代中期以后，将新古典增长理论中假定的外生因素内生化的内生增长理论逐渐发展起来。内生增长理论认为，劳动的增长和技术进步既是推动经济增长的主要力量，也是经济增长本身的结果。

内生增长理论的第一尝试是将技术内生化，通过设计专门的模型来解释技术因素如何发生变化。技术内生化的进程存在两条不同路径：第一种路径是将资本区分为物质资本和人力资本，并将人力资本作为一种要素投入，以人力资本数量的变化来说明物质资本和劳动这两种生产要素的生产效率的变化，而人力资本本身又是用物质资本和劳动等要素生产出来的；第二种路径是设计专门的生产函数来反映技术变化，而在技术生产的这些生产函数中，决定技术变化的因素同样也是决定最终产出的那些因素。

内生增长理论的第二个尝试是将劳动或人口的增长率内生化，设计专门的模型来说明劳动或人口的增长率的如何决定的。这种将劳动增长的决定内生化的增长模型不仅包含着有关劳动（人口）增长的最优化决策，而且也列出了增加劳动力（人口）时所必须服从的投入产出关系，其形式与通常的"生产函数"相似。

通过以上两种努力，内生增长理论将技术进步和劳动增长都内生化了，技术进步和劳动增长在经济增长过程中被内生地决定。除此之外，一些内生增长模型还致力于将其他一些在以往的经济增长模型中被忽视的因素进行了内生化，例如，分工与专业化的程度、经济结构、政府支出，以及制度因素等。

2. 内生增长模型

不同于索洛模型可以作为新古典增长理论的基本模型，内生增长理论并没有被普遍认同的基本模型。从内生增长模型的发展进程来看，内生增长模型是由一些持有相同或类似观点的经济学家提出的各种增长模型构成的集合体。即使是对同一因素的内生化，也会有多种模型并存。例如，对技术的内生化就包含"报酬递增生产函数""人力资本""干中学"和"创新"等多种类型。为了说明内生增长理论的内在思想，下面先简单介绍 AK 模型。

首先，假设一个简单的生产函数：$Y = A \times K$，其中 Y 为产出，K 为资本存量，A 为常数。实际上，A 表示了资本边际产出，这与新古典生产函数所要求的资本边际产出递减是不同的。这个性质也是该模型与新古典模型之间的最重要差别。

设:储蓄率为 s,资本折旧率为 δ,劳动增长率为 n。如果所有储蓄都转化为投资的话,那么资本存量的变化为

$$\dot{K}=sY-(\delta+n)K \tag{9.29}$$

公式(9.29)的含义是新增资本为从投资(sY)中扣除补偿资本折旧(δK)以及装备新增劳动力(nK)后所剩下的那部分。该方程所示的资本积累方程与索洛模型的资本积累方程相似,不过公式(9.29)中的资本和产出都是总量变量,而非索洛模型中的劳均变量。将 $Y=A\times K$ 代入(9.29)中,可以得到经济增长率为

$$\frac{\dot{Y}}{Y}=\frac{\dot{K}}{K}=sA-(\delta+n) \tag{9.30}$$

这表明,经济增长率等于储蓄率与资本边际产出的乘积减去折旧率和劳动增长率。只要 $sA>\delta+n$,经济增长率就大于0。换句话说,只要储蓄率高于$(\delta+n)/A$,即使在没有技术进步的情况下,经济增长也能持续下去。而且,经济增长的速度与储蓄率成正向关系。这和索洛模型是不一样的。在索洛模型中,储蓄率的提高只能引起暂时的增长,资本边际产出递减最终迫使经济达到稳态,此时经济增长与储蓄率无关。

资本边际产出不变的假定是否合理呢?在传统的观点中,资本只包含经济中的物质资本,如工厂与机器设备,那么假定资本边际产出递减是合理的。例如,为每个工人配备10台设备的生产效率并不会比只为每个工人配备1台设备的效率高出10倍。如果将资本解释为物质资本和知识资本(或者人力资本),那么资本边际产出不变的假定就可能比边际产出递减更为合理了。因为,知识作为一种资本投入的话,它更多地表现为边际产出递增。如果资本包含了边际产出递减的物质资本和边际产出递增的知识资本,那么资本边际产出不变的假定就是合理的。

3. 两部门模型

AK模型只是简单地说明了没有外生技术进步和取消了资本边际报酬递减的假定后,持续的经济增长是如何内生的。AK模型还是不能准确地解释现实的经济增长,特别是没有考虑任何"技术"因素。两部门模型在这方面进行了更好的描述。假设经济只存在两个部门,一个是传统生产部门,另一个是研究与开发(R&D)部门。传统生产部门主要生产用于消费和物质资本投资的产品和服务,而研究与开发部门主要生产用于提高劳动效率的知识,这些知识供传统生产部门使用。

两个部门有着不同的生产函数。传统生产部门的生产函数为

$$Y=F(K,uEL) \tag{9.31}$$

其中,u 表示传统生产部门雇用的劳动人数占总劳动人数的比例,E 表示决定劳动效率的知识存量。其他变量含义与前面一致。显然,uE 反映的是传统生产部门占有的知识存量,uEL 表达的是有效劳动的数量。显然,在这个生产函数中包含了技术因素,而且假定的是劳动扩张型的技术进步。

E 的生产来源于研究与开发部门,其生产函数为

$$\frac{\dot{E}}{E}=g(1-u) \tag{9.32}$$

其中,$1-u$ 表示研究与开发部门所占的劳动力比例。g 是表明知识增长如何取决于研究与开发部门所占劳动力比例的函数。$\dot{E}/E$ 表示知识存量的增长率,它也反映了技术进步的速

度。这个生产函数表明,知识增长或技术进步内生地由 $1-u$ 所决定。

资本积累方程为

$$\dot{K}=sY-(\delta+n)K \tag{9.33}$$

由两个部门的生产函数和资本积累方程共同组成了两部门模型。如果两个部门的劳动力比例没有发生变化,那么知识存量或者技术就会按不变的速度 $g(1-u)$ 持续增长。这与具有外生技术进步的索洛模型是一致的。因此,两部门模型与索洛模型的差别仅仅在于前者对技术进步做出了内生解释,而后者假定技术进步是外生的。相比 AK 模型,两部门模型在技术的内生化处理上前进了一小步,但它仍然是较为简略的模型。

关键术语

经济增长　经济发展　人均 GDP　增长率　实际经济增长率　潜在 GDP 增长率　中性技术进步　劳动节约型技术进步　资本节约型技术进步　高质量发展　绿色发展　绿色增长　劳动生产率　实物资本　人力资本　经济增长核算　全要素生产率　碳达峰　碳中和　有保证的增长率　稳态资本积累的黄金律　技术进步　人口陷阱　资源诅咒　内生增长模型

思考题与讨论题

1. 哈罗德-多马模型的基本假设有哪些?
2. 根据哈罗德-多马模型,均衡的经济增长需要满足哪些条件?
3. 根据哈罗德-多马模型,经济稳定增长需要哪些条件?
4. 根据哈罗德-多马模型,经济增长的长期均衡条件是什么?
5. 新古典经济增长理论与内生增长理论有何不同?
6. 什么是资本积累的黄金律水平?
7. 您认为目前中国经济增长是否主要依靠投资拉动?
8. 中国如何实现经济增长转型?
9. 制度因素对经济增长有什么样的影响?
10. 如何从经济增长角度辨别制度是否有效率?
11. 新古典经济增长理论与内生增长理论有何不同?
12. 索罗模型包含了哪些假设条件?
13. 为什么全要素生产率的增长率可以通过计算"索洛余项"来估计?

第 10 章 经济的周期波动

宏观经济运行的周期性波动是一种客观现象,自工业革命以来,几乎所有国家的经济运行都表现出了某种周期性特征。经济周期理论是宏观经济学的重要组成部分,特别是在英国经济学家凯恩斯提出宏观经济理论之后,经济学家更是加强了对经济周期的研究。产生经济周期的原因是什么?本章重点从两个角度进行解释:一是总需求波动与经济的周期波动,即乘数-加速模型;二是总供给与经济的周期波动,即实际经济周期理论。

关键问题

- 什么是经济周期?
- 经济周期对宏观经济运行会产生什么影响?
- 古典周期与增长周期有什么区别?
- 什么时候会爆发经济危机?
- 哪些因素会导致经济的周期波动?
- 乘数-加速模型的核心观点是什么?
- 实际经济周期理论的核心观点是什么?

10.1 经济周期概述

10.1.1 什么是经济周期?

1. 经济波动与经济周期

经济周期属于宏观经济波动。经济波动具有不同类型,有些波动持续时间较长,有些波动持续时间较短,有些波动有规律性,有些波动是不规则的。

在人们的日常生活中,许多经济活动具有严格的规律性。工厂、商店、银行等企事业单位的职工每天上午某个时刻上班,工作 8 小时之后下班;每个星期有一天或两天休息日,在休息日,工厂或企业停止生产经营活动。对于这类每日一周期或每周一周期的作息波动,人们已经习以为常,生产、交易和消费等经济活动并不会因此而受到影响。对经济活动有影响的短周期经济波动是季节波动。季节波动在时间上有较强规律性,周期长度在一年以内,广义的季节波动并不仅仅是指受自然季节变化影响、以日历年度为一周期的经济波动。社会风俗、消费习惯、供货周期和商业惯例等因素都可能产生季节波动,这类季节波动的周期长度可能短到几个月,甚至几周。所以,季节波动主要是指一年之内经济活动的淡季和旺季有规律地更迭。

周期长度在一年以上的经济波动通常称作经济周期或周期波动。季节波动与经济周期有明显区别,这种区别不仅表现在周期持续的平均时间长度的界线上,还表现在其他重要特征上。首先,季节波动的周期长度是相对稳定的,每个周期的出现在时间上通常有严格的规律性,经济周期的周期长度从几年到十几年不等,一个周期持续的时间和下一个周期持续的时间可能相差很大,因此经济周期的规律性主要不是指在时间上的定期性,而是指周期波动的各个阶段按一定次序重复出现、循环不止。其次,季节波动幅度较小,经济周期由于持续时间长,波动幅度要大得多。第三,工业、农业、商业、金融等不同产业的各类经济活动的季节波动有很大差异,而经济周期则具有较强的使整个经济中所有产业的各类经济活动发生同步波动的趋向。第四,季节波动基本上是经济系统的外部因素作用的结果,经济周期虽然对外因变动也很敏感,但它基本上决定于经济系统内部因素的相互作用。

不规则波动是另一大类经济波动。引起经济不规则波动的因素绝大多数是非经济因素,诸如战争、自然灾害、意外事故、政治运动和宏观经济决策的失误,等等。这些因素的出现是偶然的、不规则的,因而是无法预见的。这些因素有时产生的影响波及范围广,持续时间长,往往会造成经济活动的逆转,缩短或延长经济周期某一阶段的进程。在很多情况下,不规则波动很难与经济周期完全区分开来。

2. 经济周期的定义

关于经济周期,美国经济学家萨缪尔森曾做过这样的描述:经济的增长方式从来都不是一成不变的,一个国家可以享受好几年令人兴奋的经济扩张和繁荣,随之而来的非理性繁荣可能导致非理性的悲观情绪,银行收紧了商业贷款,支出减少。其结果是国民产出下降、失业率上升、利润和实际收入减少。最后,经济衰退逐渐落至谷底,然后便开始复苏。复苏有可能恢复不到原先的经济状况,也有可能强劲到足以启动下一轮的经济扩张。经济繁荣意味着需求持续旺盛,就业机会充足,生活水平不断上升;同时,繁荣也可能伴随着通货膨胀、价格上扬和投机猖獗,紧接着便是另一轮经济衰退。[①]

根据萨缪尔森的描述,我们可以给出如下定义:经济周期是指宏观经济环绕长期增长趋势周期性出现的经济扩张与经济紧缩交替更迭、循环往复的一种现象。这一定义包含了经济周期的三个内涵:第一,经济周期的核心是国民产出的波动,研究经济周期的关键是研究国民产出波动的规律与根源;第二,经济周期是经济中不可避免的波动,通常伴随着产出水平及其增长率、利率、失业率、通货膨胀率、对外贸易等活动的波动;第三,虽然每次经济周期并不完全相同,但它们却有共同的特征,即经济扩张、繁荣、衰退、经济收缩、萧条、复苏等经济现象按照一定次序循环往复地出现。

根据这个定义,经济周期由多个不同的阶段构成,尽管经济学家对不同阶段描述所用的术语不同,但是这些阶段却是按照一定次序出现,循环往复,形成周期性波动的规律。有许多指标可以反映经济周期的阶段性特征,如国内生产总值、国民收入、就业量、消费总量、工业生产指数、投资总量,或某种综合性的指标。目前,经济学家主要运用国内生产总值指标来描述经济的周期性波动。图 10-1 中以潜在 GDP 趋势指标来衡量经济的长期增长趋势,

---

[①] 保罗·萨缪尔森,威廉·诺德豪斯.经济学.19 版.萧琛,主译.北京:商务印书馆,2013:390-392.

经济周期是围绕着这个趋势上下波动的过程。

3. 经济周期的测定

经济周期虽然是一种宏观经济现象,但是周期波动不仅仅发生在宏观经济活动中,也广泛地扩散到整个经济系统,经济总量的时间序列只是综合地反映了众多单个经济活动的周期波动。因此,从监测和预测经济周期的实用角度出发,必须建立一套完整的指标体系,既包括综合性的总量指标,也包括表示各类单个经济活动的指标。

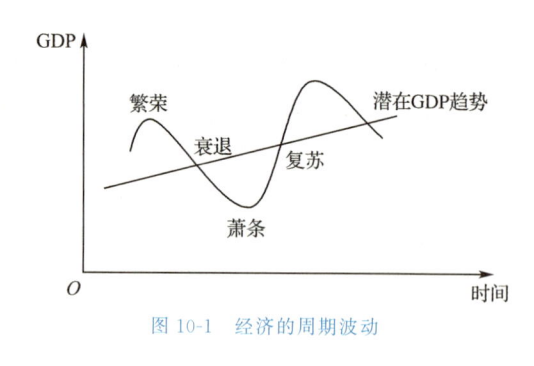

图 10-1 经济的周期波动

经济周期的测定具有双重含义,一是实际工作部门对经济周期的监测,目的在于恰当地反映当前经济的运行状况,准确地预测经济在未来的发展趋势,及时地为宏观经济决策提供可靠依据;二是理论研究中对经济周期的测定,目的是把研究集中在少数几个具有代表性的经济总量及其相互关系上,排除次要因素影响,以求得对经济周期高度抽象的理论解释。

各类经济活动并非同时达到经济周期的某一个阶段,在某一时刻,一些经济活动处在扩张阶段,而另一些经济活动已进入收缩阶段。处于周期波动不同阶段的单个经济活动在数量比例上的变化,最终会与总量经济活动的周期波动联系起来。总量经济活动的扩张时期也正是呈上升趋势的单个经济活动占优势的时期。而且,这类单个经济活动的数量越多,范围越广,总量经济活动扩张的上升幅度就越大。随着经济转向收缩阶段,呈上升趋势的单个经济活动在数量上会日益减少,取而代之的是呈下降趋势的单个经济活动的不断增加。当这两类经济活动在数量比例上的优势发生逆转时,总量经济活动便进入经济周期的下一个扩张阶段。所以,在总量经济活动的扩张与收缩更迭的表面现象之下,经济系统内部发生的是一个众多单个经济活动扩张与收缩的连续转换过程。

在实践中,人们通常根据不同类型经济活动的周期波动在时间上的差异及其领先与滞后关系建立指标体系,监测一般经济情况的周期变化。目前,各国已建立的经济周期监测指标体系大体包括三类指标,即领先指标(Leading Indicators)、一致指标(Coincident Indicators)和滞后指标(Lagging Indicators)。领先指标可以预示整个经济的基本运行过程将要发生的变化。一致指标代表的经济活动的变动与经济周期大体上一致,可以表明目前经济的运行状况,是处于扩张阶段还是收缩阶段。滞后指标所代表的经济活动在时间上要晚于经济的周期波动。一般地,在经济周期的各个阶段,领先指标与滞后指标的变动方向相反。

最早的经济周期监测指标体系是美国在 20 世纪 20 年代使用的哈佛晴雨表(Harvard Barometer),它是由经济学家皮尔逊(W. H. Persons)在 1919 年提出的。这种监测商业活动的"晴雨表"最初由分成 5 组的 20 个不同指标的时间序列构成,每组时间序列具有周期波动的相同或大体类似的特征,不同组时间序列显示的周期波动在时间上相继发生。以后,时间序列从 5 组减少到 3 组,各组分别用 A、B 和 C 标示,以便更有效地监测商情变动。A 组(包括 4 个时间序列)提供一个有关投机活动的指数,B 组(包括 5 个时间序列)提供一个有关产量、生产率和商品价格的综合指数,C 组(包括 4 个时间序列)提供一个有关纽约市财务状况的指数。这三种指数的图示,就是哈佛 ABC 曲线。

20 世纪 30 年代以后,美国国家经济研究所(NBER)在监测经济周期方面做了大量工作。根据政府的要求,该研究所着手准备一份有关周期性复苏的统计指标的备忘录。在此基础上,该研究所分析和检验了 487 个时间序列,从中选出 71 个时间序列作为周期性复苏的统计指标体系。但他们并没有满足于这个结果,根据更严格的标准,进一步筛选出了 21 个更可靠的时间序列。此后,这个指标体系分别在 1950 年、1960 年、1966 年和 1975 年被修正和充实。其他西方经济发达国家也建立了经济周期监测指标体系,例如,1903 年英国用"国家波动图"描述宏观经济波动,1920 年英国剑桥经济研究所编制了英国商业循环指数,1922 年瑞典经济统计学家编制了瑞典商情指数,1925 年德国景气研究所发布了德国一般商情指数。但是,这些经济周期监测指标体系都不如美国经济周期指标体系那么系统和有代表性。

20 世纪 80 年代中、后期起,中国在研究和建立经济周期监测指标体系方面做了大量工作,形成了包括领先指标、一致指标和滞后指标的指标体系基本框架。中国经济周期指标体系的建立,是立足于中国经济特点的基础上借鉴西方经济发达国家成功经验的研究成果。建立和运用经济周期指标体系,要求对基本数据进行细致分析。许多指标的领先、一致和滞后关系并非一成不变。为消除单个指标变动在时间上的差异,综合描述整个经济运行的情况,经济学家通常运用指数形式分析经济周期,其中,扩散指数是应用最为普遍的方法之一。扩散指数是在对各个经济指标的循环波动进行测定的基础上,所得到的扩张变量在一定时点上的加权百分比。设 DI 代表扩散指数,则

$$\mathrm{DI}(t) = \sum W_i(t)[X_i(t) \geqslant X_i(t-j)] \times 100\% \tag{10.1}$$

其中:$\mathrm{DI}(t)$ 为 t 时刻的扩散指数;$X_i(t)$ 为第 i 个变量指数在 t 时刻的波动测定值;W_i 为第 i 个变量指标的权数;N 为变量指标总数;I 为示性函数;j 为指标值的滞后时间差。如果权数相等,则公式简化为

$$\mathrm{DI}(t) = \frac{\sum I[X_i(t) \geqslant X_i(t-j)]}{N} \times 100\% = \frac{\text{在 } t \text{ 时刻扩张的变量个数}}{\text{变量总数}} \times 100\% \tag{10.2}$$

扩散指数根据扩张的单个经济活动所占比例的变化测定经济周期,它在某一点的值,代表经济波动扩散的程度和范围。扩散指数 DI 的取值范围为 0~100%,当 $0 < \mathrm{DI}(t) < 50\%$ 时,经济由收缩阶段向扩张方向运动,经济运行于不景气空间后期;当 $50\% < \mathrm{DI}(t) < 100\%$ 时,经济运行于扩张阶段,随着 $\mathrm{DI}(t)$ 向 100% 不断逼近,经济会越来越热;当 $100\% > \mathrm{DI}(t) > 50\%$ 时,经济处于降温阶段;当 $50\% > \mathrm{DI}(t) > 0$ 时,经济处于全面收缩阶段。扩散指数在每一个阶段停留的时间代表经济波动在此阶段的扩散速度,时间越长,扩散越慢。因此,扩散指数系统地反映了经济周期在不同经济活动中相继扩散的动态过程。

10.1.2 经济周期的相关术语

随着世界各国经济的发展,经济周期产生的原因和表现的形式也在不断变化,在不同历史时期、社会制度和经济体制下,经济周期具有不同的含义。因此,描述经济周期及其影响的术语层出不穷。本节将讨论理论界和政府在宏观经济管理中出现频率较高的术语。

1. 商业危机与商业周期

人们认真地研究经济周期问题,在西方经济发达国家开始于 19 世纪初。在不受战争影

响的和平时期持续发生的商业大波动,引起人们的关注。最初人们把注意力集中在反复发生的商业危机上,即商业繁荣达到顶点之后出现的货币利息率骤涨、价格暴跌、普遍的清算和倒闭等现象。因此,"商业危机"(Commercial Crises)成为最早用于说明经济周期的术语。

商业危机的含义较为狭窄,它仅指商业活动,特别是商品市场和金融市场的买卖活动;而且,它仅指周期波动的一个阶段,不是整个过程。

在早期研究中,一些学者把由战争、瘟疫和自然灾害等突发事件在经济生活中造成的灾难性事件看作商业危机。到19世纪后期,随着研究的深入,许多学者认识到商业危机与突发性危机大不相同。首先,商业危机通常是由商业活动的内在因素引起的,在和平时期,生产迅猛增长,社会各阶层收入普遍提高,当经济增长达到一定程度时,商业危机突然爆发,产生了产品积压、企业破产、工人失业、下层阶级生活更加困苦等后果,以致人人惊慌失措。商业危机具有较强的重复出现的规律性。而突发性危机往往起因于非经济因素,出现的时间是偶然的,无任何规律。其次,商业危机持续时间较短,而突发性危机持续时间要长得多。最后,商业危机一般发生在商业活动达到繁荣的顶峰之后,而突发性危机可以发生在任何时期,甚至商业活动的低落时期。

19世纪的大部分时期,商业危机概念普遍为西方学者所采用,但是这个概念的含义却逐渐发生了演变,从仅指商品市场和金融市场上商业活动危机到说明整个国家工业经济活动危机;从表示商业危机本身到说明包括商业危机发生前后出现的事件的全过程。虽然许多学者并没有意识到危机只是周期波动的一个阶段,但是在使用商业危机一词时,已经多少包含了这种意思。

英国的约翰·韦德是较早提出商业周期(Commercial Cycle)一词的人,他在1833年就指出,一个商业周期通常需要五年或七年的时间才能完成,在这个时期内,如果参考以往70年的商业历史,就可以发现景气和不景气是交替着的。此后,这种提法被逐渐推广开来。

早期阐述商业周期的最有影响的经济学家是法国的尤格拉(Clement Juglar)。他在1860年提出,商业危机不是孤立现象,而是商业周期的一部分,商业周期由繁荣、危机、清算三个时期构成,这三个时期总是以一定次序一个跟着一个地出现。尤格拉之后,商业周期的阶段扩大到繁荣、危机、不景气和复兴四个时期,每个时期的含义也更加明确。由于危机一般与金融市场上发生的金融恐慌相关联。而这类事件并不总是与经济活动收缩阶段的开始相巧合,所以介于两次危机之间,往往有两个或更多轮流出现的繁荣和不景气阶段。为避免误解,一些学者舍弃危机一词,把繁荣转入不景气的时期叫作衰退。这样,到了20世纪初,商业周期是指繁荣、衰退、不景气和复兴四个阶段按一定次序交替发生、循环不已的过程。

2. 古典周期及其阶段划分

20世纪30年代以前,西方主要资本主义国家的经济运行很不稳定,衰退与萧条通常表现为经济总量的水平的下降,因而经济周期主要是指经济总量的水平的周期波动。经济周期的这种含义被称为古典周期。

在20世纪30年代以前,一个完整古典周期的标准阶段划分包括繁荣、衰退、萧条和复苏四个阶段。繁荣时期的一般特征是社会需求旺盛,生产迅速扩大,失业人数减少,商业投机活跃,信用不断扩张,国民产出达到最高水平。当繁荣达到顶峰,经济失去了内在平衡,便进入了衰退阶段。在衰退阶段,经济活动锐减,由于社会需求下降,生产相对过剩,产品严重积压,价格与利润跌落,工厂和银行纷纷倒闭,造成工人大量失业,生产水平大幅度下降。萧条阶段是经济在衰退之后达到的低水平相对稳定阶段,这个阶段的一般特征是工厂和银行不再继续倒闭,生产水平不再下降,但是存在大量闲置生产能力,经济处于低水平停滞状态。萧条持续了一段时期之后,经济内部的失衡状态逐渐消失,随着市场情况的好转,萧条便让位于复苏。在复苏阶段,生产开始恢复,社会需求逐渐增加,物价上升,利润增加,刺激企业增加投资、扩大生产、增雇工人,从而推动经济中的信用扩张,商品市场和金融市场渐趋活跃。随着经济活动不断活跃,经济进入周期波动的下一个繁荣阶段。

1958年,美国学者哈伯勒在其出版的《繁荣与萧条》一书中,把一个完整的古典周期划分为两个阶段和两个转折点,即高涨(Upswing)阶段和低落(Downswing)阶段,高潮转折点(Upperturning Point)和低潮转折点(Lowerturning Point)。按照哈伯勒的解释,高涨阶段是繁荣阶段,在这个阶段,实际收入水平和就业水平都很高,或者是在提高中,生产资料和劳动力得到了充分利用;而低落阶段则是萧条阶段,在这个阶段中,社会需求、实际收入水平和就业水平都在减退中,或处在正常以下的状态(低于充分就业水平的状态)。高潮转折点是指从扩张转向收缩,低潮转折点是指从收缩转向扩张。传统意义上的衰退与复苏在哈伯勒的划分中被认为是短暂的经济活动的逆转,因而不能构成周期波动的两个独立阶段。而且,把高涨阶段解释为扩张阶段,低落阶段解释为收缩阶段,似乎带有增长周期的含义,因为经济收缩并不一定是经济绝对水平的下降,而经济扩张则总是指经济增长的加速。

3. 增长周期及其阶段划分

20世纪50年代以后,世界多数国家的经济进入相对稳定的增长时期,经济总量水平下降的年份已不多见,即使出现经济衰退,也经常表现为经济增长速度的下降,而不是经济绝对水平的下降。统计资料中呈现出的经济周期的典型特征,是在经济总量的水平持续上升之后,跟着一个时期较短、幅度较小的下降阶段;周期波动中的一个波峰不仅高于它前后相邻的两个波谷,而且高于它之前的波峰,但低于它之后的波峰。同样,周期波动中的一个波谷通常要高于它之前的波谷。显然,这是一种经济增长过程中的周期波动,即围绕经济长期增长趋势的周期波动,这种周期波动被称作增长周期。

一个完整的增长周期由扩张时期、波峰、收缩时期和波谷构成,波峰是代表由经济扩张转向经济收缩的转折点,波谷则是代表由经济收缩转向经济扩张的转折点。周期波动的扩张时期表现为经济的加速增长,周期波动的收缩时期则表现为经济的减速增长。

1969年,美国经济学家伯恩斯进一步明确了哈伯勒的观点,他把经济周期划分为扩张阶段、收缩阶段、波峰和波谷。波峰标志着扩张阶段的结束和收缩阶段的开始,波谷则标志着收缩阶段的结束和扩张阶段的开始。

在现代经济周期理论文献中,虽然仍见到繁荣、衰退、萧条、复苏这些术语,但它们的词意与原有词意已大不相同。繁荣有时与扩张替换使用,尽管繁荣一词的准确含义是指扩张的某一特定阶段,即经济活动达到最高水平的阶段。衰退和萧条通常表示不同程度的收缩。衰退表示持续时间较短、较轻微的经济收缩,主要描述经济增长速度的减慢。萧条表示持续时间较长、较严重的经济收缩,主要是指实际产出水平下降的时期。复苏一般是指收缩阶段到扩张阶段的过渡。

古典周期和增长周期除了上述区别外,还有两点明显的区别。第一,古典周期的周期长度较长,增长周期的周期长度较短,在同一段时期内,增长周期出现的次数较多,较为频繁。例如,从1948年到1973年,美国经济中发生的古典周期是6次,而增长周期则是9次。第二,由于经济增长速度的减缓会使增长周期进入收缩阶段,因此增长周期向下转折的时间通常要早于古典周期向下转折的时间。

经济学家不再认为经济危机是经济周期的一个独立阶段,虽然有时经济危机被解释成从繁荣走向衰退的转折点。传统上,经济危机主要是指产品过剩危机,表现为过剩产品的严重积压、实体企业的倒闭。近半个世纪以来,在大多数场合,金融危机引发了经济危机,主要表现为金融恐慌、股市暴跌、银行挤兑、黄金枯竭等情况。

10.1.3 经济周期的主要类型

现代经济周期概念包含经济周期的周期长度、周期的阶段划分、波动幅度、周期各阶段持续的平均时间和转折点等数量特征。从周期平均长度角度,经济周期可以划分为短波周期、中波周期、中长波周期和长波周期几种类型。

1. 短波周期

短波周期主要描述企业存货投资的周期波动,其平均长度是3.3年。

由于短波周期最初是由英国经济学家基钦(Joseph Kitchin)于1923年提出来的,也称作"基钦周期"。基钦在研究了1890—1922年英国和美国银行信贷和存货波动情况的基础上,把经济周期划分为两类:主要周期(Major Cycles)和次要周期(Minoe Cycles)。他发现主要周期的平均长度是8年,多数主要周期持续时间为7~10年;而次要周期是存货周期,持续的时间平均为40个月,他把这种存货周期称作短波周期。

2. 中波周期

中波周期主要描述企业固定资产投资的周期波动,其周期长度是9~10年。

由于中波周期最初是由法国经济学家尤格拉(Clement Juglar)在19世纪60年代提出来的,因此也被称作"尤格拉周期"。尤格拉以两次商业危机出现的时间间隔衡量周期长度。现在,中波周期的长度不再是指相邻两次商业危机的时间间隔,而是指波动幅度较大的相邻两次波峰(或波谷)的时间间隔。这样,中波周期往往包含着2个或3个短波周期。从对经济和社会的影响看,中波周期更为重要,这类周期的大幅度波动对生产、就业、价格、社会各阶层之间的收入分配等产生重大影响。

从统计指数来看,短波周期的波动不太显著,有时甚至不会引起人们的察觉。所以,中波周期通常被看成标准周期,人们谈到经济周期时,都是指中波周期。不过,就周期波动的基本模式来说,这两类周期没有本质区别,它们都是由交替出现的繁荣、衰退、萧条和复苏四个阶段构成的。除非在研究中特别指明,一般意义上的经济周期包括了这两类周期。

相关研究发现,第二次世界大战之后,中波周期趋于缩短,其主要原因是政府积极、主动地采取了财政政策和货币政策对经济进行干预;信息传播更为迅速,企业或投资者把握投资机会或利用技术进步比过去更快。

3. 中长波周期

中长波周期主要描述建筑业及其相关经济活动的周期波动,其周期长度为15~25年。

由于中长波周期最初是由美国经济学家西蒙·库兹涅茨(Simon Kuznets)于1930年提出的,因此也被称作库兹涅茨周期。库兹涅茨在分析一些经济总量的数据中发现,美国经济发生严重经济萧条的时间间隔为15~25年,这种周期在房屋建筑业中得到了证实。于是,这种持续时间介于中波周期和长波周期之间的周期波动被称作中长波周期。

用中长波周期来解释建筑行业的周期波动主要有三个理由：第一，是人口的年龄结构变化，从长期来看，房地产的主要需求来自新增人口，尤其是年轻人口，因此对房地产行业的需求周期通常伴随着一代人的成长，新的一代年轻人成长起来，才会诞生新一轮房地产周期；第二，在经济繁荣时期，对劳动力的需求增加，从而增大对工资的压力；收入的提高和经济环境的改善引起新组成的家庭数量的增加，激发对新住宅的需求；第三，建筑周期由发展、快速建造、调整、购置等阶段构成，不同阶段经济活动的活跃带动了经济中土地规划、建材生产、建筑机械制造、房屋销售等经济活动的活跃，增加了就业机会，推动了消费水平的提高，这个过程会持续到建筑业产品过剩而不得不进行调整为止。

4. 长波周期

长波周期主要描述工人工资和商品价格的周期波动，其周期长度在 40 年到 60 年中变化。

由于长波周期是由苏联经济学家尼古拉·康德拉季耶夫（Nikolai Kondratiff）提出来的，也称作康德拉季耶夫周期。早在 20 世纪初，一些西方经济学家就发现了长波周期的存在，直到 1925 年，康德拉季耶夫系统地阐述了长波周期理论之后，长波周期才真正引起人们的重视。康德拉季耶夫提出的长波周期最初是作为对价格波动的描述，他分析的统计资料主要包括英国和法国的商品批发价格、工人工资、政府债券的利率以及美国的价格数据，并且以人均数据为基础分析了这几个国家煤和钢铁等少数几种产品的产量波动。康德拉季耶夫用移动平均法（移动平均的期数是 9 年）消除了数据中的中波周期后发现，在资本主义经济中明显地存在着长波周期波动，他依据对上述数据的分析指出，在 1780—1920 年，资本主义国家的经济经历了两个半长波周期，每个完整的周期持续 50 年左右。1925 年，康德拉季耶夫在他的著作《长波周期》中正式公布了研究结果。

美籍奥地利经济学家熊彼特在上述研究的基础上，提出在资本主义的历史发展过程中，同时存在着长、中、短"三种周期"理论。在这里，熊彼特沿袭了康德拉季耶夫的说法，把几百年来资本主义的经济发展过程进一步分为三个"长波"，而且用"创新理论"作为基础，以各个时期的主要技术发明和它们的应用，以及生产技术的突出发展，作为各个"长波"的标志。第一个长周期从 18 世纪 80 年代到从 1842 年，是"产业革命时期"；第二个长周期从 1842 年到 1897 年，是"蒸汽和钢铁时期"；第三个长周期开始于 1897 年，是"电气、化学和汽车时期"。在每个长周期中仍有中等创新所引起的波动，这就形成了若干个中周期。在每个中周期中还有小创新所引起的波动，形成若干个短周期。这里的"中周期"为"尤格拉周期"，"短周期"为"基钦周期"。熊彼特还宣称，上述几种周期并存、相互交织，进一步证明了他的"创新理论"的正确性。

对于上述类型的经济周期，经济学家的重视程度并不一致。对于长波周期，多数人认为，周期太长，与人们所关注的经济活动联系不大，因此较少有人重视。但在 20 世纪 70 年代，西方经济发达国家发生了严重的"滞胀"情况，一些经济学家试图从长波周期与技术创新等方面解释"滞胀"，但并未延续下去。中波周期是大多数经济学家关注的对象，经济学文献中的经济周期理论主要研究中波周期。关于短波周期，经济学家主要把它看作与存货调整关系密切的周期波动。在经济决策的微观层面上，短波周期比中波周期受到更多的重视。

10.2 经济周期成因的理论解释

有关经济周期成因的研究是经济学最重要的一个研究领域,自工业革命以来,反复爆发的商业危机吸引着众多经济学家深入探究导致经济周期波动的原因,其研究成果大体上分为外因论和内因论两大类。外因论是在经济体系之外的某些要素的波动中寻找商业周期的根源,如战争、革命、选举;石油价格、发现金矿、移民;新土地和新资源的发现;科学突破和技术创新;太阳黑子、气候变化和天气等。外因论的一个例子是第二次世界大战爆发,导致武器军备生产快速扩张和军事开支大幅增加,从而导致总需求增加,使美国经济从大萧条中走了出来。

与外因论不同,内因论则在经济体系内部寻找产生经济周期的机制和原因。这种理论认为,任何一次扩张都孕育着新的衰退和收缩,任何一次收缩也都包含着可能的复苏和扩张。例如,西方经济发达国家在历史上的许多次经济周期都是源于金融体系的内部周期。本节着重讨论有关经济周期成因的主要理论解释。

10.2.1 西方古典经济周期理论

西方古典经济周期理论指凯恩斯理论出现之前的经济周期理论,这类经济周期理论体现了西方古典经济学的基本思想。在古典经济学中,经济出现的危机、衰退或萧条被认为是偏离充分就业均衡状态的暂时现象,通过市场调节,即价格和工资的灵活变动,经济可以自动回复到正常状态。因此,早期的著名学者,如斯密、李嘉图、穆勒,甚至马歇尔,对经济周期问题的研究都不重视。经济周期问题只是专题性研究,或偶尔提到的问题,而不是经济理论的基础问题或中心问题。他们所关心的主要是阐明经济处于充分就业均衡这种"正常状态"下的资源最优配置问题。

19世纪中期,英国经济的周期波动已经表现出较强的规律性,大约每十年发生一次严重的经济危机。尤其是19世纪70年代以后,经济周期扩大到世界范围,整个西方资本主义国家往往同时或几乎同时进入高涨阶段或衰退阶段。这种经济周期显然不是由战争、自然灾害等偶然因素造成的,萨伊和李嘉图等人提出的在当时占正统地位的经济理论无法解释这一现象。最初把经济周期问题放在突出地位进行研究的是那些对萨伊和李嘉图的理论观点提出质疑和批评的经济学家,如西斯蒙第(J. C. Sismondi)和马尔萨斯(Thomas R. Malthus)。随着研究的深入和研究范围的扩大,经济周期的理论逐渐发展起来,到20世纪30年代,已经形成多种经济周期理论。这些理论虽然各有侧重,但其观点却往往互相混杂,有的学者甚至可以归入几个理论学派之中。而且,受古典经济学的影响,这些周期理论基本上没有脱离均衡思想的框框,对经济周期的解释以经济处于充分就业均衡状态作为起点。各种理论的主要区别在于它们所强调的打破均衡状态并促使经济回复到均衡状态的影响因素不同。

1. 技术创新理论

技术创新理论根据技术进步和生产经营中的创新活动产生的影响解释经济周期,其中具有代表性的是熊彼特(T. A. Schumpeter)提出的创新理论(Innovation Theory)。

熊彼特的理论以一种假设的经济体系为前提,这种经济体系处于静态均衡状态,即所有生产要素得到充分利用,企业盈利总的来说为零,利率也为零。他认为,经济以外的其他因素(如战争或自然灾害)可以不时地破坏经济均衡,但这些因素是偶然的,不能够解释经济较有规律的周期波动。人口和资本的长期增长也不能导致渐进的失衡,因为这种变动被经济不断地调整所吸收,从而经济均衡得以维持。在熊彼特看来,能够解释经济周期的是企业的"创新"活动,这种创新活动是造成经济反复失衡而又恢复均衡的力量,它促成了经济的周期性发展。

"创新"概念是熊彼特周期理论的核心,它的含义包括:技术发明和革新的实际应用,新产品的推广,新生产方法的采用,新市场的开辟,新资源的获得,以及新型企业组织的实行。因此,"创新"是一个经济概念,而不是一个技术概念。银行的信贷支持是创新得以实现的必要条件。

创新活动如何引起经济周期波动呢?熊彼特认为,有一批为数较少、富有想象力又敢于冒险的企业家,能够成功地把新的技术发明和革新引入经济之中。这些企业家的成功,使他们能够在生产中采用较为有利的生产要素新的结合方式,从而降低成本曲线,获得盈利。新的盈利机会吸引了后来的模仿者,开始是少数,接着是蜂拥而至,社会需求随之增加。首先是投资需求的增加,从与创新有关的行业扩大到其他行业,促使信贷扩张,生产要素价格提高。其次是消费需求增加,引起价格普遍上涨,社会上出现了许多投资机会,带来繁荣景象。当创新已经扩展到较多企业,大量产品涌进市场,盈利机会消失之后,对银行信贷和对生产要素的需求便趋于减少,于是经济开始衰退。由于高涨时期的盲目投资造成的失误和投资过度现象,须经过衰退之后的萧条和复苏阶段的经济调整才能消除,在这个过程中创新的进展会缓慢下来,直到经济达到新的均衡,创新活动才会再次活跃起来。

因为实现不同的创新需要的时间不同,熊彼特认为,经济周期的长度也不同。据此他证实了长波周期、中波周期和短波周期的存在。熊彼特的周期理论最初在1911年出版的《经济发展理论》中提出来,而后在1933年出版的《经济周期》中得到系统地阐述和完善。这种理论主要解释的是经济体系脱离平衡时的动向,复苏和衰退被认为是走向平衡的阶段,繁荣和萧条被认为是走向脱离平衡的阶段,而对创新活动如何导致经济周期的说明并不令人信服,因而在西方经济学界未获得普遍赞同。

2. 货币信用理论

这种理论根据货币信用的波动解释经济周期,其主要代表人物是英国经济学家霍特里(R. G. Hawtrey)。在他看来,经济周期是一种纯货币现象,经济活动之所以会出现繁荣与萧条更迭起伏的变化,完全起因于货币信用的变动,非货币因素,如地震、战争、罢工、农产歉收等也许会引起普遍的贫困状态或个别行业中的局部萧条,但却不能形成带有经济周期意义的普遍萧条。

霍特里认为,当以货币表示的商品需求增加时,商业即趋于活跃,生产增加,价格上升;反之,则商业趋于呆滞,生产减缩,价格下跌。货币表示的商品需求是由消费者的总货币支出决定的,而消费者支出的变动又取决于货币量的变动。经济处于均衡状态时,货币量既不增加也不减少,消费者支出等于以货币表示的总收入(它等于国民收入),消费等于生产。他指出,经济周期产生于货币与信用的不稳定,即现代社会的金融组织具有一种内在波动的趋向。创造信用并调节信用量的银行体系调节手段是贴现率。银行家根据现有准备金的状况，决定降低利率或提高利率，增加贷款或减少贷款，由此产生的信用的扩张与收缩、通货的膨胀与紧缩导致了经济的周期波动。于是，他认为通过中央银行对货币信用的控制，可以避免经济波动。

霍特里的货币周期理论的突出特点，在于论证和分析了经济扩张和经济收缩都是累积过程。扩张过程一旦开始，就会靠自身的推动力量前进。增加货币量引起的需求增加、价格上升、利润提高、订货增多、生产扩大、货币流通速度加快，形成了相互之间向上推进的累积力量。不断的信用扩张支持并推进着经济扩张，直到信用扩张中止以后，经济扩张才会结束。收缩过程恰好相反，各种经济因素形成了相互之间向下推进的累积力量，结果难免矫枉过正，造成经济萧条。

3. 货币投资过度理论

投资过度理论是内容最为繁杂的一种周期理论，由不同西方学者提出的许多相互之间有密切关联的周期理论构成，在二十世纪二三十年代较为盛行。这种理论主要分为货币投资过度理论和非货币投资过度理论。此外，哈伯勒又加上了另一类投资过度理论，即派生需求加速与扩大理论。

货币投资过度理论认为过度投资与经济结构失衡状态之所以反复出现，是由各种货币因素造成的。这种理论虽然也重视货币因素的作用，但不把经济周期看成纯货币现象。属于这一派的经济学家主要有密塞斯、哈耶克、里昂内尔、罗宾斯、马克鲁普（F. Machlup）、罗普克（W. Ropke）等。货币投资过度理论根据自然利率与货币利率之间的关系解释经济周期。自然利率是指贷放资本需求正好与储蓄供应相均等时的利率，货币利率是指在银行政策影响下的市场利率。如果银行把货币利率降到自然利率之下，信用需求就要增长，从而信用扩张，价格上升；反之，如果货币利率超过自然利率，信用需求就要减退，从而信用收缩，价格下跌。不过，价格水平的变动并不是被动的，在周期波动中，它与货币利率之间存在着双向因果关系。低利率可以促使价格上升，而涨势中的价格又足以提高利率；高利率可以迫使价格下降，而跌势中的价格则足以降低利率。货币投资过度理论在哈耶克1929年出版的《货币理论与经济周期》一书中得到了系统阐述，哈耶克把自然利率与货币利率分别改称为均衡利率与实际利率，对经济周期的解释仍是基于两种利率之间关系的变动上。货币投资过度理论的突出贡献，在于较充分地论述了繁荣状态下由信用扩张引起的生产结构失调，以及由生产结构失调导致的经济崩溃。社会生产过程由多个阶段构成，较前的阶段从事投资品生产，较后的阶段从事消费品生产，哈耶克将这种纵向生产阶段之间的关系称作生产结构。在技术、生产方式等因素不变的情况下，生产结构取决于人们关于支出和储蓄的决定。在均衡状态下，均衡利率等于货币利率，生产要素得到充分利用，投资品生产阶段产量的增加只能以消费品生产阶段产量的减少为代价。当投入资本市场的储蓄增加时，会使市场利率降低，从而引起投资需求增加。投资品价格上升，促进了投资品工业对资金的需求，银行信用扩张对投资品工业发展起着推波助澜的作用。与此相反，由于消费支出减少，生产资料价格上涨，消费品工业的发展受到限制。扩张时期，在生产过程的不同阶段上经济资源分配失当，使生产结构处于头重脚轻状态。由于生产结构失调，已经扩大了的较前生产阶段不能充分发挥作用，为改变这种状况，较后生产阶段也需要增添设备、扩大规模。过度的投资需求使银行无力或不愿意继续扩张信用，结果导致经济衰退。对经济周期萧条阶段的解释，该学派成员之间见解并不完全一致，但普遍认为繁荣之后出现的通货紧缩使萧条蔓延到所有生产阶段,萧条时期生产结构的失衡现象得到了调整。当实际利率低于均衡利率时,经济扩张便重新开始。

非货币投资过度理论对经济周期的解释,把货币因素放在次要地位,而侧重于非货币因素的作用。这一学派的主要代表人物是斯皮索夫和卡塞尔,他们的理论被认为源于马克思的生产过剩理论,而经济学家杜冈·巴拉诺夫斯基则是斯皮索夫的直接先驱。斯皮索夫最初在1902年出版的《生产过剩理论引言》一书中提出了他的周期理论,基本观点是:经济周期的主要特点表现在资本品生产的变动方面,消费品生产在经济周期中不具有同样规律的变动。斯皮索夫把商品分为当前消费品、耐久消费品、耐久资本品(固定资本)和生产耐久商品的材料四大类。在扩张时期,需求增长首先集中在资本品和投资资料上,然后是消费品。价格提高、人们乐观心理增强、银行信用扩大等因素相互作用,形成了扩张的累积性进程。在这个过程中,四大类商品的生产之间失去了平衡,耐久资本品、投资资料和耐久消费品过剩,消费品缺乏,于是资本品工业便转入衰退,消费品工业受经济衰退和萧条的影响较资本品工业要小得多。在萧条时期,工资削减、原材料价格下降、生产方式改进等原因,使资本品生产成本降低,为恢复投资创造了有利条件。但打破萧条的僵局,还必须借助于外因刺激,如新发明、发现新市场、农产品丰收等。卡塞尔在1914年出版的《社会经济理论》一书中对这种理论做了更为系统的表述,他进一步强调了经济周期主要产生于固定资本生产的变动,消费品生产对经济周期没有显著的依存关系,以及技术进步对形成周期动态的刺激作用。

4. 消费不足理论

顾名思义,这种理论以消费不足为依据解释经济周期。早在19世纪初西方经济学家劳德达尔、西斯蒙第和马尔萨斯就提出了消费不足理论。20世纪初霍布森重提此理论并加以充实完善。福斯特、卡钦斯、埃米耳、莱德勒都阐述过这一理论。

这一学派的经济学家对消费不足有各种解释,其中较有说服力的是储蓄过度。一方面,收入中储蓄增多,消费支出就要减少,从而导致消费品需求下降;另一方面,储蓄一般用于生产性投资,消费品生产能力的提高使得消费品供给增加,加剧了消费需求不足现象。因此,根据这种理论,繁荣之所以会走向崩溃,是由于在消费品生产迅速增长情况下的需求不足。

消费不足理论的另一个有价值的见解,是认为在扩张时期工资和其他收入的增长速度落后于价格的上涨速度,由此产生的超额利润会引起信用膨胀和储蓄过度,最终会因生产结构失调而产生经济衰退。

然而,消费不足理论被认为是一种有关经济危机与萧条的理论,它适合于解释经济危机和萧条阶段,而不是整个经济周期。

5. 加速理论

这种理论认为在周期波动中起主导作用的是消费品需求的变动,这种变动以递增的强度传播到较前的投资品生产各阶段上,消费品需求的微小变动就会引起投资品需求猛烈得多的变动。哈伯勒把这种理论归入投资过度理论,理由是加速理论与上述两派对经济周期的解释是相互补充的。较早阐述加速理论的经济学家有阿芙塔里昂(Atbert Aftalion)、比克达克、卡弗、门特尔·波尼阿息,后来J. M. 克拉克、西蒙、库兹涅茨、庇古、哈罗德、米契尔等也都利用这一理论解释过经济周期。

根据加速理论,如果消费品需求有了增长,必然会引起较前生产阶段上资本品派生需求更大幅度的增长。消费品需求按固定百分比增长,派生需求就会按扩大的百分比增长。可是,只要消费品需求的增长速度变慢,就会导致派生需求的绝对量下降。当然,资本品的派生需求和生产不能是负值,一旦降到零,消费品需求的继续减退会造成生产能力的闲置。在生产能力没有被充分利用的情况下,消费品需求的重新增长就不会对资本品的派生需求产生加速和扩大作用。资本品的使用年限决定了其派生需求的扩大幅度,一般地,资本品的使用年限越长,其派生需求的扩大幅度就越大。

作为一种周期理论,加速理论首先要假设消费需求始终处于周期波动之中。但实际情况要复杂得多,因为消费需求与投资需求是相互发生作用的。为了自圆其说,这一派的成员只好借助其他因素解释经济的衰退,如信贷收缩、资本不足、生产结构失调等。

10.2.2 政治性经济周期理论

经济学家萨缪尔森曾把经济周期理论划分为两大类:内生因素理论和外生因素理论。如果上述各种经济周期理论基本上是内生因素理论的话,那么政治性经济周期理论(The Political Theory of Business Cycles)则是典型的外生因素理论,它强调政府的干预在产生经济周期波动中的作用。

1. 政治性经济周期理论产生的背景

政治性经济周期理论基本上是20世纪70年代的产物。在西方经济发达国家中,政府干预是经济生活中的一项重要内容,政府的支出政策、货币政策、税收政策、产业政策和各种经济法规,无一不对经济活动产生深远影响。20世纪50年代和60年代,当政府对经济的干预取得显著成效的时候,人们对政府促进经济发展的积极作用充满了信心。可是,到了70年代,由于国际经济形势的变化,这些国家的经济出现不稳定局面,政府的干预不能有效地制止经济衰退,经济政策通常需要一定滞后期才能发挥作用,所以干预的结果往往适得其反。"政府的财政和货币机关像人所共知的那个喝醉了酒的水手:当他向左歪斜的时候,过度地矫正自己,从而又踉跄地向右跌下。要想保持稳定,他实际上制造不稳定!"①于是,在西方经济学界,对政府干预的抨击逐渐多了起来,有些学者甚至认为政府干预是产生经济不稳定的一个重要因素。② 政治性经济周期理论正是在这种背景下产生的。

然而,要把政府干预解释成产生经济周期的原因,就必须假定政府具有周期性干预经济的行为。这种政府的周期性干预行为从政府实施的经济政策的类型、内容和方式中无法得到证实和合理的解释。唯一可以提供解释的,是政府对经济进行干预的动机。政治性经济周期理论认为,同其他经济实体一样,政府也在追求效用的最大化,现任政府的效用取决于他们能否继续执政;为了在下次选举中获得最多选票,现任政府的经济干预可能会在国民产出、就业和价格水平等方面产生周期波动。假如这种周期理论是正确的,实际周期波动的持续时间和规律性必然与政府大选的周期一致。在临近大选的时期会出现经济的繁荣,通货膨胀率和失业率的下降。但是,现实世界并非像理论假设那么简单。政府面临的往往是相互冲突的多重经济目标。在西方经济发达国家中,由通货膨胀、失业和国际贸易平衡构成的"魔力三角"(Magic Triangle)经常使政府陷入难以自拔的困境,改善其中的一个目标就不得

---

① 萨缪尔森.经济学.上册.北京:商务印书馆,1979:363.
② 胡代光,厉以宁.当代资产阶级经济学主要流派.北京:商务印书馆,1982:141.

不以其他目标的恶化为代价。所以,政府有效控制经济的能力是受到怀疑的。倘若政府干预真的能够导致经济的周期波动,那么,政府采用反周期经济政策就应该有效地控制经济波动。从这种意义上说,政治性经济周期理论是自相矛盾的。

2. 作为经济周期成因的政府行为

最初从理论角度系统地研究政府行为对经济周期影响的是诺德豪斯(Nordhaus,1975),他提出的周期理论以下列假设为基础:

第一,选民对过去的经济事件容易忘却,他们在大选时投票所依据的是最近期的经济实绩。

第二,选民缺乏远见卓识,不能够预测当前经济政策对下一次选举时期经济情况的影响,只能承认经济政策要经过一段时期才能发挥作用。

第三,现任政府为了连任而追求的目标是低失业率。

图 10-2 中,π 为通货膨胀率,u 为失业率,现任政府为实现其连任目的所应采取的最佳政策是力求不断降低失业率。但是由于通货膨胀的存在,失业率不能持续降低,这就要求在选举的关键时期把失业率降到最低点。如果任期开始时失业率上升,任期内失业率逐渐单调下降,那么现任政府就可以获得最多选票。这样,失业率就呈锯齿形周期运动。假如政府的确能按这种模式控制失业率的变动,经济就必然会发生相应的周期波动。

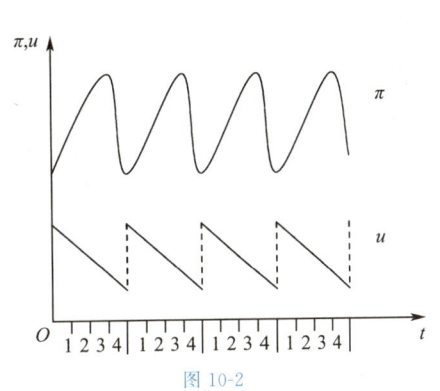

图 10-2

在诺德豪斯之后,政治性经济周期理论有了进一步发展,其中较有影响的是麦克里和弗雷伊的理论。麦克里在 1977 年提出的周期理论中采用了长期菲利浦斯曲线,本期通货膨胀率表示成价格预期和过剩供给的函数。他认为,放弃选民无远见能力的假设,选民可以从政府的行为中总结经验,因而他们的选举是策略性的。如果现任政府把未来只延伸到下次选举时期,选民表示出的偏好就不仅仅是低失业率,还有低通货膨胀率。结果,现任政府采取的政策所追求的是达到长期菲利浦斯曲线上的一个最佳稳定点。弗雷伊则认为政府的效用不仅仅取决于获得多少选票,还取决于意识形态因素(Ideological Factors),其中最主要的是政府的声誉。如果民意测验现任政府声誉低于继续执政所应具备的声誉,政府就应该设法提高自己的声誉。弗雷伊认为政府声誉取决于经济条件,因此他把政府声誉表示成一些经济变量的函数(Popularity Function)。

3. 政治性经济周期存在的条件及其特点

政治性经济周期理论研究的是经济周期,而不是政治周期(Political Cycles),它承认经济周期产生于经济运动过程本身,但却强调政府干预对周期波动的影响。诺德豪斯在 1975 年通过实证分析发现,不同国家中政府大选日期与失业率变动之间存在较强的相关关系,这至少说明政府活动与时间序列数据中表现出的实际周期波动之间存在着某种程度的联系。

政治性经济周期的存在必须具备几个条件:

首先,经济变量必须影响选举行为,而且政府的干预可以通过经济变量之间关系的变动来表述,这是证明政府可以操纵经济以便赢得大选的必要条件。对这个条件,西方学者进行了大量研究,①虽然意见分歧较大,但多数学者认为某些经济变量,如价格水平、失业率、个人可支配收入或国内生产总值等的变动,与政府声誉和选举时所获选票数之间有较密切的关系。

其次,政府要确定重要的目标经济变量(Target Economic Variables),②并能通过运用政策工具有效地控制这些目标经济变量,这要求经济政策对经济运行产生实际影响。一些西方学者建议用所谓政策反应函数(Policyreaction Function)估计经济政策变动对目标变量的影响,问题是难以确定哪些经济政策和目标变量是最重要的。③

最后,公众的信息是不充分的,他们不能准确预知政府干预的后果,只能根据自己的经验进行判断,并且不断地调整自己对未来的预期。也就是说,人们对未来的预期是一种适应性预期。在这种条件下,政府干预才有可能对经济产生实际影响。

政治性经济周期理论的特点是,它一反凯恩斯之后根据内生因素解释经济周期的风气,系统地研究外生因素的作用。对许多经济学家来说,外生因素的作用超出了抽象经济推理的范畴,因而不属于经济学的研究内容。这种观点或许适合于对其他经济问题的理论解释,但对经济周期显然是不合适的,现实世界中的实际周期波动是经济系统的内生因素和外生因素共同作用的结果。内生因素产生了经济周期,然而不考虑外生因素的作用,就无法解释经济周期在持续时间和波动幅度上为什么会如此不规则。在以往的经济周期理论中,外生因素作为给定的已知因素而不加解释。政治性经济周期理论研究的正是特定的外生因素,即政府行为,对经济周期的影响。根据这种理论,政府对经济的干预不是像凯恩斯理论主张的那样为了稳定经济,而是力图促使经济的周期波动迎合他们的政治目的。

10.2.3 凯恩斯的经济周期理论

受古典经济学的影响,古典经济周期理论把经济周期看成偏离经济正常状态(即充分就业状态)的一种有规律的波动。20世纪30年代初,在西方资本主义国家爆发经济大萧条的打击下,古典经济周期理论连同古典经济学彻底失灵了,西方经济学家不得不寻求新的答案。1936年,凯恩斯的《就业利息和货币通论》一书出版,标志着西方经济学的发展进入了一个新的阶段。凯恩斯的理论基本上是一种解释经济萧条时期宏观经济运行的静态经济理论,并没有为解决经济萧条问题提供现成的答案,但是却提供了分析经济周期的新思路和新工具,④这种分析工具对此后西方经济理论的发展产生了深远的影响。

1. 资本边际效率

凯恩斯在《就业利息和货币通论》一书中专门论述了经济周期问题。他认为在影响经济周期的诸多因素中,以消费倾向、流动偏好和资本边际效率最为显著,而在这三者之中,经济周期主要产生于资本边际效率的变动。

---

① 参阅 A. W. Mullineux. The Business Cycle After Keynes. BARNES&NOBIEBOOKS,1984.
② 此处的目标经济变量并不是指通常用以表述宏观经济目标的经济变量,而是指对政府声誉最有影响的经济变量,如收入的分配。
③ 这毫不奇怪,因为不同的执政党选择的经济政策和目标变量一般是不同的。
④ 哈伯勒. 繁荣与萧条. 北京:商务印书馆,1963:257.

凯恩斯对经济周期的分析从经济繁荣的后期,衰退到来之前入手。[①] 资本边际效率的变动取决于两个因素:一是现有资本品的数量和生产成本,二是人们对投资未来收益的预期。在繁荣后期,商业活动十分活跃,人们对投资的预期收益估计过高,在资本品生产成本提高、利率上升的情况下,投资仍在不断增加。用凯恩斯的话来说,繁荣时期的许多投资,"在充分就业情形之下,实在只能产生年息2厘,但在人们预期之中,以为可以产生年息6厘,便贸然根据此错误预期而下手。"[②] 所以,当人们恍然大悟,发觉了这种在乐观情绪下所犯的错误之后,随之而来的失望便导致资本边际效率的崩溃,从而造成经济突然而剧烈的衰退。

由于经济衰退起因于资本边际效率的崩溃,采用降低利率等手段不足以使经济复苏。经济复苏的前提是资本边际效率的复苏。但是,对乐观情绪下所犯错误的矫枉过正,使普遍出现过度的悲观情绪,人们对投资的预期收益估计过低,在恢复信心之前,经济将处于萧条状态。需要多长时间才会使资本边际效率复苏呢?凯恩斯认为主要决定于两种因素:一是耐久资本品的平均使用寿命和人口增长速度,经过一段时间以后,资本品因报废而减少,资本设备有重置需求,其边际效率就会提高,而人口增加则对投资产生潜在需求;二是过剩存货的保管费,这种费用必须等到过剩存货被吸收完毕以后,才可能有新的投资。

与古典经济周期理论相比,凯恩斯的解释侧重于心理因素,强调预期对资本边际效率的作用。资本边际效率的变动直接影响到投资变动,因而投资的周期波动自然成为经济周期中最重要的部分。

2. 储蓄与投资

凯恩斯认为,经济的均衡状态可以在低于充分就业的产出水平达到,充分就业均衡只是一种特殊情况,而均衡的必要条件是社会的储蓄与投资相等。按照凯恩斯的定义,实际发生的储蓄和投资必然相等。但是,决定储蓄和决定投资的往往是互不相关的两类人,因而储蓄的动机和投资的动机是不同的。当储蓄者的决策与投资者的决策不一致时,均衡状态就会被打破,经济波动就会发生。

如何使储蓄与投资相等呢?凯恩斯与古典经济学家所持观点截然不同。货币投资过度理论认为,储蓄与投资能否均等取决于货币利率与均衡利率之间的关系。若货币利率高于均衡利率,则储蓄大于投资;反之,则储蓄小于投资;只有货币利率等于均衡利率时,储蓄才等于投资。而凯恩斯认为,使储蓄与投资相等的是收入水平。如果储蓄增加而同一时期投资不变,则消费支出的减少会引起收入水平降低,迫使储蓄下降到与投资相等的水平。投资增加,随着收入水平提高,储蓄也趋向增加;投资减少,则收入水平降低,迫使储蓄减少。可见,在储蓄与投资的关系中,投资起着主导作用。因投资波动引起的收入水平波动,迫使储蓄者调整其决策,使之与投资者的决策一致。

3. 流动偏好与利率

凯恩斯并非不重视利率的作用,储蓄和投资都受利率变动的影响。

所谓利率,凯恩斯认为,是在一定时期内放弃灵活使用货币而取得的报酬,它是一种尺度,衡量持有货币的人不愿意放弃对所持货币灵活控制的程度。显然,持有货币是有代价

[①] 译著中用的是"恐慌"一词,但就一般周期波动而论,用"衰退"表示紧接繁荣之后的阶段似乎更为合适。参阅凯恩斯. 就业利息和货币通论. 北京:商务印书馆 1983:272.

[②] 凯恩斯. 就业利息和货币通论. 北京:商务印书馆,1983:278.

的。在货币数量一定的前提下,利率越高,代价就越大。因此,进入投资市场的储蓄必然随利率的升降而或增或减。

利率对投资的影响取决于利率与资本边际效率之间的关系。当资本边际效率高于利率时,投资将增加;当资本边际效率低于利率时,投资将减少;当资本边际效率等于利率时,企业既不愿增加投资也不愿减少投资,投资处于稳定状态。不仅如此,投资的变动反过来也会影响到资本边际效率和利率。投资增加使资本品数量增加或生产成本提高,从而导致资本边际效率降低。同样,投资增加会引起对货币需求的增加,假如货币供给不变,利率将上升。所以,投资变动本身是一种推动资本边际效率与利率趋向均等的力量。

根据这种解释,产生周期波动的内在因素是边际效率与利率之间关系的变动。繁荣之所以结束,是由于人们突然意识到了资本边际效率实际上已低于利率,当资本边际效率宣告崩溃时,利率仍在上涨,更加剧了衰退。复苏迟迟不能开始,是因为资本边际效率在衰退的打击下降得太低,由于流动偏好的作用,利率无法降到低于资本边际效率的水平。

4. 边际消费倾向与乘数

经济周期起因于投资波动;但投资波动对国民收入的影响绝不限于其变动增量本身。由于投资与国民收入之间具有乘数关系,投资波动会引起国民收入更大幅度的波动。

乘数的大小取决于边际消费倾向,边际消费倾向接近于1,乘数就大;边际消费倾向接近于零,乘数就小。在凯恩斯看来,边际消费倾向并不是固定的,而是取决于收入水平或者说取决于经济处于均衡状态时的就业水平。在古典经济理论中,经济仅在充分就业水平上达到均衡,投资变动以消费的反方向变动为代价,对国民收入没有影响。而在凯恩斯理论中,经济经常在低于充分就业的水平上达到均衡,闲置生产能力的存在,为投资发挥乘数作用创造了条件。收入水平和就业水平越低,边际消费倾向就越大,乘数也就越大。随着收入水平和就业水平的提高,边际消费倾向有减小的趋势;"在充分就业已经达到以后,再想增加投资,则不论消费倾向为何值,物价将无限制上涨",[①]而收入水平则不会提高。

由此可见,凯恩斯的乘数理论只能解释在低于充分就业水平时投资变动对国民收入的影响,如果以这种乘数理论为基础说明经济周期,那么隐含在其中的假设就是周期波动以充分就业水平为上限。

10.3 总需求波动与经济周期

随着建立在凯恩斯理论基础之上的西方宏观经济学的发展,西方经济周期理论发展也进入了一个新的阶段,即现代经济周期理论的发展阶段。到目前为止,西方现代经济周期理论已形成了多种流派争鸣的局面。尽管从各种现代经济周期理论中仍可以发现诸多古典经济周期理论的痕迹,但是在研究内容、研究方法以及所描述的概念和所要回答的问题上,现代经济周期理论与古典经济周期理论已大不相同。

---

① 凯恩斯.就业利息和货币通论.北京:商务印书馆,1983:102.

凯恩斯理论为政府从总需求角度管理宏观经济提供了依据,以凯恩斯理论为基础的经济周期理论以总需求的周期波动作为研究对象。

10.3.1 凯恩斯理论对现代经济周期理论的影响

1. 研究的重点由均衡理论转移到国民收入决定理论

基于凯恩斯理论的现代经济周期理论,不再认为经济周期是偏离充分就业均衡状态的暂时现象,用经济学家卢卡斯的话来说,"凯恩斯革命"对经济周期理论的影响,是把研究的努力从均衡理论转移到国民收入决定理论上。①

根据国民收入决定理论研究经济周期,必须说明是什么因素导致国民收入的周期波动。凯恩斯把实际国民收入低于充分就业水平解释成社会有效需求不足,只有增加有效需求才会促使国民收入增加。因此,从总需求角度研究经济周期是西方现代经济周期理论的一个重要特征。总需求主要由消费需求和投资需求构成。一般来说,消费需求比较稳定,而投资需求较易波动。于是,总需求变动,因而经济的周期波动主要归因于投资波动。

2. 经济周期理论成为宏观经济学的一个重要理论分支

凯恩斯理论问世后,经济周期问题被纳入宏观经济学的研究范畴。现代经济周期理论的研究以总量分析为基础,其研究内容集中在国民收入、投资、消费、资本存量、货币供给和价格水平这些经济总量的变动规律及其相互关系上。这种高度的理论抽象难免脱离实际,但也促进了经济周期研究中定量分析方法的发展。从早期的乘数-加速数相互作用模型(萨缪尔森 1939 年提出)到均衡经济周期模型(卢卡斯 1975 年提出),经济周期模型有了很大发展。

每一种现代经济周期理论都试图用数学模型的形式表述,电子计算机和计算技术的发展为各种经济周期模型的建立和应用提供了必要条件。经济周期模型的发展代表了现代经济周期理论的发展。西方国家出版的某些经济周期论著,甚至按模型的类型划分经济周期理论。② 数学模型的应用,提高了理论分析的准确性,也有助于验证理论解释的正确性。

3. 为经济周期的内因论提供了新的理论依据

凯恩斯理论为从经济系统内在因素的角度解释经济周期提供了理论依据。在古典经济周期理论中,对周期波动的解释通常是某种外在因素的变动打破了经济的均衡状态,引起经济扩张,经济扩张的结束不是经济过程自身运动的结果,而是由于各种限制因素的作用,如生产要素的短缺,银行信贷的缩减或外在因素的影响,等等。

在现代经济周期理论中,引入凯恩斯理论中的边际消费倾向、资本边际效率等概念,不再需要借助某些特定的外部因素解释经济周期的转折点。经济扩张之所以停止是因为消费增长要慢于收入增长;经济收缩之所以结束,是因为消费缩减要慢于收入缩减。在经济系统的内在调整过程中,各种内部力量的此消彼长为周期波动确定了上下限。根据这种理论,即使不存在任何外在因素的干扰,经济也会以周期的形式运动。

---

① Robart E. Lucas. Studies in Business-cycte Theory. The MITpress, 1911:213.
② 参阅 A. W. Mullineux. The Bnsiness cycle after keynes. Barnes& Noble Books. 1984. 和 Gunter Gabisch and Hans-Water Lorenz. Business Cycle Theory. Springer-Verlag, 1987.

4. 为政府干预宏观经济运行提供了理论依据

与古典经济学家的观点相反,凯恩斯极力主张政府应该充分发挥干预经济活动的积极作用。受凯恩斯理论的影响,西方经济发达国家普遍运用了宏观经济政策,并取得显著效果。在 20 世纪 50 年代和 60 年代,这些国家的经济呈现出相对稳定的长期增长趋势。许多经济学家认为依靠政府的宏观经济调控,就可以避免经济波动,甚至很多人相信经济周期已成为往事。在这一时期,即使是研究经济周期问题的经济学家,如希克斯、哈罗德、鲍莫和戈德文,也是以经济增长为背景,提出增长周期理论。因此,增长周期理论曾被认为是经济增长理论的副产品。[①] 进入 20 世纪 70 年代,受国际石油价格上涨的冲击,西方经济发达国家的经济普遍出现了衰退。这种根源于供给方面的衰退,使得以需求管理为主的政府干预不那么灵验了,以"滞胀"为特征的周期波动成为西方经济学家研究的热门课题。不过,这一次他们所探讨的重点不是政府应该采取什么政策消除经济波动,而是政府的干预如何导致了经济周期,由此产生了政治性经济周期理论(The Political Business Cycle Theory)。

10.3.2 乘数模型

乘数模型是萨缪尔森等人以凯尔斯理论为基础,运用动态过程分析方法建立起来的解释经济周期的一个重要理论模型。它的特点在于将凯恩斯的乘数原理和加速原理结合起来,通过对政府支出、个人消费和私人投资等主要经济变量相互关系的分析,解释经济周期的成因和波动幅度。

1. 乘数模型的基本思想

1939 年,萨缪尔森建立了一个乘数-加速数模型,把国民收入在周期波动中与投资和消费之间发生的乘数-加速数相互作用关系用具体的函数形式表述出来。这个模型由三个方程构成

$$y_t = C_t + I_t \tag{10.3}$$

$$I_t = I_t^* + \alpha(C_t - C_{t-1}) \tag{10.4}$$

$$C_t = a + b y_{t-1} \tag{10.5}$$

第一个方程是两部门经济的国民收入定义方程,表示时期 t 的收入或产量 Y_t 等于同期的消费支出 C_t 加上投资支出 I_t。第二个方程是投资函数,表示时期 t 的投资由同期的自发投资 I_t^* 和引致投资 $\alpha(C_t - C_{t-1})$ 构成。自发投资是外生性的,它的变动是引起收入水平周期性动荡的最初冲力,产生的影响用乘数表示。引致投资是消费的变动,或者说收入的变动引起投资的变动,α 代表加速系数,它取决于资本系数。第三个方程是消费函数,表示时期 t 的消费支出取决于前一时期的收入水平,b 代表边际消费倾向,a 代表自发性消费。

把后两个方程代入第一个方程,得到国民收入 y 的一个二阶差分方程

$$y_t = (a + I_t^*) + b y_{t-1} + \alpha b (y_{t-1} - y_{t-2}) \tag{10.6}$$

这个差分方程在国民收入处于均衡状态时的特解是

$$y^E = \frac{a + I_t^*}{1 - b} \tag{10.7}$$

[①] Kim,kyun. Equilibrium Business cycle theory in historical perspective. Cambridge University Press,1988:2.

这说明均衡国民收入 y^E 取决于自发投资及其乘数的大小。

假如自发性消费 a 为 0，每一期都有固定的重置投资 1 000 亿元（也可以把这 1 000 亿元看作政府的投资支出），边际消费倾向 $b=0.5$，加速系数 $\alpha=2$，则可以得到表 10-1 所示的乘数-加速过程。显然，经济变化趋势呈现出明显、自发的周期性。

表 10-1　　　　　　　　　　乘数-加速数原理　　　　　　　　　　单位：亿元

时期 t	引致消费 bY_{t-1}	重置投资 I^*	净投资 $i_t=\alpha(C_t-C_{t-1})$	总投资 $I_t=D+i_t$	现期国民收入 $Y_t=C_t+I_t$
1	—	1 000	—	1 000	1 000
2	500	1 000	1 000	2 000	2 500
3	1 250	1 000	1 500	2 500	3 750
4	1 875	1 000	1 250	2 250	4 125
5	2 062.5	1 000	375	1 375	3 437.5
6	1 718.75	1 000	−687.5	312.5	2 031.25
7	1 015.625	1 000	−1 406.25	−406.25	609.375
8	304.688	1 000	−1 421.875	−421.875	−117.188
9	−58.594	1 000	−726.563	273.438	214.844
10	107.422	1 000	332.031	1 332.031	1 439.453
11	719.727	1 000	1 224.609	2 224.609	2 944.336
12	1 472.168	1 000	1 504.883	2 504.883	3 977.051

从上面的分析可以看出，投资的乘数作用和投资的加速作用是相互影响的。乘数的作用大小取决于边际消费倾向的大小，而加速系数的作用大小取决于加速系数的大小。投资乘数和加速系数的这种相互影响、相互作用促使国民收入自发地形成了周期性波动。

根据乘数-加速数模型，我们可以得到以下几点结论：

第一，国民经济中的投资、国民收入、消费是相互影响、相互调节的。通过加速系数，增加的收入和消费会引致新的投资；通过乘数，投资又会促使收入的增长。如果政府支出是既定的（即政府不干预经济），只靠经济本身的力量自发调节，那么就会形成经济周期。经济周期中各阶段的出现，正是乘数与加速原理相互作用的结果，而且在这种自发的调节中，投资是关键，经济周期主要是由投资引起的。

第二，政府可以通过干预经济的政策来减轻经济周期的波动。在萨缪尔森的模型中，假设 b 和 α 都是不变的，从而有周期性波动。如果政府运用经济政策对经济进行干预，改变这些变量就可以克服或者缓和经济的波动。例如，政府采取适当的扩张性政策刺激投资，鼓励提高劳动生产率以提高加速系数，或采取鼓励消费的措施等，都会改变经济的周期波动。

第三，经济周期存在着上限和下限。决定经济周期上限的主要因素是社会已经达到的技术水平和全部资源可以被利用的程度，决定经济周期下限的主要因素是总投资的特点以及加速系数与乘数起作用的条件。当存在过剩的生产能力时，加速系数不起作用，而乘数却起作用。因为在任何时候边际消费倾向都为正数值。只要存在正数值的投资，在乘数的作用下就会抑制经济的向下波动；当抑制经济向下波动的力量等于经济向下波动的力量时，经济就会停止收缩。于是,经济复苏的阶段到来。

乘数-加速数模型好比是模拟了物理学上一个弹簧的振动,当收入(振动的位移)最高时,投资下降(反方向的加速度)最快;当收入最低时,投资增长最快。这样,国民经济不停地发生周期性波动,就像弹簧不停振动一样。这个模型说明,投资需求是经济周期性波动的原因,即使没有外部因素(如自然的、政治的因素)干扰,经济周期的产生也是不可避免的。

2. 乘数-加速数相互作用原理

最早阐述乘数-加速数相互作用原理的是经济学家哈罗德。他在1936年出版的《贸易周期》一书中,以加速原理、乘数和动态决定因素为基石建立起他的经济周期理论。

根据哈罗德的经济周期理论,假如投资由于某种原因有了增加,通过乘数作用会引起国民收入成倍增加,而国民收入增加,从而消费支出增加,反过来通过加速数引起对资本品和商人存货需求更大幅度的增加。这会再一次引起投资增加,并通过乘数作用进一步促使国民收入成倍增加。这一螺旋式扩张过程将继续下去,直到扩张的上限才会停止。扩张的上限取决于动态决定因素。

动态决定因素是产生扩张过程的某些力量,包括储蓄倾向、利润转移和单位产出所需资本数量(即资本系数)的变化。储蓄倾向随收入水平的提高而增加,从而限制了消费需求的增长;利润转移是相对于成本价格上升的结果,它促使储蓄趋于增加;单位产出所需资本数量在扩张初期增加,但随着扩张的继续,利率上升和资本边际效率递减对资本品需求的限制作用日益增强。因此,动态决定因素导致在扩张时期储蓄倾向逐渐提高,消费倾向逐渐降低,到扩张后期,投资得不到预期的收益,投资就会下降,从而引起经济收缩。这时乘数-加速数在相反方向上发生作用,由此导致的螺旋式收缩过程直到投资降到很低水平,甚至降至零时才会结束。

萧条时期的结束部分起因于重置需求,部分起因于新发明、生产工艺改进等外在刺激因素。与此同时,如果动态决定因素有利于扩张,那么新的一轮扩张就会开始。

单独的乘数作用并不会产生国民收入的周期波动,自发投资的刺激只能使国民收入增长到一个新的水平,即所谓乘数水平,解释国民收入的周期波动必须引进加速原理。加速数最初推动国民收入高于乘数水平,随着国民收入增长率的递减,加速数将引起向下的转折,迫使国民收入降至低于乘数水平。于是,在乘数-加速数的相互作用下,国民收入围绕乘数水平无休止地周期性波动。萨缪尔森的数学说明并不是真正的经济周期模型,它的分析并没有超出相互关系的机制。但该模型说明了这种相互关系一旦开始发生作用,它如何能引起收入水平的一系列无止境的连续的扩张和收缩。[①]

3. 运用乘数-加速数模型讨论的五种情况

乘数-加速数模型中有这样一种假设:乘数和加速数是两个常数,它们的值在周期波动的各个阶段是不变的。然而,赋予乘数和加速数不同的值,国民收入就具有不同的周期波动形式。西方经济学家经常讨论的是以下五种情况:

第一,加速数为零,乘数单独发生作用的情况。自发投资的变动通过乘数作用把国民收入从原均衡水平逐渐推向一个新的均衡水平。

---

① 爱德华·夏皮罗.宏观经济分析.北京:中国社会科学出版社,1985:521.

第二,减幅周期波动的情况。国民收入因发生投资变动而产生的周期波动,经过一段时期后随着波幅的递减收敛于一个新的均衡水平。

第三,增幅周期波动的情况。国民收入脱离均衡水平呈爆发性周期运动,波幅越来越大。

第四,呈趋势增长的情况。国民收入脱离均衡水平,沿着指数增长路线变动。

第五,等幅周期波动的情况。国民收入的周期波幅不变,按十分有规律的节奏不间断地波动下去。

在这五种情况下,有三种属于周期波动,但是任何一种都与现实相差甚远。等幅周期波动只能产生于非常苛刻的条件之下,即 $b \cdot \alpha = 1$。减幅周期波动模式如果用于解释实际周期波动,就必须假设存在着不断的外因干扰,在这种情况下,国民收入呈一段时期波幅较大、一段时期波幅较小的不规则的周期波动。增幅周期波动模式必须确定上限和下限,才能解释实际经济周期所特有的有限的摆动幅度。

在乘数-加速数相互作用原理的基础之上派生出了两类经济周期理论,一类强调增幅周期和指数增长情况,其代表人物有希克斯、戈德文、哈罗德和卡尔多;另一类强调减幅周期的情况,其代表人物是汉森。

10.3.3 现代凯恩斯主义经济周期理论

凯恩斯之后,他的追随者,如哈罗德、萨缪尔森、卡尔多、希克斯、汉森和杜森贝利等,分别提出了各自的经济周期理论。由于在西方现代经济学说的流派划分中,这些经济学家均属于现代凯恩斯主义流派(新古典综合派或新剑桥学派),因此把他们提出的经济周期理论统称为现代凯恩斯主义周期理论。除了乘数-加速数模型之外,西方经济学家希克斯、卡尔多、汉森提出的经济周期理论也产生了较大影响。

1. 希克斯的经济周期理论

乘数-加速数模型假设经济周期围绕着一个平稳的水平波动。然而,无趋势变化的经济在现实世界中并不存在,我们普遍看到的是增长的经济。因此,对经济周期的研究必须考虑到经济增长,考虑到经济的周期波动与长期增长之间的关系。希克斯正是从这一点出发建立了他的周期理论。

在乘数-加速数模型的基础上,约翰·希克斯(John R. Hicks)借鉴了哈罗德·多马的增长理论,对若干概念进行了重新定义:

第一,引致投资取决于国民收入的变动,而不是消费支出的变动。用 I_t^* 代表引致投资,则 $I_t^* = \alpha(Y_{t-1} - Y_{t-2})$。在周期波动的上升时期,引致投资由加速数决定,但在下降时期,特别是出现了过剩生产能力时,加速数就变得无效了,决定引致投资的是固定资产折旧,用 D 代表折旧,则 $D = -I_t^*$,$I_t^* < 0$。折旧是一个外生给定的常数,它取决于技术进步和折旧计算方法。

第二,自发投资按固定速率 r 增长,即 $I_t^* = I_0 e^{rt}$。自发投资的增长是由人口增长和技术进步等外在因素决定的,它是促使经济增长的最主要的外生增长因素。

第三,自发投资的增长决定了国民收入的均衡增长路线,在这条均衡增长路线上,国民收入的增长速度与自发投资的增长速度相同。沿着这一增长路线移动的国民收入均衡水平要求每个时期的投资与储蓄不断保持相等,即两者在国民收入中占有相同的比重。乘数与加速数的相互作用,使得实际国民收入围绕其均衡增长路线周期波动。

第四,周期波动不能用无规则的外因冲击和减幅周期机制来说明。然而,要想使增幅周期波动的解释具有现实意义,就必须确定经济增长的上限和下限。上限,用 $\bar{y}$ 表示,是国民收入所能达到的最高值的增长路线,或者说是在经济中生产资源充分利用时所能生产的最大产量的增长路线。下限,用 $\underline{y}$ 表示,是国民收入所能下降到的最低值的增长路线,在这个增长路线上国民收入由自发投资和固定资本折旧所决定。

希克斯周期如图 10-3 所示。

图 10-3 对经济周期的分析从均衡状态开始。假如某种外因引起了自发投资的暂时激增,从而引起实际国民收入高于其均衡水平 Y^E 的增长。从 a 点开始,在乘数-加速数相互作用所形成的累积力量推动下,国民收入呈爆发性增长,直到上限 $\bar{y}$,增长才会停止。在 b 点上,由于受生产资源的限制,国民收入的增长速度逐渐回落,引致投资的增长由于得不到国民收入增长的支持也随之放慢。于是,经济便进入了收缩阶段。"收缩的必然性是由于产量不可能以比产量上限自身增长更快的比率持续增长。"①在收缩阶段初期,加速数在相反方向起作用,收入水平下降,从而引致投资下降。当收入水平下降到一定程度,经济中出现过剩生产能力时,引致投资降至零,加速数失去了作用。国民收入在收缩过程中不能停留在均衡水平上(因为国民收入的均衡增长需要有一定的引致投资的增长支持),而必定要降至下限 $\underline{y}$。

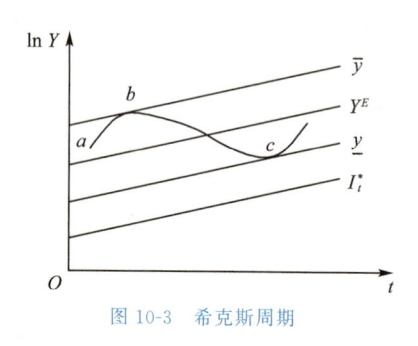

图 10-3 希克斯周期

在萧条时期(即 c 点上),自发投资仍然增长,国民收入在自发投资增长的推动下沿着下限向上运动。虽然严重萧条会延缓自发投资的增长,但它仍是一个正数,这是促使经济复苏的重要因素。萧条持续的时间在很大程度上取决于过剩的固定资本通过折旧而耗尽的速度,一旦固定资本下降到与产出量相适应的水平,以更新为目的的新投资订货就会出现。乘数-加速数的相互作用再次形成向上的累积力量,推动国民收入向上增长,经济进入了新的扩张阶段。

显然,希克斯的周期理论过于抽象,忽略了许多对周期波动有影响的重要因素。尽管如此,希克斯的周期理论仍不失为一种经典的现代经济周期理论,"在某种意义上说,希克斯的模型保留了经济周期理论的权威性语言"。②

2. 卡尔多的经济周期理论

经济学家尼古拉斯·卡尔多(Nicholas Kaldor)根据投资和储蓄之间关系的变动研究经济周期,他的周期理论的特点在于:

第一,把投资和储蓄表示为实际收入水平的函数,即

$$I = f(y) \quad \frac{dI}{dy} > 0 \tag{10.8}$$

---

① 爱德华·夏皮罗.宏观经济分析.北京:中国社会科学出版社,1985:540.
② 爱德华·夏皮罗.宏观经济分析.北京:中国社会科学出版社,1985:543.

$$s=f(y) \quad \frac{\mathrm{d}s}{\mathrm{d}y}>0 \tag{10.9}$$

由于在投资函数中没有阐明国民收入变动率对投资的影响,因此也没有直接使用加速原理,加速原理的基本思想只是隐含在他的理论解释之中,这样在表达国民收入和投资之间的关系时避免了僵硬的加速原理的某些缺点。

第二,假设投资函数和储蓄函数都是非线性的,这种非线性关系如图 10-4 所示。

在不同收入水平上,有不同的边际投资倾向和边际储蓄倾向。对于投资函数来说,边际投资倾向在较低和较高收入水平上较小,[①]因而投资曲线在较低和较高收入水平上斜率较小,中间阶段斜率较大。储蓄函数则恰好相反,边际储蓄倾向在较低和较高收入水平上较大,[②]因而储蓄曲线在较低和较高水平上斜率较大,中间阶段斜率较小。这类非线性投资曲线和储蓄曲线结合起来产生了多个交点,其对应的产出水平分别是 y_1、y_2 和 y_3。当收入水平低于 y_1 时,$I>S$,收入趋于上升;当收入水平在 y_1 和 y_2 之间时,$I<S$,收入趋于下降;当收入水平介于 y_2 和 y_3 之间时,$I>S$,收入趋于上升;当收入水平高于 y_3 时,$I<S$,收入趋于下降。因此,y_1 和 y_3 代表经济稳定状态的均衡收入水平,y_2 则不是一个稳定的均衡水平。

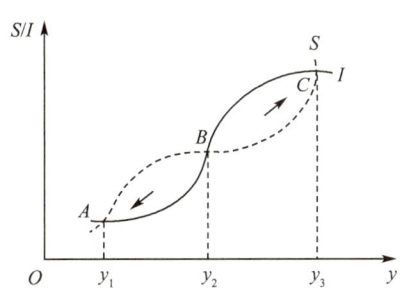

图 10-4 投资与储蓄的非线性关系(1)

第三,引入资本存量概念说明在周期波动各阶段投资和储蓄之间关系的变动。假定在较长时期内投资函数和储蓄函数会发生移动是卡尔多周期理论的基础。在二维空间的图示中,决定投资函数和储蓄函数的诸多因素,如边际消费倾向和技术进步,只能作为固定参数不加考虑。投资函数和储蓄函数的移动直接取决于资本存量的变动。投资是资本存量的反函数,资本存量增加会导致资本边际效率下降,这意味着在任何收入水平上,资本存量较大,投资则较小。因此,在高资本存量水平上,投资曲线向下移动;反之,投资曲线则向上移动。储蓄是资本存量的正函数,资本存量的变动通过实际财富效应(Real Wealth Effect)的作用,促使储蓄同向变动。因此,在高资本存量水平上,储蓄曲线向上移动;反之,储蓄曲线则向下移动。

在卡尔多周期理论中,资本存量和实际财富的变动直接取决于收入水平的变动。收入水平提高,资本存量和实际财富随之增加;反之则相反。因此,投资曲线和储蓄曲线随收入水平的变动而移动。

卡尔多对周期波动的分析可以从任意选择的一个初始收入水平开始。假如经济处于图 10-5(a)中 B 点左边的某一收入水平上,收入水平的向上调整过程将使经济在 C 点达到均衡。在 C 点上的高投资使资本存量迅速增加。资本存量和实际财富的增加促使储蓄曲线向

[①] 按照卡尔多的解释,较低收入水平上边际投资倾向较小是因为存在大量过剩生产能力,盈利机会少;较高收入水平上边际投资倾向小是因为投资成本增加,贷款困难。

[②] 较低收入水平上边际储蓄倾向较大,其原因夏皮罗是这样解释的:在复苏的开始阶段,人们大大地增加他们的储蓄以便使用尽了的储蓄恢复到通常的水平(爱德华·夏皮罗.宏观经济分析.北京:中国社会科学出版社,1985:523.)。较高收入水平上边际储蓄倾向较大,是因为人们的储蓄量不仅增加,而且在收入中所占比例也增大。

上移动,投资曲线则向下移动,结果是 B 点和 C 点逐渐接近,直到 B 点与 C 点重合。这时储蓄曲线与投资曲线相切,在切点周围,$I<S$,这意味着商品市场上的供大于求,生产过剩,产品积压,于是经济开始收缩。在收缩时期,收入水平下降,直到在与 A 点相对应的较低的收入水平上,经济才重新达到均衡。

然而,在与 A 点对应的收入水平上,经济只能在短期内保持均衡。如果低投资水平不能满足固定资本重置需求,就会产生负引致投资,资本存量和实际财富的减少会促使投资曲线向上移动,储蓄曲线则向下移动,结果是 A 点和 B 点逐渐接近,直到 A 点与 B 点重合,如图10-5(b)所示。这时储蓄曲线与投资曲线在较低收入水平上相切,在切点周围,$I>S$,于是投资将趋于增加,从而引起经济的又一次扩张。

由此可见,卡尔多对经济周期的解释完全不需要考虑任何外生因素,周期波动是经济系统自身运动的结果。扩张时期,内生力量的相互作用推动收入向较高水平运动,一定时期之后,这些力量又引起经济收缩,推动收入向较低水平运动,如此形成了循环往复的周期波动。

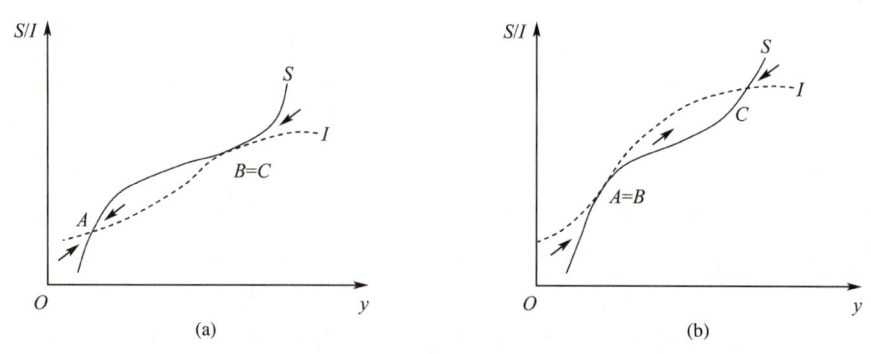

图10-5 投资与储蓄的非线性关系(2)

3. 汉森的经济周期理论

阿尔文·汉森(Alvin Hansen)的经济周期理论以减幅周期波动模式为基础,假如加速数较弱,在经济的长期发展中,支配国民收入运动的就不是周期波动而是其均衡水平的移动。在汉森的周期理论中,产生收入波动的原因是自发投资的波动,乘数-加速数相互作用仅仅是扩大了自发投资周期波动的乘数作用。然而,汉森并不认为自发投资的周期波动是较有规律的,这种波动在一定程度上起因于偶然因素。而且,引起自发投资波动的某些因素也受经济周期的影响,如技术创新,繁荣条件有利于加快技术创新的应用,萧条条件则会延迟技术创新的应用。

汉森通过"棘轮效应"解释国民收入的长期增长与周期波动。在经济扩张时期,当国民收入上升并超过以前最高水平时,消费支出由长期消费函数决定,边际消费倾向较高。若要维持收入的一定增长率,收入和消费之间的缺口就必须由一定投资的增长来填充。但是投资不能持续按这个速度扩张。由于资本边际效率下降和自发性投资机会的暂时耗尽,扩张必将终结。在经济收缩时期,消费支出由短期消费函数决定,边际消费倾向较低,因而消费的下降要小于收入的下降,收入收缩的速度会逐渐缓慢下来。当技术进步等因素引起自发投资增加,新一轮的扩张又将开始。汉森虽然对经济周期问题有过较多研究,但是他所阐述的周期理论较为简单,并没有产生显著影响。汉森的周期理论与希克斯和卡尔多等人的周期理论相比,虽然理论假设完全不同,但是都夸大了各自所强调的重点。如杜森贝利所指出的,①汉森的周期理论夸大了自发投资的重要性,低估了收入、投资和资本存量之间相互作用的重要性;希克斯等人的周期理论则夸大了由收入、投资和资本存量之间相互作用所产生的经济增长率,以及收入运动中的不稳定性。

10.4 总供给波动与经济周期

在现代西方宏观经济学的发展历程中,有两次所谓"革命"产生过深远影响。第一次是"凯恩斯革命",它否定了古典经济理论,开创了宏观经济学;第二次是"对凯恩斯革命的革命",它是指来自20世纪60代末和70年代初兴起的供方经济学、货币主义和合理预期理论对凯恩斯主义提出的有力挑战。不论"革命"一词在这里用的多么不恰当,但至少说明了一个事实:现代西方宏观经济学在20世纪60年代末和70年代初发生了重大变化。"当资产阶级经济学家们越来越察觉到凯恩斯的一套理论和政策主张不仅不足以解决资本主义社会中的失业和萧条问题,而且还使通货膨胀日益加剧时,一度信奉国家干预主义或一度接近过凯恩斯主义的芝加哥大学经济学家们又回到了原来的经济自由主义传统上。"②与此同时,现代凯恩斯主义的周期理论黯然失色,以合理预期理论为基础的周期理论很快发展起来。

10.4.1 均衡经济周期理论

1. 合理预期与经济周期理论

预期概念在经济学中早已存在,凯恩斯理论的一个主要特点就是强调预期的作用。合理预期学派沿袭了这一概念,给予重新解释。

合理预期是指人们充分利用现有知识和可以得到的一切信息,经过周密思考之后做出的一种预期。合理预期理论假设经济决策者在自主的情况下有着与政策制定者和经济分析家一样的信息。因此,政府掌握的信息不可能比公众掌握的信息更充分,政府的预期也不可能比公众的预期更加合理。每一个参加市场活动的人都可以有效地利用掌握的信息对政府的行动做出准确预期,并采取相应的对策,致使政府的政策干预不能达到预定目标。在这种情况下,经济政策的预定效应被合理预期的作用所抵消,政府对经济的干预是无效的。

在经济周期问题的研究中,合理预期概念只是应用于人们在面对未来的不确定事件情况下,利用掌握的信息做出预期以寻求最佳目标。从这种意义上说,合理预期理论是静态瓦尔拉斯均衡理论向动态均衡理论的延伸。然而,合理预期概念本身不能够解释经济周期,以这个概念为基础的周期理论必须考虑到其他因素,如不完全信息或外生随机干扰,才能解释周期波动。

合理预期学派提出的周期理论大体上分为三类:第一类周期理论假设经济结构阻碍个人获得完全信息,尤其是有关整个经济潜在周期动因(Potential Cyclical Factors)的信息;第

---

① James Duesenberry, Businss Cycle and Economic Growth, New york McGraw-Hill, 1958, P48.
② 胡代兴,厉以宁. 当代资产阶级经济学主要流派. 北京:商务印书馆,1983:108.

二类周期理论假设合理预期不能立即形成,需要一个认识过程,这种场合的预期与广义的适应性预期一致;第三类周期理论假设信息是完全的,预期是合理的,但经济的动态结构本身会产生周期运动。

第一类周期理论,即均衡经济周期理论(The Equilibrium Theory of The Business Cycle),最初由经济学家卢卡斯在1975年提出,代表着合理预期学派周期理论的主流。第二类和第三类周期理论实际上是针对均衡经济周期理论存在的缺陷在概念或模型结构上做出的修正。例如,第二类周期理论认为,合理预期意味着个人无所不知,他们知道对均衡状态产生潜在影响的每种因素的详尽信息,但是在不能排除外生因素不断干扰的情况下,面对无法预知的外生因素的变动,个人的合理预期很难立即做出。而第三类周期理论干脆否定了不完全信息或预期的适应性等限制性假设,认为社会生产过程本身是一个可能产生周期波动的随机过程。

2. 均衡经济周期理论的特点

卢卡斯曾指出,与凯恩斯周期理论相比较,他提出的均衡经济周期理论具有三个显著特点:一是每个时点上的价格和产量取决于竞争性均衡(Competitive Equilibrium);二是依据提供的现有信息,经济当事人做出的预期是合理的;三是未来是未知的,而且任何经济当事人都不能获得有关目前经济状况的完全信息,从这种意义上说信息是不完全的。①

在卢卡斯等人看来,凯恩斯周期理论把经济周期归因于市场失灵,但却没有回答市场为什么不能维持均衡,经济为什么会不断地收敛于均衡这类重要问题。这类问题必须从均衡理论中寻求答案。在古典均衡理论中,解释经济周期的出发点是价格机制。均衡经济周期理论重弹古典均衡理论的老调,否定凯恩斯理论有关黏性价格的假设,而假定价格和工资是有伸缩性的,进而考察现实世界中的相对价格机制为什么不能像理论假设的那样在瓦尔拉均衡系统中运行,个人有计划的行为如何在经济中产生了无计划的后果。

卢卡斯认为,在一个竞争性经济中,经济当事人根据价格变动确定就业和不同类型产品的产量,因此观测到的产量变动应该被看成对观测到的价格变动合理的和最佳的反映。然而,价格变动虽然为个人制定最佳决策提供了最重要信息,但是价格信号具有随机性质,包含着某些虚假信息,对这种随机性价格变动最佳反应的结果,是偏离瓦尔拉均衡路线。换句话说,周期波动产生于人们对价格信号的错误理解。经济周期是一种总量经济现象,对它的解释不能局限在宏观水平上,必须从微观经济中的个人行为和微观市场上的竞争关系入手寻求答案。所谓"均衡"指的是市场经济中每个经济当事人在既定约束条件下选择他的行为,以寻求实现其最佳目标。这就需要研究每个人如何做出决策,在决策过程中,不但要预测自己所采取行动的后果,还要预测竞争对手将做出的反应。允许根据有关个人偏好和技术的知识对作为一个群体的其他人的行为进行预测,这正是卢卡斯所强调的竞争性均衡假设。②

在预期形成过程中,信息作用十分重要,关于经济波动的一种重要的现代观点认为,波动是人们对于经济中正在发生的事不具有完全信息所致。根据微观经济学理论,企业将进行生产直至价格等于边际成本。边际成本取决于企业的生产要素价格,如果企业的产品价

---

① Robert E Lucas. Studies in Business-cycle Theory. The MITpress,1981:179.
② Robert E Lucas. Studies in Business Cycle Theory. The MITpress,1981:290.

格相对于经济中其他产品(包括生产投入品)价格来说上升了,企业就会增加生产。也就是说,产量的变动取决于相对价格的变动。每个企业做出有关生产的决策之前,必须掌握一切有关其他产品价格变动的信息。

假如企业在获得整个经济中的价格信息时存在困难,如卢卡斯所假设的那样,经济中不同产品的市场像一座孤岛(Island Market)。岛与岛之间不可能进行瞬时信息交流,每个企业被隔离在自己所处的市场中,企业生产的决策人可以准确观测到自己所在市场的行情变化,但却不知道其他市场的情况。这样,在做出预期时,信息就受到限制,必须对其他产品的价格进行估计。用一般价格水平概括所有其他产品的价格,企业的产量变动取决于对一般价格水平的估计,当企业产品价格高于一般价格水平的估计值时,企业将扩大生产,反之,企业则缩减生产。因此,对整个经济来说,国民产出的波动就可以根据所有产品价格的总水平与一般价格水平的估计值之间的关系来解释。

3. 均衡经济周期模型

复杂的均衡经济周期模型很难用较短篇幅阐明,[①]下面讨论这种模型的基本思想。

根据均衡经济周期理论,一个典型的企业供给函数可以表示成

$$y_i = a(P_i - P^e) + y_i^* \quad a > 0 \tag{10.10}$$

y_i 代表企业 i 的产量,P_i 代表该企业的产品价格,P^e 代表企业对一般价格水平的预期,y_i^* 代表企业潜在的或正常的产量。显然,短期内企业 i 的产量变动取决于 $(P_i - P^e)$。当价格普遍上升时,每个企业都只会观测到自己产品价格的上升,而对一般价格水平的预期则根据历史数据做出。这样,企业就会认为它的相对价格有了上升,就会增加生产。当所有企业的生产都超过它的潜在能力 y_i^* 时,整个经济的国民产出当然就确定无疑地高于潜在水平了。

加总经济中所有企业的产量,就得到国民产出总量,每个时期的实际国民产出可以用卢卡斯供给函数表示

$$y_t = y_t^* + \delta(P_t - P_t^e) + e_t \quad \delta > 0 \tag{10.11}$$

y_t^* 是潜在国民产出,与合理预期学派定义的"自然失业率"相对应,P_t 是实际价格水平,P_t^e 是根据 $t-1$ 时期掌握的信息做出的有关时期 t 价格水平的预期。e_t 是随机项,包括对国民产出有干扰作用的各种随机因素。

均衡经济周期理论认为,潜在国民产出 y_t^* 代表了社会生产的一般均衡水平,经济运行本身不会偏离这个均衡水平,而实际国民产出偏离潜在国民产出是各种外生随机因素干扰的结果。用公式表示则是

$$y_t - y_t^* = \delta(P_t - P_t^e) + e_t \tag{10.12}$$

$(P_t - P_t^e)$ 和 e_t 是两个随机过程,$(P_t - P_t^e)$ 的变动起因于货币供给的不稳定。

然而,外生随机因素干扰并不能解释经济的周期波动,所以卢卡斯在他的周期理论中又引进了加速数概念说明货币供给变动,从而说明价格变动如何引起投资和国民产出的周期波动。卢卡斯的周期理论也是一种外生理论,它认为如果不存在无规律的政府干预(尤其是货币政策),经济就不会出现周期波动。

[①] 关于这种模型,可以参阅 Robert E. Lucas. Studies in Business-cycle Theory. The MIT, press, 1981:179-214.

10.4.2　实际经济周期理论

实际经济周期理论(Real Business Cycle, RBC)认为,经济周期是由于总供给的变化而不是由于总需求的变化形成的。实际经济周期模型是建立在一般均衡模型基础上的,本节着重介绍实际经济周期理论的思想观点。

1. 实际经济周期理论产生的背景

实际经济周期理论是对经济周期理论研究的延伸和发展。然而,长期以来,对于经济周期的研究主要集中在两个方面:一是通过对长期统计资料的整理分析来研究经济周期的规律和特征,并根据周期时间长短的不同划分类型。早在1946年经济学家 W. 米切尔(W. Mitchell)和 A. 伯恩斯(A. Burns)就从现象表述角度给经济周期下了定义。他们认为经济周期是在主要按商业企业来组织活动的国家的总体经济活动中所看到的一种波动:依次出现的扩张、衰退、收缩和复苏四个阶段组成;这种变化的顺序反复出现,但并不是定时的;经济周期的持续时间在一年以上到十年或者更长时间。这一领域产生了大量的经济周期理论,但就解释经济周期的因素的属性来划分,这些理论不外乎两类,即外生经济周期理论和内生经济周期理论。其中后者用经济之内的因素来解释经济周期,这些因素本身就要受经济的影响,而反过来又影响经济,从而使经济周期成为一种在各种经济因素的作用下自发运动的过程。

20世纪70年代末,罗伯特·卢卡斯(Robert Lucas)对宏观经济学的主要范式 IS-LM/AD-AS 模型进行了激烈的批评,即所谓的"卢卡斯批评"。在罗伯特·卢卡斯看来,宏观经济学中的 IS-LM/AD-AS 模型是根据给定效用函数、消费函数和投资函数的参数来制定包括财政、货币政策等在内的宏观政策,它忽视了政策本身对于经济主体行为的约束条件的影响,从而使政策的实施可能达不到既定的目标,而且还可能会导致形势的恶化。因此,卢卡斯提出应当用描述经济主体行为的基本效用函数和生产函数来建立经济系统的基本模型,以便了解经济主体对于政策变化所做出的实际反应。"卢卡斯批评"可以说是实际经济周期理论家建立模型的主要驱动力量之一。

在20世纪70年代的石油危机之前,几乎所有的经济学家都集中研究需求面冲击以解释对充分就业的偏离。1973—1974年的石油冲击使人们意识到实际的"供给面"冲击对产量的决定也相当重要。另外,如果经济主体基于他们对未来的预期进行决策,那么需求的变化也依赖于预期的生产函数的变动,则经济供给面的冲击就显得举足轻重。

根据实际经济周期理论,冲击一般分为来自货币的冲击和来自实际因素的冲击,以及由预期未来生产率变化产生的消费和投资的变动引起的总需求冲击和总供给冲击。总需求冲击和总供给冲击或两者的组合会导致产量和就业的不稳定。其中总供给冲击主要由五种因素引起:一是自然环境中的一些不利变化包括地震、洪灾、旱灾等自然灾害给农业产出带来不利影响;二是能源价格的突然升降;三是战争、政治动荡等会扰乱现有经济的运行秩序,破坏经济结构;四是政府干预破坏了市场激励结构,改变了经济主体的行为约束,使企业家转向寻租活动;五是资本、劳动投入的质量改变,新的管理方法,新产品的开发及新的生产技术的引进所引起的冲击。实际经济周期理论将第五种因素宽泛地定义为是"技术冲击"。

实际经济周期理论经济学家认为,经济繁荣大多得益于有利的生产率冲击,而多数经济衰退则源于不利的生产率冲击。这一理论的基本假设包括：第一，经济主体是理性的，即在现有的资源约束下追求它们效用和利润的最大化；二是理性预期假设成立；三是市场有效性假设成立；四是就业变动反映了工作时间的自愿变化，不存在非自愿失业，工作和闲暇在时间上具有高度替代性；五是货币中性假设。在这些假设下，实际经济周期理论表现出来的基本特征有：

第一，技术冲击替代货币冲击成为主导冲击因素，即认为总产量和就业的波动是由可应用的生产技术的大的随机变化引起的，各种传播机制将使最初的冲击扩散开来。

第二，人们不再关注有关总物价水平的不完全信息，而这在卢卡斯的早期货币幻觉模型中起着十分关键的作用。

第三，通过整合增长理论与波动理论打破了宏观经济分析中的短期与长期的二分法。

关于经济周期的形成原因，该理论的解释是：一个经济系统存在一个相对平滑的增长过程，而对该系统的暂时冲击会引起短期波动。直到20世纪80年代早期，凯恩斯主义、货币主义和新古典宏观经济学派都认为是需求冲击或货币冲击决定了短期波动。纳尔逊（C. C. Nelson）和普罗瑟经过研究后得出这样的结论，"把货币干扰视为纯短暂波动的动因，所有宏观经济模型对大多数产量变化不能做出成功的解释，由实际因素引起的随机变化是任何宏观经济波动模型的核心因素。"

在理论渊源上，实际经济周期理论采用了古典经济学的一般均衡分析框架，其理论特征有以下几个方面：

第一，强调经济行为人的目的是在现行资源约束条件下实现个人效用或利益的最大化，从微观个体的理性行为推导出集体总量的行为方程，因此这一理论具有坚实的微观基础。

第二，以完全竞争的市场经济作为研究对象，假设经济行为人掌握的信息是对称的，也是完全的，能够形成"理论预期"，或者说，他们接受了新古典宏观经济学的"理性预期"假说。

第三，价格的灵活调整，确保了市场持续出清，因此，均衡是经济的常态，经济波动是理性经济行为人面对外来冲击的自我调节，从一个均衡状态到达另一个均衡状态的过程。

第四，把实际冲击看作经济波动的根源，强调技术冲击而非货币冲击、供给冲击而非需求冲击、实际因素而非名义因素在经济周期波动中的作用。他们认为总产量、就业的波动是由生产技术较大的随机变化引起的，是经济行为人面对技术冲击理性选择的结果。

第五，假定工作和闲暇时间具有高度替代性，就业波动反映了人们自愿工作时间的变化。

第六，货币是中性的，货币政策的变动对经济没有实际意义。

2. 实际经济周期理论的核心思想

实际经济周期理论又称真实经济周期理论，产生于20世纪80年代初，其主要代表人物是2004年度诺贝尔经济学奖的两位得主：基德兰德（Finn E. Kydland）和美国普雷斯克特（Edward Prescott）。两位经济学家关于经济周期理论的基本观点是开创性的，他们认为产生经济周期波动的原因是来自外部的实际因素或实际的意外冲击，如技术、政策变化、政局变动、自然灾害、战争等。其中，尤其重要的是技术冲击，而不是来自经济内部的名义变量，如货币量、工资、利率等。

实际经济周期理论的核心思想是：导致经济周期的根源主要是以技术冲击为代表的真实因素，经济波动是理性预期经济主体以对技术冲击所引起的变动做出最佳反应来调整劳动供给和消费的帕累托最优调整结果,经济周期的任何时期都处于均衡经济状态,政府没有必要干预经济,而且干预反而会造成人们福利水平的降低。

3. 意外冲击与鲁滨孙经济

鲁滨孙因海难被困于一个无人荒岛,为了生存,他孤身一人在荒岛上展开了一系列自救行为,并且顽强生活了4年多,直到获救。由于鲁滨孙在荒岛上的行为构成了一个最简单的经济模型,因此,他的行为选择也就是一个所谓的鲁滨孙经济。鲁滨孙经济被许多经济学家所推崇,具有很高的经济学分析价值。这里,借助于对鲁滨孙经济的分析来剖析和解释实际经济周期。

荒岛上的鲁滨孙为了生存,需要食物,假定这些食物是鱼。为了捕鱼,需要制作捕鱼工具。鲁滨孙制作捕鱼工具可以看作他在进行投资,制作工具和捕鱼过程就是生产过程,如果计算鲁滨孙经济中的GDP,只需要将捕获的鱼与制作的工具乘以相应的价格(一种虚拟的价格)后加总。吃鱼就是一个消费过程,除此以外,鲁滨孙还可以有闲暇(如在海滩上享受阳光)的选择。作为一个理性的经济人,鲁滨孙一定会在自然环境的限制下,选择他自认为最合理的投资、生产、消费和闲暇。这便构成了一个最简单的宏观经济模型。

鲁滨孙经济与现实经济一样,会遇到一些突发事件,这时鲁滨孙的行为一定会做出相应调整。例如,某一段时间,一群大鱼恰好游过荒岛,那么,鲁滨孙一定会减少闲暇时间,连续进行捕鱼活动。这样一来,一方面鲁滨孙的就业(劳动时间)增加了;另一方面,他的捕鱼产量也提高了。显然,这段时间里,鲁滨孙经济处于繁荣阶段。再假设,另一段时间,荒岛遭到连续暴雨袭击,鲁滨孙只能待在自搭的茅屋中休息。这段时间,鲁滨孙的就业、生产和制作工具都将大大减少,鲁滨孙经济由此进入衰退和萧条阶段。

通过上面对鲁滨孙经济的分析,经济波动是由实实在在的自然因素引起的,都是由鲁滨孙面对自然环境变化而做出合理选择的结果。实际经济周期理论认为,现实社会中的经济波动与鲁滨孙经济的波动并无本质差异,突然发生的外部冲击同样会改变就业、产出和投资水平,使经济出现波动。譬如,伊拉克战争和2004年的印度洋海啸,都会导致相关国家产生经济波动。

4. 技术冲击

正如鲁滨孙经济会遭受天气等突发事件影响一样,现实经济也会经受技术、政策变化、政局变动、自然灾害、战争等意外事件的冲击。基德兰德和普雷斯克特认为,在所有的意外冲击中,技术冲击是造成经济周期的最主要因素。譬如,技术冲击无疑会影响投入(资本和劳动)转化为产出的能力(即生产函数的变动),进而引起经济波动。由于技术冲击具有随机性,从而使经济波动也呈现出随机性特征。技术冲击可以是正向的,也可以是反向的。当生产技术进步时产量就会增加,经济趋于繁荣;当生产技术退步时,产出就会减少,经济开始进入衰退。宏观经济的持续波动可以是由连续的单向技术冲击造成的,也可以是由一次性重大技术冲击造成的。也许技术冲击起初只是作用于国民经济的某一部门,由于社会生产各部门之间的密切联系,也会引起整个宏观经济的波动。

实际经济周期理论认为,意外冲击通过影响供给,从而产生经济波动。技术进步使得投入转化为产出的能力提高,即通过对供给的冲击,导致经济波动。技术冲击对供给的影响将是长期存在的,这种影响不会随着时间的推移而有所变化,除非发生新的技术冲击。

实际经济周期理论强调技术冲击是产生经济周期的主要原因,这遭到一些经济学家的质疑。譬如,如果仅是正向的技术冲击,则实际经济周期理论只能解释经济的复苏和繁荣,难以解释经济衰退。按照实际经济周期理论,产生经济衰退和萧条的原因就只能是反向的技术冲击(即技术退步)。但是技术退步总是难以让人接受的,也是不符合现实经济的。面对这种质疑,实际经济周期理论倡导者认为技术冲击是广义上的。严格来说,虽然许多突发事件并不是技术冲击,但是对宏观经济造成的客观效果与技术冲击是一致的,一样会影响生产函数。例如,石油价格大幅度上涨、异常的气候变化、自然灾害、贸易条件恶化、更加严格的环保法律的出台、政局的变动、战争等,它们都会降低投入转化为产出的能力,与技术退步的影响没有本质区别。

技术冲击会产生持久作用,是实际经济周期理论与其他经济周期理论的重要区别之一。因此实际经济周期理论的一个重要内容,就是解释技术冲击为什么会对产出和就业产生持续多年的影响。其中的关键在于劳动供给的跨期替代。所谓劳动供给的跨期替代是指在不同阶段、不同时期劳动供给量的配置差异。实际上,任何经济周期理论都必须回答人们为什么会在不同时期提供不同的劳动量。

实际经济周期理论认为,工资短暂变化的劳动供给具有较大弹性。人们更加关注自己总的劳动报酬,但并不在意什么时候提供劳动,即劳动具有跨期替代的性质。假定人们打算在两年内按现行工资提供 2 000 小时劳动,如果两年内工资不发生变动,他们将每年工作 1 000 小时。但是,如果某年工资提高 5%,他们往往会在提高工资的年份提供多于 1 000 小时的劳动(如 1 200 小时),而在另一年只愿意提供少于 1 000 小时(如 800 小时)的劳动。通过在两年之间的劳动供给跨期替代,他们提供的总劳动量不变,总收入却增加了。

通过以上分析可以看出,劳动供给的跨期替代从理论上成功地解释了在经济周期波动中,伴随着工资的暂时变动,出现了劳动供给的变化,从而使产量出现了巨大波动。上述例子中,5% 的工资波动,导致了劳动供给相差 50%,从而产出的波动也必将是巨大的。那么,哪些因素会导致工资变化呢?在实际经济周期理论中,答案当然是技术冲击。他们认为,在某些产业部门内发生了一次性的技术冲击(如技术进步),使该部门或这些部门劳动生产率得到一定程度提高,将引起工资的暂时提高(明年会因为技术的扩散,劳动生产率优势会丧失,工资又会回到原先水平)。而工资的暂时提高通过劳动供给的跨期替代,使该部门或这些部门产出波动的幅度得到放大,并且影响也将是长期的。而某一部门或某些部门的工资波动、劳动供给波动和产出波动,必然会通过产业之间的相互影响、相互促进,引起整个国民经济的巨大、持续波动。

需要注意一点,按照实际经济周期理论,劳动供给的跨期替代并不意味劳动供给对工资的持续变化也具有较高弹性。如果工资上升而且将会长期保持,那么本年度提供更多劳动,并不会使工资总额增加。可见,在工资持续变动过程中,劳动供给对工资持续变动的反应不会像工资暂短变化那样灵敏,即劳动供给对工资的持续变动弹性可能很小。

5. 货币中性和政策无效

货币中性,是指货币供给变化不会对产出、就业等实际变量产生任何影响,只会改变价格水平。通过上面的分析可以看出,在鲁滨孙经济中,如同货币未扮演任何角色一样,实际经济周期理论认为货币并不会对产出和就业等实际经济变量产生任何影响,是完全中性的,或称货币的超中性。在坚持货币中性这一点上,实际经济周期理论与理性预期学派的观点是一致的。

经济学原理

许多经济学家,对于货币中性的观念提出了尖锐批评。经验分析结果表明,货币供给的减少几乎总是伴随着失业的增加。实际经济周期理论对此的回应是,批评者颠倒了货币与产出的因果关系。货币供给不是外生变量,而是一个内生变量。货币供给量是由产出决定的,产出的变化决定了货币量的供给变化,而不是货币供给变化决定了产出的变化。货币服务是银行部门提供的产出,其数量随着实际经济的发展水平而增减。实际经济部门的产出增加,就会增加对交易服务的货币需求,银行部门就会通过创造更多的货币来满足、迎合货币需求的增加。因此,货币的增加来自实际经济本身对货币的内在需求,而不是外部货币政策的驱动。货币量的变动和产出的变动关系会给人们造成货币非中性的错觉。

实际经济周期理论坚持,既然货币供给量内生于经济系统本身,货币是中性的,那么,货币当局刻意运用所谓货币政策干预经济,不仅是完全没有必要的,而且可能反而对实际经济有害。正如鲁滨孙经济中,鲁滨孙提供多少劳动、生产多少产品,是理性的鲁滨孙对外部环境变化的一种合理的、最优的反应。经济波动是生产者和消费者面对技术冲击,自我调整的一种最优反应,因此无须外界干预。

经济波动在很大程度上体现了经济活动基本趋势本身的波动,而不是围绕不变的基本趋势的波动。也就是说,经济周期不是对经济均衡的偏离,而是经济均衡本身发生了暂时波动。因此,政府花费大量成本,采取各种宏观经济政策措施,试图稳定经济,不但是没有必要的,而且可能干扰经济系统对技术冲击的应有的合理反应,从而损害经济运行。

关键术语

经济周期　古典周期　增长周期　经济危机　经济衰退　经济扩张　波峰　经济收缩　波谷　季节波动　不规则波动　基钦周期　尤格拉周期　库兹涅茨周期　康德拉耶夫周期　经济周期监测指标体系　领先指标　一致指标　滞后指标　扩散指数　货币信用理论　货币投资过度理论　消费需求不足理论　政治性经济周期　资本边际效率　流动偏好　合理预期　均衡经济周期理论　乘数-加速数模型　实际经济周期理论

思考题与讨论题

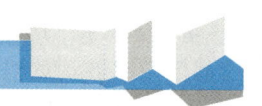

1. 经济的周期波动有哪几种类型?不同类型的经济波动有什么区别?
2. 古典周期由哪些阶段构成?各阶段的主要特征是什么?
3. 增长周期由哪些阶段构成?
4. 哪些因素会导致经济由扩张阶段转向收缩阶段?
5. 运用经济周期监测指标体系是否能够准确判断出经济周期的转折点?
6. 中国政府在监测宏观经济运行及其周期波动方面做了哪些工作?
7. 产品过剩危机与金融危机有什么区别?
8. 长波周期、中波周期和短波周期之间有何区别和联系?
9. 中长波周期理论可以解释中国的房地产投资活动吗?
10. 哪种类型的经济周期是宏观经济政策制定者最重视的?
11. 加速原理与乘数原理有什么联系和区别?

12. 用乘数-加速数模型解释为什么总需求的变动会导致总产出的周期性波动。
13. 简述均衡经济周期理论的基本思想。
14. 简述实际经济周期理论的基本思想。
15. 为什么说经济周期是经济中不可避免的现象?
16. 经济周期的微观基础是什么?
17. 政治性经济周期的存在需要什么条件?
18. 凯恩斯理论对现代经济周期理论产生了哪些影响?

第 11 章　宏观经济政策

经济政策是政府为了增进经济福利、解决经济问题而制定和实施的指导原则和措施。在宏观经济领域,经济运行的稳定性、通货膨胀、失业、国际收支平衡、汇率波动、国民收入分配等问题是一个国家的中央政府最关心的经济问题。宏观经济政策则是中央政府用来解决这些经济问题的重要手段。

本章首先简述宏观经济问题和宏观经济政策的目标,接下来重点讨论财政政策与货币政策及其实施效果。

关键问题

- 宏观经济理论重点关注的经济问题有哪些?
- 宏观经济政策的主要目标有哪些?
- 主要宏观经济政策的理论基础是什么?
- 什么是财政政策?
- 什么是货币政策?
- 宏观经济政策是如何发挥作用的?
- 宏观经济政策能够有效解决宏观经济问题吗?

11.1　宏观经济政策概述

11.1.1　经济政策的功能和目标

1. 经济政策的含义

经济政策是政府为了解决经济问题,实现既定的经济发展目标,增进社会经济福利而制定的指导原则和措施。

经济政策大体上可以分为宏观经济政策和微观经济政策两大类。宏观经济政策通常由国家中央政府及其相关部门制定和实施,主要包括经济增长政策、财政政策、税收政策、货币政策、收入政策、国际收支政策、汇率政策。微观经济政策包括国家或地方政府制定的扶持特定产业或地区发展的政策、反对干扰市场正常运行的立法、环保政策、稳定商品市场价格的供给政策和价格政策、保证地方创新活动和技术进步的科技政策、推动地区产业发展和产业结构调整的产业政策,等等。

经济政策的制定和实施要保持连续性,左右摇摆的经济政策必然会给经济运行带来损失。经济政策的制定和实施还要有一定的"弹性",一旦情况发生变化,必须对经济政策做相应的调整。经济政策正确与否,对社会经济的发展具有重要影响。正确的经济政策可以推动社会经济的发展,错误的经济政策则会给社会经济的发展带来破坏。

2. 经济政策的功能

广义上,经济政策具有三种基本功能:资源配置、宏观经济稳定、收入再分配。

资源配置(Resource Allocation)功能(将资源分配到多种用途)包括以下目的的公共干预:影响生产要素(资本、非熟练和熟练劳动力、技术、土地等)的数量、质量以及部门或地区分布,还包括基础设施建设、环境保护等提供公共产品的政策。经济政策的资源分配功能的主要作用是实现国民经济的长期产出增长,在不引发通货膨胀的情况下提高国民产出的水平,推动潜在产出(Potential Output)的增长。

宏观经济稳定(Macroeconomic Stabilization)功能旨在应对使经济体偏离其内部均衡(定义为物价稳定下的充分就业)的外部冲击,包括帮助经济体恢复内部均衡的政策,凯恩斯学派经济学家通常将其归为货币和财政政策的功能。经济政策的宏观经济稳定功能的主要作用一方面是熨平或减缓经济的短期波动,尤其是经济的周期波动,避免国民经济发生严重的经济危机和经济衰退,促使经济从萧条或收缩的谷底恢复活力,进入扩张阶段;另一方面,还要避免因经济运行过热而引发的通货膨胀。宏观经济稳定政策的目的就是缩小实际产出和潜在产出的差异,力求产出缺口(Output Gap)最小化。

收入再分配(Income Redistribution)功能着眼于不同个体和地区之间,包括以纠正初次收入分配为目标的政策。累进税政策、社会转移支付是实现这一目标的关键工具。经济政策的收入再分配功能强调收入在全社会范围内的分配,缩小贫富差距,平衡经济发展中的效率与公平的关系。

3. 经济政策的目标

经济政策目标是政策制定者对经济活动预期结果的主观设想,它阐述了经济发展的理想状态,并为经济活动指明方向。一国经济在不同的发展水平和发展阶段上,人们预期的理想状态不断变化,因而经济政策的目标也会不断调整。由于经济系统的复杂性和经济发展的多元化,经济政策的目标有很多,诸如提高人们的生活水平、实现充分就业、维持物价稳定、实现收入的公平分配、减少贫困,等等,不同目标之间往往是相互矛盾和相互制约的。

假设,一个国家的政府对 n 个不同的经济变量都有具体的目标,如失业率、通货膨胀率、经常账户(在这里 $n=3$),同时政府有 p 个独立的政策工具,即 p 个能够直接操控的变量(如财政余额、短期利率,在这里 $p=2$)。若 $p=n$,由于目标和工具数量相等,所以这 n 个政策目标都可以实现。如果 $p<n$,那么 n 个目标不能同时实现,需要在不同目标间进行取舍。比如,政府要想把失业率降到 5% 左右的水平,通货膨胀率保持在 2% 左右,就要承受经常账户赤字。更一般地,如果要实现 n 个独立的政策目标,政府至少需要同等数量的政策工具。例如,当一个独立的中央银行以价格稳定为唯一目标时,这个目标是可实现的,因为它能够充分运用一种工具(货币政策)。但是,在没有确切了解经济政策传导机制的情况下,经济政策的制定非常复杂。

经济政策的制定和实施是一个权衡经济政策目标的过程。政府通常会有很多目标,但政策工具总是有限的。因此,权衡成了政府日常工作的一部分。在经济发展的特定阶段,当解决某类经济问题成为当务之急时,有利于解决这类问题的目标就上升为最重要的经济政策目标。1958年,经济学家威廉·菲利普斯提出了菲利普斯曲线,用于解释失业率和通货膨胀率之间相互权衡的关系,即通货膨胀率高时,失业率低;通货膨胀率低时,失业率高,降低失业率就要以提高通货膨胀率为代价。经济学家的责任就是强调和量化这种权衡关系,而政策制定者的责任就是根据集体偏好选择通货膨胀率和失业率的组合。

4. 主要宏观经济政策目标

在现代宏观经济管理中,国家和政府需要借助宏观经济政策实现四大目标:经济增长、充分就业、物价稳定和国际收支平衡。

经济增长目标。经济增长是指一定时期内一个经济体总产出水平的增长。一国能否不断提高国民的生活水平,在很大程度上取决于本国经济能否增长。近40年,中国的经济经历了快速增长,极大地提高了中国人民的生活水平。然而,与世界上绝大多数国家一样,经济增长并不平稳,不时爆发的金融危机、经济衰退、石油和铁矿石等大宗原材料价格上涨、疫情和战争等因素导致了经济的起伏波动,经济全球化加剧了经济波动。显然,持续、稳定、快速的经济增长,是各国政府力求实现的经济增长目标。那么,保持多快的经济增长速度是理想的呢?回答这个问题,我们需要考虑经济的规模和经济发展水平、支撑经济增长的条件、国内外制约经济增长的各种因素。经济增长的速度并不是越快越好,追求过高的经济增长目标,往往会导致经济运行的大起大落,造成严重的经济福利的损失。经济政策的制定者希望通过宏观经济政策来平抑经济波动,实现持续、稳定、适度快速的经济增长。

充分就业目标。充分就业指在某一工资水平之下,所有愿意接受工作的人,都获得了就业机会。在宏观经济分析中,充分就业对应于潜在国内生产总值的就业水平。充分就业并不等于没有失业,而是存在一定数量的结构性失业和摩擦性失业,即因技术进步、产业结构变动、劳动年龄和需求偏好变化而引起的工作转换过程中的暂时性失业,属于劳动力人口的正常流动,是优化人力资源配置的动态调整过程。通常把充分就业看成存在自然失业率的就业状态,充分就业水平就是失业率等于自然失业率时的就业水平。失业和通货膨胀是政策制定者所面临的最棘手也是最具政治敏感性的两大问题。失业的成本具有经济和社会双重性:在经济意义上,失业使产出减少,工人被解雇、收入下降;在社会意义上,失去工作给失业者及其家庭带来心理上的痛苦,引发收入差距扩大、教育机会不公平和犯罪等一系列社会问题。因此,减少失业成为各国政府实施宏观经济政策的目标。由于存在自然失业率,宏观经济政策的目标是尽可能地减少周期性失业,实现充分就业。

物价稳定目标。物价稳定是指价格总水平的稳定,一般采用价格指数来表示价格水平的变化。物价稳定并不是指每种商品的价格固定不变,也不是指总价格水平的固定不变,而是指价格指数的相对稳定。通货膨胀对经济运行的负面影响非常显著,物价水平稳定的经济和政治意义是不言而喻的,各国政府都试图通过宏观经济政策来治理通货膨胀。由此,抑制通货膨胀、维持物价水平稳定成为宏观经济政策的主要目标之一。

国际收支平衡目标。在开放经济条件下,一国政府对本国与其他国家经济交往的基本目标是国际收支平衡。自20世纪80年代以来,经济全球化的快速发展将世界各国的经济越来越紧密地联系在一起,各国间产品和服务贸易量快速增长,金融市场在世界范围内融合。一国的经济发展不但影响着其他国家也深受其他国家经济发展的影响,尤其是经济大国的经济波动会波及全球经济,损害大多数国家的经济利益,导致国际收支失衡。无论国际收支持续逆差还是顺差都会对本国经济造成负面影响。以中国为例,2007年,中国国际收支的主要特征是"双顺差"结构不断强化，造成了三个方面的消极影响：一是贸易收支持续顺差引发更多的贸易摩擦；二是导致贸易部门和非贸易部门发展的不平衡；三是外汇储备持续增加，流动性过剩，货币政策调控难度加大。因此，解决国际收支失衡问题是中国政府制定宏观经济政策面临的一大挑战，而维持本国经济的国际收支平衡成为宏观经济政策的一个主要目标。

政府在制定和实施宏观经济政策时，必须权衡不同目标之间的矛盾。首先是物价稳定和充分就业之间的矛盾，通货膨胀率与失业率存在此消彼长的关系，要维持物价稳定，就避免不了失业现象的出现。其次是物价稳定与经济增长之间的矛盾，追求高速经济增长往往会导致经济运行过热，物价水平的上涨就会加快，恶性通货膨胀就会发生，从而为经济危机和经济衰退的爆发埋下隐患。在开放经济中，国际收支平衡目标也制约着其他宏观经济政策目标的实现，经济增长依赖于对外贸易的增长和跨国资本流动，引进国际直接投资增加的就业机会，可以缓解失业的矛盾，而国际原材料价格上涨是导致国内通货膨胀的一个重要原因。

11.1.2 宏观经济问题

宏观经济政策的目标是针对人们关心并亟须解决的重大经济问题来设计和制定的。因此，制定宏观经济政策，必须对影响宏观经济运行的重大经济问题进行深入、系统、透彻的分析，才能在宏观经济管理中做到有的放矢。

1. 什么是经济问题？

问题是现状与期望的理想状态之间存在的差距。人们只有对现状不满时，才会产生问题。解决问题的过程就是缩小现状与期望的理想状态之间差距的过程。显然，问题是人们的主观价值判断的结果，因人而异，因所处环境的变化而异。

经济问题则是人们的经济现状与所期望的理想经济状态之间的差距。低收入家庭对收入不满，期望增加收入，进入中等收入家庭的行列。对住房有刚需的青年人对较高的房价不满，期望房价下跌，能买得起住房。生活在小城市或经济发展滞后地区的劳动力，对当地的工作环境和就业环境不满，解决这个问题的方式可能是流动到经济发达的大城市，或移民到经济发达国家。对于一个国家的政府来说，当经济运行不稳定，出现了严重的失业或通货膨胀，就需要制定相应的宏观经济政策来解决失业或通货膨胀问题。

经济问题通常是在某种特殊背景或一系列特定条件下产生的，可能是很简单的外因冲击，也可能是复杂的因果关系。了解问题产生的原因和发展的历史，是把握问题实质、有效解决问题的重要途径。

2. 经济问题的分类

广义上，经济问题是人们在开展生产、交易、消费、投资、财富分配等经济活动时产生的问题的总和。通俗地讲，就是"与钱有关的"各种现象，或与经济活动有关的各种问题。

经济学中关注的经济问题集中在以下五个领域：

微观经济问题：市场竞争与垄断类问题，环境经济问题，国际贸易类问题，产业结构与产业布局问题，能源经济问题，收入分配中的公平与效率问题，外部性与公共物品问题，商品价格与质量问题，资本市场波动问题，等等。

宏观经济问题:什么因素决定了一个国家经济的长期增长,为什么经济会出现周期波动,什么因素导致了失业的存在和增加,为什么会出现通货膨胀或通货紧缩,全球经济体系如何影响一个国家的经济运行,政府的财政赤字问题,国际贸易赤字问题,政府的宏观经济政策在改进一个国家的经济运行上有多大作为,等等。

社会经济问题:犯罪和毒品的经济分析,歧视问题的经济分析(族群和性别、就业、收入),医疗保险和社会保障问题,住房(产权、无家可归、低收入家庭租房)问题,基础设施建设问题,人口老龄化与延迟退休问题,等等。

经济发展问题:贫困问题,教育问题(质量、数量、结构、义务教育),区域发展不平衡问题(国内的城乡、东西部,国际的发达国家、发展中国家和欠发达国家),人口结构和规模问题,经济体制、资源配置和社会福利问题,公平与效率的权衡,等等。

政治经济问题:政府的任期与选举问题,政府官员的腐败问题,政府的管制手段问题,政府的运行效率(不作为、人浮于事、机构臃肿、形式主义)问题,政府决策的相关信息披露问题,等等。

3. 主要宏观经济问题

经济增长问题。在一定时期内,一个国家的经济应该实现什么样的增长?相关的问题包括:经济低速增长问题,经济过快增长问题,经济增长速度下滑问题,经济发展质量问题,经济增长的决定因素和路径问题,总需求拉动经济增长与总供给推动经济增长的权衡问题,人口的年龄结构和低出生率问题,资源枯竭与产业转型问题,等等。

失业问题。在一定时期内,一个国家如何实现充分就业?相关的问题包括:什么因素导致了失业的存在和增加,政府应该采取什么样的政策措施促进就业增长、全力保障劳动者的就业权利并不断满足劳动者的就业需求,中国经济转轨时期导致的结构性失业问题如何解决,周期性失业在多大程度上产生于中国的宏观经济波动,如何减少隐藏性失业,等等。

通货膨胀问题。在一定时期内,一个国家的经济如何保持价格水平的相对稳定?相关的问题包括:为什么会出现通货膨胀或通货紧缩,恶性通货膨胀会给经济造成什么不良影响,如何有效运用宏观经济政策解决滞涨问题,通货膨胀率应该控制在什么范围之内,通货膨胀对爆发金融危机会产生什么影响,等等。

国际收支平衡问题。在一定时期内,一个国家的经济如何保持国际收支平衡?相关的问题包括:一国经济长期存在国际贸易逆差对其经济会产生什么影响,吸引国际资本流入的规模需要控制吗,外汇储备规模过大对本国经济有什么影响,如何控制外债的规模,一国的国际贸易结构变动对其国际收支平衡会产生什么影响,等等。

在这四类宏观经济问题中,因短期经济波动导致的失业问题和通货膨胀问题是政府宏观经济管理重点要解决的问题,也是经济学家最关注的问题。因此,以减缓短期经济波动为主要目的的财政政策和货币政策是宏观经济学研究的重点。

11.2 财政政策

政府的储蓄和投资对国民总储蓄和总投资具有重要的、有时是很微妙的影响,政府的储蓄和投资政策是政府全部财政政策的一部分,政府的支出、税收和信贷决策等都是财政政策。政府的宏观经济政策远不止财政政策，还包括货币政策、收入政策和汇率政策等，政府通常综合运用各类宏观经济政策来管理宏观经济运行。

政府在宏观经济管理中的作用还包括制定并实施管控经济活动、管制国际资本流动、保护环境和反垄断等法律法规。在许多国家，政府还通过国有企业生产产品。

11.2.1 财政政策的基本内容

1. 财政政策的含义

所谓财政政策是指政府制定并实施的关于财政支出和税收的政策。政府运用财政政策影响总支出和总需求，平抑宏观经济波动、缓解因经济周期导致的失业和通货膨胀问题，促使经济在接近充分就业的水平上实现稳定增长。

财政政策分为扩张性财政政策和紧缩性财政政策两种类型：经济进入衰退或收缩阶段时，政府通过增加支出、减少税收等方式刺激总需求增长的财政政策是扩张性财政政策；反之，经济处于过热状态时，政府通过削减支出、增加税收等方式抑制总需求增长的财政政策是紧缩性财政政策。无论是扩张性财政政策还是紧缩性财政政策，都需要通过一定的传导机制才能影响总需求乃至总产出水平。

政府的财政支出大体上分为四类：第一，政府消费，包括政府支付给公共部门雇员的工资，政府购买供经常性消费用的商品的支出；第二，政府投资，包括各种不同形式基本建设投资，如道路、高铁和港口建设的资本支出；第三，政府转移支付，包括退休养老金、失业保险、医疗保险、退伍军人津贴，或其他福利支付，等等；第四，公债利息。其中，政府消费和政府投资之和也称作政府购买，即用于购买当年所生产的产品、服务和资本品的支出，是总支出的重要构成部分。有时财政支出只分为两类：经常性支出和资本支出或者投资。

经济低迷时，政府提高购买支出水平以增加总需求，抑制经济衰退；经济过热时，政府减少购买支出以降低总需求，抑制通货膨胀。转移支付是指政府向个人支付的社会保障补贴、养老金、失业救济金及其他福利支付。

政府收入主要来自税收和公债。政府收入最重要的来源是经济中征收的各种不同的税收。这些税收可分为三大类：一是个人和公司的所得税，包括工资收入的社会保障税；二是支出税，包括销售税、消费税和进口关税；三是财产税，包括对房屋建筑、农业和居住用地、遗产所征收的各种税。税收也可以分为直接税和间接税，直接税通常指的是直接对个人和企业征收的那些税，所得税和财产税属于直接税范畴；间接税则是对商品和服务征收的税，销售税和贸易关税属于间接税范畴。

税收既是国家财政收入的主要来源，也是实施财政政策的重要手段。一般来说，减少税收会引起总需求和总产出增加，反之亦然。因此，需求疲软时，可以通过减税抑制经济衰退；需求过剩时则采取增税措施抑制通货膨胀。

当税收无法弥补政府支出时，政府会发行公债。公债是政府对公众的债务，包括中央政府的债务（又称国债）和地方政府的债务，是政府取得收入的一种形式。一方面，公债同税收一样可以为预算赤字融资，但与税收不同的是，政府发行公债是运用信用形式筹集财政资金，需要还本付息；另一方面，政府也可以通过公债的发行与流通来影响货币供给，因而公债既是一种有效的财政政策工具，也是中央银行实施货币政策的重要载体。

2. 财政政策的基本内容

借助财政政策,政府可以采用三种基本方式影响总需求。一是对物品和劳务的购买,二是对个人和企业的转移支付,三是对个人和企业的征税。第一种方式对总需求产生的是直接影响,后两种方式通过改变个人和企业的收入水平影响消费和投资,进而影响总需求,因而对总需求产生的是间接影响。政府的财政政策就是通过改变政府的购买支出和税收对总需求进行调控的政策,其中,政府对物品和劳务的购买和转移支付构成了政府的支出政策。

政府支出的货币总额称作预算支出,政府收入的货币总额称作预算收入,政府的一切支出和一切收入的差额称作预算差额。在预算收入和预算支出之间存在着三种可能的关系:如果预算收入恰好等于预算支出,那就是预算平衡;如果预算收入大于预算支出,那就是预算盈余;如果预算收入小于预算支出,那就是预算赤字。无论是政府支出的变化还是税收的变化都会影响到政府的预算平衡,所以,政府的财政政策也被称作政府的预算政策。

如果政府增加支出而不增加税收,则必然会扩大预算赤字,这种做法叫作赤字财政。如果政府在增加支出的同时提高税率,税收与支出等额增加,这种做法叫作变动的平衡预算。本期支出和收入之间的关系反映了政府债务水平的变化。收入少于支出的差额必须依靠借债来弥补,这会增加政府的债务。收入多于支出的余额,可以用来偿还过去的某些债务。

3. 财政政策的基本原理

政府的财政政策如何影响国民产出的变动呢?接下来,我们运用IS-LM分析框架回答这个问题。

首先,我们讨论政府购买增加的影响。假设经济最初处于充分就业状态,如图11-1所示,横轴代表产出水平Y,纵轴代表实际利率r。短期内,政府购买增加使总需求上升,IS曲线从IS_1右移至IS_2,短期均衡从点E_1移动到点E_2,产出增加至Y_2,实际利率上升至r_2。这说明,短期内,政府购买的增加能够推动产出水平的提高。但是,从长期看,随着总需求的增加,价格水平也随之上扬,实际货币供给减少,LM曲线由LM_1移至LM_2,实际利率上升至r_3,产出水平回到充分就业水平$\bar{Y}$。因此,在长期中,政府购买不会促使产出水平增加。

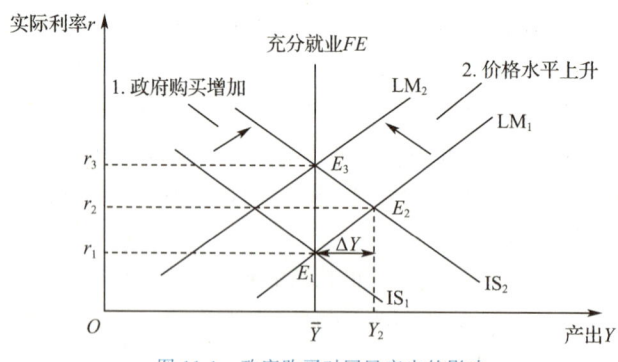

图 11-1 政府购买对国民产出的影响

即便在短期,政府购买乘数也小于不考虑货币市场的情形。这是因为,政府购买增加,在扩大总需求的同时使得利率上升、私人投资下降(即挤出了私人投资),抑制了产出的增加。如图11-1所示,政府购买增加后,产出的增量为ΔY。尽管如此,这种乘数效应不能在短期内实现,可能需要几年时间。财政政策从实施到对经济产生影响,存在明显的时滞。

其次,我们讨论税收减少的影响。图 11-2 说明了政府减税对经济的影响。如图 11-2 所示,税收减少,个人的可支配收入增加,消费增加,IS 曲线从 IS_1 右移至 IS_2,短期均衡从点 E_1 移动到点 E_2,产出增加至 Y_2,实际利率上升至 r_2。在长期中,厂商对价格进行调整,价格水平上升,实际货币供给减少,LM 曲线由 LM_1 移至 LM_2,实际利率上升至 r_3,产出回到充分就业水平 $\bar{Y}$。因此,税收减少在长期中不会使产出增加。

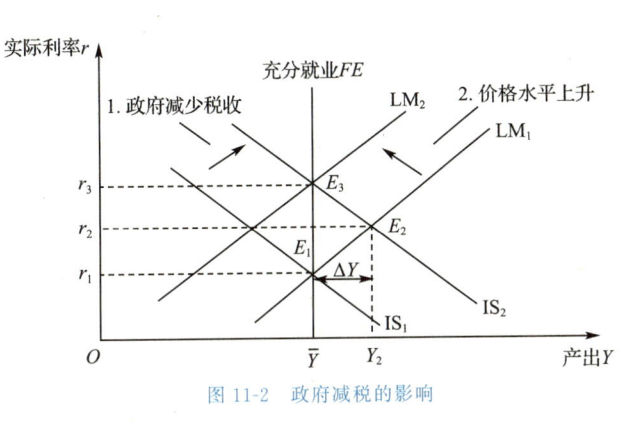

图 11-2 政府减税的影响

与增加政府购买类似,增加转移支付和减少税收也具有乘数效应。与增加政府购买不同的是,减少税收使得消费占充分就业产出的比重增加了;而增加政府购买则提高了其在充分就业产出中的比重。

11.2.2 财政政策的有效性

1. 财政政策乘数

同投资 I 一样,政府支出 G 和税收 T 在决定国民产出的过程中也具有乘数作用,也就是说,由于经济中的连锁反应,因政府支出 G 和税收 T 引起的国民产出变动的幅度往往几倍于政府支出 G 和税收 T 变动的幅度。这种因政府财政政策变动而引起的国民产出变动的倍数通常被称作财政政策乘数。财政政策乘数包括:

政府支出乘数:
$$政府支出乘数 = \Delta y/\Delta G$$

税收乘数:
$$政府税收乘数 = \Delta y/\Delta T$$

平衡预算乘数:
$$平衡预算乘数 = 政府支出乘数 + 政府税收乘数之和$$

平衡预算乘数通常是指因政府支出和税收的等量变动而引起的国内生产总值变动的倍数,由于等量的政府支出和政府税收的变动不影响财政预算的平衡关系,因此这种乘数可以说明在不改变政府预算盈余或赤字的情况下,变动政府支出和政府税收对国民产出的影响。设政府支出乘数 $=1/(1-b)$,政府税收乘数 $=-b/(1-b)$,则

$$平衡预算乘数 = 1/(1-b) + (-b)/(1-b) = (1-b)/(1-b) = 1$$

2. 财政支出政策的挤出效应

财政政策会产生"挤出效应"（Crowding Out Effect），即政府购买的增加会挤出私人投资。挤出是伴随政府支出增加而出现的私人支出下降的通称，常指因政府支出的扩张而导致的私人投资下降，在开放经济中，其他形式的支出，如净出口，在政府支出增加时也可能被挤出。

图 11-3 可以说明财政政策的挤出效应。如图 11-3 所示，政府购买增加，总需求水平提高，IS 曲线从 IS_1 右移至 IS_2。在利率不变的条件下，总产出由 Y_1 增加到 Y_3，产品市场处于均衡状态 E_3，政府购买的增量 ΔG 等于产出增量 $Y_3 - Y_1$。但此时，货币市场不再处于均衡状态。总产出增加，总收入提高，货币需求增加，因而利率提高。在较高的利率水平 r_2 下，企业投资支出下降，总需求下降。政府购买增加对总产出具有扩张效应，而高利率对私人投资有抑制效应，进而引起总产出下降，两方面相抵，最终产出水平只增至 Y_2。

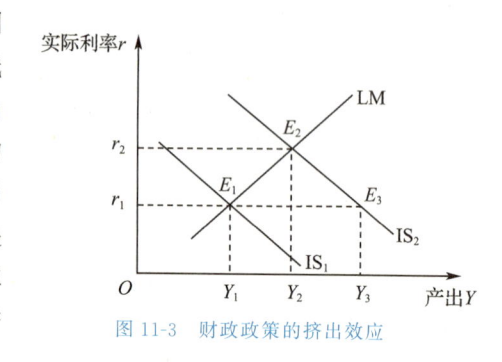

图 11-3 财政政策的挤出效应

当扩张性财政政策引起利率上升，导致私人投资支出减少时，扩张性财政政策就会出现挤出效应。图 11-3 中的 $Y_3 - Y_2$ 即为挤出效应。

挤出效应的大小受哪些因素的影响呢？我们从两种极端情况入手来讨论这一问题。如图 11-4 所示，曲线垂直，这种情况也被称为古典情形。当利率变化不影响货币需求时，曲线是垂直的。此时，政府购买增加引起曲线右移，利率水平上升但产出水平不变。在这种情况下，利率上升挤出的投资额恰好等于政府购买的增加额，产出不变，政府购买增加产生了完全挤出。也就是说，政府购买增加 1 单位，私人投资减少 1 单位，产出不变。

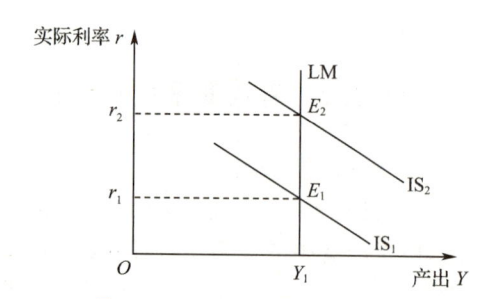

图 11-4 LM 曲线垂直：完全挤出

如图 11-5 所示，若曲线水平，政府购买增加引起曲线右移，利率水平不变，投资支出不会下降，不存在对私人投资的挤出。在这种情况下，扩张性财政政策对产出的乘数效应最大。凯恩斯把曲线水平的情形称为流动性陷阱，它表明在既定利率水平下，无论货币供给量是多少，都被公众全部持有。在利率极低时，人们预期未来利率上升、债券价格下跌，货币需求的利率弹性变得无限大，无论增加多少货币供给，人们都会全部持有用于未来的债券投机。

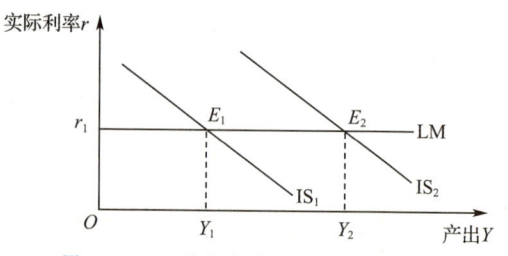

图 11-5 LM 曲线水平：不存在挤出效应

从上面的分析可知，挤出效应的大小取决于三方面因素：

第一，曲线的斜率。曲线斜率越大，即曲线越陡峭，挤出效应越大；反之，则越小。曲线越陡峭,收入变动引起货币需求变化得越多,利率上升幅度越大,挤出效应也就越大,财政政策的效果越差。

第二,曲线斜率的绝对值。曲线斜率的绝对值越大,即曲线越陡峭,利率上升后投资减少得越少,扩张性财政政策的挤出效应也越小,财政政策的效果越明显。

第三,乘数的大小。乘数越大,乘数效应越明显,在其他条件不变时,扩张性财政政策的效果也越明显。

既然挤出效应能影响政府实施财政政策的效果,那么挤出是不是真的很重要呢?当经济运行越接近充分就业状态时,挤出效应越明显:一方面,扩张性财政政策引起收入增加、货币需求增加、利率上升,挤出了投资;另一方面,扩张性财政政策使总需求增加、价格上涨,实际货币供给减少,利率进一步上升,投资继续被挤出。最终,初始增加的总需求几乎全被抵消,挤出效应很大,财政政策几乎是无效的。

当经济未达到充分就业时,扩张性财政政策不会产生完全的挤出效应,因为这时的曲线不是垂直的。此时,中央银行还可以配合性地使用货币政策来消除挤出效应。如图 11-6 所示,实行扩张性财政政策后,产出水平从 Y_1 增加到 Y_2,利率水平从 r_1 上升到 r_2,挤出效应为 0。如果中央银行配合性地采取扩张性货币政策(如增加货币供给),曲线由 LM_1 移至 LM_2,产出水平由 Y_2 增加到 Y_3,利率水平从 r_2 回到 r_1,扩张性财政政策对投资没有产生任何挤出效应。

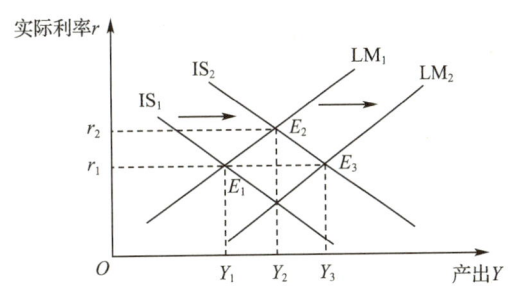

图 11-6 财政政策和货币政策的配合使用

3. 财政税收政策的影响

政府财政税收的直接影响是减少居民用于消费的收入。存在税收的情况下,国内生产总值等于可支配收入加上税收总额。下面分两种情况分析税收对国民产出的影响。

首先,假定税收总额与国内生产总值无关,不论国内生产总值多大,税收总额不变。在这种情况下,国内生产总值 Y、可支配收入 Y_d 和税收 T 之间的关系是

$$Y = Y_d + T \tag{11.1}$$

显然,税收的增加会导致消费减少。如果投资和政府支出保持不变,增加税收将起到减少总支出、抑制总需求、降低国民产出和就业水平的作用。反之,减少税收将起到刺激总需求、提高国民产出和就业水平的作用。在图 11-7 中,增加税收的结果是使消费曲线向右下方移动,导致在同一国内生产总值水平上可支配收入减少,从而消费减少。

消费曲线 C_0 和 C_1 之间的水平距离表示税收总额 T,就是说,必须增加总额为 T 的国内生产总值才能维持原有消费水平。假如边际消费倾向是 b,在每一国内生产总值水平上,因税收减少的消费是 $b \cdot T$。

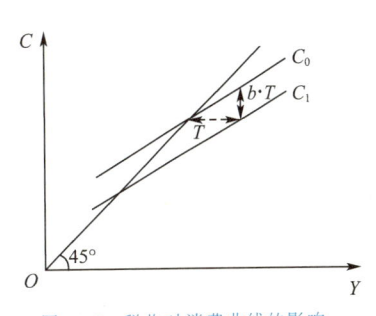

图 11-7 税收对消费曲线的影响

政府的税收总额并非与国内生产总值无关。实际税收制度往往把政府税收与经济活动密切联系在一起。政府通常制定不同的税率,如个人所得税和公司所得税,并根据这些税率征税。这样,政府的税收就取决于国内生产总值,国内生产总值高时税收收入也高,国内生产总值低时税收收入也低。假定,用 t 代表政府的税率,则政府的税收总额是 $t*Y$,可支配收入与国内生产总值之间的关系是

$$Y_d = (1-t)Y \tag{11.2}$$

在这种情况下,政府的税率对国民产出的直接影响是改变国内生产总值的边际消费倾向。如果税率 $t=0$,国内生产总值的边际消费倾向等于可支配收入的边际消费倾向。税率越高,在国内生产总值的增量中,可支配收入的增量越少,消费的增量也越少。

如图11-8所示,税率的增加使消费函数的斜率减小,从而导致总支出曲线向下移动。$C+I+G_0$ 表示税率 $t=0$ 时的总支出曲线,$C+I+G_1$ 表示税率 $t>0$ 时的总支出曲线。如果 b 表示可支配收入的边际消费倾向,则曲线 $C+I+G_0$ 的斜率等于 b,曲线 $C+I+G_1$ 的斜率等于 $b \cdot (1-t)$,由于 $0<t<1$,所以 $b>b \cdot (1-t)$。这两条总支出曲线之间的垂直距离表示政府税收总额。显然,政府的税收依赖于国内生产总值,国内生产总值越高,税收收入也越多。

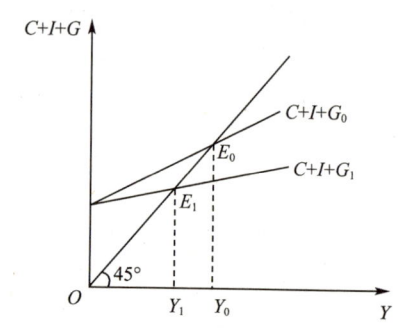

图 11-8 税率对总支出曲线的影响

政府税率的增大对经济会产生两方面影响:一方面,税率的增大导致国内生产总值的边际消费倾向减少,使经济的均衡点从 E_0 移到 E_1,均衡国民产出水平从 Y_0 减少到 Y_1(图11-8)。另一方面,税率的增大使得可支配收入对经济周期波动的敏感性降低。在国内生产总值变动的增量(正的或负的)中,有较大部分为政府税收所吸收。这样,可支配收入和消费支出的波动,可能小于国内生产总值的波动,从而起到稳定经济的作用。税率的这种作用被称为财政中的自动稳定因素。

许多经济学家认为,税收扭曲了人们对工作和闲暇的选择,或扭曲了对消费和投资的选择,从而给经济运行带来了成本,这些成本经常被称为税收的额外经济损失。税收扭曲了家庭和企业在其经济决策过程中所面临的相对价格,从而造成了资源的不合理配置。作为对某些商品和活动征税的结果,人们可能会减少工作和储蓄,或者较少购买重税商品,而较多购买轻税商品。税收对经济中相对价格的扭曲导致的这些行为,会造成经济福利的减少。

在实践中,税收政策(Tax Policy)是包含每一种税的年度预算、税率(Tax Rate)和税基(Tax Base)的一套机制。税收收入取决于税率和税基的组合:降低税率,扩大税基;提高税率,税基不变。税率和税基的选择是相互影响的。

税收政策如何履行宏观经济政策的三种功能呢?首先,税收通过影响商品、服务、劳动与闲暇、劳动投入与资本投入之间的相对价格优化资源配置;市场失灵时,税收可以解决环境污染、公共物品不足等问题。其次,税收通过改善富人和穷人、已婚和单身、代际之间的收入和财富分配履行收入分配功能。最后,在经济周期的不同阶段调整税率,实施逆周期税收政策,可以履行稳定经济运行的功能。

11.2.3 实施财政政策面临的问题

政府在实施财政政策的过程中可能面临多种问题,其中不仅包括乘数效应的时滞、财政支出的挤出效应问题,还包括赤字问题和激励问题。

1. 赤字的含义

赤字指政府支出超出收入的差额,用公式表示为

$$\text{赤字} = \text{支出} - \text{税收收入} = (\text{政府购买} + \text{转移支付} + \text{净利息}) - \text{税收收入} \quad (11.3)$$

基本赤字是政府购买与转移支付之和减去税收收入的差额,也等于赤字减去净利息支付,即

$$\text{基本赤字} = \text{开支} - \text{净利息} - \text{税收收入} = (\text{政府购买} + \text{转移支付}) - \text{税收收入} \quad (11.4)$$

赤字和基本赤字的区别在于,赤字说明政府需要为其支出融入多少资金,而基本赤字则反映了为了支付当期支出政府还需要融入多少资金。基本赤字为零,这说明政府的税收恰好能为当期政府购买和转移支付提供支付。

关于赤字的另一个重要概念是充分就业赤字,即经济处于充分就业状态下的预算赤字。赤字反映的是政府的经济活动,但赤字在衡量政策变动时存在严重缺陷。这是因为经济体中一些自发性支出的变化也会引起赤字的变化,也就是说,赤字的变化并非完全是由政府行为引起的。

即便政府没有主动地采取扩张性或紧缩性财政政策,前文提及的自动稳定器也会影响赤字的变化。经济衰退时,总产出水平下降,失业增加,政府税收自动减少,失业救济金等转移支付增加。因此,赤字增加,但这不意味着政府主动实施了扩张性财政政策。相应地,经济繁荣时,总产出水平上升,税收增加而支出减少,赤字也随之减少,但这也不能说明政府实施了紧缩性财政政策。

充分就业赤字是对充分就业状态时赤字的估算,它将自动稳定器的影响从赤字变动中剔除,较准确地反映了财政政策变动对赤字的影响:扩张性财政政策增加充分就业赤字;紧缩性财政政策减少充分就业赤字。

2. 赤字对经济的影响

赤字对经济的影响,经济学界存在两种不同的观点:传统观点与李嘉图等价原理。为了更清楚地说明二者的区别,我们先看看预算赤字与国民储蓄的关系①:

$$S = S_p + S_g = (Y - T + TR - C) + (T - TR - G) = Y - C - G \quad (11.5)$$

其中,S 是国民储蓄,S_p 是私人储蓄,S_g 是公共储蓄,Y 是总产出(或总收入),T 是税收,TR 是转移支付,C 是消费,G 是政府购买。

关于赤字对消费和储蓄的影响,经济学界存在两种不同的观点。以凯恩斯理论为基础的传统观点认为,税收使人们的可支配收入减少,消费减少;反之,较低的税收能扩大总需求,增加国民收入。政府购买的增加则会导致赤字增加、国民储蓄减少。经济衰退时,政府实施扩张性财政政策,减税并造成赤字增加,居民对可支配收入增加的反应是增加消费。因此,扩张性财政政策可以刺激经济,由此带来的一个负面影响是国民储蓄的减少。

---

① 这里,假设经济是封闭经济体且政府支出不涉及利息支付。

而以李嘉图等价原理为基础的观点则认为,若政府购买不变,减税不会导致消费增加,因而国民储蓄也不变[①]。他们的分析逻辑是这样的:理性的人们相信,政府当前通过借款来为减税筹集资金,未来一定会增加相同额度的税收,减税对消费的刺激作用必然被预期的未来增税对消费的抑制作用抵消。当人们预期到未来会增税时,当前的减税不会影响消费,人们会将减税带来的可支配收入增量储存起来。私人储蓄的增加刚好抵消公共储蓄的减少,国民储蓄不变,减税政策对刺激经济是无效的。

哈佛大学的经济学家罗伯特·巴罗进一步指出,即使考虑到代际问题,李嘉图等价原理仍然成立。如果未来增税的负担由下一代人承担,那么出于对下一代人的关心,当代人在政府减税后会倾向于更多地储蓄,为下一代留下更多遗产以减少他们的税收负担。因此,减税不会导致当代人的消费增加,国民储蓄会保持不变。

赤字除了影响国民储蓄外,也会因影响货币供给而具有通货膨胀效应,这表现在两个方面:第一,政府购买增加或减税引起赤字、消费和总需求增加,价格水平会上扬(这里假定李嘉图等价原理不成立)。由前文的IS-LM模型分析也不难看出,当扩张性财政政策导致赤字大幅度增加时,通货膨胀不可避免地发生了。第二,政府通过发行货币为赤字筹集资金,货币供给增长,价格水平持续上升。如果政府通过发行货币而不是增税或向公众借款来为政府购买或其他支出筹集资金,那么货币供给将增加,最终引起通货膨胀。这种情况经常出现在发展中国家或遭受战争的国家中,这些国家的支出远远超过了其税收收入。

3. 财政政策的激励效应

财政政策的激励效应主要体现在税收政策上,税收政策通过改变投资回报来影响宏观经济活动,下面以投资税减免为例讨论这个问题。

如图11-9所示,政府对企业投资实行投资税减免,鼓励企业增加投资。在其他条件不变的情况下,图11-9(a)中投资曲线I右移到I'。在每个利率水平下,企业投资量都增加了,因此总支出增加。在图11-9(b)中,IS曲线由IS_1右移到IS_2,均衡点由E_1变动到E_2,利率和总产出分别上升到r_2和Y_2。尽管利率上升了,但由于投资税减免对投资起到了激励作用,因此在较高的利率水平下,投资还是较之前增加了,如图11-9(a)所示,投资I_1增加到I_2,利率增加对投资的抑制作用并没有完全抵消投资税减免的正面效应。

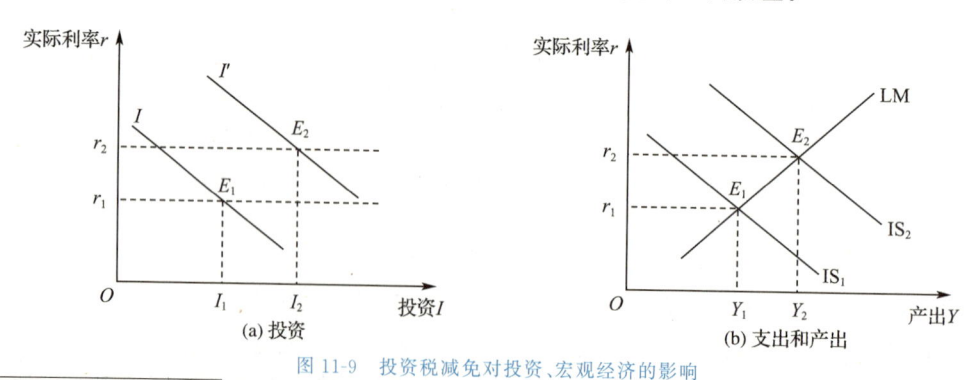

图11-9 投资税减免对投资、宏观经济的影响

[①] 英国古典经济学家大卫·李嘉图在其出版的《政治经济学及赋税原理》一书中表达了这样一种观点:公债不是净财富,政府无论是以税收形式,还是以公债形式来取得公共收入,对于人们经济选择的影响是一样的。公债无非是延迟的税收,政府的任何债券发行都体现着将来的偿还义务,在具有完全理性的消费者眼中,债务和税收是等价的,他们会把相当于未来额外税收的那部分财富储存起来,结果此时人们可支配的财富的数量与征税的情况一样。

11.3 货币政策

11.3.1 金融市场与货币需求

1. 金融市场的构成与主要金融资产

从宏观经济学的角度,我们可以把资产分为实物资产和金融资产两大类。实物资产指机器、厂房、汽车、房子等一切有形产品。金融资产则包括货币、有价债券和股票等不同形式的资产。

金融资产的作用大致可以归纳为两条:第一,金融资产可以把不同时期的生产与消费连接起来。人们可以在年轻时多生产,以投资或储蓄的形式把一部分产品转化为金融资产,年老之后无力生产时,再把这部分金融资产转还回商品消费;同时可以以借贷的形式来消费自己目前尚未生产出来的东西,即把将来的生产提前到现在来消费;还可以把属于自己的产品暂时"转让"给他人消费或用于再生产,这就是投资和信贷;第二,金融资产的使用可以大大降低经济活动的交易成本。

在金融市场中,资金从拥有闲置货币的人手中转移到资金短缺的人手中;从没有生产用途的人手中转移到有生产用途的人手中。

金融市场主要由货币市场和资本市场构成。资本市场还可以分为一级市场和二级市场。一级市场是指筹资方将股票或债券销售给最初购买者的金融市场,投资银行是重要机构;二级市场包括交易所和场外市场(分散在各地的交易商,借助计算机网络联系)。金融市场的参与者及相互关系如图11-10所示。

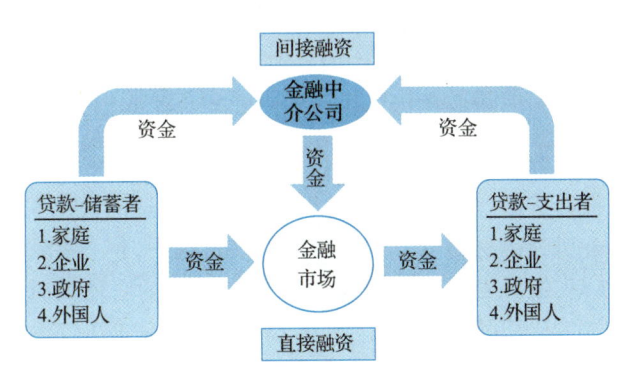

图11-10 金融市场的参与者及相互关系

在市场经济条件下,人们持有的主要金融资产包括货币、有价债券和股票。

货币(Money)。在金融市场比较成熟的国家里,经济学家把"通货"(Currency)及其相关的金融资产都称作"货币",并根据这些东西在作为支付手段时被接受的广泛性而定义出M0、M1和M2等不同的分类。M0是指通货或现金,其中通货又包括硬币和纸币;M1由通货、活期存款和支票账户构成;M2则是在M1的基础上加上准货币,如储蓄账户和定期存款。在日常生活中,货币被认为是经济活动中不可或缺的资产。人们工作获得的工资收入、买卖股票赚的钱、出租房屋获得的租金、购买服装和食品支付的费用,以及旅游中的住宿和交通支出,都要涉及货币。当大部分人谈到货币时,他们所指的往往是通货,即流通于银行体系之外的货币。

有价债券(Bonds)。有价债券是政府(中央或地方政府)或企业向公众借贷的方式。政府以这种方式获得必需的款项以支付其税收的不足部分。

股票(Stocks)。股票是联系企业与投资人之间的纽带。企业在市场上出售股票与向公众发行有价债券的目的一样,都是筹措大额资金从而扩大生产。但这二者之间的性质却不相同。发行有价债券的实质是企业向公众借贷。因而,企业只对债券持有人承诺归还本金加利息的条件。股票则代表企业的产权份额,购买股票的人实质上就是企业的所有者。

2. 货币的形式

在货币出现之前,人们之间的交易通常采用以物易物的形式。比如,用3只羊交换1头牛,用5个鸡蛋交换10个苹果,用2匹马交换1辆双轮车。这种以一种物品交换其他物品的物物交换形式,虽然与完全自给自足的自然经济相比前进了一大步,但是交易过程的效率十分低下。假如,甲有3只羊,希望从乙那儿换到1辆双轮车;乙不需要羊,而是需要1头牛;丙是牛的所有者,他既不需要羊也不需要双轮车,而是需要鸡蛋。生产鸡蛋的丁则需要羊。甲为了获得双轮车,先与丁交换来鸡蛋,再与丙交换来牛,然后再与乙换得双轮车。用西方古典经济学的话来说,物物交换必须满足需求的双重巧合才能够进行,而物物交换的双方在交换过程中的需求往往不能相互一致。

随着社会经济的发展,劳动分工的细化,当进入市场交换的商品达到一定数量时,物物交换就很难进行下去了。为了克服直接物物交换的障碍,人们在长期的交换过程中找到了一种解决办法,即选择一种人们普遍接受的交易媒介,用自己拥有的商品交换这种交易媒介,再用这种交易媒介去交换自己所需要的任何一种商品。在人们的长期生产、交换和消费实践过程中,这种交易媒介逐渐演变成了今天的货币。

在人类历史上,货币的形式包括商品货币和金属货币两大类。商品货币指在金属货币出现以前曾经充当过货币的那些特殊商品。贝壳、牛、酒、米、布、钻石、木材等都在不同时期充当过货币。作为货币,这些特殊商品基本上保持了原来的自然形态。它们作为货币的缺点是质量不一、携带不便、容易磨损和变质,其中一些商品货币体积笨重、不易分割。因此,商品货币无法充当理想的货币,随着经济的发展和时代的变迁而被金属货币所替代。

金属货币是指以金属为币材的货币。在经济发展过程中,铜、铁等金属都曾被作为货币使用,但人们逐渐发现金、银等贵金属具有相对稳定和良好的自然属性,并将它们作为充当货币的最佳材料。虽然古代交通通信不发达,东方和西方的文明几乎相互隔绝,但是到了18世纪,各国都不约而同地用金银替代商品货币或其他金属货币,作为世界各国普遍接受的金属货币。金银的贵金属特性使其自然成为货币。金银具有内在价值,政府没有必要为其货币价值进行担保。货币的数量通过市场上对金或银的供给和需求之间的关系来确定。

从货币发展史看,货币作为一种被广泛接受的支付手段,其理想材料应具备如下特征:第一,易标准化,如果以牲畜充当货币,其大小、种类、肥瘦都会使其价值不稳定,不易标准化;第二,可分性,比如买一斤苹果需要付较少的钱,买一幢房屋需要付较多的钱,只有易于分割才便于使用;第三,易携带,交换经济的发展要求货币具有更高的流动性,所以货币的材料应该携带方便;第四,性质稳定,即做货币的材料应该不易变质。

那么，在宏观经济学中货币的定义是什么呢？简单地说，货币是可以作为支付手段被广泛运用和接受的资产。它不仅包括现金，还包括其他形式的资产。在现代经济中，最常见的货币形式有硬币和纸币，还有活期存款。

人们需要货币，并不是因为货币本身有价值，而是因为人们可以用它买到东西。即使人们选择把货币储存起来，也是为了以后能够花掉它。在当代经济体中，最常见的货币形式为硬币和纸币，或合称为通货。不管金银的特性多么适合作为货币，金银在携带、分割、生产等方面还是有许多不便，而且货币供应量受到金银等贵金属产量的限制，但用纸币作为一般等价物则可以解决这些问题。纸币是信用货币，它本身没有价值。最初，纸币是可兑换纸币，也就是发行纸币的钱庄、商号保证按纸币上写的数字按质按量地兑换贵金属。可兑换的纸币实际上是一种代用货币。

不兑现的纸币。纸币（Paper Currency）是发挥交易媒介功能的纸片。最初，纸币附有可以转化为硬币或一定数量贵金属的承诺；之后，政府按照法令发行在交易中必须接受且不能兑换成硬币或贵金属的纸币作为法定偿还货币，纸币成为不兑现纸币（Fiat Money）。纸币是一种法律安排，国家可以根据需要改变它。现代社会中流通的纸币一般是法定货币，中国大陆地区的法币是人民币，在一国或地区一般只允许一种法币流通。纸币比硬币和贵金属轻得多，但是只有在人们充分信任货币发行当局，并且印刷技术足以防伪的阶段时，纸币才有可能被接受为交易媒介。

支票。支票是储户向开户行发出的支付指令，要求银行将货币从其账户上转移到该持票人的账户上。储户可依据其存款向银行签发支票，并用于支付。支票使得人们无须携带大量通货就可以完成交易，支票可以在账户余额范围内签发任何金额，使得大额交易变得更为简便，提高了经济运行效率。不过，基于支票的支付体系存在两个问题：一是运送和处理支票需要时间，必须等若干个工作日才能使用存入支票上的资金；二是纸质支票的处理工作会产生较高的成本。

电子货币。基于信息技术的计算机和互联网的发展，极大地降低了支付的成本，促进了电子支付系统的发展，使得电子货币（Electronic Money）在很大程度上取代了支票和现金。电子货币最初是以借记卡的形式出现的，消费者可以用借记卡购买商品和服务，资金则以电子支付的形式从消费者的银行账户转移到商户的银行账户。在现代社会中，借记卡（储蓄卡）中的存款是一种常见的货币形式。借记卡看上去与贷记卡十分相像，借记卡在能使用贷记卡的地方都可以使用，并且用借记卡支付的速度要快于现金。例如，在大部分超级市场的结账区，你只需将你的借记卡插入读卡器，输入密码，你购物的金额就可以从银行账户中扣除。储值卡是电子货币的更高级形式，它将消费者预先支付的固定金额的货币存入卡中。智能卡（Smart Card）是较为复杂的储值卡，它有一个计算机芯片，从而能在需要时将所有者银行账户中的货币以数字现金的形式存入卡中。智能手机具有智能卡的功能，从而将手机支付变成一种重要的日常支付形式。智能卡还可以通过自动提款机（ATM）、带有智能读卡器的个人计算机或者有特殊装置的电话机转移现金。电子现金（E-cash）是另一种电子货币的形式，它被用于在互联网上购买产品或服务。消费者可以通过在银行开设与互联网连接的账户，获取电子现金，之后将电子现金转移到个人计算机上。当需要用电子现金购物时，消费者可以登录网络商户，在特定商品下点击"购买"选项，电子现金就会自动地从消费者的计算机转移到商户的计算机中。商户可以在商品寄送之前，收到从消费者的银行账户中转移出的资金。

除了现金、支票存款以外，信用卡也是一种被广泛接受的支付手段，那么信用卡是货币吗？实际上，经济生活中普遍存在的信用卡是具有透支功能的贷记卡。发卡单位向持卡人约定了最高的透支额度，持卡人进行支付，相当于发卡单位向其发放了贷款。信用卡的透支功能是发卡单位向持卡人提供的一种信用服务，不是货币。

3. 货币存量的度量

货币是可以作为支付手段被广泛运用和接受的资产。表面上，根据这一定义我们能够容易地判断出哪些资产应该计入货币，哪些资产不应该被计入。然而，由于各种资产流动性高低的界线并非泾渭分明，所以关于使用什么指标来严格区别货币资产和非货币资产至今没有令人满意的答案。

尽管如此，国际货币基金组织和大多数国家还是根据资产流动性，采用了一些指标来度量货币存量，这些货币存量即经济体在某一时间点所拥有的货币总量。国际货币基金组织为了提高成员国货币金融统计对风险的敏感性，增强不同国家之间主要金融指标的可比性，曾制定并颁布了《货币与金融统计手册》，为货币存量统计提供了概念框架体系和基本方法，是当今指导各国货币存量统计的重要文件。1997年版的《货币与金融统计手册》提出并推荐的货币存量统计口径为[①]

M0＝流通中的现金

M1＝M0＋可转让本币存款和在国内可直接支付的外币存款；

M2＝M1＋一定期限内的（三个月到一年之间）单位定期存款和储蓄存款＋外汇存款＋CD

M3＝M2＋外汇定期存款＋商业票据＋互助金存款＋旅行支票

具体到各国，货币层次的划分要更复杂一些。在中国，中国人民银行把货币供应量作为货币政策的中间目标之一[②]，并于1994年第三季度开始，正式公布货币供应量指标。具体统计口径为[③]

M0＝流通中的现金

M1＝M0＋企业存款（扣除了单位定期存款和自筹基建存款）＋机关团体部队存款＋农村存款＋信用卡类存款（个人持有）

M2＝M1＋城乡居民储蓄存款＋企业存款中具有定期性质的存款（含单位定期存款和自筹基建存款）＋外币存款＋信托类存款

M3＝M2＋金融债券＋商业票据＋大额可转让定期存单等

尽管各国对货币层次划分的标准以及统计口径不尽相同，但从货币流动性上看，M1所有构成要素均是流动性高、被广泛接受和使用的支付手段，是公认的最狭义的货币度量，也是最接近于货币定义的度量指标。

[①] 2000年国际货币基金组织对货币总量的统计口径做过一些修改。

[②] 中国习惯于把货币总量称为货币供应量或货币量。本书中的货币总量使用"货币供应量"一词。

[③] M3系中国人民银行出于金融创新不断出现的现状考虑而设，目前暂不编制这一层次货币供应量。根据1994年版的货币供应量统计口径，中国人民银行于2001年将证券公司客户保证金计入M2，2002年将在中国的外资、合资金融机构的人民币存款业务，分别计入不同层次的货币供应量。

4. 货币的功能

一般来说，货币具备三个基本功能：交换媒介、价值尺度和贮藏手段。其中，交换媒介功能是区别货币与诸如股票、债券和房产等资产的基本功能。

交易媒介。在现代经济社会中，货币作为支付手段，被用来购买产品和服务，以通货或支票形式出现的货币都是交易媒介（Medium of Exchange）。货币是人们用于交易产品与服务的资产。在没有货币的经济体中，交易以物物交换的方式进行，或者说将某种产品与其他产品直接进行交换。然而，物物交换是一种无效率的交易方式，因为要寻找到一个拥有你所需要的产品的人，而他也乐于与你所拥有的产品进行交换，这是比较困难且耗时的。

价值尺度。作为一种价值尺度，货币是度量产品和服务价值的基本单位。比如在中国，几乎所有的价格、工资、资产价值和债务等都是用人民币来表示的。使用统一的度量单位可以避免多重价格的问题。例如，如果一斤羊肉标价为 2 斤奶油或 10 支铅笔，而一斤奶油又标价为 5 斤苹果，那么人们就很难在不同产品和服务间比较价格水平。

贮藏手段。作为一种贮藏手段，货币是人们贮藏财富的一种资产。例如，某人月初获取薪水 3 000 元，在他花掉 3 000 元之前，货币都充当了财富贮藏手段。货币并非可作为贮藏手段的唯一资产。任何资产，比如股票、债券、房产、珠宝等都可以用于贮藏财富，而且这些资产的回报率往往高于货币。那么人们为何还愿意持有货币呢？这是因为货币具有很高的流动性，所谓流动性是指资产在不发生损失的条件下转化为支付手段的相对难易和快慢程度。在所有的资产中货币的流动性最高，因为它本身就是支付手段，不存在其他资产转化为支付手段时所发生的交易成本。通常人们对流动性具有较高的需求，货币也因此被人们普遍当作贮藏手段。

5. 货币需求

货币需求指人们在资产组合中所愿意持有的货币资产数量。根据前文对货币的定义，这些货币资产包括现金、活期存款等。当然，人们关心的是这些货币资产的实际价值而非名义价值。也就是说，重要的是实际货币需求，即剔除价格因素后的货币需求。相应的，名义货币需求是不考虑价格因素的货币需求。

货币作为一类重要的资产，具有区别于其他资产的两个显著特征：首先，货币是流动性最强的资产；其次，货币的收益率较低。前一个特征是人们愿意持有货币的主要原因，而后一个特征意味着持有货币需付出机会成本。

持有货币的动机。著名经济学家凯恩斯认为人们的货币需求来源于三种动机，即交易性动机、预防性动机和投资性动机。

交易性动机。交易性动机是使用货币对商品与交易进行支付引起的，它与货币的支付手段职能密切相关。由于收入获取与支出发生之间总存在一定的时间差，人们需要持有一定数量的货币用于应付日常交易需求。凯恩斯认为，源于交易性动机的货币需求主要取决于收入的高低。

预防性动机。预防性动机是使用货币以应付意外支出而引起的，它产生于未来收入和支出的不确定性。按照凯恩斯的观点，源于预防性动机的货币需求主要取决于人们对未来收入和交易的预期。

投机性动机。投机性动机是使用货币以利用未来可能出现的时机开展投资活动而引起的。具体来说，为了利用利率或证券价格的变化进行投机活动，人们需要持有一定量的货币,以便低买高卖获得收益。凯恩斯强调了利率对投机性动机货币需求的影响:一方面,利率较高时,持有生息资产的利息收入较大;另一方面,人们预期利率极有可能下降,持有生息资产获得资本利得的可能性也较大。因此,利率上升,人们倾向于减持货币转而持有生息资产。反之,利率下降,人们增持货币。在极端情况下,当利率水平极低时,人们因预期利率一定会上升而倾向于无限量地持有货币。也就是说,任何新增的货币供给都会被人们持有,这就是所谓的"流动性陷阱"。

一般来说,因交易性动机和预防性动机而产生的货币需求主要涉及货币总量 M1,而投机性动机引致的货币需求往往与货币总量 M3 联系在一起。

人们的货币需求取决于持有货币所得收益与所付成本间的权衡。持有货币的收益指货币高流动性带来的交易和应付意外上的便利,成本则是因持币而放弃的生息资产的利息收入。那么人们应该持有多少货币,哪些因素影响着货币需求,影响方向又如何?下面以交易性需求为例分析人们的持币决策,试图回答上述问题。

鲍莫尔和托宾最早研究了人们对货币的交易性需求[①②]。每个人都需要持有一定量的货币以备交易和不时之需:一方面,持有较高的货币余额会损失掉其他资产(如债券)的利息收入,却可以获得交易和支付上的方便;另一方面,持有的货币余额过低,一旦需要进行支付时需要将生息资产转化为货币,不需要支付时为了获得利息收入又要把货币转化为有息资产,货币和生息资产间的频繁转换将产生交易成本。因此,每个人都需要花些精力来权衡持币的收益和成本,确保自己持有最优的货币余额。

设想某人的月收入为 Y,假定在一个月内他会连续且均匀地花掉这些钱,此人需要做出的决策是这一个月内平均持有多少货币。假定月初时此人持有货币 K,将余下的收入转化为生息资产,这里假定生息资产是储蓄存款。当货币 K 被花掉后,此人去银行从储蓄账户中再支取 K,每次支取与前一次支取的时间间隔以及支取数量 K 均相等。

持币的成本有两项:一是支取货币的手续费;二是为持币而放弃的储蓄存款的利息收入,即持币的机会成本。若每次从储蓄账户中支取货币需支付手续费 b,每次支取额为 K,月收入为 Y,则每月的手续费总额为 bY/K;由于每次支取额为 K,故月平均货币持有额为 $K/2$,设储蓄存款利率为 r,则放弃的利息收入为 $rK/2$。若货币余额持有量较多,则所需变现次数少,手续费总额也较少,但损失的利息收入较多;反之,若货币余额持有量较少,则变现次数多,手续费总额较高,但损失的利息收入较少。所以,人们需要选择适当的 K,最小化持币的总成本。若 C 代表持有货币余额 K 所花费的总成本,则有

$$C = b\frac{Y}{K} + r\frac{K}{2} \tag{11.6}$$

最小化 C 的一阶条件是

$$\frac{\partial C}{\partial K} = -\frac{bY}{K^2} + \frac{r}{2} = 0 \tag{11.7}$$

得到

[①] 参见:Baumol William J.. The Transactions Demand for Cash: An Inventory Theoretic Approach. The Quarterly Journal of Economics,1952,66(4):545-556.
[②] Tobin, James. The Interest Elasticity of the Transactions Demand for Cash. Review of Economics and Statistics, 1956,38(3):241-247.

$$K^* = \sqrt{\frac{2bY}{r}} \qquad (11.8)$$

为了使总成本 C 最小化,每次支取额应为 K^*。相应地,最优的月平均货币持有额,即最优的交易性货币需求 L^* 为

$$L^* = \frac{K^*}{2} = \frac{1}{2}\sqrt{\frac{2bY}{i}} \qquad (11.9)$$

式(11.9)就是著名的鲍莫尔-托宾货币需求平方根公式。它表明交易性货币需求与收入 Y、单位手续费 b 的变动方向相同,与利率的变动方向相反。这里,需要明确两个概念:一是货币需求的收入弹性,指收入变动 1%,货币需求变化的百分比;二是货币需求的利率弹性,指实际利率上升 1%,货币需求变化的百分比。在式(11.9)中,货币需求的收入弹性和利率弹性分别为 0.5 和 −0.5。

上文使用鲍莫尔-托宾的货币需求平方根公式简要地分析了交易性货币需求的影响因素及影响方向。对于预防性货币需求也有相同的结论,即与收入的变动方向相同、与利率的变动方向相反。

至于投资性动机的货币需求,利率则是主要的影响因素。根据资产组合理论,在风险和流动性不变时,货币需求取决于货币与其他非货币资产的预期收益率,即单位时间内资产价值的增长率。若非货币资产的预期收益相对于货币上升了,人们会将货币转换为非货币资产以谋求更高的收益,从而货币需求减少;反之亦然。举例来说,假定某人拥有 1 000 元资产,其中 200 元为年利率 0.36% 的活期存款,800 元为年利率 3.33% 的三年期定期存款。若中国人民银行调整金融机构的存款利率,活期存款利率调整为 0.4%,三年期定期存款利率调整为 4.7%,则相对于活期存款,定期存款的预期收益上升了。因此,人们会将 200 元活期存款部分转换为定期存款,也就是说,对活期存款的需求下降、定期存款的需求上升,货币需求上升了。

概括起来,对货币需求有重要影响的宏观经济变量有三类:

一是收入。随着收入上升,人们的交易量及对流动性的需求也会增加,在其他因素不变的条件下,货币需求也会上升。一般来说,货币需求增长小于收入,即实际收入上升 1%,实际货币需求的上升幅度往往小于 1%。如式(11.9)所示,货币需求的收入弹性为 0.5,也就是说,收入上升 1%,货币需求上升 0.5%。货币需求增长慢于收入增长,这是因为高收入者能更有效率地运用货币,比如使用信用卡。

二是利率。如前所述,利率通过影响货币和非货币资产的预期收益率来影响货币需求。非货币资产的收益率上升,货币需求减少;货币的收益率上升,货币需求增加。相对于非货币资产,货币的收益率极低甚至为零。为了不引起混淆,我们假定只存在一种名义利率,用于衡量非货币资产的名义收益率。名义利率越高,货币需求越低。我们谈到名义利率对货币需求的影响时,通常是指非货币资产的名义利率。

三是价格水平。价格水平越高,人们开展交易所需要的货币越多,因而愿意持有更多的货币,名义货币需求增加。比如,一斤大米的价格是 2.5 元,现在上涨到 25 元,购买一斤大米所需的货币是原来的 10 倍。因此,在其他条件不变时,名义货币需求与价格水平同比例变化。

除了这三类因素以外,影响货币需求的因素还包括财富、资产的风险和流动性、支付技

术等。当财富增加时,人们会以货币形式持有部分新增财富,货币需求增加;当发生通货膨胀时货币的实际购买力下降,为规避货币的通货膨胀风险,人们会将货币转换成通货膨胀风险较小的非货币资产,货币需求降低;当非货币资产的流动性上升,这些非货币资产能容易地转换成货币,此时货币需求减少;当支付技术的效率提高,人们用较少的货币就能完成交易,货币需求减少。

货币需求及其影响因素关系可以用货币需求函数来表示。设 M^d 为名义货币需求量,P 为价格水平,Y 为实际收入,i 为非货币资产的名义利率,L 为函数符号,则货币需求函数可以表示为

$$M^d = P \times L(Y, i) \tag{11.10}$$

其中,名义货币需求 M^d 与价格水平 P 同比例变化;M^d 与 Y 按相同方向变化;i 与 Y 按相反方向变化。当然,我们还可以在函数 L 中加入其他影响因素,如货币的收益率、财富、流动性、支付技术等。为了更好地解释货币市场均衡以及总产出、利率决定等关键问题,我们只考虑价格水平、实际收入和名义利率对名义货币需求的影响。

到目前为止,我们在讨论货币需求的影响因素时没有严格区分实际量和名义量。其实,人们在做出货币需求决策时更关心的是诸如实际收入、实际利率剔除价格因素的实际量变动所产生的影响。宏观经济分析更感兴趣的是实际货币需求,货币的实际购买力才是人们真正需要货币的原因。将式(11.10)改写为

$$\frac{M^d}{P} = L(Y, i) \tag{11.11}$$

其中,$\frac{M^d}{P}$ 为实际货币需求,即对实际货币余额的需求。又由于非货币资产的名义利率 $i = r + \pi^e$,这里 r 是实际利率,π^e 是预期通货膨胀率,式(11.11)可以写成

$$\frac{M^d}{P} = L(Y, r + \pi^e) \tag{11.12}$$

式(11.12)是货币需求函数,它体现了实际货币需求与实际产出、实际利率之间的函数关系。实际货币需求随实际产出增加而增加,随实际利率上升而减少。

6. 货币流通速度

所谓货币流通速度指某一既定时期内货币存量的周转次数,等于名义GDP与名义货币存量的比率,即

$$V = \frac{名义GDP}{名义货币存量} = \frac{PY}{M} \tag{11.13}$$

其中,V 为货币流通速度;P 为价格水平;Y 为实际收入;M 为名义货币存量。例如,在2007年,M1货币存量平均为136 785.46亿元,M2货币存量平均为379 224.30亿元,GDP为249 529.9亿元,所以,M1的流通速度为1.82,M2的流通速度为0.66。也就是说,M1货币余额平均1元融通1.82元的最终商品和服务支出,M2则融通0.66元。如果货币流通速度提高,那么1元货币存量用来融通最终商品和服务支出的平均次数则会增加。

若实际货币需求 $\frac{M^d}{P}$ 等于实际货币供给 $\frac{M^s}{P}$,即等于实际货币余额,故式(11.11)代入式(11.13)得到

$$V = \frac{Y}{L(Y, i)} \tag{11.14}$$

那么实际货币需求就可以写为 $L(Y,i)=\dfrac{Y}{V}$，它表明流通速度提高会引起货币需求下降。

事实上，货币流通速度的概念最早源于货币数量论，尽管该理论产生过费雪的现金交易数量说和剑桥学派的现金余额数量论，但其思想可用如下的数量方程表达：

$$M \times V = P \times Y \tag{11.15}$$

其中，M 为名义货币存量；V 为货币流通速度；P 为价格水平；Y 为实际收入。货币数量论认为货币流通速度不变，因此，式(11.15)就可以改写为

$$M = kP \times Y \tag{11.16}$$

这里，$k=\dfrac{1}{V}$。式(11.16)表明，若货币流通速度 V 和实际产出(或收入)Y 不变，价格水平与货币存量按同比例变化，即货币存量的变动会引起价格同比例变动。

11.3.2 银行体系与货币供给

1. 银行体系

从货币市场的角度来看，整个国民经济活动可以被划分为三个部分：大众、商业银行和中央银行。

大众(Public)，是指所有的家庭和除了商业银行之外的厂商。它包括了一家一户的消费者、小型的农户、商贩、大型企业公司、营利的和非营利的各种机关团体，等等。从货币市场的观点来看，大众所要做出的选择是如何安排自己的钱财：多少拿在手里作为通货，多少放入银行作为存款。如果用 CU 表示通货(Currency)，用 D 表示存款(Deposits)，那么整个经济中的全部货币量 M 就是

$$M = CU + D \tag{11.17}$$

通货与存款之比被称作"通货储蓄率"(Currency Deposit Ratio)，这个通货储蓄率是由大众的行为所决定的。设通货储蓄率为 C，则

$$C = \dfrac{CU}{D} \quad 0 < C < 1 \tag{11.18}$$

商业银行(Chartered Banks)，是以盈利为经营目的的金融中介机构。在以市场经济为主体的国家里，商业银行大多是股份制企业或私营企业，其所有权属于其股票持有人。商业银行的利润主要来自存贷利差，即商业银行盈利的主要手段一方面是以存款利率吸纳社会存款，另一方面是以更高的利率把存款的大部分用来放贷。由于放贷可以盈利，商业银行就希望把尽可能多的顾客存款拿去放贷。但是如果银行把所有的顾客存款(100%)都用于放贷，顾客的利益就会受到损害。于是政府就用银行法来限制银行放贷的最大限度。从宏观经济学的角度来看，银行法的核心是规定了一个最低的银行储备率。用 RE 表示银行储备，即总存款额 D 中不许用于放贷的部分，储备率 R 可以定义为

$$R = \dfrac{RE}{D} \quad 0 < R < 1 \tag{11.19}$$

中央银行(Central Bank)是一国最高的货币金融管理机构，在各国金融体系中居于主导地位。西方经济发达国家的中央银行大部分是由商业银行演变而来的。19世纪以前，西方

国家的货币发行大都分散在各个商业银行，随着商品经济的发展，客观上要有一家银行能够垄断货币发行，于是产生了最初以垄断货币发行为职能的发行银行。由于这些发行银行集中了全国的货币发行，逐步成为各商业银行的最后贷款者，并在整个银行业中处于"中心"地位，后来人们把这种发行银行称为中央银行。各国中央银行制度建立的情况各不相同，最早建立中央银行制度的是英国。1694年成立的英格兰银行，由商业银行逐渐演变为中央银行，一般被公认为具有现代中央银行的典型特征。另一种中央银行的模式是在政府的设计下直接为担负中央银行职能而设立的，如美国的联邦储备体系。

中央银行具有三个方面的职能：

第一，中央银行是发行银行。各国中央银行最基本的职能是掌握货币发行权，负责调节货币流通。在西方经济发达国家，货币供应量不仅包括现金通货，还包括存款货币。现金发行垄断在中央银行，中央银行通过商业票据贴现、买进国家债券将现金投放出去。中央银行通过调节现金发行和存款货币的创造，控制着整个经济中货币供应的数量，这构成货币政策实施的主要环节。

第二，中央银行是银行的银行。中央银行制度形成之后，整个银行体系分化为两大部分：第一部分是直接与企业和居民发生业务往来的商业银行、专业银行和其他金融机构；第二部分是中央银行，它一般不与企业发生业务往来，主要充当商业银行、专业银行和其他金融机构的最后贷款者，为它们提供信用、办理结算，并集中它们的准备金。作为银行的银行，中央银行发挥三方面的作用：一是集中商业银行的准备金，以保证银行的清偿能力，并将准备金制度作为中央银行货币政策的重要工具；二是为商业银行提供清算服务，商业银行之间所发生的应收应付款项，可以通过在中央银行的存款户头进行划拨；三是为商业银行提供贷款，当商业银行所吸收的存款远远不能满足贷款的需要时，往往求助于中央银行，中央银行充当了"最后贷款者"，中央银行一般采取商业票据的再贴现和票据、有价证券再抵押的方式对商业银行发放贷款。

第三，中央银行是国家的银行。这并不是说中央银行一定是资本归国家所有的银行，而是指各国中央银行都代理国家金库，办理国家财政的收付款业务，代理国家发行和买卖公债；为国家提供短期贷款，以解决财政收支不平衡；执行国家的经济和货币政策，成为国家宏观经济管理的重要机构。

中国的中央银行是中国人民银行，成立至今的70多年来，其发展历程大体上经历了三个阶段：第一阶段，中国人民银行的创建与国家银行体系的建立(1948—1952年)；第二阶段，计划经济体制时期的国家银行(1953—1978年)；第三阶段，从国家银行过渡到中央银行体制(1979—1992年)，从1984年1月1日起，中国人民银行开始专门行使中央银行的职能，建立了存款准备金制度和中央银行对专业银行的贷款制度，初步确定了中央银行制度的基本框架。1995年3月18日，中国的全国人民代表大会通过了《中华人民共和国中国人民银行法》，首次以国家立法形式确立了中国人民银行作为中央银行的地位，标志着中国中央银行制度建设的规范化和法制化。

2. 银行体系的信用扩张功能

从商业银行的资产负债表可以看出，它与其他任何企业的资产负债表都非常相像。唯一的特点是商业银行负债的大部分是随时偿付的，即可用支票提取的存款，人们把这些存款称作货币(表11-1)。对于商业银行来说，这些存款构成了它们稳定的资金来源。虽然所有存款者有可能在同一天中提取他们的全部存款,但是这种事件发生的可能性极小。只要整个经济不断发展,每一天有客户提取存款,就一定会有客户存入款项,从而抵消了提款的倾向。

表 11-1　　　　　　　　　　　美国全部商业银行资产负债表　　　　　　　　　单位:亿美元

资产		负债	
准备金	231	支票存款	713
贷款	2 783	储蓄和定期存款	2 119
投资与证券	989	其他负债与净值	1 588
其他资产	417		
总计	4 420	总计	4 420

随着银行制度的形成,出现了法定准备金制度,即各商业银行必须按法律规定,把吸收存款的一部分交存中央银行,作为存款准备金,这部分存款准备金构成商业银行毫无收益的资产。这里,需要强调三个概念。一是存款准备金,是指银行为满足存款人的提款需要而持有的流动性资产,包括库存的通货和存入中央银行的存款,存款准备金与存款的比率也被称为存款准备金率。二是法定准备金,即中央银行要求商业银行及有关金融机构按照存款的某一比率存入中央银行的那部分存款,这一比率就是法定准备金率。比如,如果某银行吸收的存款为 100 万元,法定准备金率为 6%,则该银行存入中央银行的法定准备金为 6 万元。三是超额准备金,即存款准备金中扣除法定准备金余下的部分,超额准备金与存款的比率也称为超额准备金率。在上例中,超额准备金率为 2%,则该银行持有的超额准备金为 2 万元,银行需持有的存款准备金总计 8 万元。"法定准备金"与银行自己保留的超额准备金,在意义上有很大的不同。银行自己保留现金准备或超额准备金,完全是为了应付一旦发生的提款风潮。"法定准备金"是作为控制商业银行创造存款货币能力的重要工具。规定了一定的准备率,法定准备制度就能够限制银行存款的增长,使它处于理想的水平。

为了消除整个银行制度崩溃的危险,政府一般采取以下安全措施:

第一,关于银行的成立和经营的规定。各国一般都通过银行法来规定开办银行的条件,比如,它们必须具备最低限数量的资本;审计部门定期审查银行的资产和核定银行清偿债务的能力;银行法一般都严格规定银行的经营范围,防止银行为了获得高额利润而大量从事高风险投资。

第二,建立中央银行准备金制度。中央银行的建立为商业银行的安全稳定提供了重要保证。它的应急任务是作为恐慌时期的中流砥柱,随时准备使用政府所授予的货币发行权来防止银行制度的崩溃。中央银行最重要的日常工作在于控制货币供给和信用状况。

第三,政府对于银行存款的保险。在银行出现危机时,直接受害者是存款者,如果银行倒闭,将会有许多客户的存款受到损失。而银行倒闭的直接动因也恰恰是客户的挤兑,在存款者的安全不能受到保证的情况下,心理的恐慌很容易促使他们从银行提款。

对于单个银行来说,创造货币是不可能的,因为单个银行只能依靠客户们的存款来发放贷款,贷款等于存款,银行并不创造任何东西。但是从银行体系的总体来看,结论是恰恰相反的。整个银行体系能够做每一家银行自己所不能做到的事情:它能够把它的贷款与投资扩大为原来存款的许多倍。现实经济生活中看到的情况也是这样,从银行所得到的每1元新增的准备金中,银行制度可以创造出若干倍的银行存款。

那么,银行怎样创造货币呢?假定,有1 000元新增的准备金(现金)存入某商业银行。这笔钱从何而来并不重要,它可能来自某人,此人把他的公债卖给所在地区的中央银行,并且把出售公债所获得的款项存入一家商业银行。

第一级银行的活动。银行创造货币的能力与银行保持的准备金数量有着十分密切的联系。如果银行保持100%的现金准备,从存放于银行的1 000元新存款中,它们不能创造出更多的货币。存款者的1 000元活期存款正好等于1 000元的准备金。

但是,现代银行不必保持100%的准备金,根据法律规定,银行只需保持一定比例的准备金,比如8%～12%。现在,假定这家银行要保持10%的准备金,即该银行将1 000元存款中的100元作为法定准备金,而将其余900元用于贷款或购买各种债券(图11-11)。

如果这家银行将这900元用于发放贷款,那么借款者会取得这900元现金并存入另一家银行。如果这家银行将900元款项用于购买各种债券,其结果也是一样的,它将支出900元,而债券购买者会把卖出债券的进款存入其他银行。这时,第一级银行已经创造了货币!因为,除了这家银行有1 000元存款之外,900元贷款和投资转化为其他银行的新增存款,总存款已达1 900元。

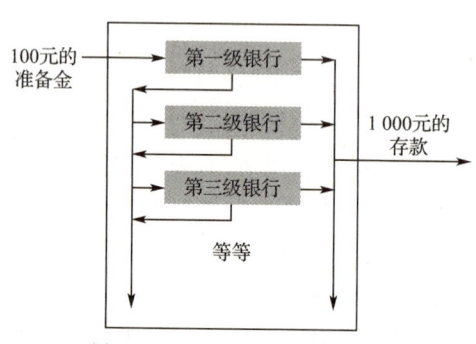

图11-11 多级银行的货币扩张

第一级银行所贷放出去的款项和买进债券所支付出去的货币最终不会落入某些人的口袋中。得到贷款的人或出卖债券的人通常总是把他们所得到的款项存放于某个其他银行,或把它支付给其他的人,而其他的人又会把这些款项存入银行。于是第一级银行所失掉的900元现金又流入整个银行体系中的某些其他银行。

第二级银行的活动。如果把这些其他银行放在一起,统称为"第二级银行",那么对于第二级银行,新增加存款与其他存款一样。这些银行最关心的问题是怎样把目前增加的900元无收益的存款用出去,使其转化为有收益的资产。由于这些银行也必须保持存款的10%作为法定准备金,所以他们只能把900元中的90%,即810元,用于贷款或购买各种债券,这又使其他银行增加810元的存款。这个过程会在银行体系中延续下去,最终我们会得到表11-2描述的结果。

表11-2　　　　　　　　银行体系创造货币的结果

银行的位次	新增存款/元	新增贷款与投资/元	新增准备金/元
第一级银行	1 000.00	900.00	100.00
第二级银行	900.00	810.00	90.00
第三级银行	810.00	729.00	81.00
第四级银行	729.00	656.10	72.90

(续表)

银行的位次	新增存款/元	新增贷款与投资/元	新增准备金/元
第五级银行	656.10	590.49	65.61
第六级银行	590.49	531.44	59.05
第七级银行	531.44	478.30	53.14
第八级银行	478.30	430.47	47.83
第九级银行	430.47	387.42	43.05
第十级银行	387.42	348.68	38.74
前十级银行的总和	6 513.22	5 861.90	651.32
以后各级银行总和	3 486.87	3 138.10	348.68
整个银行体系总和	10 000.00	9 000.00	1 000.0

使得银行的新增存款从 1 000 元扩张到 10 000 元,是四方面力量共同作用的结果:

公众,因为公众总是把他们的货币存入银行。

商业银行,因为商业银行对存款仅保持部分的现金准备。

借款者,因为他们能使银行找到有收益的资产,以便用银行多余的现金来购买它们。

中央银行,因为中央银行的活动可以决定进入银行体系的新准备金数量的多少。货币供给(M)的最后决定者是中央银行。

3. 货币乘数

在分析货币供给(M)扩张的过程中会发现,新创造出来的银行存款与初始准备金之间有一个固定的比率,这个比率就叫作"货币乘数"。货币乘数表示每 1 元初始准备金能够转变为几倍的存款,按照上面的例子,货币乘数为 10,也就是法定准备金率的倒数。

用 r 表示法定准备金率,那么货币乘数表示为 $1/r$。随着新因素的引入,货币乘数的含义会有新的变化。

上面分析银行创造货币的过程是建立在两个假定的基础之上:第一,一切新货币均存留于银行体系之内,公众并不从新增加的银行存款中提取现金;第二,一切银行除了向中央银行缴存法定存款准备金之外,自己并不保留超额准备金,即一切银行发放贷款都能贷到极限。

在现实经济生活中,这两个假设都是不存在的。准确把握货币创造过程,还必须考虑两个限制因素:

现金漏损。当一个人获得贷款或卖出债券取得收入后,为获得更加灵活的流通手段,往往要提取一部分现金,这样,货币的创造就受到现金流出银行的影响。假定,现金漏损率为 10%,即每 100 元要提取 10 元的现金,每一级银行新增加的存款都将以 10% 的幅度减少,因此,新创造的存款不是 10 000 元,而是 5 000 元。

$$新创造的存款总和 = 1\,000 \times \frac{1}{法定准备率+现金漏损率} = 1\,000 \times \frac{1}{10\%+10\%} = 5\,000(元)$$

超额准备金。各商业银行为了保证日常业务的正常进行,一般都保持一定数额的超额准备金,比如 5%,这样,商业银行的货币创造能力又进一步降低。

$$新创造的存款总和 = 1\,000 \times \frac{1}{法定准备率+现金漏损率+超额准备率}$$
$$= 1\,000 \times \frac{1}{10\%+10\%+5\%} = 4\,000(元)$$

设 e 表示超额准备率,r 表示法定准备率,h 表示现金漏损率,则有

$$货币乘数 = 1\,000 \times \frac{1}{r+h+e}$$

11.3.3 货币政策的实践

货币政策由三大要素构成:最终目标、中间目标和政策工具,如图11-12所示。

图 11-12 货币政策的三大要素

1. 货币政策的最终目标

中央银行的货币政策是一个国家宏观经济政策的重要组成部分,从这个角度看,货币政策的最终目标应当与宏观经济政策的最终目标保持一致,即高经济增长、充分就业(低失业率)和物价稳定(低通货膨胀率)。在开放的经济条件下,货币政策的最终目标还包括国际收支平衡。

如本章第一节所述,上述几个宏观经济目标之间是存在一定矛盾的。如果想保持充分就业和高速经济增长,就有可能造成物价不稳定;如果要控制通货膨胀、保持物价稳定,又可能牺牲充分就业和经济增长。

中央银行就其最基本的职能看,是调节货币供应量,维护币值的稳定。从这一点出发,如果中央银行的货币政策与其他宏观经济政策保持一致,就会失去货币政策的独立性。所以,货币政策追求的最终目标通常会侧重于解决通货膨胀问题。

2. 货币政策的中间目标

货币政策的中间目标是指中央银行为了实现货币政策最终目标而设置的可供观测和调整的指标。

货币政策的最终目标是中央银行经过努力才能达到的。在此过程中,中央银行必须寻找一个指标用来观测最终目标的实现情况和对政策变量进行调整。从货币政策开始启动到最终目标发生变化,需要一个相当长的"时间差"。一般来说,西方经济发达国家货币政策的"时间差"在半年至9个月。为此,各国中央银行都设置一些能够在短期内显现出来,并可与货币政策最终目标高度相关的指标,作为调整货币政策工具时用于观测和控制的目标。

具体来说,货币政策中间目标的作用主要表现在三个方面:一是表明货币政策实施的进度,二是为中央银行提供一个追踪货币政策实施效果的指标,三是便于中央银行随时调整货币政策。

可以作为货币政策中间目标的指标必须具备两个条件:第一,具有可控性,即这一指标必须能够由中央银行控制。如果把某些与货币政策的最终目标关系很近的指标直接作为中间目标,尽管在效果上更接近最终目标,但是由于这些指标不能受中央银行的直接控制,所以不能作为货币政策的中间目标。比如类似劳动生产率这样的指标,中央银行就很难进行

控制。第二，具有相关性。作为中间目标的指标必须同货币政策的最终目标高度相关，中央银行才能根据这些中间指标来判断最终目标的变化情况，才能准确地操作货币政策工具以达到预定目的。利率、货币供应量、商业银行准备金是各国中央银行最常用作中间目标的指标。

利率是凯恩斯学派所推崇的货币政策中间目标，它可以由中央银行控制，是一个可控变量。在20世纪70年代以前，各国中央银行大都将利率作为一个主要的中间目标。利率之所以能作为货币政策的中间目标，是因为利率的波动能够比较灵敏地反映资金的供求关系。利率与经济周期变化有密切关系，当经济处于萧条阶段，利率呈下降趋势，当经济转向复苏以至快速扩张阶段，利率则趋向上升。因此，利率可以作为观测经济波动状况的一个尺度。

货币供应量是包括现金量在内的货币量。货币供应量作为货币政策中间目标的理由是：第一，货币供应量是经济系统的内生变量，生产和商品交易量的变化必然引起货币供应量的变化，而且货币供应量的变动也会反作用于经济活动；第二，货币供应量比较便于操作，中央银行可以通过各种手段对其直接进行控制；第三，货币政策的松紧变动，通过货币供应量增减变动而表现出来，与货币政策手段的变动方向正好一致。

商业银行准备金包括商业银行上缴中央银行的法定准备金和超额准备金两部分。准备金较之其他中间目标更容易控制，中央银行提高或降低法定准备率，就会增加或减少中央银行的法定准备金；同时通过公开市场吞吐国家债券，就会引起商业银行超额准备金变化。因此准备金的可控性很好。由于准备金与社会资金总量保持一个较为稳定的比率，准备金的变化反映了社会资金供求关系的变动，因此准备金的变化也在一定程度上反映了货币政策最终目标的变动情况。准备金作为货币政策的中间目标要有一个前提条件，即货币乘数相对稳定，如果货币乘数不稳定，准备金就失去了观测和控制的价值。

3. 货币政策工具

为实现货币政策的最终目标，中央银行不仅要设置用于观测和跟踪的中间目标，还须动用强有力的货币政策工具。货币政策工具是指能够影响货币供给的措施，判断一项货币政策工具是否强有力，有以下几个标准：

第一，控制货币供应量的能力。由于货币供应量的增减变动能直接影响总支出，而且也能影响金融市场上资金的松紧，甚至影响利率及资产重估，再间接影响整个经济活动，所以货币政策工具的优劣主要看对货币供应量的影响力如何。优良的货币政策工具对货币供应量的控制力强；相反则对货币供应量的控制力弱。不能期望货币政策工具对货币供应量有完全的控制力，因为商业银行和公众活动对货币供应量都多少有其影响力，但货币当局所能操作的政策工具具有更大的影响力。

第二，对利率的影响程度。利率也是货币政策的一个中间目标，它是借贷市场上资金的价格，利率水平的变动在一定程度上影响支出意向。所以货币政策工具的目标之一是影响利率水平，借以影响经济活动。货币政策工具不仅应当对利率总水平有所影响，而且还应当影响长、短期利率的结构变化，从而影响资源的配置方向。大体上说，提高短期利率，将减少公众持有货币及向银行借款的需求量；提高长期利率，将压低资本资产的现值，产生长期投资支出趋减的效果，所以货币政策工具必须对利率结构产生影响力。

第三，对商业银行行为的影响。商业银行创造的存款是货币供应量的主要部分，商业银行的经营活动直接影响企业和个人的支出，如果货币政策工具不能强有力地影响商业银行的行为,那么货币政策的最终目标也难以实现。货币政策工具对商业银行行为的影响主要是通过商业银行的准备金变动来实现的。因此,货币政策工具必须有效地制约准备金的变动。

第四,对公众预期的影响。货币政策对公众心理预期有着十分重要的影响。某一货币政策工具一经实施并加以公布之后,就会立刻产生"告示作用",从而对企业家及公众心理产生影响。这种心理预期变化,有可能提升货币政策的效果,也有可能降低货币政策的效果。因此在选择货币政策工具时,必须注意它对公众心理预期影响的方向。如果产生的影响是正向的,则可视为优良工具;否则,就不是优良工具。

第五,伸缩性。经济状况是时常变化的,有时货币政策必须随时进行调整,以适应经济形势的变化。因此,货币政策工具最好能具备充分的伸缩性,可以根据任何经济形势新变化进行调整。这种伸缩性必须是有限度的,如果伸缩性太大,就会引起货币政策多变,使经济部门无所适从。

各国中央银行采取的货币政策工具包括法定准备金要求、贴现窗口借贷和公开市场操作。

法定准备金要求是指中央银行规定商业银行必须按一定比例将其存款的一部分上交中央银行,作为存款准备金。存款准备金制度的最初目的是防止商业银行盲目发放贷款,保证其清偿能力,保护客户存款的安全,以维持整个金融体系的正常运行。若中央银行提高法定准备率,货币乘数变小,在任意水平的基础货币下,货币供给减少;反之,货币供给增加。

贴现窗口借贷是指中央银行通过贴现窗口向商业银行发放贷款,贷款利率即贴现率。在有些国家,中央银行不仅直接向商业银行贷款,也向非金融企业贷款。贴现率政策最初称为"再贴现政策",是中央银行实施货币政策的第二件工具。商业银行利用这项信用选择权出于两个目的:一是调整它们持有的现金储备,以免储备低于合意的水平或者低于中央银行管制所要求的水平;二是获取在市场状况有利于商业银行向客户贷款时进行贷款所需的资金。作为银行的银行,中央银行充当了"最后贷款人"的角色。中央银行通过改变贴现率来影响货币供给:提高贴现率会增加商业银行的资金成本,使其收缩信贷规模,达到减少货币供给的目的;反之,降低贴现率会增加货币供给。此外,中央银行的贴现率还具有显著的告示效应,贴现率提高表明中央银行在实施紧缩性货币政策,反之则表明中央银行在放松银根。贴现率的变动能影响人们对借贷成本的预期,继而影响宏观经济活动。

公开市场操作是指中央银行在金融市场上公开买卖政府债券以控制货币供给的交易行为。中央银行买进金融证券会导致公众持有的高能货币的供给增加。银行用货币购买证券,货币就被注入了流通;银行出售证券会导致货币基础的收缩。设想一下,中央银行从交易商手中购买国债10亿元,通过电汇方式将10亿元汇入交易商开户银行的账户,基础货币就此增加了10亿元。通过货币乘数的放大作用,货币供给的增加量将数倍于基础货币的增加量。反过来,如果中央银行在金融市场上出售国债,货币供给将收缩。

从各国的经验来看,公开市场操作是中央银行最常用的货币政策工具。相比其他两种货币政策工具,公开市场操作具有更强的灵活性和便利性,能更好地实现中央银行控制货币供给的意图。在有些国家,政府证券的私人交易不足,难以进行公开市场操作。许多发展中国家,政府债券市场往往比较薄弱,人们对政府偿债能力有怀疑,公众可能不愿意持有公债;或者,他们会要求很高的债券利率以补偿他们的风险。中央银行在公开市场购买政府债券时,会导致公债需求的增加,而需求的增加又会对这些债券的价格带来压力。这将促使地方债券价格提高。相反,如果财政部出售公债,那么供给增加就会对公债价格产生向下的压力,从而促使国内利率上升。表 11-3 归纳了三大货币政策工具对货币供给的影响。

表 11-3　　　　　　　　　三大货币政策工具对货币供给的影响

政策工具	对货币供给的影响	政策工具	对货币供给的影响
法定准备率提高	减少	法定准备率降低	增加
贴现率提高	减少	贴现率降低	增加
公开市场销售	减少	公开市场购买	增加

4. 货币政策的传导机制

货币政策的传导机制是货币政策影响宏观经济活动的渠道和方式,主要传导机制包括利率传导机制、汇率传导机制和信贷传导机制,其中以利率传导机制为主。

利率传导机制。货币政策通过改变实际利率来影响宏观经济活动的途径被称为货币政策的利率传导机制。下面以扩张性货币政策为例,用 IS-LM 模型说明货币政策的利率传导机制。如图 11-13(a)所示,假设中央银行增加货币供给,LM 曲线由 LM_1 右移到 LM_2,总产出(总支出)水平从 Y_1 上升到 Y_2,利率由 r_1 下降到 r_2;由于总需求增加,总需求曲线 AD 由 AD_1 右移到 AD_2,因此价格水平由 P_1 上升到 P_2,如图 11-13(b)所示。需要说明的是,经济体未处于充分就业状态,所以总供给 AS 向右上方倾斜,扩张性货币政策对价格和产出水平均产生了影响。类似地,当中央银行实行紧缩性货币政策时,货币供给减少,利率上升,总需求减少,总产出和价格水平均下降。

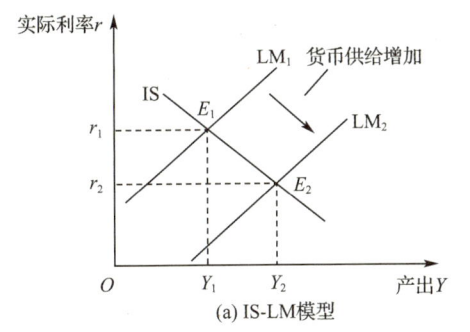

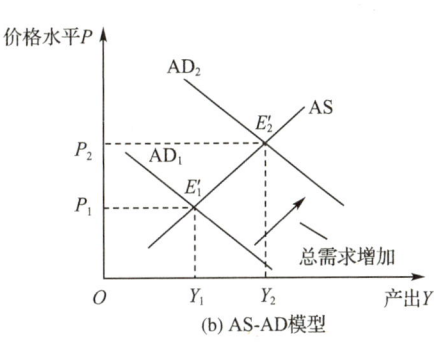

图 11-13　扩张性货币政策对产出和价格水平的影响

汇率传导机制。货币政策通过改变实际汇率来影响宏观经济活动的途径被称为货币政策的汇率传导机制。如果中央银行实行紧缩性货币政策,本国货币升值,实际汇率上升,这使得本国商品相对于外国商品变得昂贵,对本国的出口需求降低,总需求随之减少,从而产出和价格水平下降。

信贷传导机制。货币政策通过增加或减少信贷供给和需求来影响宏观经济活动,这种途径被称为货币政策的信贷传导机制。这一观点的代表人物有本·伯南克和马克·盖特勒,他们强调信贷市场上信贷配给的作用。当人们在现行利率下不能获得所希望的贷款数量时,就出现了信贷配给。如果中央银行实施紧缩性货币政策,银行的准备金减少,可用于贷款的资金也减少了。这时,银行会对借款人进行筛选,一些消费者和厂商无法通过银行的贷款资格审查,不得不放弃原来的消费和投资计划,从而经济体中的支出和总需求下降。在某利率下出现信贷配给时,利率已经不能充分地体现货币政策对投资及总需求的影响。在这种情况下,中央银行应该更关注信贷规模而不是利率水平,以掌握货币政策对宏观经济活动的影响。然而,有两类因素削弱了信贷传导机制的效率。一是金融创新。当中央银行旨在通过紧缩性货币政策收缩信贷规模时,一些金融产品创新可以帮助被银行筛选掉的消费者和厂商获得所需的资金,因此紧缩性货币政策对投资和总需求没有发挥抑制效应。二是经济开放程度的提高。在开放经济条件下,当消费者和厂商不能从本国获得信贷时,他们会转向国外的贷款者寻求资金。这样一来,本国紧缩性货币政策的成效就大打折扣了。

除了利率、汇率和信贷规模外,货币政策还可以通过资产等其他中间变量来作用于宏观经济活动。由此带来的一个问题是,这些传导机制中哪一个更重要?在某一特定时期,政策制定者如何判断是采取"紧缩"还是"宽松"的货币政策?所有这些都依赖于中央银行对各种传导机制作用强度的判断,制定有效的货币政策并非易事。

关键术语

宏观经济政策　自动稳定器　相机抉择　使用规则　财政政策　货币政策　挤出效应
预算赤字　预算平衡　预算盈余　财政政策乘数　货币中性　政策时滞效应　动态不一致性
货币　M1　M2　部分准备金制度　法定准备金　超额准备金　基础货币　货币乘数
货币需求　货币流通速度　名义利率　实际利率

思考题与讨论题

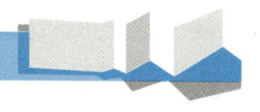

1. 宏观经济政策的目标是什么?
2. 宏观经济政策可以解决哪些经济问题?
3. 政府购买增加如何影响产出,什么情况下会发生挤出效应?
4. 为什么财政政策也被称作预算政策?
5. 什么是赤字财政政策?
6. 货币政策工具有哪些?货币政策有哪些主要的传导机制?
7. 在什么条件下货币政策对刺激经济无效?
8. 关于货币中性,古典主义者和凯恩斯主义者各持什么观点?
9. 政府如何实施财政政策?
10. 货币具有哪些职能?
11. 举例说明存款的多倍扩张过程。
12. 影响货币供给的因素有哪些,这些因素是如何影响货币供给的?
13. 如何确定货币政策的中间目标?
14. 简述货币政策的传导机制。
15. 货币政策的中间目标、最终目标和工具之间是什么关系?
16. 影响货币需求的因素有哪些?
17. 近10年来中国的货币流通速度有何变化?
18. 货币需求和货币供给变化如何影响均衡利率?

第 12 章　开放经济的宏观经济学

开放经济(Open Economy)通常是指那些积极参与国际经济交往的经济体。如果一国与其他国家有着各种各样的经济交往,包括国际贸易、国际金融往来、国际技术与信息交流,以及跨国的资金、劳动力和智力资本等有形或无形的生产要素流动,该国的经济就是开放经济。其中,一定时期内一国的国际贸易额占其 GDP 的比重是衡量该国经济开放程度的一个重要指标。

与开放经济对应的是封闭经济(Closed Economy)。封闭经济是指一国与其他国家没有经济交往,经济活动仅发生在国境线之内,经济系统处于封闭状态。实行封闭经济的国家通常要设置各种贸易壁垒,实施资本管制,严格限制物品、服务和资本的跨国流动,国内经济缺乏活力,经济发展水平较低。

一国经济发展水平越高,市场化程度越高,其经济通常就越趋于开放。在经济全球化的趋势下,开放型经济发展已成为各国的主流选择。开放经济强调把国内经济和整个国际市场联系起来,尽可能充分地参与国际分工,同时在国际分工中发挥本国经济的比较优势。在开放经济中,生产要素、产品与服务可以较为自由地跨国流动,从而可以利用各国的不同条件实现稀缺资源的优化配置和经济效率的不断提高。

关键问题

- 什么是经济全球化?
- 什么是逆全球化?
- 国家之间的经济相互依存主要表现在哪些方面?
- 各国如何通过商品和资金的跨国流动建立经济联系?
- 什么是贸易壁垒?各国为什么要设置贸易壁垒?
- 开放经济中的宏观经济运行具有什么特点?
- 汇率波动取决于哪些因素?
- 制约宏观经济政策实施的国际因素有哪些?

12.1　经济全球化产生的相互依存关系

12.1.1　经济全球化

经济全球化是当今世界经济发展的重要趋势。一方面,经济全球化促进了资本、信息和产品的跨国流动,以及科技成果的全球性扩散,有利于稀缺资源和生产要素的优化配置,是人类社会发展进步的表现。另一方面,经济全球化导致跨越国界的竞争更加剧烈,国际资本投机活动日趋活跃,甚至对国家主权和发展中国家的民族工业造成了严重冲击。

在全球经济体系中,各国经济的对外依存度大幅度提高,一国经济的波动会很快波及其他国家。由于经济发展水平和竞争实力的不同,经济全球化在一定程度上导致发展中国家与发达国家的差距进一步拉大。

1. 经济全球化的含义

经济全球化(Economic Globalization)是指世界各国通过对外贸易、资本流动、技术转移、服务外包、人力资源和信息资源的跨国流动等方式开展超越国界的经济活动,使其经济在全球范围内形成日趋紧密的相互依存、相互联系的经济一体化过程。

经济全球化的概念出现于20世纪80年代中期,20世纪90年代被普遍接受,但时至今日仍没有统一的定义。一种观点认为经济全球化是一个历史过程:在世界范围内,各国、各地区的经济相互交织、相互影响、相互融合形成"全球统一市场"和规范各国经济行为的全球规则,并以此为基础建立了经济运行的全球机制,生产要素在全球范围内自由流动和优化配置。因此,经济全球化是指生产要素跨越国界在全球范围内流动,各国、各地区的经济相互融合成整体的历史过程。

国际货币基金组织(IMF)在1997年5月发表的一份报告中指出,"经济全球化是指跨国商品与服务贸易及资本流动规模和形式的增加,以及技术的广泛迅速传播使世界各国经济的相互依存性增强"。而经济合作与发展组织(OECD)认为,"经济全球化可以被看作一种过程,在这个过程中,经济、市场、技术与通信形式都越来越具有全球特征,民族性和地方性在减少"。

概括来说,经济全球化是指以市场经济为基础,以先进科技和生产力为手段,以发达国家为主导,以经济效益最大化为目标,通过分工、贸易、投资、企业和要素流动等,实现各国市场相互协作、相互融合的过程。

2. 经济全球化的内容

经济全球化的主要内容包括:市场需求全球化、市场供给全球化和市场竞争全球化。

市场需求全球化是指越来越多的国家对越来越多产品的市场需求趋同化,为这些产品的全球市场的产生与发展创造了有利条件。市场需求的全球化主要是20世纪50年代以后美国、欧洲和日本经济高速增长的结果。这些国家的人均收入快速增加,形成了巨大的消费和工业市场。这些地区的消费者所受教育的程度相当,都具有基本相似的自然条件、社会基础设施及技术水平,使得人们具有较高的流动性,也加速了流行时尚和消费动向的传播,由此产生的一个明显特征就是对消费和工业产品的需求趋同化。

市场供给全球化是指企业面向全球市场大规模生产和销售全球性产品,大幅度降低经营成本,在全球市场上建立低成本竞争优势的过程。经济全球化深化了跨越国界的国际劳动分工,使得企业可以在全球范围内配置生产资源,从跨国经营活动中获得更多好处。加上各国在港口建设、集装箱运输、装卸模拟系统方面的大规模投资,大大降低了国际运输成本。计算机设备以较低的成本提供了高效的处理能力,通信网络使企业可以以较低的成本进行快速而便捷的交流。交通费用的不断减少,日常商业惯例的演化和发展使得企业可以更为有效、便利地进行国际协调。市场供给的全球化加速了产品和工艺的创新,以及新产品、新技术的广泛应用,使得更多国家能够融入市场。市场供给全球化与全球价值链的形成密切相关。全球价值链是指一种产品从设计、原材料和零部件采购、生产、销售、售后服务等相互衔接的各个环节,在全球范围内完成创造价值和实现价值的全部活动组合。这种以产品为中心的全球性生产经营活动的组织,非常重视在产品价值链上分布于全球不同国家或地区的企业之间的互动与利益分配关系。

市场竞争全球化是指企业在全球市场上展开的跨国性竞争,对于参与全球竞争的企业来说,国界或国别的意义并不重要。他们关心的是主要竞争对手在哪经营,如何在全球范围内整合资源,建立竞争优势,获得全球市场上的支配权。全球竞争的关键就在于竞争的相互依存性。一些在一国国内市场获得垄断地位的大企业经常会遭到国家反垄断法的限制,不得不开拓国外市场。然而在不同国家的市场上,它们都遭到了竞争对手的阻击。这些公司为了削弱竞争对手的力量,必须从全球角度考虑增强自身的能力。一家企业从全球的角度考虑竞争,并且在追求利润最大化目标时,在全世界范围内通盘考虑,这时就出现了全球竞争。参与全球竞争的企业都制订了适合本企业发展的全球性战略规划,这样就形成了该行业内的竞争全球化。甚至对于那些只从事出口业务的企业,当其管理者认识到他们将可能会面对全球竞争时,就会调整其竞争战略。实际上,如果全球竞争成了许多行业发展的规律,那么对于在这些行业中经营的企业来说,就必须遵循这种规律。

3. 企业经营活动的相互依存性

在经济全球化的过程中,企业越来越深刻地认识到各国市场间相互依存性不断增强。这种相互依存性主要表现在三个方面:

跨国经营规模的相互依存性。企业选择在一个地方集中进行产品或零部件的生产,面向全球市场销售,以实现产品生产的规模经济。

跨国经营业务的相互依存性。随着市场环境的改变,企业为了利用雇员薪金以及资源成本等各方面的差异,可以将生产活动由一个地方迁到另一个地方。

跨国经营领域的相互依存性。企业逐渐意识到要向不同国家的市场学习,将其消化吸收并进行利用,以提高企业在市场中的战略地位。在不同地域市场,有时候也包括在不同产品市场进行经营的企业,可以运用某个市场的特殊性开发出适合其他市场的新产品和新生产工艺。

12.1.2 经济全球化的发展过程

经济全球化的发展经历了一个漫长过程。20世纪90年代以前,经济全球化更多地表现为经济一体化,尤其是区域经济一体化,如欧盟、北美自由贸易区、亚太经合组织。20世纪90年代以后,信息技术进步及其在经济领域的普及应用,世界政治经济格局的变化,以及国际金融市场快速发展等因素,加快了经济全球化的进程。在推动经济全球化发展的诸多因素中,世界范围内生产力水平的不断提高,越来越多国家选择发展和完善市场经济,科技的创新和快速进步,国际贸易和跨国投资壁垒的降低,并由此激发的跨国公司在全球范围的迅速扩张,是最关键的因素。

邓宁把经济全球化的过程分为五个阶段:

1. 1914年以前

19世纪中叶至20世纪初爆发的第一次世界大战是全球经济发展的第一个阶段。这一阶段的显著特征是生产和管理方法的创新,以及新型运输工具和能源的使用,促进了多工厂企业的产生和发展。这类企业的生产经营活动偶尔扩展到国外。在跨国经营活动中,企业的所有权优势主要来自其所拥有的无形资产,而不是跨国市场的内部化。企业的区位优势则来自母国的自然资源禀赋,而不是它们自身的能力。企业在国外扮演的角色更主要的是经济殖民主义者(Economic Colonist)。在这一时期,东道国相对弱小或东道国政府在经济事务中发挥的作用微不足道,对流入境内的投资很少采取战略性措施进行控制。经济实力较强的国家更关心的是对外直接投资,以便加强他们在海外的殖民统治。

2. 两次世界大战之间

全球经济发展的第二个阶段是从1918年到第二次世界大战爆发。这一阶段的显著特征是美国和欧洲的跨国经营企业趋于成熟,更注重国外子公司在当地经济中所起的作用。影响企业跨国经营活动的因素发生了明显变化,西方经济发达国家的政府开始采纳凯恩斯建议的经济政策,经济发展落后的东道国出现了争取经济独立和保护民族经济的趋势。在这一时期,企业从事跨国经营活动,主要目的是在国外寻找新市场,国外子公司的作用是帮助母公司把产品打入外国市场。

在这一时期,无论母国还是东道国很少针对企业的跨国经营活动制定具体政策。有关研究发现,西方国家的政策制定者更关心的是证券投资,而不是直接投资。1929年下半年爆发的经济危机和国际资本市场的崩溃,以及在加拿大和澳大利亚等国的经济中对外直接投资作用的增加,使得西方国家的政策制定者和学者对企业的跨国直接投资开始给予更多关注。一些国家政府对企业兼并和卡特尔活动持较为宽松的态度,促使企业跨国联盟活动增多。然而,自然资源禀赋和政府对进口的限制仍是企业跨国经营区位选择的主要决定因素。

3. 1945年至20世纪60年代后期

这一时期是全球经济发展的第三阶段。美国作为技术和经济的头号强国,在世界经济事务中的影响达到了顶峰。1944年7月1日,在美国的新罕布什尔州布雷顿森林召开了有44国参加的联合国国际货币金融会议,通过了所谓"布雷顿森林协定",并在协定基础上建立了战后世界货币体系。关贸总协定也对国际贸易的自由化进程产生了显著影响。

在这一时期,由美国和英国启动、欧洲其他国家和日本随后加入的国际直接投资活动,成为国际经济活动中日益重要的一种形式。企业越来越注重运用各种类型的产权作为跨国经营的竞争优势。随着这些国家企业在国外的生产和子公司数量的快速增加,企业跨国经营采用的组织结构发生了相应变化,由民族中心型结构转变为多元中心型结构。越来越多的企业在跨国经营中用跨国的职能部门、产品部门或地区部门替代国际业务部结构。

在这一时期,凯恩斯的经济理论和经济政策在西方国家的影响力如日中天,西方国家政府在经济活动中的干预比较普遍。这一阶段的后期,企业在跨国经营活动中开始重视企业家精神、技术和人力资本等因素的作用。

4. 20世纪60年代末到20世纪80年代中期

这一时期是全球经济发展的第四阶段,其显著特征是欧洲、亚洲和拉丁美洲出现了区域性经济一体化(Economic Integration)趋势。这种趋势为在这些区域中经营的企业合理配置有限生产资源,加强跨国经营活动的统一协调和控制创造了条件。

经济一体化是应经济全球化进一步发展的需要而产生的,是世界各国经济相互依存性增强导致的经济联合与合作的趋势。由于世界经济发展的地区不平衡和特定时期政治因素变动的影响,经济领域中实现经济一体化所需的经济条件成熟程度必然会因地理范围的不同而不同,这便会造成经济一体化的发展程度具有"因地而宜""因时而宜"的特点。就目前全球经济发展现状而言,世界经济一体化的表现形式主要有两种:地区性一体化和全球性一体化。地区性一体化是全球性一体化在其经济条件不够成熟时的区域性发展阶段,尽管目前呈现并存现象,但其长期发展有着向全球性一体化转化的趋势。

5. 20 世纪 80 年代中期至今

这一阶段,世界政治经济形势发生了一系列巨大变化。信息技术的广泛应用和组织方法的改进,对生产组织和结构以及企业间的交易关系产生了显著影响。企业认识到增强对东道国经营环境适应能力的重要性。20 世纪 80 年代后期,在企业跨国经营方向的决定因素中,自然资源要素所起的作用已不十分重要,企业自身能力和政府干预的作用却与日俱增。发展中国家企业的崛起,跨国战略联盟的发展,各国政府对其经济在国际市场竞争力重视程度的提高,从不同侧面体现了全球经济发展的特征。

20 世纪 90 年代初,大型企业在全球经济中开始显示出日益重要的作用。这些企业注意加强对规模不断扩大的跨国经营活动的控制与协调。它们在各子公司之间以及子公司与母公司之间建立了一套相互依存、紧密联系的网络体系,以便加强全球性竞争优势。企业建立和管理这种跨国经营网络体系能力的高低成为其在全球竞争环境中成败的一个关键因素。这种能力包含了充分利用产生于全球一体化的规模经济和范围经济,准确估计不同国家中的供求关系,以及协调好全球化、当地化和学习经验之间的关系等诸多方面。

然而,只有少数大型企业具备了这种能力。多数从事跨国经营的企业正朝这个方向发展。全球经济一体化,产品和技术更新换代速度加快,使得跨国经营环境变得日趋复杂。依靠单一的竞争优势开展跨国经营很难在这种复杂的竞争环境中取胜。成功的企业往往具备多种竞争优势:全球规模的效率、对不同国家经营环境的适应能力和世界范围内的创新与学习能力。

12.1.3 各国经济的相互依存性

在经济高度全球化的今天,没有一个国家能够在经济隔绝的状态下生存。一国经济的各个方面,诸如工业、服务、收入和就业水平、生活水准等,都与其贸易伙伴的经济紧密相连,联系的方式包括国际信息和产品的流动,劳动力、资本和原材料等生产要素的流动,技术、专利和商标、品牌等无形资产的流动。

1. 各国经济相互依存性的含义

各国经济的相互依存性(Economic Interdependence)是世界政治经济秩序历史演进的结果。爆发于 20 世纪的第二次世界大战结束后,美国成为世界上政治和经济最强盛的国家,人们常用"美国打一个喷嚏,其他国家就要感冒"来描述这种格局。随着时代的发展,美国的经济也越来越多地融入其他国家的经济活动之中。20 世纪 50 年代欧洲共同体(现在的欧盟)的建立,20 世纪 60 年代以来跨国公司在全球经济中重要性的提高,以及 20 世纪 70 年代石油输出国组织(欧佩克)在国际石油市场上的翻云覆雨,使得全球经济进入了一个国家之间相互依存性日益增强的复杂的发展阶段。事实上,任何一个国家在制定本国经济政策时往往需要考虑到对其他国家经济可能产生的影响。

近些年,全球经济相互依存性的特征日趋显著、复杂,其影响是不均衡的。例如,对于像能源和原材料这样的资源,西方发达国家依赖欠发达国家的供给来满足部分消费需求。然而,这种依存性在不同国家中是不同的。与美国相比,欧洲国家和日本对外国能源和原材料的依存性要强,发展中国家的经济活动在很大程度上也依赖于发达国家的出口。

国际借贷行为是强化国家之间相互依存性的一个重要因素。例如,在整个20世纪70年代,南美的中等收入发展中国家(如巴西、阿根廷和墨西哥)的高速增长被广泛认为是一个取得巨大成功的典范。它们的成功对增加制造业产品的出口具有特殊的重要性。然而,这种成功在很大程度上归功于发达国家提供的贷款。基于对出口收益和利率过于乐观的预期,这些国家过度借债以资助其增长。随后,由于对出口商品需求的全球性衰退、高利率和急剧下跌的石油价格的影响,这类国家每年偿还国外贷款的本金和利息要超过其出口产品和劳务的总值,由此产生的债务危机导致债务国的经济严重衰退和国际金融体系的崩溃。

在过去的10年间,世界市场经济实现了前所未有地相互融合。对于大多数国家来说,构成国民产出的出口和进口达到了历史最高水平,对外投资和国际借款扩张的速度比世界贸易更快。全球化的国际贸易和国际金融使得每个国家的生产者可以享有利用专业化和大规模生产的经济性,消费者能够以更低的价格消费种类更多的产品。各国经济的相互依存性的提高使得人们对汇率变化的敏感性显著增强。人民币相对于美元贬值,我们出国学习或旅游的成本就会提高;倘若日元或者英镑相对于美元升值,我们就要花更多的美元去购买日本电视机或英国汽车。简而言之,各国经济的相互依存性已经成为一个复杂的全球性问题,它在不同国家之间,甚至一个特定国家的不同部门之间经常会产生不均衡的影响,由此产生的大量争端和问题往往需要在国际层面上通过合作来处理。

2. 各国经济的相互依存性对国内经济的影响

国际经济相互依存性的增强对国内经济具有怎样的意义?开放经济与外国进行贸易有助于消除国内通货膨胀的压力。例如,在1981—1985年,美元的外币价值上涨在很大程度上是因为美元的高利率吸引了其他国家到美国投资,增加了对美元的需求,因此抬高了美元的价格。而美元的利率高是由紧缩的货币政策和扩张的财政政策、较低的国内储蓄率造成的。美元对外国货币汇率的上升,导致美国进口商品的美元价格下降,使得通货膨胀率维持在较低水平。

各国经济相互依存性的增强使得一国经济更易遭受到其他国家经济动荡的影响,但一国经济开放程度的提高也有助于平缓本国经济的波动。在国内经济衰退期间,世界的其他市场起着可以倾泻国内剩余产出的注地作用;相反,在短缺时期,世界其他部分的产出可以用来满足国内消费。较高的开放程度也影响着财政政策,假如国内居民把他们收入中的更大比例用于购买进口商品,增加国内居民收入和支出的扩张性财政政策,通过进口的增加会更快地扩散到海外,从而会减弱财政政策对国内经济的影响。

一个国家的主要经济目标是为其人民创造高水平并不断增长的生活标准。随着时间推移,生产率是一个国家生活标准的关键性决定因素,因为它构成了人均国民收入的基础。高生产率不仅有助于实现高收入,还允许人们能够选择更多的闲暇。国际贸易和国际投资使得一个国家无须在国内生产所有的产品和劳务,即在本国企业相对外国竞争对手具有更高生产率的产业中实行专业化生产,进口本国企业生产率较低的产品和劳务。通过这种方式,资源从低生产率行业转移到了高生产率行业,从而提高了经济的平均生产率水平。进口和出口对提高生产率都是必要的。没有一个国家可以在所有产品的生产上都具有竞争力,也不可能是所有产品的净出口国。一个国家的资源存量毕竟有限,理想的状态是以最有效率的方式利用这些资源。一国具有竞争优势的产业发展成出口导向的产业,会促使该国对出口导向产业的劳动力和资本需求的增长,从而导致成本上升。投入要素成本的提高会进一步削弱国内其他产业的竞争力。扩大有竞争力产业的出口也会使本国货币在外汇市场上更加昂贵,从而给国内其他产业的出口造成更多困难。即使像美国和日本这类生活水平很高的国家,许多产业中的国内生产商也不具有竞争力。

改善一个国家的生活水平,做到在其生产率相对低的产业中进口产品并在其生产率相对高的产业中增加出口,是至关重要的。国际竞争可以通过这种方式促使一个国家不断提升其生产率。然而,这种升级过程导致的结果是,一个国家在获得经济繁荣的同时却要牺牲在一些产业中的市场地位。为保护不具有竞争力的产业而实行进口限制或补贴措施,会阻碍经济的升级,从而削弱国家的经济繁荣。

3. 各国经济的相互依存性对就业的影响

在经济全球化的影响下,各国工人的生活也日益密切地联系在一起。世界上绝大多数人口生活在其产品和金融市场已经融入或者正在快速融入全球市场的国家之中。这种全球化趋势可以让更多工人受益,使他们能够购买更便宜的消费品和更有利于发挥他们技能的设备。随着他们生产的产品价值的提高,国际贸易使工人变得更有效率。出口产业中的工人享受到了开放贸易体制带来的好处,生产出口产品能为本国工人创造就业机会,增加收入。但是,不是所有国家的工人都能从国际贸易中获益。工资成本较低的国家的工人生产廉价出口商品,使得工资成本高的国家的一些工人面临着失业的威胁。产业的跨国转移在改变相关国家经济结构的同时,也会影响到这些国家的就业结构。

随着一国经济对外开放程度的不断提高,国内价格与国际价格越来越趋于一致。对于那些拥有在国际市场比在国内市场更为稀缺的技术的工人来说,他们的工资趋于上升;对于那些面临来自国外竞争压力的工人来说,他们的工资则趋于下降。当外国的经济对国际贸易开放时,国际市场上各种技能的相对稀缺性会进一步发生变化。受到伤害的国家中,数量众多的工人所拥有的技能正变得不太稀缺,除非一国在生产率的收益上能够与竞争对手相抗衡,否则它的工人的工资水平就会下降。

一国进口钢铁或汽车可能会减少美国钢铁或汽车业的就业机会。但是,进口并不一定会导致一国经济中就业总量的减少。该国进口的大量增加必然会促使其增加出口或吸引外国直接投资。例如,美国人突然想要购买更多的欧洲汽车,美国就必须通过增加出口来获得对购买欧洲汽车的支付能力。一个产业中工作岗位的损失会被另一个产业中工作岗位的增加所弥补。因此,贸易壁垒的长期效应不是增加了国内的就业总人数,充其量是把工人从出口产业重新配置到效率较低的进口竞争产业中。这种重新配置导致了资源利用的低效率。

专栏 12-1
逆全球化会成为趋势吗?

12.2　国际贸易基础与国际贸易政策

在经济全球化趋势的推动下,世界各国的国际贸易规模在不断扩大,国际贸易的结构也在不断变化。尽管以美国为首的发达国家在国际贸易中仍占据着主导地位,但是中国、印度等发展中国家的国际贸易增长迅速,在世界范围的国际贸易中发挥的作用日益显著。可以说,国际贸易已经成为影响世界政治经济格局最重要的一种因素。

中国实行改革开放政策以来,国际贸易对拉动经济增长的贡献十分显著。中国加入WTO之后,国际贸易进一步快速增长。尽管近几年国际市场不景气、世界贸易大幅下滑,但中国的进出口贸易情况仍好于其他主要经济体。2019年,中国进出口总值31.54万亿元,比2018年增长3.4%;其中,出口17.23万亿元,增长5%;进口14.31万亿元,增长1.6%;贸易顺差2.92万亿元,扩大25.4%。2021年1月,中国海关总署发布数据显示,中国在2020年实现的货物贸易进出口总值达到32.16万亿元,比2019年增长1.9%。其中,出口17.93万亿元,增长4%;进口14.23万亿元,下降0.7%;贸易顺差3.7万亿元,增加27.4%。2020年,由于新冠肺炎疫情的影响,世界经济增长和全球贸易遭受严重冲击,在这样困难的情况下,中国的外贸进出口展现了强劲的韧性和综合竞争力,全年进出口、出口总值创历史新高,成为全球唯一实现货物贸易正增长的主要经济体。根据WTO和各国已公布的数据,2020年前10个月,我国进出口、出口、进口国际市场份额分别达12.8%、14.2%、11.5%,货物贸易第一大国地位进一步巩固。

中国已经保持世界最大贸易国的地位多年,货物进出口总额居世界第一位,对外服务贸易总额居世界第二位,贸易结构持续优化,贸易的质量效益也在不断提高。

12.2.1　国际贸易活动

贸易属于商业行为,其本质是在平等互利的前提下进行的物品或服务的市场交易。两个贸易者之间的贸易称为双边贸易,多于两个贸易者的贸易则称为多边贸易。由于主权国家的存在,贸易活动被分成国内贸易和国际贸易两大类,不论从贸易的形式、贸易的成本,还是贸易的影响范围,这两类贸易都存在明显差异。

1. 主权国家政府的作用

国内贸易仅涉及本国的消费者和企业,国际贸易则需要与不同国家的消费者和企业打交道。每个国家都是一个主权实体,主权国家的政府为了维护本国利益,通常会对跨越国界的商品、资金、技术和人口的流动施加各种干预。例如,为了减轻本土企业面对的来自国外的竞争压力,主权国家会通过关税或配额,对国际贸易设置壁垒;政府可以通过提供补贴,提高本土企业出口产品的竞争力。

国内贸易通常只用本国货币结算,国际贸易则需要用外汇结算。一个国家的经济增长、物价水平、汇率的波动,以及对其汇率的管理方式,都会直接影响到该国的国际贸易活动。汇率是国际贸易的价格,在国际市场上,汇率发挥着协调买者和卖者均衡关系的作用。当然,在经济全球化高度发展的今天,即使是主权国家之间的贸易也可以使用统一的货币单位结算。例如,20世纪90年代,许多欧洲国家决定放弃本国货币,使用一种称为欧元的新货币,2002年1月1日,欧元开始在19个国家流通;2002年7月,在使用欧元的国家区域,即欧元区,欧元成为唯一的合法货币,欧元区内的国家实施统一货币政策。之前使用的法国法郎、德国马克、荷兰盾、奥地利先令、比利时法郎和意大利里拉等货币类型不复存在。欧元区的国家采用共同货币后,相互之间的贸易往来更加方便。不过,欧元区国家选择共同货币也有代价,由于不同国家的经济发展水平、应对经济危机的能力、国际贸易的分工合作的方式不同,在确定什么是最好的货币政策时往往存在分歧,需要大量的协调。

2. 物品的跨国流动

物品和服务的跨国流动,即国际贸易,涉及三个基本概念:出口、进口和净出口。

出口(Expert)是一国的国际贸易行为,是指将国内的物品(如汽车、机床、轮胎)、服务(如运输、保险、劳务)、技术,以及贷款和投资的利息输出到国外的贸易行为。出口值是指一定时期内在本国生产并销售到其他国家的物品与劳务的价值。当中国的服装制造企业将其生产的服装卖给美国的服装经销商,这种销售对中国来说就是出口,对美国来说就是进口。

进口(Import)也是一国的国际贸易行为,是指其他国家将其生产的物品和服务输入本国的贸易行为。进口值是指一定时期内在其他国家生产并销售到本国的物品与劳务的价值。

净出口(Net Export,NX)是指一定时期内本国的出口值与进口值之差额。净出口又称为贸易余额(Trade Balance),如果一国的出口大于进口,即净出口为正值,则该国有贸易盈余(Trade Surplus);如果一国的出口小于进口,即净出口为负值,则该国有贸易赤字(Trade Deficit);如果一国的出口等于进口,即净出口为零,则该国有平衡的贸易(Balanced Trade)。

不同国家经济的开放程度和在国际市场上的竞争力不同,其国际贸易的平衡关系也千差万别。因而,不同国家政府和民众所关心的国际贸易及其相关问题也不尽相同。例如,据美国商务部统计,2019年美国货物进出口总值为41 435.8亿美元。其中,出口16 451.7亿美元,进口24 984.0亿美元,贸易逆差(贸易赤字)8 532.3亿美元。2019年,中国货物贸易进出口总值为31.54万亿元。其中,出口17.23万亿元,进口14.31万亿元,贸易顺差2.92万亿元。自2009年以来,中国成为货物出口贸易的第一大国,并且优势逐年扩大。而美国则是货物进口贸易的第一大国,虽然中国的进出口贸易总额在2015年超过美国,成为世界排名第一的贸易大国,但是货物进口贸易额仍低于美国,居第二位。对于美国来说,贸易赤字及其相关的财政赤字、资本外流、就业岗位损失等问题,是政府和民众所关心的问题,美国的很多经济学家也十分重视对这类问题的研究。对中国来说,如何有效利用贸易顺差所积累的巨额外汇储备,外汇储备保持在什么样水平是最佳的,怎样优化贸易结构等问题,是政府和经济学界所关心的主要问题。

3. 金融资本的跨国流动

与物品和服务的国际贸易活动紧密相关的是金融资本的跨国流动,包括资本流出(Capital Outflow)、资本流入(Capital Inflow)和资本净流出(Net Capital Outflow)。

跨国的资本流出具有两种基本形式:对外直接投资和对外间接投资。对外直接投资是指在企业内部进行的跨越国界的投资,投资的形式包括货币资本、技术、设备、管理技能和企业家声誉等无形资产,其目的是通过获取在其他国家投资企业的经营管理权实现利润最大化。例如,海尔在美国投资设立一家生产和销售电冰箱的子公司。对外间接投资是指在资本市场上进行的跨越国界的投资,投资形式只涉及货币资本,目的是获取金融资产收益。例如,一个中国人购买一家法国公司发行的股票。

一个开放经济的国家通常以两种方式与世界其他国家开展经济交往,一是物品和服务的国际贸易,二是国际金融市场上的资本流动。净出口和资本净流出分别衡量了在这些市场上的不平衡,净出口衡量一国出口与进口之间的不平衡;资本净流出衡量本国公民购买的其他国家资产量与其他国家公民购买的本国资产量之间的不平衡。对于一国的整体经济而言,净出口必然等于资本净流出。

当一个国家存在贸易盈余时,即 NX>0,收入($Y=C+I+G+NX$)要大于国内支出($C+I+G$)。在这种情况下,如果 Y 大于 $C+I+G$,$Y-C-G$ 必定大于 I。这意味着,该国的储蓄($S=Y-C-G$)大于投资,要把一些储蓄输出到国外,该国的资本净流出必定大于零。

当一个国家存在贸易赤字时,即 NX<0,情况恰好相反。收入($Y=C+I+G+NX$)要小于国内支出($C+I+G$)。在这种情况下,如果 Y 小于 $C+I+G$,$Y-C-G$ 必定小于 I。这意味着,该国的储蓄($S=Y-C-G$)小于投资,需要从国外输入资本,该国的资本净流出必定是负值。

当一个国家的经济处于国际贸易平衡的状态时,收入等于国内支出,储蓄等于投资,净出口为零,资本净流出也等于零。

12.2.2 国际贸易的基础

一国开展国际贸易活动的基础是该国生产并在国际市场上销售产品和服务的优势,包括绝对优势和比较优势。

1. 绝对优势

绝对优势概念是由亚当·斯密在其1776年出版的《国富论》中提出来的,他认为各国通过分工和专业化生产可以提高生产率,增加世界产出,自由的国际贸易可以使参与贸易的各国同时享受较高的生产和生活水平。国际贸易的基础在于生产成本的差异,一国进口某种商品是因为在其国内生产该商品成本较高,处于生产劣势;一国出口某种商品是因为在其国内生产该商品成本较低,处于生产优势。因此,绝对优势(或劣势)是指一国生产一个单位某种商品的成本低(或高)于另一国生产同一种商品的成本。绝对成本优势构成国际贸易的基础,各国应当专业化生产并出口具有绝对优势的商品,进口贸易伙伴具有绝对优势的商品。

为什么不同国家在生产和销售某种产品或服务的过程中具有绝对优势呢?这种绝对优势在很大程度上来源于不同国家拥有的自然资源和生产要素的差异,即要素禀赋(Factor Endowment)的差异。不同国家因为国土面积不同、地理位置不一样、人口规模大小不等、气候条件和生产技术水平存在差异,所拥有的要素禀赋及其结构往往不尽相同。有的国家人口众多,劳动力成本较低,如中国大陆,可以生产和出口劳动密集型产品(Labor Intensive Goods);有些国家石油和天然气储藏量大、开采成本低,如中东国家,可以靠出口石油和天然气致富;有的国家拥有广大的适合农作物种植的肥沃土地,如澳大利亚,可以通过出口农产品拉动本国经济增长;有的国家科技实力雄厚、拥有多项世界领先的高新技术,如美国,可以出口飞机等技术含量高的产品。

要素禀赋的不同决定了一个国家在国际市场上可能扮演的角色,每个国家利用它们所拥有较丰富的要素禀赋,来生产其专精的产品。这种专精的生产在国与国之间产生了劳动分工(Division of Labor)和专业化生产(Specialized Production)。在源于绝对优势的国际贸易中,贸易双方专业化生产各自具有绝对优势的商品,并用其交换具有绝对劣势的商品,使之有效地利用了生产资源,扩大了生产规模,降低了生产成本,贸易双方从产量的增长中获得相应的贸易利益,国际贸易的利益被贸易双方分享。

各国生产不同商品的成本差异导致国际分工。斯密的成本概念建立在劳动价值论(Labor Theory of Value)基础之上,斯密认为劳动是唯一的生产要素并且是同质的,商品的生产成本或价格取决于商品生产中的劳动投入量。斯密认为不同国家劳动成本的差异产生于不同国家的劳动生产率差异。劳动生产率的高低取决于自然优势(Natural Advantage)和后天获得的优势(Acquired Advantage)。自然优势包括气候、土壤和矿产资源等,后者与技术和技能有关。例如,中国的气候比菲律宾更适合种植苹果,菲律宾更适合种植香蕉,因此自然优势决定中国在苹果生产上具有绝对优势,在香蕉生产上具有绝对劣势,而菲律宾恰恰相反。中国以较低成本专业化生产并出口苹果换回菲律宾专业化生产的香蕉。结果,两种商品都增产,消费也增加,中国和菲律宾同时获利。规模经济是后天获得优势的一个很好例子,当一个国家在其某一产业上具有先发优势时,该国就可以成为这一产业高产量、低成本的制造国。随着产出规模不断扩大,产品成本趋于降低,由此产生的规模经济使得该国较其他国家具有明显的成本优势和技术优势。

2. 比较优势

1817年经济学家大卫·李嘉图出版了《政治经济学及赋税原理》,以斯密的劳动分工和专业化生产理论为基础,提出了比较优势(Comparative Advantage)概念,较好地解释了很多贸易活动的基础和收益,斯密的绝对优势可以视为比较优势的一个特例。

李嘉图的比较优势概念认为:即使一国的商品生产没有绝对优势,只要它与其他国家间存在比较优势,它仍然可以从国际贸易中获利。若一国在两种商品的生产上较另一个国家均处于绝对优势,那么具有比较优势的商品指这个国家相对于另一个国家绝对优势较大者;反之,若一国在两种商品的生产上较另一个国家均处于绝对劣势,那么具有比较优势的商品指这个国家相对于另一个国家绝对劣势较小者。

比较优势是国际贸易产生的基础,各国在任意商品的生产上绝对成本差异(或劳动生产率)并不完全相同,总有一些商品的绝对成本(或劳动生产率)差异大,而另一些商品的绝对成本(或劳动生产率)差异小。一个国家可以专业化生产并出口有比较优势(即绝对优势较大或绝对劣势较小)的商品,进口有比较劣势(绝对优势较小或绝对劣势较大)的商品。通俗地讲,当各国专门生产和出口其生产成本相对低的产品时,就会从国际贸易中获益;反之,当各国进口其生产成本相对高的产品时,也会从国际贸易中获利。

在国际分工中,一国专业化生产具有比较优势的商品,并通过国际贸易换回具有比较劣势的商品,就会从世界产出水平的提高中获取贸易收益。比较优势理论可以用表12-1来解释[①]。假定A国和B国生产酒和皮革使用的生产要素都是劳动,A国生产两种商品的单位劳动投入分别为2小时和4小时,B国生产两种商品的单位劳动投入分别为8小时和6小

---

① 原毅军.国际经济学.北京:机械工业出版社,2005.

时。与B国相比,A国在两种商品的生产上都具有绝对优势,A国用6小时生产1单位酒和1单位皮革,B国用14小时生产1单位酒和1单位皮革,世界的总产出是2单位酒和2单位皮革,总劳动投入量是20小时。按照绝对优势理论,A国和B国之间不可能存在贸易。但是,比较优势理论认为,A国在酒的生产上有比较优势、可以专业化生产酒;B国在皮革生产上有比较优势,可以专业化生产皮革(表12-1)。

表 12-1　　　　　　　　　　　比较优势

	酒		皮革	
	单位产品的劳动投入量	劳动生产率	单位产品的劳动投入量	劳动生产率
A国	2小时/单位	每小时1/2单位	4小时/单位	每小时1/4单位
B国	8小时/单位	每小时1/8单位	6小时/单位	每小时1/6单位

进一步解释上述结论,在国际分工前,B国生产酒的成本是A国的4倍,B国生产皮革的成本是A国的1.5倍,因此B国皮革的相对成本较小或绝对劣势较小,即有比较优势。而A国酒的相对成本较小或绝对优势较大,即有比较优势。若从劳动生产率的角度看,B国酒的劳动生产率是A国的1/4,B国皮革的劳动生产率是A国的2/3。B国生产皮革比生产酒有更高的效率,而A国生产酒比生产皮革的绝对优势更大。

两国劳动生产率的相对差异导致相对成本的差异,因此存在贸易的动力。贸易前,A国生产的1单位酒在国内交换1/2单位皮革,B国生产的1单位酒在国内交换1.33(即8/6)单位皮革。假定贸易条件是1单位酒交换1单位皮革,A国在国际市场上出口1单位酒并换回1单位皮革,A国的贸易收益是1/2单位皮革(或节约了2小时劳动);B国在国际市场上用1单位皮革换得1单位酒,其贸易收益是1/4单位酒(或节约了2小时劳动)。国际贸易使贸易双方的消费水平都提高了,贸易是一种正和博弈。无论两国间是否有绝对优势,只要存在绝对成本或劳动生产率的相对差异,贸易对双方就都是有利的。

斯密的绝对优势理论和李嘉图的比较优势理论都是从市场供给方面解释国际贸易基础。由于没有考虑市场需求因素,两种理论都无法确定两国之间的贸易条件,也不能明确贸易收益如何在两国之间进行分配。从需求角度进行考察,即使所有国家和地区的生产条件都是相同的,如果不同国家对商品的偏好不同,国与国之间还是需要进行贸易的。有的国家居民更喜欢吃鱼,有的国家居民则更喜欢吃牛肉,对鱼类产品有偏好的国家就可能进口鱼,出口牛肉;而对牛肉有偏好的国家则相反。在国际贸易过程中,市场需求和供给决定着最后的交换比率。例如,当酒进口到B国后,来自A国的新供给和B国对酒的需求使B国国内的酒与皮革的交换比率下降;A国在进口B国皮革的同时,B国也在购买A国酒,A国国内的供给和来自B国的新需求推动A国国内的酒与皮革的交换比率上升。国际贸易驱使A国和B国的国内交换比率趋于一致。

现实生活中,国际贸易往往涉及多个国家和多种商品。尽管如此,上述分析的结论依然可以应用于分析多个国家之间开展的多种商品的国际贸易情况。

3. 机会成本和比较优势

比较优势是个人、企业和国家以低于其他生产者的机会成本生产商品和服务的能力。

在国际贸易活动中,人们通过专门从事他们具有比较优势的经济活动获益。而机会成本则是人们选择了最优经济活动所必须放弃的次优经济活动的代价。一种商品的机会成本指多生产一单位该商品必须放弃的另一种商品的产量。根据机会成本理论,如果一国生产的一种商品有较低的机会成本,则该国在这种商品上有比较优势。在国际分工中,该国将专业化生产并出口该商品。

表12-2描述了两个国家生产两种商品的情形,劳动不是唯一生产要素。贸易前,A国使用所有资源生产酒或皮革,其产量分别是60单位或30单位;B国用所有资源可生产15单位酒或20单位皮革。A国为多生产1单位酒必须放弃1/2单位皮革,即生产酒的机会成本是1/2单位皮革;B国生产酒的机会成本是3/4单位皮革。A国生产酒的机会成本小于B国生产酒的机会成本,因此A国生产酒具有比较优势。相应地,B国生产皮革比A国生产皮革有比较优势。按照比较优势理论,A国专业化生产并出口酒以换取B国的皮革,而B国专业化生产并出口皮革并换取A国的酒。

表12-2　　　　　　　　　　用机会成本解释比较优势

	酒		皮革	
	利用所有资源的产量	机会成本	利用所有资源的产量	机会成本
A国	60单位	1/2单位皮革	30单位	2单位酒
B国	15单位	4/3单位皮革	20单位	3/4单位酒

12.2.3　国际贸易政策

国际贸易政策(Trade Policy)是指一国政府为影响进口或出口物品和劳务量而制定和实施的政策。尽管一个国家可以从国际贸易中获益,但是世界各国都实行某种形式的贸易保护主义(Trade Protectionism),并通过国际贸易政策设置贸易壁垒(Trade Barrier)。贸易壁垒主要有四种类型:关税、进口配额、非关税壁垒、贸易保护。

1. 关税

关税(Tariff)是进口国政府对进口商品征收的税种。由于关税只向外国商品征收,因而它削弱了外国商品在国内市场的竞争优势,限制了进口。关税使得进口商品的价格高于它们在国际市场上的价格,如果课征的关税非常高,完全阻止了商品的进口,则这种关税叫作禁止性关税。较低的关税不会消除贸易,但会损害贸易。结果是国内需求减少,进口减少,减轻了国内同类产品生产企业的市场竞争压力,增加了国内生产。

在特定情况下,关税可以采取不同形式,如反补贴税和反倾销税。

反补贴税(Anti-Subsidy Duty 或 Countervailing Duty),是指对进口商品使用的一种超过正常关税的特殊关税,通常是按补贴数额进行征收的,目的在于抵消国外竞争者得到其政府奖励和补助产生的影响,使他们不能在进口国市场上进行低价竞争,从而保护进口国生产同类商品的制造商。出口国政府、垄断组织或同业工会提供的这种奖励和补贴包括对制造商直接进行支付以刺激出口;对出口商品进行关税减免,对于为加工出口而进口的原料、半制成品,实行免税,对出口项目提供低成本资金融通、降低运费或类似的物质补助。凡进口商品在生产、制造、加工、买卖、输出过程中所接受的直接或间接补贴和优惠,都足以构成进口国征收反补贴税的理由。

反倾销税(Anti-Dumping Duties),是指对外国生产商在本国市场上倾销的商品所征收的进口附加税。对于倾销的外国商品除征收一般进口税外,再增收附加税,使其不能廉价出售,此种附加税称为"反倾销税"。确定倾销必须经过三个步骤:一是确定出口价格;二是确定正常价格,往往通过对比第三国同类产品出口价格来确认;三是对出口价格和正常价格进行比较,如果产品的出口价格低于正常价格,对国内产业造成了实质损害或威胁,就会被认为存在倾销。出口价格低于正常价格的差额被称为倾销幅度,征收反倾销税的数额可以等于倾销幅度,也可以低于倾销幅度。

2. 进口配额

进口配额(Import Quotas),是指一国政府在一定时间内,对于某些商品的进口数量或金额规定的限制,它规定了在某一时期内可以进口的这种商品的最大量,超过规定限额的商品不准进口。由于限制了进口,商品在国内市场上供不应求,国内价格高于国际价格,从而保护了国内生产者。进口配额有全球配额和国别配额两种形式。全球配额是适用于世界范围内任何国家或地区的配额,按进口商的申请先后批给在不同期限内有效的额度,直至配额用满为止;国别配额是按国家和地区进行分配的固定配额,有的由单方面强制规定,有的由双方谈判达成协议确定。有的国家将进口配额与关税结合起来控制商品进口,在配额以内给予低税、减税或免税待遇,超过配额则征收较高关税或附加税,称为关税配额。

配额与关税的影响在性质上是相同的,它们对国内的消费者和生产者具有同样的影响。禁止性配额(阻止所有进口的配额)相当于禁止性关税,两者的主要区别是利益的分配不同,关税能够给政府带来收入,而配额则使得到进口许可证的商人获得国内外价格差额所带来的利润。这种利润被称为配额租金(Quota Rents),获得配额租金的商人可以用这些收益来挥霍,甚至贿赂发放许可证的官员。为了避免这种情况发生,政府可以通过拍卖进口配额许可证的形式,获得进口许可证带来的收益。

与进口配额相关的另一种配额是自愿出口限额(Voluntary Export Restraint,VER),它是出口国政府根据与进口国政府达成的协定,同意对自己出口商品的数量进行限制,商品的进口国根据自愿出口限额协定的配额分配给每个进口国。自愿出口配额的影响与配额类似,其区别在于进口国商品价格和出口国商品价格之间的差额由出口国的企业占有,而不是进口国的企业。

3. 非关税壁垒

非关税壁垒(Non-tariff Barrier),是指一国政府为保护国内市场和国内产业的发展,对国际贸易活动进行调节、管理和控制所采取的除关税以外的各种政策与手段的总和。非关税壁垒大致可以分为直接的和间接的两大类。直接的非关税壁垒是由海关直接对进口商品的数量、品种加以限制,其主要措施有:进口限额制、进口许可证制、"自动"出口限额制、出口许可证制等;间接的非关税壁垒是指进口国对进口商品制定严格的条例和标准,间接地限制商品进口,如进口押金制、苛刻的技术标准和卫生检验规定等。非关税壁垒形式多样,且更为隐蔽。非关税壁垒名目繁多,涉及面广,对国际贸易和有关的进出口国家的影响较难估计。

技术壁垒(Technical Barriers)，是指商品进口国或地区以技术法规、协议、标准和认证体系(合格评定程序)等形式，提高对进口产品的技术要求，增加进口难度，最终达到保护国内生产商和消费者利益的目的。技术壁垒是非关税壁垒的一类，其内容涵盖科学技术、卫生、检疫、安全、环保、产品质量和认证等诸多技术性指标体系，运用于国际贸易当中，呈现出灵活多变、名目繁多的规定。由于这类壁垒以技术面目出现，因此成为当前国际贸易中最为隐蔽、最难对付的非关税壁垒。

通关环节壁垒(Customs & Administrative Entry Procedures)，是指进口国有关当局在进口商办理通关手续时，要求其提供非常复杂或难以获得的资料，甚至商业秘密资料，从而增加进口产品的成本，影响其顺利进入进口国市场；通关程序耗时冗长，使得应季的进口产品(如应季服装、农产品等)失去贸易机会；对进口产品征收不合理的海关税费。

卫生与植物卫生措施(Goverment Acceptance & Testing Methods and Standards)，是指根据WTO《实施卫生与植物卫生措施协议》(以下简称《SPS协议》)的有关规定，WTO成员方为保护人类、动植物的生命和健康，有权采取的措施。具体包括：所有相关的法律、法令、法规、要求和程序，特别是最终产品标准；工序和生产方法；检验、检疫、检查、出证和批准程序；各种检疫处理，包括与动物或植物运输有关的或与在运输过程中为维持动植物生存所需物质有关的要求；有关统计方法、抽样程序和风险评估方法的规定；与食品安全直接有关的包装和标签要求等。

倾销与反倾销。倾销(Dumping)，是指一个国家或地区的出口经营者以低于国内市场正常或平均价格甚至低于成本价格向另一国市场销售其产品的不正当的竞争行为，目的是销售过剩产品、维持生产规模、击败竞争对手，从而实现市场垄断。倾销会损害进口国的利益，给进口国相同或类似产品的生产商及产业带来损害，而且扰乱国际正常竞争秩序。反倾销(Anti-Dumping)，是指一国(进口国)针对他国对本国的倾销行为所采取的抵制措施，一般是对倾销的外国商品征收一般进口税后再增收反倾销税，使其不能廉价出售。WTO的《反倾销协议》规定，成员国要实施反倾销措施，必须满足三个条件：一是确定存在倾销的事实；二是确定对国内产业造成了实质损害或威胁，或对相关产业造成实质阻碍；三是确定倾销和损害之间存在因果关系。虽然在《反倾销协议》中对反倾销问题做了明确规定，但各国实际上往往各行其是，仍把反倾销作为贸易战的主要手段之一。2016年10月20日，WTO争端解决机构的专家组审查报告认为，在目标倾销(针对特定类型产品倾销认定和倾销幅度计算)、分别税率(歧视性地拒绝给予中国出口企业分别税率)等做法方面，美国对华发起的反倾销措施违反WTO规则。

运输成本。运输成本(Transportation Cost)是指在国际贸易中因自然条件，如距离、海洋、河流、山脉等，而产生的成本。运送距离远、体积和重量大，易变质的货物，运输成本通常较高。运输成本的提高会导致出口商品的价格上升，削弱出口国在国际市场上的竞争优势。

4. 贸易保护

只要政府对国际贸易活动施加干预，就存在有关国际贸易政策的争论。对于多数经济学家来说，扩大经济开放，促进自由贸易，有利于世界经济的发展和国家的繁荣。支持对国际贸易进行限制的观点则是从国家安全、产业和就业岗位保护，以及反倾销等角度提出的。

12.3　国际收支与汇率

12.3.1　开放经济中的国际核算

1. 国际收支

国际收支(Balance of Payment)是指一定时期内一个国家的居民与世界其他国家的居民之间发生的各项经济交易的货币价值之和。国际收支是一个流量概念，它是对一国在一定时期内(一年、一季度、或一个月)发生的国际经济交易的货币价值的核算。计入国际收支的国际经济交易包括物物交换，商品和服务的买卖，金融资产的交易，无偿的单项商品、服务或金融资产的跨国转移。国际收支的概念有狭义和广义之分：

狭义的国际收支是指在一定时期内，一个国家由于经济、文化等各种对外经济交往而发生的、必须立即结清的外汇收入与支出；

广义的国际收支是指一个国家的居民与非居民之间发生的所有经济活动的货币价值之和。其中，一个国家的居民是指以该国作为法定居住地，并且具有经济利益中心的个人、公司或社会团体。一个公司是其注册国"居民"，但它的海外分支机构或子公司却不是该国的"居民"。暂时居住在国外的军人、政府外交官员和旅游者被认为是其公民身份所在国的居民。各国通常以年为周期记录它们的国际收支，一些国家还以季度为周期记录其国际收支。

2. 国际收支平衡表

国际收支平衡表(Balance of Payment Statement)是指国际收支按照特定账户分类和复式记账原则所设计的会计报表，由经常账户、资本和金融账户、统计误差三部分构成。国际收支平衡表是按照"有借必有贷，借贷必相等"的复式记账原则来系统记录每笔国际经济交易。贷方(Credit)用来记录涉及资金流入(Inflow)的国际交易，借方(Debit)用来记录涉及资金流出(Outflow)的国际交易。人们习惯的做法是用"＋"标记贷方，用"－"标记借方，以便指示国际交易的资金流动方向。例如，中国向美国出口一件产品，一笔等于该产品价值的人民币金额被记录在中国国际收支平衡表的贷方，同一笔交易以等于该产品价值的美元金额记录在美国国际收支平衡表的借方；中国投资者购买美国债券的交易金额，应同时记录在中国国际收支平衡表的借方和美国国际收支平衡表的贷方。

复式记账原则要求，对每一笔交易要同时进行借方记录和贷方记录，或者说，每一项国际经济交易都由两笔价值相等、方向相反的账目来记录，不论交易的对象是实际资产还是金融资产，借方表示该经济体资产持有量的增加，贷方表示资产持有量的减少，贷方总和等于借方总和，国际收支总体数字必须保持平衡，不存在赤字或盈余的情况。但这不一定意味着国际收支平衡表的每一项都达到了平衡。例如，货物出口总量与货物进口总量可能相等也可能不相等，因此国际收支逆差或顺差反映的是国际收支特定明细账户的情况，而不是整体情况。

为了准确、全面地反映一国对外的经济交往，必须编制国际收支平衡表，用以记录一定时期内该国与其他国家的全部经济往来的收支流量。通过国际收支平衡表，可以综合地反映一国的国际收支平衡状况、收支结构和储备资产的增减变动情况，见表12-3。

表 12-3 简化的国际收支平衡表

项　　目	贷（＋）　　借（一）
一、经常账户	（资本流入）（资本流出）
1.商品	
2.服务	
3.收入	
1)雇员报酬	
2)投资收益	
4.经常转移	
二、资本与金融账户	（储蓄资产减少）（储蓄资产增加）
1.资本账户	
1)资本转移	
2)非生产和非金融资产的购买或放弃	
2.金融账户	
1)直接投资	
2)证券投资	
3)其他投资	
4)储备资产	
a)货币性黄金	
b)特别提款权	
c)外汇储备	
d)在 MBF 的储备头寸	
e)其他债权	
三、统计误差	

3. 国际收支账户

国际收支账户(Balance of International Payment)是指根据一定原则用会计方法编制出来的反映国际收支状况的报表。国际货币基金组织出版的《国际收支手册》对这一报表的编制所采用的概念、准则、惯例、分类方法，以及标准构成都做了统一的说明。国际收支账户系统地记录了一国与世界其他各国的经济交往，主要由经常账户、资本和金融账户、统计误差三个部分构成。

(1) 经常账户

经常账户(Current Account)是记录生产、收入的分配、再分配，以及收入使用的账户。该账户包括所有收入和支出项目：商品和服务的进出口、投资收益、转移支付，是国际收支平衡表中最基本、最重要的部分，与该国的国民收入账户有密切联系，类似于净出口。经常账户中设有货物(Goods)、服务(Services)、收入(Income)和经常转移(Current Transfer)四个项目。

货物：记录实体物品(Physical Goods)的进出口交易，或"有形贸易"(Visible Trade)，主要包括一般商品的进出口、加工货物的进出口、货物修理、各种运输工具在港口购买的货物及非货币黄金的进出口等五项。该项目货物通常包括居民和非居民之间所有权发生变更的大部分交易,货物的价值是按FOB价格计价,即按照出口国海关关境的市场价值登记。

服务:记录"无形贸易"(Invisible Trade),其内容庞杂,主要包括运输服务,旅游,通信服务,建筑服务,保险服务,金融服务,计算机和信息服务,专利使用费和特许费,其他商业服务,个人、文化和娱乐服务等。

收入:主要记录雇员报酬和投资收入两项。雇员报酬包括出入境、季节性和其他非居民工人(如大使馆雇用的当地员工)获得的薪金或类似的现金所得(如向外国教授支付一次性讲演酬金)。投资收入指居民的对外金融资产和负债的收入和支出,包括直接投资收入、证券投资收入和其他投资收入。直接投资和证券投资收入又包括股权收入(股息、红利、再投资收益)和债权收入(利息);其他投资收入包括其他资本(如贷款)的利息所得,原则上还应包括家庭的生命保险储备和养老基金净权益的估算收入。对外投资收入记入经常账户,是因为这部分收入来自为对外投资提供服务获取的补偿,是造成GNP和GDP差别的原因。

经常转移:经常转移(Current Transfer)也称为单方面转移(Unilateral Transfer),指一国居民实体向另一国居民实体无偿提供实际资源或金融资产。经常转移包括政府转移(如政府间相互赠予、经常性国际合作及对收入和财政支付的经常性课税等)和其他转移(如侨汇、奖金、无偿捐赠和赔偿、非生命保险权益汇兑等),可以采用货物抑或资金的形式。例如,生活在美国的一个移民向家里亲属的汇款,为海外朋友寄去的生日礼物,或者发达国家居民向欠发达国家捐赠的救济金。该项目的贷方记录外国对本国提供的无偿转移,借方记录本国对外国的无偿转移。

经常账户的余额反映了一个国家的国际贸易是"顺差"(出口大于进口)还是逆差(进口大于出口)。贸易顺差,也称贸易盈余,可能源于一个国家拥有高储蓄率并且国内有效率的投资机会较少。相反,贸易逆差,也称贸易赤字,可能是国内投资和国内储蓄不平衡的一种反映。一国之所以出现贸易赤字,可能是该国储蓄率低,也可能是该国投资回报率高,还可能产生于政府的财政赤字。传统上,服务的跨国贸易所占比重较小,而且货物的国际贸易更容易追踪,绝大多数国家更关注货物的供给贸易余额变化。在现代经济中,服务业发展迅速,进入国际贸易的服务业越来越多,贸易余额包含了货物和服务的国际贸易差额。

(2)资本和金融账户

资本和金融账户(Capital and Financial Account)包括资本账户和金融账户两大部分,记录了一国的居民和非居民之间资本和金融资产的国际转移。

资本账户(Capital Account)。记录资本转移和非金融资产的收买与放弃。其中资本转移是指固定资产所有权转移;同固定资产收买和放弃相联系的或以其为条件的资产转移;债权人不索取任何回报而取消的债务。非金融资产的收买或放弃是指各种无形资产如专利、版权、商标、经销权、租赁以及其他可转让合同的交易。整个专利权的转让属于资本账户,而专利使用权的转让则属于经常账户。

金融账户(Financial Account)。记录一国对外资产和负债所有权变更的所有权交易。根据投资类型或功能,分为直接投资、证券投资、其他投资、储备资产四个组成部分。与经常账户不同,金融账户的各个项目并不按借贷方总额记录,而是按净额计入相应的借方或贷方。

直接投资(Direct Investment)。主要特征是投资者对另一经济体拥有永久利益。投资者可以采取在国外直接投资(全资购买国外企业、合资或合作)等形式建立子公司或分公司。

证券投资(Portfolio Investment)。证券投资的主要对象是股票和债务凭证,债务凭证又可分成债券、货币市场工具和其他金融衍生品工具(如期权)等。

其他投资(Other Investment)。包括短期和长期商业信用、贷款、货币和存款,以及其他可收支项目。

储备资产(Reserve Assets)。指货币当局可随时动用的金融资产,包括货币黄金、特别提款权(Special Drawing Rights,SDRs)、在基金组织中的储备头寸、外汇资产(货币、存款和证券)及其他债权。

经常账户和资本账户之间的区别是资产的国际交易。经常账户记录了资产除购买和出售以外的所有涉及商品和服务的国际支付,包括生产要素和资产收益的国际支付。资本账户则记录所有涉及资产购买和出售的国际支付。具体的国际收支账户区分短期资产和长期资产的交易,以及私有资产和政府及其各种机构从事的资产交易。

根据国际收支账户的规则,经常账户和资本账户之和必须为零。因此,一国经常账户的逆差(顺差)必须被资本账户的顺差(逆差)所平衡。经常账户中一个项目的变化必须被国际收支账户中一个或多个项目的变化所抵消。

(3) 统计误差

按照复式记账原则,国际收支账户借贷双方的净差额应该等于零。但是,实际情况并非如此,不同账户的统计资料来源和口径不同,记录时间不同,人为因素(如走私、逃税、逃避外汇管制的黑市炒汇、携带现钞出入境等资本外逃)导致了国际交易的系统性漏报。这些因素会造成统计上的误差。因此,在国际收支账户中设立一个记录错误与遗漏(Errors and Omissions Account)的平衡调整账户,即统计误差(Statistical Discrepancy)账户,其与余额相等但方向相反。一般来说,在一国的国际收支账户中,如果统计误差占全部国际收支账户的比重不超过5%,则被认为是可接受的误差。否则,国际收支账户没有实现真正平衡,只是人为调整达到平衡,该国国际收支统计和国际经济交易管理一定存在问题。

12.3.2 汇率与外汇市场

每个国家都用一种货币来计量商品和服务的价格,中国用人民币、美国用美元、欧元区各国用欧元、日本用日元,等等。国内贸易,可以用本国货币结算,如西安居民购买上海生产的服装,或东北居民购买海南产的芒果,用人民币就可以完成交易。如果中国公司想到美国投资,中国居民想购买法国的香水或到欧洲旅游,中国的企业和居民就不能用人民币在其他国家投资或消费,必须要把人民币按照一定比率换成美元或欧元,才能完成交易。外汇汇率作为一国货币与他国货币交换的比率,是开放经济中最重要的一种资产价格。汇率在国际贸易中具有核心作用,对开放经济条件下的宏观经济运行有重要的影响。

1. 外汇

每一个国家都有自己独立的货币和货币制度,各国货币通常不能跨境使用,因此对外贸易涉及不同国家货币的使用,必须按照一定比率进行兑换,由此产生了外汇。外汇(Foreign Exchange)有动态和静态两种含义,外汇的静态含义又可分为广义和狭义两种。

外汇的动态含义是指国际汇兑的行为,即一个国家借助各种国际结算工具将其货币兑换成另一个国家货币的交易过程。

广义的静态外汇泛指一切以外国货币计价表示的各种资产,包括①外国货币现钞,如纸币、硬币;②外币银行存款;③外币支付凭证,如汇票、本票和支票等;④外币有价证券,如债券、股票等;⑤其他外汇资产,如特别提款权、邮政储蓄凭证等。狭义的静态外汇是指以外币表示的、可用于进行国际结算的支付手段,我们使用的外汇通常是指狭义的外汇。狭义的静态外汇应具备两个特性:第一,外汇必须具有可兑换性和普遍接受性;第二,外汇的实体在国外,即作为外币实体的外币资金是多种形式的国外银行存款和现金,而外汇则是这部分国外银行存款索取权的具体表现,这也是现代国际非现金结算的要求。

2. 汇率

汇率(Exchange Rate)是指一种货币与另一种货币兑换的比率,或者说,是以一种货币表示的另一种货币的相对价格(比如,美元/人民币,人民币/美元)。确定两种不同货币之间的比价,先要确定用哪个国家的货币作为标准。由于标准不同,于是便产生了几种不同的汇率标价方法(Exchange Quotation Method)。常用的汇率标价方法包括直接标价法和间接标价法。

直接标价(Direct Quotation)是指以一定单位的外国货币为标准来计算应付出多少单位本国货币的报价方式。例如,2020年10月30日我国公布的美元牌价是1美元=6.691 8人民币元,即1美元需要用6.691 8元人民币来兑换。在直接标价法下,外国货币的数额保持不变,本国货币的数额随着本国货币币值的对比变化而变动。如果一定数额的外币能兑换的本币数额增多,表明外币币值上升、本币币值下降,即外汇汇率上升;反之,如果一定数额的外币能兑换的本币数额减少,则说明外币币值下降、本币币值上升,也就是外汇汇率下跌,即外币的价值和汇率的升跌成正比。直接标价相当于计算购买一定单位外币所应付多少本币,所以也叫应付标价。目前,包括中国在内的世界上绝大多数国家都采用直接标价法。在国际外汇市场上,日元、瑞士法郎、加元等均为直接标价法,如日元125表示1美元兑125日元。

间接标价(Indirect Quotation)是指以一定单位的本国货币为标准,来计算应收多少单位外国货币的报价方式。例如,2020年10月30日我国公布的美元牌价是1人民币元=0.149 5美元,即1元人民币需要用0.149 5美元来兑换。在间接标价法中,本国货币的数额保持不变,外国货币的数额随着本国货币币值的对比变化而变动。如果一定数额的本币能兑换的外币数额减少,表明外币币值上升、本币币值下降,即外汇汇率下降;反之,如果一定数额的本币能兑换的外币数额增多,则说明外币币值下降、本币币值上升,也就是外汇汇率上升,即外币的价值和汇率的升跌成反比。间接标价相当于计算用一定单位本国货币能兑换多少单位的外国货币,所以也叫应收标价。世界上采用间接标价的国家主要是英、美两国,如欧元对美元汇率为1.383 0,即1欧元兑1.383 0美元。

外汇的买入价和卖出价。外汇牌价通常以银行报价为主,外汇的买入价(Bid)是报价银行买入外汇的价格;外汇的卖出价(Offer or Ask)是报价银行卖出外汇的价格。由于汇率的报价方法不同,汇率的买卖也不同。在直接报价法下,前者是外汇的买入价,后者是外汇的卖出价。在间接报价法下,前者是本币的买入价,后者是本币的卖出价。

名义汇率与实际汇率。一般报价银行公布的牌价均为各种货币汇率的名义汇率(Nominal Exchange Rate)。然而,货币名义汇率的变动与这两种货币实际购买力之比的变动往往不一致。因此,实际汇率(Realexchange Rate)是指名义汇率扣除通货膨胀率之后的汇率,通常表达两国货币间汇率的实际变动趋势。

有效汇率。在外汇市场上,各种货币价值变动的趋势并不一致。当一国货币对某种货币的汇率上升时,它对另一种货币的汇率却可能下降,或者同时上升或下降,但波动的幅度却有所不同。在这种情况下,仅考察本国货币与某一种货币汇率的变动并不能准确把握本国货币汇率的变动趋势,所以,需要用有效汇率(Effective Exchange Rate)的概念进行解释。有效汇率是指本国货币对挑选出的一组外币(称货币篮子)的汇率的加权平均值。被选择出来充当篮子货币的应是在本国的对外经济交往中占有重要地位、主要贸易伙伴国的货币,权重大小由该国与每一个贸易伙伴开展国际贸易的相对重要性决定。因此,有效汇率又称为贸易加权汇率(Trade Weighted Rate)。如果一国货币的名义有效汇率上升,说明该国货币相对篮子货币升值,该国商品的价格竞争力下降,相反,则该国商品的价格竞争力增强。

3. 外汇市场

外汇市场(Foreign Exchange Market)是指个人、企业、政府和银行买卖外汇资产的一种交易系统。外汇市场按组织形式可以分为有形市场和无形市场。在有形市场中,外汇交易者在规定的营业时间集中在交易场所进行交易。在无形市场中,没有具体的交易场所和统一的交易时间,所有交易都是通过电话、电报等通信工具,以及计算机信息网络系统完成。

外汇市场是世界上规模最大、流动性最强的市场,全世界每天都在进行着大量货币交易。在外汇的日常交易中,仅有较少部分真正涉及货币交易,绝大多数交易都是以银行存款的转账形式完成。并不是所有的货币都参与外汇市场的交易,国际贸易经常使用的国际货币交易更活跃。一种货币的外汇市场包括所有将该货币兑换成他国货币的市场,例如,美元的外汇市场就由所有兑换美元的市场构成。

外汇市场是一个全球化的市场。所谓"开市"和"收市"仅是相对于单个外汇市场什么时候开始营业和结束营业而言的。由于世界各地存在的时差关系,全世界外汇市场的交易或顺承相连或相互交错,使亚太地区、欧洲地区和北美地区外汇市场能够连续24小时运作和交易。如星期一早上,香港的外汇市场开盘时,正是纽约的星期天的晚上;东京、法兰克福、伦敦、纽约、芝加哥、旧金山等地的外汇市场在一天中相继开盘。在一个交易日中,外汇交易者特别关注的交易时间是早上亚洲市场的开盘,下午欧洲市场的开盘,晚上纽约市场的开盘和次日凌晨纽约市场的收盘。在一个交易周中,外汇交易者关注的交易时间是星期一早上的悉尼市场开盘,其对外汇行情起承上启下的作用;星期五晚上的纽约市场收盘时的外汇行情,在该时公布的美国许多经济数据决定了下一周的汇市走势。

4. 均衡汇率

外汇汇率是两种货币之间兑换的比率,它体现的是一种等价的交换关系。外汇汇率是由外汇市场上的供求关系决定的,与其他商品的价格一样,汇率随着外汇的供求变化而发生波动。在外汇市场上,当对人民币的供给与需求相等时,就形成了均衡汇率水平。均衡汇率,意味着用同一种货币表示两国的同一商品价格时,两者是相等的。在人民币兑换美元的市场上,人民币的供给来自中国那些需要用美元购买美国的商品、服务或金融资产的个人、企业或社会机构;对人民币的需求来自美国的那些打算购买中国的商品、服务或金融资产并且需要以人民币进行支付的个人、企业或社会机构。外汇的汇率就是外汇的供给和需求达到均衡时的那个价格。

在图12-1中,纵轴表示外汇汇率e,以每单位本币折合多少外币来衡量,即每单位人民币值多少美元,横轴表示外汇市场上人民币的买卖数量。人民币的供给由向右上方倾斜的曲线 S 表示：汇率上升时，每单位人民币所能购买的美元数会增加，这意味着，美国商品的价格相对于中国商品的价格下跌了，中国人会倾向于购买更多的美国商品，人民币的供给也因此而上升。人民币的需求由向右下方倾斜的曲线 D 表示：当美国人或其他国家的外国人购买中国的商品、服务或金融资产并用人民币结算时，就会需要人民币，当汇率下降时，表明人民币贬值，美元变得更贵，美国人倾向于购买更多中国的商品、服务或金融资产，从而对人民

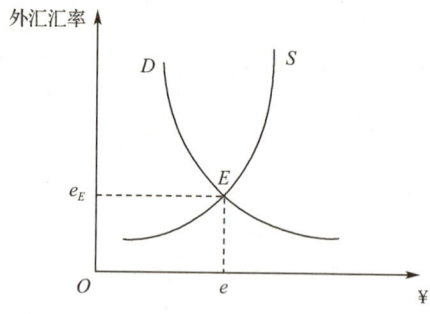

图 12-1 对外汇的供求关系决定了均衡汇率

币的需求会增加。市场力量促使汇率变动以实现供求均衡，在均衡汇率水平上，人们对外汇的计划买入量恰好等于计划卖出量。

当对外汇的需求曲线向左下方平移时，即外汇的需求曲线由 D 平移到 D'，均衡汇率趋于下降，从而本国货币贬值，如图 12-2(a)所示。当对外汇的需求曲线向右上方平移时，即外汇的需求曲线由 D 平移到 D'，均衡汇率趋于上升，从而本国货币升值，如图 12-2(b)所示。

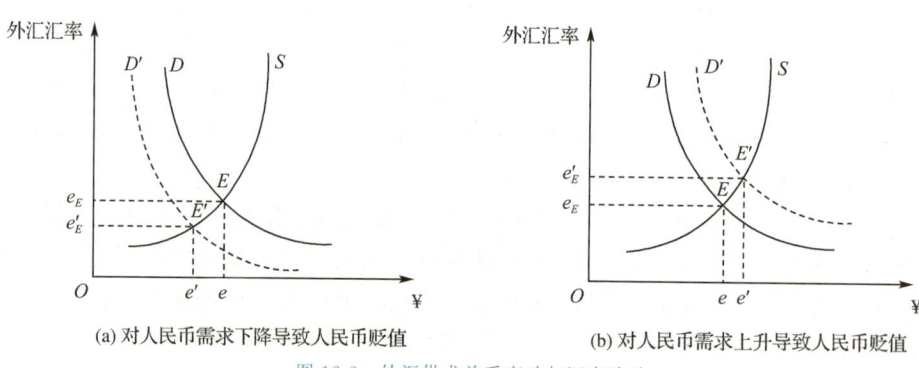

(a) 对人民币需求下降导致人民币贬值　　(b) 对人民币需求上升导致人民币贬值

图 12-2　外汇供求关系变动与汇率波动

5. 外汇交易类型

银行从事的外汇交易主要包括即期、远期和掉期三种传统类型的交易和后来出现的外汇期货、外汇期权等交易。

即期交易(Spot Transaction)是指交易日以后第二个工作日(即银行的营业日)交割的外汇交易，这一天是外汇交易合同到期日，即买卖双方互换货币，划拨资金。因此，这一天是交割日(Delivery Date)，也被称作起息日(Value Date)。因为欧美之间的即期外汇交易，要通过电报公司的电报传递才能划转资金，而交易时正是电报公司的业务高峰时间，电报业务的费用很贵，于是便约定俗成地将付款委托书的电文留到第二天早晨发出，避开电报业务的繁忙时间，获取电报公司对隔夜业务的优惠价，降低成本。随着信息技术的发展，尽管外汇市场已经建立了基于计算机网络的银行之间的国际清算系统，可以做到当天交易当天入账，但是两个工作日制度还是沿袭下来。如果碰到到期日是非营业日或节假日，交割日则往后顺延，且两个工作日是以交易地的时间为准。如星期一，在伦敦进行英镑与美元之间的交易仍然是交易后的第二个工作日(星期三)进行交割，而在纽约(星期一)进行英镑与美元之间的交易，则是交易的第三个工作日(星期四)进行交割。一般来说，即期外汇交易主要用于银行同业拆放、国际贸易清算和套汇交易。

远期交易(Forward Transaction)，又称期汇交易，指外汇买卖双方预先签订一份远期合约，事先约定各种交易条件，如币种、金额、汇率、交割时间和地点等，在未来约定日期到期时办理交割的外汇交易。期汇交易的交割期限长则一年，短则几天，最常见的是3个月。因为远期交易在实际交割日到来之前，并不需要资金易手，为人们从事远期交易带来很多的便利，因此，进行远期外汇交易的目的主要有：①拥有远期未结清权益的债权、债务或海外投资者，如进出口商、资金借贷者，通过签订远期外汇交易，按约定的远期汇率在未来进行实际交割，可以避免或减少未来结算时汇率波动的不确定性可能造成的损失。②银行外汇持有总额超买(多头)或超卖(空头)的外汇头寸时，银行通过卖出远期多头，买入远期空头，而使银行外汇头寸持有总额保持在设定的风险管理限额内，避免遭受汇率波动的风险，同时还有助于调节银行外汇资金结构。③可以满足外汇市场上投机商的需要。当投机者预测到某种外汇汇率下跌时，可以先售出远期外汇，待该外汇汇率的即时汇率真正下跌时再低价从市场买进该货币，以交割远期合约，从而获得两者买卖的价差利润，这种先卖后买被称为卖空或做空交易。反之，先买后卖被称为买空或做多交易。

掉期交易(Swap Transaction)，又称时间套汇，是指与银行约定在买进或卖出即期或远期外汇的同时，卖出或买进远期或另一不同期限的外汇，其目的是防止由于汇率波动所带来的损失。另一种货币掉期交易也被称作互换(Swap)交易，指交易双方签订一份远期合约，约定在某一时点将一种货币转换为另一种货币，而在未来某一指定时刻，再将该种货币转换为原来的货币。两次交易的汇率事先约定，这样银行可以用暂时不需要的货币兑换成另一种货币，满足它们在一段时期内的外汇需求。如香港东亚银行的美元余额过多，却需要日元来满足其公司客户的需要，同时，日本三菱银行拥有过量的日元，而美元不足。于是，两家银行可以签订一项掉期互换合约，约定一笔金额相等的美元或日元，东亚银行承诺现在将美元兑换成日元，将来再将日元兑换成美元。三菱银行同意，现在以日元换美元，将来再把美元兑换成日元。

外汇期货(Futures)，也称为货币期货，是指在约定的日期，按照已经确定的汇率，将一种货币兑换成另外一种货币的期货合约。外汇期货的买卖是在专门的期货市场进行的，这类市场至少要包括两个部分：一是交易市场，二是清算中心。外汇期货的买方或卖方在交易所成交后，清算中心就成为其交易对方，直至期货合同实际交割为止。国际上主要的期货交易所有芝加哥期货交易所、纽约商品交易所、悉尼期货交易所、新加坡期货交易所、伦敦期货交易所。

外汇期权(Foreign Exchange Options)，也称为货币期权，是指交易双方签订一笔远期合约，合约购买方在向出售方支付一定期权费(Premium)后，所获得的在未来约定日期或一定时间内，按照约定的汇率(Exercise Price)买进或者卖出一定数量外汇资产的选择权。相对于股票期权、指数期权等其他种类的期权来说，外汇期权买卖的是外汇。期权买方在支付一定数额的期权费后，有权在约定的到期日按照双方事先约定的协定汇率和金额与期权卖方买卖约定的货币，同时买方也有权放弃上述买卖合约。因此，对于期权买方来说，获得的是一项权利而不是义务，对于期权卖方来说，获得的是一项义务而不是权利。期权有两种基本类型：一是买方期权(Call Option)，又称看涨期权；二是卖方期权(Put Option)，又称看跌期权。当人们预测某种货币会上涨时，通常会预先约定购买的价格，将来市场即期汇率越涨，该买方越愿意按照原先确定的协定汇率执行该买方期权；当人们预期某种货币汇率会下跌时，通常会预先约定该货币出售价格，将来市场即期汇率越跌，该期权买方越愿意按照原来约定的协定汇率执行该卖方期权。

12.3.3　汇率制度与外汇管制

所谓汇率制度(Foreign Exchange Rate Regimes)，是指一国货币当局对本国货币汇率变动的基本方式所做出的一系列安排或规定。按照汇率变动幅度的大小，汇率制度可分为固定汇率制度和浮动汇率制度。不同货币汇率制度下汇率的决定基础不同，政府的外汇管制程度也不尽相同。

1. 固定汇率制度下汇率的确定

固定汇率制度(Fixed Exchange Rate Regime)是指由中央银行承担维持汇率固定波动范围而干预外汇市场的制度。在固定汇率制度下，各国政府首先对本国货币规定一个金平价，即单位本币的含金量，然后根据本币与其他国家货币之间的金平价之比来确定本币的中心汇率，本币的市场汇率只能围绕中心汇率小幅波动。1973年以前，国际实行固定汇率制度可分为两个阶段，即第二次世界大战之前的金本位制度和之后的布雷顿森林货币体系。

金本位制(Gold Standard)大约形成于19世纪80年代末，结束于1914年。在金本位制下，黄金具有货币的所有职能，各国都以法律形式规定了每一单位的本国铸币的黄金含量，即法定含金量(Gold Content)，各国发行货币的基础是持有的黄金储备量，黄金可以在国际自由输出和输入。在这种制度下，每个国家都将本国的货币价值确定为固定数量的黄金，再以黄金为基础，建立起各国之间的固定汇率，黄金成为世界通用的货币。在国际贸易中，物品和服务的交易都可以用黄金支付，国家之间的唯一区别就是他们可以为其金币选择不同的单位。例如，英国选择将其货币单位(英镑)确定为1/5盎司黄金，美国则选择将其货币单位(美元)确定为1/10盎司黄金，那么英镑与美元之间的汇率就是2美元/1英镑。

金本位制要求，一国必须保持其相对价格水平与贸易伙伴的相对价格水平一致，如果该国发生通货膨胀，则会导致该国的进口上升、出口下降，从而出现赤字。为了支付这个赤字，该国就要向贸易伙伴运送黄金。黄金是一国货币供给的重要组成部分，黄金的流出导致货币供给减少，从而导致国内通货紧缩，使得国际贸易在新的相对价格水平上达到新的均衡。在金本位制崩溃之后，曾短暂地出现过两种不完全的金本位制：一是金块本位制，在国内流通中用银行券代替金币，需要进行国际支付时，可以用银行券到中央银行根据规定的数量兑换黄金，1925—1928年，英国、法国、比利时和荷兰曾使用过金块本位制；二是金汇兑本位制，银行券在国内不能兑换成黄金或金币，国家需要将本国货币与另一个实现金本位制国家的货币挂钩，实行固定汇率，通过自由买卖外汇维护本国货币币值的稳定，这实际上是一种"钉住汇率制度"，1914年之后，德国、意大利和奥地利曾实行过这种货币制度。

第二次世界大战即将结束时，国际经济的动荡不安迫使许多国家寻求重建国际货币制度，以保证国际经济正常运行。1944年7月1日至22日，在美国新罕布什尔州的布雷顿森林举行了有44个国家参加的"联合国货币金融会议"，讨论了战后国际货币制度的结构和运行问题，并商定建立了以美元为转型的国际货币制度，即布雷顿森林货币体系(Bretton Woods System)。这种货币体系通过国际协议建立起"双挂钩"机制，即各国货币与美元挂钩，美元与黄金挂钩，汇率的波动范围不得超过±1%（牙买加协定后扩大了波动范围）。一旦外汇市场的波动超过这一范围，各国政府和美国都有义务联手干预外汇市场，使其回到规定的范围之内。在布雷顿森林货币体系中，各国一般都规定了货币名义上或法律上所代表的金量。但是,由于货币不能与黄金自由兑换,黄金也不能自由输入和输出,货币含金量只是维持与美元的固定汇率比价的一种参考依据。各国实际上是根据本国货币的实际购买力来规定货币含金量的。当一国的国际收支出现根本性不平衡(Fundamental Disequilibrium)时,可以经由 IMF 核准而予以改变,称之为法定贬值(Devalue)或法定升值(Revalue),使之与货币购买力重新保持一致而维持外汇供求的大体平衡。因此,布雷顿森林货币体系只能称为可调整的钉住汇率制度(Adjustable Pegged Exchange Rates)。

可调整的钉住汇率制的国际收支调节机制在实际运作中遇到了较多问题。在布雷顿森林货币体系中,国内物价和国民收入水平的调整经常与国际收支调整问题相冲突。出于对国家信誉的重视,各国政府往往不愿意本币贬值,而本币升值又会侵害国内出口商的利益。因此,只有在迫不得已的情况下,才会重新确定钉住汇率。由于钉住的均衡汇率水平很难估计,为投机者的投机提供了可乘之机。例如,当一种货币在外汇市场上持续走弱时,汇率波动到钉住范围边缘,投机者会预计,该种货币会发生官方贬值,其价值会进一步下降,于是他们就会大量抛售该货币。到 20 世纪 70 年代初,美国由于国际收支赤字持续上升,1971 和 1973 年爆发的两次石油危机和多次美元危机,出现了市场抛售美元的危机,于是 1971 年 8 月,终止了按每盎司黄金兑换 35 美元的承诺,使得美元价值自由浮动,听由市场供求决定,这意味着布雷顿森林货币体系的终止。

目前,一些小国或地区仍然使用钉住固定汇率制,即钉住一种关键货币(Key Currency),如美元或欧元。关键货币一般是国际外汇市场中被广泛交易、价值长期相对稳定,且被普遍接受的国际结算货币。这样做的好处是:这些国家可以维持其进出口商品的国内价格稳定,减弱人们对通货膨胀率的预期,降低利率,促进国内经济发展。

2. 浮动汇率制度下汇率的确定

在布雷顿森林货币体系瓦解之后,各国货币不再与美元挂钩,也不再用黄金表示官方汇率,黄金已退出国际货币体系,国际货币制度过渡到浮动汇率制度。浮动汇率制度(Floating Exchange Rate Regime)是指一国货币不再规定金平价,不再规定汇率波动的上下限,而听任市场的外汇供求自动决定本国货币对外汇的汇率,其中央银行不再承担维持汇率波动界限而进行外汇市场干预的义务。1973 年以后,国际上普遍实行的是浮动汇率制度。在浮动汇率制度下,汇率波动主要取决于市场供求力量的变化,分别被称作汇率上浮(升值,Appreciation)和汇率下浮(贬值,Depreciation)。

按照政府是否干预汇率波动,浮动汇率制度可分为自由浮动(Free Floating)与管理浮动(Managed Floating)两类。自由浮动汇率制度是指政府对外汇市场上本币汇率的浮动不加任何干预,听任它由外汇市场上的供求关系来决定。管理浮动汇率制度则是指政府的中央银行对外汇市场干预性较强,避免外汇汇率朝着对本国不利的方向浮动,从而有利于政府实现宏观调控的目标。实际上,汇率作为一个国家的货币价格,没有任何一个国家能保持纯粹的听任汇率自由浮动,都会或多或少、或明或暗地对外汇市场进行干预,所以大多数国家实行的都是有管理的浮动汇率制度。但相对而言,美国、日本和欧洲大国等实行货币国际化的国家政府干预性较小,更接近自由浮动的汇率制度,而大多数发展中国家因政府干预性较强,其汇率制度接近固定汇率制度。

在管理浮动汇率制中,一些国家选定目标汇率,然后采用政府干预措施,支撑这一汇率。浮动汇率的管理者参照一些统计经济变量来估计目标汇率,这些变量包括贸易伙伴国家的通货膨胀率、官方储备水平、国际收支账户持续失衡状况等,它们对同一经济因素的反应与汇率的变动趋势相同。在实践中,因市场变化无常,确定目标汇率往往很困难。

自1968年起,巴西、阿根廷、智利、以色列和秘鲁等南美国家采用了一种介于固定汇率制和浮动汇率制之间的折中汇率制——爬行钉住汇率制(Crawling Peg)。实行这种汇率制度的国家,规定本国货币钉住美元的货币平价,政府对货币平价进行经常性的微调,以保证本国的国际收支平衡。由于汇率调整过程尽可能接近连续,钉住汇率会从一个平价爬行到另一个平价。爬行钉住汇率制不同于可调整钉住汇率制。在可调整钉住汇率制中,汇率与一种平价联系在一起,这种平价不常变化(可能是几年一次),但会突然地跳跃变化,而且幅度会很大。在爬行钉住汇率制下,一国可以小幅度地、经常地调整平价,一年可以调整几次,使平价按市场条件的变化缓慢爬升,这种平价变动是小量的、经常性的,间隔随机,不具有任何规律,使投机商无机可乘。

经历过严重通货膨胀的国家更愿意采用爬行钉住汇率制。这些国家认为,通货膨胀率与国际竞争力有关,把物价水平作为调整钉住汇率的指示器,只要能够不断调整平价,就可以实现钉住汇率制,它们关心的是控制汇率变化的准则,而不是究竟应该钉住哪种货币。

3. 外汇管制

外汇管制(Foreign Exchange Controls)是指一国政府为了防止资金流出或流入,平衡本国的国际收支,维持本国货币汇率的稳定,以及其他政治目的,授权中央银行或专门外汇管理机构对外汇买卖和国际结算所采取的限制性措施。

在第一次世界大战之前的金本位制下,黄金在国际可以自由地输出输入,各国多采用固定汇率制度,外汇买卖不受限制,加之当时国际政治、经济关系也比较稳定,因而不存在外汇管制。第一次世界大战爆发后,西方各国先后停止了金本位制,实行纸币流通制度,英、法、德、意等参战国都发生了巨额的国际收支逆差,本国货币的对外汇率发生剧烈的波动,大量的资本外逃。为集中外汇资金购买军事设备投入战争,抑制汇率波动以防资本外逃,所有参战国都取消了外汇的自由买卖并禁止黄金向外输出,实行了外汇管制。战后,随着各国经济的恢复,这些国家又都相继取消了外汇管制。

1929—1933年西方各国陷入了严重的经济大萧条,普遍面临国际收支危机。德国、日本、意大利等国和一些殖民地、附属国由于国际收支危机严重和负债累累,均恢复了全面的外汇管制。美、英、法等债权国则组成货币集团操纵汇率,进行外汇倾销,外汇市场汇价波动剧烈。为防止国际收支危机和国内经济萧条的加剧,许多国家相继恢复了外汇管制。

第二次世界大战爆发以后,参战国立即实行了严格的外汇管制,禁止自由汇率的存在,限制资本外逃。战后初期,为恢复遭到战争破坏的生产能力和满足日常生活需要,西欧各国大量依赖进口,普遍出现黄金外汇储备匮乏,外汇管制更加严厉。到了20世纪50年代后期,随着各国经济得以恢复,收支状况有所改善,英、法、德、意等14国同时放宽了外汇管制,恢复了有限度的货币自由兑换,对贸易收支项目解除了外汇管制。目前,经济发达国家和新兴的工业化国家都基本取消了外汇管制,大多数发展中国家仍或多或少地实施外汇管制,尤其是非洲和南美洲国家,外汇管制仍旧很普遍。

外汇管制大体上可分为两种类型:一是以禁止资本外逃和外汇投机为目的,管制资本交易项目;二是以调整国际收支为目的,管制由资本项目扩大到贸易和非贸易账户。外汇管制的基本特征是政府垄断外汇买卖,采用的方法主要是外汇数量管制和外汇汇率管制。

对外汇数量的管制包括四种形式：第一，对经常项目收支加以限制，如要求进出口商按官方指定汇率实行强制性结汇和售汇，颁发进出口许可证等；第二，对资本输入输出施加限制，如规定银行对非居民活期存款不付利息，限制非居民购买本国的有价证券，限制本国企业和跨国公司借用外国资本等；第三，对非居民的银行存款账户进行管制，如设立自由账户、有限制账户、封锁账户等分类账户，实行不同的外汇汇出汇入的规定；第四，禁止黄金、现钞输出等。

对外汇汇率的管制主要是实行复汇率制（Multiple Exchange Rates），即一个国家的货币对外国货币（主要是国际储备货币）规定两个或两个以上高低不同的官方汇率的制度，主要在发展中国家使用。如以优惠的低汇率卖出"必需品"的进口用汇，以惩罚的高汇率卖出"非必需品"的进口用汇，以达到补贴必需进口品或限制非必需进口品的目的。

专栏 12-2
混合汇率制度

外汇管制下的外汇交易与自由外汇市场上的外汇交易有着显著的差异。在自由外汇市场上，汇率由对外汇供求关系来决定，这种供求关系会随着汇率变动或外汇资金流动的调整达到均衡。在外汇管制下，汇率由管制外汇的货币当局决定，未经批准的私人外汇交易是被禁止的，资金的流出流入更受到严格的管制，外汇供求因受到控制而不能自动调整。

12.3.4　国际金融体系

1. 国际金融体系的构成

国际金融体系（The International Financial System）是指调节各国货币在国际支付、结算、汇兑与转移等方面所确定的规则、惯例、政策、机制和组织机构安排的总称。国际金融体系是国际货币关系的集中反映，它构成了国际金融活动的总体框架。

狭义的国际金融体系是指国际货币安排，具体包括国际汇率体系、国际收支和国际储备体系、国别经济政策与国际经济政策的协调。广义的国际金融体系则是一个十分复杂的体系，主要由国际货币体系、国际金融组织体系和国际金融监管体系组成。

国际金融体系是随着国际经济交往的不断扩大而产生和发展起来的。由于各国之间商品劳务往来、资本转移日趋频繁，速度也日益加快，这些经济活动最终都要通过货币在国际进行结算、支付。因此，就产生了在国际范围内协调各国货币关系的要求。国际金融体系正是在协调众多国家货币制度、法律制度及经济制度的基础上形成的。

现代国际金融体系的发展大致经历了三个阶段：第一阶段是国际金本位制时期，从1816年英国实行金本位制开始，到第一次世界大战爆发时结束；第二阶段是布雷顿森林体系时期，始于第二次世界大战结束后的1945年，终止于1973年；第三阶段是牙买加货币体系时期，始于1976年1月IMF临时委员会的牙买加协议的正式签订日。

2. 国际金融体系的作用

尽管不同历史时期的国际金融体系产生的背景和内容不尽相同，但是都致力于发挥以下作用：

国际收支的调节。为了有效地帮助与促进国际收支出现严重失衡的国家通过各种措施进行调节，使其在国际范围内公平地承担国际收支调节的责任和义务，国际金融体系确定了国际收支调节机制与各国可遵守的调节政策,为各国纠正国际收支失衡状况提供了基础。

汇率制度的安排。由于汇率变动可直接影响各国之间经济利益的再分配,因此,形成一种较为稳定的、为各国共同遵守的国际汇率安排,成为国际金融体系所要解决的核心问题。一国货币与其他货币之间的汇率如何决定与维持,一国货币能否成为自由兑换货币,是采取固定汇率制度,还是采取浮动汇率制度,或是采取其他汇率制度等,都是国际金融体系的主要内容。建立了相对稳定的汇率机制,很大程度上防止了不公平的货币竞争性贬值。

国际储备资产的选择。国际金融体系需要解决若干与储备资产相关的问题,诸如,采用什么货币作为国际支付货币;在一个特定时期中心储备货币如何确定,以维护整个储备体系的运行;世界各国的储备资产又如何选择,以满足各种经济交易的要求。通过创造多元化的储备资产,国际金融体系为国际经济的发展提供了足够的清偿力,同时借此抵御区域性或全球性金融危机。

国际经济政策的协调。各国实行的货币金融政策,会对相互交往的国家甚至整个世界经济产生影响,因此如何协调各国与国际金融活动有关的货币金融政策,通过国际金融机构制定若干为各成员国所认同与遵守的规则、惯例和制度,构成了国际金融体系的重要内容。在统一的国际金融体系框架内,各国都要遵守共同的准则,损人利己的行为会遭到国际指责,因而各国经济政策可以在一定程度上得到协调。

3. 外汇市场在国际金融体系中的地位

外汇市场是国际金融市场的重要组成部分,并且与国际金融市场的其他组成部分之间有着密切的联系。随着国际贸易和国际投资的发展,外币资产的交易量一直在递增,其中金融期货、期权等金融衍生品的交易量占有相当大的比重。因此,外汇资产交易量在当今格局中占据了统治地位。

与其他资产市场一样,外汇市场的参与者根据国外资产和国内资产预期收益率的比较来决定是否进行国际投资。如果国外资产的预期收益率超过了国内资产的收益率,本国居民就会向国外投资;如果国内资产的预期收益率超过国外资产,那么外国投资者将会向本国进行投资。因此,在不考虑政府对资金管制、税收、贸易壁垒、资金跨国流动的约束等因素时,资金会不断地从收益率低的国家流向收益率高的国家,直至两国的预期收益率达到一致。资金的跨国流动,除了受国内外预期收益率差异的影响之外,还要受到预期汇率变化的影响。如果外汇市场波动剧烈,投资者在国外获得的预期高收益率就很可能被汇率的大幅度贬值所抵消,从而遭受投资损失。

专栏 12-3

购买力平价

因此,投资者进行国际投资时,必须考虑三个因素:一是本国利率或预期收益率;二是外国利率或预期收益率;三是汇率的任何预期变动。当所有的货币存款都提供相同的预期收益率时,外汇市场处于均衡状态,金融市场也处于均衡状态。当两国货币存款的预期收益率用同一种货币来衡量是相等的时候,则被称为利率平价条件。这一条件意味着,外汇存款的潜在持有者或国际资金投资者,把所有的外汇存款或在任何国家投资的资金,都视为有同等意愿持有的资产或资金。在不考虑国际投资风险差异的情况下,只要存款者或投资者预期能从两种货币存款或投资中获得相同的收益,存款者或投资者就视在本国存款或投资等同于到外国进行投资。

关键术语

经济全球化　全球价值链　开放经济　绝对优势　比较优势　出口　进口　贸易赤字　关税壁垒　配额　汇率　国际收支　经常账户　资本账户　金融账户　国际收支平衡表　非关税壁垒　进口配额　反倾销税　外汇管制　固定汇率　浮动汇率　外汇期权　外汇期货　汇率的直接标价　汇率的间接标价　购买力平价　对外直接投资

思考题与讨论题

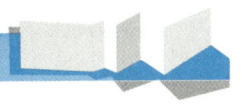

1. 经济全球化对发达国家和发展中国家的影响有何不同？
2. 比较优势与绝对优势有什么区别？
3. 在国际贸易中，买方和卖方是如何从专业化分工中获益的？
4. 各国用哪些方法保护本国产业免遭进口竞争的威胁？
5. 关税和配额有哪些区别？
6. 什么是国际贸易的非关税壁垒？
7. 汇率波动的决定因素有哪些？
8. 开放经济下的宏观经济政策有何特点？
9. 为什么本国货币升值使进口增加，出口减少？
10. 汇率变动和净出口变动如何相互影响？
11. 均衡汇率是怎样决定的？
12. 下列经济主体中，哪些在外汇市场上可能是美元的供给者，哪些可能是美元的需求者？
    a) 在欧洲旅行的美国人；
    b) 想购买美国公司股票的英国投资者；
    c) 向美国出口商品的日本企业；
    d) 在美国旅行的巴西游客；
    e) 从美国进口货物的德国企业；
    f) 想在澳大利亚购置房产的美国投资者。
13. 说明下列因素的变化会导致美元贬值还是升值？
    a) 日本的利率升高；
    b) 德国的经济增长速度加快；
    c) 美国的通货膨胀率升高；
    d) 美国的紧缩性货币政策；
    e) 美国的扩张性财政政策。
14. 假如政府想通过改变汇率来减少贸易赤字，应该采取什么样的货币政策？
15. 对进口商品征收关税和实行进口限额对本国经济分别会产生什么影响？
16. 国际收支平衡表为什么总是平衡的？既然国际收支平衡表总是平衡的，为什么还存在国际收支顺差和逆差？
17. 当一国经济既存在通货膨胀又有国际收支赤字状况时，应当采取什么样的政策措施？
18. 在开放经济中，货币政策如何影响产出？

参考文献

[1] 高鸿业,本书编写组. 微观经济学原理[M]. 北京:中国人民大学出版社,2019

[2] 高鸿业,本书编写组. 宏观经济学原理[M]. 北京:中国人民大学出版社,2019

[3] 穆雷·N罗斯巴德. 人,经济与国家[M]. 董子云,等,译. 杭州:浙江大学出版社,2015

[4] 托马斯·索维尔. 经济学的思维方式[M]. 成都:四川人民出版社,2018

[5] 达龙·阿西莫格鲁,戴维·莱布森,约翰·A.李斯特. 经济学(微观部分)[M]. 卢远曙,等,译. 北京:中国人民大学出版社,2016

[6] 达龙·阿西莫格鲁,戴维·莱布森,约翰·A.李斯特. 经济学(宏观部分)[M]. 卢远曙,等,译. 北京:中国人民大学出版社,2016

[7] 原毅军. 微观经济学[M]. 北京:科学出版社,2010

[8] 原毅军. 宏观经济学[M]. 北京:科学出版社,2010

[9] 迈克尔·帕金. 经济学[M]. 梁小民,译. 北京:人民邮电出版社,2003

[10] 保罗·萨缪尔森,威廉·诺德豪斯. 经济学[M]. 萧琛,等,译. 19版. 北京:商务印书馆,2013

[11] 梁小民. 经济学是什么[M]. 北京:北京大学出版社,2017

[12] 《西方经济学》编写组. 西方经济学[M]. 上册. 北京:高等教育出版社,人民出版社,2012

[13] 《西方经济学》编写组. 西方经济学[M]. 下册. 北京:高等教育出版社,人民出版社,2012

[14] 戴维·弗里德曼. 弗里德曼的生活经济学[M]. 赵学凯,等,译. 北京:中信出版社,2006

[15] 加里·贝克尔,吉蒂·贝克尔. 生活中的经济学[M]. 章爱民,徐佩文,译. 北京:机械工业出版社,2013

[16] 约翰·塔姆尼. 让经济学回归常识[M]. 陈然,译. 武汉:湖北教育出版社,2016

[17] N. 格里高利·曼昆. 宏观经济学[M]. 9版. 北京:中国人民大学出版社,2016

[18] 高希均,林祖嘉. 经济学的世界[M]. 南昌:江西教育出版社,2020

[19] R. 格伦·哈伯德,安东尼·P. 奥布莱恩. 经济学[M]. 张军,等,译. 北京:机械工业出版社,2007

[20] 保罗·克鲁格曼,罗宾·韦尔斯. 克鲁格曼经济学原理[M]. 4版. 北京:中国人民大学出版社,2018